La Biblia de Israel
Toráh-El Pentateuco
Libro de Bereshít - Génesis

Contenidos

- Traducción basada en la versión de Reina-Valera 1960, adecuándola fielmente a los antiguos textos hebreos y la tradición oral del pueblo de Israel.

- Texto Hebreo en paralelo con el texto en español

- Fonética

- Comentarios

- Anexos

Recopilación de textos, fonética y traducción por:

Yoram Rovner y
Uri Trajtman

Copyright © 2003 por Editorial Benéi Nóaj
Texto Reina Valera 1960 © Sociedades Bíblicas Unidas

Todos los derechos reservados. No se permite la reproducción total o parcial de este libro, ni su transmisión en cualquier forma o por cualquier medio ya sea electrónico, mecánico o por fotocopia, sin el permiso escrito de los autores y de la Sociedad Bíblica Unida.

Impreso en U.S.A.

Publicado y editado por Editorial Benéi Nóaj con la colaboración de la Sociedad Bíblica Chilena.

E-Mail: info@bnpublishing.com

Diseño: Jonathan Goldfrid

www.bnpublishing.com

Atención: Este texto contiene los nombres Sagrados de Dios. Se ruega tratar con el máximo respeto, no poniéndolo en el suelo ni entrándolo al baño.

PREFACIO

*Y escribirás muy
claramente en las
piedras todas las
palabras de esta ley.*

(*Debarím* – Deuteronomio 27:8)

La presente obra tiene por objetivo aclarar el texto bíblico a través de la tradición oral del pueblo de Israel, de modo de facilitar la comprensión y divulgación de la palabra de Dios a toda la humanidad permitiendo el acceso al texto original (entregado en hebreo) y a una traducción fiel de éste. Para lograr este propósito, la estructura del texto cuenta con las siguientes características:

1.- Fidelidad de la traducción al texto original

Para lograr una mejor traducción, hemos revisado el texto Reina - Valera 1960 en concordancia con el texto hebreo original y la tradición oral del pueblo de Israel.

2.- Transliteración de los nombres y lugares bíblicos

Hemos cambiado las versiones españolizadas de los términos bíblicos. De modo de permitir la correcta pronunciación[1] de estos agregamos símbolos especiales y acentos para indicar sonidos que no tienen representación en español. Por ejemplo, los nombres Isaac, Jacob han sido traducidos como *Itzják* y *Iaäkób*; los lugares Canaán, Hebrón han sido traducidos como Kenaän, Jebrón.

---

[1] Ver anexo: Alfabeto hebreo.

3.- Texto hebreo con puntuación, cantilación y fonética

La presente edición contiene el texto hebreo original vocalizado y con cantilación[2] y bajo éste se encuentra la fonética. Para lograr una mayor comprensión se ha dispuesto el texto hebreo frente al texto español.

4.- Anexos

Estos permiten la profundización de distintas temáticas. Estos incluyen un índice bíblico, árboles genealógicos, mapas y artículos relacionados.

5.- Comentarios

Los comentarios están basados en la tradición oral del pueblo de Israel[3], la cual fue recibida por *Moshéh* (Moisés) en el monte Sinai y traspasada hasta nuestros días.

Estos se encuentran bajo el texto en español, aclarando la comprensión de los versículos señalados y explicando la etimología de los términos, es decir el origen de ellos en su raíz proveniente de la lengua hebrea.

* * *

Como miembros del pueblo de Israel y estudiosos de las sagradas escrituras, agradecemos al Creador Bendito Sea, por la gran oportunidad que nos ha brindado de difundir Su Palabra.

Sea Su voluntad que esta obra nos permita ayudar a cumplir con lo predicho por el profeta (*Ieshäiáhu* - Isaías 42:6) de ser luz para las naciones.

Yoram Rovner, Uri Trajtman

---

[2] Ver anexo: Los taämím (cantilación).

[3] Ver "TORÁH EL PENTATEUCO"

TORÁH- EL PENTATEUCO

La *Toráh* es la palabra de Dios. Su voluntad eterna revelada al hombre en el monte Sinai, tanto en su forma escrita como oral hace más de 3300 años. Su receptor se llamó *Moshéh* (Moisés), el más grande profeta del pueblo de Israel y de la humanidad, cuya profecía "nunca será igualada". *Moshéh* (Moisés), escribió y transmitió a su pueblo la *Toráh* mientras estaban en el desierto, antes de entrar a la Tierra de Israel.

תּוֹרָה (TORÁH) viene de la palabra לְהוֹרוֹת (LEHORÓT=enseñar) pues de ella podemos aprender todo lo que El Creador quiere de nosotros como seres humanos.

La lectura de la *Toráh* acerca al hombre a su Creador, enseñándole moralidad, valores y espiritualidad.

La Toráh Escrita

Es la base fundamental de la Ley hebrea. Es escrita sobre un pergamino de cuero de vaca por un *sofér* (escriba religioso). Cada una de sus letras es sagrada y contiene un profundo significado; Ésta se compone de los libros *Bereshít* (Génesis), *Shemót* (Éxodo), *Vaykrá* (Levítico), *Bamidbár* (Números) y *Debarím* (Deuteronomio), los cuales en conjunto son conocidos como "El Pentateuco".

La Toráh Oral

Cuando Dios entrego la *Toráh* lo hizo también en su forma oral, de modo que su correcto entendimiento y gran profundidad pueda ser comprendida por quienes lo buscan de verdad.

Cuenta la historia, que en la época del segundo templo de

Jerusalem una persona le dijo al Gran Sabio de la generación, *Hilél*, que quería estudiar *Toráh* pero que sólo aceptaba la *Toráh* Escrita mas la *Toráh* Oral, no la aceptaba. *Hilél* aceptó el desafío, sabiendo que ésta persona habría de aceptar finalmente la *Toráh* Oral.

El primer día de estudio el sabio le enseñó lo más básico del hebreo: su alfabeto[4]. "Ésta א es una *álef*, ésta ב una *bet*, ésta ג es una *guímel* y esta ד es una *dálet*", le enseñó.

Al día siguiente le dijo "ésta א es una *dálet*, ésta ב es una *guímel*, ésta ג una *bet*, ésta una *bet* y ésta ד es una *álef*", a lo que esta persona le dijo "pero si ayer me enseñaste al revés".

El sabio *Hilél* le respondió "la única razón por la que sabemos que una *álef* es una *álef* es porque lo recibimos oralmente, lo mismo es cierto para el resto de la *Toráh*, la única manera de entender el correcto significado es a través de la *Toráh* Oral".

De esta historia vemos hasta qué punto es fundamental la *Toráh* Oral, de modo que sin ella, ni siquiera sabríamos cómo leer correctamente la *Toráh*.

Cuando los israelitas fueron exiliados de su tierra en la época de la destrucción del Segundo Templo de Jerusalem, el material que había sido transmitido oralmente desde su entrega en el Sinai debió ser escrito, pues se temía que éste se perdiera o fuese olvidado bajo dicha circunstancia. Este fue recopilado en lo que constituyó la *Mishná*, *Midrásh* y *Toséfta*, lo que más adelante compondría el *Talmúd*.

---

[4]Ver anexo alfabeto hebreo.

Introducción al Libro de Bereshít

El libro de *Bereshít* es el primero de los 5 libros de la *Toráh*.
Comúnmente es conocido bajo el nombre de Génesis (comienzo en griego), aludiendo a la gestación del universo y de la humanidad, mas en hebreo su significado es "En el Principio".
Este libro comienza con un principio fundamental y es que existe un Creador. El universo fue creado por Dios, lo cual nos hace entender que Él es el dueño de todo lo que existe, pues Él lo creó, y nosotros debemos servirlo; que la creación fue un acto de amor, porque nos da la posibilidad de recibir el bien máximo en la medida en que nos acerquemos a Él.
Habla también del inicio de la humanidad y como Dios nos está dando constantemente oportunidades para volver al camino correcto. Relata la elección de *Abrahám*, *Itzják* (Isaac) y
Iaäkób (Jacob) y la función del pueblo que descendería de ellos.
Nos enseña con la historia de *Ioséf* (José) como las circunstancias que aparentemente no tienen relación alguna entre sí, son finalmente partes del plan Divino, y cuando vemos el rompecabezas completo entendemos que todo lo que El hace es para bien.
Cronológicamente este libro abarca desde los años 3761 - 1523 A.E.C. (0 al año 2238 del calendario hebreo), concluyendo con la llegada del pueblo de Israel a Egipto.

En forma sintética los temas que se enseñan en el primer libro de la *Toráh* son:

- La Creación del Universo; las diez generaciones que hubo entre *Adám*(Adán) y *Nóaj* (Noé) (1-5).

- El diluvio universal; la torre de Babél; la dispersión de la humanidad; las diez generaciones que hubo entre *Nóaj* (Noé) y *Abrahám* (6-11).

- Dios elige a *Abrahám*; las diez pruebas por las que pasó *Abrahám*; la guerra contra los 4 reyes; los nacimientos de *Ishmaël* (Ismaél) e *Itzják* (Isaac) (12-22).

- La muerte de *Saráh* y la elección de *Ribkáh* (Rebeca) como esposa para *Itzják* (Isaac) (23-24).

- Los hijos de *Keturáh*; la muerte de *Abrahám*; los conflictos entre *Iaäkób* (Jacob) y *Ësáv* (Esaú) (25-27).

- *Iaäkób* (Jacob) se va de su casa y forma su familia en la casa de su suegro *Labán* (28-31).

- *Iaäkób* (Jacob) se reencuentra con su hermano *Ësáv* (Esaú); la violación de *Dináh*; la muerte de *Rajél* (Raquel) y de *Itzják* (Isaac) (32-36).

- *Ioséf* (José) es vendido; la historia de *Iehudáh* y *Tamár*; y las primeras vivencias de *Ioséf* en Egipto (37-40).

- El Faraón sueña y recibe una interpretación correcta de *Ioséf* (José). El Faraón se impresiona con la sabiduría de *Ioséf* y lo nombre virrey de Egipto; Los hermanos de *Ioséf* llegan a Egipto (41-44).

- *Ioséf* (José) se revela a sus hermanos; reencuentro de *Iósef* y su padre *Iaäkób* (Jacob); se establece la familia de *Iaäkób* en la ciudad de *Góshen*; comienzan los años de hambruna (45-47).

- *Iaäkób* (Jacob) bendice a sus hijos y pide que lo sepulten en la tierra de Israel; muere *Ioséf* (José) (48-50).

Libro de Bereshít - Génesis

LIBRO DE GÉNESIS
CAPÍTULO 1

1:1 En el principio creó Dios los cielos y la tierra[1].

1:2 Y la tierra estaba desordenada y vacía, y las tinieblas estaban sobre la faz del abismo, y el Espíritu de Dios se movía sobre la faz de las aguas.

1:3 Y dijo Dios: Sea la luz; y fue la luz.

1:4 Y vio Dios que la luz era buena; y separó Dios la luz de las tinieblas.

1:5 Y llamó Dios a la luz Día, y a las tinieblas llamó Noche. Y fue la tarde y la mañana del día uno.

1:6 Luego dijo Dios: Haya expansión en medio de las aguas, y separe las aguas de las aguas[2].

1:7 E hizo Dios el firmamento, y separó las aguas que estaban debajo del firmamento, de las aguas que estaban sobre el firmamento. Y fue así[3].

1:8 Y llamó Dios a la expansión Cielos. Y fue la tarde y la mañana el día segundo.

---

[1] **1:1 En el principio:** La primera letra de la *Toráh* es la ב (Bet). La forma de esta letra – la cual posee una apertura delantera- nos enseña que sólo podemos entender desde la creación hacia adelante, antes de esto la mente humana no puede comprender.
Creó Dios: La *Toráh* comienza con el relato de la creación para que la persona comprenda que Dios es dueño de todo lo que existe.

[2] **1:6 Separe las aguas:** Dios separó las aguas inferiores de las superiores.

[3] **1:7 Firmamento:** Se refiere a la atmósfera que circunda a la tierra.

SÉFER BERESHÍT - סֵפֶר בְּרֵאשִׁית
PÉREK 1 - פֶּרֶק א

1:1 בְּרֵאשִׁית בָּרָא אֱלֹהִים אֵת הַשָּׁמַיִם וְאֵת הָאָרֶץ
BERESHÍT BARÁ ELOHÍM ET HASHAMÁIM VEÉT HAÁRETZ

1:2 וְהָאָרֶץ הָיְתָה תֹהוּ וָבֹהוּ וְחֹשֶׁךְ עַל־פְּנֵי תְהוֹם וְרוּחַ אֱלֹהִים מְרַחֶפֶת עַל־פְּנֵי הַמָּיִם
VEHAÁRETZ HAITÁH TÓHU VABÓHU VEJÓSHEJ ÄL-PENÉI TEHÓM VERÚAJ ELOHÍM MERAJÉFET ÄL-PENÉI HAMÁIM

1:3 וַיֹּאמֶר אֱלֹהִים יְהִי אוֹר וַיְהִי־אוֹר
VAYÓMER ELOHÍM IEHÍ OR VAIHÍ OR

1:4 וַיַּרְא אֱלֹהִים אֶת־הָאוֹר כִּי־טוֹב וַיַּבְדֵּל אֱלֹהִים בֵּין הָאוֹר וּבֵין הַחֹשֶׁךְ
VAYÁR ELOHÍM ET-HÁOR KI-TOB VAYABDÉL ELOHÍM BÉIN HÁOR UBÉIN HAJÓSHEJ

1:5 וַיִּקְרָא אֱלֹהִים לָאוֹר יוֹם וְלַחֹשֶׁךְ קָרָא לָיְלָה וַיְהִי־עֶרֶב וַיְהִי־בֹקֶר יוֹם אֶחָד
VAYKRÁ ELOHÍM LAÓR IÓM VELAJÓSHEJ KÁRA LÁILAH VAIHÍ-ËREB VAIHÍ-BÓKER IÓM EJÁD

1:6 וַיֹּאמֶר אֱלֹהִים יְהִי רָקִיעַ בְּתוֹךְ הַמָּיִם וִיהִי מַבְדִּיל בֵּין מַיִם לָמָיִם
VAYÓMER ELOHÍM IEHÍ RAKÍÄ BETÓJ HAMÁIM VIHÍ MABDÍL BÉIN MÁIM LAMÁIM

1:7 וַיַּעַשׂ אֱלֹהִים אֶת־הָרָקִיעַ וַיַּבְדֵּל בֵּין הַמַּיִם אֲשֶׁר מִתַּחַת לָרָקִיעַ וּבֵין הַמַּיִם אֲשֶׁר מֵעַל לָרָקִיעַ וַיְהִי־כֵן
VAYÁÄS ELOHÍM ET-HARAKIÄ VAYABDÉL BÉIN HAMÁIM ASHÉR MITÁJAT LARAKÍÄ UBÉIN HAMÁIM ASHÉR MEÄL LARAKÍÄ VAIHÍ-JEN

1:8 וַיִּקְרָא אֱלֹהִים לָרָקִיעַ שָׁמָיִם וַיְהִי־עֶרֶב וַיְהִי־בֹקֶר יוֹם שֵׁנִי
VAYKRÁ ELOHÍM LARAKÍÄ SHAMÁIM VAIHÍ-ËREB VAIHÍ-BÓKER IÓM SHENÍ

1:9 Dijo también Dios: Júntense las aguas que están debajo de los cielos en un lugar, y descúbrase lo seco. Y fue así.

1:10 Y llamó Dios a lo seco Tierra, y a la reunión de las aguas llamó mares. Y vio Dios que era bueno.

1:11 Después dijo Dios: Produzca la tierra hierba verde, hierba que dé semilla; árbol fruto que dé fruto según su género, que su semilla esté en él, sobre la tierra. Y fue así.

1:12 Produjo, pues, la tierra hierba verde, hierba que da semilla según su naturaleza, y árbol que da fruto, cuya semilla está en él, según su género. Y vio Dios que era bueno.

1:13 Y fue la tarde y la mañana el día tercero.

1:14 Dijo luego Dios: Haya lumbreras en la expansión de los cielos para separar el día de la noche; y sirvan de señales para las festividades para días y años,

1:15 y sean por lumbreras en la expansión de los cielos para alumbrar sobre la tierra. Y fue así.

1:16 E hizo Dios las dos grandes lumbreras; la lumbrera mayor para que señorease en el día, y la lumbrera menor para que señorease en la noche; hizo también las estrellas.

1:17 Y las puso Dios en la expansión de los cielos para alumbrar sobre la tierra,

11 / BERESHÍT - בְּרֵאשִׁית

1:9 וַיֹּאמֶר אֱלֹהִים יִקָּווּ הַמַּיִם מִתַּחַת הַשָּׁמַיִם אֶל־מָקוֹם אֶחָד וְתֵרָאֶה הַיַּבָּשָׁה וַיְהִי־כֵן

VAYÓMER ELOHÍM IKAVÚ HAMÁIM MITÁJAT HASHAMÁIM EL-MAKÓM EJÁD VETERAÉH HAYABASHÁH VAIHÍ-JEN

1:10 וַיִּקְרָא אֱלֹהִים לַיַּבָּשָׁה אֶרֶץ וּלְמִקְוֵה הַמַּיִם קָרָא יַמִּים וַיַּרְא אֱלֹהִים כִּי־טוֹב

VAYKRÁ ELOHÍM LAYABASHÁH ÉRETZ ULEMIKVÉH HAMÍM KARÁ IAMÍM VAYÁR ELOHÍM KI-TOB

1:11 וַיֹּאמֶר אֱלֹהִים תַּדְשֵׁא הָאָרֶץ דֶּשֶׁא עֵשֶׂב מַזְרִיעַ זֶרַע עֵץ פְּרִי עֹשֶׂה פְּרִי לְמִינוֹ אֲשֶׁר זַרְעוֹ־בוֹ עַל־הָאָרֶץ וַיְהִי־כֵן

VAYÓMER ELOHÍM TADSHÉ HAÁRETZ DÉSHE ESEB MAZZRÍA ZZÉRÄ ËTZ PERÍ ÖSEH PERÍ LEMINÓ ASHÉR ZZARÖ-BO ÄL-HAÁRETZ VAIHÍ-JEN

1:12 וַתּוֹצֵא הָאָרֶץ דֶּשֶׁא עֵשֶׂב מַזְרִיעַ זֶרַע לְמִינֵהוּ וְעֵץ עֹשֶׂה־פְּרִי אֲשֶׁר זַרְעוֹ־בוֹ לְמִינֵהוּ וַיַּרְא אֱלֹהִים כִּי־טוֹב

VATOTZÉ HAÁRETZ DÉSHE ESEB MAZZRÍA ZZÉRÄ LEMINÉHU VEËTZ ÖSEH-PERÍ ASHÉR ZZARÖ-BO LEMINÉHU VAYÁR ELOHÍM KI-TOB

1:13 וַיְהִי־עֶרֶב וַיְהִי־בֹקֶר יוֹם שְׁלִישִׁי

VAIHÍ-ËREB VAIHÍ-BÓKER IÓM SHELISHÍ

1:14 וַיֹּאמֶר אֱלֹהִים יְהִי מְאֹרֹת בִּרְקִיעַ הַשָּׁמַיִם לְהַבְדִּיל בֵּין הַיּוֹם וּבֵין הַלָּיְלָה וְהָיוּ לְאֹתֹת וּלְמוֹעֲדִים וּלְיָמִים וְשָׁנִים

VAYÓMER ELOHÍM IEHÍ MEORÓT BIRKÍA HASHAMÁIM LEHABDÍL BÉIN HAYÓM UBÉIN HALÁILAH VEHAÍU LEOTÓT ULEMOÄDÍM ULEIAMÍM VESHANÍM

1:15 וְהָיוּ לִמְאוֹרֹת בִּרְקִיעַ הַשָּׁמַיִם לְהָאִיר עַל־הָאָרֶץ וַיְהִי־כֵן

VEHAÍU LIMORÓT BIRKÍÄ HASHAMÁIM LEHAÍR ÄL-HAÁRETZ VAIHÍ-JEN

1:16 וַיַּעַשׂ אֱלֹהִים אֶת־שְׁנֵי הַמְּאֹרֹת הַגְּדֹלִים אֶת־הַמָּאוֹר הַגָּדֹל לְמֶמְשֶׁלֶת הַיּוֹם וְאֶת־הַמָּאוֹר הַקָּטֹן לְמֶמְשֶׁלֶת הַלַּיְלָה וְאֵת הַכּוֹכָבִים

VAYÁÄS ELOHÍM ET-SHENÉI HAMEORÓT HAGUEDOLÍM ET-HAMÁOR HAGADÓL LEMEMSHÉLET HAYÓM VEÉT-HAMÁOR HAKATÓN LEMEMSHÉLET HALÁILAH VEÉT HAKOJABÍM

1:17 וַיִּתֵּן אֹתָם אֱלֹהִים בִּרְקִיעַ הַשָּׁמָיִם לְהָאִיר עַל־הָאָרֶץ

VAYTÉN OTÁM ELOHÍM BIRKÍÄ HASHAMÁIM LEHAÍR ÄL-HAÁRETZ

1:18 y para señorear en el día y en la noche, y para separar la luz de las tinieblas. Y vio Dios que era bueno.

1:19 Y fue la tarde y la mañana el día cuarto.

1:20 Dijo Dios: Produzcan las aguas seres vivientes, y aves que vuelen sobre la tierra, en la abierta expansión de los cielos.

1:21 Y creó Dios los grandes monstruos marinos, y todo ser viviente que se mueve, que las aguas produjeron según su género, y toda ave alada según su especie. Y vio Dios que era bueno.

1:22 Y Dios los bendijo, diciendo: Fructificad y multiplicaos, y llenad las aguas en los mares, y multiplíquense las aves en la tierra.

1:23 Y fue la tarde y la mañana el día quinto.

1:24 Luego dijo Dios: Produzca la tierra seres vivientes según su género, bestias, reptiles y animales de la tierra según su especie. Y fue así.

1:25 E hizo Dios animales de la tierra según su género, y ganado según su género, y todo animal que se arrastra sobre la tierra según su especie. Y vio Dios que era bueno.

13 / BERESHÍT - בְּרֵאשִׁית

וְלִמְשֹׁל֙ בַּיּ֣וֹם וּבַלַּ֔יְלָה וּֽלְהַבְדִּ֔יל בֵּ֥ין הָא֖וֹר וּבֵ֣ין הַחֹ֑שֶׁךְ וַיַּ֥רְא אֱלֹהִ֖ים כִּי־טֽוֹב 1:18

VELIMSHÓL BAYÓM UBALÁILAH ULAHABDÍL BÉIN HAÓR UBÉIN HAJÓSHEJ VAYÁR ELOHÍM KI-TOB

וַֽיְהִי־עֶ֥רֶב וַֽיְהִי־בֹ֖קֶר י֥וֹם רְבִיעִֽי 1:19

VAIHÍ-ËREB VAIHÍ-BÓKER IÓM REBIÏ

וַיֹּ֣אמֶר אֱלֹהִ֔ים יִשְׁרְצ֣וּ הַמַּ֔יִם שֶׁ֖רֶץ נֶ֣פֶשׁ חַיָּ֑ה וְעוֹף֙ יְעוֹפֵ֣ף עַל־הָאָ֔רֶץ עַל־פְּנֵ֖י רְקִ֥יעַ הַשָּׁמָֽיִם 1:20

VAYÓMER ELOHÍM ISHRETZÚ HAMÁIM SHÉRETZ NÉFESH JAYÁH VEÖF IEÖFÉF ÄL-HAÁRETZ ÄL-PENÉI REKÍÄ HASHAMÁIM

וַיִּבְרָ֣א אֱלֹהִ֔ים אֶת־הַתַּנִּינִ֖ם הַגְּדֹלִ֑ים וְאֵ֣ת כָּל־נֶ֣פֶשׁ הַֽחַיָּ֣ה ׀ הָֽרֹמֶ֡שֶׂת אֲשֶׁר֩ שָׁרְצ֨וּ הַמַּ֜יִם לְמִֽינֵהֶ֗ם וְאֵ֨ת כָּל־ע֤וֹף כָּנָף֙ לְמִינֵ֔הוּ וַיַּ֥רְא אֱלֹהִ֖ים כִּי־טֽוֹב 1:21

VAYBRÁ ELOHÍM ET-HATANINÍM HAGUEDOLÍM VEÉT KOL-NÉFESH HAJAYÁH HÁROMESET ASHÉR SHARETZÚ HAMÁIM LEMINEHÉM VEÉT KOL-ÖF KANÁF LEMINÉHU VAYÁR ELOHÍM KI-TOB

וַיְבָ֧רֶךְ אֹתָ֛ם אֱלֹהִ֖ים לֵאמֹ֑ר פְּר֣וּ וּרְב֗וּ וּמִלְא֤וּ אֶת־הַמַּ֨יִם֙ בַּיַּמִּ֔ים וְהָע֖וֹף יִ֥רֶב בָּאָֽרֶץ 1:22

VAIBÁREJ OTÁM ELOHÍM LEMÓR PERÚ UREBÚ UMILÚ ET-HAMÁIM BAYAMÍM VEHÄÖF ÍREB BAÁRETZ

וַֽיְהִי־עֶ֥רֶב וַֽיְהִי־בֹ֖קֶר י֥וֹם חֲמִישִֽׁי 1:23

VAIHÍ-ËREB VAIHÍ-BÓKER IÓM JAMISHÍ

וַיֹּ֣אמֶר אֱלֹהִ֗ים תּוֹצֵ֤א הָאָ֨רֶץ֙ נֶ֣פֶשׁ חַיָּה֙ לְמִינָ֔הּ בְּהֵמָ֥ה וָרֶ֖מֶשׂ וְחַֽיְתוֹ־אֶ֥רֶץ לְמִינָ֑הּ וַֽיְהִי־כֵֽן 1:24

VAYÓMER ELOHÍM TOTZÉ HAÁRETZ NÉFESH JAYÁH LEMINÁH BEHEMÁH VARÉMES VEJÁITO-ÉRETZ LEMINÁH VAIHÍ-JEN

וַיַּ֣עַשׂ אֱלֹהִים֩ אֶת־חַיַּ֨ת הָאָ֜רֶץ לְמִינָ֗הּ וְאֶת־הַבְּהֵמָה֙ לְמִינָ֔הּ וְאֵ֛ת כָּל־רֶ֥מֶשׂ הָֽאֲדָמָ֖ה לְמִינֵ֑הוּ וַיַּ֥רְא אֱלֹהִ֖ים כִּי־טֽוֹב 1:25

VAYÄÄS ELOHÍM ET-JAYÁT HAÁRETZ LEMINÁH VEÉT-HABEHEMÁH LEMINÁH VEÉT KOL-RÉMES HAADAMÁH LEMINÉHU VAYÁR ELOHÍM KI-TOB

1:26 Entonces dijo Dios: Hagamos al hombre a nuestra imagen, conforme a nuestra semejanza; y señoree en los peces del mar, en las aves de los cielos, en las bestias, en toda la tierra, y en todo animal que se arrastra sobre la tierra.

1:27 Y creó Dios al hombre a su imagen, a imagen de Dios lo creó; varón y hembra los creó[4].

1:28 Y los bendijo Dios, y les dijo: Fructificad y multiplicaos; llenad la tierra, y conquistadla, y señoread en los peces del mar, en las aves de los cielos, y en todas las bestias que se mueven sobre la tierra.

1:29 Y dijo Dios: He aquí que os he dado toda planta que da semilla, que está sobre toda la tierra, y todo árbol en que hay fruto y que da semilla; os serán para comer.

1:30 Y a toda bestia de la tierra, y a todas las aves de los cielos, y a todo lo que se arrastra sobre la tierra, en que hay vida, toda planta verde les será para comer. Y fue así.

1:31 Y vio Dios todo lo que había hecho, y he aquí que era bueno en gran manera. Y fue la tarde y la mañana el día sexto.

---

[4] **1:27 A imagen de Dios lo creó:** De todas las criaturas, sólo el hombre está dotado –como su Creador- de razón y libre elección.

15 / BERESHÍT- בְּרֵאשִׁית

וַיֹּ֣אמֶר אֱלֹהִ֗ים נַֽעֲשֶׂ֥ה אָדָ֛ם בְּצַלְמֵ֖נוּ כִּדְמוּתֵ֑נוּ וְיִרְדּוּ֩ בִדְגַ֨ת הַיָּ֜ם
וּבְע֣וֹף הַשָּׁמַ֗יִם וּבַבְּהֵמָה֙ וּבְכָל־הָאָ֔רֶץ וּבְכָל־הָרֶ֖מֶשׂ
עַל־הָאָֽרֶץ 1:26

VAYÓMER ELOHÍM NAÄSÉH ADÁM BETZALMÉNU KIDMUTÉNU VEIRDÚ BIDGÁT HAYÁM UBEÖF HASHAMÁIM UBABEHEMÁH UBEJÓL-HAÁRETZ UBEJÓL-HARÉMES HAROMÉS ÄL-HAÁRETZ

וַיִּבְרָ֨א אֱלֹהִ֤ים ׀ אֶת־הָֽאָדָם֙ בְּצַלְמ֔וֹ בְּצֶ֥לֶם אֱלֹהִ֖ים בָּרָ֣א אֹת֑וֹ זָכָ֥ר
וּנְקֵבָ֖ה בָּרָ֥א אֹתָֽם 1:27

VAYBRÁ ELOHÍM ET-HÁADAM BETZALMÓ BETZÉLEM ELOHÍM BARÁ OTÓ ZZAJÁR UNEKEBÁH BARÁ OTÁM

וַיְבָ֣רֶךְ אֹתָם֮ אֱלֹהִים֒ וַיֹּ֨אמֶר לָהֶ֜ם אֱלֹהִ֗ים פְּר֥וּ וּרְב֛וּ וּמִלְא֥וּ
אֶת־הָאָ֖רֶץ וְכִבְשֻׁ֑הָ וּרְד֞וּ בִּדְגַ֤ת הַיָּם֙ וּבְע֣וֹף הַשָּׁמַ֔יִם וּבְכָל־חַיָּ֖ה
הָֽרֹמֶ֥שֶׂת עַל־הָאָֽרֶץ 1:28

VAIBÁREJ OTÁM ELOHÍM VAYÓMER LAHÉM ELOHÍM PERÚ UREBÚ UMILÚ ET-HAÁRETZ VEJIBSHÚHA UREDÚ BIDGÁT HAYÁM UBEÖF HASHAMÁIM UBEJÓL-JAYÁH HAROMÉSET ÄL-HAÁRETZ

וַיֹּ֣אמֶר אֱלֹהִ֗ים הִנֵּה֩ נָתַ֨תִּי לָכֶ֜ם אֶת־כָּל־עֵ֣שֶׂב ׀ זֹרֵ֣עַ זֶ֗רַע אֲשֶׁר֙
עַל־פְּנֵ֣י כָל־הָאָ֔רֶץ וְאֶת־כָּל־הָעֵ֛ץ אֲשֶׁר־בּ֥וֹ פְרִי־עֵ֖ץ זֹרֵ֣עַ זָ֑רַע לָכֶ֥ם
יִֽהְיֶ֖ה לְאָכְלָֽה 1:29

VAYÓMER ELOHÍM HINÉH NATÁTI LAJÉM ET-KOL-ËSEB ZZORÉÄ ZZÉRÄ ASHÉR ÄL-PENÉI JOL-HAÁRETZ VEÉT-KOL-HAËTZ ASHÉR-BO FERÍ-ËTZ ZZORÉÄ ZZÁRÄ LAJÉM IHIÉH LEAJELÁH

וּֽלְכָל־חַיַּ֣ת הָ֠אָרֶץ וּלְכָל־ע֨וֹף הַשָּׁמַ֜יִם וּלְכֹ֣ל ׀ רוֹמֵ֣שׂ עַל־הָאָ֗רֶץ
אֲשֶׁר־בּוֹ֙ נֶ֣פֶשׁ חַיָּ֔ה אֶת־כָּל־יֶ֥רֶק עֵ֖שֶׂב לְאָכְלָ֑ה וַֽיְהִי־כֵֽן 1:30

ULEJÓL-JAYÁT HAÁRETZ ULEJÓL-ÖF HASHAMÁIM ULEJÓL ROMÉS ÄL-HAÁRETZ ASHÉR-BO NÉFESH JAYÁH ET-KOL-IÉREK ËSEB LEAJELÁH VAIHÍ-JEN

וַיַּ֤רְא אֱלֹהִים֙ אֶת־כָּל־אֲשֶׁ֣ר עָשָׂ֔ה וְהִנֵּה־ט֖וֹב מְאֹ֑ד וַֽיְהִי־עֶ֥רֶב
וַֽיְהִי־בֹ֖קֶר י֥וֹם הַשִּׁשִּֽׁי 1:31

VAYÁR ELOHÍM ET-KOL-ASHÉR ÄSÁH VEHÍNEH-TOB MEÓD VAIHÍ-ËREB VAIHÍ-BÓKER IÓM HASHISHÍ

CAPÍTULO 2

2:1 Fueron, pues, acabados los cielos y la tierra, y todo el componentes de ellos.

2:2 Y acabó Dios en el día séptimo la obra que hizo; y reposó el día séptimo de toda la obra que hizo.

2:3 Y bendijo Dios al día séptimo, y lo santificó, porque en él reposó de toda la obra que había hecho en la creación.

El hombre en el huerto del Edén

2:4 Estos son los orígenes de los cielos y de la tierra cuando fueron creados, el día que El Eterno Dios hizo la tierra y los cielos[5],

2:5 y toda planta del campo antes que fuese en la tierra, y toda hierba del campo antes que naciese; porque El Eterno Dios aún no había hecho llover sobre la tierra, ni había hombre para que labrase la tierra,

2:6 sino que subía de la tierra un vapor, el cual regaba toda la faz de la tierra.

2:7 Entonces El Eterno Dios formó al hombre del polvo de la tierra, y sopló en su nariz aliento de vida, y fue el hombre un ser viviente.

2:8 Y El Eterno Dios plantó un huerto en Edén, al oriente; y puso allí al hombre que había formado.

---

[5] **2:4 El Eterno:** El nombre יהוה (El Eterno) se forma al sobreponer las siguientes palabras הָיָה (HAIÁ=fue), הֹוֶה (HOVÉ=es) y יִהְיֶה (IHIÉH=será), aludiendo al carácter eterno de Dios.

BERESHÍT - בְּרֵאשִׁית

PÉREK 2 - פֶּרֶק ב

2:1 וַיְכֻלּוּ הַשָּׁמַיִם וְהָאָרֶץ וְכָל־צְבָאָם
VAIJULÚ HASHAMÁIM VEHAÁRETZ VEJÓL-TZEBAÁM

2:2 וַיְכַל אֱלֹהִים בַּיּוֹם הַשְּׁבִיעִי מְלַאכְתּוֹ אֲשֶׁר עָשָׂה וַיִּשְׁבֹּת בַּיּוֹם הַשְּׁבִיעִי מִכָּל־מְלַאכְתּוֹ אֲשֶׁר עָשָׂה
VAIJÁL ELOHÍM BAYÓM HASHEBIÏ MELAJTÓ ASHÉR ÄSÁH VAYSHBÓT BAYÓM HASHEBIÏ MIKÓL-MELAJTÓ ASHÉR ÄSÁH

2:3 וַיְבָרֶךְ אֱלֹהִים אֶת־יוֹם הַשְּׁבִיעִי וַיְקַדֵּשׁ אֹתוֹ כִּי בוֹ שָׁבַת מִכָּל־מְלַאכְתּוֹ אֲשֶׁר־בָּרָא אֱלֹהִים לַעֲשׂוֹת
VAIBÁREJ ELOHÍM ET-IÓM HASHEBIÏ VAIKADÉSH OTÓ KIBÓ SHABÁT MIKÓL-MELAJTÓ ASHÉR-BARÁ ELOHÍM LAÄSÓT

2:4 אֵלֶּה תוֹלְדוֹת הַשָּׁמַיִם וְהָאָרֶץ בְּהִבָּרְאָם בְּיוֹם עֲשׂוֹת יְהֹוָה אֱלֹהִים אֶרֶץ וְשָׁמָיִם
ÉLEH TOLEDÓT HASHAMÁIM VEHAÁRETZ BEHIBAREÁM BEIÓM ÄSÓT IHVH ELOHÍM ÉRETZ VESHAMÁIM

2:5 וְכֹל שִׂיחַ הַשָּׂדֶה טֶרֶם יִהְיֶה בָאָרֶץ וְכָל־עֵשֶׂב הַשָּׂדֶה טֶרֶם יִצְמָח כִּי לֹא הִמְטִיר יְהֹוָה אֱלֹהִים עַל־הָאָרֶץ וְאָדָם אַיִן לַעֲבֹד אֶת־הָאֲדָמָה
VEJÓL SÍAJ HASADÉH TÉREM IHIÉH BAÁRETZ VEJÓL-ËSEB HASADÉH TÉREM ITZMÁJ KI LO HIMTÍR IHVH ELOHÍM ÄL-HAÁRETZ VEADÁM ÁIN LAÄBÓD ET-HAADAMÁH

2:6 וְאֵד יַעֲלֶה מִן־הָאָרֶץ וְהִשְׁקָה אֶת־כָּל־פְּנֵי־הָאֲדָמָה
VEÉD IAÄLÉH MIN-HAÁRETZ VEHISHKÁH ET-KOL-PENÉI-HAADAMÁH

2:7 וַיִּיצֶר יְהֹוָה אֱלֹהִים אֶת־הָאָדָם עָפָר מִן־הָאֲדָמָה וַיִּפַּח בְּאַפָּיו נִשְׁמַת חַיִּים וַיְהִי הָאָדָם לְנֶפֶשׁ חַיָּה
VAYITZÉR IHVH ELOHÍM ET-HAADÁM ÄFÁR MIN-HAADAMÁH VAYPÁJ BEAPÁV NISHMÁT JAYÍM VAIHÍ HAADÁM LENÉFESH JAYÁH

2:8 וַיִּטַּע יְהֹוָה אֱלֹהִים גַּן־בְּעֵדֶן מִקֶּדֶם וַיָּשֶׂם שָׁם אֶת־הָאָדָם אֲשֶׁר יָצָר
VAYTÄ IHVH ELOHÍM GAN-BEËDEN MIKÉDEM VAYÁSEM SHAM ET-HAADÁM ASHÉR IATZÁR

2:9 Y El Eterno Dios hizo nacer de la tierra todo árbol delicioso a la vista, y bueno para comer; también el árbol de vida en medio del huerto, y el árbol del conocimiento del bien y del mal.

2:10 Y salía de Edén un río para regar el huerto, y de allí se repartía en cuatro brazos.

2:11 El nombre del uno era Pishón; éste es el que rodea toda la tierra de Javiláh, donde hay oro;

2:12 y el oro de aquella tierra es bueno; hay allí también bedelio y ónice[6].

2:13 El nombre del segundo río es Guijón; éste es el que rodea toda la tierra de Kush.

2:14 Y el nombre del tercer río es Jidékel; éste es el que va al oriente de Ashúr. Y el cuarto río es el Perát[7].

2:15 Tomó, pues, El Eterno Dios al hombre, y lo puso en el huerto de Edén, para que lo labrara y lo guardase.

2:16 Y mandó El Eterno Dios al hombre, diciendo: De todo árbol del huerto podrás comer;

2:17 mas del árbol de la ciencia del bien y del mal no comerás; porque el día que de él comieres, ciertamente morirás.

---

[6] **2:12 Bedelio y ónice:** Piedras preciosas.
[7] **2:14 Jidékel y Perát:** Según la tradición Jidékel es el Tigris y Perát es el Éufrates.

בְּרֵאשִׁית

וַיַּצְמַ֞ח יְהֹוָ֤ה אֱלֹהִים֙ מִן־הָ֣אֲדָמָ֔ה כָּל־עֵ֛ץ נֶחְמָ֥ד לְמַרְאֶ֖ה וְט֣וֹב לְמַאֲכָ֑ל וְעֵ֤ץ הַֽחַיִּים֙ בְּת֣וֹךְ הַגָּ֔ן וְעֵ֕ץ הַדַּ֖עַת ט֥וֹב וָרָֽע׃ 2:9

VAYATZMÁJ IHVH ELOHÍM MIN-HAADAMÁH KOL-ËTZ NEJMÁD LEMARÉH VETÓB LEMAAJÁL VEËTZ HÁJAYIM BETÓJ HAGÁN VEËTZ HADÄÄT TOB VARÄ

וְנָהָר֙ יֹצֵ֣א מֵעֵ֔דֶן לְהַשְׁק֖וֹת אֶת־הַגָּ֑ן וּמִשָּׁם֙ יִפָּרֵ֔ד וְהָיָ֖ה לְאַרְבָּעָ֥ה רָאשִֽׁים׃ 2:10

VENÁHAR IOTZÉ MEËDEN LEHASHKÓT ET-HAGÁN UMISHÁM IPARÉD VEHAIÁH LEARBAÄH RASHÍM

שֵׁ֥ם הָֽאֶחָ֖ד פִּישׁ֑וֹן ה֣וּא הַסֹּבֵ֗ב אֵ֚ת כָּל־אֶ֣רֶץ הַֽחֲוִילָ֔ה אֲשֶׁר־שָׁ֖ם הַזָּהָֽב׃ 2:11

SHEM HAEJÁD PISHÓN HU HASOBÉB ET KOL-ÉRETZ HAJAVILÁH ASHÉR-SHAM HAZZAHÁB

וּֽזֲהַ֛ב הָאָ֥רֶץ הַהִ֖וא ט֑וֹב שָׁ֥ם הַבְּדֹ֖לַח וְאֶ֥בֶן הַשֹּֽׁהַם׃ 2:12

UZZAHÁB HAÁRETZ HAHÍ TOB SHAM HABEDÓLAJ VEÉBEN HASHÓHAM

וְשֵֽׁם־הַנָּהָ֥ר הַשֵּׁנִ֖י גִּיח֑וֹן ה֣וּא הַסּוֹבֵ֔ב אֵ֖ת כָּל־אֶ֥רֶץ כּֽוּשׁ׃ 2:13

VESHÉM-HANAHÁR HASHENÍ GUIJÓN HU HASOBÉB ET KOL-ÉRETZ KUSH

וְשֵׁ֨ם הַנָּהָ֤ר הַשְּׁלִישִׁי֙ חִדֶּ֔קֶל ה֥וּא הַֽהֹלֵ֖ךְ קִדְמַ֣ת אַשּׁ֑וּר וְהַנָּהָ֥ר הָֽרְבִיעִ֖י ה֥וּא פְרָֽת׃ 2:14

VESHÉM HANAHÁR HASHELISHÍ JIDÉKEL HU HAHOLÉJ KIDMÁT ASHÚR VEHANAHÁR HÁREBIÏ HU FERÁT

וַיִּקַּ֛ח יְהֹוָ֥ה אֱלֹהִ֖ים אֶת־הָֽאָדָ֑ם וַיַּנִּחֵ֣הוּ בְגַן־עֵ֔דֶן לְעָבְדָ֖הּ וּלְשָׁמְרָֽהּ׃ 2:15

VAYKÁJ IHVH ELOHÍM ET-HAADÁM VAYANIJÉHU BEGÁN-ËDEN LEÄBEDÁH ULESHAMERÁH

וַיְצַו֙ יְהֹוָ֣ה אֱלֹהִ֔ים עַל־הָֽאָדָ֖ם לֵאמֹ֑ר מִכֹּ֥ל עֵֽץ־הַגָּ֖ן אָכֹ֥ל תֹּאכֵֽל׃ 2:16

VAITZÁV IHVH ELOHÍM ÄL-HAADÁM LEMÓR MIKÓL ËTZ-HAGÁN AJÓL TOJÉL

וּמֵעֵ֗ץ הַדַּ֙עַת֙ ט֣וֹב וָרָ֔ע לֹ֥א תֹאכַ֖ל מִמֶּ֑נּוּ כִּ֗י בְּי֛וֹם אֲכׇלְךָ֥ מִמֶּ֖נּוּ מ֥וֹת תָּמֽוּת׃ 2:17

UMEËTZ HADÄÄT TOB VARÄ LO TOJÁL MIMÉNU KI BEÍOM AJALEJÁ MIMÉNU MOT TAMÚT

2:18 Y dijo El Eterno Dios: No es bueno que el hombre esté solo; le haré ayuda idónea para él.

2:19 El Eterno Dios formó, pues, de la tierra toda bestia del campo, y toda ave de los cielos, y las trajo a *Adám* (Adán) para que viese cómo las había de llamar; y todo lo que *Adám* (Adán) llamó a los animales vivientes, ese es su nombre[8].

2:20 Y puso *Adám* (Adán) nombre a toda bestia y ave de los cielos y a todo ganado del campo; mas para *Adám* (Adán) no se halló ayuda idónea para él.

2:21 Entonces El Eterno Dios hizo caer sueño profundo sobre *Adám* (Adán), y mientras éste dormía, tomó una de sus costillas, y cerró la carne en su lugar[9].

2:22 Y de la costilla que El Eterno Dios tomó del hombre, hizo una mujer, y la trajo al hombre.

2:23 Dijo entonces *Adám* (Adán): Esto es ahora hueso de mis huesos y carne de mi carne; ésta será llamada *Isháh* (Mujer), porque del varón fue tomada[10].

2:24 Por tanto, dejará el hombre a su padre y a su madre, y se unirá a su mujer, y serán una sola carne[11].

2:25 Y estaban ambos desnudos, *Adám* (Adán) y su mujer, y no se avergonzaban.

---

[8] **2:19 *Adám*:** El nombre אָדָם (ADÁM) representa el origen del hombre: la tierra, que en hebreo es אֲדָמָה (ADAMÁH).

[9] **2:21 Costillas:** Dios durmió al hombre para que no vea el corte en su carne (del cual fue creada la mujer) evitando así, que éste la desprecie.

[10] **2:23 *Isháh*:** La palabra hebrea para mujer אִשָּׁה (ISHÁH) alude también a su origen: el hombre, palabra que en hebreo es אִישׁ (ISH).

[11] **2:24 Serán una sola carne:** El hombre y la mujer se convierten en una sola carne cuando alcanzan su máximo nivel de unión: al engendrar un hijo.

21 / BERESHÍT - בְּרֵאשִׁית

וַיֹּאמֶר יְהוָה אֱלֹהִים לֹא־טוֹב הֱיוֹת הָאָדָם לְבַדּוֹ אֶעֱשֶׂה־לּוֹ עֵזֶר כְּנֶגְדּוֹ 2:18

VAYÓMER IHVH ELOHÍM LO-TOB HEIÓT HAADÁM LEBADÓ EËSEH-LO ËZZER KENEGDÓ

וַיִּצֶר יְהוָה אֱלֹהִים מִן־הָאֲדָמָה כָּל־חַיַּת הַשָּׂדֶה וְאֵת כָּל־עוֹף הַשָּׁמַיִם וַיָּבֵא אֶל־הָאָדָם לִרְאוֹת מַה־יִּקְרָא־לוֹ וְכֹל אֲשֶׁר יִקְרָא־לוֹ הָאָדָם נֶפֶשׁ חַיָּה הוּא שְׁמוֹ 2:19

VAÍTZER IHVH ELOHÍM MIN-HAADAMÁH KOL-JAYÁT HASADÉH VEÉT KOL-ÖF HASHAMÁIM VAYABÉ EL-HAADÁM LIRÓT MAH-IKRÁ-LO VEJÓL ASHÉR IKRÁ-LO HAADÁM NÉFESH JAYÁH HU SHEMÓ

וַיִּקְרָא הָאָדָם שֵׁמוֹת לְכָל־הַבְּהֵמָה וּלְעוֹף הַשָּׁמַיִם וּלְכֹל חַיַּת הַשָּׂדֶה וּלְאָדָם לֹא־מָצָא עֵזֶר כְּנֶגְדּוֹ 2:20

VAYKRÁ HAADÁM SHEMÓT LEJÓL-HABEHEMÁH ULEÖF HASHAMÁIM ULEJÓL JAYÁT HASADÉH ULEADÁM LO-MATZÁ ËZZER KENEGDÓ

וַיַּפֵּל יְהוָה אֱלֹהִים תַּרְדֵּמָה עַל־הָאָדָם וַיִּישָׁן וַיִּקַּח אַחַת מִצַּלְעֹתָיו וַיִּסְגֹּר בָּשָׂר תַּחְתֶּנָּה 2:21

VAYAPÉL IHVH ELOHÍM TARDEMÁH ÄL-HAADÁM VAYSHÁN VAYKÁJ AJÁT MITZALÖTÁV VAYSGÓR BASÁR TAJTÉNAH

וַיִּבֶן יְהוָה אֱלֹהִים אֶת־הַצֵּלָע אֲשֶׁר־לָקַח מִן־הָאָדָם לְאִשָּׁה וַיְבִאֶהָ אֶל־הָאָדָם 2:22

VAYBEN IHVH ELOHÍM ET-HATZELÄ ASHÉR-LAKÁJ MIN-HAADÁM LEISHÁH VAIBIÉHA EL-HAADÁM

וַיֹּאמֶר הָאָדָם זֹאת הַפַּעַם עֶצֶם מֵעֲצָמַי וּבָשָׂר מִבְּשָׂרִי לְזֹאת יִקָּרֵא אִשָּׁה כִּי מֵאִישׁ לֻקֳחָה־זֹּאת 2:23

VAYÓMER HÁADAM ZZOT HAPÁÄM ËTZEM MEÄTZAMÁI UBASÁR MIBESARÍ LEZZÓT IKARÉ ISHÁH KI MEÍSH LÚKAJAH-ZZOT

עַל־כֵּן יַעֲזָב־אִישׁ אֶת־אָבִיו וְאֶת־אִמּוֹ וְדָבַק בְּאִשְׁתּוֹ וְהָיוּ לְבָשָׂר אֶחָד 2:24

ÄL-KEN IÄÄZZAB-ISH ET-ABÍV VEÉT-IMÓ VEDABÁK BEISHTÓ VEHAÍU LEBASÁR EJÁD

וַיִּהְיוּ שְׁנֵיהֶם עֲרוּמִּים הָאָדָם וְאִשְׁתּוֹ וְלֹא יִתְבֹּשָׁשׁוּ 2:25

VAYIHÍU SHENEIHÉM ÄRUMÍM HAADÁM VEISHTÓ VELÓ ITBOSHÁSHU

CAPÍTULO 3

Desobediencia del hombre

3:1 Pero la serpiente era astuta, más que todos los animales del campo que El Eterno Dios había hecho; la cual dijo a la mujer: ¿Conque Dios os ha dicho: No comáis de todo árbol del huerto?
3:2 Y la mujer respondió a la serpiente: Del fruto de los árboles del huerto podemos comer;
3:3 pero del fruto del árbol que está en medio del huerto dijo Dios: No comeréis de él, ni le tocaréis, para que no muráis.
3:4 Entonces la serpiente dijo a la mujer: No moriréis;
3:5 sino que sabe Dios que el día que comáis de él, serán abiertos vuestros ojos, y seréis como Dios, sabiendo el bien y el mal.
3:6 Y vio la mujer que el árbol era bueno para comer, y que era agradable a los ojos, y árbol codiciable para alcanzar la sabiduría; y tomó de su fruto, y comió; y dio también a su marido, el cual comió así como ella.
3:7 Entonces fueron abiertos los ojos de ambos, y conocieron que estaban desnudos; entonces cosieron hojas de higuera, y se hicieron delantales.
3:8 Y oyeron la voz de El Eterno Dios que se paseaba en el huerto, al aire del día; y el hombre y su mujer se escondieron de la presencia de El Eterno Dios entre los árboles del huerto.

PÉREK 3 - פֶּרֶק ג

3:1 וְהַנָּחָשׁ֙ הָיָ֣ה עָר֔וּם מִכֹּל֙ חַיַּ֣ת הַשָּׂדֶ֔ה אֲשֶׁ֥ר עָשָׂ֖ה יְהוָ֣ה אֱלֹהִ֑ים וַיֹּ֙אמֶר֙ אֶל־הָ֣אִשָּׁ֔ה אַ֚ף כִּֽי־אָמַ֣ר אֱלֹהִ֔ים לֹ֣א תֹֽאכְל֔וּ מִכֹּ֖ל עֵ֥ץ הַגָּֽן
VEHANAJÁSH HAIÁH ÄRÚM MIKÓL JAYÁT HASADÉH ASHÉR ÄSÁH IHVH ELOHÍM VAYÓMER EL-HAISHÁH AF KI-AMÁR ELOHÍM LO TÓJLU MIKÓL ËTZ HAGÁN

3:2 וַתֹּ֥אמֶר הָֽאִשָּׁ֖ה אֶל־הַנָּחָ֑שׁ מִפְּרִ֥י עֵֽץ־הַגָּ֖ן נֹאכֵֽל
VATÓMER HAISHÁH EL-HANAJÁSH MIPERÍ ËTZ-HAGÁN NOJÉL

3:3 וּמִפְּרִ֣י הָעֵץ֮ אֲשֶׁ֣ר בְּתוֹךְ־הַגָּן֒ אָמַ֣ר אֱלֹהִ֗ים לֹ֤א תֹֽאכְלוּ֙ מִמֶּ֔נּוּ וְלֹ֥א תִגְּע֖וּ בּ֑וֹ פֶּן־תְּמֻתֽוּן
UMIPERÍ HAËTZ ASHÉR BETÓJ-HAGÁN AMÁR ELOHÍM LO TÓJLU MIMÉNU VELÓ TIGUEÜ BO PEN-TEMUTÚN

3:4 וַיֹּ֥אמֶר הַנָּחָ֖שׁ אֶל־הָֽאִשָּׁ֑ה לֹֽא־מ֖וֹת תְּמֻתֽוּן
VAYÓMER HANAJÁSH EL-HAISHÁH LO-MOT TEMUTÚN

3:5 כִּ֚י יֹדֵ֣עַ אֱלֹהִ֔ים כִּ֗י בְּיוֹם֙ אֲכָלְכֶ֣ם מִמֶּ֔נּוּ וְנִפְקְח֖וּ עֵֽינֵיכֶ֑ם וִהְיִיתֶם֙ כֵּֽאלֹהִ֔ים יֹדְעֵ֖י ט֥וֹב וָרָֽע
KI IODÉÄ ELOHÍM KI BEIÓM AJALEJÉM MIMÉNU VENIFKEJÚ ËINEIJÉM VIHÍTEM KELOHÍM IODEËI TOB VARÄ

3:6 וַתֵּ֣רֶא הָֽאִשָּׁ֡ה כִּ֣י טוֹב֩ הָעֵ֨ץ לְמַאֲכָ֜ל וְכִ֧י תַֽאֲוָה־ה֣וּא לָעֵינַ֗יִם וְנֶחְמָ֤ד הָעֵץ֙ לְהַשְׂכִּ֔יל וַתִּקַּ֥ח מִפִּרְי֖וֹ וַתֹּאכַ֑ל וַתִּתֵּ֧ן גַּם־לְאִישָׁ֛הּ עִמָּ֖הּ וַיֹּאכַֽל
VATÉRE HAISHÁH KI TOB HAËTZ LEMAAJÁL VEJÍ TÁAVAH-HU LAËINÁIM VENEJMÁD HAËTZ LEHASKÍL VATIKÁJ MIPIRÍO VATOJÁL VATITÉN GAM-LEISHÁH ÏMÁH VAYOJÁL

3:7 וַתִּפָּקַ֙חְנָה֙ עֵינֵ֣י שְׁנֵיהֶ֔ם וַיֵּ֣דְע֔וּ כִּ֥י עֵֽירֻמִּ֖ם הֵ֑ם וַֽיִּתְפְּרוּ֙ עֲלֵ֣ה תְאֵנָ֔ה וַיַּעֲשׂ֥וּ לָהֶ֖ם חֲגֹרֹֽת
VATIPAKÁJNAH ËINÉI SHENEIHÉM VAYÉDÜ KI ËIRUMÍM HEM VAYITPERÚ ÄLÉH TEENÁH VAYAÄSÚ LAHÉM JAGORÓT

3:8 וַֽיִּשְׁמְע֞וּ אֶת־ק֨וֹל יְהוָ֧ה אֱלֹהִ֛ים מִתְהַלֵּ֥ךְ בַּגָּ֖ן לְר֣וּחַ הַיּ֑וֹם וַיִּתְחַבֵּ֨א הָֽאָדָ֜ם וְאִשְׁתּ֗וֹ מִפְּנֵי֙ יְהוָ֣ה אֱלֹהִ֔ים בְּת֖וֹךְ עֵ֥ץ הַגָּֽן
VÁYSHMEÜ ET-KOL IHVH ELOHÍM MITHALÉJ BAGÁN LERÚAJ HAYÓM VAYTJABÉ HAADÁM VEISHTÓ MIPENÉI IHVH ELOHÍM BETÓJ ËTZ HAGÁN

3:9 Mas El Eterno Dios llamó al hombre, y le dijo: ¿Dónde estás tú?[12]

3:10 Y él respondió: Oí tu voz en el huerto, y tuve miedo, porque estaba desnudo; y me escondí.

3:11 Y Dios le dijo: ¿Quién te enseñó que estabas desnudo? ¿Has comido del árbol de que yo te mandé no comieses?

3:12 Y el hombre respondió: La mujer que me diste por compañera me dio del árbol, y yo comí.

3:13 Entonces El Eterno Dios dijo a la mujer: ¿Qué es lo que has hecho? Y dijo la mujer: La serpiente me engañó, y comí[13].

3:14 Y El Eterno Dios dijo a la serpiente: Por cuanto esto hiciste, maldita serás entre todas las bestias y entre todos los animales del campo; sobre tu pecho andarás, y polvo comerás todos los días de tu vida.

3:15 Y pondré enemistad entre ti y la mujer, y entre tu simiente y la simiente suya; ésta te herirá en la cabeza, y tú le herirás en el talón.

3:16 A la mujer dijo: Multiplicaré en gran manera los dolores en tus preñeces; con dolor darás a luz los hijos; y tu deseo será para tu marido, y él se enseñoreará de ti.

---

[12] **3:9 ¿Dónde estás tú?:** Desde los comienzos de la historia Dios nos pregunta constantemente: "¿Hacia dónde estás dirigiendo tu vida?", "¿Hacia dónde estás corriendo?", es decir, supérate y corrige tus acciones.

[13] **3:13 Me engañó, y comí:** Esta nunca debe ser nuestra actitud, pues debemos comportarnos como personas responsables y no culpar a otros por nuestros errores.

25 / BERESHÍT - בְּרֵאשִׁית

3:9 וַיִּקְרָ֛א יְהֹוָ֥ה אֱלֹהִ֖ים אֶל־הָֽאָדָ֑ם וַיֹּ֥אמֶר ל֖וֹ אַיֶּֽכָּה

VAYKRÁ IHVH ELOHÍM EL-HAADÁM VAYÓMER LO AYÉKAH

3:10 וַיֹּ֕אמֶר אֶת־קֹלְךָ֥ שָׁמַ֖עְתִּי בַּגָּ֑ן וָאִירָ֛א כִּֽי־עֵירֹ֥ם אָנֹ֖כִי וָאֵֽחָבֵֽא

VAYÓMER ET-KOLJÁ SHAMÄTI BAGÁN VAIRÁ KI-ËIRÓM ANÓJI VAEJÁBE

3:11 וַיֹּ֕אמֶר מִ֚י הִגִּ֣יד לְךָ֔ כִּ֥י עֵירֹ֖ם אָ֑תָּה הֲמִן־הָעֵ֗ץ אֲשֶׁ֧ר צִוִּיתִ֛יךָ לְבִלְתִּ֥י אֲכָל־מִמֶּ֖נּוּ אָכָֽלְתָּ

VAYÓMER MI HIGUÍD LEJÁ KI ËIRÓM ÁTAH HAMÍN-HAËTZ ASHÉR TZIVITÍJA
LEBILTÍ AJÁL-MIMÉNU AJÁLTA

3:12 וַיֹּ֖אמֶר הָֽאָדָ֑ם הָֽאִשָּׁה֙ אֲשֶׁ֣ר נָתַ֣תָּה עִמָּדִ֔י הִ֛וא נָֽתְנָה־לִּ֥י מִן־הָעֵ֖ץ וָאֹכֵֽל

VAYÓMER HAADÁM HAISHÁH ASHÉR NATÁTAH ÏMADÍ HI NÁTENAH-LI MIN-
HAËTZ VAOJÉL

3:13 וַיֹּ֨אמֶר יְהֹוָ֧ה אֱלֹהִ֛ים לָֽאִשָּׁ֖ה מַה־זֹּ֣את עָשִׂ֑ית וַתֹּ֨אמֶר֙ הָֽאִשָּׁ֔ה הַנָּחָ֥שׁ הִשִּׁיאַ֖נִי וָאֹכֵֽל

VAYÓMER IHVH ELOHÍM LAISHÁH MAH-ZZOT ÄSÍT VATÓMER HAISHÁH
HANAJÁSH HISHIÁNI VAOJÉL

3:14 וַיֹּאמֶר֩ יְהֹוָ֨ה אֱלֹהִ֥ים ׀ אֶֽל־הַנָּחָשׁ֮ כִּ֣י עָשִׂ֣יתָ זֹּאת֒ אָר֤וּר אַתָּה֙ מִכָּל־הַבְּהֵמָ֔ה וּמִכֹּ֖ל חַיַּ֣ת הַשָּׂדֶ֑ה עַל־גְּחֹנְךָ֣ תֵלֵ֔ךְ וְעָפָ֥ר תֹּאכַ֖ל כָּל־יְמֵ֥י חַיֶּֽיךָ

VAYÓMER IHVH ELOHÍM EL-HANAJÁSH KI ÄSÍTA ZZOT ARÚR ATÁH MIKÓL-
HABEHEMÁH UMIKÓL JAYÁT HASADÉ ÄL-GUEJONJÁ TELÉJ VEÄFÁR TOJÁL KOL-
IEMÉI JAYÉJA

3:15 וְאֵיבָ֣ה ׀ אָשִׁ֗ית בֵּֽינְךָ֙ וּבֵ֣ין הָֽאִשָּׁ֔ה וּבֵ֥ין זַרְעֲךָ֖ וּבֵ֣ין זַרְעָ֑הּ ה֚וּא יְשֽׁוּפְךָ֣ רֹ֔אשׁ וְאַתָּ֖ה תְּשׁוּפֶ֥נּוּ עָקֵֽב

VEEIBÁH ASHÍT BEINJÁ UBÉIN HAISHÁH UBÉIN ZZARÄJÁ UBÉIN ZZAREÄH IIU
IESHUFEJÁ RÓSH VEATÁH TESHUFÉNU ÄKEB

3:16 אֶֽל־הָאִשָּׁ֣ה אָמַ֗ר הַרְבָּ֤ה אַרְבֶּה֙ עִצְּבוֹנֵ֣ךְ וְהֵֽרֹנֵ֔ךְ בְּעֶ֖צֶב תֵּֽלְדִ֣י בָנִ֑ים וְאֶל־אִישֵׁךְ֙ תְּשׁ֣וּקָתֵ֔ךְ וְה֖וּא יִמְשָׁל־בָּֽךְ

EL-HAISHÁH AMÁR HARBÁH AREBÉH ÏTZEBONÉJ VEHERONÉJ BEËTZEB TELDÍ
BANÍM VEÉL-ISHÉJ TESHUKATÉJ VEIIÚ IMSHÁL-BAJ

26 / BERESHÍT-בְּרֵאשִׁית

3:17 Y al hombre dijo: Por cuanto obedeciste a la voz de tu mujer, y comiste del árbol de que te mandé diciendo: No comerás de él; maldita será la tierra por tu causa; con dolor comerás de ella todos los días de tu vida.

3:18 Espinos y cardos te producirá, y comerás plantas del campo.

3:19 Con el sudor de tu rostro comerás el pan hasta que vuelvas a la tierra, porque de ella fuiste tomado; pues polvo eres, y al polvo volverás[14].

3:20 Y llamó *Adám* (Adán) el nombre de su mujer, *Javáh* (Eva), por cuanto ella era madre de todos los vivientes[15].

3:21 Y El Eterno Dios hizo al hombre y a su mujer túnicas de pieles, y los vistió.

3:22 Y dijo El Eterno Dios: He aquí el hombre es como uno de nosotros, sabiendo el bien y el mal; ahora, pues, que no alargue su mano, y tome también del árbol de la vida, y coma, y viva para siempre.

3:23 Y lo sacó El Eterno del huerto del Edén, para que labrase la tierra de que fue tomado.

3:24 Echó, pues, fuera al hombre, y puso al oriente del huerto de Edén a los kerubím, y una espada encendida que se volteaba por todos lados, para guardar el camino del árbol de la vida[16].

---

[14] **3:19 Con el sudor de tu rostro:** De este versículo aprendemos que el trabajo es una maldición. Por esta razón, debemos estar siempre conscientes de que éste corresponde sólo a un medio para sustentarnos y no un fin en sí mismo.

[15] **3:20 El nombre de su mujer, *Javáh*:** חַוָּה (JAVÁH) viene de la palabra חַיָּה (JAYÁH) que es vida, pues ella es la madre de la humanidad.

[16] **3:24 Kerubím:** Es un tipo de ángel. En este contexto se refiere a ángeles de destrucción.

3:17
וּלְאָדָ֣ם אָמַ֗ר כִּֽי־שָׁמַעְתָּ֮ לְק֣וֹל אִשְׁתֶּךָ֒ וַתֹּ֙אכַל֙ מִן־הָעֵ֔ץ אֲשֶׁ֤ר צִוִּיתִ֙יךָ֙ לֵאמֹ֔ר לֹ֥א תֹאכַ֖ל מִמֶּ֑נּוּ אֲרוּרָ֤ה הָֽאֲדָמָה֙ בַּֽעֲבוּרֶ֔ךָ בְּעִצָּבוֹן֙ תֹּֽאכְלֶ֔נָּה כֹּ֖ל יְמֵ֥י חַיֶּֽיךָ

ULEADÁM AMÁR KI-SHAMÄTA LEKÓL ISHTEJÁ VATÓJAL MIN-HAËTZ ASHÉR TZIVITÍJA LEMÓR LO TOJÁL MIMÉNU ARURÁH HÁADAMAH BAÄBURÉJA BEÏTZABÓN TOJALÉNAH KOL IEMÉI JAIÉJA

3:18
וְק֥וֹץ וְדַרְדַּ֖ר תַּצְמִ֣יחַֽ לָ֑ךְ וְאָכַלְתָּ֖ אֶת־עֵ֥שֶׂב הַשָּׂדֶֽה

VEKÓTZ VEDARDÁR TATZEMÍAJ LAJ VEAJALTÁ ET-ËSEB HASADÉH

3:19
בְּזֵעַ֤ת אַפֶּ֙יךָ֙ תֹּ֣אכַל לֶ֔חֶם עַ֤ד שֽׁוּבְךָ֙ אֶל־הָ֣אֲדָמָ֔ה כִּ֥י מִמֶּ֖נָּה לֻקָּ֑חְתָּ כִּֽי־עָפָ֣ר אַ֔תָּה וְאֶל־עָפָ֖ר תָּשֽׁוּב

BEZZEÄT APÉIJA TÓJAL LÉJEM ÄD SHUBEJÁ EL-HAADAMÁH KI MIMÉNAH LUKÁJETA KI-ÄFÁR ATAH VEÉL-ÄFÁR TASHÚB

3:20
וַיִּקְרָ֧א הָֽאָדָ֛ם שֵׁ֥ם אִשְׁתּ֖וֹ חַוָּ֑ה כִּ֛י הִ֥וא הָֽיְתָ֖ה אֵ֥ם כָּל־חָֽי

VAYKRÁ HAADÁM SHEM ISHTÓ JAVÁH KI HI HAITÁH EM KOL-JÁI

3:21
וַיַּעַשׂ֩ יְהֹוָ֨ה אֱלֹהִ֜ים לְאָדָ֧ם וּלְאִשְׁתּ֛וֹ כָּתְנ֥וֹת ע֖וֹר וַיַּלְבִּשֵֽׁם

VAYAÄS IHVH ELOHÍM LEADÁM ULEISHTÓ KATENÓT ÖR VAYALBISHÉM

3:22
וַיֹּ֣אמֶר ׀ יְהֹוָ֣ה אֱלֹהִ֗ים הֵ֤ן הָֽאָדָם֙ הָיָה֙ כְּאַחַ֣ד מִמֶּ֔נּוּ לָדַ֖עַת ט֣וֹב וָרָ֑ע וְעַתָּ֣ה ׀ פֶּן־יִשְׁלַ֣ח יָד֗וֹ וְלָקַח֙ גַּ֚ם מֵעֵ֣ץ הַֽחַיִּ֔ים וְאָכַ֖ל וָחַ֥י לְעֹלָֽם

VAYÓMER IHVH ELOHÍM HEN HÁADAM HAIÁH KEAJÁD MIMÉNU LADÄAT TOB VARÄ VEÄTÁH PEN-ISHLÁJ IADÓ VELAKÁJ GAM MEËTZ HAJAYÍM VEAJÁL VAJÁI LEÖLÁM

3:23
וַֽיְשַׁלְּחֵ֛הוּ יְהֹוָ֥ה אֱלֹהִ֖ים מִגַּן־עֵ֑דֶן לַֽעֲבֹד֙ אֶת־הָ֣אֲדָמָ֔ה אֲשֶׁ֥ר לֻקַּ֖ח מִשָּֽׁם

VAISHALEJÉHU IHVH ELOHÍM MIGÁN-ËDEN LÁÄBOD ET-HAADAMÁH ASHÉR LUKÁJ MISHÁM

3:24
וַיְגָ֖רֶשׁ אֶת־הָֽאָדָ֑ם וַיַּשְׁכֵּן֩ מִקֶּ֨דֶם לְגַן־עֵ֜דֶן אֶת־הַכְּרֻבִ֗ים וְאֵ֨ת לַ֤הַט הַחֶ֙רֶב֙ הַמִּתְהַפֶּ֔כֶת לִשְׁמֹ֕ר אֶת־דֶּ֖רֶךְ עֵ֥ץ הַֽחַיִּֽים

VAIGÁRESH ET-HAADÁM VAYASHKÉN MIKÉDEM LEGÁN-ËDEN ET-HAKERUBÍM VEÉT LÁHAT HAJÉREB HAMITHAPÉJET LISHMÓR ET-DÉREJ ËTZ HAJAYÍM

CAPÍTULO 4

Káin y Hébel

4:1 Conoció *Adám* (Adán) a su mujer *Javáh* (Eva), la cual concibió y dio a luz a *Káin*, y dijo: Por voluntad de El Eterno he adquirido varón[17].

4:2 Después dio a luz a su hermano a *Hébel*. Y *Hébel* fue pastor de ovejas, y *Káin* fue labrador de la tierra.

4:3 Y aconteció andando el tiempo, que *Káin* trajo del fruto de la tierra una ofrenda a El Eterno.

4:4 Y *Hébel* trajo también de los primogénitos de sus ovejas, de lo más gordo de ellas. Y miró El Eterno con agrado a *Hébel* y a su ofrenda;

4:5 pero no miró con agrado a *Káin* y a la ofrenda suya. Y se ensañó *Káin* en gran manera, y decayó su semblante.

4:6 Entonces El Eterno dijo a *Káin*: ¿Por qué te has ensañado, y por qué ha decaído tu semblante?

4:7 Si bien hicieres, ¿no serás enaltecido? y si no hicieres bien, el pecado está acechándote;él te desea, mas tu puedes vencerlo [18].

4:8 Y dijo *Káin* a su hermano *Hébel*: Salgamos al campo. Y aconteció que estando ellos en el campo, *Káin* se levantó contra su hermano *Hébel*, y lo mató.

---

[17] **4:1 Conoció:** Según éste contexto -donde un hombre "conoce" a una mujer- esta palabra se interpreta como "cohabitó con ella".
Káin: *Káin* viene de la palabra קָנָה (KANÁH=Adquirir).
4:1-2 A Káin ... a su hermano a Hébel: Según la tradición junto a *Káin* nació una melliza, y junto a *Hébel* dos. De esta forma pudo reproducirse la especie humana. (Aunque las relaciones entre hermanos estan prohibidas, en esta ocasión se permitieron para perpetuar la especie humana)

[18] **4:7 El pecado está acechándote:** La inclinación al mal desea hacerte caer, sin embargo, tu puedes auto controlarte y vencerla.

29 / BERESHÍT - בְּרֵאשִׁית

פֶּרֶק 4 - PÉREK 4

4:1 וְהָאָדָם יָדַע אֶת־חַוָּה אִשְׁתּוֹ וַתַּהַר וַתֵּלֶד אֶת־קַיִן וַתֹּאמֶר קָנִיתִי אִישׁ אֶת־יְהוָה

VEHAADÁM IADÄ ET-JAVÁH ISHTÓ VATÁHAR VATÉLED ET-KÁIN VATÓMER KANÍTI ISH ET-IHVH

4:2 וַתֹּסֶף לָלֶדֶת אֶת־אָחִיו אֶת־הָבֶל וַיְהִי־הֶבֶל רֹעֵה צֹאן וְקַיִן הָיָה עֹבֵד אֲדָמָה

VATÓSEF LALÉDET ET-AJÍV ET-HÁBEL VAIHÍ-HÉBEL RÓËH TZON VEKÁIN HAIÁH ÖBÉD ADAMÁH

4:3 וַיְהִי מִקֵּץ יָמִים וַיָּבֵא קַיִן מִפְּרִי הָאֲדָמָה מִנְחָה לַיהוָה

VAIHÍ MIKÉTZ IAMÍM VAYABÉ KÁIN MIPERÍ HAADAMÁH MINJÁH LA-IHVH

4:4 וְהֶבֶל הֵבִיא גַם־הוּא מִבְּכֹרוֹת צֹאנוֹ וּמֵחֶלְבֵהֶן וַיִּשַׁע יְהוָה אֶל־הֶבֶל וְאֶל־מִנְחָתוֹ

VEHÉBEL HEBÍ GAM-HU MIBEJORÓT TZONÓ UMEJELBEHÉN VAÍSHÄ IHVH EL-HÉBEL VEÉL-MINJATÓ

4:5 וְאֶל־קַיִן וְאֶל־מִנְחָתוֹ לֹא שָׁעָה וַיִּחַר לְקַיִן מְאֹד וַיִּפְּלוּ פָּנָיו

VEÉL-KÁIN VEÉL-MINJATÓ LO SHAÄH VAÍJAR LEKÁIN MEÓD VAIPELÚ PANÁV

4:6 וַיֹּאמֶר יְהוָה אֶל־קָיִן לָמָּה חָרָה לָךְ וְלָמָּה נָפְלוּ פָנֶיךָ

VAYÓMER IHVH EL-KÁIN LÁMAH JÁRAH LAJ VELÁMAH NAFELÚ FANÉIJA

4:7 הֲלוֹא אִם־תֵּיטִיב שְׂאֵת וְאִם לֹא תֵיטִיב לַפֶּתַח חַטָּאת רֹבֵץ וְאֵלֶיךָ תְּשׁוּקָתוֹ וְאַתָּה תִּמְשָׁל־בּוֹ

HALÓ IM-TEITÍB SEÉT VEÍM LO TEITÍB LAPÉTAJ JATÁT ROBÉTZ VEELÉIJA TESHUKATÓ VEATÁH TIMSHÁL-BO

4:8 וַיֹּאמֶר קַיִן אֶל־הֶבֶל אָחִיו וַיְהִי בִּהְיוֹתָם בַּשָּׂדֶה וַיָּקָם קַיִן אֶל־הֶבֶל אָחִיו וַיַּהַרְגֵהוּ

VAYÓMER KÁIN EL-HÉBEL AJÍV VAIHÍ BIHIOTÁM BASADÉH VAYÁKAM KÁIN EL-HÉBEL AJÍV VAYAHARGUÉHU

4:9 Y El Eterno dijo a *Káin*: ¿Dónde está *Hébel* tu hermano? Y él respondió: No sé. ¿Acaso soy el guardián de mi hermano?[19]

4:10 Y él le dijo: ¿Qué has hecho? La voz de la sangre de tu hermano clama a mí desde la tierra[20].

4:11 Ahora, pues, maldito eres tú más que la tierra, que abrió su boca para recibir de tu mano la sangre de tu hermano.

4:12 Cuando labres la tierra, no te volverá a dar su fuerza; errante y extranjero serás en la tierra.

4:13 Y dijo *Káin* a El Eterno: Grande es mi castigo para ser soportado.

4:14 He aquí me echas hoy de la tierra, ¿puedo acaso esconderme de tu presencia?, seré errante y extranjero en la tierra; y sucederá que cualquiera que me hallare, me matará.

4:15 Y le respondió El Eterno: Ciertamente cualquiera que matare a *Káin*, siete veces será vengado. Entonces El Eterno puso señal en *Káin*, para que no lo matase cualquiera que le hallara[21].

4:16 Salió, pues, *Káin* de delante de El Eterno, y habitó en tierra de Nod, al oriente de Edén.

4:17 Y conoció *Káin* a su mujer, la cual concibió y dio a luz a *Janój*; y edificó una ciudad, y llamó el nombre de la ciudad del nombre de su hijo, *Janój*.

---

[19] **4:9 ¿Acaso soy el guardián de mi hermano?:** Esta nunca debe ser nuestra respuesta, pues como seres humanos tenemos la obligación de ayudar y preocuparnos por nuestro prójimo.

[20] **4:10 La sangre de tu hermano clama:** Cuando una persona es asesinada, no sólo su sangre clama a Dios, sino también la sangre de sus potenciales descendientes.

[21] **4:15 Siete veces:** Quien mate ahora a *Káin* será castigado, pues sólo después de siete generaciones es cuando *Káin* deberá ser castigado por haber matado a su hermano. En efecto, *Lémej*, durante la séptima generación de *Káin*, mató involuntariamente a éste y a su hijo, *Túbal-Káin* (ver 4:23).

31 / BERESHÍT- בְּרֵאשִׁית

4:9 וַיֹּאמֶר יְהוָה אֶל־קַיִן אֵי הֶבֶל אָחִיךָ וַיֹּאמֶר לֹא יָדַעְתִּי הֲשֹׁמֵר אָחִי אָנֹכִי

VAYÓMER IHVH EL-KÁIN ÉI HÉBEL AJÍJA VAYÓMER LO IADÁTI HASHOMÉR AJÍ ANÓJI

4:10 וַיֹּאמֶר מֶה עָשִׂיתָ קוֹל דְּמֵי אָחִיךָ צֹעֲקִים אֵלַי מִן־הָאֲדָמָה

VAYÓMER MEH ÄSÍTA KOL DEMÉI AJÍJA TZOÄKÍM ELÁI MIN-HAADAMÁH

4:11 וְעַתָּה אָרוּר אָתָּה מִן־הָאֲדָמָה אֲשֶׁר פָּצְתָה אֶת־פִּיהָ לָקַחַת אֶת־דְּמֵי אָחִיךָ מִיָּדֶךָ

VEÄTÁH ARÚR ÁTAH MIN-HÁADAMAH ASHÉR PATZETÁH ET-PÍHA LAKÁJAT ET-DEMÉI AJÍJA MIYADÉJA

4:12 כִּי תַעֲבֹד אֶת־הָאֲדָמָה לֹא־תֹסֵף תֵּת־כֹּחָהּ לָךְ נָע וָנָד תִּהְיֶה בָאָרֶץ

KI TÄÄBOD ET-HAADAMÁH LO-TOSÉF TET-KOJÁH LAJ NÄ VANÁD TIHIÉH BAÁRETZ

4:13 וַיֹּאמֶר קַיִן אֶל־יְהוָה גָּדוֹל עֲוֹנִי מִנְּשֹׂא

VAYÓMER KÁIN EL-IHVH GADÓL ÄVONÍ MINESÓ

4:14 הֵן גֵּרַשְׁתָּ אֹתִי הַיּוֹם מֵעַל פְּנֵי הָאֲדָמָה וּמִפָּנֶיךָ אֶסָּתֵר וְהָיִיתִי נָע וָנָד בָּאָרֶץ וְהָיָה כָל־מֹצְאִי יַהַרְגֵנִי

HEN GUERÁSHTA OTÍ HAYÓM MEÄL PENÉI HAADAMÁH UMIPANÉIJA ESATÉR VEHAÍITI NÄ VANÁD BAÁRETZ VEHAIÁH JOL-MOTZÍH IAHARGUÉNI

4:15 וַיֹּאמֶר לוֹ יְהוָה לָכֵן כָּל־הֹרֵג קַיִן שִׁבְעָתַיִם יֻקָּם וַיָּשֶׂם יְהוָה לְקַיִן אוֹת לְבִלְתִּי הַכּוֹת־אֹתוֹ כָּל־מֹצְאוֹ

VAYÓMER LO IHVH LAJÉN KOL-HORÉG KÁIN SHIBÄTÁIM IUKÁM VAYÁSEM IHVH LEKÁIN OT LEBILTÍ HAKÓT-OTÓ KOL-MOTZÓ

4:16 וַיֵּצֵא קַיִן מִלִּפְנֵי יְהוָה וַיֵּשֶׁב בְּאֶרֶץ־נוֹד קִדְמַת־עֵדֶן

VAYÉTZE KÁIN MILIFNÉI IHVH VAYÉSHEB BEÉRETZ-NOD KIDMÁT-ËDEN

4:17 וַיֵּדַע קַיִן אֶת־אִשְׁתּוֹ וַתַּהַר וַתֵּלֶד אֶת־חֲנוֹךְ וַיְהִי בֹּנֶה עִיר וַיִּקְרָא שֵׁם הָעִיר כְּשֵׁם בְּנוֹ חֲנוֹךְ

VAYÉDÄ KÁIN ET-ISHTÓ VATÁHAR VATÉLED ET-JANÓJ VAIHÍ BÓNEH ÏR VAYKRÁ SHEM HAÏR KESHÉM BENÓ JANÓJ

4:18 Y a *Janój* le nació *Irád*, e *Irád* engendró a *Mejuiaél*, y *Mejuiaél* engendró a *Metushaél*, y *Metushaél* engendró a *Lémej*.

4:19 Y *Lémej* tomó para sí dos mujeres; el nombre de la una fue *Ädáh*, y el nombre de la otra, *Tziláh*.

4:20 Y *Ädáh* dio a luz a *Iabál*, el cual fue padre de los que habitan en tiendas y crían ganados.

4:21 Y el nombre de su hermano fue *Iubál*, el cual fue padre de todos los que tocan arpa y flauta.

4:22 Y *Tziláh* también dio a luz a *Túbal-Káin*, artífice de toda obra de bronce y de hierro; y la hermana de *Túbal-Káin* fue *Naämáh*[22].

4:23 Y dijo *Lémej* a sus mujeres: *Ädáh* y *Tziláh*, oíd mi voz; Mujeres de *Lémej*, escuchad mi dicho: Que un varón mataré por mi herida, Y un joven por mi golpe[23].

4:24 Si siete veces fue vengado *Káin*, *Lémej* en verdad será vengado setenta y siete veces.

4:25 Y conoció de nuevo *Adám* (Adán) a su mujer, la cual dio a luz un hijo, y llamó su nombre *Shet*: Porque Dios (dijo ella) me ha sustituido otro hijo en lugar de *Hébel*, a quien mató *Káin*[24].

4:26 Y a *Shet* también le nació un hijo, y llamó su nombre *Enósh*. Entonces los hombres comenzaron a invocar el nombre de El Eterno[25].

---

[22] **4:22 Naämáh:** Fue la esposa de *Nóaj*.

[23] **4:23 Escuchad mi dicho:** *Lémej* trataba de tranquilizar a sus esposas luego de que matara por error a *Káin* y *Tubál-Káin*.

[24] **4:25 Shet:** Deriva de la palabra שָׁת (SHAT) significa asignar, entregar.

[25] **4:26 Comenzaron a invocar:** Esta es la primera generación que incurre en la idolatría. Los hombres comenzaron a llamar a personas y objetos con nombres divinos. Ver anexo: "La generación de *Enósh* y la idolatría".

33 / BERESHÍT - בְּרֵאשִׁית

4:18 וַיִּוָּלֵד לַחֲנוֹךְ אֶת־עִירָד וְעִירָד יָלַד אֶת־מְחוּיָאֵל וּמְחִיָּיאֵל יָלַד אֶת־מְתוּשָׁאֵל וּמְתוּשָׁאֵל יָלַד אֶת־לָמֶךְ

VAYVALÉD LAJANÓJ ET-ÏRÁD VEÏRÁD IALÁD ET-MEJUIAÉL UMEJIYAÉL IALÁD ET-METUSHAÉL UMETUSHAÉL IALÁD ET-LÁMEJ

4:19 וַיִּקַּח־לוֹ לֶמֶךְ שְׁתֵּי נָשִׁים שֵׁם הָאַחַת עָדָה וְשֵׁם הַשֵּׁנִית צִלָּה

VAYKÁJ-LO LÉMEJ SHETÉI NASHÍM SHEM HAAJÁT ÄDÁH VESHÉM HASHENÍT TZILÁH

4:20 וַתֵּלֶד עָדָה אֶת־יָבָל הוּא הָיָה אֲבִי יֹשֵׁב אֹהֶל וּמִקְנֶה

VATÉLED ÄDÁH ET-IABÁL HU HAIÁH ABÍ IOSHÉB ÓHEL UMIKNÉH

4:21 וְשֵׁם אָחִיו יוּבָל הוּא הָיָה אֲבִי כָּל־תֹּפֵשׂ כִּנּוֹר וְעוּגָב

VESHÉM AJÍV IUBÁL HU HAIÁH ABÍ KOL-TOFÉS KINÓR VEÜGÁB

4:22 וְצִלָּה גַם־הִוא יָלְדָה אֶת־תּוּבַל קַיִן לֹטֵשׁ כָּל־חֹרֵשׁ נְחֹשֶׁת וּבַרְזֶל וַאֲחוֹת תּוּבַל־קַיִן נַעֲמָה

VETZILÁH GAM-HI IÁLEDAH ET-TÚBAL KÁIN LOTÉSH KOL-JORÉSH NEJÓSHET UBARZZÉL VAAJÓT TÚBAL-KÁIN NAÄMÁH

4:23 וַיֹּאמֶר לֶמֶךְ לְנָשָׁיו עָדָה וְצִלָּה שְׁמַעַן קוֹלִי נְשֵׁי לֶמֶךְ הַאְזֵנָּה אִמְרָתִי כִּי אִישׁ הָרַגְתִּי לְפִצְעִי וְיֶלֶד לְחַבֻּרָתִי

VAYÓMER LÉMEJ LENASHÁV ÄDÁH VETZILÁH SHEMAÄN KOLÍ NESHÉI LÉMEJ HAZZÉNAH IMRATÍ KI ISH HARÁGTI LEFITZÍ VEIÉLED LEJABURATÍ

4:24 כִּי שִׁבְעָתַיִם יֻקַּם־קָיִן וְלֶמֶךְ שִׁבְעִים וְשִׁבְעָה

KI SHIBÄTÁIM IUKÁM-KÁIN VELÉMEJ SHIBÏM VESHIBÁH

4:25 וַיֵּדַע אָדָם עוֹד אֶת־אִשְׁתּוֹ וַתֵּלֶד בֵּן וַתִּקְרָא אֶת־שְׁמוֹ שֵׁת כִּי שָׁת־לִי אֱלֹהִים זֶרַע אַחֵר תַּחַת הֶבֶל כִּי הֲרָגוֹ קָיִן

VAYÉDÄ ADÁM ÖD ET-ISHTÓ VATÉLED BEN VATIKRÁ ET-SHEMÓ SHET KI SHAT-LI ELOHÍM ZZÉRÄ AJÉR TÁJAT HÉBEL KI HARAGÓ KÁIN

4:26 וּלְשֵׁת גַּם־הוּא יֻלַּד־בֵּן וַיִּקְרָא אֶת־שְׁמוֹ אֱנוֹשׁ אָז הוּחַל לִקְרֹא בְּשֵׁם יְהוָה

ULESHÉT GAM-HU IULÁD-BEN VAYKRÁ ET-SHEMÓ ENÓSH AZZ HUJÁL LIKRÓ BESHÉM IHVH

CAPÍTULO 5

Los descendientes de *Adám* **(Adán)**

(1 *Dibréi Haiamím* - Crónicas 1.1-4)

5:1 Este es el libro de las generaciones de *Adám* (Adán). El día en que creó Dios al hombre, a semejanza de Dios lo hizo.
5:2 Varón y hembra los creó; y los bendijo, y llamó el nombre de ellos *Adám* (Adán), el día en que fueron creados.
5:3 Y vivió *Adám* (Adán) ciento treinta años, y engendró un hijo a su semejanza, conforme a su imagen, y llamó su nombre *Shet*.
5:4 Y fueron los días de *Adám* (Adán) después que engendró a *Shet*, ochocientos años, y engendró hijos e hijas.
5:5 Y fueron todos los días que vivió *Adám* (Adán) novecientos treinta años; y murió.
5:6 Vivió *Shet* ciento cinco años, y engendró a *Enósh* .
5:7 Y vivió *Shet*, después que engendró a *Enósh* , ochocientos siete años, y engendró hijos e hijas.
5:8 Y fueron todos los días de *Shet* novecientos doce años; y murió.
5:9 Vivió *Enósh* noventa años, y engendró a *Keinán*.

35 / BERESHÍT - בְּרֵאשִׁית

פֶּרֶק ה - PÉREK 5

זֶה סֵפֶר תּוֹלְדֹת אָדָם בְּיוֹם בְּרֹא אֱלֹהִים אָדָם בִּדְמוּת אֱלֹהִים עָשָׂה אֹתוֹ 5:1

ZZEH SÉFER TOLEDÓT ADÁM BEIÓM BERÓ ELOHÍM ADÁM BIDEMÚT ELOHÍM ÄSÁH OTÓ

זָכָר וּנְקֵבָה בְּרָאָם וַיְבָרֶךְ אֹתָם וַיִּקְרָא אֶת־שְׁמָם אָדָם בְּיוֹם הִבָּרְאָם 5:2

ZZAJÁR UNEKEBÁH BERAÁM VAIBÁREJ OTÁM VAYKRÁ ET-SHEMÁM ADÁM BEÍOM HIBAREÁM

וַיְחִי אָדָם שְׁלֹשִׁים וּמְאַת שָׁנָה וַיּוֹלֶד בִּדְמוּתוֹ כְּצַלְמוֹ וַיִּקְרָא אֶת־שְׁמוֹ שֵׁת 5:3

VAIJÍ ADÁM SHELOSHÍM UMEÁT SHANÁH VAYÓLED BIDEMUTÓ KETZALMÓ VAYKRÁ ET-SHEMÓ SHET

וַיִּהְיוּ יְמֵי־אָדָם אַחֲרֵי הוֹלִידוֹ אֶת־שֵׁת שְׁמֹנֶה מֵאֹת שָׁנָה וַיּוֹלֶד בָּנִים וּבָנוֹת 5:4

VAYHIÚ IEMÉI-ADÁM AJARÉI HOLIDÓ ET-SHET SHEMONÉH MEÓT SHANÁH VAYÓLED BANÍM UBANÓT

וַיִּהְיוּ כָּל־יְמֵי אָדָם אֲשֶׁר־חַי תְּשַׁע מֵאוֹת שָׁנָה וּשְׁלֹשִׁים שָׁנָה וַיָּמֹת 5:5

VAYHIÚ KOL-IEMÉI ADÁM ASHÉR-JÁI TESHÄ MEÓT SHANÁH USHELOSHÍM SHANÁH VAYAMÓT

וַיְחִי־שֵׁת חָמֵשׁ שָׁנִים וּמְאַת שָׁנָה וַיּוֹלֶד אֶת־אֱנוֹשׁ 5:6

VAIJÍ-SHET JAMÉSH SHANÍM UMEÁT SHANÁH VAYÓLED ET-ENÓSH

וַיְחִי־שֵׁת אַחֲרֵי הוֹלִידוֹ אֶת־אֱנוֹשׁ שֶׁבַע שָׁנִים וּשְׁמֹנֶה מֵאוֹת שָׁנָה וַיּוֹלֶד בָּנִים וּבָנוֹת 5:7

VAIJÍ-SHET AJARÉI HOLIDÓ ET-ENÓSH SHÉBÄ SHANÍM USHEMONÉH MÉOT SHANÁH VAYÓLED BANÍM UBANÓT

וַיִּהְיוּ כָּל־יְמֵי־שֵׁת שְׁתֵּים עֶשְׂרֵה שָׁנָה וּתְשַׁע מֵאוֹת שָׁנָה וַיָּמֹת 5:8

VAYHIÚ KOL-IEMÉI-SHET SHETÉIM ËSRÉH SHANÁH UTESHÄ MÉOT SHANÁH VAYAMÓT

וַיְחִי אֱנוֹשׁ תִּשְׁעִים שָׁנָה וַיּוֹלֶד אֶת־קֵינָן 5:9

VAIJÍ ENÓSH TISHÏM SHANÁH VAYÓLED ET-KEINÁN

5:10 Y vivió *Enósh* , después que engendró a *Keinán*, ochocientos quince años, y engendró hijos e hijas.

5:11 Y fueron todos los días de *Enósh* novecientos cinco años; y murió.

5:12 Vivió *Keinán* setenta años, y engendró a *Mahalalél*.

5:13 Y vivió *Keinán*, después que engendró a *Mahalalél*, ochocientos cuarenta años, y engendró hijos e hijas.

5:14 Y fueron todos los días de *Keinán* novecientos diez años; y murió.

5:15 Vivió *Mahalalél* sesenta y cinco años, y engendró a *Iéred*.

5:16 Y vivió *Mahalalél*, después que engendró a *Iéred*, ochocientos treinta años, y engendró hijos e hijas.

5:17 Y fueron todos los días de *Mahalalél* ochocientos noventa y cinco años; y murió.

5:18 Vivió *Iéred* ciento sesenta y dos años, y engendró a *Janój*.

5:19 Y vivió *Iéred*, después que engendró a *Janój*, ochocientos años, y engendró hijos e hijas.

37 / BERESHÍT - בְּרֵאשִׁית

5:10 וַיְחִ֣י אֱנ֗וֹשׁ אַחֲרֵי֙ הוֹלִיד֣וֹ אֶת־קֵינָ֔ן חֲמֵ֤שׁ עֶשְׂרֵה֙ שָׁנָ֔ה וּשְׁמֹנֶ֥ה מֵא֖וֹת שָׁנָ֑ה וַיּ֥וֹלֶד בָּנִ֖ים וּבָנֽוֹת
VAIJÍ ENÓSH AJARÉI HOLIDÓ ET-KEINÁN JAMÉSH ËSRÉH SHANÁH USHEMONÉH MÉOT SHANÁH VAYÓLED BANÍM UBANÓT

5:11 וַיִּֽהְיוּ֙ כָּל־יְמֵ֣י אֱנ֔וֹשׁ חָמֵ֣שׁ שָׁנִ֔ים וּתְשַׁ֥ע מֵא֖וֹת שָׁנָ֑ה וַיָּמֹֽת
VAYHIÚ KOL-IEMÉI ENÓSH JAMÉSH SHANÍM UTESHÄ MEÓT SHANÁH VAYAMÓT

5:12 וַיְחִ֥י קֵינָ֖ן שִׁבְעִ֣ים שָׁנָ֑ה וַיּ֖וֹלֶד אֶת־מַהֲלַלְאֵֽל
VAIJÍ KEINÁN SHIBÏM SHANÁH VAYÓLED ET-MAHALALÉL

5:13 וַיְחִ֣י קֵינָ֗ן אַחֲרֵי֙ הוֹלִיד֣וֹ אֶת־מַֽהֲלַלְאֵ֔ל אַרְבָּעִ֥ים שָׁנָ֔ה וּשְׁמֹנֶ֥ה מֵא֖וֹת שָׁנָ֑ה וַיּ֥וֹלֶד בָּנִ֖ים וּבָנֽוֹת
VAIJÍ KEINÁN AJARÉI HOLIDÓ ET-MAHALALÉL ARBAÏM SHANÁH USHEMONÉH MÉOT SHANÁH VAYÓLED BANÍM UBANÓT

5:14 וַיִּֽהְיוּ֙ כָּל־יְמֵ֣י קֵינָ֔ן עֶ֣שֶׂר שָׁנִ֔ים וּתְשַׁ֥ע מֵא֖וֹת שָׁנָ֑ה וַיָּמֹֽת
VAYHIÚ KOL-IEMÉI KEINÁN ËSER SHANÍM UTESHÄ MEÓT SHANÁH VAYAMÓT

5:15 וַיְחִ֣י מַֽהֲלַלְאֵ֔ל חָמֵ֥שׁ שָׁנִ֖ים וְשִׁשִּׁ֣ים שָׁנָ֑ה וַיּ֖וֹלֶד אֶת־יָֽרֶד
VAIJÍ MAHALALÉL JAMÉSH SHANÍM VESHISHÏM SHANÁH VAIÓLEDET-IÁRED

5:16 וַיְחִ֣י מַֽהֲלַלְאֵ֗ל אַֽחֲרֵי֙ הוֹלִיד֣וֹ אֶת־יֶ֔רֶד שְׁלֹשִׁ֣ים שָׁנָ֔ה וּשְׁמֹנֶ֥ה מֵא֖וֹת שָׁנָ֑ה וַיּ֥וֹלֶד בָּנִ֖ים וּבָנֽוֹת
VAIJÍ MAHALALÉL AJARÉI HOLIDÓ ET-IÉRED SHELOSHÍM SHANÁH USHEMONÉH MÉOT SHANÁH VAYÓLED BANÍM UBANÓT

5:17 וַיִּהְיוּ֙ כָּל־יְמֵ֣י מַֽהֲלַלְאֵ֔ל חָמֵ֤שׁ וְתִשְׁעִים֙ שָׁנָ֔ה וּשְׁמֹנֶ֥ה מֵא֖וֹת שָׁנָ֑ה וַיָּמֹֽת
VAYHIÚ KOL-IEMÉI MAHALALÉL JAMÉSH VETISHÏM SHANÁ HUSHEMONÉH MÉOT SHANÁH VAYAMÓT

5:18 וַֽיְחִי־יֶ֕רֶד שְׁתַּ֧יִם וְשִׁשִּׁ֛ים שָׁנָ֖ה וּמְאַ֣ת שָׁנָ֑ה וַיּ֖וֹלֶד אֶת־חֲנֽוֹךְ
VAIJÍ-IÉRED SHETÁIM VESHISHÍM SHANÁH UMEÁT SHANÁH VAYÓLED ET-JANÓJ

5:19 וַֽיְחִי־יֶ֗רֶד אַֽחֲרֵי֙ הוֹלִיד֣וֹ אֶת־חֲנ֔וֹךְ שְׁמֹנֶ֥ה מֵא֖וֹת שָׁנָ֑ה וַיּ֥וֹלֶד בָּנִ֖ים וּבָנֽוֹת
VAIJÍ-IÉRED AJARÉI HOLIDÓ ET-JANÓJ SHEMONÉH MEÓT SHANÁH VAYÓLED BANÍM UBANÓT

5:20 Y fueron todos los días de *Iéred* novecientos sesenta y dos años; y murió.
5:21 Vivió *Janój* sesenta y cinco años, y engendró a *Metushélaj*.
5:22 Y caminó *Janój* con Dios, después que engendró a *Metushélaj*, trescientos años, y engendró hijos e hijas.
5:23 Y fueron todos los días de *Janój* trescientos sesenta y cinco años.
5:24 Caminó, pues, *Janój* con Dios, y no estaba, porque le llevó Dios[26].
5:25 Vivió *Metushélaj* ciento ochenta y siete años, y engendró a *Lémej*.
5:26 Y vivió *Metushélaj*, después que engendró a *Lémej*, setecientos ochenta y dos años, y engendró hijos e hijas.
5:27 Fueron, pues, todos los días de *Metushélaj* novecientos sesenta y nueve años; y murió.
5:28 Vivió *Lémej* ciento ochenta y dos años, y engendró un hijo;
5:29 y llamó su nombre *Nóaj* (Noé), diciendo: Este nos aliviará de nuestras obras y del trabajo de nuestras manos, a causa de la tierra que El Eterno maldijo[27].

---

[26] **5:24 Caminó, pues, *Janój* con Dios:** *Janój* era realmente un sirviente de Dios, se conducía en los caminos de Dios (ver 6:9, 17:1).
Le llevó Dios: Esta expresión significa que murió. Pues morir es ser llevado por Dios, en cuyo seno está la vida eterna.
[27] **5:29 Esto nos aliviará de nuestras obras:** *Nóaj* viene de la palabra מְנוּחָה (MENUJÁH=descanso).

BERESHÍT - בְּרֵאשִׁית

וַיִּהְיוּ כָּל־יְמֵי־יֶ֫רֶד שְׁתַּ֫יִם וְשִׁשִּׁים֙ שָׁנָ֔ה וּתְשַׁ֥ע מֵא֖וֹת שָׁנָ֑ה וַיָּמֹֽת 5:20
VAIHEÍU KOL-IEMÉI-IÉRED SHETÁIM VESHISHÍM SHANÁH UTESHÄ MÉOT SHANÁH VAYAMÓT

וַֽיְחִ֣י חֲנ֔וֹךְ חָמֵ֥שׁ וְשִׁשִּׁ֖ים שָׁנָ֑ה וַיּ֖וֹלֶד אֶת־מְתוּשָֽׁלַח 5:21
VAIJÍ JANÓJ JAMÉSH VESHISHÍM SHANÁH VAYÓLED ET-METUSHÁLAJ

וַיִּתְהַלֵּ֨ךְ חֲנ֜וֹךְ אֶת־הָֽאֱלֹהִ֗ים אַֽחֲרֵי֙ הֽוֹלִיד֣וֹ אֶת־מְתוּשֶׁ֔לַח שְׁלֹ֥שׁ מֵא֖וֹת שָׁנָ֑ה וַיּ֥וֹלֶד בָּנִ֖ים וּבָנֽוֹת 5:22
VAYTHALÉJ JANÓJ ET-HAELOHÍM AJARÉI HOLIDÓ ET-METUSHÉLAJ SHELÓSH MÉOT SHANÁH VAYÓLED BANÍM UBANÓT

וַיְהִ֖י כָּל־יְמֵ֣י חֲנ֑וֹךְ חָמֵ֤שׁ וְשִׁשִּׁים֙ שָׁנָ֔ה וּשְׁלֹ֥שׁ מֵא֖וֹת שָׁנָֽה 5:23
VAIHÍ KOL-IEMÉI JANÓJ JAMÉSH VESHISHÍM SHANÁH USHELÓSH MÉOT SHANÁH

וַיִּתְהַלֵּ֥ךְ חֲנ֖וֹךְ אֶת־הָֽאֱלֹהִ֑ים וְאֵינֶ֕נּוּ כִּֽי־לָקַ֥ח אֹת֖וֹ אֱלֹהִֽים 5:24
VAYTHALÉJ JANÓJ ET-HAELOHÍM VEEINÉNU KI-LAKÁJ OTÓ ELOHÍM

וַֽיְחִ֣י מְתוּשֶׁ֔לַח שֶׁ֧בַע וּשְׁמֹנִ֛ים שָׁנָ֖ה וּמְאַ֣ת שָׁנָ֑ה וַיּ֖וֹלֶד אֶת־לָֽמֶךְ 5:25
VAIJÍ METUSHÉLAJ SHÉBÄ USHEMONÍM SHANÁH UMEÁT SHANÁH VAYÓLED ET-LÁMEJ

וַֽיְחִ֣י מְתוּשֶׁ֗לַח אַֽחֲרֵי֙ הֽוֹלִיד֣וֹ אֶת־לֶ֔מֶךְ שְׁתַּ֤יִם וּשְׁמוֹנִים֙ שָׁנָ֔ה וּשְׁבַ֥ע מֵא֖וֹת שָׁנָ֑ה וַיּ֥וֹלֶד בָּנִ֖ים וּבָנֽוֹת 5:26
VAIJÍ METUSHÉLAJ AJARÉI HOLIDÓ ET-LÉMEJ SHETÁIM USHEMONÍM SHANÁH USHEBÄ MÉOT SHANÁH VAYÓLED BANÍM UBANÓT

וַיִּֽהְיוּ֙ כָּל־יְמֵ֣י מְתוּשֶׁ֔לַח תֵּ֤שַׁע וְשִׁשִּׁים֙ שָׁנָ֔ה וּתְשַׁ֥ע מֵא֖וֹת שָׁנָ֑ה וַיָּמֹֽת 5:27
VAYHIÚ KOL-IEMÉI METUSHÉLAJ TÉSHÄ VESHISHÍM SHANÁH UTESHÄ MÉOT SHANÁH VAYAMÓT

וַֽיְחִי־לֶ֕מֶךְ שְׁתַּ֧יִם וּשְׁמֹנִ֛ים שָׁנָ֖ה וּמְאַ֣ת שָׁנָ֑ה וַיּ֖וֹלֶד בֵּֽן 5:28
VAIJÍ-LÉMEJ SHETÁIM USHEMONÍM SHANÁH UMEÁT SHANÁH VAYÓLED BEN

וַיִּקְרָ֧א אֶת־שְׁמ֛וֹ נֹ֖חַ לֵאמֹ֑ר זֶ֞ה יְנַֽחֲמֵ֤נוּ מִֽמַּעֲשֵׂ֨נוּ֙ וּמֵֽעִצְּב֣וֹן יָדֵ֔ינוּ מִן־הָ֣אֲדָמָ֔ה אֲשֶׁ֥ר אֵֽרְרָ֖הּ יְהֹוָֽה 5:29
VAYKRÁ ET-SHEMÓ NÓAJ LEMÓR ZZEH IENAJAMÉNU MIMAÄSÉNU UMEÏTZEBÓN IADÉINU MIN HAADAMÁH ASHÉR ERDÁH IHVH

40 / BERESHÍT- בְּרֵאשִׁית

5:30 Y vivió *Lémej*, después que engendró a *Nóaj* (Noé), quinientos noventa y cinco años, y engendró hijos e hijas.
5:31 Y fueron todos los días de *Lémej* setecientos setenta y siete años; y murió.
5:32 Y siendo *Nóaj* (Noé) de quinientos años, engendró a *Shem*, a *Jam* y a *Iáfet*.

CAPÍTULO 6

La maldad de los hombres

6:1 Aconteció que cuando comenzaron los hombres a multiplicarse sobre la faz de la tierra, y les nacieron hijas,
6:2 que viendo los hijos de los elohím que las hijas de los hombres eran hermosas, tomaron para sí mujeres, escogiendo entre todas[28].
6:3 Y dijo El Eterno: No contenderá mi espíritu con el hombre para siempre, porque ciertamente él es carne; mas serán sus días ciento veinte años[29].
6:4 Había gigantes en la tierra en aquellos días, y también después que se llegaron los hijos de los jueces a las hijas de los hombres, y les engendraron hijos. Estos fueron los valientes que desde la antigüedad fueron varones de renombre[30].

---

[28] **6:2 Los hijos de los elohím:** La palabra אֱלֹהִים (ELOHÍM) puede significar -según el contexto- uno de los nombres de Dios; como asimismo juez, ángel, profeta, dios (ídolo), líder y gobernadores. En este contexto se refiere a los hijos de los gobernadores.

[29] **6:3 Ciento veinte años:** En general el máximo de vida del ser humano será ciento veinte años.

[30] **6:4 Los hijos de los jueces:** Ver comentario 6:2.

41 / BERESHÍT- בְּרֵאשִׁית

5:30 וַיְחִי־לֶ֗מֶךְ אַחֲרֵי֙ הוֹלִיד֣וֹ אֶת־נֹ֔חַ חָמֵ֤שׁ וְתִשְׁעִים֙ שָׁנָ֔ה וַחֲמֵ֥שׁ מֵאֹ֖ת שָׁנָ֑ה וַיּ֥וֹלֶד בָּנִ֖ים וּבָנֽוֹת

VAIJÍ-LÉMEJ AJARÉI HOLIDÓ ET-NÓAJ JAMÉSH VETISHÏM SHANÁH VAJAMÉSH
MEÓT SHANÁH VAYÓLED BANÍM UBANÓT

5:31 וַיְהִי֙ כָּל־יְמֵי־לֶ֔מֶךְ שֶׁ֤בַע וְשִׁבְעִים֙ שָׁנָ֔ה וּשְׁבַ֥ע מֵא֖וֹת שָׁנָ֑ה וַיָּמֹֽת

VAIHÍ KOL-IEMÉI-LÉMEJ SHÉBÄ VESHIBÏM SHANÁH USHEBÄ MÉOT SHANÁH
VAYAMÓT

5:32 וַֽיְהִי־נֹ֕חַ בֶּן־חֲמֵ֥שׁ מֵא֖וֹת שָׁנָ֑ה וַיּ֣וֹלֶד נֹ֔חַ אֶת־שֵׁ֖ם אֶת־חָ֥ם וְאֶת־יָֽפֶת

VAIHÍ-NÓAJ BEN-JAMÉSH MÉOT SHANÁH VAYÓLED NÓAJ ET-SHÉM ET-JAM
VEÉT-IÁFET

פֶּרֶק ו - PÉREK 6

6:1 וַֽיְהִי֙ כִּֽי־הֵחֵ֣ל הָֽאָדָ֔ם לָרֹ֖ב עַל־פְּנֵ֣י הָֽאֲדָמָ֑ה וּבָנ֖וֹת יֻלְּד֥וּ לָהֶֽם

VAIHÍ KI-HEJÉL HAADÁM LARÓB ÄL-PENÉI HAADAMÁH UBANÓT IULEDÚ LAHÉM

6:2 וַיִּרְא֤וּ בְנֵי־הָֽאֱלֹהִים֙ אֶת־בְּנ֣וֹת הָֽאָדָ֔ם כִּ֥י טֹבֹ֖ת הֵ֑נָּה וַיִּקְח֤וּ לָהֶם֙ נָשִׁ֔ים מִכֹּ֖ל אֲשֶׁ֥ר בָּחָֽרוּ

VAYRÚ BENÉI-HAELOHÍM ET-BENÓT HAADÁM KI TOBÓT HÉNAH VAYKJÚ LAHÉM
NASHÍM MIKÓL ASHÉR BAJÁRU

6:3 וַיֹּ֣אמֶר יְהֹוָ֗ה לֹֽא־יָד֨וֹן רוּחִ֤י בָֽאָדָם֙ לְעֹלָ֔ם בְּשַׁגַּ֖ם ה֣וּא בָשָׂ֑ר וְהָי֣וּ יָמָ֔יו מֵאָ֥ה וְעֶשְׂרִ֖ים שָׁנָֽה

VAYÓMER IHVH LO-IADÓN RUJÍ BAADÁM LEÖLÁM BESHAGÁM HU BASÁR
VEHAIÚ IAMÁV MEÁH VEËSRÍM SHANÁH

6:4 הַנְּפִלִ֞ים הָי֣וּ בָאָ֘רֶץ֮ בַּיָּמִ֣ים הָהֵם֒ וְגַ֣ם אַֽחֲרֵי־כֵ֗ן אֲשֶׁ֨ר יָבֹ֜אוּ בְּנֵ֤י הָֽאֱלֹהִים֙ אֶל־בְּנ֣וֹת הָֽאָדָ֔ם וְיָֽלְד֖וּ לָהֶ֑ם הֵ֧מָּה הַגִּבֹּרִ֛ים אֲשֶׁ֥ר מֵעוֹלָ֖ם אַנְשֵׁ֥י הַשֵּֽׁם

HANEFILÍM HAIÚ BAÁRETZ BAYAMÍM HAHÉM VEGÁM AJARÉI-JEN ASHÉR IABÖU
BENÉI HAELOHÍM EL-BENÓT HAADÁM VEIALEDÚ LAHÉM HÉMAH HAGUIBORÍM
ASHÉR MEÖLÁM ANSHÉI HASHÉM

42 / BERESHÍT-בְּרֵאשִׁית

6:5 Y vio El Eterno que la maldad de los hombres era mucha en la tierra, y que todo designio de los pensamientos del corazón de ellos era de continuo solamente el mal [31].

6:6 Y se arrepintió El Eterno de haber hecho hombre en la tierra, y le dolió en su corazón [32].

6:7 Y dijo El Eterno: Borraré de sobre la faz de la tierra a los hombres que he creado, desde el hombre hasta la bestia, y hasta el reptil y las aves del cielo; pues me arrepiento de haberlos hecho [33].

6:8 Pero *Nóaj* (Noé) halló gracia ante los ojos de El Eterno.

Nóaj (Noé) construye el arca

6:9 Estas son las generaciones de *Nóaj* (Noé): *Nóaj* (Noé), varón justo, era perfecto en sus generaciones; con Dios caminó *Nóaj* (Noé).

6:10 Y engendró *Nóaj* (Noé) tres hijos: a *Shem*, a *Jam* y a *Iáfet*.

6:11 Y se corrompió la tierra delante de Dios, y estaba la tierra llena de pecado [34].

---

[31] **6:5 Vio El Eterno que la maldad de los hombres era mucha:** Eran culpables de idolatría: sirvieron ídolos, además adquirieron experiencia en la hechicería de modo de independizarse de Dios y abandonar a su Creador ; derramamiento de sangre: su depravación y crimen eran muy grandes; inmoralidad: se satisfacían físicamente teniendo relaciones sin engendrar hijos –fallando en el cumplimiento del precepto divino de "fructificad y multiplicaos"- se intercambiaban esposas y tenían relaciones con hombres y animales.

[32] **6:6 Le dolió en su corazón:** A pesar de que Dios conoce el futuro y por consiguiente sabía que esta gente iba a pecar, decidió crearlos en mérito de los justos que descenderían de ellos. Esta expresión se asemeja a un padre que concibe a un hijo a pesar de saber que éste morirá: como dijo *Shlomó Hamélej* (El Rey Salomón) existe un "Tiempo de llorar, y tiempo de reír" (*Kohélet* - Eclesiastés 3:4).

[33] **6:7 Me arrepiento:** Ver comentario 6:6.

[34] **6:11 Llena de pecado:** Ver comentario 6:5.

43 / BERESHÍT - בְּרֵאשִׁית

6:5 וַיַּ֣רְא יְהֹוָ֔ה כִּ֥י רַבָּ֛ה רָעַ֥ת הָאָדָ֖ם בָּאָ֑רֶץ וְכָל־יֵ֙צֶר֙ מַחְשְׁבֹ֣ת לִבּ֔וֹ רַ֥ק רַ֖ע כָּל־הַיּֽוֹם

VAYÁR IHVH KI RABÁH RAÄT HAADÁM BAÁRETZ VEJÓL-IÉTZER MAJSHEBÓT LIBÓ RAK RÄ KOL-HAYÓM

6:6 וַיִּנָּ֣חֶם יְהֹוָ֔ה כִּֽי־עָשָׂ֥ה אֶת־הָֽאָדָ֖ם בָּאָ֑רֶץ וַיִּתְעַצֵּ֖ב אֶל־לִבּֽוֹ

VAYNÁJEM IHVH KI-ÄSÁH ET-HAADÁM BAÁRETZ VAITÄTZÉB EL-LIBÓ

6:7 וַיֹּ֣אמֶר יְהֹוָ֗ה אֶמְחֶ֨ה אֶת־הָאָדָ֤ם אֲשֶׁר־בָּרָ֙אתִי֙ מֵעַל֙ פְּנֵ֣י הָֽאֲדָמָ֔ה מֵֽאָדָם֙ עַד־בְּהֵמָ֔ה עַד־רֶ֖מֶשׂ וְעַד־ע֣וֹף הַשָּׁמָ֑יִם כִּ֥י נִחַ֖מְתִּי כִּ֥י עֲשִׂיתִֽם

VAYÓMER IHVH EMJÉH ET-HAADÁM ASHÉR-BARÁTI MEÄL PENÉI HAADAMÁH MEADÁM ÄD-BEHEMÁH ÄD-RÉMES VEÄD-ÖF HASHAMÁIM KI NIJÁMTI KI ÄSITÍM

6:8 וְנֹ֕חַ מָ֥צָא חֵ֖ן בְּעֵינֵ֥י יְהֹוָֽה

VENÓAJ MÁTZA JEN BEËINÉI IHVH

6:9 אֵ֚לֶּה תּוֹלְדֹ֣ת נֹ֔חַ נֹ֗חַ אִ֥ישׁ צַדִּ֛יק תָּמִ֥ים הָיָ֖ה בְּדֹֽרֹתָ֑יו אֶת־הָֽאֱלֹהִ֖ים הִֽתְהַלֶּךְ־נֹֽחַ

ÉLEH TOLEDÓT NÓAJ NÓAJ ISH TZADÍK TAMÍM HAIÁH BEDOROTÁV ET-HAELOHÍM HITHALÉJ-NÓAJ

6:10 וַיּ֥וֹלֶד נֹ֖חַ שְׁלֹשָׁ֣ה בָנִ֑ים אֶת־שֵׁ֖ם אֶת־חָ֥ם וְאֶת־יָֽפֶת

VAYÓLED NÓAJ SHELOSHÁH BANÍM ET-SHEM ET-JAM VEÉT-IÁFET

6:11 וַתִּשָּׁחֵ֥ת הָאָ֖רֶץ לִפְנֵ֣י הָאֱלֹהִ֑ים וַתִּמָּלֵ֥א הָאָ֖רֶץ חָמָֽס

VATISHAJÉT HAÁRETZ LIFNÉI HAELOHÍM VATIMALÉ HAÁRETZ JAMÁS

6:12 Y miró Dios la tierra, y he aquí que estaba corrompida; porque toda carne había corrompido su camino sobre la tierra[35].

6:13 Dijo, pues, Dios a *Nóaj* (Noé): He decidido el fin de todo ser, porque la tierra está llena de pecado a causa de ellos; y he aquí que yo los destruiré con la tierra.

6:14 Hazte un arca de madera de gófer; harás aposentos en el arca, y la calafatearás con brea por dentro y por fuera[36].

6:15 Y de esta manera la harás: de trescientos codos la longitud del arca, de cincuenta codos su anchura, y de treinta codos su altura[37].

6:16 Una ventana harás al arca, y la acabarás a un codo de elevación por la parte de arriba; y pondrás la puerta del arca a su lado; y le harás piso bajo, segundo y tercero.

6:17 Y he aquí que yo traigo un diluvio de aguas sobre la tierra, para destruir toda carne en que haya espíritu de vida debajo del cielo; todo lo que hay en la tierra morirá.

6:18 Mas estableceré mi pacto contigo, y entrarás en el arca tú, tus hijos, tu mujer, y las mujeres de tus hijos contigo.

6:19 Y de todo lo que vive, de toda carne, dos de cada especie meterás en el arca, para que tengan vida contigo; macho y hembra serán.

---

[35] **6:12 Estaba corrompida:** Tanto los hombres como los animales tenían relaciones con especies distintas a la suya.

[36] **6:14 Gófer:** Árbol conífero en forma de columna alta. Su hábitat es Guiläd, Galíl(Galilea), Edóm y Montes de Iehudá (Judea).

[37] **6:15 Un codo:** Ver anexo "medidas de longitud".

וַיַּ֧רְא אֱלֹהִ֛ים אֶת־הָאָ֖רֶץ וְהִנֵּ֣ה נִשְׁחָ֑תָה כִּֽי־הִשְׁחִ֧ית כָּל־בָּשָׂ֛ר אֶת־דַּרְכּ֖וֹ עַל־הָאָֽרֶץ 6:12

VAYÁR ELOHÍM ET-HAÁRETZ VEHINÉH NISHJÁTAH KI-HISHJÍT KOL-BASÁR ET-DARKÓ ÄL-HAÁRETZ

וַיֹּ֨אמֶר אֱלֹהִ֜ים לְנֹ֗חַ קֵ֤ץ כָּל־בָּשָׂר֙ בָּ֣א לְפָנַ֔י כִּֽי־מָלְאָ֥ה הָאָ֛רֶץ חָמָ֖ס מִפְּנֵיהֶ֑ם וְהִנְנִ֥י מַשְׁחִיתָ֖ם אֶת־הָאָֽרֶץ 6:13

VAYÓMER ELOHÍM LENÓAJ KETZ KOL-BASÁR BA LEFANÁI KI-MALEÁH HAÁRETZ JAMÁS MIPENEIHÉM VEHINENÍ MASHJITÁM ET-HAÁRETZ

עֲשֵׂ֤ה לְךָ֙ תֵּבַ֣ת עֲצֵי־גֹ֔פֶר קִנִּ֖ים תַּֽעֲשֶׂ֣ה אֶת־הַתֵּבָ֑ה וְכָֽפַרְתָּ֥ אֹתָ֛הּ מִבַּ֥יִת וּמִח֖וּץ בַּכֹּֽפֶר 6:14

ÄSÉH LEJÁ TEBÁT ÄTZEI-GÓFER KINÍM TAÄSÉH ET-HATEBÁH VEJAFARTÁ OTÁH MIBÁIT UMIJÚTZ BAJÓFER

וְזֶ֕ה אֲשֶׁ֥ר תַּֽעֲשֶׂ֖ה אֹתָ֑הּ שְׁלֹ֧שׁ מֵא֣וֹת אַמָּ֗ה אֹ֚רֶךְ הַתֵּבָ֔ה חֲמִשִּׁ֥ים אַמָּה֙ רָחְבָּ֔הּ וּשְׁלֹשִׁ֥ים אַמָּ֖ה קֽוֹמָתָֽהּ 6:15

VEZZÉH ASHÉR TAÄSÉH OTÁH SHELÓSH MÉOT AMÁH ÓREJ HATEBÁH JAMISHÍM ÁMAH RAJEBÁH USHELOSHÍM AMÁH KOMATÁH

צֹ֣הַר ׀ תַּֽעֲשֶׂ֣ה לַתֵּבָ֗ה וְאֶל־אַמָּה֙ תְּכַלֶּ֣נָּה מִלְמַ֔עְלָה וּפֶ֥תַח הַתֵּבָ֖ה בְּצִדָּ֣הּ תָּשִׂ֑ים תַּחְתִּיִּ֛ם שְׁנִיִּ֥ם וּשְׁלִשִׁ֖ים תַּֽעֲשֶֽׂהָ 6:16

TZÓHAR TAÄSÉH LATEBÁH VEÉL-ÁMAH TEJALÉNAH MILEMÄLA HUFÉTAJ HATEBÁH BETZIDÁH TASÍM TAJTÍYM SHENÍM USHELISHÍM TAÄSEHA

וַֽאֲנִ֗י הִנְנִי֩ מֵבִ֨יא אֶת־הַמַּבּ֥וּל מַ֨יִם֙ עַל־הָאָ֔רֶץ לְשַׁחֵ֣ת כָּל־בָּשָׂ֗ר אֲשֶׁר־בּוֹ֙ ר֣וּחַ חַיִּ֔ים מִתַּ֖חַת הַשָּׁמָ֑יִם כֹּ֥ל אֲשֶׁר־בָּאָ֖רֶץ יִגְוָֽע 6:17

VAANÍ HINNÍ MEBÍ ET-HAMABÚL MÁIM ÄL-HAÁRETZ LESHAJÉT KOL-BASÁR ASHÉR-BO RÚAJ JAYÍM MITÁJAT HASHAMÁIM KOL ASHÉR-BAÁRETZ IGVÄ

וַֽהֲקִֽמֹתִ֥י אֶת־בְּרִיתִ֖י אִתָּ֑ךְ וּבָאתָ֙ אֶל־הַתֵּבָ֔ה אַתָּ֕ה וּבָנֶ֛יךָ וְאִשְׁתְּךָ֥ וּנְשֵֽׁי־בָנֶ֖יךָ אִתָּֽךְ 6:18

VAHAKIMOTÍ ET-BERITÍ ITÁJ UBÁTA EL-HATEBÁH ATÁH UBANÉIJA VEISHETEJÁ UNESHÉI-BANÉIJA ITÁJ

וּמִכָּל־הָ֠חַ֠י מִֽכָּל־בָּשָׂ֞ר שְׁנַ֧יִם מִכֹּ֛ל תָּבִ֥יא אֶל־הַתֵּבָ֖ה לְהַֽחֲיֹ֣ת אִתָּ֑ךְ זָכָ֥ר וּנְקֵבָ֖ה יִֽהְיֽוּ 6:19

UMIKÓL-HAJÁI MIKÓL-BASÁR SHENÁIM MIKÓL TABÍ EL-HATEBÁH LEHAJAIÓT ITÁJ ZZAJÁR UNEKEBÁH IHÍU

6:20 De las aves según su especie, y de las bestias según su especie, de todo reptil de la tierra según su especie, dos de cada especie entrarán contigo, para que tengan vida.
6:21 Y toma contigo de todo alimento que se come, y almacénalo, y servirá de sustento para ti y para ellos.
6:22 Y lo hizo así *Nóaj* (Noé); hizo conforme a todo lo que Dios le mandó.

CAPÍTULO 7

El diluvio

7:1 Dijo luego El Eterno a *Nóaj* (Noé): Entra tú y toda tu casa en el arca; porque a ti he visto justo delante de mí en esta generación.
7:2 De todo animal puro tomarás siete parejas, macho y su hembra; mas de los animales que no son puros, una pareja, el macho y su hembra[38].
7:3 También de las aves de los cielos, siete parejas, macho y hembra, para conservar viva la especie sobre la faz de la tierra.
7:4 Porque pasados aún siete días, yo haré llover sobre la tierra cuarenta días y cuarenta noches; y borraré de sobre la faz de la tierra a todo ser viviente que hice.
7:5 E hizo *Nóaj* (Noé) conforme a todo lo que le mandó El Eterno.

---

[38] **7:2 De todo animal puro:** Los animales puros son los animales כָּשֵׁר (KASHÉR=aptos) según las leyes dietéticas del pueblo de Israel (ver *Vaykrá* – Levítico 11). Los 7 animales iban a ser ofrendados a Dios después del diluvio.

47 / BERESHÍT - בְּרֵאשִׁית

מֵהָעוֹף לְמִינֵהוּ וּמִן־הַבְּהֵמָה לְמִינָהּ מִכֹּל רֶמֶשׂ הָאֲדָמָה לְמִינֵהוּ שְׁנַיִם מִכֹּל יָבֹאוּ אֵלֶיךָ לְהַחֲיוֹת

6:20

MEHÄOF LEMINÉHU UMÍN-HABEHEMÁH LEMINÁH MIKÓL RÉMES HAADAMÁH LEMINÉHU SHENÁIM MIKÓL IABÓU ELÉIJA LEHAJAIÓT

וְאַתָּה קַח־לְךָ מִכָּל־מַאֲכָל אֲשֶׁר יֵאָכֵל וְאָסַפְתָּ אֵלֶיךָ וְהָיָה לְךָ וְלָהֶם לְאָכְלָה

6:21

VEATÁH KAJ-LEJÁ MIKÓL-MÁAJAL ASHÉR IEAJÉL VEASAFTÁ ELÉIJA VEHAIÁH LEJÁ VELAHÉM LEAJELÁH

וַיַּעַשׂ נֹחַ כְּכֹל אֲשֶׁר צִוָּה אֹתוֹ אֱלֹהִים כֵּן עָשָׂה

6:22

VAYÄÄS NÓAJ KEJÓL ASHÉR TZIVÁH OTÓ ELOHÍM KEN ÄSÁH

פֶּרֶק ז - PÉREK 7

וַיֹּאמֶר יְהֹוָה לְנֹחַ בֹּא־אַתָּה וְכָל־בֵּיתְךָ אֶל־הַתֵּבָה כִּי־אֹתְךָ רָאִיתִי צַדִּיק לְפָנַי בַּדּוֹר הַזֶּה

7:1

VAYÓMER IHVH LENÓAJ BO-ATÁH VEJÓL-BEITJÁ EL-HATEBÁH KI-OTJÁ RAÍTI TZADÍK LEFANÁI BADÓR HAZZÉH

מִכֹּל הַבְּהֵמָה הַטְּהוֹרָה תִּקַּח־לְךָ שִׁבְעָה שִׁבְעָה אִישׁ וְאִשְׁתּוֹ וּמִן־הַבְּהֵמָה אֲשֶׁר לֹא טְהֹרָה הִוא שְׁנַיִם אִישׁ וְאִשְׁתּוֹ

7:2

MIKÓL HABEHEMÁH HATEHORÁH TIKÁJ-LEJÁ SHIBÄH SHIBÄH ISH VEISHTÓ UMÍN-HABEHEMÁH ASHÉR LO TEHORÁH HI SHENÁIM ISH VEISHTÓ

גַּם מֵעוֹף הַשָּׁמַיִם שִׁבְעָה שִׁבְעָה זָכָר וּנְקֵבָה לְחַיּוֹת זֶרַע עַל־פְּנֵי כָל־הָאָרֶץ

7:3

GAM MEÓF HASHAMÁIM SHIBÄH SHIBÄH ZZAJÁR UNEKEBÁH LEJAYÓT ZZÉRÄ ÄL-PENÉI JOL-HAÁRETZ

כִּי לְיָמִים עוֹד שִׁבְעָה אָנֹכִי מַמְטִיר עַל־הָאָרֶץ אַרְבָּעִים יוֹם וְאַרְבָּעִים לַיְלָה וּמָחִיתִי אֶת־כָּל־הַיְקוּם אֲשֶׁר עָשִׂיתִי מֵעַל פְּנֵי הָאֲדָמָה

7:4

KI LEIAMÍM ÖD SHIBÄH ÁNOJI MAMTÍR ÄL-HAÁRETZ ARBAÏM IÓM VEARBAÏM LÁILAH UMAJÍTI ET-KOL-HAIKÚM ASHÉR ÄSÍTI MEÄL PENÉI HAADAMÁH

וַיַּעַשׂ נֹחַ כְּכֹל אֲשֶׁר־צִוָּהוּ יְהֹוָה

7:5

VAYÄÄS NÓAJ KEJÓL ASHÉR-TZIVÁHU IHVH

7:6 Era *Nóaj* (Noé) de seiscientos años cuando el diluvio de las aguas vino sobre la tierra[39].

7:7 Y por causa de las aguas del diluvio entró *Nóaj* (Noé) al arca, y con él sus hijos, su mujer, y las mujeres de sus hijos.

7:8 De los animales limpios, y de los animales que no eran limpios, y de las aves, y de todo lo que se arrastra sobre la tierra,

7:9 de dos en dos entraron con *Nóaj* (Noé) en el arca; macho y hembra, como mandó Dios a *Nóaj* (Noé).

7:10 Y sucedió que al séptimo día las aguas del diluvio vinieron sobre la tierra.

7:11 El año seiscientos de la vida de *Nóaj* (Noé), en el mes segundo, a los diecisiete días del mes, aquel día fueron rotas todas las fuentes del grande abismo, y las cataratas de los cielos fueron abiertas[40],

7:12 y hubo lluvia sobre la tierra cuarenta días y cuarenta noches.

7:13 En este mismo día entraron *Nóaj* (Noé), y *Shem*, *Jam* y *Iáfet* hijos de *Nóaj* (Noé), la mujer de *Nóaj* (Noé), y las tres mujeres de sus hijos, con él en el arca[41];

7:14 ellos, y todos los animales silvestres según sus especies, y todos los animales domesticados según sus especies, y todo reptil que se arrastra sobre la tierra según su especie, y toda ave según su especie, y todo pájaro de toda especie.

---

[39] **7:6 Era *Nóaj* de seiscientos años:** *Nóaj* se demoró en construir el arca 120 años.

[40] **7:11 Comienza el diluvio:** Dios postergó el diluvio durante 120 años desde que ordenó a *Nóaj* construir el arca. De esta forma les dio la oportunidad a las personas de arrepentirse de sus malos caminos. Cuando la gente preguntaba a *Nóaj* sobre la construcción del arca, éste les contestaba que Dios iba a traer un diluvio al mundo porque que la tierra estaba llena de pecado.

[41] **7:13 La mujer de *Nóaj*:** Ver comentario 4:22.

49 / BERESHÍT - בְּרֵאשִׁית

7:6 וְנֹחַ בֶּן־שֵׁשׁ מֵאוֹת שָׁנָה וְהַמַּבּוּל הָיָה מַיִם עַל־הָאָרֶץ
VENÓAJ BEN-SHESH MÉOT SHANÁH VEHAMABÚL HAIÁH MÁIM ÄL-HAÁRETZ

7:7 וַיָּבֹא נֹחַ וּבָנָיו וְאִשְׁתּוֹ וּנְשֵׁי־בָנָיו אִתּוֹ אֶל־הַתֵּבָה מִפְּנֵי מֵי הַמַּבּוּל
VAYÁBO NÓAJ UBANÁV VEISHTÓ UNESHÉI-BANÁV ITÓ EL-HATEBÁH MIPENÉI MÉI HAMABÚL

7:8 מִן־הַבְּהֵמָה הַטְּהוֹרָה וּמִן־הַבְּהֵמָה אֲשֶׁר אֵינֶנָּה טְהֹרָה וּמִן־הָעוֹף וְכֹל אֲשֶׁר־רֹמֵשׂ עַל־הָאֲדָמָה
MIN-HABEHEMÁH HATEHORÁH UMÍN-HABEHEMÁH ASHÉR EINÉNAH TEHORÁH UMÍN-HÄOF VEJÓL ASHÉR-ROMÉS ÄL-HAADAMÁH

7:9 שְׁנַיִם שְׁנַיִם בָּאוּ אֶל־נֹחַ אֶל־הַתֵּבָה זָכָר וּנְקֵבָה כַּאֲשֶׁר צִוָּה אֱלֹהִים אֶת־נֹחַ
SHENÁIM SHENÁIM BÁU EL-NÓAJ EL-HATEBÁH ZZAJÁR UNEKEBÁH KASHÉR TZIVÁH ELOHÍM ET-NÓAJ

7:10 וַיְהִי לְשִׁבְעַת הַיָּמִים וּמֵי הַמַּבּוּל הָיוּ עַל־הָאָרֶץ
VAIHÍ LESHIBÄT HAYAMÍM UMÉI HAMABÚL HAÍU ÄL-HAÁRETZ

7:11 בִּשְׁנַת שֵׁשׁ־מֵאוֹת שָׁנָה לְחַיֵּי־נֹחַ בַּחֹדֶשׁ הַשֵּׁנִי בְּשִׁבְעָה־עָשָׂר יוֹם לַחֹדֶשׁ בַּיּוֹם הַזֶּה נִבְקְעוּ כָּל־מַעְיְנוֹת תְּהוֹם רַבָּה וַאֲרֻבֹּת הַשָּׁמַיִם נִפְתָּחוּ
BISHNÁT SHESH-MÉOT SHANÁH LEJAYÉI-NÓAJ BAJÓDESH HASHENÍ BESHIBÄH-ÄSÁR IÓM LAJÓDESH BAYÓM HAZZÉH NIBKEÜ KOL-MÄIENÓT TEHÓM RABÁH VAARUBÓT HASHAMÁIM NIFTÁJU

7:12 וַיְהִי הַגֶּשֶׁם עַל־הָאָרֶץ אַרְבָּעִים יוֹם וְאַרְבָּעִים לָיְלָה
VAIHÍ HAGUÉSHEM ÄL-HAÁRETZ ARBAÏM IÓM VEARBAÏM LÁILAH

7:13 בְּעֶצֶם הַיּוֹם הַזֶּה בָּא נֹחַ וְשֵׁם־וְחָם וָיֶפֶת בְּנֵי־נֹחַ וְאֵשֶׁת נֹחַ וּשְׁלֹשֶׁת נְשֵׁי־בָנָיו אִתָּם אֶל־הַתֵּבָה
BEËTZEM HAYÓM HAZZÉH BA NÓAJ VESHÉM-VEJÁM VAIÉFET BENÉI-NÓAJ VEÉSHET NÓAJ USHELÓSHET NESHÉI-BANÁV ITÁM EL-HATEBÁH

7:14 הֵמָּה וְכָל־הַחַיָּה לְמִינָהּ וְכָל־הַבְּהֵמָה לְמִינָהּ וְכָל־הָרֶמֶשׂ הָרֹמֵשׂ עַל־הָאָרֶץ לְמִינֵהוּ וְכָל־הָעוֹף לְמִינֵהוּ כֹּל צִפּוֹר כָּל־כָּנָף
HÉMAH VEJÓL-HAJAYÁH LEMINÁH VEJÓL-HABEHEMÁH LEMINÁH VEJÓL-HARÉMES HAROMÉS ÄL-HAÁRETZ LEMINÉHU VEJÓL-HÄOF LEMINÉHU KOL TZIPÓR KOL-KANÁF

7:15 Vinieron, pues, con *Nóaj* (Noé) al arca, de dos en dos de toda carne en que había espíritu de vida.

7:16 Y los que vinieron, macho y hembra de toda carne vinieron, como le había mandado Dios; y El Eterno le cerró la puerta.

7:17 Y fue el diluvio cuarenta días sobre la tierra; y las aguas crecieron, y alzaron el arca, y se elevó sobre la tierra.

7:18 Y subieron las aguas y crecieron en gran manera sobre la tierra; y flotaba el arca sobre la superficie de las aguas.

7:19 Y las aguas subieron mucho sobre la tierra; y todos los montes altos que había debajo de todos los cielos, fueron cubiertos.

7:20 Quince codos más alto subieron las aguas, después que fueron cubiertos los montes.

7:21 Y murió toda carne que se mueve sobre la tierra, así de aves como de ganado y de bestias, y de todo reptil que se arrastra sobre la tierra, y todo hombre[42].

7:22 Todo lo que tenía aliento de espíritu de vida en sus narices, todo lo que había en la tierra, murió.

---

[42] **7:21 Y murió toda carne:** El versículo menciona que sólo las criaturas de la tierra fueron destruidas, sin embargo, esto no sucedió con los animales marinos, pues estos no se corrompieron (ver comentario 6:12).

51 / BERESHÍT- בְּרֵאשִׁית

7:15 וַיָּבֹאוּ אֶל־נֹחַ אֶל־הַתֵּבָה שְׁנַיִם שְׁנַיִם מִכָּל־הַבָּשָׂר אֲשֶׁר־בּוֹ רוּחַ חַיִּים

VAYABÓU EL-NÓAJ EL-HATEBÁH SHENÁIM SHENÁIM MIKÓL-HABASÁR ASHÉR-BO RÚAJ JAYÍM

7:16 וְהַבָּאִים זָכָר וּנְקֵבָה מִכָּל־בָּשָׂר בָּאוּ כַּאֲשֶׁר צִוָּה אֹתוֹ אֱלֹהִים וַיִּסְגֹּר יְהוָה בַּעֲדוֹ

VEHABAÍM ZZAJÁR UNEKEBÁH MIKÓL-BÁSAR BÁU KASHÉR TZIVÁH OTÓ ELOHÍM VAYSGÓR IHVH BAÄDÓ

7:17 וַיְהִי הַמַּבּוּל אַרְבָּעִים יוֹם עַל־הָאָרֶץ וַיִּרְבּוּ הַמַּיִם וַיִּשְׂאוּ אֶת־הַתֵּבָה וַתָּרָם מֵעַל הָאָרֶץ

VAIHÍ HAMABÚL ARBAÏM IÓM ÄL-HAÁRETZ VAYRBÚ HAMÁIM VAYSÚ ET-HATEBÁH VATÁRAM MEÄL HAÁRETZ

7:18 וַיִּגְבְּרוּ הַמַּיִם וַיִּרְבּוּ מְאֹד עַל־הָאָרֶץ וַתֵּלֶךְ הַתֵּבָה עַל־פְּנֵי הַמָּיִם

VAYGBERÚ HAMÁIM VAYRBÚ MEÓD ÄL-HAÁRETZ VATÉLEJ HATEBÁH ÄL-PENÉI HAMAÍM

7:19 וְהַמַּיִם גָּבְרוּ מְאֹד מְאֹד עַל־הָאָרֶץ וַיְכֻסּוּ כָּל־הֶהָרִים הַגְּבֹהִים אֲשֶׁר־תַּחַת כָּל־הַשָּׁמָיִם

VEHAMÁIM GABERÚ MEÓD MEÓD ÄL-HAÁRETZ VAIJUSÚ KOL-HEHARÍM HAGUEBOHÍM ASHÉR-TÁJAT KOL-HASHAMÁIM

7:20 חֲמֵשׁ עֶשְׂרֵה אַמָּה מִלְמַעְלָה גָּבְרוּ הַמָּיִם וַיְכֻסּוּ הֶהָרִים

JAMÉSH ËSRÉH AMÁH MILEMÁLAH GABERÚ HAMÁIM VAIJUSÚ HEHARÍM

7:21 וַיִּגְוַע כָּל־בָּשָׂר הָרֹמֵשׂ עַל־הָאָרֶץ בָּעוֹף וּבַבְּהֵמָה וּבַחַיָּה וּבְכָל־הַשֶּׁרֶץ הַשֹּׁרֵץ עַל־הָאָרֶץ וְכֹל הָאָדָם

VAYGVÄ KOL-BASÁR HAROMÉS ÄL-HAÁRETZ BÄÓF UBABEHEMÁ HUBAJAYÁH UBEJÓL-HASHÉRETZ HASHORÉTZ ÄL-HAÁRETZ VEJÓL HAADÁM

7:22 כֹּל אֲשֶׁר נִשְׁמַת־רוּחַ חַיִּים בְּאַפָּיו מִכֹּל אֲשֶׁר בֶּחָרָבָה מֵתוּ

KOL ASHÉR NISHMÁT-RÚAJ JAYÍM BEAPÁV MIKÓL ASHÉR BEJARABÁH MÉTU

7:23 Así fue destruido todo ser que vivía sobre la faz de la tierra, desde el hombre hasta la bestia, los reptiles, y las aves del cielo; y fueron raídos de la tierra, y quedó solamente *Nóaj* (Noé), y los que con él estaban en el arca.

7:24 Y prevalecieron las aguas sobre la tierra ciento cincuenta días.

CAPÍTULO 8

8:1 Y se acordó Dios de *Nóaj* (Noé), y de todos los animales, y de todas las bestias que estaban con él en el arca; e hizo pasar Dios un viento sobre la tierra, y disminuyeron las aguas.

8:2 Y se cerraron las fuentes del abismo y las cataratas de los cielos; y la lluvia de los cielos fue detenida.

8:3 Y las aguas decrecían gradualmente de sobre la tierra; y se retiraron las aguas al cabo de ciento cincuenta días.

8:4 Y reposó el arca en el mes séptimo, a los diecisiete días del mes, sobre el monte Ararát[43].

8:5 Y las aguas fueron decreciendo hasta el mes décimo; en el décimo, al primero del mes, se descubrieron las cimas de los montes.

---

[43] **8:4 Ararát:** Ararát es generalmente traducido como Armenia. El monte Ararát, que se encuentra al este de Asia Menor, tiene aproximadamente 4800 metros de altitud. Ver anexo "mapas".

וַיִּ֜מַח אֶֽת־כָּל־הַיְק֣וּם ׀ אֲשֶׁ֣ר ׀ עַל־פְּנֵ֣י הָֽאֲדָמָ֗ה מֵאָדָ֤ם עַד־בְּהֵמָה֙ עַד־רֶ֙מֶשׂ֙ וְעַד־ע֣וֹף הַשָּׁמַ֔יִם וַיִּמָּח֖וּ מִן־הָאָ֑רֶץ וַיִּשָּׁ֧אֶר אַךְ־נֹ֛חַ וַֽאֲשֶׁ֥ר אִתּ֖וֹ בַּתֵּבָֽה 7:23

VAYMÁJ ET-KOL-HAIKÚM ASHÉR ÄL-PENÉI HAADAMÁH MEADÁM ÄD-BEHEMÁH ÄD-RÉMES VEÄD-ÖF HASHAMÁIM VAYMAJÚ MIN-HAÁRETZ VAISHÁER AJ-NÓAJ VAASHÉR ITÓ BATEBÁH

וַיִּגְבְּר֥וּ הַמַּ֖יִם עַל־הָאָ֑רֶץ חֲמִשִּׁ֥ים וּמְאַ֖ת יֽוֹם 7:24

VAYGBERÚ HAMÁIM ÄL-HAÁRETZ JAMISHÍM UMEÁT IÓM

פֶּרֶק ח - PÉREK 8

וַיִּזְכֹּ֤ר אֱלֹהִים֙ אֶת־נֹ֔חַ וְאֵ֤ת כָּל־הַֽחַיָּה֙ וְאֶת־כָּל־הַבְּהֵמָ֔ה אֲשֶׁ֥ר אִתּ֖וֹ בַּתֵּבָ֑ה וַיַּֽעֲבֵ֨ר אֱלֹהִ֥ים ר֙וּחַ֙ עַל־הָאָ֔רֶץ וַיָּשֹׁ֖כּוּ הַמָּֽיִם 8:1

VAYZZKÓR ELOHÍM ET-NÓAJ VEÉT KOL-HÁJAYAH VEÉT-KOL-HABEHEMÁH ASHÉR ITÓ BATEBÁH VAYAÄBÉR ELOHÍM RÚAJ ÄL-HAÁRETZ VAYASHÓKU HAMÁIM

וַיִּסָּֽכְרוּ֙ מַעְיְנֹ֣ת תְּה֔וֹם וַֽאֲרֻבֹּ֖ת הַשָּׁמָ֑יִם וַיִּכָּלֵ֥א הַגֶּ֖שֶׁם מִן־הַשָּׁמָֽיִם 8:2

VAYSÁJERU MÄIENÓT TEHÓM VAARUBÓT HASHAMÁIM VAIKALÉ HAGUÉSHEM MIN-HASHAMÁIM

וַיָּשֻׁ֧בוּ הַמַּ֛יִם מֵעַ֥ל הָאָ֖רֶץ הָל֣וֹךְ וָשׁ֑וֹב וַיַּחְסְר֣וּ הַמַּ֔יִם מִקְצֵ֕ה חֲמִשִּׁ֥ים וּמְאַ֖ת יֽוֹם 8:3

VAYASHÚBU HAMÁIM MEÄL HAÁRETZ HALÓJ VASHÓB VAYAJSERÚ HAMÁIM MIKTZÉH JAMISHÍM UMEÁT IÓM

וַתָּ֤נַח הַתֵּבָה֙ בַּחֹ֣דֶשׁ הַשְּׁבִיעִ֔י בְּשִׁבְעָה־עָשָׂ֥ר י֖וֹם לַחֹ֑דֶשׁ עַ֖ל הָרֵ֥י אֲרָרָֽט 8:4

VATÁNAJ HATÉBAH BAJÓDESH HASHEBIÏ BESHIBÄ-ÄSÁR IÓM LAJÓDESH ÄL HARÉI ARARÁT

וְהַמַּ֗יִם הָיוּ֙ הָל֣וֹךְ וְחָס֔וֹר עַ֖ד הַחֹ֣דֶשׁ הָֽעֲשִׂירִ֑י בָּֽעֲשִׂירִי֙ בְּאֶחָ֣ד לַחֹ֔דֶשׁ נִרְא֖וּ רָאשֵׁ֥י הֶֽהָרִֽים 8:5

VEHAMÁIM HAIÚ HALÓJ VEJASÓR ÄD HAJÓDESH HAÄSIRÍ BAÄSIRÍ BEEJÁD LAJÓDESH NIRÚ RASHÉI HEHARÍM

8:6 Sucedió que al cabo de cuarenta días abrió *Nóaj* (Noé) la ventana del arca que había hecho,

8:7 y envió un cuervo, el cual salió, y estuvo yendo y volviendo hasta que las aguas se secaron sobre la tierra.

8:8 Envió también de sí una paloma, para ver si las aguas se habían retirado de sobre la faz de la tierra.

8:9 Y no halló la paloma donde sentar la planta de su pie, y volvió a él al arca, porque las aguas estaban aún sobre la faz de toda la tierra. Entonces él extendió su mano, y tomándola, la hizo entrar consigo en el arca.

8:10 Esperó aún otros siete días, y volvió a enviar la paloma fuera del arca.

8:11 Y la paloma volvió a él a la hora de la tarde; y he aquí que traía una hoja de olivo en el pico; y entendió *Nóaj* (Noé) que las aguas se habían retirado de sobre la tierra[44].

8:12 Y esperó aún otros siete días, y envió la paloma, la cual no volvió ya más a él.

8:13 Y sucedió que en el año seiscientos uno de *Nóaj* (Noé), en el mes primero, el día primero del mes, las aguas se secaron sobre la tierra; y quitó *Nóaj* (Noé) la cubierta del arca, y miró, y he aquí que la faz de la tierra estaba seca.

8:14 Y en el mes segundo, a los veintisiete días del mes, se secó la tierra.

---

[44] **8:11 Una hoja de olivo en el pico:** La actitud de la paloma viene a insinuarnos que es preferible un alimento amargo -como la hoja de olivo- pero que provenga directamente de Dios a un alimento dulce pero que dependa de la mano del hombre.

8:6 וַיְהִ֕י מִקֵּ֖ץ אַרְבָּעִ֣ים י֑וֹם וַיִּפְתַּ֣ח נֹ֔חַ אֶת־חַלּ֥וֹן הַתֵּבָ֖ה אֲשֶׁ֥ר עָשָֽׂה
VAIHÍ MIKÉTZ ARBAÏM IÓM VAYFTÁJ NÓAJ ET-JALÓN HATEBÁH ASHÉR ÄSÁH

8:7 וַיְשַׁלַּ֖ח אֶת־הָֽעֹרֵ֑ב וַיֵּצֵ֤א יָצוֹא֙ וָשׁ֔וֹב עַד־יְבֹ֥שֶׁת הַמַּ֖יִם מֵעַ֥ל הָאָֽרֶץ
VAISHALÁJ ET-HAÖRÉB VAYETZÉ IATZÓ VASHÓB ÄD-IEBÓSHET HAMÁIM MEÄL HAÁRETZ

8:8 וַיְשַׁלַּ֥ח אֶת־הַיּוֹנָ֖ה מֵאִתּ֑וֹ לִרְאוֹת֙ הֲקַ֣לּוּ הַמַּ֔יִם מֵעַ֖ל פְּנֵ֥י הָֽאֲדָמָֽה
VAISHALÁJ ET-HAYONÁH MEITÓ LIRÓT HAKÁLU HAMÁIM MEÄL PENÉI HAADAMÁH

8:9 וְלֹֽא־מָצְאָה֩ הַיּוֹנָ֨ה מָנ֜וֹחַ לְכַף־רַגְלָ֗הּ וַתָּ֤שָׁב אֵלָיו֙ אֶל־הַתֵּבָ֔ה כִּי־מַ֖יִם עַל־פְּנֵ֣י כָל־הָאָ֑רֶץ וַיִּשְׁלַ֤ח יָדוֹ֙ וַיִּקָּחֶ֔הָ וַיָּבֵ֥א אֹתָ֛הּ אֵלָ֖יו אֶל־הַתֵּבָֽה
VELÓ-MATZÉAH HAYONÁH MANÓAJ LEJÁF-RAGLÁH VATÁSHAB ELÁV EL-HATEBÁH KI-MÁIM ÄL-PENÉI JOL-HAÁRETZ VAYSHLÁJ IADÓ VAYKAJÉHA VAYABÉ OTÁH ELÁV EL-HATEBÁH

8:10 וַיָּ֣חֶל ע֔וֹד שִׁבְעַ֥ת יָמִ֖ים אֲחֵרִ֑ים וַיֹּ֛סֶף שַׁלַּ֥ח אֶת־הַיּוֹנָ֖ה מִן־הַתֵּבָֽה
VAYÁJEL ÖD SHIBÄT IAMÍM AJERÍM VAYÓSEF SHALÁJ ET-HAYONÁH MIN-HATEBÁH

8:11 וַתָּבֹ֨א אֵלָ֤יו הַיּוֹנָה֙ לְעֵ֣ת עֶ֔רֶב וְהִנֵּ֥ה עֲלֵה־זַ֖יִת טָרָ֣ף בְּפִ֑יהָ וַיֵּ֣דַע נֹ֔חַ כִּי־קַ֥לּוּ הַמַּ֖יִם מֵעַ֥ל הָאָֽרֶץ
VATABÓ ELÁV HAYONÁH LEËT ËREB VEHINÉH ÄLEH-ZZÁIT TARÁF BEFÍHA VAYÉDÄ NÓAJ KI-KALÚ HAMÁIM MEÄL HAÁRETZ

8:12 וַיִּיָּ֣חֶל ע֔וֹד שִׁבְעַ֥ת יָמִ֖ים אֲחֵרִ֑ים וַיְשַׁלַּח֙ אֶת־הַיּוֹנָ֔ה וְלֹֽא־יָסְפָ֥ה שׁוּב־אֵלָ֖יו עֽוֹד
VAYYÁJEL ÖD SHIBÄT IAMÍM AJERÍM VAISHALÁJ ET-HAYONÁH VELÓ-IASEFÁH SHUB-ELÁV ÖD

8:13 וַ֠יְהִי בְּאַחַ֨ת וְשֵׁשׁ־מֵא֜וֹת שָׁנָ֗ה בָּֽרִאשׁוֹן֙ בְּאֶחָ֣ד לַחֹ֔דֶשׁ חָֽרְב֥וּ הַמַּ֖יִם מֵעַ֣ל הָאָ֑רֶץ וַיָּ֣סַר נֹ֗חַ אֶת־מִכְסֵ֤ה הַתֵּבָה֙ וַיַּ֔רְא וְהִנֵּ֥ה חָֽרְב֖וּ פְּנֵ֥י הָֽאֲדָמָֽה
VAIHÍ BEAJÁT VESHÉSH-MÉOT SHANÁH BARISHÓN BEEJÁD LAJÓDESH JAREBÚ HAMÁIM MEÄL HAÁRETZ VAYÁSAR NÓAJ ET-MIJSÉH HATEBÁH VAYÁR VEHINÉH JAREBÚ PENÉI HAADAMÁH

8:14 וּבַחֹ֙דֶשׁ֙ הַשֵּׁנִ֔י בְּשִׁבְעָ֧ה וְעֶשְׂרִ֛ים י֖וֹם לַחֹ֑דֶשׁ יָבְשָׁ֖ה הָאָֽרֶץ
UBAJÓDESH HASHENÍ BESHIBÄH VEËSRÍM IÓM LAJÓDESH IABESHÄH HAÁRETZ

8:15 Entonces habló Dios a *Nóaj* (Noé), diciendo:
8:16 Sal del arca tú, y tu mujer, y tus hijos, y las mujeres de tus hijos contigo.
8:17 Todos los animales que están contigo de toda carne, de aves y de bestias y de todo reptil que se arrastra sobre la tierra, sacarás contigo; y vayan por la tierra, y fructifiquen y multiplíquense sobre la tierra.
8:18 Entonces salió *Nóaj* (Noé), y sus hijos, su mujer, y las mujeres de sus hijos con él.
8:19 Todos los animales, y todo reptil y toda ave, todo lo que se mueve sobre la tierra según sus especies, salieron del arca.
8:20 Y edificó *Nóaj* (Noé) un altar a El Eterno, y tomó de todo animal puro y de toda ave pura, y ofreció holocausto en el altar.
8:21 Y percibió El Eterno olor grato; y dijo El Eterno en su corazón: No volveré más a maldecir la tierra por causa del hombre; porque la inclinación del corazón del hombre es malo desde su juventud; ni volveré más a destruir todo ser viviente, como he hecho[45].

---

[45] **8:21 Olor grato:** La *Toráh* habla en el lenguaje del hombre para que de esta forma podamos comprenderla y cumplirla. Esta expresión repetida muchas veces en el texto indica que Dios recibió con agrado la ofrenda.

57 / BERESHÍT-בְּרֵאשִׁית

8:15 וַיְדַבֵּ֥ר אֱלֹהִ֖ים אֶל־נֹ֥חַ לֵאמֹֽר
VAIDABÉR ELOHÍM EL-NÓAJ LEMÓR

8:16 צֵ֖א מִן־הַתֵּבָ֑ה אַתָּ֕ה וְאִשְׁתְּךָ֛ וּבָנֶ֥יךָ וּנְשֵֽׁי־בָנֶ֖יךָ אִתָּֽךְ
TZE MIN-HATEBÁH ATÁH VEISHTEJÁ UBANÉIJA UNESHÉI-BANÉIJA ITÁJ

8:17 כָּל־הַחַיָּ֨ה אֲשֶֽׁר־אִתְּךָ֜ מִכָּל־בָּשָׂ֗ר בָּע֧וֹף וּבַבְּהֵמָ֛ה וּבְכָל־הָרֶ֛מֶשׂ הָרֹמֵ֥שׂ עַל־הָאָ֖רֶץ הוצא* אִתָּ֑ךְ וְשָֽׁרְצ֣וּ בָאָ֔רֶץ וּפָר֥וּ וְרָב֖וּ עַל־הָאָֽרֶץ
KOL-HAJAYÁH ASHÉR-ITEJÁ MIKÓL-BASÁR BÄOF UBABEHEMÁH UBEKÓL-HARÉMES HAROMÉS ÄL-HAÁRETZ HAITZÉ ITÁJ VESHÁRETZU BAÁRETZ UFARÚ VERABÚ ÄL-HAÁRETZ

8:18 וַיֵּ֖צֵא־נֹ֑חַ וּבָנָ֛יו וְאִשְׁתּ֥וֹ וּנְשֵֽׁי־בָנָ֖יו אִתּֽוֹ
VAYÉTZE-NÓAJ UBANÁV VEISHTÓ UNESHÉI-BANÁV ITÓ

8:19 כָּל־הַֽחַיָּ֗ה כָּל־הָרֶ֙מֶשׂ֙ וְכָל־הָע֔וֹף כֹּ֖ל רוֹמֵ֣שׂ עַל־הָאָ֑רֶץ לְמִשְׁפְּחֹ֣תֵיהֶ֔ם יָצְא֖וּ מִן־הַתֵּבָֽה
KOL-HAJAYÁH KOL-HARÉMES VEJÓL-HÄOF KOL ROMÉS ÄL-HAÁRETZ LEMISHPEJÓTEIHEM IATZEÚ MIN-HATEBÁH

8:20 וַיִּ֥בֶן נֹ֛חַ מִזְבֵּ֖חַ לַֽיהוָ֑ה וַיִּקַּ֞ח מִכֹּ֣ל ׀ הַבְּהֵמָ֣ה הַטְּהוֹרָ֗ה וּמִכֹּל֙ הָע֣וֹף הַטָּהֹ֔ר וַיַּ֥עַל עֹלֹ֖ת בַּמִּזְבֵּֽחַ
VAÍBEN NÓAJ MIZZBÉAJ LA-IHVH VAYKÁJ MIKÓL HABEHEMÁH HATEHORÁH UMIKÓL HÄOF HATAHÓR VAYÄÄL ÖLÓT BAMIZZEBÉAJ

8:21 וַיָּ֣רַח יְהוָה֮ אֶת־רֵ֣יחַ הַנִּיחֹחַ֒ וַיֹּ֨אמֶר יְהוָ֜ה אֶל־לִבּ֗וֹ לֹֽא־אֹ֠סִף לְקַלֵּ֨ל ע֤וֹד אֶת־הָֽאֲדָמָה֙ בַּעֲב֣וּר הָֽאָדָ֔ם כִּ֠י יֵ֣צֶר לֵ֧ב הָאָדָ֛ם רַ֖ע מִנְּעֻרָ֑יו וְלֹֽא־אֹסִ֥ף ע֛וֹד לְהַכּ֥וֹת אֶת־כָּל־חַ֖י כַּֽאֲשֶׁ֥ר עָשִֽׂיתִי
VAYÁRAJ IHVH ET-RÉIAJ HANIJOÁJ VAYÓMER IHVH EL-LIBÓ LO-OSÍF LEKALÉL ÖD ET-HAADAMÁH BAÄBÚR HAADÁM KI IÉTZER LEB HAADÁM RÄ MINEÜRÁV VELÓ-OSÍF ÖD LEHAKÓT ET-KOL-JÁI KAASHÉR ÄSÍTI

---

* הַיְצֵא

58 / BERESHÍT-בְּרֵאשִׁית

8:22 Mientras la tierra permanezca, no cesarán la siembra y cosecha, el frío y el calor, el verano y el invierno, y el día y la noche[46].

CAPÍTULO 9

Pacto de Dios con *Nóaj* (Noé)

9:1 Bendijo Dios a *Nóaj* (Noé) y a sus hijos, y les dijo: Fructificad y multiplicaos, y llenad la tierra.
9:2 El temor y el miedo de vosotros estarán sobre todo animal de la tierra, y sobre toda ave de los cielos, en todo lo que se mueva sobre la tierra, y en todos los peces del mar; en vuestra mano son entregados.
9:3 Todo lo que se mueve y vive, os será para mantenimiento: así como las legumbres y plantas verdes, os lo he dado todo[47].
9:4 Pero carne con su vida, que es su sangre, no comeréis[48].
9:5 Porque ciertamente demandaré la sangre de vuestras vidas; de mano de todo animal la demandaré, y de mano del hombre; de mano de un hombre a su hermano voy a pedir cuenta de toda vida humana[49].

---

[46] **8:22 No cesarán:** Durante los 40 días y noches del diluvio los astros quedaron inactivos. Por esta razón no era posible distinguir entre día y noche, y entre las estaciones del año.

[47] **9:3 Os será para mantenimiento:** En este versículo se introduce el permiso para comer carne, alimentación que estaba prohibida hasta entonces.

[48] **9:4 Pero carne con su vida:** Esta es una de las siete leyes universales que se encomendaron a los descendientes de *Nóaj* (ver anexo "Las siete leyes de los descendientes de *Nóaj*"). Consiste en la prohibición de comer carne que haya sido arrancada del animal cuando este aún se encuentra con vida.

[49] **9:5 Sangre de vuestras vidas:** La *Toráh* prohíbe el suicidio.
De mano de un hombre: Un asesinato sin testigos que lo incriminen, será ajusticiado por Dios.

עַד כָּל־יְמֵ֖י הָאָ֑רֶץ זֶ֡רַע וְ֠קָצִיר וְקֹ֨ר וָחֹ֜ם וְקַ֧יִץ וָחֹ֛רֶף וְי֥וֹם וָלַ֖יְלָה לֹ֥א יִשְׁבֹּֽתוּ׃

8:22

ÖD KOL-IEMÉI HAÁRETZ ZZERÄ VEKATZÍR VEKÓR VAJÖM VEKÁITZ VAJÓREF VEIÓM VALÁILAH LO ISHBÓTU

פֶּ֫רֶק ט - PÉREK 9

וַיְבָ֣רֶךְ אֱלֹהִ֔ים אֶת־נֹ֖חַ וְאֶת־בָּנָ֑יו וַיֹּ֧אמֶר לָהֶ֛ם פְּר֥וּ וּרְב֖וּ וּמִלְא֥וּ אֶת־הָאָֽרֶץ׃

9:1

VAIBÁREJ ELOHÍM ET-NÓAJ VEÉT-BANÁV VAYÓMER LAHÉM PERÚ UREBÚ UMILÚ ET-HAÁRETZ

וּמוֹרַאֲכֶ֤ם וְחִתְּכֶם֙ יִֽהְיֶ֔ה עַ֚ל כָּל־חַיַּ֣ת הָאָ֔רֶץ וְעַ֖ל כָּל־ע֣וֹף הַשָּׁמָ֑יִם בְּכֹל֩ אֲשֶׁ֨ר תִּרְמֹ֧שׂ הָֽאֲדָמָ֛ה וּֽבְכָל־דְּגֵ֥י הַיָּ֖ם בְּיֶדְכֶ֥ם נִתָּֽנוּ׃

9:2

UMORAAJÉM VEJITEJÉM IHIÉH ÄL KOL-JAYÁT HAÁRETZ VEÄL KOL-ÖF HASHAMÁIM BEJÓL ASHÉR TIRMÓS HAADAMÁ HUBEJÓL-DEGUÉI HAYÁM BEIEDJÉM NITÁNU

כָּל־רֶ֙מֶשׂ֙ אֲשֶׁ֣ר הוּא־חַ֔י לָכֶ֥ם יִהְיֶ֖ה לְאָכְלָ֑ה כְּיֶ֣רֶק עֵ֔שֶׂב נָתַ֥תִּי לָכֶ֖ם אֶת־כֹּֽל׃

9:3

KOL-RÉMES ASHÉR HU-JÁI LAJÉM IHIÉH LEAJELÁH KEIÉREK ËSEB NATÁTI LAJÉM ET-KOL

אַךְ־בָּשָׂ֕ר בְּנַפְשׁ֥וֹ דָמ֖וֹ לֹ֥א תֹאכֵֽלוּ׃

9:4

AJ-BASÁR BENAFSHÓ DAMÓ LO TOJÉLU

וְאַ֨ךְ אֶת־דִּמְכֶ֤ם לְנַפְשֹֽׁתֵיכֶם֙ אֶדְרֹ֔שׁ מִיַּ֥ד כָּל־חַיָּ֖ה אֶדְרְשֶׁ֑נּוּ וּמִיַּ֣ד הָֽאָדָ֗ם מִיַּד֙ אִ֣ישׁ אָחִ֔יו אֶדְרֹ֖שׁ אֶת־נֶ֥פֶשׁ הָֽאָדָֽם׃

9:5

VEÁJ ET-DIMJÉM LENAFSHÓTEIJEM EDRÓSH MIYÁD KOL-JAYÁH EDRESHÉNU UMIYÁD HAADÁM MIYÁD ISH AJÍV HEDRÓSH ET-NÉFESH HAADÁM

בְּרֵאשִׁית - BERESHÍT

9:6 El que derramare sangre de hombre, por el hombre su sangre será derramada; porque a imagen de Dios es hecho el hombre[50].

9:7 Mas vosotros fructificad y multiplicaos; procread abundantemente en la tierra, y multiplicaos en ella.

9:8 Y habló Dios a *Nóaj* (Noé) y a sus hijos con él, diciendo:

9:9 He aquí que yo establezco mi pacto con vosotros, y con vuestros descendientes después de vosotros;

9:10 y con todo ser viviente que está con vosotros; aves, animales y toda bestia de la tierra que está con vosotros, desde todos los que salieron del arca hasta todo animal de la tierra.

9:11 Estableceré mi pacto con vosotros, y no exterminaré ya más toda carne con aguas de diluvio, ni habrá más diluvio para destruir la tierra.

9:12 Y dijo Dios: Esta es la señal del pacto que yo establezco entre mí y vosotros y todo ser viviente que está con vosotros, por siglos perpetuos:

9:13 Mi arco he puesto en las nubes, el cual será por señal del pacto entre mí y la tierra.

9:14 Y sucederá que cuando haga venir nubes sobre la tierra, se dejará ver entonces mi arco en las nubes.

9:15 Y me acordaré del pacto mío, que hay entre mí y vosotros y todo ser viviente de toda carne; y no habrá más diluvio de aguas para destruir toda carne.

---

[50] **9:6 Por el hombre su sangre será derramada**: Esta es una de las siete leyes universales que se encomendaron a los descendientes de *Nóaj* (ver anexo "Las siete leyes de los descendientes de *Nóaj*"), toda sociedad humana está obligada a establecer tribunales de justicia.

61 / BERESHÍT- בְּרֵאשִׁית

9:6 שֹׁפֵךְ֙ דַּ֣ם הָֽאָדָ֔ם בָּֽאָדָ֖ם דָּמ֣וֹ יִשָּׁפֵ֑ךְ כִּ֚י בְּצֶ֣לֶם אֱלֹהִ֔ים עָשָׂ֖ה אֶת־הָאָדָֽם

SHOFÉJ DAM HAADÁM BAADÁM DAMÓ ISHAFÉJ KI BETZÉLEM ELOHÍM ÄSÁH ET-HAADÁM

9:7 וְאַתֶּ֖ם פְּר֣וּ וּרְב֑וּ שִׁרְצ֥וּ בָאָ֖רֶץ וּרְבוּ־בָֽהּ

VEATÉM PERÚ UREBÚ SHIRTZÚ BAÁRETZ URÉBU-BAH

9:8 וַיֹּ֤אמֶר אֱלֹהִים֙ אֶל־נֹ֔חַ וְאֶל־בָּנָ֥יו אִתּ֖וֹ לֵאמֹֽר

VAYÓMER ELOHÍM EL-NÓAJ VEÉL-BANÁV ITÓ LEMÓR

9:9 וַאֲנִ֕י הִנְנִ֥י מֵקִ֛ים אֶת־בְּרִיתִ֖י אִתְּכֶ֑ם וְאֶֽת־זַרְעֲכֶ֖ם אַֽחֲרֵיכֶֽם

VAANÍ HINNÍ MEKÍM ET-BERITÍ ITEJÉM VEÉT-ZZARÄJÉM AJAREIJÉM

9:10 וְאֵ֣ת כָּל־נֶ֣פֶשׁ הַֽחַיָּה֩ אֲשֶׁ֨ר אִתְּכֶ֜ם בָּע֧וֹף בַּבְּהֵמָ֛ה וּֽבְכָל־חַיַּ֥ת הָאָ֖רֶץ אִתְּכֶ֑ם מִכֹּל֙ יֹצְאֵ֣י הַתֵּבָ֔ה לְכֹ֖ל חַיַּ֥ת הָאָֽרֶץ

VEÉT KOL-NÉFESH HÁJAYAH ASHÉR ITEJÉM BÄOF BABEHEMÁ HUBEJÓL-JAYÁT HAÁRETZ ITEJÉM MIKÓL IOTZÉI HATEBÁH LEJÓL JAYÁT HAÁRETZ

9:11 וַהֲקִמֹתִ֤י אֶת־בְּרִיתִי֙ אִתְּכֶ֔ם וְלֹֽא־יִכָּרֵ֧ת כָּל־בָּשָׂ֛ר ע֖וֹד מִמֵּ֣י הַמַּבּ֑וּל וְלֹֽא־יִהְיֶ֥ה ע֛וֹד מַבּ֖וּל לְשַׁחֵ֥ת הָאָֽרֶץ

VAHAKIMOTÍ ET-BERITÍ ITEJÉM VELÓ-IKARÉT KOL-BASÁR ÖD MIMÉI HAMABÚL VELÓ-IHIÉH ÖD MABÚL LESHAJÉT HAÁRETZ

9:12 וַיֹּ֣אמֶר אֱלֹהִ֗ים זֹ֤את אֽוֹת־הַבְּרִית֙ אֲשֶׁר־אֲנִ֣י נֹתֵ֗ן בֵּינִי֙ וּבֵ֣ינֵיכֶ֔ם וּבֵ֛ין כָּל־נֶ֥פֶשׁ חַיָּ֖ה אֲשֶׁ֣ר אִתְּכֶ֑ם לְדֹרֹ֖ת עוֹלָֽם

VAYÓMER ELOHÍM ZZOT OT-HABÉRIT ASHÉR-ANÍ NOTÉN BEINÍ UBEINEIJÉM UBÉIN KOL-NÉFESH JAYÁH ASHÉR ITEJÉM LEDORÓT ÖLÁM

9:13 אֶת־קַשְׁתִּ֕י נָתַ֖תִּי בֶּֽעָנָ֑ן וְהָֽיְתָה֙ לְא֣וֹת בְּרִ֔ית בֵּינִ֖י וּבֵ֥ין הָאָֽרֶץ

ET-KASHTÍ NATÁTI BEÄNÁN VEHAITÁH LEÓT BERÍT BEINÍ UBÉIN HAÁRETZ

9:14 וְהָיָ֕ה בְּעַֽנְנִ֥י עָנָ֖ן עַל־הָאָ֑רֶץ וְנִרְאֲתָ֥ה הַקֶּ֖שֶׁת בֶּעָנָֽן

VEHAIÁH BEÄNNI ÄNÁN ÄL-HAÁRETZ VENIRATÁH HAKÉSHET BEÄNÁN

9:15 וְזָֽכַרְתִּ֣י אֶת־בְּרִיתִ֗י אֲשֶׁ֤ר בֵּינִי֙ וּבֵ֣ינֵיכֶ֔ם וּבֵ֛ין כָּל־נֶ֥פֶשׁ חַיָּ֖ה בְּכָל־בָּשָׂ֑ר וְלֹֽא־יִֽהְיֶ֨ה ע֤וֹד הַמַּ֨יִם֙ לְמַבּ֔וּל לְשַׁחֵ֖ת כָּל־בָּשָֽׂר

VEZZAJARTÍ ET-BERITÍ ASHÉR BEINÍ UBEINEIJÉM UBÉIN KOL-NÉFESH JAYÁH BEJÓL-BASÁR VELÓ-IHIÉH ÖD HAMÁIM LEMABÚL LESHAJÉT KOL-BASÁR

9:16 Estará el arco en las nubes, y lo veré, y me acordaré del pacto perpetuo entre Dios y todo ser viviente, con toda carne que hay sobre la tierra.
9:17 Dijo, pues, Dios a *Nóaj* (Noé): Esta es la señal del pacto que he establecido entre mí y toda carne que está sobre la tierra.

Embriaguez de *Nóaj* (Noé)

9:18 Y los hijos de *Nóaj* (Noé) que salieron del arca fueron *Shem*, *Jam* y *Iáfet*; y *Jam* es el padre de *Kenáän*.
9:19 Estos tres son los hijos de *Nóaj* (Noé), y de ellos fue llena toda la tierra.
9:20 Después comenzó *Nóaj* (Noé) a labrar la tierra, y plantó una viña;
9:21 y bebió del vino, y se embriagó, y estaba descubierto en medio de su tienda.
9:22 Y *Jam*, padre de *Kenáän*, vio la desnudez de su padre, y lo dijo a sus dos hermanos que estaban afuera.
9:23 Entonces *Shem* y *Iáfet* tomaron la ropa, y la pusieron sobre sus propios hombros, y andando hacia atrás, cubrieron la desnudez de su padre, teniendo vueltos sus rostros, y así no vieron la desnudez de su padre.
9:24 Y despertó *Nóaj* (Noé) de su embriaguez, y supo lo que le había hecho su hijo más joven,
9:25 y dijo:
Maldito sea *Kenáän*; Siervo de siervos será a sus hermanos.

63 / BERESHÍT - בְּרֵאשִׁית

וְהָיְתָ֤ה הַקֶּ֙שֶׁת֙ בֶּֽעָנָ֔ן וּרְאִיתִ֕יהָ לִזְכֹּר֙ בְּרִ֣ית עוֹלָ֔ם בֵּ֣ין אֱלֹהִ֔ים וּבֵין֙ כָּל־נֶ֣פֶשׁ חַיָּ֔ה בְּכָל־בָּשָׂ֖ר אֲשֶׁ֥ר עַל־הָאָֽרֶץ 9:16
VEHAITÁH HAKÉSHET BEÄNÁN UREITÍHA LIZZKÓR BERÍT ÖLÁM BÉIN ELOHÍM
UBÉIN KOL-NÉFESH JAYÁH BEJÓL-BASÁR ASHÉR ÄL-HAÁRETZ

וַיֹּ֥אמֶר אֱלֹהִ֖ים אֶל־נֹ֑חַ זֹ֤את אֽוֹת־הַבְּרִית֙ אֲשֶׁ֣ר הֲקִמֹ֔תִי בֵּינִ֕י וּבֵ֥ין כָּל־בָּשָׂ֖ר אֲשֶׁ֥ר עַל־הָאָֽרֶץ 9:17
VAYÓMER ELOHÍM EL-NÓAJ ZZOT OT-HABERÍT ASHÉR HAKIMÓTI BEINÍ UBÉIN
KOL-BASÁR ASHÉR ÄL-HAÁRETZ

וַיִּֽהְי֣וּ בְנֵי־נֹ֗חַ הַיֹּֽצְאִים֙ מִן־הַתֵּבָ֔ה שֵׁ֖ם וְחָ֣ם וָיָ֑פֶת וְחָ֕ם ה֖וּא אֲבִ֥י כְנָֽעַן 9:18
VAYHIÚ BENÉI-NÓAJ HAYÓTZIM MIN-HATEBÁH SHEM VEJÁM VAIÁFET VEJÁM
HU ABÍ JEENÄÄN

שְׁלֹשָׁ֥ה אֵ֖לֶּה בְּנֵי־נֹ֑חַ וּמֵאֵ֖לֶּה נָֽפְצָ֥ה כָל־הָאָֽרֶץ 9:19
SHELOSHÁH ÉLEH BENÉI-NÓAJ UMEÉLEH NAFETZÁH JOL-HAÁRETZ

וַיָּ֥חֶל נֹ֖חַ אִ֣ישׁ הָֽאֲדָמָ֑ה וַיִּטַּ֖ע כָּֽרֶם 9:20
VAYÁJEL NÓAJ ISH HAADAMÁH VAYTÄ KÁREM

וַיֵּ֥שְׁתְּ מִן־הַיַּ֖יִן וַיִּשְׁכָּ֑ר וַיִּתְגַּ֖ל בְּת֥וֹךְ אָהֳלֹֽה 9:21
VAYÉSHT MIN-HAYÁIN VAYSHKÁR VAYTGÁL BETÓJ AHALÓH

וַיַּ֗רְא חָ֚ם אֲבִ֣י כְנַ֔עַן אֵ֖ת עֶרְוַ֣ת אָבִ֑יו וַיַּגֵּ֥ד לִשְׁנֵֽי־אֶחָ֖יו בַּחֽוּץ 9:22
VAYÁR JAM ABÍ JEENÄÄN ET ËREVÁT ABÍV VAYAGUÉD LISHNÉI-EJÁV BAJÚTZ

וַיִּקַּח֩ שֵׁ֨ם וָיֶ֜פֶת אֶת־הַשִּׂמְלָ֗ה וַיָּשִׂ֙ימוּ֙ עַל־שְׁכֶ֣ם שְׁנֵיהֶ֔ם וַיֵּֽלְכוּ֙ אֲחֹ֣רַנִּ֔ית וַיְכַסּ֕וּ אֵ֖ת עֶרְוַ֣ת אֲבִיהֶ֑ם וּפְנֵיהֶם֙ אֲחֹ֣רַנִּ֔ית וְעֶרְוַ֥ת אֲבִיהֶ֖ם לֹ֥א רָאֽוּ 9:23
VAYKÁJ SHEM VAIÉFET ET-HASIMLÁ VAYASÍMU ÄL-SHEJÉM SHENEIHÉM
VAYELJÚ AJORANÍT VAIJASÚ ET ËRVÁT ABIHÉM UFENEIHÉM AJORANÍT
VEËRVÁT ABIHÉM LO RÁU

וַיִּ֥יקֶץ נֹ֖חַ מִיֵּינ֑וֹ וַיֵּ֕דַע אֵ֛ת אֲשֶׁר־עָ֥שָׂה־ל֖וֹ בְּנ֥וֹ הַקָּטָֽן 9:24
VAYÍKETZ NÓAJ MIYEINÓ VAYÉDA ET ASHÉR-ASAH-LO BENÓ HAKATÁN

וַיֹּ֖אמֶר אָר֣וּר כְּנָ֑עַן עֶ֥בֶד עֲבָדִ֖ים יִֽהְיֶ֥ה לְאֶחָֽיו 9:25
VAYÓMER ARÚR KENÄÄN ËBED ÄBADÍM IHIÉH LEEJÁV

9:26 Dijo más:
Bendito por El Eterno mi Dios sea *Shem* y sea *Kenáän* su siervo.
9:27 Engrandezca Dios a *Iáfet*, que habite en las tiendas de *Shem* y sea *Kenáän* su siervo.
9:28 Y vivió *Nóaj* (Noé) después del diluvio trescientos cincuenta años.
9:29 Y fueron todos los días de *Nóaj* (Noé) novecientos cincuenta años; y murió.

CAPÍTULO 10

Los descendientes de los hijos de *Nóaj* (Noé)

(1 *Dibréi Haiamím* - Crónicas 1.5-23)

10:1 Estas son las generaciones de los hijos de *Nóaj* (Noé): *Shem, Jam* y *Iáfet*, a quienes nacieron hijos después del diluvio.
10:2 Los hijos de *Iáfet*: *Gómer, Magóg, Madái, Iaván, Tubál, Méshej* y *Tirás*.
10:3 Los hijos de *Gómer*: *Ashkanázz, Rifát* y *Togarmáh*.
10:4 Los hijos de *Iaván*: *Elisháh, Tarshísh, Kitím* y *Dodaním*.
10:5 De éstos se poblaron las costas, cada cual según su lengua, conforme a sus familias en sus naciones.
10:6 Los hijos de *Jam*: *Kush, Mitzráim, Fut* y *Kenáän*.
10:7 Y los hijos de *Kush*: *Sebá, Javiláh, Sabtáh, Rämáh* y *Sabtejá*. Y los hijos de *Rämáh*: *Shéba* y *Dedán*.

65 / BERESHÍT - בְּרֵאשִׁית

9:26 וַיֹּאמֶר בָּרוּךְ יְהֹוָה אֱלֹהֵי שֵׁם וִיהִי כְנַעַן עֶבֶד לָמוֹ
VAYÓMER BARÚJ IHVH ELÓHEI SHEM VIHÍ JENÁAN ËBED LÁMO

9:27 יַפְתְּ אֱלֹהִים לְיֶפֶת וְיִשְׁכֹּן בְּאָהֳלֵי־שֵׁם וִיהִי כְנַעַן עֶבֶד לָמוֹ
IÁFT ELOHÍM LEIÉFET VEISHKÓN BEÁHALEI-SHEM VIHÍ JEENÁAN ËBED LÁMO

9:28 וַיְחִי־נֹחַ אַחַר הַמַּבּוּל שְׁלֹשׁ מֵאוֹת שָׁנָה וַחֲמִשִּׁים שָׁנָה
VAIJÍ-NÓAJ AJÁR HAMABÚL SHELÓSH MEÓT SHANÁH VAJAMISHÍM SHANÁH

9:29 וַיִּהְיוּ כָּל־יְמֵי־נֹחַ תְּשַׁע מֵאוֹת שָׁנָה וַחֲמִשִּׁים שָׁנָה וַיָּמֹת
VAYHIÚ KOL-IEMÉI-NÓAJ TESHÄ MEÓT SHANÁH VAJAMISHÍM SHANÁH VAYAMÓT

פֶּרֶק י - PÉREK 10

10:1 וְאֵלֶּה תּוֹלְדֹת בְּנֵי־נֹחַ שֵׁם חָם וָיָפֶת וַיִּוָּלְדוּ לָהֶם בָּנִים אַחַר הַמַּבּוּל
VEÉLEH TOLEDÓT BENÉI-NÓAJ SHEM JAM VAIÁFET VAYVALEDÚ LAHÉM BANÍM AJÁR HAMABÚL

10:2 בְּנֵי יֶפֶת גֹּמֶר וּמָגוֹג וּמָדַי וְיָוָן וְתֻבָל וּמֶשֶׁךְ וְתִירָס
BENÉI IÉFET GÓMER UMAGÓG UMADÁI VEIAVÁN VETUBÁL UMÉSHEJ VETIRÁS

10:3 וּבְנֵי גֹּמֶר אַשְׁכֲּנַז וְרִיפַת וְתֹגַרְמָה
UBENÉI GÓMER ASHKANÁZZ VERIFÁT VETOGARMÁH

10:4 וּבְנֵי יָוָן אֱלִישָׁה וְתַרְשִׁישׁ כִּתִּים וְדֹדָנִים
UBENÉI IAVÁN ELISHÁH VETARSHÍSH KITÍM VEDODANÍM

10:5 מֵאֵלֶּה נִפְרְדוּ אִיֵּי הַגּוֹיִם בְּאַרְצֹתָם אִישׁ לִלְשֹׁנוֹ לְמִשְׁפְּחֹתָם בְּגוֹיֵהֶם
MEÉLEH NIFREDÚ IYÉI HAGOÍM BEARTZOTÁM ISH LILSHÓNO LEMISHPEJOTÁM BEGOÍEHEM

10:6 וּבְנֵי חָם כּוּשׁ וּמִצְרַיִם וּפוּט וּכְנָעַן
UBENÉI JAM KUSH UMITZRÁIM UFÚT UJEENÁAN

10:7 וּבְנֵי כוּשׁ סְבָא וַחֲוִילָה וְסַבְתָּה וְרַעְמָה וְסַבְתְּכָא וּבְנֵי רַעְמָה שְׁבָא וּדְדָן
UBENÉI JUSH SEBÁ VAJAVILÁH VESABTÁH VERÄMÁH VESABTEJÁ UBENÉI RÄMÁH SHEBÁ UDEDÁN

10:8 Y *Kush* engendró a *Nimród*, quien llegó a ser el primer poderoso en la tierra.

10:9 Este fue vigoroso cazador delante de El Eterno; por lo cual se dice: Así como *Nimród*, vigoroso cazador delante de El Eterno[51].

10:10 Y fue el comienzo de su reino Babél, Érej, Akád y Jalnéh, en la tierra de Shinär.

10:11 De esta tierra salió para Ashúr, y edificó Nínveh, Rejobót Ïr, Kálaj,

10:12 y Résen entre Nínveh y Kálaj, la cual es ciudad grande.

10:13 mitzráim engendró a ludím, a änamím, a lehabím, a naftujím,

10:14 a patrusím, a kaslujím, de donde salieron los pelishtím, y a kaftorím[52].

10:15 Y *Kenään* engendró a *Tzidón* su primogénito, a *Jet*,

10:16 al iebusí, al emorí, al guirgashí,

10:17 al jiví, al ärkí, al siní,

10:18 al arvadí, al tzemarí y al jamatí; y después se dispersaron las familias de los kenaäní.

---

[51] **10:9 Vigoroso cazador**: Cazaba a las personas con palabras incitándolas a alejarse del camino de Dios.

[52] **10:14 Patrusím, a kaslujím:** Estos pueblos vivían juntos y su gente tenía la costumbre de intercambiar sus esposas. De esta unión surge el pueblo de los pelishtím.

10:8 וְכ֖וּשׁ יָלַ֣ד אֶת־נִמְרֹ֑ד ה֣וּא הֵחֵ֔ל לִֽהְי֥וֹת גִּבֹּ֖ר בָּאָֽרֶץ׃
VEJÚSH IALÁD ET-NIMRÓD HU HEJÉL LIHIÓT GUIBÓR BAÁRETZ

10:9 הֽוּא־הָיָ֥ה גִבֹּֽר־צַ֖יִד לִפְנֵ֣י יְהוָ֑ה עַל־כֵּן֙ יֵֽאָמַ֔ר כְּנִמְרֹ֛ד גִּבּ֥וֹר צַ֖יִד לִפְנֵ֥י יְהוָֽה׃
HU-HAIÁH GUIBÓR-TZÁID LIFNÉI IHVH ÄL-KEN IEAMÁR KENIMRÓD GUIBÓR TZÁID LIFNÉI IHVH

10:10 וַתְּהִ֨י רֵאשִׁ֤ית מַמְלַכְתּוֹ֙ בָּבֶ֔ל וְאֶ֖רֶךְ וְאַכַּ֣ד וְכַלְנֵ֑ה בְּאֶ֖רֶץ שִׁנְעָֽר׃
VATEHÍ RESHÍT MAMLAJTÓ BABÉL VEÉREJ VEAKÁD VEJALNÉH BEÉRETZ SHINÄR

10:11 מִן־הָאָ֥רֶץ הַהִ֖וא יָצָ֣א אַשּׁ֑וּר וַיִּ֙בֶן֙ אֶת־נִ֣ינְוֵ֔ה וְאֶת־רְחֹבֹ֥ת עִ֖יר וְאֶת־כָּֽלַח׃
MIN-HAÁRETZ HAHÍ IATZÁ ASHÚR VAÍBEN ET-NÍNVEH VEÉT-REJOBÓT ÏR VEÉT-KÁLAJ

10:12 וְֽאֶת־רֶ֔סֶן בֵּ֥ין נִֽינְוֵ֖ה וּבֵ֣ין כָּ֑לַח הִ֖וא הָעִ֥יר הַגְּדֹלָֽה׃
VEÉT-RÉSEN BÉIN NÍNVEH UBÉIN KÁLAJ HI HAÏR HAGUEDOLÁH

10:13 וּמִצְרַ֡יִם יָלַ֞ד אֶת־לוּדִ֧ים וְאֶת־עֲנָמִ֛ים וְאֶת־לְהָבִ֖ים וְאֶת־נַפְתֻּחִֽים׃
UMITZRÁIM IALÁD ET-LUDÍM VEÉT-ÄNAMÍM VEÉT-LEHABÍM VEÉT-NAFTUJÍM

10:14 וְֽאֶת־פַּתְרֻסִ֞ים וְאֶת־כַּסְלֻחִ֗ים אֲשֶׁ֨ר יָצְא֥וּ מִשָּׁ֛ם פְּלִשְׁתִּ֖ים וְאֶת־כַּפְתֹּרִֽים׃
VEÉT-PATRUSÍM VEÉT-KASLUJÍM ASHÉR IATZEÚ MISHÁM PELISHTÍM VEÉT-KAFTORÍM

10:15 וּכְנַ֗עַן יָלַ֛ד אֶת־צִידֹ֥ן בְּכֹר֖וֹ וְאֶת־חֵֽת׃
UJENÁAN IALÁD ET-TZIDÓN BEJORÓ VEÉT-JET

10:16 וְאֶת־הַיְבוּסִי֙ וְאֶת־הָ֣אֱמֹרִ֔י וְאֵ֖ת הַגִּרְגָּשִֽׁי׃
VEÉT-HAIBUSÍ VEÉT-HAEMORÍ VEÉT HAGUIRGASHÍ

10:17 וְאֶת־הַחִוִּ֥י וְאֶת־הַֽעַרְקִ֖י וְאֶת־הַסִּינִֽי׃
VEÉT-HAJIVÍ VEÉT-HAÄRKÍ VEÉT-HASINÍ

10:18 וְאֶת־הָֽאַרְוָדִ֥י וְאֶת־הַצְּמָרִ֖י וְאֶת־הַֽחֲמָתִ֑י וְאַחַ֣ר נָפֹ֔צוּ מִשְׁפְּח֖וֹת הַֽכְּנַעֲנִֽי׃
VEÉT-HAARVADÍ VEÉT-HATZEMARÍ VEÉT-HAJAMATÍ VEAJÁR NAFÓTZU MISHPEJÓT HAKENAÄNÍ

10:19 Y fue el territorio de los kenaäní desde Tzidón, en dirección a Guerár, hasta Äzzah; y en dirección de Sedóm, Ämoráh, Admáh y Tzeboím, hasta Láshä.

10:20 Estos son los hijos de *Jam* por sus familias, por sus lenguas, en sus tierras, en sus naciones.

10:21 También le nacieron hijos a *Shem*, padre de todos los hijos de *Ëber*, y hermano mayor de *Iáfet*.

10:22 Los hijos de *Shem* fueron *Ëilám*, *Ashúr*, *Arpajshád*, *Lud* y *Arám*.

10:23 Y los hijos de *Arám*: *Ütz*, *Jul*, *Guéter* y *Mash*.

10:24 *Arpajshád* engendró a *Shálaj*, y *Shálaj* engendró a *Ëber*.

10:25 Y a *Ëber* nacieron dos hijos: el nombre del uno fue *Péleg*, porque en sus días fue repartida la tierra; y el nombre de su hermano, *Iaketán*.

10:26 Y *Iaketán* engendró a *Almodád*, *Shálef*, *Jatzarmávet*, *Iáraj*,

10:27 *Hadorám*, *Uzzál*, *Dikláh*,

10:28 *Öbál*, *Abimaél*, *Shebá*,

10:29 *Ofír*, *Javiláh* y *Iobáb*; todos estos fueron hijos de *Iaketán*.

10:30 Y la tierra en que habitaron fue desde Mesa en dirección de Sefar, hasta la región montañosa del oriente.

10:31 Estos fueron los hijos de *Shem* por sus familias, por sus lenguas, en sus tierras, en sus naciones.

69 / BERESHÍT - בְּרֵאשִׁית

10:19 וַיְהִ֞י גְּב֤וּל הַֽכְּנַעֲנִי֙ מִצִּידֹ֔ן בֹּאֲכָ֥ה גְרָ֖רָה עַד־עַזָּ֑ה בֹּאֲכָ֞ה סְדֹ֧מָה וַעֲמֹרָ֛ה וְאַדְמָ֥ה וּצְבֹיִ֖ם עַד־לָֽשַׁע

VAIHÍ GUEBÚL HAKENAÄNÍ MITZIDÓN BOAJÁH GUERÁRAH ÄD-ÄZZÁH BOAJÁH
SEDÓMAH VAÄMORÁH VEADMÁH UTZEBOÍM ÄD-LÁSHÄ

10:20 אֵ֣לֶּה בְנֵי־חָ֔ם לְמִשְׁפְּחֹתָ֖ם לִלְשֹֽׁנֹתָ֑ם בְּאַרְצֹתָ֖ם בְּגוֹיֵהֶֽם

ÉLEH BENÉI-JAM LEMISHPEJOTÁM LILESHONOTÁM BEARTZOTÁM BEGOIEHÉM

10:21 וּלְשֵׁ֥ם יֻלַּ֖ד גַּם־ה֑וּא אֲבִי֙ כָּל־בְּנֵי־עֵ֔בֶר אֲחִ֖י יֶ֥פֶת הַגָּדֽוֹל

ULESHÉM IULÁD GAM-HU ABÍ KOL-BENÉI-ËBER AJÍ IÉFET HAGADÓL

10:22 בְּנֵ֣י שֵׁ֔ם עֵילָ֣ם וְאַשּׁ֔וּר וְאַרְפַּכְשַׁ֖ד וְל֥וּד וַאֲרָֽם

BENÉI SHEM ËILÁM VEASHÚR VEARPAJSHÁD VELÚD VAARÁM

10:23 וּבְנֵ֖י אֲרָ֑ם ע֥וּץ וְח֖וּל וְגֶ֥תֶר וָמַֽשׁ

UBENÉI ARÁM ÜTZ VEJÚL VEGUÉTER VAMÁSH

10:24 וְאַרְפַּכְשַׁ֖ד יָלַ֣ד אֶת־שָׁ֑לַח וְשֶׁ֖לַח יָלַ֥ד אֶת־עֵֽבֶר

VEARPAJSHÁD IALÁD ET-SHÁLAJ VESHÉLAJ IALÁD ET-ËBER

10:25 וּלְעֵ֥בֶר יֻלַּ֖ד שְׁנֵ֣י בָנִ֑ים שֵׁ֣ם הָֽאֶחָ֞ד פֶּ֗לֶג כִּ֤י בְיָמָיו֙ נִפְלְגָ֣ה הָאָ֔רֶץ וְשֵׁ֥ם אָחִ֖יו יָקְטָֽן

ULEËBER IULÁD SHENÉI BANÍM SHEM HAEJÁD PÉLEG KI BEIAMÁV NIFLEGÁH
HAÁRETZ VESHÉM AJÍV IAKETÁN

10:26 וְיָקְטָ֣ן יָלַ֔ד אֶת־אַלְמוֹדָ֖ד וְאֶת־שָׁ֑לֶף וְאֶת־חֲצַרְמָ֖וֶת וְאֶת־יָֽרַח

VEIAKETÁN IALÁD ET-ALMODÁD VEÉT-SHÁLEF VEÉT-JATZARMÁVET VEÉT-IÁRAJ

10:27 וְאֶת־הֲדוֹרָ֥ם וְאֶת־אוּזָ֖ל וְאֶת־דִּקְלָֽה

VEÉT-HADORÁM VEÉT-UZZÁL VEÉT-DIKLÁH

10:28 וְאֶת־עוֹבָ֥ל וְאֶת־אֲבִימָאֵ֖ל וְאֶת־שְׁבָֽא

VEÉT-ÖBÁL VEÉT ABIMAÉL VEÉT SHEBÁ

10:29 וְאֶת־אוֹפִ֥ר וְאֶת־חֲוִילָ֖ה וְאֶת־יוֹבָ֑ב כָּל־אֵ֖לֶּה בְּנֵ֥י יָקְטָֽן

VEÉT-OFÍR VEÉT-JAVILÁH VEÉT-IOBÁB KOL-ÉLEH BENÉI IAKETÁN

10:30 וַיְהִ֥י מֽוֹשָׁבָ֖ם מִמֵּשָׁ֑א בֹּאֲכָ֥ה סְפָ֖רָה הַ֥ר הַקֶּֽדֶם

VAIHÍ MOSHABÁM MIMESHÁ BOAJÁH SEFÁRAH HAR HAKÉDEM

10:31 אֵ֣לֶּה בְנֵי־שֵׁ֔ם לְמִשְׁפְּחֹתָ֖ם לִלְשֹׁנֹתָ֑ם בְּאַרְצֹתָ֖ם לְגוֹיֵהֶֽם

ÉLEH BENÉI-SHEM LEMISHPEJOTÁM LILSHONOTÁM BEARTZOTÁM LEGOIEHÉM

10:32 Estas son las familias de los hijos de *Nóaj* (Noé) por sus descendencias, en sus naciones; y de éstos se esparcieron las naciones en la tierra después del diluvio.

CAPÍTULO 11

La torre de Babél

11:1 Tenía entonces toda la tierra una sola lengua y unas mismas palabras.
11:2 Y aconteció que cuando salieron de oriente, hallaron una llanura en la tierra de Shinär, y se estabecieron allí.
11:3 Y se dijeron unos a otros: Vamos, hagamos ladrillo y cozámoslo con fuego. Y les sirvió el ladrillo en lugar de piedra, y el asfalto en lugar de mezcla.
11:4 Y dijeron: Vamos, edifiquémonos una ciudad y una torre, cuya cúspide llegue al cielo; y hagámonos un nombre, por si fuéremos esparcidos sobre la faz de toda la tierra[53].
11:5 Y descendió El Eterno para ver la ciudad y la torre que edificaban los hijos de los hombres[54].
11:6 Y dijo El Eterno: He aquí el pueblo es uno, y todos éstos tienen un solo lenguaje; y han comenzado la obra, y nada les hará desistir ahora de lo que han pensado hacer.
11:7 Ahora, pues, descendamos, y confundamos allí su lengua, para que ninguno entienda el habla de su compañero.
11:8 Así los esparció El Eterno desde allí sobre la faz de toda la tierra, y dejaron de edificar la ciudad[55].

---

[53] **11:4 Llegue al cielo:** Dijeron: "subamos al cielo y hagamos una guerra contra Dios".
[54] **11:5 Y descendió El Eterno:** Esto viene a enseñarle a los Jueces que no juzguen hasta que investiguen bien el caso.
[55] **11:8 Así los esparció El Eterno:** La diferencia entre la generación de la torre de Babél y la del Diluvio, es que en la primera existía paz y concordia entre sus miembros, por esta razón, a pesar de haber blasfemado contra Dios construyendo la torre para alcanzar el cielo, fue

71 / BERESHÍT - בְּרֵאשִׁית

10:32 אֵ֣לֶּה מִשְׁפְּחֹ֧ת בְּנֵי־נֹ֛חַ לְתוֹלְדֹתָ֖ם בְּגוֹיֵהֶ֑ם וּמֵאֵ֜לֶּה נִפְרְד֧וּ הַגּוֹיִ֛ם בָּאָ֖רֶץ אַחַ֥ר הַמַּבּֽוּל

ÉLEH MISHPEJÓT BENÉI-NÓAJ LETOLEDOTÁM BEGOIEHÉM UMEÉLEH NIFREDÚ HAGOÍM BAÁRETz AJÁR HAMABÚL

פֶּרֶק יא - PÉREK 11

11:1 וַֽיְהִ֥י כָל־הָאָ֖רֶץ שָׂפָ֣ה אֶחָ֑ת וּדְבָרִ֖ים אֲחָדִֽים

VAIHÍ JOL-HAÁRETZ SAFÁH EJÁT UDEBARÍM AJADÍM

11:2 וַֽיְהִ֖י בְּנָסְעָ֣ם מִקֶּ֑דֶם וַֽיִּמְצְא֥וּ בִקְעָ֛ה בְּאֶ֥רֶץ שִׁנְעָ֖ר וַיֵּ֥שְׁבוּ שָֽׁם

VAIHÍ BENASEÄM MIKÉDEM VAYMTZEÚ BIKÄH BEÉRETZ SHINÄR VAYÉSHBU SHAM

11:3 וַיֹּאמְר֞וּ אִ֣ישׁ אֶל־רֵעֵ֗הוּ הָ֚בָה נִלְבְּנָ֣ה לְבֵנִ֔ים וְנִשְׂרְפָ֖ה לִשְׂרֵפָ֑ה וַתְּהִ֨י לָהֶ֤ם הַלְּבֵנָה֙ לְאָ֔בֶן וְהַ֣חֵמָ֔ר הָיָ֥ה לָהֶ֖ם לַחֹֽמֶר

VAYOMRÚ ISH EL-REËHU HABÁH NILBENÁH LEBENÍM VENISREFÁH LISREFÁH VATEHÍ LAHÉM HALEBENÁH LEÁBEN VEHAJEMÁR HAIÁH LAHÉM LAJÓMER

11:4 וַיֹּאמְר֞וּ הָ֣בָה ׀ נִבְנֶה־לָּ֣נוּ עִ֗יר וּמִגְדָּל֙ וְרֹאשׁ֣וֹ בַשָּׁמַ֔יִם וְנַֽעֲשֶׂה־לָּ֖נוּ שֵׁ֑ם פֶּן־נָפ֖וּץ עַל־פְּנֵ֥י כָל־הָאָֽרֶץ

VAYOMRÚ HÁBAH NIBNÉH-LÁNU ÏR UMIGDÁL VEROSHÓ BASHAMÁIM VENÄÄSEH-LÁNU SHEM PEN-NAFÚTZ ÄL-PENÉI JOL-HAÁRETZ

11:5 וַיֵּ֣רֶד יְהֹוָ֔ה לִרְאֹ֥ת אֶת־הָעִ֖יר וְאֶת־הַמִּגְדָּ֑ל אֲשֶׁ֥ר בָּנ֖וּ בְּנֵ֥י הָאָדָֽם

VAYÉRED IHVH LIRÓT ET-HAÏR VEÉT-HAMIGDÁL ASHÉR BANÚ BENÉI HAADÁM

11:6 וַיֹּ֣אמֶר יְהֹוָ֗ה הֵ֣ן עַ֤ם אֶחָד֙ וְשָׂפָ֤ה אַחַת֙ לְכֻלָּ֔ם וְזֶ֖ה הַחִלָּ֣ם לַעֲשׂ֑וֹת וְעַתָּה֙ לֹֽא־יִבָּצֵ֣ר מֵהֶ֔ם כֹּ֛ל אֲשֶׁ֥ר יָזְמ֖וּ לַעֲשֽׂוֹת

VAYÓMER IHVH HEN ÄM EJÁD VESAFÁH AJÁT LEJULÁM VEZZÉH HAJILÁM LAÄSÓT VEÄTAH LO-IBATZÉR MEHÉM KOL ASHÉR IAZZEMÚ LAÄSÓT

11:7 הָ֚בָה נֵֽרְדָ֔ה וְנָבְלָ֥ה שָׁ֖ם שְׂפָתָ֑ם אֲשֶׁר֙ לֹ֣א יִשְׁמְע֔וּ אִ֖ישׁ שְׂפַ֥ת רֵעֵֽהוּ

HABÁH NERDÁH VENABELÁH SHAM SEFATÁM ASHÉR LO ISHMEÜ ISH SEFÁT REËHU

11:8 וַיָּ֨פֶץ יְהֹוָ֥ה אֹתָ֛ם מִשָּׁ֖ם עַל־פְּנֵ֣י כָל־הָאָ֑רֶץ וַֽיַּחְדְּל֖וּ לִבְנֹ֥ת הָעִֽיר

VAYÁFETZ IHVH OTÁM MISHÁM ÄL-PENÉI JOL-HAÁRETZ VAYAJEDELÚ LIBNÓT HAÏR

11:9 Por esto fue llamado el nombre de ella Babél, porque allí confundió El Eterno el lenguaje de toda la tierra, y desde allí los esparció sobre la faz de toda la tierra.

Los descendientes de *Shem*

(1 *Dibréi Haiamím* - Crónicas 1.24-27)

11:10 Estas son las generaciones de *Shem*: *Shem*, de edad de cien años, engendró a *Arpajshád*, dos años después del diluvio.
11:11 Y vivió *Shem*, después que engendró a *Arpajshád*, quinientos años, y engendró hijos e hijas.
11:12 *Arpajshád* vivió treinta y cinco años, y engendró a *Shálaj*.
11:13 Y vivió *Arpajshád*, después que engendró a *Shálaj*, cuatrocientos tres años, y engendró hijos e hijas.
11:14 *Shálaj* vivió treinta años, y engendró a *Ëber*.
11:15 Y vivió *Shálaj*, después que engendró a *Ëber*, cuatrocientos tres años, y engendró hijos e hijas.
11:16 *Ëber* vivió treinta y cuatro años, y engendró a *Péleg*.
11:17 Y vivió *Ëber*, después que engendró a *Péleg*, cuatrocientos treinta años, y engendró hijos e hijas.
11:18 *Péleg* vivió treinta años, y engendró a *Reü*.

---

castigada con suavidad. Sin embargo, en la generación del Diluvio, existía la discordia y el robo, y esto causó su destrucción. Con esto vemos cuan importante es la unión y la paz entre las personas, pues gracias a este merito la generación de la torre de Babél no fue destruida.

בְּרֵאשִׁית- BERESHÍT

11:9 עַל־כֵּן קָרָא שְׁמָהּ בָּבֶל כִּי־שָׁם בָּלַל יְהֹוָה שְׂפַת כָּל־הָאָרֶץ וּמִשָּׁם הֱפִיצָם יְהֹוָה עַל־פְּנֵי כָּל־הָאָרֶץ
ÄL-KEN KARÁ SHEMÁH BABÉL KI-SHAM BALÁL IHVH SEFÁT KOL-HAÁRETZ UMISHÁM HEFITZÁM IHVH ÄL-PENÉI KOL-HAÁRETZ

11:10 אֵלֶּה תּוֹלְדֹת שֵׁם שֵׁם בֶּן־מְאַת שָׁנָה וַיּוֹלֶד אֶת־אַרְפַּכְשָׁד שְׁנָתַיִם אַחַר הַמַּבּוּל
ÉLEH TOLEDÓT SHEM SHEM BEN-MEÁT SHANÁH VAYÓLED ET-ARPAJSHÁD SHENATÁIM AJÁR HAMABÚL

11:11 וַיְחִי־שֵׁם אַחֲרֵי הוֹלִידוֹ אֶת־אַרְפַּכְשָׁד חֲמֵשׁ מֵאוֹת שָׁנָה וַיּוֹלֶד בָּנִים וּבָנוֹת
VAIJÍ-SHEM AJARÉI HOLIDÓ ET-ARPAJSHÁD JAMÉSH MEÓT SHANÁH VAYÓLED BANÍM UBANÓT

11:12 וְאַרְפַּכְשַׁד חַי חָמֵשׁ וּשְׁלֹשִׁים שָׁנָה וַיּוֹלֶד אֶת־שָׁלַח
VEARPAJSHÁD JÁI JAMÉSH USHELOSHÍM SHANÁH VAYÓLED ET-SHÁLAJ

11:13 וַיְחִי אַרְפַּכְשַׁד אַחֲרֵי הוֹלִידוֹ אֶת־שֶׁלַח שָׁלֹשׁ שָׁנִים וְאַרְבַּע מֵאוֹת שָׁנָה וַיּוֹלֶד בָּנִים וּבָנוֹת
VAIJÍ ARPAJSHÁD AJARÉI HOLIDÓ ET-SHÉLAJ SHALÓSH SHANÍM VEARBÄ MÉOT SHANÁH VAYÓLED BANÍM UBANÓT

11:14 וְשֶׁלַח חַי שְׁלֹשִׁים שָׁנָה וַיּוֹלֶד אֶת־עֵבֶר
VESHÉLAJ JÁI SHELOSHÍM SHANÁH VAYÓLED ET-ËBER

11:15 וַיְחִי־שֶׁלַח אַחֲרֵי הוֹלִידוֹ אֶת־עֵבֶר שָׁלֹשׁ שָׁנִים וְאַרְבַּע מֵאוֹת שָׁנָה וַיּוֹלֶד בָּנִים וּבָנוֹת
VAIJÍ-SHÉLAJ AJARÉI HOLIDÓ ET-ËBER SHALÓSH SHANÍM VEARBÄ MÉOT SHANÁH VAYÓLED BANÍM UBANÓT

11:16 וַיְחִי־עֵבֶר אַרְבַּע וּשְׁלֹשִׁים שָׁנָה וַיּוֹלֶד אֶת־פָּלֶג
VAIJÍ-ËBER ARBÄ USHELOSHÍM SHANÁH VAYÓLED ET-PÁLEG

11:17 וַיְחִי־עֵבֶר אַחֲרֵי הוֹלִידוֹ אֶת־פֶּלֶג שְׁלֹשִׁים שָׁנָה וְאַרְבַּע מֵאוֹת שָׁנָה וַיּוֹלֶד בָּנִים וּבָנוֹת
VAIJÍ-ËBER AJARÉI HOLIDÓ ET-PÉLEG SHELOSHÍM SHANÁH VEARBÄ MÉOT SHANÁH VAYÓLED BANÍM UBANÓT

11:18 וַיְחִי־פֶלֶג שְׁלֹשִׁים שָׁנָה וַיּוֹלֶד אֶת־רְעוּ
VAIJÍ-FÉLEG SHELOSHÍM SHANÁH VAYÓLED ET-REÜ

11:19 Y vivió *Péleg*, después que engendró a *Reü*, doscientos nueve años, y engendró hijos e hijas.
11:20 *Reü* vivió treinta y dos años, y engendró a *Serúg*.
11:21 Y vivió *Reü*, después que engendró a *Serúg*, doscientos siete años, y engendró hijos e hijas.
11:22 *Serúg* vivió treinta años, y engendró a *Najór*.
11:23 Y vivió *Serúg*, después que engendró a *Najór*, doscientos años, y engendró hijos e hijas.
11:24 *Najór* vivió veintinueve años, y engendró a *Téraj*.
11:25 Y vivió *Najór*, después que engendró a *Téraj*, ciento diecinueve años, y engendró hijos e hijas.
11:26 *Téraj* vivió setenta años, y engendró a *Abrám*, a *Najór* y a *Harán*.

Los descendientes de *Téraj*

11:27 Estas son las generaciones de *Téraj*: *Téraj* engendró a *Abrám*, a *Najór* y a *Harán*; y *Harán* engendró a *Lot*.
11:28 Y murió *Harán* antes que su padre *Téraj* en la tierra de su nacimiento, en Ur Kasdím.

75 / BERESHÍT - בְּרֵאשִׁית

11:19 וַיְחִי־פֶּ֗לֶג אַחֲרֵי֙ הוֹלִיד֣וֹ אֶת־רְע֔וּ תֵּ֥שַׁע שָׁנִ֖ים וּמָאתַ֣יִם שָׁנָ֑ה וַיּ֥וֹלֶד בָּנִ֖ים וּבָנֽוֹת

VAIJÍ-FÉLEG AJARÉI HOLIDÓ ET-REÜ TÉSHÄ SHANÍM UMATÁIM SHANÁH
VAYÓLED BANÍM UBANÓT

11:20 וַיְחִ֣י רְע֔וּ שְׁתַּ֥יִם וּשְׁלֹשִׁ֖ים שָׁנָ֑ה וַיּ֖וֹלֶד אֶת־שְׂרֽוּג

VAIJÍ REÜ SHETÁIM USHELOSHÍM SHANÁH VAYÓLED ET-SERÚG

11:21 וַיְחִ֣י רְע֗וּ אַחֲרֵי֙ הוֹלִיד֣וֹ אֶת־שְׂר֔וּג שֶׁ֥בַע שָׁנִ֖ים וּמָאתַ֣יִם שָׁנָ֑ה וַיּ֥וֹלֶד בָּנִ֖ים וּבָנֽוֹת

VAIJÍ REÚ AJARÉI HOLIDÓ ET-SERÚG SHÉBÄ SHANÍM UMATÁIM SHANÁH
VAYÓLED BANÍM UBANÓT

11:22 וַיְחִ֥י שְׂר֖וּג שְׁלֹשִׁ֣ים שָׁנָ֑ה וַיּ֖וֹלֶד אֶת־נָחֽוֹר

VAIJÍ SERÚG SHELOSHÍM SHANÁH VAYÓLED ET-NAJÓR

11:23 וַיְחִ֣י שְׂר֗וּג אַחֲרֵי֙ הוֹלִיד֣וֹ אֶת־נָח֔וֹר מָאתַ֖יִם שָׁנָ֑ה וַיּ֥וֹלֶד בָּנִ֖ים וּבָנֽוֹת

VAIJÍ SERÚG AJARÉI HOLIDÓ ET-NAJÓR MATÁIM SHANÁH VAYÓLED BANÍM
UBANÓT

11:24 וַיְחִ֣י נָח֔וֹר תֵּ֥שַׁע וְעֶשְׂרִ֖ים שָׁנָ֑ה וַיּ֖וֹלֶד אֶת־תָּֽרַח

VAIJÍ NAJÓR TÉSHÄ VEËSRÍM SHANÁH VAYÓLED ET-TÁRAJ

11:25 וַיְחִ֣י נָח֗וֹר אַחֲרֵי֙ הוֹלִיד֣וֹ אֶת־תֶּ֔רַח תְּשַֽׁע־עֶשְׂרֵ֥ה שָׁנָ֖ה וּמְאַ֣ת שָׁנָ֑ה וַיּ֥וֹלֶד בָּנִ֖ים וּבָנֽוֹת

VAIJÍ NAJÓR AJARÉI HOLIDÓ ET-TÉRAJ TESHÄ-ËSRÉH SHANÁH UMEÁT SHANÁH
VAYÓLED BANÍM UBANÓT

11:26 וַֽיְחִי־תֶ֖רַח שִׁבְעִ֣ים שָׁנָ֑ה וַיּ֨וֹלֶד֙ אֶת־אַבְרָ֔ם אֶת־נָח֖וֹר וְאֶת־הָרָֽן

VAIJÍ-TÉRAJ SHIBÏM SHANÁH VAYÓLED ET-ABRÄM ET-NAJÓR VEÉT-HARÁN

11:27 וְאֵ֙לֶּה֙ תּוֹלְדֹ֣ת תֶּ֔רַח תֶּ֚רַח הוֹלִ֣יד אֶת־אַבְרָ֔ם אֶת־נָח֖וֹר וְאֶת־הָרָ֑ן וְהָרָ֖ן הוֹלִ֥יד אֶת־לֽוֹט

VEÉLEH TOLEDÓT TÉRAJ TÉRAJ HOLÍD ET-ABRÁM ET-NAJÓR VEÉT-HARÁN
VEHARÁN HOLÍD ET-LOT

11:28 וַיָּ֣מָת הָרָ֔ן עַל־פְּנֵ֖י תֶּ֣רַח אָבִ֑יו בְּאֶ֥רֶץ מוֹלַדְתּ֖וֹ בְּא֥וּר כַּשְׂדִּֽים

VAYÁMAT HARÁN ÄL-PENÉI TÉRAJ ABÍV BEÉRETZ MOLADTÓ BÉUR KASDÍM

11:29 Y tomaron *Abrám* y *Najór* para sí mujeres; el nombre de la mujer de *Abrám* era *Sarái*, y el nombre de la mujer de *Najór*, *Milkáh*, hija de *Harán*, padre de *Milkáh* y de *Iskáh*.
11:30 Mas *Sarái* era estéril, y no tenía hijo.
11:31 Y tomó *Téraj* a *Abrám* su hijo, y a *Lot* hijo de *Harán*, hijo de su hijo, y a *Saraí* su nuera, mujer de *Abrám* su hijo, y salió con ellos de Ur Kasdím, para ir a la tierra de Kenáän; y vinieron hasta Harán, y se quedaron allí.
11:32 Y fueron los días de *Téraj* doscientos cinco años; y murió *Téraj* en Jarán.

CAPÍTULO 12

Dios llama a *Abrám*

12:1 Pero El Eterno había dicho a *Abrám*: Vete para ti de tu tierra y de tu parentela, y de la casa de tu padre, a la tierra que te mostraré[56].
12:2 Y haré de ti una nación grande, y te bendeciré, y engrandeceré tu nombre, y serás bendición.
12:3 Bendeciré a los que te bendijeren, y a los que te maldijeren maldeciré; y serán benditas en ti todas las familias de la tierra[57].
12:4 Y se fue *Abrám*, como El Eterno le dijo; y *Lot* fue con él. Y era *Abrám* de edad de setenta y cinco años cuando salió de Jarán.

---

[56] **12:1 Vete para ti:** Por tu bien, porque allí voy a hacer de ti una gran nación y voy a hacer conocido tu nombre. Ver anexo "Las diez pruebas de *Abrahám*".
[57] **12:3 Bendeciré a los que te bendijeren:** Dice Dios: "quien bendiga al pueblo de Israel, Yo lo bendeciré".

77 / BERESHÍT - בְּרֵאשִׁית

11:29 וַיִּקַּ֨ח אַבְרָ֧ם וְנָח֛וֹר לָהֶ֖ם נָשִׁ֑ים שֵׁ֤ם אֵֽשֶׁת־אַבְרָם֙ שָׂרָ֔י וְשֵׁ֤ם אֵֽשֶׁת־נָחוֹר֙ מִלְכָּ֔ה בַּת־הָרָ֥ן אֲבִֽי־מִלְכָּ֖ה וַֽאֲבִ֥י יִסְכָּֽה

VAYKÁJ ABRÁM VENAJÓR LAHÉM NASHÍM SHEM ÉSHET-ABRÁM SARÁI VESHÉM ÉSHET-NAJÓR MILKÁH BAT-HARÁN ABÍ-MILKÁH VAABÍ ISKÁH

11:30 וַתְּהִ֥י שָׂרַ֖י עֲקָרָ֑ה אֵ֥ין לָ֖הּ וָלָֽד

VATEHÍ SARÁI ÄKARÁH ÉIN LAH VALÁD

11:31 וַיִּקַּ֨ח תֶּ֜רַח אֶת־אַבְרָ֣ם בְּנ֗וֹ וְאֶת־ל֤וֹט בֶּן־הָרָן֙ בֶּן־בְּנ֔וֹ וְאֵת֙ שָׂרַ֣י כַּלָּת֔וֹ אֵ֖שֶׁת אַבְרָ֣ם בְּנ֑וֹ וַיֵּצְא֨וּ אִתָּ֜ם מֵא֣וּר כַּשְׂדִּ֗ים לָלֶ֨כֶת֙ אַ֣רְצָה כְּנַ֔עַן וַיָּבֹ֥אוּ עַד־חָרָ֖ן וַיֵּ֥שְׁבוּ שָֽׁם

VAYKÁJ TÉRAJ ET-ABRÁM BENÓ VEÉT-LOT BEN-HARÁN BEN-BENÓ VEÉT SARÁI KALATÓ ÉSHET ABRÁM BENÓ VAYETZÚ ITÁM MÉUR KASDÍM LALÉJET ÁRTZAH KENÁÄN VAYABÓU ÄD-JARÁN VAYÉSHEBU SHAM

11:32 וַיִּֽהְי֣וּ יְמֵי־תֶ֔רַח חָמֵ֥שׁ שָׁנִ֖ים וּמָאתַ֣יִם שָׁנָ֑ה וַיָּ֥מָת תֶּ֖רַח בְּחָרָֽן

VAYHIÚ IEMÉI-TÉRAJ JAMÉSH SHANÍM UMATÁIM SHANÁH VAYÁMAT TÉRAJ BEJARÁN

פֶּרֶק יב - PÉREK 12

12:1 וַיֹּ֤אמֶר יְהֹוָה֙ אֶל־אַבְרָ֔ם לֶךְ־לְךָ֛ מֵאַרְצְךָ֥ וּמִמּֽוֹלַדְתְּךָ֖ וּמִבֵּ֣ית אָבִ֑יךָ אֶל־הָאָ֖רֶץ אֲשֶׁ֥ר אַרְאֶֽךָּ

VAYÓMER IHVH EL-ABRÁM LEJ-LEJÁ MEARTZEJÁ UMIMOLADTEJÁ UMIBÉIT ABÍJA EL-HAÁRETZ ASHÉR ARÉJA

12:2 וְאֶֽעֶשְׂךָ֙ לְג֣וֹי גָּד֔וֹל וַאֲבָ֣רֶכְךָ֔ וַאֲגַדְּלָ֖ה שְׁמֶ֑ךָ וֶהְיֵ֖ה בְּרָכָֽה

VEËSEJÁ LEGÓI GADÓL VAABAREJJÁ VAAGADELÁH SHEMÉJA VEHEIÉH BERAJÁH

12:3 וַאֲבָֽרֲכָה֙ מְבָ֣רֲכֶ֔יךָ וּמְקַלֶּלְךָ֖ אָאֹ֑ר וְנִבְרְכ֣וּ בְךָ֔ כֹּ֖ל מִשְׁפְּחֹ֥ת הָאֲדָמָֽה

VAABARAJÁH MEBAREJÉIJA UMEKALELJÁ AÓR VENIBREJÚ BEJÁ KOL MISHPEJÓT HAADAMÁH

12:4 וַיֵּ֣לֶךְ אַבְרָ֗ם כַּאֲשֶׁ֨ר דִּבֶּ֤ר אֵלָיו֙ יְהֹוָ֔ה וַיֵּ֥לֶךְ אִתּ֖וֹ ל֑וֹט וְאַבְרָ֗ם בֶּן־חָמֵ֤שׁ שָׁנִים֙ וְשִׁבְעִ֣ים שָׁנָ֔ה בְּצֵאת֖וֹ מֵחָרָֽן

VAYÉLEJ ABRÁM KAASHÉR DIBÉR ELÁV IHVH VAYÉLEJ ITÓ LOT VEABRÁM BEN-JAMÉSH SHANÍM VESHIBÏM SHANÁH BETZETÓ MEJARÁN

12:5 Tomó, pues, *Abrám* a *Saráí* su mujer, y a *Lot* hijo de su hermano, y todos sus bienes que habían ganado y las personas que habían adquirido en Harán, y salieron para ir a tierra de Kenáän; y a tierra de Kenáän llegaron.

12:6 Y pasó *Abrám* por aquella tierra hasta el lugar de Shéjem, hasta el encino de Moréh; y el kenaäní estaba entonces en la tierra.

12:7 Y apareció El Eterno a *Abrám*, y le dijo: A tu descendencia daré esta tierra. Y edificó allí un altar a El Eterno, quien le había aparecido.

12:8 Luego se pasó de allí a un monte al oriente de Bet-El, y plantó su tienda, teniendo a Bet-El al occidente y Häi al oriente; y edificó allí altar a El Eterno, e invocó el nombre de El Eterno.

12:9 Y *Abrám* partió de allí, caminando y yendo hacia el Négueb.

Abrám en Egipto

12:10 Hubo entonces hambre en la tierra, y descendió *Abrám* a Egipto para morar allá; porque era grande el hambre en la tierra.

12:11 Y aconteció que cuando estaba para entrar en Egipto, dijo a *Saráí* su mujer: He aquí, ahora conozco que eres mujer de hermoso aspecto[58];

12:12 y cuando te vean los egipcios, dirán: Su mujer es; y me matarán a mí, y a ti te reservarán la vida.

---

[58] **12:11 Ahora conozco:** *Abrám* siempre supo de la belleza de *Saráí*. Sin embargo, ahora que estaban próximos a Egipto, tierra donde abundaba la inmoralidad, era necesario tomar precauciones para que no abusaran de ella.

79 / BERESHÍT - בְּרֵאשִׁית

וַיִּקַּח אַבְרָם אֶת־שָׂרַי אִשְׁתּוֹ וְאֶת־לוֹט בֶּן־אָחִיו וְאֶת־כָּל־רְכוּשָׁם אֲשֶׁר רָכָשׁוּ וְאֶת־הַנֶּפֶשׁ אֲשֶׁר־עָשׂוּ בְחָרָן וַיֵּצְאוּ לָלֶכֶת אַרְצָה כְּנַעַן וַיָּבֹאוּ אַרְצָה כְּנָעַן 12:5

VAYKÁJ ABRÁM ET-SARÁI ISHTÓ VEÉT-LOT BEN-AJÍV VEÉT-KOL-REJUSHÁM ASHÉR RAJÁSHU VEÉT-HANÉFESH ASHÉR-ÄSÚ BEJARÁN VAYETZÚ LALÉJET ÁRTZAH KENÁÄN VAYABÓU ÁRTZAH KENÁÄN

וַיַּעֲבֹר אַבְרָם בָּאָרֶץ עַד מְקוֹם שְׁכֶם עַד אֵלוֹן מוֹרֶה וְהַכְּנַעֲנִי אָז בָּאָרֶץ 12:6

VAYAÄBÓR ABRÁM BAÁRETZ ÄD MEKÓM SHEJÉM ÄD ELÓN MORÉH VEHAKENAÄNÍ AZZ BAÁRETZ

וַיֵּרָא יְהוָה אֶל־אַבְרָם וַיֹּאמֶר לְזַרְעֲךָ אֶתֵּן אֶת־הָאָרֶץ הַזֹּאת וַיִּבֶן שָׁם מִזְבֵּחַ לַיהוָה הַנִּרְאֶה אֵלָיו 12:7

VAYERÁ IHVH EL-ABRÁM VAYÓMER LEZZARÄJÁ ETÉN ET-HAÁRETZ HAZZÓT VAYBEN SHAM MIZZBÉAJ LA-IHVH HANIREÉH ELÁV

וַיַּעְתֵּק מִשָּׁם הָהָרָה מִקֶּדֶם לְבֵית־אֵל וַיֵּט אָהֳלֹה בֵּית־אֵל מִיָּם וְהָעַי מִקֶּדֶם וַיִּבֶן־שָׁם מִזְבֵּחַ לַיהוָה וַיִּקְרָא בְּשֵׁם יְהוָה 12:8

VAYÄTÉK MISHÁM HAHÁRAH MIKÉDEM LEBÉIT-EL VAYÉT AHALÓH BÉIT-EL MIYÁM VEHAÄI MIKÉDEM VAYBÉN-SHAM MIZZBÉAJ LA-IHVH VAYKRÁ BESHÉM IHVH

וַיִּסַּע אַבְרָם הָלוֹךְ וְנָסוֹעַ הַנֶּגְבָּה 12:9

VAYSÄ ABRÁM HALÓJ VENASOÄ HANÉGBAH

וַיְהִי רָעָב בָּאָרֶץ וַיֵּרֶד אַבְרָם מִצְרַיְמָה לָגוּר שָׁם כִּי־כָבֵד הָרָעָב בָּאָרֶץ 12:10

VAIHÍ RAÄB BAÁRETZ VAYÉRED ABRÁM MITZRÁIMAH LAGÚR SHAM KI-JABÉD HARAÄB BAÁRETZ

וַיְהִי כַּאֲשֶׁר הִקְרִיב לָבוֹא מִצְרָיְמָה וַיֹּאמֶר אֶל־שָׂרַי אִשְׁתּוֹ הִנֵּה־נָא יָדַעְתִּי כִּי אִשָּׁה יְפַת־מַרְאֶה אָתְּ 12:11

VAIHÍ KAASHÉR HIKRÍB LABÓ MITZRÁIEMAH VAYÓMER EL-SARÁI ISHTÓ HINÉH-NA IADÁTI KI ISHÁH IEFÁT-MARÉH AT

וְהָיָה כִּי־יִרְאוּ אֹתָךְ הַמִּצְרִים וְאָמְרוּ אִשְׁתּוֹ זֹאת וְהָרְגוּ אֹתִי וְאֹתָךְ יְחַיּוּ 12:12

VEHAIÁH KI-IRÚ OTÁJ HAMITZRÍM VEAMERÚ ISHTÓ ZZOT VEHAREGÚ OTÍ VEOTÁJ IEJAYÚ

12:13 Ahora, pues, di que eres mi hermana, para que me vaya bien por causa tuya, y viva mi alma por causa de ti[59].

12:14 Y aconteció que cuando entró *Abrám* en Egipto, los egipcios vieron que la mujer era hermosa en gran manera.

12:15 También la vieron los príncipes de Faraón, y la alabaron delante de él; y fue llevada la mujer a casa de Faraón.

12:16 E hizo bien a *Abrám* por causa de ella; y él tuvo ovejas, vacas, asnos, siervos, criadas, asnas y camellos.

12:17 Mas El Eterno hirió a Faraón y a su casa con grandes plagas, por causa de *Saraí* mujer de *Abrám*[60].

12:18 Entonces Faraón llamó a *Abrám*, y le dijo: ¿Qué es esto que has hecho conmigo? ¿Por qué no me declaraste que era tu mujer?

12:19 ¿Por qué dijiste: Es mi hermana, poniéndome en ocasión de tomarla para mí por mujer? Ahora, pues, he aquí tu mujer; tómala, y vete[61].

---

[59] **12:13 Di que eres mi hermana:** Los nietos también son llamados hijos. Por lo tanto *Abrám* -hijo de *Téraj*- y *Saraí* -nieta de *Téraj*- pueden ser considerados como hermanos.

[60] **12:17 Hirió a Faraón:** Dios le causó una enfermedad en la piel que le impidió tener relaciones sexuales con *Saraí*. Es importante destacar que esta herida no fue un castigo para el Faraón –pues él no sabía que estaba casada- sino una protección para *Saraí*.

[61] **12:19 Tomarla para mí por mujer:** El Faraón se dio cuenta de que las plagas que recibió eran la consecuencia de intentar tener relaciones con una mujer casada. De esta actitud aprendemos que todo lo que nos sucede viene de Dios, es decir, nada es casual. Por eso en el idioma hebreo la palabra מִקְרֶה (MIKRÉH=casualidad) es una combinación de las palabras רַק (RAK=solamente) מ ה' (MI HASHÉM=De Dios).

12:13	אִמְרִי־נָא אֲחֹתִי אָתְּ לְמַעַן יִיטַב־לִי בַעֲבוּרֵךְ וְחָיְתָה נַפְשִׁי בִּגְלָלֵךְ
	IMRÍ-NA AJÓTI AT LEMÁÄN ÏEITAB-LI BAÄBURÉJ VEJAIETÁH NAFSHÍ BIGLALÉJ
12:14	וַיְהִי כְּבוֹא אַבְרָם מִצְרָיְמָה וַיִּרְאוּ הַמִּצְרִים אֶת־הָאִשָּׁה כִּי־יָפָה הִוא מְאֹד
	VAIHÍ KEBÓ ABRÁM MITZERÁIEMAH VAYRÚ HAMITZERÍM ET-HAISHÁH KI-IAFÁH HI MEÓD
12:15	וַיִּרְאוּ אֹתָהּ שָׂרֵי פַרְעֹה וַיְהַלְלוּ אֹתָהּ אֶל־פַּרְעֹה וַתֻּקַּח הָאִשָּׁה בֵּית פַּרְעֹה
	VAYRÚ OTÁH SARÉI FARÓH VAIHÁLLU OTÁH EL-PARÖH VATUKÁJ HAISHÁH BÉIT PARÖH
12:16	וּלְאַבְרָם הֵיטִיב בַּעֲבוּרָהּ וַיְהִי־לוֹ צֹאן־וּבָקָר וַחֲמֹרִים וַעֲבָדִים וּשְׁפָחֹת וַאֲתֹנֹת וּגְמַלִּים
	ULEABRÁM HEITÍB BAÄBURÁH VAIHÍ-LO TZON-UBAKÁR VAJAMORÍM VAÄBADÍM USHEFAJÓT VAATONÓT UGUEMALÍM
12:17	וַיְנַגַּע יְהוָה אֶת־פַּרְעֹה נְגָעִים גְּדֹלִים וְאֶת־בֵּיתוֹ עַל־דְּבַר שָׂרַי אֵשֶׁת אַבְרָם
	VAINAGÄ IHVH ET-PARÖH NEGAÏM GUEDOLÍM VEÉT-BEITÓ ÄL-DEBÁR SARÁI ÉSHET ABRÁM
12:18	וַיִּקְרָא פַרְעֹה לְאַבְרָם וַיֹּאמֶר מַה־זֹּאת עָשִׂיתָ לִּי לָמָּה לֹא־הִגַּדְתָּ לִּי כִּי אִשְׁתְּךָ הִוא
	VAYKRÁ FARÖH LEABRÁM VAYÓMER MAH-ZZOT ÄSÍTA LI LÁMAH LO-HIGÁDTA LI KI ISHTEJÁ HI
12:19	לָמָה אָמַרְתָּ אֲחֹתִי הִוא וָאֶקַּח אֹתָהּ לִי לְאִשָּׁה וְעַתָּה הִנֵּה אִשְׁתְּךָ קַח וָלֵךְ
	LAMÁH AMÁRTA AJÓTI HI VAEKÁJ OTÁH LI LEISHÁH VEÄTÁH HINÉH ISHTEJÁ KAJ VALÉJ

12:20 Entonces Faraón dio orden a su gente acerca de *Abrám*; y le acompañaron, y a su mujer, con todo lo que tenía.

CAPÍTULO 13

Abrám y *Lot* se separan

13:1 Subió, pues, *Abrám* de Egipto hacia el Négueb, él y su mujer, con todo lo que tenía, y con él *Lot*[62].

13:2 Y *Abrám* era riquísimo en ganado, en plata y en oro.

13:3 Y volvió por sus jornadas desde el Négueb hacia Bet-El, hasta el lugar donde había estado antes su tienda entre Bet-El y Häi,

13:4 al lugar del altar que había hecho allí antes; e invocó allí *Abrám* el nombre de El Eterno[63].

13:5 También *Lot*, que andaba con *Abrám*, tenía ovejas, vacas y tiendas.

13:6 Y la tierra no era suficiente para que habitasen juntos, pues sus posesiones eran muchas, y no podían morar en un mismo lugar.

13:7 Y hubo contienda entre los pastores del ganado de *Abrám* y los pastores del ganado de *Lot*; y el kenaäní y el perizzí habitaban entonces en la tierra[64].

13:8 Entonces *Abrám* dijo a *Lot*: No haya ahora altercado entre nosotros dos, entre mis pastores y los tuyos, porque somos hermanos[65].

---

[62] **13:1 Subió:** Dirigirse a la tierra de Israel implica un ascenso, tanto físico como espiritual.

[63] **13:4 Allí antes:** La actitud tomada por *Abrahám* nos entrega dos enseñanzas: al retornar por el mismo camino -para que nadie sospechase que no había pagado sus cuentas- nos muestra lo importante que es cuidar nuestra imagen pública; aunque *Abrahám* volvió rico de Egipto – se hospedo en los mismos lugares que en su viaje de ida- siguió conduciéndose con sencillez.

[64] **13:7 Hubo contienda:** Los pastores de *Lot* hacían pastar a sus animales en campos ajenos, situación que causó una pelea entre ellos y los pastores de *Abrahám*.

[65] **13:8 Somos hermanos:** Ver comentario 12:13.

12:20 וַיְצַ֥ו עָלָ֛יו פַּרְעֹ֖ה אֲנָשִׁ֑ים וַֽיְשַׁלְּח֥וּ אֹת֛וֹ וְאֶת־אִשְׁתּ֖וֹ וְאֶת־כָּל־אֲשֶׁר־לֽוֹ

VAITZÁV ÄLÁV PARÖH ANASHÍM VAISHALJÚ OTÓ VEÉT-ISHTÓ VEÉT-KOL-ASHÉR-LO

פֶּרֶק יג - PÉREK 13

13:1 וַיַּ֩עַל֩ אַבְרָ֨ם מִמִּצְרַ֜יִם ה֠וּא וְאִשְׁתּ֧וֹ וְכָל־אֲשֶׁר־ל֛וֹ וְל֥וֹט עִמּ֖וֹ הַנֶּֽגְבָּה

VAYAÄL ABRÁM MIMITZERÁIM HU VEISHTÓ VEJÓL-ASHÉR-LO VELÓT ÏMÓ HANEGBÁH

13:2 וְאַבְרָ֖ם כָּבֵ֣ד מְאֹ֑ד בַּמִּקְנֶ֕ה בַּכֶּ֖סֶף וּבַזָּהָֽב

VEABRÁM KABÉD MEÓD BAMIKNÉH BAKÉSEF UBAZZAHÁB

13:3 וַיֵּ֨לֶךְ֙ לְמַסָּעָ֔יו מִנֶּ֖גֶב וְעַד־בֵּֽית־אֵ֑ל עַד־הַמָּק֗וֹם אֲשֶׁר־הָ֨יָה שָׁ֤ם אָֽהֳלֹה֙ בַּתְּחִלָּ֔ה בֵּ֥ין בֵּֽית־אֵ֖ל וּבֵ֥ין הָעָֽי

VAYÉLEJ LEMASAÄV MINÉGUEB VEÄD-BÉIT-EL ÄD-HAMAKÓM ASHÉR-HÁIAH SHAM AHALÓH BATEJILÁH BÉIN BÉIT-EL UBÉIN HAÄI

13:4 אֶל־מְקוֹם֙ הַמִּזְבֵּ֔חַ אֲשֶׁר־עָ֥שָׂה שָׁ֖ם בָּרִאשֹׁנָ֑ה וַיִּקְרָ֥א שָׁ֛ם אַבְרָ֖ם בְּשֵׁ֥ם יְהוָֽה

EL-MEKÓM HAMIZZBÉAJ ASHÉR-ÄSAH SHAM BARISHONÁH VAYKRÁ SHAM ABRÁM BESHÉM IHVH

13:5 וְגַ֨ם־לְל֔וֹט הַהֹלֵ֖ךְ אֶת־אַבְרָ֑ם הָיָ֥ה צֹאן־וּבָקָ֖ר וְאֹהָלִֽים

VEGÁM-LELÓT HAHOLÉJ ET-ABRÁM HAIÁH TZON-UBAKÁR VEOHALÍM

13:6 וְלֹא־נָשָׂ֥א אֹתָ֛ם הָאָ֖רֶץ לָשֶׁ֣בֶת יַחְדָּ֑ו כִּֽי־הָיָ֤ה רְכוּשָׁם֙ רָ֔ב וְלֹ֥א יָֽכְל֖וּ לָשֶׁ֥בֶת יַחְדָּֽו

VELO-NASÁ OTÁM HAÁRETZ LASHÉBET IAJDÁV KI-HAIÁH REJUSHÁM RAB VELÓ IÁJELU LASHÉBET IAJDÁV

13:7 וַיְהִי־רִ֗יב בֵּ֚ין רֹעֵ֣י מִקְנֵֽה־אַבְרָ֔ם וּבֵ֖ין רֹעֵ֣י מִקְנֵה־ל֑וֹט וְהַֽכְּנַעֲנִי֙ וְהַפְּרִזִּ֔י אָ֖ז יֹשֵׁ֥ב בָּאָֽרֶץ

VAIHÍ-RIB BÉIN ROËI MIKENÉH-ABRÁM UBÉIN ROËI MIKNÉH-LOT VEHAKENAÄNÍ VEHAPERIZZÍ AZZ IOSHÉB BAÁRETZ

13:8 וַיֹּ֨אמֶר אַבְרָ֜ם אֶל־ל֗וֹט אַל־נָ֨א תְהִ֤י מְרִיבָה֙ בֵּינִ֣י וּבֵינֶ֔ךָ וּבֵ֥ין רֹעַ֖י וּבֵ֣ין רֹעֶ֑יךָ כִּֽי־אֲנָשִׁ֥ים אַחִ֖ים אֲנָֽחְנוּ

VAYÓMER ABRÁM EL-LOT AL-NA TEHÍ MERIBÁH BEINÍ UBEINÉJA UBÉIN ROÄI UBÉIN ROËIJA KI-ANASHÍM AJÍM ANÁJNU

13:9 ¿No está toda la tierra delante de ti? Yo te ruego que te apartes de mí. Si fueres a la mano izquierda, yo iré a la derecha; y si tú a la derecha, yo iré a la izquierda.

13:10 Y alzó *Lot* sus ojos, y vio toda la llanura del Yardén (Jordán), que toda ella era de riego, como el huerto de El Eterno, como la tierra de Egipto en la dirección de Tzóär, antes que destruyese El Eterno a Sedóm y a Ämoráh.

13:11 Entonces *Lot* escogió para sí toda la llanura del Yardén (Jordán); y se fue *Lot* hacia el oriente, y se apartaron el uno del otro.

13:12 *Abrám* acampó en la tierra de Kenáän, en tanto que *Lot* habitó en las ciudades de la llanura, y fue poniendo sus tiendas hasta Sedóm.

13:13 Mas los hombres de Sedóm eran malos y pecadores contra El Eterno en gran manera[66].

13:14 Y El Eterno dijo a *Abrám*, después que *Lot* se apartó de él: Alza ahora tus ojos, y mira desde el lugar donde estás hacia el norte y el sur, y al oriente y al occidente.

13:15 Porque toda la tierra que ves, la daré a ti y a tu descendencia para siempre.

13:16 Y haré tu descendencia como el polvo de la tierra; que si alguno puede contar el polvo de la tierra, también tu descendencia será contada[67].

13:17 Levántate, ve por la tierra a lo largo de ella y a su ancho; porque a ti la daré.

---

[66] **13:13 De gran manera:** Eran asesinos y adúlteros, sus actos eran similares a los de la generación anterior al diluvio. Asimismo Sedóm tenía una legislación que prohibía ayudar a los pobres y recibir huéspedes extranjeros. Ver comentario 6:5.

[67] **13:16 Como el polvo de la tierra:** El pueblo de Israel es comparado al polvo de la tierra, pues aunque lo pisan –una y otra vez- no logran destruirlo. A pesar de haber sido perseguido y pisoteado durante la historia, nunca podrá ser destruido pues su supervivencia es una promesa Divina.

13:9 הֲלֹא כָל־הָאָרֶץ לְפָנֶיךָ הִפָּרֶד נָא מֵעָלָי אִם־הַשְּׂמֹאל וְאֵימִנָה וְאִם־הַיָּמִין וְאַשְׂמְאִילָה

HALÓ JOL-HAÁRETZ LEFANÉIJA HIPÁRED NA MEÄLÁI IM-HASEMÓL VEEIMÍNAH VEÍM-HAYAMÍN VEASMEÍLAH

13:10 וַיִּשָּׂא־לוֹט אֶת־עֵינָיו וַיַּרְא אֶת־כָּל־כִּכַּר הַיַּרְדֵּן כִּי כֻלָּהּ מַשְׁקֶה לִפְנֵי ׀ שַׁחֵת יְהֹוָה אֶת־סְדֹם וְאֶת־עֲמֹרָה כְּגַן־יְהֹוָה כְּאֶרֶץ מִצְרַיִם בֹּאֲכָה צֹעַר

VAYSÁ-LOT ET-ËINÁV VAYÁR ET-KOL-KIKÁR HAYARDÉN KI JULÁH MASHKÉH LIFNÉI SHAJÉT IHVH ET-SEDÓM VEÉT-ÄMORÁH KEGÁN-IHVH KEÉRETZ MITZRÁIM BOAJÁH TZÖÄR

13:11 וַיִּבְחַר־לוֹ לוֹט אֵת כָּל־כִּכַּר הַיַּרְדֵּן וַיִּסַּע לוֹט מִקֶּדֶם וַיִּפָּרְדוּ אִישׁ מֵעַל אָחִיו

VAYBJÁR-LO LOT ET KOL-KIKÁR HAYARDÉN VAYSÄ LOT MIKÉDEM VAYPAREDÚ ISH MEÄL AJÍV

13:12 אַבְרָם יָשַׁב בְּאֶרֶץ־כְּנָעַן וְלוֹט יָשַׁב בְּעָרֵי הַכִּכָּר וַיֶּאֱהַל עַד־סְדֹם

ABRÁM IASHÁB BEÉRETZ-KENÄÄN VELÓT IASHÁB BEÄRÉI HAKIKÁR VAIEEHÁL ÄD-SEDÓM

13:13 וְאַנְשֵׁי סְדֹם רָעִים וְחַטָּאִים לַיהֹוָה מְאֹד

VEANSHÉI SEDÓM RAÏM VEJATAÍM LA-IHVH MEÓD

13:14 וַיהֹוָה אָמַר אֶל־אַבְרָם אַחֲרֵי הִפָּרֶד־לוֹט מֵעִמּוֹ שָׂא נָא עֵינֶיךָ וּרְאֵה מִן־הַמָּקוֹם אֲשֶׁר־אַתָּה שָׁם צָפֹנָה וָנֶגְבָּה וָקֵדְמָה וָיָמָּה

VA-IHVH AMÁR EL-ABRÁM AJARÉI HIPÁRED-LOT MEÏMÓ SA NA ËINÉIJA UREÉH MIN-HAMAKÓM ASHÉR-ATÁH SHAM TZAFÓNAH VANÉGBAH VAKÉDMAH VAIÁMAH

13:15 כִּי אֶת־כָּל־הָאָרֶץ אֲשֶׁר־אַתָּה רֹאֶה לְךָ אֶתְּנֶנָּה וּלְזַרְעֲךָ עַד־עוֹלָם

KI ET-KOL-HAÁRETZ ASHÉR-ATÁH ROÉH LEJÁ ETENÉNAH ULEZZARÄJÁ ÄD-ÖLÁM

13:16 וְשַׂמְתִּי אֶת־זַרְעֲךָ כַּעֲפַר הָאָרֶץ אֲשֶׁר ׀ אִם־יוּכַל אִישׁ לִמְנוֹת אֶת־עֲפַר הָאָרֶץ גַּם־זַרְעֲךָ יִמָּנֶה

VESAMTÍ ET-ZZARÄJÁ KAÄFÁR HAÁRETZ ASHÉR IM-IUJÁL ISH LIMNÓT ET-ÄFÁR HAÁRETZ GAM-ZZARÄJÁ IMANÉH

13:17 קוּם הִתְהַלֵּךְ בָּאָרֶץ לְאָרְכָּהּ וּלְרָחְבָּהּ כִּי לְךָ אֶתְּנֶנָּה

KUM HITHALÉJ BAÁRETZ LEAREKÁH ULERAJEBÁH KI LEJÁ ETENÉNAH

13:18 *Abrám*, pues, removiendo su tienda, vino y moró en el encinar de Mamré, que está en Jebrón, y edificó allí altar a El Eterno.

CAPÍTULO 14

La guerra contra los cuatro reyes: *Abrám* libera a *Lot*

14:1 Aconteció en los días de *Amrafél* rey de Shinär, *Aríoj* rey de Elasár, *Kedarlaömer* rey de Ëilám, y *Tidäl* rey de Goím,
14:2 que éstos hicieron guerra contra *Bérä* rey de Sedóm, contra *Birshá* rey de Ämoráh, contra *Shináb* rey de Admáh, contra *Sheméber* rey de Tzeboím, y contra el rey de *Belä*, la cual es Tzóär.
14:3 Todos éstos se juntaron en el valle de Sedím, que es el Mar Salado[68].
14:4 Doce años habían servido a *Kedarlaömer*, y en el decimotercero se rebelaron.
14:5 Y en el año decimocuarto vino *Kedarlaömer*, y los reyes que estaban de su parte, y derrotaron a los refaím en Äshterót Karnáim, a los zzuzzím en Ham, a los eimím en Shavéh Kiriatáim,
14:6 y a los jorím en el monte de Seïr, hasta la llanura de Parán, que está junto al desierto.

---

[68] **14:3 Mar Salado:** Se refiere al mar muerto.

13:18 וַיֶּאֱהַל אַבְרָם וַיָּבֹא וַיֵּשֶׁב בְּאֵלֹנֵי מַמְרֵא אֲשֶׁר בְּחֶבְרוֹן וַיִּבֶן־שָׁם מִזְבֵּחַ לַיהוָה

VAIEEHÁL ABRÁM VAYABÓ VAYÉSHEB BEELONÉI MAMRÉ ASHÉR BEJEBERÓN VAYBÉN-SHAM MIZZBÉAJ LA-IHVH

פֶּרֶק יד - PÉREK 14

14:1 וַיְהִי בִּימֵי אַמְרָפֶל מֶלֶךְ־שִׁנְעָר אַרְיוֹךְ מֶלֶךְ אֶלָּסָר כְּדָרְלָעֹמֶר מֶלֶךְ עֵילָם וְתִדְעָל מֶלֶךְ גּוֹיִם

VAIHÍ BIMÉI AMRAFÉL MÉLEJ-SHINÄR ARÍOJ MÉLEJ ELASÁR KEDARLAÖMER MÉLEJ ËILÁM VETIDÄL MÉLEJ GOÍM

14:2 עָשׂוּ מִלְחָמָה אֶת־בֶּרַע מֶלֶךְ סְדֹם וְאֶת־בִּרְשַׁע מֶלֶךְ עֲמֹרָה שִׁנְאָב מֶלֶךְ אַדְמָה וְשֶׁמְאֵבֶר מֶלֶךְ צְבֹיִים* וּמֶלֶךְ בֶּלַע הִיא־צֹעַר

ÄSÚ MILJAMÁH ET-BÉRÄ MÉLEJ SEDÓM VEÉT-BIRSHÄ MÉLEJ ÄMORÁH SHINÁB MÉLEJ ADMÁH VESHEMÉBER MÉLEJ TZEBOÍM UMÉLEJ BÉLÄ HI-TZÓÄR

14:3 כָּל־אֵלֶּה חָבְרוּ אֶל־עֵמֶק הַשִּׂדִּים הוּא יָם הַמֶּלַח

KOL-ÉLEH JABERÚ EL-ËMEK HASEDÍM HU IÁM HAMELÁJ

14:4 שְׁתֵּים עֶשְׂרֵה שָׁנָה עָבְדוּ אֶת־כְּדָרְלָעֹמֶר וּשְׁלֹשׁ־עֶשְׂרֵה שָׁנָה מָרָדוּ

SHETÉIM ËSRÉH SHANÁH ÄBEDÚ ET-KEDARLAÖMER USHELÓSH-ËSRÉH SHANÁH MARÁDU

14:5 וּבְאַרְבַּע עֶשְׂרֵה שָׁנָה בָּא כְדָרְלָעֹמֶר וְהַמְּלָכִים אֲשֶׁר אִתּוֹ וַיַּכּוּ אֶת־רְפָאִים בְּעַשְׁתְּרֹת קַרְנַיִם וְאֶת־הַזּוּזִים בְּהָם וְאֵת הָאֵימִים בְּשָׁוֵה קִרְיָתָיִם

UBEARBÄ ËSRÉH SHANÁH BA KEDARELAÖMER VEHAMELAJÍM ASHÉR ITÓ VAYAKÚ ET-REFAÍM BEÄSHTERÓT KARNÁIM VEÉT-HAZZUZZÍM BEHÁM VEÉT HAEIMÍM BESHAVÉH KIRIATÁIM

14:6 וְאֶת־הַחֹרִי בְּהַרְרָם שֵׂעִיר עַד אֵיל פָּארָן אֲשֶׁר עַל־הַמִּדְבָּר

VEÉT-HAJORÍ BEHARERÁM SEÏR ÄD ÉIL PARÁN ASHÉR ÄL-HAMIDBÁR

---

* צְבוֹיִם

14:7 Y volvieron y vinieron a Ëin Mishpát, que es Kadésh, y devastaron todo el país de los ämalekí, y también al emorí que habitaba en Jatzetzón Tamár.

14:8 Y salieron el rey de Sedóm, el rey de Ämoráh, el rey de Admáh, el rey de Tzeboím y el rey de Belä, que es Tzóär, y ordenaron contra ellos batalla en el valle de Sedím;

14:9 esto es, contra *Kedarlaömer* rey de Ëilám, Tidäl rey de Goím, *Amrafél* rey de Shinär, y *Aríoj* rey de Elasár; cuatro reyes contra cinco.

14:10 Y el valle de Sedím estaba lleno de pozos de asfalto; y cuando huyeron el rey de Sedóm y el de Ämoráh, algunos cayeron allí; y los demás huyeron al monte.

14:11 Y tomaron toda la riqueza de Sedóm y de Ämoráh, y todas sus provisiones, y se fueron.

14:12 Tomaron también a *Lot*, hijo del hermano de *Abrám*, que moraba en Sedóm, y sus bienes, y se fueron[69].

14:13 Y vino uno de los que escaparon, y lo anunció a *Abrám* el hebreo, que habitaba en el encinar de *Mamré* el emorí, hermano de *Eshkól* y hermano de *Änér*, los cuales eran aliados de *Abrám*.

14:14 Oyó *Abrám* que su pariente estaba prisionero, y armó a sus criados, los nacidos en su casa, trescientos dieciocho, y los siguió hasta Dan.

---

[69] **14:12 Tomaron también:** El hecho de residir en un lugar tan perverso como Sedóm, le provocó a *Lot* esta desgracia.

89 / BERESHÍT-בְּרֵאשִׁית

וַיָּשֻׁ֜בוּ וַיָּבֹ֣אוּ אֶל־עֵ֥ין מִשְׁפָּט֙ הִ֣וא קָדֵ֔שׁ וַיַּכּ֕וּ אֶֽת־כָּל־שְׂדֵ֖ה הָעֲמָלֵקִ֑י וְגַם֙ אֶת־הָ֣אֱמֹרִ֔י הַיֹּשֵׁ֖ב בְּחַֽצְצֹ֥ן תָּמָֽר׃ 14:7

VAYASHÚBU VAYABÖU EL-ËIN MISHPÁT HI KADÉSH VAYAKÚ ET-KOL-SEDÉH
HAÄMALEKÍ VEGÁM ET-HAEMORÍ HAYOSHÉB BEJATZETZÓN TAMÁR

וַיֵּצֵ֣א מֶֽלֶךְ־סְ֠דֹם וּמֶ֨לֶךְ עֲמֹרָ֜ה וּמֶ֣לֶךְ אַדְמָ֗ה וּמֶ֨לֶךְ֙ צְבֹיִים֙* וּמֶ֣לֶךְ בֶּ֔לַע הִוא־צֹ֑עַר וַיַּֽעַרְכ֤וּ אִתָּם֙ מִלְחָמָ֔ה בְּעֵ֖מֶק הַשִּׂדִּֽים׃ 14:8

VAYETZÉ MÉLEJ-SEDÓM UMÉLEJ ÄMORÁH UMÉLEJ ADMÁH UMÉLEJ TZEBOÍM
UMÉLEJ BÉLÄ HI-TZÓÄR VAYÁÄRJU ITÁM MILJAMÁH BEËMEK HASEDÍM

אֵ֣ת כְּדָרְלָעֹ֜מֶר מֶ֣לֶךְ עֵילָ֗ם וְתִדְעָל֙ מֶ֣לֶךְ גּוֹיִ֔ם וְאַמְרָפֶל֙ מֶ֣לֶךְ שִׁנְעָ֔ר וְאַרְי֖וֹךְ מֶ֣לֶךְ אֶלָּסָ֑ר אַרְבָּעָ֥ה מְלָכִ֖ים אֶת־הַחֲמִשָּֽׁה׃ 14:9

ET KEDARELAÖMER MÉLEJ ËILÁM VETIDÄL MÉLEJ GOÍM VEAMRAFÉL MÉLEJ
SHINÄR VEARÍOJ MÉLEJ ELASÁR ARBAÄH MELAJÍM ET-HAJAMISHÁH

וְעֵ֣מֶק הַשִּׂדִּ֗ים בֶּֽאֱרֹ֤ת בֶּֽאֱרֹת֙ חֵמָ֔ר וַיָּנֻ֛סוּ מֶֽלֶךְ־סְדֹ֥ם וַעֲמֹרָ֖ה וַיִּפְּלוּ־שָׁ֑מָּה וְהַנִּשְׁאָרִ֖ים הֶ֥רָה נָּֽסוּ׃ 14:10

VEËMEK HASIDÍM BEERÓT BEERÓT JEMÁR VAYANÚSU MÉLEJ-SEDÓM
VAÄMORÁH VAYPELÚ-SHÁMAH VEHANISHEARÍM HÉRAH NASÚ

וַ֠יִּקְחוּ אֶת־כָּל־רְכֻ֨שׁ סְדֹ֧ם וַעֲמֹרָ֛ה וְאֶת־כָּל־אָכְלָ֖ם וַיֵּלֵֽכוּ׃ 14:11

VAYKJÚ ET-KOL-REJÚSH SEDÓM VAÄMORÁH VEÉT-KOL-AJELÁM VAYELÉJU

וַיִּקְח֨וּ אֶת־ל֧וֹט וְאֶת־רְכֻשׁ֛וֹ בֶּן־אֲחִ֥י אַבְרָ֖ם וַיֵּלֵ֑כוּ וְה֖וּא יֹשֵׁ֥ב בִּסְדֹֽם׃ 14:12

VAYKJÚ ET-LOT VEÉT-REJUSHÓ BEN-AJÍ ABRÁM VAYELÉJU VEHÚ IOSHÉB BISDÓM

וַיָּבֹא֙ הַפָּלִ֔יט וַיַּגֵּ֖ד לְאַבְרָ֣ם הָעִבְרִ֑י וְהוּא֩ שֹׁכֵ֨ן בְּאֵֽלֹנֵ֜י מַמְרֵ֣א הָאֱמֹרִ֗י אֲחִ֤י אֶשְׁכֹּל֙ וַאֲחִ֣י עָנֵ֔ר וְהֵ֖ם בַּעֲלֵ֥י בְרִית־אַבְרָֽם׃ 14:13

VAYABÓ HAPALÍT VAYAGUÉD LEABRÁM HAÏBRÍ VEHÚ SHOJÉN BEELONÉI MAMRÉ
HAEMORÍ AJÍ ESHKÓL VAAJÍ ÄNER VEHÉM BAÄLÉI BERÍT-ABRÁM

וַיִּשְׁמַ֣ע אַבְרָ֔ם כִּ֥י נִשְׁבָּ֖ה אָחִ֑יו וַיָּ֨רֶק אֶת־חֲנִיכָ֜יו יְלִידֵ֣י בֵית֗וֹ שְׁמֹנָ֤ה עָשָׂר֙ וּשְׁלֹ֣שׁ מֵא֔וֹת וַיִּרְדֹּ֖ף עַד־דָּֽן׃ 14:14

VAYSHMÄ ABRÁM KI NISHBÁH AJÍV VAYÁREK ET-JANIJÁV IELIDÉI BEITÓ
SHEMONÁH ÄSAR USHELÓSH MEÓT VAYRDÓF ÄD-DAN

---

* צְבוֹיִם

14:15 Y cayó sobre ellos de noche, él y sus siervos, y les atacó, y les fue siguiendo hasta Jobáh al norte de Damasco.
14:16 Y recobró todos los bienes, y también a *Lot* su pariente y sus bienes, y a las mujeres y demás gente.

Malkí-tzédek bendice a *Abrám*

14:17 Cuando volvía de la derrota de *Kedarlaömer* y de los reyes que con él estaban, salió el rey de Sedóm a recibirlo al valle de Shavéh, que es el Valle del Mélej.
14:18 Entonces *Malkí-tzédek*, rey de Shalém y sacerdote del Dios Altísimo, sacó pan y vino[70];
14:19 y le bendijo, diciendo: Bendito sea *Abrám* del Dios Altísimo, creador de los cielos y de la tierra;
14:20 y bendito sea el Dios Altísimo, que entregó tus enemigos en tu mano. Y le dio *Abrám* los diezmos de todo.
14:21 Entonces el rey de Sedóm dijo a *Abrám*: Dame las personas, y toma para ti los bienes.
14:22 Y respondió *Abrám* al rey de Sedóm: He alzado mi mano a El Eterno Dios Altísimo, creador de los cielos y de la tierra,
14:23 que desde un hilo hasta una correa de calzado, nada tomaré de todo lo que es tuyo, para que no digas: Yo enriquecí a *Abrám*;

---

[70] **14:18 Sacerdote del Dios Altísimo:** Este era *Shem* el hijo de *Nóaj*.

14:15 וַיֵּחָלֵ֨ק עֲלֵיהֶ֧ם ׀ לַ֛יְלָה ה֥וּא וַעֲבָדָ֖יו וַיַּכֵּ֑ם וַֽיִּרְדְּפֵם֙ עַד־חוֹבָ֔ה אֲשֶׁ֖ר מִשְּׂמֹ֥אל לְדַמָּֽשֶׂק

VAYEJALÉK ÄLEIHÉM LÁILAH HU VAÄBADÁV VAYAKÉM VÁIRDEFEM ÄD-JOBÁH ASHÉR MISMÓL LEDAMÁSEK

14:16 וַיָּ֕שֶׁב אֵ֖ת כָּל־הָרְכֻ֑שׁ וְגַם֩ אֶת־ל֨וֹט אָחִ֤יו וּרְכֻשׁוֹ֙ הֵשִׁ֔יב וְגַ֥ם אֶת־הַנָּשִׁ֖ים וְאֶת־הָעָֽם

VAYÁSHEB ET KOL-HAREJÚSH VEGÁM ET-LOT AJÍV UREJUSHÓ HESHÍB VEGÁM ET-HANASHÍM VEÉT-HAÄM

14:17 וַיֵּצֵ֣א מֶֽלֶךְ־סְדֹם֮ לִקְרָאתוֹ֒ אַחֲרֵ֣י שׁוּב֗וֹ מֵֽהַכּוֹת֙ אֶת־כְּדָרלָעֹ֔מֶר וְאֶת־הַמְּלָכִ֖ים אֲשֶׁ֣ר אִתּ֑וֹ אֶל־עֵ֣מֶק שָׁוֵ֔ה ה֖וּא עֵ֥מֶק הַמֶּֽלֶךְ

VAYETZÉ MÉLEJ-SEDÓM LIKRÁTO AJARÉI SHUBÓ MEHAKÓT ET KEDARLAÖMER VEÉT-HAMELAJÍM ASHÉR ITÓ EL-ËMEK SHAVÉH HU ËMEK HAMÉLEJ

14:18 וּמַלְכִּי־צֶ֙דֶק֙ מֶ֣לֶךְ שָׁלֵ֔ם הוֹצִ֖יא לֶ֣חֶם וָיָ֑יִן וְה֥וּא כֹהֵ֖ן לְאֵ֥ל עֶלְיֽוֹן

UMALKÍ-TZÉDEK MÉLEJ SHALÉM HOTZÍ LÉJEM VAIÁIN VEHÚ JOHÉN LEÉL ËLEIÓN

14:19 וַֽיְבָרְכֵ֖הוּ וַיֹּאמַ֑ר בָּר֤וּךְ אַבְרָם֙ לְאֵ֣ל עֶלְי֔וֹן קֹנֵ֖ה שָׁמַ֥יִם וָאָֽרֶץ

VAIBAREJÉHU VAYOMÁR BARÚJ ABRÁM LEÉL ËLEIÓN KONÉH SHAMÁIM VAÁRETZ

14:20 וּבָרוּךְ֙ אֵ֣ל עֶלְי֔וֹן אֲשֶׁר־מִגֵּ֥ן צָרֶ֖יךָ בְּיָדֶ֑ךָ וַיִּתֶּן־ל֥וֹ מַעֲשֵׂ֖ר מִכֹּֽל

UBARÚJ EL ËLEIÓN ASHÉR-MIGUÉN TZARÉIJA BEIADÉJA VAYTÉN-LO MAÄSÉR MIKÓL

14:21 וַיֹּ֥אמֶר מֶֽלֶךְ־סְדֹ֖ם אֶל־אַבְרָ֑ם תֶּן־לִ֣י הַנֶּ֔פֶשׁ וְהָרְכֻ֖שׁ קַֽח־לָֽךְ

VAYÓMER MÉLEJ-SEDÓM EL-ABRÁM TEN-LI HANÉFESH VEHAREJÚSH KAJ-LAJ

14:22 וַיֹּ֥אמֶר אַבְרָ֖ם אֶל־מֶ֣לֶךְ סְדֹ֑ם הֲרִימֹ֨תִי יָדִ֤י אֶל־יְהֹוָה֙ אֵ֣ל עֶלְי֔וֹן קֹנֵ֖ה שָׁמַ֥יִם וָאָֽרֶץ

VAYÓMER ABRÁM EL-MÉLEJ SEDÓM HARIMÓTI IADÍ EL-IHVH EL ËLEIÓN KONÉH SHAMÁIM VAÁRETZ

14:23 אִם־מִחוּט֙ וְעַ֣ד שְׂרֽוֹךְ־נַ֔עַל וְאִם־אֶקַּ֖ח מִכָּל־אֲשֶׁר־לָ֑ךְ וְלֹ֣א תֹאמַ֔ר אֲנִ֖י הֶעֱשַׁ֥רְתִּי אֶת־אַבְרָֽם

IM-MIJÚT VEÄD SERÓJ-NÁAL VEÍM-EKÁJ MIKÓL-ASHÉR-LAJ VELÓ TOMÁR ANÍ HEËSHÁRTI ET-ABRÁM

14:24 excepto solamente lo que comieron los jóvenes, y la parte de los varones que fueron conmigo, *Änér*, *Eshkól* y *Mamré*, los cuales tomarán su parte.

CAPÍTULO 15

Dios promete a *Abrám* un hijo

15:1 Después de estas cosas vino la palabra de El Eterno a *Abrám* en visión, diciendo: No temas, *Abrám*; yo soy tu escudo, y tu recompensa será sobremanera grande.
15:2 Y respondió *Abrám*: Señor El Eterno, ¿qué me darás, siendo así que ando sin hijo, y el mayordomo de mi casa es ese damasceno *Eliëzzer*[71]?
15:3 Dijo también *Abrám*: Mira que no me has dado descendencia, y he aquí que será mi heredero un esclavo de mi casa.
15:4 Luego vino a él palabra de El Eterno, diciendo: No te heredará éste, sino un hijo tuyo será el que te heredará.
15:5 Y lo llevó fuera, y le dijo: Mira ahora los cielos, y cuenta las estrellas, si las puedes contar. Y le dijo: Así será tu descendencia[72].
15:6 Y creyó a El Eterno, y le fue contado por justicia.
15:7 Y le dijo: Yo soy El Eterno, que te saqué de Ur Kasdím, para darte a heredar esta tierra.

---

[71] **15:2 Qué me darás:** "De que me vale todo lo que tengo si no tengo hijos".
[72] **15:5 Las estrellas:** El pueblo de Israel es comparado también (ver comentario 13:16) con las estrellas, pues así como éstas, deben iluminar al mundo.

14:24 בִּלְעָדַ֗י רַ֚ק אֲשֶׁ֣ר אָֽכְל֣וּ הַנְּעָרִ֔ים וְחֵ֨לֶק֙ הָֽאֲנָשִׁ֔ים אֲשֶׁ֥ר הָלְכ֖וּ אִתִּ֑י עָנֵר֙ אֶשְׁכֹּ֣ל וּמַמְרֵ֔א הֵ֖ם יִקְח֥וּ חֶלְקָֽם

BILÄDÁI RAK ASHÉR AJELÚ HANEÄRÍM VEJÉLEK HAANASHÍM ASHÉR HALEJÚ ITÍ
ÄNÉR ESHKÓL UMAMRÉ HEM IKJÚ JELKÁM

פֶּרֶק טו - PÉREK 15

15:1 אַחַ֣ר ׀ הַדְּבָרִ֣ים הָאֵ֗לֶּה הָיָ֤ה דְבַר־יְהֹוָה֙ אֶל־אַבְרָ֔ם בַּֽמַּחֲזֶ֖ה לֵאמֹ֑ר אַל־תִּירָ֣א אַבְרָ֗ם אָנֹכִי֙ מָגֵ֣ן לָ֔ךְ שְׂכָרְךָ֖ הַרְבֵּ֥ה מְאֹֽד

AJÁR HADEBARÍM HAÉLEH HAIÁH DEBÁR-IHVH EL-ABRÁM BAMAJAZZÉH LEMÓR
AL-TIRÁ ABRÁM ANOJÍ MAGUÉN LAJ SEJAREJÁ HARBÉH MEÓD

15:2 וַיֹּ֣אמֶר אַבְרָ֗ם אֲדֹנָ֤י יֱהֹוִה֙ מַה־תִּתֶּן־לִ֔י וְאָנֹכִ֖י הוֹלֵ֣ךְ עֲרִירִ֑י וּבֶן־מֶ֣שֶׁק בֵּיתִ֔י ה֖וּא דַּמֶּ֥שֶׂק אֱלִיעֶֽזֶר

VAYÓMER ABRÁM ADONÁI IHVH MAH-TITÉN-LI VEANOJÍ HOLÉJ ÄRIRÍ UBÉN-
MÉSHEK BEITÍ HU DAMÉSEK ELIÉZZER

15:3 וַיֹּ֣אמֶר אַבְרָ֔ם הֵ֣ן לִ֔י לֹ֥א נָתַ֖תָּה זָ֑רַע וְהִנֵּ֥ה בֶן־בֵּיתִ֖י יוֹרֵ֥שׁ אֹתִֽי

VAYÓMER ABRÁM HEN LI LO NATÁTAH ZZÁRA VEHINÉH BEN-BEITÍ IORÉSH OTÍ

15:4 וְהִנֵּ֨ה דְבַר־יְהֹוָ֤ה אֵלָיו֙ לֵאמֹ֔ר לֹ֥א יִֽירָשְׁךָ֖ זֶ֑ה כִּי־אִם֙ אֲשֶׁ֣ר יֵצֵ֣א מִמֵּעֶ֔יךָ ה֖וּא יִֽירָשֶֽׁךָ

VEHINÉH DEBÁR-IHVH ELÁV LEMÓR LO IIRASHEJÁ ZZEH KI-IM ASHÉR IETZÉ
MIMEÉIJA HU IIRASHÉJA

15:5 וַיּוֹצֵ֨א אֹת֜וֹ הַח֗וּצָה וַיֹּ֨אמֶר֙ הַבֶּט־נָ֣א הַשָּׁמַ֔יְמָה וּסְפֹר֙ הַכּ֣וֹכָבִ֔ים אִם־תּוּכַ֖ל לִסְפֹּ֣ר אֹתָ֑ם וַיֹּ֣אמֶר ל֔וֹ כֹּ֥ה יִֽהְיֶ֖ה זַרְעֶֽךָ

VAYOTZÉ OTÓ HAJÚTZAH VAYÓMER HABÉT-NA HASHAMÁIMAH USEFÓR
HAKOJABÍM IM-TUJÁL LISPÓR OTÁM VAYÓMER LO KOH IHIÉH ZZARÉJA

15:6 וְהֶאֱמִ֖ן בַּֽיהֹוָ֑ה וַיַּחְשְׁבֶ֥הָ לּ֖וֹ צְדָקָֽה

VEHEEMÍN BA-IHVH VAYAJSHEBÉHA LO TZEDAKÁH

15:7 וַיֹּ֖אמֶר אֵלָ֑יו אֲנִ֣י יְהֹוָ֗ה אֲשֶׁ֤ר הוֹצֵאתִ֨יךָ֙ מֵא֣וּר כַּשְׂדִּ֔ים לָ֧תֶת לְךָ֛ אֶת־הָאָ֥רֶץ הַזֹּ֖את לְרִשְׁתָּֽהּ

VAYÓMER ELÁV ANÍ IHVH ASHÉR HOTZETÍJA MÉUR KASDÍM LÁTET LEJÁ ET-
HAÁRETZ HAZZÓT LERISHTÁH

15:8 Y él respondió: Señor El Eterno, ¿en qué conoceré que la he de heredar?

15:9 Y le dijo: Tráeme una becerra de tres años, y una cabra de tres años, y un carnero de tres años, una tórtola también, y un palomino.

15:10 Y tomó él todo esto, y los partió por la mitad, y puso cada mitad una enfrente de la otra; mas no partió las aves.

15:11 Y descendían aves de rapiña sobre los cuerpos muertos, y *Abrám* las ahuyentaba.

15:12 Mas a la caída del sol sobrecogió el sueño a *Abrám*, y he aquí que el temor de una grande oscuridad cayó sobre él.

15:13 Entonces El Eterno dijo a *Abrám*: Ten por cierto que tu descendencia morará en tierra ajena, y será esclava allí, y será oprimida cuatrocientos años.

15:14 Mas también a la nación a la cual servirán, juzgaré yo; y después de esto saldrán con gran riqueza.

15:15 Y tú vendrás a tus padres en paz, y serás sepultado en buena vejez.

15:16 Y en la cuarta generación volverán acá; porque aún no ha llegado a su colmo la maldad del emorí hasta aquí[73].

15:17 Y sucedió que puesto el sol, y ya oscurecido, se veía un horno humeando, y una antorcha de fuego que pasaba por entre los animales divididos.

---

[73] **15:16 Aún no ha llegado a su colmo la maldad:** Cuatro generaciones después del exilio egipcio, los emorím -representando a las naciones kenaäniót- habrán llegado a un nivel tal de transgresión que se harán indignos de vivir en la sagrada tierra de Israel.

15:8 וַיֹּאמַ֑ר אֲדֹנָ֣י יֱהֹוִ֔ה בַּמָּ֥ה אֵדַ֖ע כִּ֥י אִירָשֶֽׁנָּה
VAYOMÁR ADONÁI IHVH BAMÁH EDÄ KI IRASHÉNAH

15:9 וַיֹּ֣אמֶר אֵלָ֗יו קְחָ֥ה לִי֙ עֶגְלָ֣ה מְשֻׁלֶּ֔שֶׁת וְעֵ֥ז מְשֻׁלֶּ֖שֶׁת וְאַ֣יִל מְשֻׁלָּ֑שׁ וְתֹ֖ר וְגוֹזָֽל
VAYÓMER ELÁV KEJÁH LI ËGLÁH MESHULÉSHET VEËZZ MESHULÉSHET VEÁIL MESHULÁSH VETÓR VEGOZZÁL

15:10 וַיִּֽקַּֽח־ל֣וֹ אֶת־כָּל־אֵ֗לֶּה וַיְבַתֵּ֤ר אֹתָם֙ בַּתָּ֔וֶךְ וַיִּתֵּ֥ן אִישׁ־בִּתְר֖וֹ לִקְרַ֣את רֵעֵ֑הוּ וְאֶת־הַצִּפֹּ֖ר לֹ֥א בָתָֽר
VAYKÁJ-LO ET-KOL-ÉLEH VAIBATÉR OTÁM BATÁVEJ VAYTÉN ISH-BITRÓ LIKRÁT REËHU VEÉT HATZIPÓR LO BATÁR

15:11 וַיֵּ֥רֶד הָעַ֖יִט עַל־הַפְּגָרִ֑ים וַיַּשֵּׁ֥ב אֹתָ֖ם אַבְרָֽם
VAYÉRED HAÄIT ÄL-HAPEGARÍM VAYASHÉB OTÁM ABRÁM

15:12 וַיְהִ֤י הַשֶּׁ֨מֶשׁ֙ לָב֔וֹא וְתַרְדֵּמָ֖ה נָפְלָ֣ה עַל־אַבְרָ֑ם וְהִנֵּ֥ה אֵימָ֛ה חֲשֵׁכָ֥ה גְדֹלָ֖ה נֹפֶ֥לֶת עָלָֽיו
VAIHÍ HASHÉMESH LABÓ VETARDEMÁH NAFELÁH ÄL-ABRÁM VEHINÉH EIMÁH JASHEJÁH GUEDOLÁH NOFÉLET ÄLÁV

15:13 וַיֹּ֣אמֶר לְאַבְרָ֗ם יָדֹ֨עַ תֵּדַ֜ע כִּי־גֵ֣ר ׀ יִהְיֶ֣ה זַרְעֲךָ֗ בְּאֶ֨רֶץ֙ לֹ֣א לָהֶ֔ם וַעֲבָד֖וּם וְעִנּ֣וּ אֹתָ֑ם אַרְבַּ֥ע מֵא֖וֹת שָׁנָֽה
VAYÓMER LEABRÁM IADOÄ TEDÁ KI-GUÉR IHIÉH ZZARAJÁ BEÉRETZ LO LAHÉM VAÄBADÚM VEÏNÚ OTÁM ARBÄ MÉOT SHANÁH

15:14 וְגַ֧ם אֶת־הַגּ֛וֹי אֲשֶׁ֥ר יַעֲבֹ֖דוּ דָּ֣ן אָנֹ֑כִי וְאַחֲרֵי־כֵ֥ן יֵצְא֖וּ בִּרְכֻ֥שׁ גָּדֽוֹל
VEGÁM ET-HAGÓI ASHÉR IAÄBÓDU DAN ANÓJI VEAJARÉI-JEN IETZÚ BIRJÚSH GADÓL

15:15 וְאַתָּ֛ה תָּב֥וֹא אֶל־אֲבֹתֶ֖יךָ בְּשָׁל֑וֹם תִּקָּבֵ֖ר בְּשֵׂיבָ֥ה טוֹבָֽה
VEATÁH TABÓ EL-ABOTÉIJA BESHALÓM TIKABÉR BESEIBÁH TOBÁH

15:16 וְד֥וֹר רְבִיעִ֖י יָשׁ֣וּבוּ הֵ֑נָּה כִּ֧י לֹא־שָׁלֵ֛ם עֲוֺ֥ן הָאֱמֹרִ֖י עַד־הֵֽנָּה
VEDÓR REBIÏ IASHÚBU HÉNAH KI LO-SHALÉM ÄVÓN HAEMORÍ ÄD-HÉNAH

15:17 וַיְהִ֤י הַשֶּׁ֨מֶשׁ֙ בָּ֔אָה וַעֲלָטָ֖ה הָיָ֑ה וְהִנֵּ֨ה תַנּ֤וּר עָשָׁן֙ וְלַפִּ֣יד אֵ֔שׁ אֲשֶׁ֣ר עָבַ֔ר בֵּ֖ין הַגְּזָרִ֥ים הָאֵֽלֶּה
VAIHÍ HASHÉMESH BÁAH VAÄLATÁH HAIÁH VEHINÉH TANÚR ÄSHÁN VELAPÍD ESH ASHÉR ÄBÁR BÉIN HAGUEZZARÍM HAÉLEH

15:18 En aquel día hizo El Eterno un pacto con *Abrám*, diciendo: A tu descendencia daré esta tierra, desde el río de Egipto hasta el río grande, el río Éufrates;
15:19 la tierra de los keiní, los kenizzí, los kadmoní,
15:20 los jití, los perizzí, los refaím,
15:21 los emorí, los kenaäní, los guirgashí y los iebusí.

CAPÍTULO 16

Hagár e *Ishmaël* (Ismaél)

16:1 *Saräi* mujer de *Abrám* no le daba hijos; y ella tenía una sierva egipcia, que se llamaba *Hagár*[74].
16:2 Dijo entonces *Saräi* a *Abrám*: Ya ves que El Eterno me ha hecho estéril; te ruego, pues, que te llegues a mi sierva; quizá tendré hijos de ella. Y atendió *Abrám* al ruego de *Saräi*.
16:3 Y *Saräi* mujer de *Abrám* tomó a *Hagár* su sierva egipcia, al cabo de diez años que había habitado *Abrám* en la tierra de Kenään, y la dio por mujer a *Abrám* su marido[75].
16:4 Y él se llegó a *Hagár*, la cual concibió; y cuando vio que había concebido, miraba con desprecio a su señora.

---

[74] **16:1 Se llamaba *Hagár*:** Ella era la hija del Faraón. Cuando presenció los milagros que El Eterno le hizo a *Saráh* dijo: "es preferible ser sirvienta en casa de *Abrahám*, que una princesa en la casa del Faraón".

[75] **16:3 Y la dio por mujer a *Abrám*:** La *Toráh* permite tener más de una mujer. Sin embargo, esto dejó de practicarse en el pueblo de Israel por causa de un decreto rabínico el cual es vigente hasta la actualidad.

15:18 בַּיּוֹם הַהוּא כָּרַת יְהֹוָה אֶת־אַבְרָם בְּרִית לֵאמֹר לְזַרְעֲךָ נָתַתִּי אֶת־הָאָרֶץ הַזֹּאת מִנְּהַר מִצְרַיִם עַד־הַנָּהָר הַגָּדֹל נְהַר־פְּרָת

BAYÓM HAHÚ KARÁT IHVH ET-ABRÁM BERÍT LEMÓR LEZZARÄJÁ NATÁTI ET-HAÁRETZ HAZZÓT MINEHÁR MITZRÁIM ÄD-HANAHÁR HAGADÓL NEHÁR-PERÁT

15:19 אֶת־הַקֵּינִי וְאֶת־הַקְּנִזִּי וְאֵת הַקַּדְמֹנִי

ET-HAKEINÍ VEÉT-HAKENIZZÍ VEÉT HAKADMONÍ

15:20 וְאֶת־הַחִתִּי וְאֶת־הַפְּרִזִּי וְאֶת־הָרְפָאִים

VEÉT-HAJITÍ VEÉT-HAPERIZZÍ VEÉT-HAREFAÍM

15:21 וְאֶת־הָאֱמֹרִי וְאֶת־הַכְּנַעֲנִי וְאֶת־הַגִּרְגָּשִׁי וְאֶת־הַיְבוּסִי

VEÉT-HAEMORÍ VEÉT-HAKENAÄNÍ VEÉT-HAGUIRGASHÍ VEÉT-HAIBUSÍ

פֶּרֶק טז - PÉREK 16

16:1 וְשָׂרַי אֵשֶׁת אַבְרָם לֹא יָלְדָה לוֹ וְלָהּ שִׁפְחָה מִצְרִית וּשְׁמָהּ הָגָר

VESARÁI ÉSHET ABRÁM LO IALEDÁH LO VELÁH SHIFJÁH MITZERÍT USHEMÁH HAGÁR

16:2 וַתֹּאמֶר שָׂרַי אֶל־אַבְרָם הִנֵּה־נָא עֲצָרַנִי יְהֹוָה מִלֶּדֶת בֹּא־נָא אֶל־שִׁפְחָתִי אוּלַי אִבָּנֶה מִמֶּנָּה וַיִּשְׁמַע אַבְרָם לְקוֹל שָׂרָי

VATÓMER SARÁI EL-ABRÁM HINÉH-NA ÄTZARÁNI IHVH MILÉDET BO-NA EL-SHIFJATÍ ULÁI IBANÉH MIMÉNAH VAYSHMÄ ABRÁM LEKÓL SARÁI

16:3 וַתִּקַּח שָׂרַי אֵשֶׁת־אַבְרָם אֶת־הָגָר הַמִּצְרִית שִׁפְחָתָהּ מִקֵּץ עֶשֶׂר שָׁנִים לְשֶׁבֶת אַבְרָם בְּאֶרֶץ כְּנָעַן וַתִּתֵּן אֹתָהּ לְאַבְרָם אִישָׁהּ לוֹ לְאִשָּׁה

VATIKÁJ SARÁI ÉSHET-ABRÁM ET-HAGÁR HAMITZRÍT SHIFJATÁH MIKÉTZ ÉSER SHANÍM LESHÉBET ABRÁM BEÉRETZ KENAÄN VATITÉN OTÁII LEABRÁM ISHÁH LO LEISHÁH

16:4 וַיָּבֹא אֶל־הָגָר וַתַּהַר וַתֵּרֶא כִּי הָרָתָה וַתֵּקַל גְּבִרְתָּהּ בְּעֵינֶיהָ

VAYABÓ EL-HAGÁR VATÁHAR VATÉRE KI HARÁTAH VATEKÁL GUEBIRTÁH BEËINÉIHA

16:5 Entonces *Sarái* dijo a *Abrám*: Mi afrenta sea sobre ti; yo te di mi sierva por mujer, y viéndose encinta, me mira con desprecio; juzgue El Eterno entre tú y yo.

16:6 Y respondió *Abrám* a *Sarái*: He aquí, tu sierva está en tu mano; haz con ella lo que bien te parezca. Y como *Sarái* la afligía, ella huyó de su presencia.

16:7 Y la halló el ángel de El Eterno junto a una fuente de agua en el desierto, junto a la fuente que está en el camino de Shur.

16:8 Y le dijo: *Hagár*, sierva de *Sarái*, ¿de dónde vienes tú, y a dónde vas? Y ella respondió: Huyo de delante de *Sarái* mi señora.

16:9 Y le dijo el ángel de El Eterno: Vuélvete a tu señora, y ponte sumisa bajo su mano.

16:10 Le dijo también el ángel de El Eterno: Multiplicaré tanto tu descendencia, que no podrá ser contada a causa de la multitud.

16:11 Además le dijo el ángel de El Eterno: He aquí que has concebido, y darás a luz un hijo, y llamarás su nombre *Ishmaël* (Ismaél), porque El Eterno ha oído tu aflicción[76].

16:12 Y él será hombre fiero; su mano será contra todos, y la mano de todos contra él, y delante de todos sus hermanos habitará.

16:13 Entonces llamó el nombre de El Eterno que con ella hablaba: Tú eres Dios que ve; porque dijo: ¿Acaso pensé volver a ver aquí después de que ya había visto?[77]

---

[76] **16:11 *Ishmaël*:** Se compone de las palabras שָׁמַע (SHAMÄ=escuchar) אֵל (EL=Dios).
Ishmaël es el padre del pueblo árabe.

[77] **16:13 Volver a ver aquí:** En el desierto.
Después de que ya había visto: En la casa de *Abrám* era normal ver ángeles. Ella pensaba que al salir de allí no volvería a verlos.

16:5
וַתֹּ֨אמֶר שָׂרַ֣י אֶל־אַבְרָם֮ חֲמָסִ֣י עָלֶיךָ֒ אָנֹכִ֗י נָתַ֤תִּי שִׁפְחָתִי֙ בְּחֵיקֶ֔ךָ וַתֵּ֙רֶא֙ כִּ֣י הָרָ֔תָה וָאֵקַ֖ל בְּעֵינֶ֑יהָ יִשְׁפֹּ֥ט יְהוָ֖ה בֵּינִ֥י וּבֵינֶֽיךָ

VATÓMER SARÁI EL-ABRÁM JAMASÍ ÄLEIJÁ ANOJÍ NATÁTI SHIFJATÍ BEJEIKÉJA
VATÉRE KI HARÁTAH VAEKÁL BEËINÉIHA ISHPÓT IHVH BEINÍ UBEINÉIJA

16:6
וַיֹּ֤אמֶר אַבְרָם֙ אֶל־שָׂרַ֔י הִנֵּ֥ה שִׁפְחָתֵ֖ךְ בְּיָדֵ֑ךְ עֲשִׂי־לָ֖הּ הַטּ֣וֹב בְּעֵינָ֑יִךְ וַתְּעַנֶּ֣הָ שָׂרַ֔י וַתִּבְרַ֖ח מִפָּנֶֽיהָ

VAYÓMER ABRÁM EL-SARÁI HINÉH SHIFJATÉJ BEIADÉJ ÄSI-LAH HATÓB BEËINÁIJ
VATEÄNÉHA SARÁI VATIBRÁJ MIPANÉIHA

16:7
וַֽיִּמְצָאָ֞הּ מַלְאַ֧ךְ יְהוָ֛ה עַל־עֵ֥ין הַמַּ֖יִם בַּמִּדְבָּ֑ר עַל־הָעַ֖יִן בְּדֶ֥רֶךְ שֽׁוּר

VAIMTZAAÁH MALÁJ IHVH ÄL-EIN HAMÁIM BAMIDBÁR ÄL-HAÄIN BEDÉREJ SHUR

16:8
וַיֹּאמַ֗ר הָגָ֞ר שִׁפְחַ֥ת שָׂרַ֛י אֵֽי־מִזֶּ֥ה בָ֖את וְאָ֣נָה תֵלֵ֑כִי וַתֹּ֕אמֶר מִפְּנֵי֙ שָׂרַ֣י גְּבִרְתִּ֔י אָנֹכִ֖י בֹּרַֽחַת

VAYOMÁR HAGÁR SHIFJÁT SARÁI ÉI-MIZZÉH BAT VEÁNAH TELÉJI VATÓMER
MIPENÉI SARÁI GUEBIRTÍ ANOJÍ BORÁJAT

16:9
וַיֹּ֤אמֶר לָהּ֙ מַלְאַ֣ךְ יְהוָ֔ה שׁ֖וּבִי אֶל־גְּבִרְתֵּ֑ךְ וְהִתְעַנִּ֖י תַּ֥חַת יָדֶֽיהָ

VAYÓMER LAH MALÁJ IHVH SHÚBI EL-GUEBIRTÉJ VEHITÄNÍ TÁJAT IADÉIHA

16:10
וַיֹּ֤אמֶר לָהּ֙ מַלְאַ֣ךְ יְהוָ֔ה הַרְבָּ֥ה אַרְבֶּ֖ה אֶת־זַרְעֵ֑ךְ וְלֹ֥א יִסָּפֵ֖ר מֵרֹֽב

VAYÓMER LAH MALÁJ IHVH HARBÁH ARBÉH ET-ZZARËJ VELÓ ISAFÉR MERÓB

16:11
וַיֹּ֤אמֶר לָהּ֙ מַלְאַ֣ךְ יְהוָ֔ה הִנָּ֥ךְ הָרָ֖ה וְיֹלַ֣דְתְּ בֵּ֑ן וְקָרָ֤את שְׁמוֹ֙ יִשְׁמָעֵ֔אל כִּֽי־שָׁמַ֥ע יְהוָ֖ה אֶל־עָנְיֵֽךְ

VAYÓMER LAH MALÁJ IHVH HINÁJ HARÁH VEIOLÁDT BEN VEKARÁT SHEMÓ
ISHMAËL KI-SHAMÄ IHVH EL-ÄNIÉJ

16:12
וְה֤וּא יִהְיֶה֙ פֶּ֣רֶא אָדָ֔ם יָד֣וֹ בַכֹּ֔ל וְיַ֥ד כֹּ֖ל בּ֑וֹ וְעַל־פְּנֵ֥י כָל־אֶחָ֖יו יִשְׁכֹּֽן

VEHÚ IHEIÉH PÉRE ADÁM IADÓ BAKÓL VEIÁD KOL BO VEÄL-PENÉI JOL-EJÁV
ISHKÓN

16:13
וַתִּקְרָ֤א שֵׁם־יְהוָה֙ הַדֹּבֵ֣ר אֵלֶ֔יהָ אַתָּ֖ה אֵ֣ל רֳאִ֑י כִּ֣י אָֽמְרָ֗ה הֲגַ֥ם הֲלֹ֛ם רָאִ֖יתִי אַחֲרֵ֥י רֹאִֽי

VATIKRÁ SHEM IHVH HADOBÉR ELÉIHA ATÁH EL ROÍ KI AMERÁH HAGÁM
HALÓM RAÍTI AJARÉI ROÍ

16:14 Por lo cual llamó al pozo: Lajái Roí. He aquí está entre Kadésh y Báred.

16:15 Y *Hagár* dio a luz un hijo a *Abrám*, y llamó *Abrám* el nombre del hijo que le dio *Hagár*, *Ishmaël* (Ismaél)[78].

16:16 Era *Abrám* de edad de ochenta y seis años, cuando *Hagár* dio a luz a *Ishmaël* (Ismaél).

CAPÍTULO 17

La circuncisión, señal del pacto

17:1 Era *Abrám* de edad de noventa y nueve años, cuando le apareció El Eterno y le dijo: Yo soy el Dios Todopoderoso; anda delante de mí y sé íntegro.

17:2 Y pondré mi pacto entre mí y ti, y te multiplicaré en gran manera.

17:3 Entonces *Abrám* se postró sobre su rostro, y Dios habló con él, diciendo:

17:4 He aquí mi pacto es contigo, y serás padre de muchedumbre de gentes.

17:5 Y no se llamará más tu nombre *Abrám*, sino que será tu nombre *Abrahám*, porque te he puesto por padre de muchedumbre de gentes[79].

17:6 Y te multiplicaré en gran manera, y haré naciones de ti, y reyes saldrán de ti.

---

[78] **16:15 Llamó *Abrám*:** *Abrám* dio a su hijo el nombre *Ishmaël* proféticamente sin haber escuchado las palabras del ángel.

[79] **17:5 *Abrahám*:** En un principio *Abrám* significa אַב לְאֲרָם (AB LEARÁM=Padre de Arám). Después de realizar el pacto con Dios, pasó a llamarse *Abrahám* que deriva de אֲבִיר־הָם (ABÍR-HAM=Padre de pueblos).

101 / BERESHÍT-בְּרֵאשִׁית

16:14 עַל־כֵּן קָרָא לַבְּאֵר בְּאֵר לַחַי רֹאִי הִנֵּה בֵין־קָדֵשׁ וּבֵין בָּרֶד
ÄL-KEN KARÁ LABEÉR BEÉR LAJÁI ROÍ HINÉH BÉIN-KADÉSH UBÉIN BÁRED

16:15 וַתֵּלֶד הָגָר לְאַבְרָם בֵּן וַיִּקְרָא אַבְרָם שֶׁם־בְּנוֹ אֲשֶׁר־יָלְדָה הָגָר יִשְׁמָעֵאל
VATÉLED HAGÁR LEABRÁM BEN VAYKRÁ ABRÁM SHEM-BENÓ ASHÉR-IALEDÁH HAGÁR ISHMAËL

16:16 וְאַבְרָם בֶּן־שְׁמֹנִים שָׁנָה וְשֵׁשׁ שָׁנִים בְּלֶדֶת־הָגָר אֶת־יִשְׁמָעֵאל לְאַבְרָם
VEABRÁM BEN-SHEMONÍM SHANÁH VESHÉSH SHANÍM BELÉDET-HAGÁR ET-ISHMAËL LEABRÁM

פֶּרֶק יז - PÉREK 17

17:1 וַיְהִי אַבְרָם בֶּן־תִּשְׁעִים שָׁנָה וְתֵשַׁע שָׁנִים וַיֵּרָא יְהֹוָה אֶל־אַבְרָם וַיֹּאמֶר אֵלָיו אֲנִי־אֵל שַׁדַּי הִתְהַלֵּךְ לְפָנַי וֶהְיֵה תָמִים
VAIHÍ ABRÁM BEN-TISHÏM SHANÁH VETÉSHÄ SHANÍM VAYERÁ IHVH EL-ABRÁM VAYÓMER ELÁV ANÍ-EL SHADÁI HITHALÉJ LEFANÁI VEHEIÉH TAMÍM

17:2 וְאֶתְּנָה בְרִיתִי בֵּינִי וּבֵינֶךָ וְאַרְבֶּה אוֹתְךָ בִּמְאֹד מְאֹד
VEETENÁH BRITÍ BEINÍ UBEINÉJA VEARBÉH OTEJÁ BIMEÓD MEÓD

17:3 וַיִּפֹּל אַבְרָם עַל־פָּנָיו וַיְדַבֵּר אִתּוֹ אֱלֹהִים לֵאמֹר
VAYPÓL ABRÁM ÄL-PANÁV VAIDABÉR ITÓ ELOHÍM LEMÓR

17:4 אֲנִי הִנֵּה בְרִיתִי אִתָּךְ וְהָיִיתָ לְאַב הֲמוֹן גּוֹיִם
ANÍ HINÉH BERITÍ ITÁJ VEHAÍTA LAB HAMÓN GOÍM

17:5 וְלֹא־יִקָּרֵא עוֹד אֶת־שִׁמְךָ אַבְרָם וְהָיָה שִׁמְךָ אַבְרָהָם כִּי אַב־הֲמוֹן גּוֹיִם נְתַתִּיךָ
VELÓ-IKARÉ ÖD ET-SHIMJÁ ABRÁM VEHAIÁH SHIMJÁ ABRAHÁM KI AB-HAMÓN GOÍM NETATÍJA

17:6 וְהִפְרֵתִי אֹתְךָ בִּמְאֹד מְאֹד וּנְתַתִּיךָ לְגוֹיִם וּמְלָכִים מִמְּךָ יֵצֵאוּ
VEHIFRETÍ OTJÁ BIMEÓD MEÓD UNETATÍJA LEGOÍM UMELAJÍM MIMEJÁ IETZÉU

17:7 Y estableceré mi pacto entre mí y ti, y tu descendencia después de ti en sus generaciones, por pacto perpetuo, para ser tu Dios, y el de tu descendencia después de ti.

17:8 Y te daré a ti, y a tu descendencia después de ti, la tierra en que moras, toda la tierra de Kenáän en heredad perpetua; y seré el Dios de ellos.

17:9 Dijo de nuevo Dios a *Abrahám*: En cuanto a ti, guardarás mi pacto, tú y tu descendencia después de ti por sus generaciones.

17:10 Este es mi pacto, que guardaréis entre mí y vosotros y tu descendencia después de ti: Será circuncidado todo varón de entre vosotros.

17:11 Circuncidaréis, pues, la carne de vuestro prepucio, y será por señal del pacto entre mí y vosotros.

17:12 Y de edad de ocho días será circuncidado todo varón entre vosotros por vuestras generaciones; el nacido en casa, y el comprado por dinero a cualquier extranjero, que no fuere de tu linaje.

17:13 Debe ser circuncidado el nacido en tu casa, y el comprado por tu dinero; y estará mi pacto en vuestra carne por pacto perpetuo.

17:14 Y el varón incircunciso, el que no hubiere circuncidado la carne de su prepucio, aquella persona será cortada de su pueblo; ha violado mi pacto[80].

---

[80] **17:14 Cortada de su pueblo:** Desconexión espiritual de Dios.

103 / BERESHÍT - בְּרֵאשִׁית

17:7 וַהֲקִמֹתִ֨י אֶת־בְּרִיתִ֜י בֵּינִ֣י וּבֵינֶ֗ךָ וּבֵ֨ין זַרְעֲךָ֧ אַחֲרֶ֛יךָ לְדֹרֹתָ֖ם לִבְרִ֣ית עוֹלָ֑ם לִהְי֤וֹת לְךָ֙ לֵֽאלֹהִ֔ים וּֽלְזַרְעֲךָ֖ אַחֲרֶֽיךָ

VAHAKIMOTÍ ET-BERITÍ BEINÍ UBEINÉJA UBÉIN ZZARÄJÁ AJARÉIJA LEDOROTÁM
LIBRÍT ÖLÁM LIHÍOT LEJÁ LELOHÍM ULEZZARÄJÁ AJARÉIJA

17:8 וְנָתַתִּ֣י לְ֠ךָ וּלְזַרְעֲךָ֨ אַחֲרֶ֜יךָ אֵ֣ת ׀ אֶ֣רֶץ מְגֻרֶ֗יךָ אֵ֚ת כָּל־אֶ֣רֶץ כְּנַ֔עַן לַאֲחֻזַּ֖ת עוֹלָ֑ם וְהָיִ֥יתִי לָהֶ֖ם לֵֽאלֹהִֽים

VENATATÍ LEJÁ ULEZZARÄJÁ AJARÉIJA ET ÉRETZ MEGURÉIJA ET KOL-ÉRETZ
KENÄÄN LAAJUZZÁT ÖLÁM VEHAÍTI LAHÉM LELOHÍM

17:9 וַיֹּ֤אמֶר אֱלֹהִים֙ אֶל־אַבְרָהָ֔ם וְאַתָּ֖ה אֶת־בְּרִיתִ֣י תִשְׁמֹ֑ר אַתָּ֛ה וְזַרְעֲךָ֥ אַֽחֲרֶ֖יךָ לְדֹרֹתָֽם

VAYÓMER ELOHÍM EL-ABRAHÁM VEATÁH ET-BERITÍ TISHMÓR ATÁH VEZZARÄJÁ
AJARÉIJA LEDOROTÁM

17:10 זֹ֣את בְּרִיתִ֞י אֲשֶׁ֣ר תִּשְׁמְר֗וּ בֵּינִי֙ וּבֵ֣ינֵיכֶ֔ם וּבֵ֥ין זַרְעֲךָ֖ אַחֲרֶ֑יךָ הִמּ֥וֹל לָכֶ֖ם כָּל־זָכָֽר

ZZOT BERITÍ ASHÉR TISHMERÚ BEINÍ UBEINEIJÉM UBÉIN ZZARÄJÁ AJARÉIJA
HIMÓL LAJÉM KOL-ZZAJÁR

17:11 וּנְמַלְתֶּ֕ם אֵ֖ת בְּשַׂ֣ר עָרְלַתְכֶ֑ם וְהָיָה֙ לְא֣וֹת בְּרִ֔ית בֵּינִ֖י וּבֵינֵיכֶֽם

UNEMALTÉM ET BESÁR ÄRLATJÉM VEHAIÁH LEÓT BERÍT BEINÍ UBEINEIJÉM

17:12 וּבֶן־שְׁמֹנַ֣ת יָמִ֗ים יִמּ֥וֹל לָכֶ֛ם כָּל־זָכָ֖ר לְדֹרֹתֵיכֶ֑ם יְלִ֣יד בָּ֔יִת וּמִקְנַת־כֶּ֨סֶף֙ מִכֹּ֣ל בֶּן־נֵכָ֔ר אֲשֶׁ֛ר לֹ֥א מִֽזַּרְעֲךָ֖ הֽוּא

UBÉN-SHEMONÁT IAMÍM IMÓL LAJÉM KOL-ZZAJÁR LEDOROTEIJÉM IELÍD BÁIT
UMIKENÁT-KÉSEF MIKÓL BEN-NEJÁR ASHÉR LO MIZZARÄJÁ HU

17:13 הִמּ֧וֹל ׀ יִמּ֛וֹל יְלִ֥יד בֵּֽיתְךָ֖ וּמִקְנַ֣ת כַּסְפֶּ֑ךָ וְהָיְתָ֧ה בְרִיתִ֛י בִּבְשַׂרְכֶ֖ם לִבְרִ֥ית עוֹלָֽם

HIMÓL IMÓL IELÍD BEITJÁ UMIKENÁT KASPÉJA VEHAIETÁH BERITÍ BIBSARJÉM
LIBRÍT ÖLÁM

17:14 וְעָרֵ֣ל ׀ זָכָ֗ר אֲשֶׁ֤ר לֹֽא־יִמּוֹל֙ אֶת־בְּשַׂ֣ר עָרְלָת֔וֹ וְנִכְרְתָ֛ה הַנֶּ֥פֶשׁ הַהִ֖וא מֵעַמֶּ֑יהָ אֶת־בְּרִיתִ֖י הֵפַֽר

VEÄRÉL ZZAJÁR ASHÉR LO-IMÓL ET-BESÁR ÄRELATÓ VENIJRETÁH HANÉFESH
HAHÍ MEÄMÉIHA ET-BERITÍ HEFÁR

17:15 Dijo también Dios a *Abrahám*: A *Sarái* tu mujer no la llamarás *Sarái*, mas *Saráh* será su nombre[81].

17:16 Y la bendeciré, y también te daré de ella hijo; sí, la bendeciré, y vendrá a ser madre de naciones; reyes de pueblos vendrán de ella.

17:17 Entonces *Abrahám* se postró sobre su rostro, y se rió, y dijo en su corazón: ¿A hombre de cien años ha de nacer hijo? ¿Y *Saráh*, ya de noventa años, ha de concebir?

17:18 Y dijo *Abrahám* a Dios: Ojalá *Ishmaël* (Ismaél) viva delante de ti[82].

17:19 Respondió Dios: Ciertamente *Saráh* tu mujer te dará a luz un hijo, y llamarás su nombre *Itzják* (Isaac); y confirmaré mi pacto con él como pacto perpetuo para sus descendientes después de él[83].

17:20 Y en cuanto a *Ishmaël* (Ismaél), también te he oído; he aquí que le bendeciré, y le haré fructificar y multiplicar mucho en gran manera; doce príncipes engendrará, y haré de él una gran nación[84].

17:21 Mas yo estableceré mi pacto con *Itzják* (Isaac), el que *Saráh* te dará a luz por este tiempo el año que viene.

17:22 Y acabó de hablar con él, y subió Dios de estar con *Abrahám*[85].

---

[81] **17:15 *Saráh*:** שָׂרַי (SARÁI=Mi princesa) era llamada así pues era la princesa en el hogar de *Abrahám*, pero en el futuro su nombre será שָׂרָה (SARÁH=Princesa) el cual alude a que ella será princesa en el mundo entero.

[82] **17:18 Ojalá *Ishmaël*:** *Abrahám* en su humildad se sentía indigno de recibir un hijo. Para él era suficiente que *Ishmaël* se condujese por la senda de Dios.

[83] **17:19 *Itzják*:** Significa sonreír. La risa es una manifestación de algo inesperado, *Itzják* lleva ese nombre pues su nacimiento era algo inesperado para sus padres.

[84] **17:20 Doce príncipes engendrará:** Ver 25:12-16.

[85] **17:22 Subió Dios:** Ver comentario 8:21.

105 / BERESHÍT-בְּרֵאשִׁית

17:15 וַיֹּאמֶר אֱלֹהִים אֶל־אַבְרָהָם שָׂרַי אִשְׁתְּךָ לֹא־תִקְרָא אֶת־שְׁמָהּ שָׂרָי כִּי שָׂרָה שְׁמָהּ

VAYÓMER ELOHÍM EL-ABRAHÁM SARÁI ISHTEJÁ LO-TIKRÁ ET-SHEMÁH SARÁI KI SARÁH SHEMÁH

17:16 וּבֵרַכְתִּי אֹתָהּ וְגַם נָתַתִּי מִמֶּנָּה לְךָ בֵּן וּבֵרַכְתִּיהָ וְהָיְתָה לְגוֹיִם מַלְכֵי עַמִּים מִמֶּנָּה יִהְיוּ

UBERAJTÍ OTÁH VEGÁM NATÁTI MIMÉNAH LEJÁ BEN UBERAJTÍHA VEHAIETÁH LEGOÍM MALJÉI ÄMÍM MIMÉNAH IHÍU

17:17 וַיִּפֹּל אַבְרָהָם עַל־פָּנָיו וַיִּצְחָק וַיֹּאמֶר בְּלִבּוֹ הַלְּבֶן מֵאָה־שָׁנָה יִוָּלֵד וְאִם־שָׂרָה הֲבַת־תִּשְׁעִים שָׁנָה תֵּלֵד

VAYPÓL ABRAHÁM ÄL-PANÁV VAYTZJÁK VAYÓMER BELIBÓ HALEBÉN MEÁH-SHANÁH IVALÉD VEÍM-SARÁH HABÁT-TISHÏM SHANÁH TELÉD

17:18 וַיֹּאמֶר אַבְרָהָם אֶל־הָאֱלֹהִים לוּ יִשְׁמָעֵאל יִחְיֶה לְפָנֶיךָ

VAYÓMER ABRAHÁM EL-HAELOHÍM LU ISHMAËL IJIÉH LEFANÉIJA

17:19 וַיֹּאמֶר אֱלֹהִים אֲבָל שָׂרָה אִשְׁתְּךָ יֹלֶדֶת לְךָ בֵּן וְקָרָאתָ אֶת־שְׁמוֹ יִצְחָק וַהֲקִמֹתִי אֶת־בְּרִיתִי אִתּוֹ לִבְרִית עוֹלָם לְזַרְעוֹ אַחֲרָיו

VAYÓMER ELOHÍM ABÁL SARÁH ISHETEJÁ IOLÉDET LEJÁ BEN VEKARÁTA ET-SHEMÓ ITZJÁK VAHAKIMOTÍI ET-BERITÍ ITÓ LIBRÍT ÖLÁM LEZZARÖ AJARÁV

17:20 וּלְיִשְׁמָעֵאל שְׁמַעְתִּיךָ הִנֵּה בֵּרַכְתִּי אֹתוֹ וְהִפְרֵיתִי אֹתוֹ וְהִרְבֵּיתִי אֹתוֹ בִּמְאֹד מְאֹד שְׁנֵים־עָשָׂר נְשִׂיאִם יוֹלִיד וּנְתַתִּיו לְגוֹי גָּדוֹל

ULEISHMAËL SHEMÄTIJÁ HINÉH BERÁJTI OTÓ VEHIFREITÍ OTÓ VEHIRBEITÍ OTÓ BIMEÓD MEÓD SHENÉIM-ÄSÁR NESIÍM IOLÍD UNETATÍV LEGÓI GADÓL

17:21 וְאֶת־בְּרִיתִי אָקִים אֶת־יִצְחָק אֲשֶׁר תֵּלֵד לְךָ שָׂרָה לַמּוֹעֵד הַזֶּה בַּשָּׁנָה הָאַחֶרֶת

VEÉT-BERITÍ AKÍM ET-ITZJÁK ASHÉR TELÉD LEJÁ SARÁH LAMOËD HAZZÉH BASHANÁH HAAJÉRET

17:22 וַיְכַל לְדַבֵּר אִתּוֹ וַיַּעַל אֱלֹהִים מֵעַל אַבְרָהָם

VAIJÁL LEDABÉR ITÓ VAYÁÄL ELOHÍM MEÄL ABRAHÁM

106 / BERESHÍT-בְּרֵאשִׁית

17:23 Entonces tomó *Abrahám* a *Ishmaël* (Ismaél) su hijo, y a todos los siervos nacidos en su casa, y a todos los comprados por su dinero, a todo varón entre los domésticos de la casa de *Abrahám*, y circuncidó la carne del prepucio de ellos en aquel mismo día, como Dios le había dicho.

17:24 Era *Abrahám* de edad de noventa y nueve años cuando circuncidó la carne de su prepucio.

17:25 E *Ishmaël* (Ismaél) su hijo era de trece años, cuando fue circuncidada la carne de su prepucio.

17:26 En el mismo día fueron circuncidados *Abrahám* e *Ishmaël* (Ismaél) su hijo.

17:27 Y todos los varones de su casa, el siervo nacido en casa, y el comprado del extranjero por dinero, fueron circuncidados con él.

CAPÍTULO 18

Promesa del nacimiento de *Itzják* (Isaac)

18:1 Después le apareció El Eterno en el encinar de Mamré, estando él sentado a la puerta de su tienda en el calor del día [86].

18:2 Y alzó sus ojos y miró, y he aquí tres varones que estaban junto a él; y cuando los vio, salió corriendo de la puerta de su tienda a recibirlos, y se postró en tierra [87],

18:3 y dijo: Señores míos, si ahora he hallado gracia en vuestros ojos, les ruego que no pasen de vuestro siervo.

18:4 Que se traiga ahora un poco de agua, y lavad vuestros pies; y recostaos debajo de un árbol,

---

[86] **18:1 Le apareció El Eterno:** Dios "visitó" a *Abrahám* al tercer día de su circuncisión donde el dolor es más intenso. De esto aprendemos la importancia de visitar a los enfermos.

Tienda en el calor del día: Dios hizo que el día fuera muy caluroso de modo que la gente no saliera al desierto evitando así molestar a *Abrahám* con sus dolores al atenderlos, pues era costumbre de *Abrahám* recibir constantemente huéspedes en su casa.

[87] **18:2 He aquí tres varones:** Estos varones eran en realidad ángeles con apariencia humana. Dios los envió pues vio el sufrimiento de *Abrahám* al no poder atender huéspedes.

וַיִּקַּ֣ח אַבְרָהָ֗ם אֶת־יִשְׁמָעֵ֣אל בְּנ֞וֹ וְאֵ֤ת כָּל־יְלִידֵי֙ בֵית֔וֹ וְאֵת֙

17:23 כָּל־מִקְנַ֣ת כַּסְפּ֔וֹ כָּל־זָכָ֕ר בְּאַנְשֵׁ֖י בֵּ֣ית אַבְרָהָ֑ם וַיָּ֙מָל֙ אֶת־בְּשַׂ֣ר
עָרְלָתָ֔ם בְּעֶ֙צֶם֙ הַיּ֣וֹם הַזֶּ֔ה כַּאֲשֶׁ֛ר דִּבֶּ֥ר אִתּ֖וֹ אֱלֹהִֽים

VAYKÁJ ABRAHÁM ET-ISHMAËL BENÓ VEÉT KOL-IELIDÉI BEITÓ VEÉT KOL-
MIKNÁT KASPÓ KOL-ZZAJÁR BEANSHÉI BÉIT ABRAHÁM VAYÁMAL ET-BESÁR
ÄRELATÁM BEËTZEM HAYÓM HAZZÉH KAASHÉR DIBÉR ITÓ ELOHÍM

17:24 וְאַ֨בְרָהָ֔ם בֶּן־תִּשְׁעִ֥ים וָתֵ֖שַׁע שָׁנָ֑ה בְּהִמֹּל֖וֹ בְּשַׂ֥ר עָרְלָתֽוֹ

VEABRAHÁM BEN-TISHÏM VATÉSHÄ SHANÁH BEHIMOLÓ BESÁR ÄRELATÓ

17:25 וְיִשְׁמָעֵ֣אל בְּנ֔וֹ בֶּן־שְׁלֹ֥שׁ עֶשְׂרֵ֖ה שָׁנָ֑ה בְּהִ֨מֹּל֔וֹ אֵ֖ת בְּשַׂ֥ר עָרְלָתֽוֹ

VEISHMAËL BENÓ BEN-SHELÓSH ËSRÉH SHANÁH BEHIMOLÓ ET BESÁR ÄRELATÓ

17:26 בְּעֶ֙צֶם֙ הַיּ֣וֹם הַזֶּ֔ה נִמּ֖וֹל אַבְרָהָ֑ם וְיִשְׁמָעֵ֖אל בְּנֽוֹ

BEËTZEM HAYÓM HAZZÉH NIMÓL ABRAHÁM VEISHMAËL BENÓ

17:27 וְכָל־אַנְשֵׁ֤י בֵיתוֹ֙ יְלִ֣יד בָּ֔יִת וּמִקְנַת־כֶּ֖סֶף מֵאֵ֣ת בֶּן־נֵכָ֑ר נִמֹּ֖לוּ אִתּֽוֹ

VEJÓL-ANSHÉI BEÍTO IELÍD BÁIT UMIKNÁT-KÉSEF MEÉT BEN-NEJÁR NIMÓLU ITÓ

פֶּרֶק יח - PÉREK 18

18:1 וַיֵּרָ֤א אֵלָיו֙ יְהֹוָ֔ה בְּאֵלֹנֵ֖י מַמְרֵ֑א וְה֛וּא יֹשֵׁ֥ב פֶּֽתַח־הָאֹ֖הֶל כְּחֹ֥ם הַיּֽוֹם

VAYERÁ ELÁV IHVH BEELONÉI MAMRÉ VEHÚ IOSHÉB PETÁJ-HAÓHEL KEJÓM
HAYÓM

18:2 וַיִּשָּׂ֤א עֵינָיו֙ וַיַּ֔רְא וְהִנֵּה֙ שְׁלֹשָׁ֣ה אֲנָשִׁ֔ים נִצָּבִ֖ים עָלָ֑יו וַיַּ֗רְא וַיָּ֤רָץ
לִקְרָאתָם֙ מִפֶּ֣תַח הָאֹ֔הֶל וַיִּשְׁתַּ֖חוּ אָֽרְצָה

VAYSÁ ËINÁV VAYÁR VEHINÉH SHELOSHÁH ANASHÍM NITZABÍM ÄLÁV VAYÁR
VAYÁRATZ LIKRATÁM MIPÉTAJ HAÓHEL VAISHETÁJU ÁRETZAH

18:3 וַיֹּאמַ֑ר אֲדֹנָ֗י אִם־נָ֨א מָצָ֤אתִי חֵן֙ בְּעֵינֶ֔יךָ אַל־נָ֥א תַעֲבֹ֖ר מֵעַ֥ל עַבְדֶּֽךָ

VAYOMÁR ADONÁI IM-NA MATZÁTI JEN BEËINÉIJA AL-NA TAÄBÓR MEÄL ÄBDÉJA

18:4 יֻקַּֽח־נָ֣א מְעַט־מַ֔יִם וְרַחֲצ֖וּ רַגְלֵיכֶ֑ם וְהִֽשָּׁעֲנ֖וּ תַּ֥חַת הָעֵֽץ

IUKÁJ-NA MEÄT-MÁIM VERAJATZÚ RAGLEIJÉM VEHISHAÄNÚ TÁJAT HAËTZ

18:5 y traeré un bocado de pan, y sustentad vuestro corazón, y después pasaréis; pues por eso habéis pasado cerca de vuestro siervo. Y ellos dijeron: Haz así como has dicho.

18:6 Entonces *Abrahám* fue de prisa a la tienda a *Saráh*, y le dijo: Toma pronto tres medidas de flor de harina, y amasa y haz panes redondos.

18:7 Y corrió *Abrahám* a las vacas, y tomó un becerro tierno y bueno, y lo dio al criado, y éste se dio prisa a prepararlo.

18:8 Tomó también mantequilla y leche, y el becerro que había preparado, y lo puso delante de ellos; y él se estuvo con ellos debajo del árbol, y comieron[88].

18:9 Y le dijeron: ¿Dónde está *Saráh* tu mujer? Y él respondió: Aquí en la tienda.

18:10 Entonces dijo: De cierto volveré a ti; y según el tiempo de la vida, he aquí que *Saráh* tu mujer tendrá un hijo. Y *Saráh* escuchaba a la puerta de la tienda, que estaba detrás de él.

18:11 Y *Abrahám* y *Saráh* eran viejos, de edad avanzada; y a *Saráh* le había cesado ya la costumbre de las mujeres[89].

18:12 Se rió, pues, *Saráh* entre sí, diciendo: ¿Después que he envejecido tendré deleite, siendo también mi señor ya viejo?

---

[88] **18:8 Y comieron:** Aunque los ángeles no tienen necesidad de comer, lo hicieron para agradar a *Abrahám*. De aquí aprendemos que debemos adecuarnos a las costumbres del lugar.

[89] **18:11 Costumbre de mujeres:** Se refiere al período femenino.

109 / BERESHÍT-בְּרֵאשִׁית

18:5 וְאֶקְחָ֨ה פַת־לֶ֜חֶם וְסַעֲד֤וּ לִבְּכֶם֙ אַחַ֣ר תַּעֲבֹ֔רוּ כִּֽי־עַל־כֵּ֥ן עֲבַרְתֶּ֖ם עַל־עַבְדְּכֶ֑ם וַיֹּ֣אמְר֔וּ כֵּ֥ן תַּעֲשֶׂ֖ה כַּאֲשֶׁ֥ר דִּבַּֽרְתָּ

VEEKEJÁH FAT-LÉJEM VESAÁDÚ LIBEJÉM AJÁR TAÄBÓRU KI-ÄL-KEN ÄBARTÉM ÄL-ÄBDEJÉM VAYÓMRU KEN TAÄSÉH KAASHÉR DIBÁRTA

18:6 וַיְמַהֵ֧ר אַבְרָהָ֛ם הָאֹ֖הֱלָה אֶל־שָׂרָ֑ה וַיֹּ֗אמֶר מַהֲרִ֞י שְׁלֹ֤שׁ סְאִים֙ קֶ֣מַח סֹ֔לֶת ל֖וּשִׁי וַעֲשִׂ֥י עֻגֽוֹת

VAIMAHÉR ABRAHÁM HAÓHELAH EL-SARÁH VAYÓMER MAHARÍ SHELÓSH SEÍM KÉMAJ SÓLET LÚSHI VAÄSÍ ÜGÓT

18:7 וְאֶל־הַבָּקָ֖ר רָ֣ץ אַבְרָהָ֑ם וַיִּקַּ֨ח בֶּן־בָּקָ֜ר רַ֤ךְ וָטוֹב֙ וַיִּתֵּ֣ן אֶל־הַנַּ֔עַר וַיְמַהֵ֖ר לַעֲשׂ֥וֹת אֹתֽוֹ

VEÉL-HABAKÁR RÁTZ ABRAHÁM VAYKÁJ BEN-BAKÁR RAJ VATÓB VAYTÉN EL-HANAÄR VAIMAHÉR LAÄSÓT OTÓ

18:8 וַיִּקַּ֨ח חֶמְאָ֜ה וְחָלָ֗ב וּבֶן־הַבָּקָר֙ אֲשֶׁ֣ר עָשָׂ֔ה וַיִּתֵּ֖ן לִפְנֵיהֶ֑ם וְהֽוּא־עֹמֵ֧ד עֲלֵיהֶ֛ם תַּ֥חַת הָעֵ֖ץ וַיֹּאכֵֽלוּ

VAYKÁJ JEMÁH VEJALÁB UBÉN-HABAKÁR ASHÉR ÄSÁH VAYTÉN LIFNEIHÉM VEHÚ-ÖMED ÄLEIHÉM TÁJAT HAËTZ VAYOJÉLU

18:9 וַיֹּאמְר֣וּ אֵׄלָׄ֔יׄוׄ אַיֵּ֖ה שָׂרָ֣ה אִשְׁתֶּ֑ךָ וַיֹּ֖אמֶר הִנֵּ֥ה בָאֹֽהֶל

VAYOMRÚ ELÁV AYÉH SARÁH ISHTEJA VAYÓMER HINÉH BAÓHEL

18:10 וַיֹּ֗אמֶר שׁ֣וֹב אָשׁ֤וּב אֵלֶ֙יךָ֙ כָּעֵ֣ת חַיָּ֔ה וְהִנֵּה־בֵ֖ן לְשָׂרָ֣ה אִשְׁתֶּ֑ךָ וְשָׂרָ֥ה שֹׁמַ֛עַת פֶּ֥תַח הָאֹ֖הֶל וְה֥וּא אַחֲרָֽיו

VAYÓMER SHOB ASHÚB ELÉJA KAËT JAYÁH VEHÍNEH-BEN LESARÁH ISHETÉJA VESARÁH SHOMAÄT PÉTAJ HAÓHEL VEHÚ AJARÁV

18:11 וְאַבְרָהָ֤ם וְשָׂרָה֙ זְקֵנִ֔ים בָּאִ֖ים בַּיָּמִ֑ים חָדַל֙ לִהְי֣וֹת לְשָׂרָ֔ה אֹ֖רַח כַּנָּשִֽׁים

VEABRAHÁM VESARÁH ZZEKENÍM BAÍM BAYAMÍM JADÁL LIHIÓT LESARÁH ÓRAJ KANASHÍM

18:12 וַתִּצְחַ֥ק שָׂרָ֖ה בְּקִרְבָּ֣הּ לֵאמֹ֑ר אַחֲרֵ֤י בְלֹתִי֙ הָֽיְתָה־לִּ֣י עֶדְנָ֔ה וַֽאדֹנִ֖י זָקֵֽן

VATITZJÁK SARÁH BEKIRBÁH LEMÓR AJARÉI BELOTÍ HÁIETAH-LI ËDNÁH VADONÍ ZZAKÉN

18:13 Entonces El Eterno dijo a *Abrahám*: ¿Por qué se ha reído *Saráh* dieciendo: ¿Será cierto que he de dar a luz siendo ya vieja?[90]

18:14 ¿Hay para Dios alguna cosa difícil? Al tiempo señalado volveré a ti, y según el tiempo de la vida, *Saráh* tendrá un hijo.

18:15 Entonces *Saráh* negó, diciendo: No me reí; porque tuvo miedo. Y Él dijo: No es así, sino que te has reído.

Abrahám intercede por Sedóm

18:16 Y los varones se levantaron de allí, y miraron hacia Sedóm; y *Abrahám* iba con ellos acompañándolos[91].

18:17 Y El Eterno dijo: ¿Encubriré yo a *Abrahám* lo que voy a hacer,

18:18 habiendo de ser *Abrahám* una nación grande y fuerte, y habiendo de ser benditas en él todas las naciones de la tierra?

18:19 Porque yo sé que mandará a sus hijos y a su casa después de sí, que guarden el camino de El Eterno, haciendo caridad y juicio, para que haga venir El Eterno sobre *Abrahám* lo que ha hablado acerca de él.

18:20 Entonces El Eterno le dijo: Por cuanto el clamor contra Sedóm y Ämoráh se aumenta más y más, y el pecado de ellos se ha agravado en extremo,

18:21 descenderé ahora, y veré si han consumado su obra según el clamor que ha venido hasta mí; y si no, lo sabré[92].

---

[90] **18:13 Siendo ya vieja:** En el versículo anterior *Saráh* dijo "siendo también mi señor ya viejo", expresión que fue cambiada por Dios para evitar causar una riña familiar.

[91] **18:16 Y los varones:** Ver comentario 18:2.

[92] **18:21 Descenderé ahora:** Ver comentario 11:5.

111 / BERESHÍT-בְּרֵאשִׁית

18:13 וַיֹּאמֶר יְהֹוָה אֶל־אַבְרָהָם לָמָּה זֶּה צָחֲקָה שָׂרָה לֵאמֹר הַאַף אֻמְנָם אֵלֵד וַאֲנִי זָקַנְתִּי

VAYÓMER IHVH EL-ABRAHÁM LÁMAH ZZEH TZAJAKÁH SARÁH LEMÓR HAÁF UMENÁM ELÉD VAANÍ ZZAKÁNTI

18:14 הֲיִפָּלֵא מֵיְהֹוָה דָּבָר לַמּוֹעֵד אָשׁוּב אֵלֶיךָ כָּעֵת חַיָּה וּלְשָׂרָה בֵן

HAIPALÉ ME-IHVH DABÁR LAMOËD ASHÚB ELÉIJA KAËT JAYÁH ULESARÁH BEN

18:15 וַתְּכַחֵשׁ שָׂרָה לֵאמֹר לֹא צָחַקְתִּי כִּי יָרֵאָה וַיֹּאמֶר לֹא כִּי צָחָקְתְּ

VATEJAJÉSH SARÁH LEMÓR LO TZAJÁKTI KI IARÉAH VAYÓMER LO KI TZAJÁKET

18:16 וַיָּקֻמוּ מִשָּׁם הָאֲנָשִׁים וַיַּשְׁקִפוּ עַל־פְּנֵי סְדֹם וְאַבְרָהָם הֹלֵךְ עִמָּם לְשַׁלְּחָם

VAYAKÚMU MISHÁM HAANASHÍM VAYASHKÍFU ÄL-PENÉI SEDÓM VEABRAHÁM HOLÉJ ÏMÁM LESHALEJÁM

18:17 וַיהֹוָה אָמָר הַמְכַסֶּה אֲנִי מֵאַבְרָהָם אֲשֶׁר אֲנִי עֹשֶׂה

VA-IHVH AMÁR HAMJASÉH ANÍ MEABRAHÁM ASHÉR ANÍ ÖSEH

18:18 וְאַבְרָהָם הָיוֹ יִהְיֶה לְגוֹי גָּדוֹל וְעָצוּם וְנִבְרְכוּ בוֹ כֹּל גּוֹיֵי הָאָרֶץ

VEABRAHÁM HAIÓ IHIÉH LEGÓI GADÓL VEÄTZÚM VENIBREJÚ BO KOL GOIÉI HAÁRETZ

18:19 כִּי יְדַעְתִּיו לְמַעַן אֲשֶׁר יְצַוֶּה אֶת־בָּנָיו וְאֶת־בֵּיתוֹ אַחֲרָיו וְשָׁמְרוּ דֶּרֶךְ יְהֹוָה לַעֲשׂוֹת צְדָקָה וּמִשְׁפָּט לְמַעַן הָבִיא יְהֹוָה עַל־אַבְרָהָם אֵת אֲשֶׁר־דִּבֶּר עָלָיו

KI IEDÄTIV LEMAÄN ASHÉR IETZAVÉH ET-BANÁV VEÉT-BEITÓ AJARÁV VESHÁMERU DÉREJ IHVH LAÄSÓT TZEDAKÁH UMISHPÁT LEMAÄN HABÍ IHVH ÄL-ABRAHÁM ET ASHÉR-DIBÉR ÄLÁV

18:20 וַיֹּאמֶר יְהֹוָה זַעֲקַת סְדֹם וַעֲמֹרָה כִּי־רָבָּה וְחַטָּאתָם כִּי כָבְדָה מְאֹד

VAYÓMER IHVH ZZAAKÁT SEDÓM VAÄMORÁH KI-RÁBAH VEJATATÁM KI JABEDÁH MEÓD

18:21 אֵרֲדָה־נָּא וְאֶרְאֶה הַכְּצַעֲקָתָהּ הַבָּאָה אֵלַי עָשׂוּ כָּלָה וְאִם־לֹא אֵדָעָה

ERADÁH-NA VEEREÉH HAKETZAÄKATÁH HABÁAH ELÁI ÄSÚ KALÁH VEÍM-LO EDÁÄH

18:22 Y se apartaron de allí los varones, y fueron hacia Sedóm; pero *Abrahám* estaba aún delante de El Eterno[93].

18:23 Y se acercó *Abrahám* y dijo: ¿Destruirás también al justo con el impío?

18:24 Quizá haya cincuenta justos dentro de la ciudad: ¿destruirás también y no perdonarás al lugar por amor a los cincuenta justos que estén dentro de él?

18:25 Lejos de ti el hacer tal, que hagas morir al justo con el impío, y que sea el justo tratado como el impío; nunca tal hagas. El Juez de toda la tierra, ¿no ha de hacer lo que es justo?

18:26 Entonces respondió El Eterno: Si hallare en Sedóm cincuenta justos dentro de la ciudad, perdonaré a todo este lugar por amor a ellos.

18:27 Y *Abrahám* replicó y dijo: He aquí ahora que he comenzado a hablar a mi Señor, aunque soy polvo y ceniza.

18:28 Quizá faltarán de cincuenta justos cinco; ¿destruirás por aquellos cinco toda la ciudad? Y dijo: No la destruiré, si hallare allí cuarenta y cinco.

18:29 Y volvió a hablarle, y dijo: Quizá se hallarán allí cuarenta. Y respondió: No lo haré por amor a los cuarenta.

---

[93] **18:22 Los varones:** Ver comentario 18:2.

בְּרֵאשִׁית / BERESHÍT

18:22 וַיִּפְנ֤וּ מִשָּׁם֙ הָֽאֲנָשִׁ֔ים וַיֵּלְכ֖וּ סְדֹ֑מָה וְאַ֨בְרָהָ֔ם עוֹדֶ֥נּוּ עֹמֵ֖ד לִפְנֵ֥י יְהוָֽה

VAYFNÚ MISHÁM HAANASHÍM VAYELJÚ SEDÓMAH VEABRAHÁM ÖDÉNU ÖMÉD LIFNÉI IHVH

18:23 וַיִּגַּ֥שׁ אַבְרָהָ֖ם וַיֹּאמַ֑ר הַאַ֣ף תִּסְפֶּ֔ה צַדִּ֖יק עִם־רָשָֽׁע

VAYGÁSH ABRAHÁM VAYOMÁR HAÁF TISPÉH TZADÍK ÏM-RASHÄ

18:24 אוּלַ֥י יֵ֛שׁ חֲמִשִּׁ֥ים צַדִּיקִ֖ם בְּת֣וֹךְ הָעִ֑יר הַאַ֤ף תִּסְפֶּה֙ וְלֹא־תִשָּׂ֣א לַמָּק֔וֹם לְמַ֛עַן חֲמִשִּׁ֥ים הַצַּדִּיקִ֖ם אֲשֶׁ֥ר בְּקִרְבָּֽהּ

ULÁI IÉSH JAMISHÍM TZADIKÍM BETÓJ HAÏR HAÁF TISPÉH VELÓ-TISÁ LAMAKÓM LEMÄÄN JAMISHÍM HATZADIKÍM ASHÉR BEKIRBÁH

18:25 חָלִ֨לָה לְּךָ֜ מֵעֲשֹׂ֣ת ׀ כַּדָּבָ֣ר הַזֶּ֗ה לְהָמִ֤ית צַדִּיק֙ עִם־רָשָׁ֔ע וְהָיָ֥ה כַצַּדִּ֖יק כָּרָשָׁ֑ע חָלִ֣לָה לָּ֔ךְ הֲשֹׁפֵט֙ כָּל־הָאָ֔רֶץ לֹ֥א יַעֲשֶׂ֖ה מִשְׁפָּֽט

JALÍLAH LEJÁ MEÄSÓT KADABÁR HAZZÉH LEHAMÍT TZADÍK ÏM-RASHÄ VEHAIÁH JATZADÍK KARASHÄ JALÍLAH LAJ HASHOFÉT KOL-HAÁRETZ LO IAÄSÉH MISHPÁT

18:26 וַיֹּ֣אמֶר יְהוָ֔ה אִם־אֶמְצָ֥א בִסְדֹ֛ם חֲמִשִּׁ֥ים צַדִּיקִ֖ם בְּת֣וֹךְ הָעִ֑יר וְנָשָׂ֥אתִי לְכָל־הַמָּק֖וֹם בַּעֲבוּרָֽם

VAYÓMER IHVH IM-EMTZÁ BISDÓM JAMISHÍM TZADIKÍM BETÓJ HAÏR VENASÁTI LEJÓL-HAMAKÓM BAÄBURÁM

18:27 וַיַּ֥עַן אַבְרָהָ֖ם וַיֹּאמַ֑ר הִנֵּה־נָ֤א הוֹאַ֙לְתִּי֙ לְדַבֵּ֣ר אֶל־אֲדֹנָ֔י וְאָנֹכִ֖י עָפָ֥ר וָאֵֽפֶר

VAYÄÄN ABRAHÁM VAYOMÁR HINÉH-NA HOÁLTI LEDABÉR EL-ADONÁI VEANOJÍ ÄFAR VAÉFER

18:28 אוּלַ֠י יַחְסְר֞וּן חֲמִשִּׁ֤ים הַצַּדִּיקִם֙ חֲמִשָּׁ֔ה הֲתַשְׁחִ֥ית בַּחֲמִשָּׁ֖ה אֶת־כָּל־הָעִ֑יר וַיֹּ֙אמֶר֙ לֹ֣א אַשְׁחִ֔ית אִם־אֶמְצָ֣א שָׁ֔ם אַרְבָּעִ֖ים וַחֲמִשָּֽׁה

ÚLAI IAJESERÚN JAMISHÍM HATZADIKÍM JAMISHÁH HATASHEJÍT BAJAMISHÁH ET-KOL-HAÏR VAYÓMER LO ASHEJÍT IM-EMTZÁ SHAM ARBAÏM VAJAMISHÁH

18:29 וַיֹּ֨סֶף ע֜וֹד לְדַבֵּ֤ר אֵלָיו֙ וַיֹּאמַ֔ר אוּלַ֛י יִמָּצְא֥וּן שָׁ֖ם אַרְבָּעִ֑ים וַיֹּ֙אמֶר֙ לֹ֣א אֶעֱשֶׂ֔ה בַּעֲב֖וּר הָאַרְבָּעִֽים

VAYÓSEF ÖD LEDABÉR ELÁV VAYOMÁR ULÁI IMATZEÚN SHAM ARBAÏM VAYÓMER LO EËSÉH BAÄBÚR HAARBAÏM

18:30 Y dijo: No se enoje ahora mi Señor, si hablare: quizá se hallarán allí treinta. Y respondió: No lo haré si hallare allí treinta.
18:31 Y dijo: He aquí ahora que he emprendido el hablar a mi Señor: quizá se hallarán allí veinte. No la destruiré, respondió, por amor a los veinte.
18:32 Y volvió a decir: No se enoje ahora mi Señor, si hablare solamente una vez: quizá se hallarán allí diez. No la destruiré, respondió, por amor a los diez.
18:33 Y El Eterno se fue, luego que acabó de hablar a *Abrahám*; y *Abrahám* volvió a su lugar[94].

CAPÍTULO 19

Destrucción de Sedóm y Ämoráh

19:1 Llegaron, pues, los dos ángeles a Sedóm a la caída de la tarde; y *Lot* estaba sentado a la puerta de Sedóm. Y viéndolos *Lot*, se levantó a recibirlos, y se inclinó hacia el suelo,
19:2 y dijo: Ahora, mis señores, os ruego que vengáis a casa de vuestro siervo y os hospedéis, y lavaréis vuestros pies; y por la mañana os levantareis, y seguiréis vuestro camino. Y ellos respondieron: No, que en la calle nos quedaremos esta noche.
19:3 Mas él porfió con ellos mucho, y fueron con él, y entraron en su casa; y les hizo banquete, y coció panes sin levadura, y comieron.

---

[94] **18:33 *Abrahám* volvió a su lugar:** *Abrahám* se dio cuenta que no tenía sentido pedir por menos de 10 personas pues en la generación del diluvio habían 9 justos (Dios, *Nóaj* y su familia) y esto no bastó para salvar a dicha generación de la destrucción.

BERESHÍT - בְּרֵאשִׁית

18:30 וַיֹּאמֶר אַל־נָא יִחַר לַאדֹנָי וַאֲדַבֵּרָה אוּלַי יִמָּצְאוּן שָׁם שְׁלֹשִׁים וַיֹּאמֶר לֹא אֶעֱשֶׂה אִם־אֶמְצָא שָׁם שְׁלֹשִׁים

VAYÓMER AL-NA ÍJAR LÁDONAI VAADABÉRAH ULÁI IMATZEÚN SHAM SHELOSHÍM VAYÓMER LO EËSÉH IM-EMTZÁ SHAM SHELOSHÍM

18:31 וַיֹּאמֶר הִנֵּה־נָא הוֹאַלְתִּי לְדַבֵּר אֶל־אֲדֹנָי אוּלַי יִמָּצְאוּן שָׁם עֶשְׂרִים וַיֹּאמֶר לֹא אַשְׁחִית בַּעֲבוּר הָעֶשְׂרִים

VAYÓMER HINÉH-NA HOÁLTI LEDABÉR EL-ADONÁI ULÁI IMATZEÚN SHAM ËSRÍM VAYÓMER LO ASHEJÍT BAÄBÚR HAËSRÍM

18:32 וַיֹּאמֶר אַל־נָא יִחַר לַאדֹנָי וַאֲדַבְּרָה אַךְ־הַפַּעַם אוּלַי יִמָּצְאוּן שָׁם עֲשָׂרָה וַיֹּאמֶר לֹא אַשְׁחִית בַּעֲבוּר הָעֲשָׂרָה

VAYÓMER AL-NA ÍJAR LÁDONAI VAADABERÁH AJ-HAPÁÄM ULÁI IMATZEÚN SHAM ÄSARÁH VAYÓMER LO ASHEJÍT BAÄBÚR HAÄSARÁH

18:33 וַיֵּלֶךְ יְהֹוָה כַּאֲשֶׁר כִּלָּה לְדַבֵּר אֶל־אַבְרָהָם וְאַבְרָהָם שָׁב לִמְקֹמוֹ

VAYÉLEJ IHVH KAASHÉR KILÁH LEDABÉR EL-ABRAHÁM VEABRAHÁM SHAB LIMKOMÓ

פֶּרֶק יט - PÉREK 19

19:1 וַיָּבֹאוּ שְׁנֵי הַמַּלְאָכִים סְדֹמָה בָּעֶרֶב וְלוֹט יֹשֵׁב בְּשַׁעַר־סְדֹם וַיַּרְא־לוֹט וַיָּקָם לִקְרָאתָם וַיִּשְׁתַּחוּ אַפַּיִם אָרְצָה

VAYÁBOU SHENÉI HAMALAJÍM SEDÓMAH BAËREB VELÓT IOSHÉB BESHÁÄR-SEDÓM VAYÁRE-LOT VAYÁKAM LIKRATÁM VAYSHTÁJU APÁIM ÁRTZAH

19:2 וַיֹּאמֶר הִנֶּה נָּא־אֲדֹנַי סוּרוּ נָא אֶל־בֵּית עַבְדְּכֶם וְלִינוּ וְרַחֲצוּ רַגְלֵיכֶם וְהִשְׁכַּמְתֶּם וַהֲלַכְתֶּם לְדַרְכְּכֶם וַיֹּאמְרוּ לֹּא כִּי בָרְחוֹב נָלִין

VAYÖMER HINÉH NA-ADONÁI SÚRU NA EL-BÉIT ÄBDEJÉM VELÍINU VERAJATZÚ RAGLEIJÉM VEHISHKAMTÉM VAHALAJTÉM LEDARKEJÉM VAYOMRÚ LO KI BAREJÓB NALÍN

19:3 וַיִּפְצַר־בָּם מְאֹד וַיָּסֻרוּ אֵלָיו וַיָּבֹאוּ אֶל־בֵּיתוֹ וַיַּעַשׂ לָהֶם מִשְׁתֶּה וּמַצּוֹת אָפָה וַיֹּאכֵלוּ

VAYFTZÁR-BAM MEÓD VAYASÚRU ELÁV VAYABÓU EL-BEITÓ VAYÄÄS LAHÉM MISHTÉH UMATZÓT AFÁH VAYOJÉLU

19:4 Pero antes que se acostasen, rodearon la casa los hombres de la ciudad, los varones de Sedóm, todo el pueblo junto, desde el más joven hasta el más viejo.

19:5 Y llamaron a *Lot*, y le dijeron: ¿Dónde están los varones que vinieron a ti esta noche? Sácalos, para que los conozcamos[95].

19:6 Entonces *Lot* salió a ellos a la puerta, y cerró la puerta tras sí,

19:7 y dijo: Os ruego, hermanos míos, que no hagáis tal maldad.

19:8 He aquí ahora yo tengo dos hijas que no han conocido varón; os las sacaré fuera, y haced de ellas como bien os pareciere; solamente que a estos varones no hagáis nada, pues que vinieron a la sombra de mi tejado.

19:9 Y ellos respondieron: Házte a un lado; y añadieron: Vino este extraño para habitar entre nosotros, ¿y habrá de erigirse en juez? Ahora te haremos más mal que a ellos. Y hacían gran violencia al varón, a *Lot*, y se acercaron para romper la puerta.

19:10 Entonces los varones alargaron la mano, y metieron a *Lot* en casa con ellos, y cerraron la puerta.

19:11 Y a los hombres que estaban a la puerta de la casa hirieron con ceguera desde el menor hasta el mayor, de manera que se fatigaban buscando la puerta.

---

[95] **19:5 Para que los conozcamos:** Querían tener relaciones homosexuales con ellos.

117 / BERESHÍT-בְּרֵאשִׁית

19:4 טֶ֣רֶם יִשְׁכָּ֔בוּ וְאַנְשֵׁ֨י הָעִ֜יר אַנְשֵׁ֤י סְדֹם֙ נָסַ֣בּוּ עַל־הַבַּ֔יִת מִנַּ֖עַר וְעַד־זָקֵ֑ן כָּל־הָעָ֖ם מִקָּצֶֽה

TERÉM ISHKÁBU VEANSHÉI HAÏR ANSHÉI SEDÓM NASÁBU ÄL-HABÁIT MINÁAR VEÄD-ZZAKÉN KOL-HAÄM MIKATZÉH

19:5 וַיִּקְרְא֤וּ אֶל־לוֹט֙ וַיֹּ֣אמְרוּ ל֔וֹ אַיֵּ֧ה הָאֲנָשִׁ֛ים אֲשֶׁר־בָּ֥אוּ אֵלֶ֖יךָ הַלָּ֑יְלָה הוֹצִיאֵ֣ם אֵלֵ֔ינוּ וְנֵדְעָ֖ה אֹתָֽם

VAYKREÚ EL-LOT VAYÓMRU LO AYÉH HAANASHÍM ASHÉR-BÁU ELÉIJA HALÁILAH HOTZIÉM ELÉINU VENEDÄH OTÁM

19:6 וַיֵּצֵ֧א אֲלֵהֶ֛ם ל֖וֹט הַפֶּ֑תְחָה וְהַדֶּ֖לֶת סָגַ֥ר אַחֲרָֽיו

VAYETZÉ ALEHÉM LOT HAPÉTJAH VEHADÉLET SAGÁR AJARÁV

19:7 וַיֹּאמַ֑ר אַל־נָ֥א אַחַ֖י תָּרֵֽעוּ

VAYOMÁR AL-NA AJÁI TARÉÜ

19:8 הִנֵּה־נָ֨א לִ֜י שְׁתֵּ֣י בָנ֗וֹת אֲשֶׁ֤ר לֹֽא־יָדְעוּ֙ אִ֔ישׁ אוֹצִֽיאָה־נָּ֤א אֶתְהֶן֙ אֲלֵיכֶ֔ם וַעֲשׂ֣וּ לָהֶ֔ן כַּטּ֖וֹב בְּעֵינֵיכֶ֑ם רַ֠ק לָֽאֲנָשִׁ֤ים הָאֵל֙ אַל־תַּעֲשׂ֣וּ דָבָ֔ר כִּֽי־עַל־כֵּ֥ן בָּ֖אוּ בְּצֵ֥ל קֹרָתִֽי

HINÉH-NA LI SHETÉI BANÓT ASHÉR LO-IADEÚ ISH OTZIÁH-NA ETHÉN ALEIJÉM VAÄSÚ LAHÉN KATÓB BEËINEIJÉM RAK LAANASHÍM HAÉL AL-TAÄSÚ DABÁR KI-ÄL-KEN BÁU BETZÉL KORATÍ

19:9 וַיֹּאמְר֣וּ ׀ גֶּשׁ־הָ֗לְאָה וַיֹּֽאמְרוּ֙ הָאֶחָ֤ד בָּֽא־לָגוּר֙ וַיִּשְׁפֹּ֣ט שָׁפ֔וֹט עַתָּ֕ה נָרַ֥ע לְךָ֖ מֵהֶ֑ם וַיִּפְצְר֨וּ בָאִ֤ישׁ בְּלוֹט֙ מְאֹ֔ד וַֽיִּגְּשׁ֖וּ לִשְׁבֹּ֥ר הַדָּֽלֶת

VAYOMRÚ GUESH-HÁLEAH VAYOMRU HAEJÁD BA-LAGÚR VAYSHFÓT SHAFÓT ÄTÁH NARÄ LEJÁ MEHÉM VAYFTZERÚ BAÍSH BELÓT MEÓD VAYGUESHÚ LISHBÓR HADÁLET

19:10 וַיִּשְׁלְח֤וּ הָֽאֲנָשִׁים֙ אֶת־יָדָ֔ם וַיָּבִ֧יאוּ אֶת־ל֛וֹט אֲלֵיהֶ֖ם הַבָּ֑יְתָה וְאֶת־הַדֶּ֖לֶת סָגָֽרוּ

VAYSHLEJÚ HAANASHÍM ET-IADÁM VAYABÍU ET-LOT ALEIHÉM HABÁITAH VEÉT-HADÉLET SAGÁRU

19:11 וְֽאֶת־הָאֲנָשִׁ֞ים אֲשֶׁר־פֶּ֣תַח הַבַּ֗יִת הִכּוּ֙ בַּסַּנְוֵרִ֔ים מִקָּטֹ֖ן וְעַד־גָּד֑וֹל וַיִּלְא֖וּ לִמְצֹ֥א הַפָּֽתַח

VEÉT-HAANASHÍM ASHÉR-PÉTAJ HABÁIT HIKÚ BASANVERÍM MIKATÓN VEÄD-GADÓL VAYLÚ LIMTZÓ HAPÁTAJ

19:12 Y dijeron los varones a *Lot*: ¿Tienes aquí alguno más? Yernos, y tus hijos y tus hijas, y todo lo que tienes en la ciudad, sácalo de este lugar;

19:13 porque vamos a destruir este lugar, por cuanto el clamor contra ellos ha subido delante de El Eterno; por tanto, El Eterno nos ha enviado para destruirlo.

19:14 Entonces salió *Lot* y habló a sus yernos, los que habían de tomar sus hijas, y les dijo: Levantaos, salid de este lugar; porque El Eterno va a destruir esta ciudad. Mas pareció a sus yernos como que se burlaba.

19:15 Y al rayar el alba, los ángeles daban prisa a *Lot*, diciendo: Levántate, toma tu mujer, y tus dos hijas que se hallan aquí, para que no perezcas en el castigo de la ciudad.

19:16 Y deteniéndose él, los varones asieron de su mano, y de la mano de su mujer y de las manos de sus dos hijas, según la misericordia de El Eterno para con él; y lo sacaron y lo pusieron fuera de la ciudad.

19:17 Y cuando los hubieron llevado fuera, dijeron: Escapa por tu vida; no mires tras ti, ni pares en toda esta llanura; escapa al monte, no sea que perezcas[96].

19:18 Pero *Lot* les dijo: No, yo os ruego, señores míos.

---

[96] **19:17 No mires tras ti:** No hay que deleitarse observando la desgracia de nuestro prójimo.

119 / BERESHÍT - בְּרֵאשִׁית

וַיֹּאמְר֨וּ הָאֲנָשִׁ֜ים אֶל־ל֗וֹט עֹ֚ד מִי־לְךָ֣ פֹ֔ה חָתָן֙ וּבָנֶ֣יךָ וּבְנֹתֶ֔יךָ וְכֹ֥ל אֲשֶׁר־לְךָ֖ בָּעִ֑יר הוֹצֵ֖א מִן־הַמָּקֽוֹם

19:12

VAYOMRÚ HAANASHÍIM EL-LOT ÖD MI-LEJÁ FOH JATÁN UBANÉIJA UBENOTÉIJA VEJÓL ASHÉR-LEJÁ BAÏR HOTZÉ MIN-HAMAKÓM

כִּֽי־מַשְׁחִתִ֣ים אֲנַ֔חְנוּ אֶת־הַמָּק֖וֹם הַזֶּ֑ה כִּֽי־גָדְלָ֤ה צַעֲקָתָם֙ אֶת־פְּנֵ֣י יְהוָ֔ה וַיְשַׁלְּחֵ֥נוּ יְהוָ֖ה לְשַׁחֲתָֽהּ

19:13

KI-MASHJITÍM ANÁJNU ET-HAMAKÓM HAZZÉH KI-GADELÁH TZAÄKATÁM ET-PENÉI IHVH VAISHALEJÉNU IHVH LESHAJATÁH

וַיֵּצֵ֨א ל֜וֹט וַיְדַבֵּ֣ר ׀ אֶל־חֲתָנָ֣יו ׀ לֹקְחֵ֣י בְנֹתָ֗יו וַיֹּ֙אמֶר֙ ק֤וּמוּ צְּאוּ֙ מִן־הַמָּק֣וֹם הַזֶּ֔ה כִּֽי־מַשְׁחִ֥ית יְהוָ֖ה אֶת־הָעִ֑יר וַיְהִ֥י כִמְצַחֵ֖ק בְּעֵינֵ֥י חֲתָנָֽיו

19:14

VAYETZÉ LOT VAIDABÉR EL-JATANÁV LOKEJÉI BENOTÁV VAYÓMER KÚMU TZEÚ MIN-HAMAKÓM HAZZÉH KI-MASHJÍT IHVH ET-HAÏR VAIHÍ JIMTZAJÉK BEËINÉI JATANÁV

וּכְמוֹ֙ הַשַּׁ֣חַר עָלָ֔ה וַיָּאִ֥יצוּ הַמַּלְאָכִ֖ים בְּל֣וֹט לֵאמֹ֑ר קוּם֩ קַ֨ח אֶֽת־אִשְׁתְּךָ֜ וְאֶת־שְׁתֵּ֤י בְנֹתֶ֙יךָ֙ הַנִּמְצָאֹ֔ת פֶּן־תִּסָּפֶ֖ה בַּעֲוֺ֥ן הָעִֽיר

19:15

UJEMÓ HASHÁJAR ÄLÁH VAYAÍTZU HAMALAJÍM BELÓT LEMÓR KUM KAJ ET-ISHTEJÁ VEËT-SHETÉI BENOTÉIJA HANIMTZAÓT PEN-TISAFÉH BAÄVÓN HAÏR

וַֽיִּתְמַהְמָ֓הּ ׀ וַיַּחֲזִ֨קוּ הָאֲנָשִׁ֜ים בְּיָד֣וֹ וּבְיַד־אִשְׁתּ֗וֹ וּבְיַד֙ שְׁתֵּ֣י בְנֹתָ֔יו בְּחֶמְלַ֥ת יְהוָ֖ה עָלָ֑יו וַיֹּצִאֻ֥הוּ וַיַּנִּחֻ֖הוּ מִח֥וּץ לָעִֽיר

19:16

VAYTMAHMÁH VAYAJAZZÍKU HAANASHÍM BEIADÓ UBEIÁD-ISHTÓ UBEIÁD SHETÉI BENOTÁV BEJEMLÁT IHVH ÄLÁV VAYOTZIÚHU VAYANIJÚHU MIJÚTZ LAÏR

וַיְהִי֩ כְהוֹצִיאָ֨ם אֹתָ֜ם הַח֗וּצָה וַיֹּ֙אמֶר֙ הִמָּלֵ֣ט עַל־נַפְשֶׁ֔ךָ אַל־תַּבִּ֣יט אַחֲרֶ֔יךָ וְאַֽל־תַּעֲמֹ֖ד בְּכָל־הַכִּכָּ֑ר הָהָ֥רָה הִמָּלֵ֖ט פֶּן־תִּסָּפֶֽה

19:17

VAIHÍ JEHOTZIÁM OTÁM HAJÚTZAH VAYÓMER HIMALÉT ÄL-NAFSHÉAJ AL-TABÍT AJARÉIJA VEÁL-TAÄMÓD BEJÓL-HAKIKÁR HAHÁRAH HIMALÉT PEN-TISAFÉH

וַיֹּ֥אמֶר ל֖וֹט אֲלֵהֶ֑ם אַל־נָ֖א אֲדֹנָֽי

19:18

VAYÓMER LOT ALEHÉM AL-NA ADONÁI

19:19 He aquí ahora ha hallado vuestro siervo gracia en vuestros ojos, y habéis engrandecido vuestra misericordia que habéis hecho conmigo dándome la vida; mas yo no podré escapar al monte, no sea que me alcance el mal, y muera.

19:20 He aquí ahora esta ciudad está cerca para huir allá, la cual es pequeña; dejadme escapar ahora allá ¿no es ella pequeña?, y salvaré mi vida.

19:21 Y le respondió: He aquí he recibido también tu súplica sobre esto, y no destruiré la ciudad de que has hablado.

19:22 Date prisa, escápate allá; porque nada podré hacer hasta que hayas llegado allí. Por eso fue llamado el nombre de la ciudad, Tzóär.

19:23 El sol salía sobre la tierra, cuando *Lot* llegó a Tzóär.

19:24 Entonces El Eterno hizo llover sobre Sedóm y sobre Ämoráh azufre y fuego de parte de El Eterno desde los cielos;

19:25 y destruyó las ciudades, y toda aquella llanura, con todos los moradores de aquellas ciudades, y el fruto de la tierra.

19:26 Entonces la mujer de *Lot* miró atrás, a espaldas de él, y se volvió estatua de sal.

121 / BERESHÍT-בְּרֵאשִׁית

19:19 הִנֵּה־נָא מָצָא עַבְדְּךָ חֵן בְּעֵינֶיךָ וַתַּגְדֵּל חַסְדְּךָ אֲשֶׁר עָשִׂיתָ עִמָּדִי לְהַחֲיוֹת אֶת־נַפְשִׁי וְאָנֹכִי לֹא אוּכַל לְהִמָּלֵט הָהָרָה פֶּן־תִּדְבָּקַנִי הָרָעָה וָמַתִּי

HINÉH-NA MATZÁ ÄBDEJÁ JEN BEËINÉIJA VATAGDÉL JASDEJÁ ASHÉR ÄSÍTA ÏMADÍ LEHAJAÍOT ET-NAFSHÍ VEANOJÍ LO UJÁL LEHIMALÉT HAHÁRAH PEN-TIDBAKÁNI HARAÄH VAMÁTI

19:20 הִנֵּה־נָא הָעִיר הַזֹּאת קְרֹבָה לָנוּס שָׁמָּה וְהִיא מִצְעָר אִמָּלְטָה נָּא שָׁמָּה הֲלֹא מִצְעָר הִוא וּתְחִי נַפְשִׁי

HINÉH-NA HAÏR HAZZÓT KEROBÁH LANÚS SHÁMAH VEHÍ MITZÄR IMALETÁH NA SHÁMAH HALÓ MITZÄR HI UTEJÍ NAFSHÍ

19:21 וַיֹּאמֶר אֵלָיו הִנֵּה נָשָׂאתִי פָנֶיךָ גַּם לַדָּבָר הַזֶּה לְבִלְתִּי הָפְכִּי אֶת־הָעִיר אֲשֶׁר דִּבַּרְתָּ

VAYÓMER ELÁV HINÉH NASÁTI FANÉIJA GAM LADABÁR HAZZÉH LEBILTÍ HAFEKÍ ET-HAÏR ASHÉR DIBÁRTA

19:22 מַהֵר הִמָּלֵט שָׁמָּה כִּי לֹא אוּכַל לַעֲשׂוֹת דָּבָר עַד־בֹּאֲךָ שָׁמָּה עַל־כֵּן קָרָא שֵׁם־הָעִיר צוֹעַר

MAHÉR HIMALÉT SHÁMAH KI LO UJÁL LAÄSÓT DABÁR ÄD-BOAJÁ SHÁMAH ÄL-KEN KARÁ SHEM-HAÏR TZOÄR

19:23 הַשֶּׁמֶשׁ יָצָא עַל־הָאָרֶץ וְלוֹט בָּא צֹעֲרָה

HASHÉMESH IATZÁ ÄL-HAÁRETZ VELÓT BA TZOÄRAH

19:24 וַיהוָה הִמְטִיר עַל־סְדֹם וְעַל־עֲמֹרָה גָּפְרִית וָאֵשׁ מֵאֵת יְהוָה מִן־הַשָּׁמָיִם

VA-IHVH HIMTÍR ÄL-SEDÓM VEÄL-ÄMORÁH GAFERÍT VAÉSH MEÉT IHVH MIN-HASHAMÁIM

19:25 וַיַּהֲפֹךְ אֶת־הֶעָרִים הָאֵל וְאֵת כָּל־הַכִּכָּר וְאֵת כָּל־יֹשְׁבֵי הֶעָרִים וְצֶמַח הָאֲדָמָה

VÁYAHAFOJ ET-HEÄRÍM HAÉL VEÉT KOL-HAKIKÁR VEÉT KOL-IOSHEBÉI HEÄRÍM VETZÉMAJ HAADAMÁH

19:26 וַתַּבֵּט אִשְׁתּוֹ מֵאַחֲרָיו וַתְּהִי נְצִיב מֶלַח

VATABÉT ISHTÓ MEAJARÁV VATEHÍ NETZÍB MÉLAJ

19:27 Y subió *Abrahám* por la mañana al lugar donde había estado delante de El Eterno.

19:28 Y miró hacia Sedóm y Ämoráh, y hacia toda la tierra de aquella llanura miró; y he aquí que el humo subía de la tierra como el humo de un horno.

19:29 Así, cuando destruyó Dios las ciudades de la llanura, Dios se acordó de *Abrahám*, y envió fuera a *Lot* de en medio de la destrucción, al asolar las ciudades donde *Lot* estaba.

19:30 Pero *Lot* subió de Tzóär y moró en el monte, y sus dos hijas con él; porque tuvo miedo de quedarse en Tzóär, y habitó en una cueva él y sus dos hijas.

19:31 Entonces la mayor dijo a la menor: Nuestro padre es viejo, y no queda varón en la tierra que venga a nosotras conforme a la costumbre de toda la tierra.

19:32 Ven, demos a beber vino a nuestro padre, y durmamos con él, y conservaremos de nuestro padre descendencia[97].

19:33 Y dieron a beber vino a su padre aquella noche, y entró la mayor, y durmió con su padre; mas él no sintió cuándo se acostó ella, ni cuándo se levantó.

19:34 El día siguiente, dijo la mayor a la menor: He aquí, yo dormí la noche pasada con mi padre; démosle a beber vino también esta noche, y entra y duerme con él, para que conservemos de nuestro padre descendencia.

---

[97] **19:32 Demos a beber vino:** Las hijas de *Lot* creían que una situación similar al diluvio había sucedido, siendo ellos los únicos sobrevivientes de esta destrucción. Dado que *Lot* era viejo y podría morir, la única manera de mantener la especie humana era quedar embarazadas de su padre.

123 / BERESHÍT- בְּרֵאשִׁית

19:27 וַיַּשְׁכֵּ֤ם אַבְרָהָם֙ בַּבֹּ֔קֶר אֶ֨ל־הַמָּק֔וֹם אֲשֶׁר־עָ֥מַד שָׁ֖ם אֶת־פְּנֵ֥י יְהוָֽה
VAYASHKÉM ABRAHÁM BABÓKER EL-HAMAKÓM ASHÉR-ÄMAD SHAM ET-PENÉI IHVH

19:28 וַיַּשְׁקֵ֗ף עַל־פְּנֵ֤י סְדֹם֙ וַעֲמֹרָ֔ה וְעַ֥ל־כָּל־פְּנֵ֖י אֶ֣רֶץ הַכִּכָּ֑ר וַיַּ֗רְא וְהִנֵּ֤ה עָלָה֙ קִיטֹ֣ר הָאָ֔רֶץ כְּקִיטֹ֖ר הַכִּבְשָֽׁן
VAYASHKÉF ÄL-PENÉI SEDÓM VAÄMORÁH VEÄL-KOL-PENÉI ÉRETZ HAKIKÁR VAYÁR VEHINÉH ÄLAH KITÓR HAÁRETZ KEKITÓR HAKIBSHÁN

19:29 וַיְהִ֗י בְּשַׁחֵ֤ת אֱלֹהִים֙ אֶת־עָרֵ֣י הַכִּכָּ֔ר וַיִּזְכֹּ֥ר אֱלֹהִ֖ים אֶת־אַבְרָהָ֑ם וַיְשַׁלַּ֤ח אֶת־לוֹט֙ מִתּ֣וֹךְ הַהֲפֵכָ֔ה בַּהֲפֹךְ֙ אֶת־הֶ֣עָרִ֔ים אֲשֶׁר־יָשַׁ֥ב בָּהֵ֖ן לֽוֹט
VAIHÍ BESHAJÉT ELOHÍM ET-ÄRÉI HAKIKÁR VAYZZKÓR ELOHÍM ET-ABRAHÁM VAISHALÁJ ET-LOT MITÓJ HAHAFEJÁH BAHAFÓJ ET-HEÄRÍM ASHÉR-IASHÁB BAHÉN LOT

19:30 וַיַּ֩עַל֩ ל֨וֹט מִצּ֜וֹעַר וַיֵּ֣שֶׁב בָּהָ֗ר וּשְׁתֵּ֤י בְנֹתָיו֙ עִמּ֔וֹ כִּ֥י יָרֵ֖א לָשֶׁ֣בֶת בְּצ֑וֹעַר וַיֵּ֨שֶׁב֙ בַּמְּעָרָ֔ה ה֖וּא וּשְׁתֵּ֥י בְנֹתָֽיו
VAYAÄL LOT MITZÓÄR VAYÉSHEB BAHÁR USHETÉI BENOTÁV ÏMÓ KI IARÉ LASHÉBET BETZÓÄR VAYÉSHEB BAMEÄRÁH HU USHETÉI BENOTÁV

19:31 וַתֹּ֧אמֶר הַבְּכִירָ֛ה אֶל־הַצְּעִירָ֖ה אָבִ֣ינוּ זָקֵ֑ן וְאִ֨ישׁ אֵ֤ין בָּאָ֙רֶץ֙ לָב֣וֹא עָלֵ֔ינוּ כְּדֶ֖רֶךְ כָּל־הָאָֽרֶץ
VATÓMER HABEJIRÁH EL-HATZEÏRÁH ABÍNU ZZAKÉN VEÍSH ÉIN BAÁRETZ LABÓ ÄLÉINU KEDÉREJ KOL-HAÁRETZ

19:32 לְכָ֨ה נַשְׁקֶ֧ה אֶת־אָבִ֛ינוּ יַ֖יִן וְנִשְׁכְּבָ֣ה עִמּ֑וֹ וּנְחַיֶּ֥ה מֵאָבִ֖ינוּ זָֽרַע
LEJÁH NASHKÉH ET-ABÍNU IAIN VENISHKEBÁH ÏMÓ UNEJAIÉH MEABÍNU ZZÁRÄ

19:33 וַתַּשְׁקֶ֧יןָ אֶת־אֲבִיהֶ֛ן יַ֖יִן בַּלַּ֣יְלָה ה֑וּא וַתָּבֹ֤א הַבְּכִירָה֙ וַתִּשְׁכַּ֣ב אֶת־אָבִ֔יהָ וְלֹֽא־יָדַ֥ע בְּשִׁכְבָ֖הּ וּבְקוּמָֽהּ
VATASHKÉINO ET-ABIHÉN IAIN BALÁILAH HU VATABÓ HABEJIRÁH VATISHKÁB ET-ABÍHA VELÓ-IADÄ BESHIJEEBÁH UBEKUMÁH

19:34 וַֽיְהִי֙ מִֽמָּחֳרָ֔ת וַתֹּ֤אמֶר הַבְּכִירָה֙ אֶל־הַצְּעִירָ֔ה הֵן־שָׁכַ֥בְתִּי אֶ֖מֶשׁ אֶת־אָבִ֑י נַשְׁקֶ֨נּוּ יַ֜יִן גַּם־הַלַּ֗יְלָה וּבֹ֙אִי֙ שִׁכְבִ֣י עִמּ֔וֹ וּנְחַיֶּ֥ה מֵאָבִ֖ינוּ זָֽרַע
VAIHÍ MIMAJORÁT VATÓMER HABEJIRÁH EL-HATZEÏRÁH HEN-SHAJÁBTI ÉMESH ET-ABÍ NASHKÉNU IAIN GAM-HALÁILAH UBÓI SHIJEBÍ ÏMÓ UNEJAYÉH MEABÍNU ZZÁRÄ

19:35 Y dieron a beber vino a su padre también aquella noche, y se levantó la menor, y durmió con él; pero él no echó de ver cuándo se acostó ella, ni cuándo se levantó.
19:36 Y las dos hijas de *Lot* concibieron de su padre.
19:37 Y dio a luz la mayor un hijo, y llamó su nombre *Moáb*, el cual es padre de los moabím hasta hoy[98].
19:38 La menor también dio a luz un hijo, y llamó su nombre Ben- ammi, el cual es padre de los amoním hasta hoy[99].

CAPÍTULO 20

Abrahám y Abimélej

20:1 De allí partió *Abrahám* a la tierra del sur, y acampó entre Kadésh y Shur, y habitó como forastero en Guerár.
20:2 Y dijo *Abrahám* de *Saráh* su mujer: Es mi hermana. Y *Abimélej* rey de Guerár envió y tomó a *Saráh*[100].
20:3 Pero Dios vino a *Abimélej* en sueños de noche, y le dijo: He aquí, muerto eres, a causa de la mujer que has tomado, la cual es casada con marido.
20:4 Mas *Abimélej* no se había llegado a ella, y dijo: Señor, ¿matarás también al inocente?

---

[98] **19:37 *Moáb*:** De esta nación surgiría Rut, quien fuera la ancestra del rey David.
[99] **19:38 Amoním:** De esta nación surgiría *Naämáh* quien se casaría con *Shlomó Hamélej* (Rey Salomón) y sería la madre del rey *Rejabäm* - Roboam .
[100] **20:2 Es mi hermana:** Ver comentario 12:13.

19:35 וַתַּשְׁקֶ֜יןָ גַּ֣ם בַּלַּ֧יְלָה הַה֛וּא אֶת־אֲבִיהֶ֖ן יָ֑יִן וַתָּ֤קָם הַצְּעִירָה֙ וַתִּשְׁכַּ֣ב עִמּ֔וֹ וְלֹֽא־יָדַ֥ע בְּשִׁכְבָ֖הּ וּבְקֻמָֽהּ

VATASHEKÉINA GAM BALÁILAH HAHÚ ET-ABIHÉN IÁIN VATÁKAM HATZEÏRÁH ATISHKÁB ÏMÓ VELÓ-IADÄ BESHIJBÁH UBEKUMÁH

19:36 וַֽתַּהֲרֶ֛יןָ שְׁתֵּ֥י בְנֽוֹת־ל֖וֹט מֵאֲבִיהֶֽן

VATAHARÉINA SHETÉI BENÓT-LOT MEABIHÉN

19:37 וַתֵּ֤לֶד הַבְּכִירָה֙ בֵּ֔ן וַתִּקְרָ֥א שְׁמ֖וֹ מוֹאָ֑ב ה֥וּא אֲבִֽי־מוֹאָ֖ב עַד־הַיּֽוֹם

VATÉLED HABEJIRÁH BEN VATIKRÁ SHEMÓ MOÁB HU ABÍ-MOÁB ÄD-HAYÓM

19:38 וְהַצְּעִירָ֤ה גַם־הִוא֙ יָ֣לְדָה בֵּ֔ן וַתִּקְרָ֥א שְׁמ֖וֹ בֶּן־עַמִּ֑י ה֛וּא אֲבִ֥י בְנֵֽי־עַמּ֖וֹן עַד־הַיּֽוֹם

VEHATZEÏRÁH GAM-HI IÁLEDAH BEN VATIKRÁ SHEMÓ BEN-ÄMI HU ABÍ BENÉI-ÄMON ÄD-HAYÓM

פֶּרֶק כ - PÉREK 20

20:1 וַיִּסַּ֨ע מִשָּׁ֤ם אַבְרָהָם֙ אַ֣רְצָה הַנֶּ֔גֶב וַיֵּ֥שֶׁב בֵּין־קָדֵ֖שׁ וּבֵ֣ין שׁ֑וּר וַיָּ֖גָר בִּגְרָֽר

VAYSÄ MISHÁM ABRAHÁM ÁRTZAH HANÉGUEB VAYÉSHEB BÉIN-KADÉSH UBÉIN SHUR VAYÁGAR BIGRÁR

20:2 וַיֹּ֧אמֶר אַבְרָהָ֛ם אֶל־שָׂרָ֥ה אִשְׁתּ֖וֹ אֲחֹ֣תִי הִ֑וא וַיִּשְׁלַ֗ח אֲבִימֶ֙לֶךְ֙ מֶ֣לֶךְ גְּרָ֔ר וַיִּקַּ֖ח אֶת־שָׂרָֽה

VAYÓMER ABRAHÁM EL-SARÁH ISHTÓ AJÓTI HI VAYSHLÁJ ABIMÉLEJ MÉLEJ GUERÁR VAYKÁJ ET-SARÁH

20:3 וַיָּבֹ֧א אֱלֹהִ֛ים אֶל־אֲבִימֶ֖לֶךְ בַּחֲל֣וֹם הַלָּ֑יְלָה וַיֹּ֣אמֶר ל֗וֹ הִנְּךָ֥ מֵת֙ עַל־הָאִשָּׁ֣ה אֲשֶׁר־לָקַ֔חְתָּ וְהִ֖וא בְּעֻ֥לַת בָּֽעַל

VAYABÓ ELOHÍM EL-ABIMÉLEJ BAJALÓM HALÁILAH VAYÓMER LO HINEJÁ MET ÄL-HAISHÁH ASHÉR-LAKÁJTA VEHÍ BEÜLAT BÁAL

20:4 וַאֲבִימֶ֕לֶךְ לֹ֥א קָרַ֖ב אֵלֶ֑יהָ וַיֹּאמַ֕ר אֲדֹנָ֕י הֲג֥וֹי גַּם־צַדִּ֖יק תַּהֲרֹֽג

VAABIMÉLEJ LO KARÁB ELÉIHA VAYOMÁR ADONÁI HAGÓI GAM-TZADÍK TAHARÓG

20:5 ¿No me dijo él: Mi hermana es; y ella también dijo: Es mi hermano? con sencillez de mi corazón y con limpieza de mis manos he hecho esto[101].

20:6 Y le dijo Dios en sueños: Yo también sé que con integridad de tu corazón has hecho esto; y yo también te detuve de pecar contra mí, y así no te permití que la tocases[102].

20:7 Ahora, pues, devuelve la mujer a su marido; porque es profeta, y orará por ti, y vivirás. Y si no la devolvieres, sabe que de cierto morirás tú, y todos los tuyos[103].

20:8 Entonces *Abimélej* se levantó de mañana y llamó a todos sus siervos, y dijo todas estas palabras en los oídos de ellos; y temieron los hombres en gran manera.

20:9 Después llamó *Abimélej* a *Abrahám*, y le dijo: ¿Qué nos has hecho? ¿En qué pequé yo contra ti, que has atraído sobre mí y sobre mi reino tan grande pecado? Lo que no debiste hacer has hecho conmigo.

20:10 Dijo también *Abimélej* a *Abrahám*: ¿Qué pensabas, para que hicieses esto?

20:11 Y *Abrahám* respondió: Porque dije para mí: Ciertamente no hay temor de Dios en este lugar, y me matarán por causa de mi mujer[104].

20:12 Y a la verdad también es mi hermana, hija de mi padre, mas no hija de mi madre, y la tomé por mujer[105].

---

[101] **20:5 Con limpieza de mis manos:** "Estoy limpio de pecado pues ni siquiera la toque".

[102] **20:6 No permití que la tocases:** "No te di la fuerza para que la tocaras", aunque *Abimélej* quería tener relaciones con ella no pudo hacerlo, pues Dios se lo impidió.

[103] **20:7 Es profeta:** Dado que *Abrahám* es profeta, sabe perfectamente que no la tocaste y orará por ti.

[104] **20:11 No hay temor de Dios:** En un lugar donde no existe temor a Dios pueden ocurrir todo tipo de transgresiones. Por esto *Abrahám* temía que tomasen a su esposa y lo mataran a él.

[105] **20:12 Hija de mi padre:** Es decir, hija de *Téraj*. Ver comentario 12:13.

127 / BERESHÍT - בְּרֵאשִׁית

20:5 הֲלֹא הוּא אָמַר־לִי אֲחֹתִי הִוא וְהִיא־גַם־הִוא אָמְרָה אָחִי הוּא בְּתָם־לְבָבִי וּבְנִקְיֹן כַּפַּי עָשִׂיתִי זֹאת

HALÓ HU ÁMAR-LI AJÓTI HI VEHÍ-GAM-HI AMERÁH AJÍ HU BETÁM-LEBABÍ UBENIKIÓN KAPÁI ÄSÍTI ZZOT

20:6 וַיֹּאמֶר אֵלָיו הָאֱלֹהִים בַּחֲלֹם גַּם אָנֹכִי יָדַעְתִּי כִּי בְתָם־לְבָבְךָ עָשִׂיתָ זֹּאת וָאֶחְשֹׂךְ גַּם־אָנֹכִי אוֹתְךָ מֵחֲטוֹ־לִי עַל־כֵּן לֹא־נְתַתִּיךָ לִנְגֹּעַ אֵלֶיהָ

VAYÓMER ELÁV HAELOHÍM BAJALÓM GAM ANOJÍ IADÁTI KI BETÁM-LEBABEJÁ ÄSÍTA ZZOT VAEJSÓJ GAM-ANOJÍ OTEJÁ MEJATÓ-LI ÄL-KEN LO-NETATÍJA LINGÖÄ ELEIHÁ

20:7 וְעַתָּה הָשֵׁב אֵשֶׁת־הָאִישׁ כִּי־נָבִיא הוּא וְיִתְפַּלֵּל בַּעַדְךָ וֶחְיֵה וְאִם־אֵינְךָ מֵשִׁיב דַּע כִּי־מוֹת תָּמוּת אַתָּה וְכָל־אֲשֶׁר־לָךְ

VEÄTÁH HASHÉB ÉSHET-HAÍSH KI-NABÍ HU VEITPALÉL BÄÄDEJÁ VEJEIÉH VEÍM-EINJÁ MESHÍB DÄ KI-MOT TAMÚT ATÁH VEJÓL-ASHÉR-LAJ

20:8 וַיַּשְׁכֵּם אֲבִימֶלֶךְ בַּבֹּקֶר וַיִּקְרָא לְכָל־עֲבָדָיו וַיְדַבֵּר אֶת־כָּל־הַדְּבָרִים הָאֵלֶּה בְּאָזְנֵיהֶם וַיִּירְאוּ הָאֲנָשִׁים מְאֹד

VAYASHEKÉM ABIMÉLEJ BABÓKER VAYKRÁ LEJÓL-ÄBADÁV VAIDABÉR ET-KOL-HADEBARÍM HAÉLEH BEAZZNEIHÉM VAYIRÚ HAANASHÍM MEÓD

20:9 וַיִּקְרָא אֲבִימֶלֶךְ לְאַבְרָהָם וַיֹּאמֶר לוֹ מֶה־עָשִׂיתָ לָּנוּ וּמֶה־חָטָאתִי לָךְ כִּי־הֵבֵאתָ עָלַי וְעַל־מַמְלַכְתִּי חֲטָאָה גְדֹלָה מַעֲשִׂים אֲשֶׁר לֹא־יֵעָשׂוּ עָשִׂיתָ עִמָּדִי

VAYKRÁ ABIMÉLEJ LEABRAHÁM VAYÓMER LO MEH-ÄSÍTA LÁNU UMÉH-JATÁTI LAJ KI-HEBÉTA ÄLÁI VEÄL-MAMLAJTÍ JATAÁH GUEDOLÁH MAÄSÍM ASHÉR LO-IEÄSÚ ÄSÍTA ÏMADÍ

20:10 וַיֹּאמֶר אֲבִימֶלֶךְ אֶל־אַבְרָהָם מָה רָאִיתָ כִּי עָשִׂיתָ אֶת־הַדָּבָר הַזֶּה

VAYÓMER ABIMÉLEJ EL-ABRAHÁM MAH RAÍTA KI ÄSÍTA ET-HADABÁR HAZZÉH

20:11 וַיֹּאמֶר אַבְרָהָם כִּי אָמַרְתִּי רַק אֵין־יִרְאַת אֱלֹהִים בַּמָּקוֹם הַזֶּה וַהֲרָגוּנִי עַל־דְּבַר אִשְׁתִּי

VAYÓMER ABRAHÁM KI AMÁRTI RAK ÉIN-IRÁT ELOHÍM BAMAKÓM HAZZÉH VAHARGÚNI ÄL-DEBÁR ISHTÍ

20:12 וְגַם־אָמְנָה אֲחֹתִי בַת־אָבִי הִוא אַךְ לֹא בַת־אִמִּי וַתְּהִי־לִי לְאִשָּׁה

VEGÁM-AMENÁH AJOTÍ BAT-ABÍ HI AJ LO BAT-IMÍ VATEHÍ-LI LEISHÁH

20:13 Y cuando Dios me hizo salir errante de la casa de mi padre, yo le dije: Esta es la merced que tú harás conmigo, que en todos los lugares adonde lleguemos, digas de mí: Mi hermano es.

20:14 Entonces *Abimélej* tomó ovejas y vacas, y siervos y siervas, y se los dio a *Abrahám*, y le devolvió a *Saráh* su mujer.

20:15 Y dijo *Abimélej*: He aquí mi tierra está delante de ti; habita donde bien te parezca.

20:16 Y a *Saráh* dijo: He aquí he dado mil monedas de plata a tu hermano; mira que él te es como un velo para los ojos de todos los que están contigo, y para con todos; así fue vindicada[106].

20:17 Entonces *Abrahám* oró a Dios; y Dios sanó a *Abimélej* y a su mujer, y a sus siervas, y tuvieron hijos.

20:18 Porque El Eterno había cerrado completamente toda matriz de la casa de *Abimélej*, a causa de *Saráh* mujer de *Abrahám*.

CAPÍTULO 21

Nacimiento de *Itzják* (Isaac)

21:1 Visitó El Eterno a *Saráh*, como había dicho, e hizo El Eterno con *Saráh* como había hablado.

---

[106] **20:16 Así fue vindicada:** "Esto lo hice por tu honor. Para que nadie pueda decir "abusó de ella y luego la abandonó".

20:13 וַיְהִ֞י כַּאֲשֶׁ֧ר הִתְע֣וּ אֹתִ֗י אֱלֹהִים֮ מִבֵּ֣ית אָבִי֒ וָאֹמַ֣ר לָ֔הּ זֶ֥ה חַסְדֵּ֖ךְ אֲשֶׁ֣ר תַּעֲשִׂ֣י עִמָּדִ֑י אֶ֣ל כָּל־הַמָּק֞וֹם אֲשֶׁ֤ר נָב֣וֹא שָׁ֔מָּה אִמְרִי־לִ֖י אָחִ֥י הֽוּא

VAIHÍ KAASHÉR HITÜ OTÍ ELOHÍM MIBÉIT ABÍ VAOMÁR LAH ZZEH JASDÉJ ASHÉR TAÄSÍ ÏMADÍ EL KOL-HAMAKÓM ASHÉR NABÓ SHÁMAH IMRÍ-LI AJÍ HU

20:14 וַיִּקַּ֨ח אֲבִימֶ֜לֶךְ צֹ֣אן וּבָקָ֗ר וַעֲבָדִים֙ וּשְׁפָחֹ֔ת וַיִּתֵּ֖ן לְאַבְרָהָ֑ם וַיָּ֣שֶׁב ל֔וֹ אֵ֖ת שָׂרָ֥ה אִשְׁתּֽוֹ

VAYKÁJ ABIMÉLEJ TZON UBAKÁR VAÄBADÍM USHEFAJÓT VAYTÉN LEABRAHÁM VAYÁSHEB LO ET SARÁH ISHTÓ

20:15 וַיֹּ֣אמֶר אֲבִימֶ֔לֶךְ הִנֵּ֥ה אַרְצִ֖י לְפָנֶ֑יךָ בַּטּ֥וֹב בְּעֵינֶ֖יךָ שֵֽׁב

VAYÓMER ABIMÉLEJ HINÉH ARTZÍ LEFANÉIJA BATÓB BEËINÉIJA SHEB

20:16 וּלְשָׂרָ֣ה אָמַ֗ר הִנֵּ֨ה נָתַ֜תִּי אֶ֤לֶף כֶּ֨סֶף֙ לְאָחִ֔יךְ הִנֵּ֤ה הוּא־לָךְ֙ כְּס֣וּת עֵינַ֔יִם לְכֹ֖ל אֲשֶׁ֣ר אִתָּ֑ךְ וְאֵ֥ת כֹּ֖ל וְנֹכָֽחַת

ULESARÁH AMÁR HINÉH NATÁTI ÉLEF KÉSEF LEAJÍJ HINÉH HU-LAJ KESÚT ËINÁIM LEJÓL ASHÉR ITÁJ VEÉT KOL VENOJÁJAT

20:17 וַיִּתְפַּלֵּ֥ל אַבְרָהָ֖ם אֶל־הָאֱלֹהִ֑ים וַיִּרְפָּ֨א אֱלֹהִ֜ים אֶת־אֲבִימֶ֧לֶךְ וְאֶת־אִשְׁתּ֛וֹ וְאַמְהֹתָ֖יו וַיֵּלֵֽדוּ

VAYTPALÉL ABRAHÁM EL-HAELOHÍM VAYRPÁ ELOHÍM ET-ABIMÉLEJ VEÉT-ISHTÓ VEAMHOTÁV VAYELEDÚ

20:18 כִּֽי־עָצֹ֤ר עָצַר֙ יְהוָ֔ה בְּעַ֥ד כָּל־רֶ֖חֶם לְבֵ֣ית אֲבִימֶ֑לֶךְ עַל־דְּבַ֥ר שָׂרָ֖ה אֵ֥שֶׁת אַבְרָהָֽם

KI-ÄTZÓR ÄTZÁR IHVH BEÄD KOL-RÉJEM LEBÉIT ABIMÉLEJ ÄL-DEBÁR SARÁH ÉSHET ABRAHÁM

פֶּרֶק כא - PÉREK 21

21:1 וַֽיהוָ֛ה פָּקַ֥ד אֶת־שָׂרָ֖ה כַּאֲשֶׁ֣ר אָמָ֑ר וַיַּ֧עַשׂ יְהוָ֛ה לְשָׂרָ֖ה כַּאֲשֶׁ֥ר דִּבֵּֽר

VA-IHVH PAKÁD ET-SARÁH KAASHÉR AMÁR VAYÁÄS IHVH LESARÁH KAASHÉR DIBÉR

21:2 Y *Saráh* concibió y dio a *Abrahám* un hijo en su vejez, en el tiempo que Dios le había dicho.
21:3 Y llamó *Abrahám* el nombre de su hijo que le nació, que le dio a luz *Saráh*, *Itzják* (Isaac).
21:4 Y circuncidó *Abrahám* a su hijo *Itzják* (Isaac) de ocho días, como Dios le había mandado.
21:5 Y era *Abrahám* de cien años cuando nació *Itzják* (Isaac) su hijo.
21:6 Entonces dijo *Saráh*: Dios me ha hecho reir, y cualquiera que lo oyere, se reirá conmigo[107].
21:7 Y añadió: ¿Quién dijera a *Abrahám* que *Saráh* habría de dar de mamar a hijos? Pues le he dado un hijo en su vejez.

Hagár e *Ishmaël* (Ismaél) son echados de la casa de *Abrahám*

21:8 Y creció el niño, y fue destetado; e hizo *Abrahám* gran banquete el día que fue destetado *Itzják* (Isaac)[108].
21:9 Y vio *Saráh* que el hijo de *Hagár* la egipcia, el cual ésta le había dado a luz a *Abrahám*, se burlaba[109].
21:10 Por tanto, dijo a *Abrahám*: Echa a esta sierva y a su hijo, porque el hijo de esta sierva no ha de heredar con *Itzják* (Isaac) mi hijo.

---

[107] **21:6 Se reirá conmigo:** Ver comentario 17:19.

[108] **21:8 Un gran banquete:** La palabra "gran" no hace referencia a la fiesta sino a las importantes personas que asistieron a ella, entre los cuales se destacaban *Shem*, *Ëber*, el rey *Abimélej*, y *Og*.

[109] **21:9 Se burlaba:** *Ishmaël* se divertía trayendo ídolos a su casa como había visto que los kenaäním lo hacían

131 / BERESHÍT - בְּרֵאשִׁית

21:2 וַתַּ֨הַר וַתֵּ֜לֶד שָׂרָ֧ה לְאַבְרָהָ֛ם בֵּ֖ן לִזְקֻנָ֑יו לַמּוֹעֵ֕ד אֲשֶׁר־דִּבֶּ֥ר אֹת֖וֹ אֱלֹהִֽים

VATÁHAR VATÉLED SARÁH LEABRAHÁM BEN LIZZKUNÁV LAMOËD ASHÉR-DIBÉR OTÓ ELOHÍM

21:3 וַיִּקְרָ֨א אַבְרָהָ֜ם אֶֽת־שֶׁם־בְּנ֧וֹ הַנּֽוֹלַד־ל֛וֹ אֲשֶׁר־יָלְדָה־לּ֥וֹ שָׂרָ֖ה יִצְחָֽק

VAYKRÁ ABRAHÁM ET-SHEM-BENÓ HANÓLAD-LO ASHÉR-IÁLEDAH-LO SARÁH ITZJÁK

21:4 וַיָּ֤מָל אַבְרָהָם֙ אֶת־יִצְחָ֣ק בְּנ֔וֹ בֶּן־שְׁמֹנַ֖ת יָמִ֑ים כַּאֲשֶׁ֛ר צִוָּ֥ה אֹת֖וֹ אֱלֹהִֽים

VAYÁMAL ABRAHÁM ET-ITZJÁK BENÓ BEN-SHEMONÁT IAMÍM KAASHÉR TZIVÁH OTÓ ELOHÍM

21:5 וְאַבְרָהָ֖ם בֶּן־מְאַ֣ת שָׁנָ֑ה בְּהִוָּ֣לֶד ל֔וֹ אֵ֖ת יִצְחָ֥ק בְּנֽוֹ

VEABRAHÁM BEN-MEÁT SHANÁH BEHIVÁLED LO ET ITZJÁK BENÓ

21:6 וַתֹּ֣אמֶר שָׂרָ֔ה צְחֹ֕ק עָ֥שָׂה לִ֖י אֱלֹהִ֑ים כָּל־הַשֹּׁמֵ֖עַ יִֽצְחַק־לִֽי

VATÓMER SARÁH TZEJÓK ÄSAH LI ELOHÍM KOL-HASHOMEÄ ITZJÁK-LI

21:7 וַתֹּ֗אמֶר מִ֤י מִלֵּל֙ לְאַבְרָהָ֔ם הֵינִ֥יקָה בָנִ֖ים שָׂרָ֑ה כִּֽי־יָלַ֥דְתִּי בֵ֖ן לִזְקֻנָֽיו

VATÓMER MI MILÉL LEABRAHÁM HEINÍKAH BANÍM SARÁH KI-IALÁDTI BEN LIZZKUNÁV

21:8 וַיִּגְדַּ֥ל הַיֶּ֖לֶד וַיִּגָּמַ֑ל וַיַּ֤עַשׂ אַבְרָהָם֙ מִשְׁתֶּ֣ה גָד֔וֹל בְּי֖וֹם הִגָּמֵ֥ל אֶת־יִצְחָֽק

VAYGDÁL HAYÉLED VAYGAMÁL VAYÁÄS ABRAHÁM MISHTÉH GADÓL BEÍOM HIGAMÉL ET-ITZJÁK

21:9 וַתֵּ֨רֶא שָׂרָ֜ה אֶֽת־בֶּן־הָגָ֧ר הַמִּצְרִ֛ית אֲשֶׁר־יָלְדָ֥ה לְאַבְרָהָ֖ם מְצַחֵֽק

VATÉRE SARÁH ET-BEN-HAGÁR HAMITZRÍT ASHÉR-IALEDÁH LEABRAHÁM METZAJÉK

21:10 וַתֹּ֙אמֶר֙ לְאַבְרָהָ֔ם גָּרֵ֛שׁ הָאָמָ֥ה הַזֹּ֖את וְאֶת־בְּנָ֑הּ כִּ֣י לֹ֤א יִירַשׁ֙ בֶּן־הָאָמָ֣ה הַזֹּ֔את עִם־בְּנִ֖י עִם־יִצְחָֽק

VATÓMER LEABRAHÁM GARÉSH HAAMÁH HAZZÓT VEÉT-BENÁH KI LO IIRÁSH BEN-HAAMÁH HAZZÓT ÏM-BENÍ ÏM-ITZJÁK

21:11 Este dicho pareció grave en gran manera a *Abrahám* a causa de su hijo.

21:12 Entonces dijo Dios a *Abrahám*: No te parezca grave a causa del muchacho y de tu sierva; en todo lo que te dijere *Saráh*, oye su voz, porque en *Itzják* (Isaac) te será llamada descendencia[110].

21:13 Y también del hijo de la sierva haré una nación, porque es tu descendiente.

21:14 Entonces *Abrahám* se levantó muy de mañana, y tomó pan, y un vasija de agua, y lo dio a *Hagár*, poniéndolo sobre su hombro, y le entregó el muchacho, y la despidió. Y ella salió y anduvo errante por el desierto de Beér Shébä.

21:15 Y le faltó el agua de la vasija, y echó al muchacho debajo de un arbusto,

21:16 y se fue y se sentó enfrente, a distancia de un tiro de arco; porque decía: No veré cuando el muchacho muera. Y cuando ella se sentó enfrente, el muchacho alzó su voz y lloró.

21:17 Y oyó Dios la voz del muchacho; y el ángel de Dios llamó a *Hagár* desde el cielo, y le dijo: ¿Qué tienes, *Hagár*? No temas; porque Dios ha oído la voz del muchacho en donde está.

21:18 Levántate, alza al muchacho, y sostenlo con tu mano, porque yo haré de él una gran nación.

---

[110] **21:12 Es tu descendiente:** Solo *Itzják* es el descendiente espiritual de *Abrahám*.

133 / BERESHÍT-בְּרֵאשִׁית

21:11 וַיֵּרַע הַדָּבָר מְאֹד בְּעֵינֵי אַבְרָהָם עַל אוֹדֹת בְּנוֹ
VAYÉRÄ HADABÁR MEÓD BEËINÉI ABRAHÁM ÄL ODÓT BENÓ

21:12 וַיֹּאמֶר אֱלֹהִים אֶל־אַבְרָהָם אַל־יֵרַע בְּעֵינֶיךָ עַל־הַנַּעַר וְעַל־אֲמָתֶךָ כֹּל אֲשֶׁר תֹּאמַר אֵלֶיךָ שָׂרָה שְׁמַע בְּקֹלָהּ כִּי בְיִצְחָק יִקָּרֵא לְךָ זָרַע
VAYÓMER ELOHÍM EL-ABRAHÁM AL-IERÄ BEËINÉIJA ÄL-HANAÄR VEÄL-AMATÉJA KOL ASHÉR TOMÁR ELÉIJA SARÁH SHEMÄ BEKOLÁH KI BEITZJÁK IKARÉ LEJÁ ZZÁRÄ

21:13 וְגַם אֶת־בֶּן־הָאָמָה לְגוֹי אֲשִׂימֶנּוּ כִּי זַרְעֲךָ הוּא
VEGÁM ET-BEN-HAAMÁH LEGÓI ASIMÉNU KI ZZARÄJÁ HU

21:14 וַיַּשְׁכֵּם אַבְרָהָם בַּבֹּקֶר וַיִּקַּח־לֶחֶם וְחֵמַת מַיִם וַיִּתֵּן אֶל־הָגָר שָׂם עַל־שִׁכְמָהּ וְאֶת־הַיֶּלֶד וַיְשַׁלְּחֶהָ וַתֵּלֶךְ וַתֵּתַע בְּמִדְבַּר בְּאֵר שָׁבַע
VAYASHKÉM ABRAHÁM BABÓKER VAYKÁJ-LÉJEM VEJÉMAT MÁIM VAYTÉN EL-HAGÁR SAM ÄL-SHIJMÁH VEÉT-HAIÉLED VAISHALEJÉHA VATÉLEJ VATÉTÄ BEMIDBÁR BEÉR SHÁBÄ

21:15 וַיִּכְלוּ הַמַּיִם מִן־הַחֵמֶת וַתַּשְׁלֵךְ אֶת־הַיֶּלֶד תַּחַת אַחַד הַשִּׂיחִם
VAYJLÚ HAMÁIM MIN-HAJÉMET VATASHLÉJ ET-HAIÉLED TÁJAT AJÁD HASIJÍM

21:16 וַתֵּלֶךְ וַתֵּשֶׁב לָהּ מִנֶּגֶד הַרְחֵק כִּמְטַחֲוֵי קֶשֶׁת כִּי אָמְרָה אַל־אֶרְאֶה בְּמוֹת הַיָּלֶד וַתֵּשֶׁב מִנֶּגֶד וַתִּשָּׂא אֶת־קֹלָהּ וַתֵּבְךְּ
VATÉLEJ VATÉSHEB LAH MINÉGUED HARJÉK KIMTAJAVÉI KÉSHET KI AMERÁH AL-EREÉH BEMÓT HAYÁLED VATÉSHEB MINÉGUED VATISÁET-KOLÁH VATBÉJ

21:17 וַיִּשְׁמַע אֱלֹהִים אֶת־קוֹל הַנַּעַר וַיִּקְרָא מַלְאַךְ אֱלֹהִים אֶל־הָגָר מִן־הַשָּׁמַיִם וַיֹּאמֶר לָהּ מַה־לָּךְ הָגָר אַל־תִּירְאִי כִּי־שָׁמַע אֱלֹהִים אֶל־קוֹל הַנַּעַר בַּאֲשֶׁר הוּא־שָׁם
VAYSHMÄ ELOHÍM ET-KOL HANAÄR VAYKRÁ MALÁJ ELOHÍM EL-HAGÁR MIN-HASHAMÁIM VAYÓMER LAH MAH-LAJ HAGÁR AL-TIRÍ KI-SHAMÄ ELOHÍM EL-KOL HANAÄR BAASHÉR HU-SHAM

21:18 קוּמִי שְׂאִי אֶת־הַנַּעַר וְהַחֲזִיקִי אֶת־יָדֵךְ בּוֹ כִּי־לְגוֹי גָּדוֹל אֲשִׂימֶנּוּ
KÚMI SEÍ ET-HANAÄR VEHAJAZZÍKI ET-IADÉJ BO KI-LEGÓI GADÓL ASIMÉNU

21:19 Entonces Dios le abrió los ojos, y vio una fuente de agua; y fue y llenó la vasija de agua, y dio de beber al muchacho[111].
21:20 Y Dios estaba con el muchacho; y creció, y habitó en el desierto, y fue tirador de arco.
21:21 Y habitó en el desierto de Parán; y su madre le tomó mujer de la tierra de Egipto.

Pacto entre *Abrahám* y *Abimélej*

21:22 Aconteció en aquel mismo tiempo que habló *Abimélej*, y *Fijól* príncipe de su ejército, a *Abrahám*, diciendo: Dios está contigo en todo cuanto haces.
21:23 Ahora, pues, júrame aquí por Dios, que no faltarás a mí, ni a mi hijo ni a mi nieto, sino que conforme a la bondad que yo hice contigo, harás tú conmigo, y con la tierra en donde has morado.
21:24 Y respondió *Abrahám*: Yo juraré.
21:25 Y *Abrahám* discutió con *Abimélej* a causa de un pozo de agua, que los siervos de *Abimélej* le habían quitado.
21:26 Y respondió *Abimélej*: No sé quién haya hecho esto, ni tampoco tú me lo hiciste saber, ni yo lo he oído hasta hoy.
21:27 Y tomó *Abrahám* ovejas y vacas, y dio a *Abimélej*; e hicieron ambos pacto.

---

[111] **21:19 Le abrió los ojos:** Muchas veces tanto la salvación como lo que buscamos está ante nuestros ojos y no lo vemos. Dios hace el milagro de abrir nuestros ojos para que las encontremos.

BERESHÍT - בְּרֵאשִׁית

21:19 וַיִּפְקַח אֱלֹהִים אֶת־עֵינֶיהָ וַתֵּרֶא בְּאֵר מָיִם וַתֵּלֶךְ וַתְּמַלֵּא אֶת־הַחֵמֶת מַיִם וַתַּשְׁקְ אֶת־הַנָּעַר

VAYFKÁJ ELOHÍM ET-ËINÉIHA VATÉRE BEÉR MÁIM VATÉLEJ VATEMALÉ ET-HAJÉMET MÁIM VATÁSHKE-HANAÁR

21:20 וַיְהִי אֱלֹהִים אֶת־הַנַּעַר וַיִּגְדָּל וַיֵּשֶׁב בַּמִּדְבָּר וַיְהִי רֹבֶה קַשָּׁת

VAIHÍ ELOHÍM ET-HANAÄR VAYGDÁL VAYÉSHEB BAMIDBÁR VAIHÍ ROBÉH KASHÁT

21:21 וַיֵּשֶׁב בְּמִדְבַּר פָּארָן וַתִּקַּח־לוֹ אִמּוֹ אִשָּׁה מֵאֶרֶץ מִצְרָיִם

VAYÉSHEB BEMIDBÁR PARÁN VATIKÁJ-LO IMÓ ISHÁH MEÉRETZ MITZRÁIM

21:22 וַיְהִי בָּעֵת הַהִוא וַיֹּאמֶר אֲבִימֶלֶךְ וּפִיכֹל שַׂר־צְבָאוֹ אֶל־אַבְרָהָם לֵאמֹר אֱלֹהִים עִמְּךָ בְּכֹל אֲשֶׁר־אַתָּה עֹשֶׂה

VAIHÍ BAËT HAHÍ VAYÓMER ABIMÉLEJ UFIJÓL SAR-TZEBAÓ EL-ABRAHÁM LEMÓR ELOHÍM ÏMEJÁ BEJÓL ASHÉR-ATÁH ÖSEH

21:23 וְעַתָּה הִשָּׁבְעָה לִּי בֵאלֹהִים הֵנָּה אִם־תִּשְׁקֹר לִי וּלְנִינִי וּלְנֶכְדִּי כַּחֶסֶד אֲשֶׁר־עָשִׂיתִי עִמְּךָ תַּעֲשֶׂה עִמָּדִי וְעִם־הָאָרֶץ אֲשֶׁר־גַּרְתָּה בָּהּ

VEÄTÁH HISHÁBEÄH LI BELOHÍM HÉNAH IM-TISHKÓR LI ULENINÍ ULENEJDÍ KAJÉSED ASHÉR-ÄSÍTI ÏMEJA TAÄSÉH ÏMADÍ VEÏM-HAÁRETZ ASHÉR-GÁRTAH BAH

21:24 וַיֹּאמֶר אַבְרָהָם אָנֹכִי אִשָּׁבֵעַ

VAYÓMER ABRAHÁM ANOJÍ ISHABEËA

21:25 וְהוֹכִחַ אַבְרָהָם אֶת־אֲבִימֶלֶךְ עַל־אֹדוֹת בְּאֵר הַמַּיִם אֲשֶׁר גָּזְלוּ עַבְדֵי אֲבִימֶלֶךְ

VEHOJÍAJ ABRAHÁM ET-ABIMÉLEJ ÄL-ODÓT BEÉR HAMÁIM ASHÉR GAZZELÚ ÄBDÉI ABIMÉLEJ

21:26 וַיֹּאמֶר אֲבִימֶלֶךְ לֹא יָדַעְתִּי מִי עָשָׂה אֶת־הַדָּבָר הַזֶּה וְגַם־אַתָּה לֹא־הִגַּדְתָּ לִּי וְגַם אָנֹכִי לֹא שָׁמַעְתִּי בִּלְתִּי הַיּוֹם

VAYÓMER ABIMÉLEJ LO IADÁTI MI ÄSÁH ET-HADABÁR HAZZÉH VEGÁM-ATÁH LO-HIGÁDTA LI VEGÁM ANOJÍ LO SHAMÁTI BILTÍ HAYÓM

21:27 וַיִּקַּח אַבְרָהָם צֹאן וּבָקָר וַיִּתֵּן לַאֲבִימֶלֶךְ וַיִּכְרְתוּ שְׁנֵיהֶם בְּרִית

VAYKÁJ ABRAHÁM TZON UBAKÁR VAYTÉN LAABIMÉLEJ VAYJRETÚ SHENEIHÉM BERÍT

21:28 Entonces puso *Abrahám* siete corderas del rebaño aparte.
21:29 Y dijo *Abimélej* a *Abrahám*: ¿Qué significan esas siete corderas que has puesto aparte?
21:30 Y él respondió: Que estas siete corderas tomarás de mi mano, para que me sirvan de testimonio de que yo cavé este pozo.
21:31 Por esto llamó a aquel lugar Beér Shébä; porque allí juraron ambos[112].
21:32 Así hicieron pacto en Beér Shébä; y se levantó *Abimélej*, y *Fijól* príncipe de su ejército, y volvieron a tierra de los pelishtím.
21:33 Y plantó *Abrahám* un árbol tamarisco en Beér Shébä, e invocó allí el nombre de El Eterno Dios.
21:34 Y moró *Abrahám* en tierra de los pelishtím muchos días.

CAPÍTULO 22

Dios ordena a *Abrahám* que sacrifique a *Itzják* (Isaac)

22:1 Aconteció después de estas cosas, que probó Dios a *Abrahám*, y le dijo: *Abrahám*. Y él respondió: Heme aquí.

---

[112] **21:31 Beér Shébä:** בְּאֵר (BEÉR=pozo) שֶׁבַע (SHÉBÄ=siete), aludiendo a las siete ovejas que le entrego *Abrahám* a *Abimélej*.

137 / BERESHÍT- בְּרֵאשִׁית

21:28 וַיַּצֵּב אַבְרָהָם אֶת־שֶׁבַע כִּבְשֹׂת הַצֹּאן לְבַדְּהֶן
VAYATZÉB ABRAHÁM ET-SHÉBÄ KIBESÓT HATZÓN LEBADEHÉN

21:29 וַיֹּאמֶר אֲבִימֶלֶךְ אֶל־אַבְרָהָם מָה הֵנָּה שֶׁבַע כְּבָשֹׂת הָאֵלֶּה אֲשֶׁר הִצַּבְתָּ לְבַדָּנָה
VAYÓMER ABIMÉLEJ EL-ABRAHÁM MAH HÉNAH SHÉBÄ KEBASÓT HAÉLEH ASHÉR HITZÁBETA LEBADÁNAH

21:30 וַיֹּאמֶר כִּי אֶת־שֶׁבַע כְּבָשֹׂת תִּקַּח מִיָּדִי בַּעֲבוּר תִּהְיֶה־לִּי לְעֵדָה כִּי חָפַרְתִּי אֶת־הַבְּאֵר הַזֹּאת
VAYÓMER KI ET-SHÉBÄ KEBASÓT TIKÁJ MIYADÍ BAÄBUR TIHIÉH-LI LE ËDÁH KI JAFÁRTI ET-HABEÉR HAZZÓT

21:31 עַל־כֵּן קָרָא לַמָּקוֹם הַהוּא בְּאֵר שָׁבַע כִּי שָׁם נִשְׁבְּעוּ שְׁנֵיהֶם
ÄL-KEN KARÁ LAMAKÓM HAHÚ BEÉR SHÁBÄ KI SHAM NISHBEÜ SHENEIHÉM

21:32 וַיִּכְרְתוּ בְרִית בִּבְאֵר שָׁבַע וַיָּקָם אֲבִימֶלֶךְ וּפִיכֹל שַׂר־צְבָאוֹ וַיָּשֻׁבוּ אֶל־אֶרֶץ פְּלִשְׁתִּים
VAYJRETÚ BERÍT BIBEÉR SHÁBÄ VAYÁKAM ABIMÉLEJ UFIJÓL SAR-TZEBAÓ VAYASHÚBU EL-ÉRETZ PELISHTÍM

21:33 וַיִּטַּע אֶשֶׁל בִּבְאֵר שָׁבַע וַיִּקְרָא־שָׁם בְּשֵׁם יְהֹוָה אֵל עוֹלָם
VAYTÄ ÉSHEL BIBEÉR SHÁBÄ VAYKRÁ-SHAM BESHÉM IHVH EL ÖLÁM

21:34 וַיָּגָר אַבְרָהָם בְּאֶרֶץ פְּלִשְׁתִּים יָמִים רַבִּים
VAYÁGAR ABRAHÁM BEÉRETZ PELISHTÍM IAMÍM RABÍM

פֶּרֶק כב - PÉREK 22

22:1 וַיְהִי אַחַר הַדְּבָרִים הָאֵלֶּה וְהָאֱלֹהִים נִסָּה אֶת־אַבְרָהָם וַיֹּאמֶר אֵלָיו אַבְרָהָם וַיֹּאמֶר הִנֵּנִי
VAIHÍ AJÁR HADEBARÍM HAÉLEH VEHAELOHÍM NISÁH ET-ABRAHÁM VAYÓMER ELÁV ABRAHÁM VAYÓMER HINÉNI

22:2 Y dijo: Toma ahora tu hijo, tu único, *Itzják* (Isaac), a quien amas, y vete a tierra de Moriyáh, y ofrécelo allí en holocausto sobre uno de los montes que yo te diré[113].

22:3 Y *Abrahám* se levantó muy de mañana, y ensilla su asno, y tomó consigo dos siervos suyos, y a *Itzják* (Isaac) su hijo; y cortó leña para el holocausto, y se levantó, y fue al lugar que Dios le dijo.

22:4 Al tercer día alzó *Abrahám* sus ojos, y vio el lugar de lejos.

22:5 Entonces dijo *Abrahám* a sus siervos: Esperad aquí con el asno, y yo y el muchacho iremos hasta allí y adoraremos, y volveremos a vosotros[114].

22:6 Y tomó *Abrahám* la leña del holocausto, y la puso sobre *Itzják* (Isaac) su hijo, y él tomó en su mano el fuego y el cuchillo; y fueron ambos juntos.

22:7 Entonces habló *Itzják* (Isaac) a *Abrahám* su padre, y dijo: Padre mío. Y él respondió: Heme aquí, mi hijo. Y él dijo: He aquí el fuego y la leña; mas ¿dónde está el cordero para el holocausto?

22:8 Y respondió *Abrahám*: Dios se proveerá un cordero para el holocausto, hijo mío. E iban juntos[115].

---

[113] **22:2 Ofrécelo allí en holocausto:** Durante toda su vida, *Abrahám* había luchado contra los sacrificios humanos que hacían los idólatras entendiendo que esta no era la voluntad de Dios. Por lo tanto, esta orden contradecía todas sus creencias. Sin embargo, *Abrahám* entendió que lo correcto es cumplir la voluntad de Dios más allá de si logramos entender la razón de sus órdenes.

[114] **22:5 El muchacho:** *Itzják* tenía 37 años. La edad se puede deducir ya que *Itzják* fue concebido cuando *Saráh* tenía 90 años, e inmediatamente después del "sacrificio" ella fallece cuando tenia 127 años.

[115] **22:8 Dios se proveerá un cordero:** *Abrahám* tenía la esperanza de que Dios le proveyera de un cordero para sacrificar en vez de *Itzják*.
E iban juntos: Ambos entendieron lo que debían hacer y fueron "con un solo corazón" a realizar la voluntad de Dios.

22:2 וַיֹּ֡אמֶר קַח־נָ֠א אֶת־בִּנְךָ֨ אֶת־יְחִידְךָ֤ אֲשֶׁר־אָהַ֙בְתָּ֙ אֶת־יִצְחָ֔ק וְלֶךְ־לְךָ֔ אֶל־אֶ֖רֶץ הַמֹּרִיָּ֑ה וְהַעֲלֵ֤הוּ שָׁם֙ לְעֹלָ֔ה עַ֚ל אַחַ֣ד הֶֽהָרִ֔ים אֲשֶׁ֖ר אֹמַ֥ר אֵלֶֽיךָ

VAYÓMER KAJ-NA ET-BINJÁ ET-IEJÍDJA ASHÉR-AHÁBTA ET-ITZJÁK VELÉJ-LEJÁ EL-ÉRETZ HAMORIYÁH VEHAÄLÉHU SHAM LEÖLÁH ÄL AJÁD HEHARÍM ASHÉR OMÁR ELEIJÁ

22:3 וַיַּשְׁכֵּ֨ם אַבְרָהָ֜ם בַּבֹּ֗קֶר וַֽיַּחֲבֹשׁ֙ אֶת־חֲמֹר֔וֹ וַיִּקַּ֞ח אֶת־שְׁנֵ֤י נְעָרָיו֙ אִתּ֔וֹ וְאֵ֖ת יִצְחָ֣ק בְּנ֑וֹ וַיְבַקַּע֙ עֲצֵ֣י עֹלָ֔ה וַיָּ֣קָם וַיֵּ֔לֶךְ אֶל־הַמָּק֖וֹם אֲשֶׁר־אָֽמַר־ל֥וֹ הָאֱלֹהִֽים

VAYASHKÉM ABRAHÁM BABÓKER VÁYAJABOSH ET-JAMORÓ VAYKÁJ ET-SHENÉI NEÄRÁV ITÓ VEÉT ITZJÁK BENÓ VAIBAKÄ ÄTZÉI ÖLÁH VAYÁKAM VAYÉLEJ EL-HAMAKÓM ASHÉR-ÁMAR-LO HAELOHÍM

22:4 בַּיּ֣וֹם הַשְּׁלִישִׁ֗י וַיִּשָּׂ֨א אַבְרָהָ֧ם אֶת־עֵינָ֛יו וַיַּ֥רְא אֶת־הַמָּק֖וֹם מֵרָחֹֽק

BAYÓM HASHELISHÍ VAYSÁ ABRAHÁM ET-ËINÁV VAYÁRET-HAMAKÓM MERAJÓK

22:5 וַיֹּ֨אמֶר אַבְרָהָ֜ם אֶל־נְעָרָ֗יו שְׁבוּ־לָכֶ֥ם פֹּה֙ עִֽם־הַחֲמ֔וֹר וַאֲנִ֣י וְהַנַּ֔עַר נֵלְכָ֖ה עַד־כֹּ֑ה וְנִֽשְׁתַּחֲוֶ֖ה וְנָשׁ֥וּבָה אֲלֵיכֶֽם

VAYÓMER ABRAHÁM EL-NEÄRÁV SHEBÚ-LAJÉM POH ÏM-HAJAMÓR VAANÍ VEHANÁÄR NELJÁH ÄD-KOH NISHTAJAVÉH VENASHÚBAH ALEIJÉM

22:6 וַיִּקַּ֨ח אַבְרָהָ֜ם אֶת־עֲצֵ֣י הָעֹלָ֗ה וַיָּ֙שֶׂם֙ עַל־יִצְחָ֣ק בְּנ֔וֹ וַיִּקַּ֣ח בְּיָד֔וֹ אֶת־הָאֵ֖שׁ וְאֶת־הַֽמַּאֲכֶ֑לֶת וַיֵּלְכ֥וּ שְׁנֵיהֶ֖ם יַחְדָּֽו

VAYKÁJ ABRAHÁM ET-ÄTZÉI HAÖLÁH VAYÁSEM ÄL-ITZJÁK BENÓ VAYKÁJ BEIADÓ ET-HAÉSH VEÉT-HAMAAJÉLET VAYELJÚ SHENEIHÉM IAJDÁV

22:7 וַיֹּ֨אמֶר יִצְחָ֜ק אֶל־אַבְרָהָ֤ם אָבִיו֙ וַיֹּ֣אמֶר אָבִ֔י וַיֹּ֖אמֶר הִנֶּ֣נִּֽי בְנִ֑י וַיֹּ֗אמֶר הִנֵּ֤ה הָאֵשׁ֙ וְהָ֣עֵצִ֔ים וְאַיֵּ֥ה הַשֶּׂ֖ה לְעֹלָֽה

VAYÓMER ITZJÁK EL-ABRAHÁM ABÍV VAYÓMER ABÍ VAYÓMER HINÉNI BENÍ VAYÓMER HINÉH HAÉSH VEHÁËTZÍM VEAYÉH HASÉH LEÖLÁH

22:8 וַיֹּ֙אמֶר֙ אַבְרָהָ֔ם אֱלֹהִ֞ים יִרְאֶה־לּ֥וֹ הַשֶּׂ֛ה לְעֹלָ֖ה בְּנִ֑י וַיֵּלְכ֥וּ שְׁנֵיהֶ֖ם יַחְדָּֽו

VAYÓMER ABRAHÁM ELOHÍM IRÉH-LO HASÉH LEÖLÁH BENÍ VAYELEJÚ SHENEIHÉM IAJDÁV

22:9 Y cuando llegaron al lugar que Dios le había dicho, edificó allí *Abrahám* un altar, y compuso la leña, y ató a *Itzják* (Isaac) su hijo, y lo puso en el altar sobre la leña.

22:10 Y extendió *Abrahám* su mano y tomó el cuchillo para degollar a su hijo.

22:11 Entonces el ángel de El Eterno le dio voces desde el cielo, y dijo: *Abrahám*, *Abrahám*. Y él respondió: Heme aquí.

22:12 Y dijo: No extiendas tu mano sobre el muchacho, ni le hagas nada; porque ya conozco que temes a Dios, por cuanto no me rehusaste tu hijo, tu único[116].

22:13 Entonces alzó *Abrahám* sus ojos y miró, y he aquí a sus espaldas un carnero trabado en un zarzal por sus cuernos; y fue *Abrahám* y tomó el carnero, y lo ofreció en holocausto en lugar de su hijo.

22:14 Y llamó *Abrahám* el nombre de aquel lugar, El Eterno verá. Por tanto se dice hoy: En el monte de El Eterno será visto[117].

22:15 Y llamó el ángel de El Eterno a *Abrahám* por segunda vez desde el cielo,

22:16 y dijo: Por mí mismo he jurado, dice El Eterno, que por cuanto has hecho esto, y no me has rehusado tu hijo, tu único hijo;

---

[116] **22:12 Tu único:** Ver comentario 21:12.

[117] **22:14 En el monte:** Se refiere al monte donde posteriormente sería construido el Sagrado Templo de Jerusalem. Ver Anexos mapa.

141 / BERESHÍT-בְּרֵאשִׁית

22:9 וַיָּבֹאוּ אֶל־הַמָּקוֹם אֲשֶׁר אָמַר־לוֹ הָאֱלֹהִים וַיִּבֶן שָׁם אַבְרָהָם אֶת־הַמִּזְבֵּחַ וַיַּעֲרֹךְ אֶת־הָעֵצִים וַיַּעֲקֹד אֶת־יִצְחָק בְּנוֹ וַיָּשֶׂם אֹתוֹ עַל־הַמִּזְבֵּחַ מִמַּעַל לָעֵצִים

VAYABÓU EL-HAMAKÓM ASHÉR ÁMAR-LO HAELOHÍM VAYBÉN SHAM ABRAHÁM ET-HAMIZZBÉAJ VAYAÄRÓJ ET-HAËTZÍM VÁYAÄKOD ET-ITZJÁK BENÓ VAYÁSEM OTÓ ÄL-HAMIZZBÉAJ MIMÁÄL LAËTZÍM

22:10 וַיִּשְׁלַח אַבְרָהָם אֶת־יָדוֹ וַיִּקַּח אֶת־הַמַּאֲכֶלֶת לִשְׁחֹט אֶת־בְּנוֹ

VAYSHELÁJ ABRAHÁM ET-IADÓ VAYKÁJ ET-HAMAAJÉLET LISHJÓT ET-BENÓ

22:11 וַיִּקְרָא אֵלָיו מַלְאַךְ יְהוָה מִן־הַשָּׁמַיִם וַיֹּאמֶר אַבְרָהָם אַבְרָהָם וַיֹּאמֶר הִנֵּנִי

VAYKRÁ ELÁV MALÁJ IHVH MIN-HASHAMÁIM VAYÓMER ABRAHÁM ABRAHÁM VAYÓMER HINENÍ

22:12 וַיֹּאמֶר אַל־תִּשְׁלַח יָדְךָ אֶל־הַנַּעַר וְאַל־תַּעַשׂ לוֹ מְאוּמָה כִּי ׀ עַתָּה יָדַעְתִּי כִּי־יְרֵא אֱלֹהִים אַתָּה וְלֹא חָשַׂכְתָּ אֶת־בִּנְךָ אֶת־יְחִידְךָ מִמֶּנִּי

VAYÓMER AL-TISHLÁJ IÁDEJA EL-HANAÄR VEAL-TÁÄS LO MÉUMAH KI ÄTAH IADÁTI KI-IERÉ ELOHÍM ÁTAH VELÓ JASÁJTA ET-BINJÁ ET-IEJIDJÁ MIMÉNI

22:13 וַיִּשָּׂא אַבְרָהָם אֶת־עֵינָיו וַיַּרְא וְהִנֵּה־אַיִל אַחַר נֶאֱחַז בַּסְּבַךְ בְּקַרְנָיו וַיֵּלֶךְ אַבְרָהָם וַיִּקַּח אֶת־הָאַיִל וַיַּעֲלֵהוּ לְעֹלָה תַּחַת בְּנוֹ

VAYSÁ ABRAHÁM ET-ËINÁV VAYÁR VEHÍNEH-ÁIL AJÁR NEEJÁZZ BASEBÁJ BEKARNÁV VAYÉLEJ ABRAHÁM VAYKÁJ ET-HAÁIL VAYAÄLÉHU LEÖLÁH TÁJAT BENÓ

22:14 וַיִּקְרָא אַבְרָהָם שֵׁם־הַמָּקוֹם הַהוּא יְהוָה ׀ יִרְאֶה אֲשֶׁר יֵאָמֵר הַיּוֹם בְּהַר יְהוָה יֵרָאֶה

VAYKRÁ ABRAHÁM SHEM-HAMAKÓM HAHÚ IHVH IRÉH ASHÉR IEAMÉR HAYÓM BEHÁR IHVH IERÁEH

22:15 וַיִּקְרָא מַלְאַךְ יְהוָה אֶל־אַבְרָהָם שֵׁנִית מִן־הַשָּׁמָיִם

VAYKRÁ MALÁJ IHVH EL-ABRAHÁM SHENÍT MIN-HASHAMÁIM

22:16 וַיֹּאמֶר בִּי נִשְׁבַּעְתִּי נְאֻם־יְהוָה כִּי יַעַן אֲשֶׁר עָשִׂיתָ אֶת־הַדָּבָר הַזֶּה וְלֹא חָשַׂכְתָּ אֶת־בִּנְךָ אֶת־יְחִידֶךָ

VAYÓMER BI NISHBÄTI NEÚM IHVH KI IAÄN ASHÉR ÄSÍTA ET-HADABÁR HAZZÉH VELÓ JASÁJTA ET-BINJÁ ET-IEJIDÉJA

142 / BERESHÍT-בְּרֵאשִׁית

22:17 de cierto te bendeciré, y multiplicaré tu descendencia como las estrellas del cielo y como la arena que está a la orilla del mar; y tu descendencia heredará las puertas de sus enemigos[118].
22:18 En tu simiente serán benditas todas las naciones de la tierra, por cuanto obedeciste a mi voz.
22:19 Y volvió *Abrahám* a sus siervos, y se levantaron y se fueron juntos a Beér Shébä; y habitó *Abrahám* en Beér Shébä.
22:20 Aconteció después de estas cosas, que fue dada noticia a *Abrahám*, diciendo: He aquí que también *Milkáh* ha dado a luz hijos a *Najór* tu hermano:
22:21 *Útz* su primogénito, *Buzz* su hermano, *Kemuél* padre de *Arám*,
22:22 *Késed*, *Jazzó*, *Pildásh*, *Idláf* y *Betuél*.
22:23 Y *Betuél* fue el padre de *Ribkáh* (Rebeca). Estos son los ocho hijos que dio a luz *Milkáh*, de *Najór* hermano de *Abrahám*.
22:24 Y su concubina, que se llamaba *Reúmah*, dio a luz también a *Tébaj*, a *Gájam*, a *Tájash* y a *Maäjáh*.

CAPÍTULO 23

Muerte y sepultura de *Saráh*

23:1 Fue la vida de *Saráh* ciento veintisiete años; tantos fueron los años de la vida de *Saráh*[119].

---

[118] **22:17 Estrellas del cielo y como la arena:** Ver comentarios 13:16 y 15:5.

[119] **23:1 Ciento veintisiete años:** Esta es la alabanza que le da la *Toráh* a *Saráh* en el día de su muerte, el haber vivido 127 años aprovechando cada momento de su vida.

143 / BERESHÍT - בְּרֵאשִׁית

22:17 כִּי־בָרֵךְ אֲבָרֶכְךָ וְהַרְבָּה אַרְבֶּה אֶת־זַרְעֲךָ כְּכוֹכְבֵי הַשָּׁמַיִם וְכַחוֹל אֲשֶׁר עַל־שְׂפַת הַיָּם וְיִרַשׁ זַרְעֲךָ אֵת שַׁעַר אֹיְבָיו

KI-BARÉJ ABAREJJÁ VEHARBÁH ARBÉH ET-ZZARÄJÁ KEJOJEBÉI HASHAMÁIM VEJÁJOL ASHÉR ÄL-SEFÁT HAYÁM VEIRÁSH ZZARÄJÁ ET SHÁAR OIBÁV

22:18 וְהִתְבָּרֲכוּ בְזַרְעֲךָ כֹּל גּוֹיֵי הָאָרֶץ עֵקֶב אֲשֶׁר שָׁמַעְתָּ בְּקֹלִי

VEHITBARAJÚ BEZZARÄJÁ KOL GOIÉI HAÁRETZ ËKEB ASHÉR SHAMÄTA BEKOLÍ

22:19 וַיָּשָׁב אַבְרָהָם אֶל־נְעָרָיו וַיָּקֻמוּ וַיֵּלְכוּ יַחְדָּו אֶל־בְּאֵר שָׁבַע וַיֵּשֶׁב אַבְרָהָם בִּבְאֵר שָׁבַע

VAYÁSHAB ABRAHÁM EL-NEÄRÁV VAYAKÚMU VAYELJÚ IAJDÁV EL-BEÉR SHÁBÄ VAYÉSHEB ABRAHÁM BIBEÉR SHÁBÄ

22:20 וַיְהִי אַחֲרֵי הַדְּבָרִים הָאֵלֶּה וַיֻּגַּד לְאַבְרָהָם לֵאמֹר הִנֵּה יָלְדָה מִלְכָּה גַם־הִוא בָּנִים לְנָחוֹר אָחִיךָ

VAIHÍ AJAREÍ HADEBARÍM HAÉLEH VAYUGÁD LEABRAHÁM LEMÓR HINÉH IALEDÁH MILKÁH GAM-HI BANÍM LENAJÓR AJÍJA

22:21 אֶת־עוּץ בְּכֹרוֹ וְאֶת־בּוּז אָחִיו וְאֶת־קְמוּאֵל אֲבִי אֲרָם

ET-ÜTZ BEJORÓ VEÉT-BUZZ AJÍV VEÉT-KEMUÉL ABÍ ARÁM

22:22 וְאֶת־כֶּשֶׂד וְאֶת־חֲזוֹ וְאֶת־פִּלְדָּשׁ וְאֶת־יִדְלָף וְאֵת בְּתוּאֵל

VEÉT-KÉSED VEÉT-JAZZÓ VEÉT-PILDÁSH VEÉT-IDLÁF VEÉT BETUÉL

22:23 וּבְתוּאֵל יָלַד אֶת־רִבְקָה שְׁמֹנָה אֵלֶּה יָלְדָה מִלְכָּה לְנָחוֹר אֲחִי אַבְרָהָם

UBETUÉL IALÁD ET-RIBKÁH SHEMONÁH ÉLEH IALEDÁH MILKÁH LENAJÓR AJÍ ABRAHÁM

22:24 וּפִילַגְשׁוֹ וּשְׁמָהּ רְאוּמָה וַתֵּלֶד גַּם־הִוא אֶת־טֶבַח וְאֶת־גַּחַם וְאֶת־תַּחַשׁ וְאֶת־מַעֲכָה

UFILAGSHÓ USHEMÁH REUMÁH VATÉLED GAM-HI ET-TÉBAJ VEÉT-GÁJAM VEÉT-TÁJASH VEÉT-MAÄJÁH

פֶּרֶק כג - PÉREK 23

23:1 וַיִּהְיוּ חַיֵּי שָׂרָה מֵאָה שָׁנָה וְעֶשְׂרִים שָׁנָה וְשֶׁבַע שָׁנִים שְׁנֵי חַיֵּי שָׂרָה

VAYHIÚ JAYÉI SARÁH MEÁH SHANÁH VEËSRÍM SHANÁH VESHÉBÄ SHANÍM SHENÉI JAYÉI SARÁH

144 / BERESHÍT-בְּרֵאשִׁית

23:2 Y murió *Saráh* en Kiriát-Arbä, que es Jebrón, en la tierra de Kenään; y vino *Abrahám* a hacer duelo por *Saráh*, y a llorarla.

23:3 Y se levantó *Abrahám* de delante de su muerta, y habló a los hijos de *Jet*, diciendo:

23:4 Extranjero y forastero soy entre vosotros; dadme propiedad para sepultura entre vosotros, y sepultaré mi muerta de delante de mí[120].

23:5 Y respondieron los hijos de *Jet* a *Abrahám*, y le dijeron:

23:6 Oyenos, señor nuestro; eres un príncipe de Dios entre nosotros; en lo mejor de nuestros sepulcros sepulta a tu muerta; ninguno de nosotros te negará su sepulcro, ni te impedirá que entierres tu muerta.

23:7 Y *Abrahám* se levantó, y se inclinó a la gente de aquella tierra, a los hijos de *Jet*,

23:8 y habló con ellos, diciendo: Si tenéis voluntad de que yo sepulte mi muerta de delante de mí, oídme, e interceded por mí con *Ëfrón* hijo de *Tzójar*,

23:9 para que me dé la cueva de Majpeláh, que tiene al extremo de su heredad; que por su justo precio me la dé, para posesión de sepultura en medio de vosotros[121].

23:10 Este *Ëfrón* estaba entre los hijos de *Jet*; y respondió *Ëfrón* el hití a *Abrahám*, en presencia de los hijos de *Jet*, de todos los que entraban por la puerta de su ciudad, diciendo:

---

[120] **23:4 Extranjero y forastero:** *Abrahám* dice: "si quieren considerarme como extranjero entonces véndanme el lugar de sepultura. Pero si no me la quieren vender, haré uso de mi derecho pues Dios me dio esta tierra."

[121] **23:9 Majpeláh:** Viene de la palabra כָּפֵל (KAFÁL=doble) pues en esta iban a ser enterradas cuatro parejas: *Adám* con *Javáh* (Eva), *Abrahám* con *Saráh*, *Itzják* con *Ribkáh*, y *Iaäkób* con *Leáh*.

23:2 וַתָּ֣מָת שָׂרָ֗ה בְּקִרְיַ֥ת אַרְבַּ֛ע הִ֥וא חֶבְר֖וֹן בְּאֶ֣רֶץ כְּנָ֑עַן וַיָּבֹא֙ אַבְרָהָ֔ם לִסְפֹּ֥ד לְשָׂרָ֖ה וְלִבְכֹּתָֽהּ

VATÁMAT SARÁH BEKIRIÁT ARBÄ HI JEBRÓN BEÉRETZ KENÁÄN VAYABÓ
ABRAHÁM LISPÓD LESARÁH VELIBKOTÁH

23:3 וַיָּ֙קָם֙ אַבְרָהָ֔ם מֵעַ֖ל פְּנֵ֣י מֵת֑וֹ וַיְדַבֵּ֥ר אֶל־בְּנֵי־חֵ֖ת לֵאמֹֽר

VAYÁKAM ABRAHÁM MEÄL PENÉI METÓ VAIDABÉR EL-BENÉI-JET LEMÓR

23:4 גֵּר־וְתוֹשָׁ֥ב אָנֹכִ֖י עִמָּכֶ֑ם תְּנ֨וּ לִ֤י אֲחֻזַּת־קֶ֙בֶר֙ עִמָּכֶ֔ם וְאֶקְבְּרָ֥ה מֵתִ֖י מִלְּפָנָֽי

GUÉR-VETOSHÁB ANOJÍ ÏMAJÉM TENÚ LI AJUZZÁT-KÉBER ÏMAJÉM VEEKBERÁH
METÍ MILEFANÁI

23:5 וַיַּעֲנ֧וּ בְנֵי־חֵ֛ת אֶת־אַבְרָהָ֖ם לֵאמֹ֥ר לֽוֹ

VAYAÄNÚ BENÉI-JET ET-ABRAHÁM LEMÓR LO

23:6 שְׁמָעֵ֣נוּ ׀ אֲדֹנִ֗י נְשִׂ֨יא אֱלֹהִ֤ים אַתָּה֙ בְּתוֹכֵ֔נוּ בְּמִבְחַ֣ר קְבָרֵ֔ינוּ קְבֹ֖ר אֶת־מֵתֶ֑ךָ אִ֣ישׁ מִמֶּ֔נּוּ אֶת־קִבְר֛וֹ לֹֽא־יִכְלֶ֥ה מִמְּךָ֖ מִקְּבֹ֥ר מֵתֶֽךָ

SHEMAËNU ADONÍ NESÍ ELOHÍM ATÁH BETOJÉNU BEMIBJÁR KEBARÉINU
KEBÓR ET-METÉJA ISH MIMÉNU ET-KIBRÓ LO-IJLÉH MIMEJÁ MIKEBÓR METEJÁ

23:7 וַיָּ֧קָם אַבְרָהָ֛ם וַיִּשְׁתַּ֥חוּ לְעַם־הָאָ֖רֶץ לִבְנֵי־חֵֽת

VAYÁKAM ABRAHÁM VAYSHTÁJU LEÄM-HAÁRETZ LIBENÉI-JET

23:8 וַיְדַבֵּ֥ר אִתָּ֖ם לֵאמֹ֑ר אִם־יֵ֣שׁ אֶֽת־נַפְשְׁכֶ֗ם לִקְבֹּ֤ר אֶת־מֵתִי֙ מִלְּפָנַ֔י שְׁמָע֕וּנִי וּפִגְעוּ־לִ֖י בְּעֶפְר֥וֹן בֶּן־צֹֽחַר

VAIDABÉR ITÁM LEMÓR IM-IÉSH ET-NAFSHEJÉM LIKBÓR ET-METÍ MILEFANÁI
SHEMAÜNI UFIGÜ-LI BEËFRÓN BEN-TZÓJAR

23:9 וְיִתֶּן־לִ֗י אֶת־מְעָרַ֤ת הַמַּכְפֵּלָה֙ אֲשֶׁר־ל֔וֹ אֲשֶׁ֖ר בִּקְצֵ֣ה שָׂדֵ֑הוּ בְּכֶ֨סֶף מָלֵ֜א יִתְּנֶ֥נָּה לִ֛י בְּתוֹכְכֶ֖ם לַאֲחֻזַּת־קָֽבֶר

VEITÉN-LI ET-MEÄRÁT HAMAJPELÁH ASHÉR-LO ASHÉR BIKETZÉH SADÉHU
BEJÉSEF MALÉ ITENÉNAH LI BETOJEJÉM LAAJUZZÁT-KÁBER

23:10 וְעֶפְר֥וֹן יֹשֵׁ֖ב בְּת֣וֹךְ בְּנֵי־חֵ֑ת וַיַּעַן֩ עֶפְר֨וֹן הַחִתִּ֤י אֶת־אַבְרָהָם֙ בְּאָזְנֵ֣י בְנֵי־חֵ֔ת לְכֹ֛ל בָּאֵ֥י שַֽׁעַר־עִיר֖וֹ לֵאמֹֽר

VEËFRÓN IOSHÉB BETÓJ BENÉI-JET VAYAÄN ËFRÓN HAJITÍ ET-ABRAHÁM
BEAZZENÉI BENÉI-JET LEJÓL BAÉI SHÁÄR-ÏRÓ LEMÓR

23:11 No, señor mío, óyeme: te doy la heredad, y te doy también la cueva que está en ella; en presencia de los hijos de mi pueblo te la doy; sepulta tu muerta.

23:12 Entonces *Abrahám* se inclinó frente a la gente del lugar,

23:13 y respondió a *Ëfrón* en presencia del pueblo de la tierra, deciendo: Antes, si te place, te ruego que me oigas. Yo daré el precio de la heredad; tómalo de mí, y sepultaré en ella mi muerta.

23:14 Respondió *Ëfrón* a *Abrahám*, diciéndole:

23:15 Señor mío, escúchame: la tierra vale cuatrocientos *shekalím* de plata; ¿qué es esto entre tú y yo? Entierra, pues, tu muerta[122].

23:16 Entonces *Abrahám* se convino con *Ëfrón*, y pesó *Abrahám* a *Ëfrón* el dinero que dijo, en presencia de los hijos de *Jet*, cuatrocientos *shekalím* de plata, de uso corriente entre mercaderes.

23:17 Y quedó la heredad de *Ëfrón* que estaba en Majpeláh al oriente de Mamré, la heredad con la cueva que estaba en ella, y todos los árboles que había en la heredad, y en todos sus contornos,

23:18 como propiedad de *Abrahám*, en presencia de los hijos de *Jet* y de todos los que entraban por la puerta de la ciudad.

23:19 Después de esto sepultó *Abrahám* a *Saráh* su mujer en la cueva de la heredad de Majpeláh al oriente de Mamré, que es Jebrón, en la tierra de Kenáän.

---

[122] **23:15 Vale cuatrocientos *shekalím*:** Aunque inicialmente *Ëfrón* había prometido darle la tierra gratis, ahora decidió cobrarle. Esta actitud se diferencia del proceder de los justos, pues estos hablan poco y hacen mucho (ver 18:5-7).

23:11 לֹא־אֲדֹנִ֣י שְׁמָעֵ֔נִי הַשָּׂדֶה֙ נָתַ֣תִּי לָ֔ךְ וְהַמְּעָרָ֥ה אֲשֶׁר־בּ֖וֹ לְךָ֣ נְתַתִּ֑יהָ לְעֵינֵ֧י בְנֵי־עַמִּ֛י נְתַתִּ֥יהָ לָּ֖ךְ קְבֹ֥ר מֵתֶֽךָ

LO-ADONÍ SHEMAËNI HASADÉH NATÁTI LAJ VEHAMEÄRÁH ASHÉR-BO LEJÁ
NETATÍHA LEËINÉI BENÉI-ÄMÍ NETATÍHA LAJ KEBÓR METÉJA

23:12 וַיִּשְׁתַּ֙חוּ֙ אַבְרָהָ֔ם לִפְנֵ֖י עַ֥ם הָאָֽרֶץ

VAYSHTÁJU ABRAHÁM LIFNÉI ÄM HAÁRETZ

23:13 וַיְדַבֵּ֨ר אֶל־עֶפְר֜וֹן בְּאָזְנֵ֤י עַם־הָאָ֙רֶץ֙ לֵאמֹ֔ר אַ֛ךְ אִם־אַתָּ֥ה ל֖וּ שְׁמָעֵ֑נִי נָתַ֜תִּי כֶּ֤סֶף הַשָּׂדֶה֙ קַ֣ח מִמֶּ֔נִּי וְאֶקְבְּרָ֥ה אֶת־מֵתִ֖י שָֽׁמָּה

VAIDABÉR EL-ËFRÓN BEAZZENÉI ÄM-HAÁRETZ LEMOR AJ IM-ATÁH LU SHEMAËNI
NATÁTI KÉSEF HASADÉH KAJ MIMÉNI VEEKBERÁH ET-METÍ SHÁMAH

23:14 וַיַּ֧עַן עֶפְר֛וֹן אֶת־אַבְרָהָ֖ם לֵאמֹ֥ר לֽוֹ

VAYÁÄN ËFRÓN ET-ABRAHÁM LEMÓR LO

23:15 אֲדֹנִ֣י שְׁמָעֵ֔נִי אֶרֶץ֩ אַרְבַּ֨ע מֵאֹ֧ת שֶֽׁקֶל־כֶּ֛סֶף בֵּינִ֥י וּבֵֽינְךָ֖ מַה־הִ֑וא וְאֶת־מֵתְךָ֖ קְבֹֽר

ADONÍ SHEMAËNI ERÉTZ ARBÄ MEÓT SHÉKEL-KÉSEF BEINÍ UBEINJÁ MAH-HI
VEÉT-METEJÁ KEBÓR

23:16 וַיִּשְׁמַ֣ע אַבְרָהָם֮ אֶל־עֶפְרוֹן֒ וַיִּשְׁקֹ֤ל אַבְרָהָם֙ לְעֶפְרֹ֔ן אֶת־הַכֶּ֕סֶף אֲשֶׁ֥ר דִּבֶּ֖ר בְּאָזְנֵ֣י בְנֵי־חֵ֑ת אַרְבַּ֤ע מֵאוֹת֙ שֶׁ֣קֶל כֶּ֔סֶף עֹבֵ֖ר לַסֹּחֵֽר

VAYSHMÄ ABRAHÁM EL-ËFRÓN VAYSHKÓL ABRAHÁM LEËFRÓN ET-HAKÉSEF
ASHÉR DIBÉR BEAZZENÉI BENÉI-JET ARBÄ MEÓT SHÉKEL KÉSEF ÖBER LASOJÉR

23:17 וַיָּ֣קָם ׀ שְׂדֵ֣ה עֶפְר֗וֹן אֲשֶׁר֙ בַּמַּכְפֵּלָ֔ה אֲשֶׁ֖ר לִפְנֵ֣י מַמְרֵ֑א הַשָּׂדֶ֞ה וְהַמְּעָרָ֤ה אֲשֶׁר־בּוֹ֙ וְכָל־הָעֵץ֙ אֲשֶׁ֣ר בַּשָּׂדֶ֔ה אֲשֶׁ֥ר בְּכָל־גְּבֻל֖וֹ סָבִֽיב

VAYÁKAM SEDÉH ËFRÓN ASHÉR BAMAJPELÁH ASHÉR LIFNÉI MAMRÉ HASADÉH
VEHAMEÄRÁH ASHÉR-BO VEJÓL-HAETZ ASHÉR BASADÉH ASHÉR BEJÓL-GUEBULÓ
SABÍB

23:18 לְאַבְרָהָ֥ם לְמִקְנָ֖ה לְעֵינֵ֣י בְנֵי־חֵ֑ת בְּכֹ֖ל בָּאֵ֥י שַֽׁעַר־עִירֽוֹ

LEABRAHÁM LEMIKNÁH LEËINÉI BENÉI-JET BEJÓL BAÉI SHÁÄR-ÏRÓ

23:19 וְאַחֲרֵי־כֵן֩ קָבַ֨ר אַבְרָהָ֜ם אֶת־שָׂרָ֣ה אִשְׁתּ֗וֹ אֶל־מְעָרַ֞ת שְׂדֵ֧ה הַמַּכְפֵּלָ֛ה עַל־פְּנֵ֥י מַמְרֵ֖א הִ֣וא חֶבְר֑וֹן בְּאֶ֖רֶץ כְּנָֽעַן

VEAJARÉI-JEN KABÁR ABRAHÁM ET-SARÁH ISHTÓ EL-MEÄRÁT SEDÉH
HAMAJPELÁH ÄL-PENÉI MAMRÉ HI JEBRÓN BEÉRETZ KENÄÄN

23:20 Y quedó la heredad y la cueva que en ella había, de *Abrahám*, como una posesión para sepultura, recibida de los hijos de *Jet*.

CAPÍTULO 24

Abrahám busca esposa para *Itzják* (Isaac)

24:1 Era *Abrahám* ya viejo, y bien avanzado en años; y El Eterno había bendecido a *Abrahám* en todo.

24:2 Y dijo *Abrahám* a un criado suyo, el más viejo de su casa, que era el que gobernaba en todo lo que tenía: Pon ahora tu mano debajo de mi muslo[123],

24:3 y te juramentaré por El Eterno, Dios de los cielos y Dios de la tierra, que no tomarás para mi hijo mujer de las hijas de los kenaäní, entre los cuales yo habito;

24:4 sino que irás a mi tierra y a mi parentela, y tomarás mujer para mi hijo *Itzják* (Isaac).

24:5 El criado le respondió: Quizá la mujer no querrá venir en pos de mí a esta tierra. ¿Volveré, pues, tu hijo a la tierra de donde saliste?

24:6 Y *Abrahám* le dijo: Guárdate que no vuelvas a mi hijo allá.

24:7 El Eterno, Dios de los cielos, que me tomó de la casa de mi padre y de la tierra de mi parentela, y me habló y me juró, diciendo: A tu descendencia daré esta tierra; él enviará su ángel delante de ti, y tú traerás de allá mujer para mi hijo.

---

[123] **24:2 Un criado suyo:** Se refiere a *Eliëzzer*.

149 / BERESHÍT - בְּרֵאשִׁית

23:20 וַיָּ֨קָם הַשָּׂדֶ֧ה וְהַמְּעָרָ֛ה אֲשֶׁר־בּ֖וֹ לְאַבְרָהָ֑ם לַאֲחֻזַּת־קָ֖בֶר מֵאֵ֥ת בְּנֵי־חֵֽת

VAYÁKAM HASADÉH VEHAMEÄRÁH ASHÉR-BO LEABRAHÁM LAAJÚZZAT-KÁBER MEÉT BENÉI-JET

פֶּרֶק כד - PÉREK 24

24:1 וְאַבְרָהָ֣ם זָקֵ֔ן בָּ֖א בַּיָּמִ֑ים וַֽיהוָ֛ה בֵּרַ֥ךְ אֶת־אַבְרָהָ֖ם בַּכֹּֽל

VEABRAHÁM ZZAKÉN BA BAYAMÍM VA-IHVH BERÁJ ET-ABRAHÁM BAKÓL

24:2 וַיֹּ֣אמֶר אַבְרָהָ֗ם אֶל־עַבְדּוֹ֙ זְקַ֣ן בֵּית֔וֹ הַמֹּשֵׁ֖ל בְּכָל־אֲשֶׁר־ל֑וֹ שִׂים־נָ֥א יָדְךָ֖ תַּ֥חַת יְרֵכִֽי

VAYÓMER ABRAHÁM EL-ÄBDÓ ZZEKÁN BEITÓ HAMOSHÉL BEJÓL-ASHÉR-LO SIM-NA IADEJÁ TÁJAT IEREJÍ

24:3 וְאַשְׁבִּ֣יעֲךָ֔ בַּֽיהוָה֙ אֱלֹהֵ֣י הַשָּׁמַ֔יִם וֵֽאלֹהֵ֖י הָאָ֑רֶץ אֲשֶׁ֨ר לֹֽא־תִקַּ֤ח אִשָּׁה֙ לִבְנִ֔י מִבְּנוֹת֙ הַֽכְּנַעֲנִ֔י אֲשֶׁ֥ר אָנֹכִ֖י יוֹשֵׁ֥ב בְּקִרְבּֽוֹ

VEASHBIÄJÁ BA-IHVH ELOHÉI HASHAMÁIM VELOHÉI HAÁRETZ ASHÉR LO-TIKÁJ ISHÁH LIBNÍ MIBENÓT HAKENAÄNÍ ASHÉR ANOJÍ IOSHÉB BEKIRBÓ

24:4 כִּ֧י אֶל־אַרְצִ֛י וְאֶל־מוֹלַדְתִּ֖י תֵּלֵ֑ךְ וְלָקַחְתָּ֥ אִשָּׁ֖ה לִבְנִ֥י לְיִצְחָֽק

KI EL-ARTZÍ VEÉL-MOLADTÍ TELÉJ VELAKAJTÁ ISHÁH LIBNÍ LEITZJÁK

24:5 וַיֹּ֤אמֶר אֵלָיו֙ הָעֶ֔בֶד אוּלַי֙ לֹא־תֹאבֶ֣ה הָֽאִשָּׁ֔ה לָלֶ֥כֶת אַחֲרַ֖י אֶל־הָאָ֣רֶץ הַזֹּ֑את הֶֽהָשֵׁ֤ב אָשִׁיב֙ אֶת־בִּנְךָ֔ אֶל־הָאָ֖רֶץ אֲשֶׁר־יָצָ֥אתָ מִשָּֽׁם

VAYÓMER ELÁV HAÉBED ULÁI LO-TOBÉH HAISHÁH LALÉJET AJARÁI EL-HAÁRETZ HAZZÓT HEHASHÉB ASHÍB ET-BINJÁ EL-HAÁRETZ ASHÉR-IATZÁTA MISHÁM

24:6 וַיֹּ֥אמֶר אֵלָ֖יו אַבְרָהָ֑ם הִשָּׁ֣מֶר לְךָ֔ פֶּן־תָּשִׁ֥יב אֶת־בְּנִ֖י שָֽׁמָּה

VAYÓMER ELÁV ABRAHÁM HISHÁMER LEJÁ PEN-TASHÍB ET-BENÍ SHÁMAH

24:7 יְהוָ֣ה ׀ אֱלֹהֵ֣י הַשָּׁמַ֗יִם אֲשֶׁ֨ר לְקָחַ֜נִי מִבֵּ֣ית אָבִי֮ וּמֵאֶ֣רֶץ מֽוֹלַדְתִּי֒ וַאֲשֶׁ֨ר דִּבֶּר־לִ֜י וַאֲשֶׁ֤ר נִֽשְׁבַּֽע־לִי֙ לֵאמֹ֔ר לְזַ֨רְעֲךָ֔ אֶתֵּ֖ן אֶת־הָאָ֣רֶץ הַזֹּ֑את ה֗וּא יִשְׁלַ֤ח מַלְאָכוֹ֙ לְפָנֶ֔יךָ וְלָקַחְתָּ֥ אִשָּׁ֛ה לִבְנִ֖י מִשָּֽׁם

IHVH ELOHÉI HASHAMÁIM ASHÉR LEKAJÁNI MIBÉIT ABÍ UMEÉRETZ MOLADTÍ VAASHÉR DIBÉR-LI VAASHÉR NISHBÄ-LI LEMÓR LEZZARAÄJÁ ETÉN ET-HAÁRETZ HAZZÓT HU ISHLÁJ MALAJÓ LEFANÉIJA VELAKAJTÁ ISHÁH LIBNÍ MISHÁM

24:8 Y si la mujer no quisiere venir en pos de ti, serás libre de este mi juramento; solamente que no vuelvas allá a mi hijo.

24:9 Entonces el criado puso su mano debajo del muslo de *Abrahám* su señor, y le juró sobre este asunto.

24:10 Y el criado tomó diez camellos de los camellos de su señor, y se fue, tomando toda clase de regalos escogidos de su señor; y puesto en camino, llegó a Mesopotamia, a la ciudad de Najór.

24:11 E hizo arrodillar los camellos fuera de la ciudad, junto a un pozo de agua, a la hora de la tarde, la hora en que salen las doncellas por agua.

24:12 Y dijo: Oh El Eterno, Dios de mi señor *Abrahám*, dame, te ruego, el tener hoy buen encuentro, y haz misericordia con mi señor *Abrahám*.

24:13 He aquí yo estoy junto a la fuente de agua, y las hijas de los varones de esta ciudad salen por agua.

24:14 Sea, pues, que la doncella a quien yo dijere: Baja tu cántaro, te ruego, para que yo beba, y ella respondiere: Bebe, y también daré de beber a tus camellos; que sea ésta la que tú has destinado para tu siervo *Itzják* (Isaac); y en esto conoceré que habrás hecho misericordia con mi señor[124].

24:15 Y aconteció que antes que él acabase de hablar, he aquí *Ribkáh* (Rebeca), que había nacido a *Betuél*, hijo de *Milkáh* mujer de *Najór* hermano de *Abrahám*, la cual salía con su cántaro sobre su hombro.

---

[124] **24:14 A quien yo dijere:** A través de esta prueba, *Eliëzzer* quería que Dios le diera una señal para encontrar a una mujer bondadosa, apta para entrar en la casa de *Abrahám*.

151 / BERESHÍT - בְּרֵאשִׁית

24:8 וְאִם־לֹא תֹאבֶה הָאִשָּׁה לָלֶכֶת אַחֲרֶיךָ וְנִקִּיתָ מִשְּׁבֻעָתִי זֹאת רַק אֶת־בְּנִי לֹא תָשֵׁב שָׁמָּה

VEÍM-LO TOBÉH HAISHÁH LALÉJET AJARÉIJA VENIKÍTA MISHEBUÄTÍ ZZOT RAK ET-BENÍ LO TASHÉB SHÁMAH

24:9 וַיָּשֶׂם הָעֶבֶד אֶת־יָדוֹ תַּחַת יֶרֶךְ אַבְרָהָם אֲדֹנָיו וַיִּשָּׁבַע לוֹ עַל־הַדָּבָר הַזֶּה

VAYÁSEM HAËBED ET-IADÓ TÁJAT IÉREJ ABRAHÁM ADONÁV VAYSHÁBÄ LO ÄL-HADABÁR HAZZÉH

24:10 וַיִּקַּח הָעֶבֶד עֲשָׂרָה גְמַלִּים מִגְּמַלֵּי אֲדֹנָיו וַיֵּלֶךְ וְכָל־טוּב אֲדֹנָיו בְּיָדוֹ וַיָּקָם וַיֵּלֶךְ אֶל־אֲרַם נַהֲרַיִם אֶל־עִיר נָחוֹר

VAYKÁJ HAËBED ÄSARÁH GUEMALÍIM MIGUEMALÉI ADONÁV VAYÉLEJ VEJÓL-TUB ADONÁV BEIADÓ VAYÁKAM VAYÉLEJ EL-ARÁM NAHARAÍM EL-ÏR NAJÓR

24:11 וַיַּבְרֵךְ הַגְּמַלִּים מִחוּץ לָעִיר אֶל־בְּאֵר הַמָּיִם לְעֵת עֶרֶב לְעֵת צֵאת הַשֹּׁאֲבֹת

VAYABRÉJ HAGUEMALÍM MIJÚTZ LAÏR EL-BEÉR HAMÁIM LEËT ËREB LEËT TZET HASHOABÓT

24:12 וַיֹּאמַר יְהֹוָה אֱלֹהֵי אֲדֹנִי אַבְרָהָם הַקְרֵה־נָא לְפָנַי הַיּוֹם וַעֲשֵׂה־חֶסֶד עִם אֲדֹנִי אַבְרָהָם

VAYOMÁR IHVH ELOHÉI ADONÍ ABRAHÁM HAKRÉH-NA LEFANÁI HAYÓM VAÄSEH-JÉSED ÏM ADONÍ ABRAHÁM

24:13 הִנֵּה אָנֹכִי נִצָּב עַל־עֵין הַמָּיִם וּבְנוֹת אַנְשֵׁי הָעִיר יֹצְאֹת לִשְׁאֹב מָיִם

HINÉH ANOJÍ NITZÁB ÄL-ËIN HAMÁIM UBENÓT ANSHÉI HAÏR IOTZÓT LISHÓB MÁIM

24:14 וְהָיָה הַנַּעֲרָ אֲשֶׁר אֹמַר אֵלֶיהָ הַטִּי־נָא כַדֵּךְ וְאֶשְׁתֶּה וְאָמְרָה שְׁתֵה וְגַם־גְּמַלֶּיךָ אַשְׁקֶה אֹתָהּ הֹכַחְתָּ לְעַבְדְּךָ לְיִצְחָק וּבָהּ אֵדַע כִּי־עָשִׂיתָ חֶסֶד עִם־אֲדֹנִי

VEHAIÁH HANAÄRÁ ASHÉR OMÁR ELÉIHA HATÍ-NA JADÉJ VEESHTÉH VEAMERÁH SHETÉH VEGÁM-GUEMALÉIJA ASHEKÉH OTÁH HOJÁJTA LEÄBDEJÁ LEITZJÁK UBÁH EDÄ KI-ÄSÍTA JÉSED ÏM-ADONÍ

24:15 וַיְהִי־הוּא טֶרֶם כִּלָּה לְדַבֵּר וְהִנֵּה רִבְקָה יֹצֵאת אֲשֶׁר יֻלְּדָה לִבְתוּאֵל בֶּן־מִלְכָּה אֵשֶׁת נָחוֹר אֲחִי אַבְרָהָם וְכַדָּהּ עַל־שִׁכְמָהּ

VAIHÍ-HU TÉREM KILÁH LEDABÉR VEHINÉH RIBKÁH IOTZÉT ASHÉR IULEDÁH LIBTUÉL BEN-MILKÁH ÉSHET NAJÓR AJÍ ABRAHÁM VEJADÁH ÄL-SHIJMÁH

24:16 Y la doncella era de aspecto muy hermoso, virgen, a la que varón no había conocido; la cual descendió a la fuente, y llenó su cántaro, y lo subía[125].

24:17 Entonces el criado corrió hacia ella, y dijo: Te ruego que me des a beber un poco de agua de tu cántaro.

24:18 Ella respondió: Bebe, señor mío; y se dio prisa a bajar su cántaro sobre su mano, y le dio a beber.

24:19 Y cuando acabó de darle de beber, dijo: También para tus camellos sacaré agua, hasta que acaben de beber.

24:20 Y se dio prisa, y vació su cántaro en la bebedero, y corrió otra vez al pozo para sacar agua, y sacó para todos sus camellos.

24:21 Y el hombre estaba maravillado de ella, callando, para saber si El Eterno había prosperado su viaje, o no.

24:22 Y cuando los camellos acabaron de beber, le dio el hombre un pendiente de oro que pesaba medio shékel, y dos brazaletes que pesaban diez,

24:23 y dijo: ¿De quién eres hija? Te ruego que me digas: ¿hay en casa de tu padre lugar donde pernoctar?

24:24 Y ella respondió: Soy hija de *Betuél* hijo de *Milkáh* hija de *Najór*.

24:25 Y añadió: También hay en nuestra casa paja y mucho forraje, y lugar para posar.

24:26 El hombre entonces se inclinó, y adoró a El Eterno,

---

[125] **24:16 Virgen, a la que varón no había conocido:** ¿Por qué la *Toráh* trae estas dos expresiones aparentemente redundantes?. Para enfatizar que *Ribkáh* no solamente era virgen sino que era limpia en todo aspecto.

153 / BERESHÍT-בְּרֵאשִׁית

24:16 וְהַנַּעֲרָ֗ טֹבַ֤ת מַרְאֶה֙ מְאֹ֔ד בְּתוּלָ֕ה וְאִ֖ישׁ לֹ֣א יְדָעָ֑הּ וַתֵּ֣רֶד הָעַ֔יְנָה וַתְּמַלֵּ֥א כַדָּ֖הּ וַתָּֽעַל

VEHANAÄRÁ TOBÁT MARÉH MEÓD BETULÁH VEÍSH LO IEDAÄH VATÉRED HAÄINAH VATEMALÉ JADÁH VATÁÄL

24:17 וַיָּ֥רָץ הָעֶ֖בֶד לִקְרָאתָ֑הּ וַיֹּ֕אמֶר הַגְמִיאִ֥ינִי נָ֛א מְעַט־מַ֖יִם מִכַּדֵּֽךְ

VAYÁRATZ HAËBED LIKRATÁH VAYÓMER HAGMIÍNI NA MEÄT-MÁIM MIKADÉJ

24:18 וַתֹּ֖אמֶר שְׁתֵ֣ה אֲדֹנִ֑י וַתְּמַהֵ֗ר וַתֹּ֧רֶד כַּדָּ֛הּ עַל־יָדָ֖הּ וַתַּשְׁקֵֽהוּ

VATÓMER SHETÉH ADONÍ VATEMAHÉR VATÓRED KADÁH ÄL-IADÁH VATASHKÉHU

24:19 וַתְּכַ֖ל לְהַשְׁקֹת֑וֹ וַתֹּ֗אמֶר גַּ֤ם לִגְמַלֶּ֙יךָ֙ אֶשְׁאָ֔ב עַ֥ד אִם־כִּלּ֖וּ לִשְׁתֹּֽת

VATEJÁL LEHASHKOTÓ VATÓMER GAM LIGMALÉIJA ESHÁB ÄD IM-KILÚ LISHTÓT

24:20 וַתְּמַהֵ֗ר וַתְּעַ֤ר כַּדָּהּ֙ אֶל־הַשֹּׁ֔קֶת וַתָּ֥רָץ ע֛וֹד אֶֽל־הַבְּאֵ֖ר לִשְׁאֹ֑ב וַתִּשְׁאַ֖ב לְכָל־גְּמַלָּֽיו

VATEMAHÉR VATEÄR KADÁH EL-HASHÓKET VATÁRATZ ÖD EL-HABEÉR LISHÓB VATISHÁB LEJÓL-GUEMALÁV

24:21 וְהָאִ֥ישׁ מִשְׁתָּאֵ֖ה לָ֑הּ מַחֲרִ֕ישׁ לָדַ֗עַת הַֽהִצְלִ֧יחַ יְהוָ֛ה דַּרְכּ֖וֹ אִם־לֹֽא

VEHAÍSH MISHTAÉH LAH MAJARÍSH LADAÄT HAHITZLÍAJ IHVH DARKÓ IM-LO

24:22 וַיְהִ֗י כַּאֲשֶׁ֨ר כִּלּ֤וּ הַגְּמַלִּים֙ לִשְׁתּ֔וֹת וַיִּקַּ֤ח הָאִישׁ֙ נֶ֣זֶם זָהָ֔ב בֶּ֖קַע מִשְׁקָל֑וֹ וּשְׁנֵ֤י צְמִידִים֙ עַל־יָדֶ֔יהָ עֲשָׂרָ֥ה זָהָ֖ב מִשְׁקָלָֽם

VAIHÍ KAASHÉR KILÚ HAGUEMALÍM LISHTÓT VAYKÁJ HAÍSH NÉZZEM ZZAHÁB BÉKÄ MISHKALÓ USHENÉI TZEMIDÍM ÄL-IADÉIHA ÄSARÁH ZZAHÁB MISHKALÁM

24:23 וַיֹּ֙אמֶר֙ בַּת־מִ֣י אַ֔תְּ הַגִּ֥ידִי נָ֖א לִ֑י הֲיֵ֧שׁ בֵּית־אָבִ֛יךְ מָק֥וֹם לָ֖נוּ לָלִֽין

VAYÓMER BAT-MI AT HAGUÍDI NA LI HAIÉSH BEÍT-ABÍJ MAKÓM LÁNU LALÍN

24:24 וַתֹּ֣אמֶר אֵלָ֔יו בַּת־בְּתוּאֵ֖ל אָנֹ֑כִי בֶּן־מִלְכָּ֕ה אֲשֶׁ֥ר יָלְדָ֖ה לְנָחֽוֹר

VATÓMER ELÁV BAT-BETUÉL ANÓJI BEN-MILKÁH ASHÉR IALEDÁH LENAJÓR

24:25 וַתֹּ֣אמֶר אֵלָ֔יו גַּם־תֶּ֥בֶן גַּם־מִסְפּ֖וֹא רַ֣ב עִמָּ֑נוּ גַּם־מָק֖וֹם לָלֽוּן

VATÓMER ELÁV GAM-TÉBEN GAM-MISPÓ RAB ÏMÁNU GAM-MAKÓM LALÚN

24:26 וַיִּקֹּ֣ד הָאִ֔ישׁ וַיִּשְׁתַּ֖חוּ לַֽיהוָֽה

VAYKÓD HAÍSH VAISHTÁJU LA-IHVH

24:27 y dijo: Bendito sea El Eterno, Dios de mi amo *Abrahám*, que no apartó de mi amo su misericordia y su verdad, guiándome El Eterno en el camino a casa de los hermanos de mi amo.

24:28 Y la doncella corrió, e hizo saber en casa de su madre estas cosas.

24:29 Y *Ribkáh* (Rebeca) tenía un hermano que se llamaba *Labán*, el cual corrió afuera hacia el hombre, a la fuente.

24:30 Y cuando vio el pendiente y los brazaletes en las manos de su hermana, que decía: Así me habló aquel hombre, vino a él; y he aquí que estaba con los camellos junto a la fuente.

24:31 Y le dijo: Ven, bendito de El Eterno; ¿por qué estás fuera? He preparado la casa, y el lugar para los camellos.

24:32 Entonces el hombre vino a casa, y *Labán* desató los camellos; y les dio paja y forraje, y agua para lavar los pies de él, y los pies de los hombres que con él venían.

24:33 Y le pusieron delante qué comer; mas él dijo: No comeré hasta que haya dicho mi mensaje. Y él le dijo: Habla.

24:34 Entonces dijo: Yo soy criado de *Abrahám*.

24:27
וַיֹּ֕אמֶר בָּר֤וּךְ יְהוָה֙ אֱלֹהֵי֙ אֲדֹנִ֣י אַבְרָהָ֔ם אֲשֶׁ֛ר לֹֽא־עָזַ֥ב חַסְדּ֛וֹ וַאֲמִתּ֖וֹ מֵעִ֣ם אֲדֹנִ֑י אָנֹכִ֗י בַּדֶּ֙רֶךְ֙ נָחַ֣נִי יְהוָ֔ה בֵּ֖ית אֲחֵ֥י אֲדֹנִֽי

VAYÓMER BARÚJ IHVH ELOHÉI ADONÍ ABRAHÁM ASHÉR LO-ÄZZÁB JASDÓ VAAMITÓ MEÏM ADONÍ ANOJÍ BADÉREJ NAJÁNI IHVH BÉIT AJÉI ADONÍ

24:28
וַתָּ֙רָץ֙ הַֽנַּעֲרָ֔ וַתַּגֵּ֖ד לְבֵ֣ית אִמָּ֑הּ כַּדְּבָרִ֖ים הָאֵֽלֶּה

VATÁRATZ HANAÄRÁ VATAGUÉD LEBÉIT IMÁH KADEBARÍM HAÉLEH

24:29
וּלְרִבְקָ֥ה אָ֖ח וּשְׁמ֣וֹ לָבָ֑ן וַיָּ֨רָץ לָבָ֧ן אֶל־הָאִ֛ישׁ הַח֖וּצָה אֶל־הָעָֽיִן

ULERIBKÁH AJ USHEMÓ LABÁN VAYÁRATZ LABÁN EL-HAÍSH HAJÚTZAH EL-HAÁIN

24:30
וַיְהִ֣י ׀ כִּרְאֹ֣ת אֶת־הַנֶּ֗זֶם וְֽאֶת־הַצְּמִדִים֮ עַל־יְדֵ֣י אֲחֹתוֹ֒ וּכְשָׁמְע֗וֹ אֶת־דִּבְרֵ֞י רִבְקָ֤ה אֲחֹתוֹ֙ לֵאמֹ֔ר כֹּֽה־דִבֶּ֥ר אֵלַ֖י הָאִ֑ישׁ וַיָּבֹא֙ אֶל־הָאִ֔ישׁ וְהִנֵּ֛ה עֹמֵ֥ד עַל־הַגְּמַלִּ֖ים עַל־הָעָֽיִן

VAIHÍ KIRÓT ET-HANÉZZEM VEÉT-HATZEMIDÍM ÄL-IEDÉI AJOTÓ UJESHAMEÖ ET-DIBRÉI RIBKÁH AJOTÓ LEMÓR KOH-DIBÉR ELÁI HAÍSH VAYABÓ EL-HAÍSH VEHINÉH ÖMÉD ÄL-HAGUEMALÍ ÄL-HAÁIN

24:31
וַיֹּ֕אמֶר בּ֖וֹא בְּר֣וּךְ יְהוָ֑ה לָ֤מָּה תַעֲמֹד֙ בַּח֔וּץ וְאָנֹכִי֙ פִּנִּ֣יתִי הַבַּ֔יִת וּמָק֖וֹם לַגְּמַלִּֽים

VAYÓMER BO BERÚJ IHVH LÁMAH TAÄMÓD BAJÚTZ VEANOJÍ PINÍTI HABÁIT UMAKÓM LAGUEMALÍM

24:32
וַיָּבֹ֤א הָאִישׁ֙ הַבַּ֔יְתָה וַיְפַתַּ֖ח הַגְּמַלִּ֑ים וַיִּתֵּ֨ן תֶּ֤בֶן וּמִסְפּוֹא֙ לַגְּמַלִּ֔ים וּמַ֕יִם לִרְחֹ֣ץ רַגְלָ֔יו וְרַגְלֵ֥י הָאֲנָשִׁ֖ים אֲשֶׁ֥ר אִתּֽוֹ

VAYABÓ HAÍSH HABÁITAH VAIFATÁJ HAGUEMALÍM VAYTÉN TÉBEN UMISPÓ LAGUEMALÍM UMÁIM LIRJÓTZ RAGLÁV VERAGLÉI HAANASHÍM ASHÉR ITÓ

24:33
וייש̇ם* לְפָנָיו֙ לֶאֱכֹ֔ל וַיֹּ֙אמֶר֙ לֹ֣א אֹכַ֔ל עַ֥ד אִם־דִּבַּ֖רְתִּי דְּבָרָ֑י וַיֹּ֖אמֶר דַּבֵּֽר

VAYUSÁM LEFANÁV LEEJÓL VAYÓMER LO OJÁL ÄD IM-DIBÁRTI DEBARÁI VAYÓMER DABÉR

24:34
וַיֹּאמַ֑ר עֶ֥בֶד אַבְרָהָ֖ם אָנֹֽכִי

VAYOMÁR ËBED ABRAHÁM ANÓJI

---

* וַיּוּשַׂ֖ם

24:35 Y El Eterno ha bendecido mucho a mi amo, y él se ha engrandecido; y le ha dado ovejas y vacas, plata y oro, siervos y siervas, camellos y asnos.

24:36 Y *Saráh*, mujer de mi amo, dio a luz en su vejez un hijo a mi señor, quien le ha dado a él todo cuanto tiene.

24:37 Y mi amo me hizo jurar, diciendo: No tomarás para mi hijo mujer de las hijas de los kenaäní, en cuya tierra habito;

24:38 sino que irás a la casa de mi padre y a mi parentela, y tomarás mujer para mi hijo.

24:39 Y yo dije: Quizás la mujer no querrá seguirme.

24:40 Entonces él me respondió: El Eterno, en cuya presencia he andado, enviará su ángel contigo, y prosperará tu camino; y tomarás para mi hijo mujer de mi familia y de la casa de mi padre.

24:41 Entonces serás libre de mi juramento, cuando hayas llegado a mi familia; y si no te la dieren, serás libre de mi juramento.

24:42 Llegué, pues, hoy a la fuente, y dije: El Eterno, Dios de mi señor *Abrahám*, si tú prosperas ahora mi camino por el cual ando,

24:43 he aquí yo estoy junto a la fuente de agua; sea, pues, que la doncella que saliere por agua, a la cual dijere: Dame de beber, te ruego, un poco de agua de tu cántaro,

157 / BERESHÍT- בְּרֵאשִׁית

24:35 וַיהוָה בֵּרַךְ אֶת־אֲדֹנִי מְאֹד וַיִּגְדָּל וַיִּתֶּן־לוֹ צֹאן וּבָקָר וְכֶסֶף וְזָהָב וַעֲבָדִם וּשְׁפָחֹת וּגְמַלִּים וַחֲמֹרִים

VA-IHVH BERÁJ ET-ADONÍ MEÓD VAYGDÁL VAITÉN-LO TZON UBAKÁR VEJÉSEF VEZZAHÁB VAÄBADÍM USHEFAJÓT UGUEMALÍM VAJAMORÍM

24:36 וַתֵּלֶד שָׂרָה אֵשֶׁת אֲדֹנִי בֵן לַאדֹנִי אַחֲרֵי זִקְנָתָהּ וַיִּתֶּן־לּוֹ אֶת־כָּל־אֲשֶׁר־לוֹ

VATÉLED SARÁH ÉSHET ADONÍ BEN LADONÍ AJARÉI ZZIKNATÁH VAYTÉN-LO ET-KOL-ASHÉR-LO

24:37 וַיַּשְׁבִּעֵנִי אֲדֹנִי לֵאמֹר לֹא־תִקַּח אִשָּׁה לִבְנִי מִבְּנוֹת הַכְּנַעֲנִי אֲשֶׁר אָנֹכִי יֹשֵׁב בְּאַרְצוֹ

VAYASHBIËNI ADONÍ LEMÓR LO-TIKÁJ ISHÁH LIBNÍ MIBENÓT HAKENAÄNÍ ASHÉR ANOJÍ IOSHÉB BEARTZÓ

24:38 אִם־לֹא אֶל־בֵּית־אָבִי תֵּלֵךְ וְאֶל־מִשְׁפַּחְתִּי וְלָקַחְתָּ אִשָּׁה לִבְנִי

IM-LO EL-BÉIT-ABÍ TELÉJ VEÉL-MISHPAJTÍ VELAKAJTÁ ISHÁH LIBNÍ

24:39 וָאֹמַר אֶל־אֲדֹנִי אֻלַי לֹא־תֵלֵךְ הָאִשָּׁה אַחֲרָי

VAOMÁR EL-ADONÍ ULÁI LO-TELÉJ HAISHÁH AJARÁI

24:40 וַיֹּאמֶר אֵלָי יְהוָה אֲשֶׁר־הִתְהַלַּכְתִּי לְפָנָיו יִשְׁלַח מַלְאָכוֹ אִתָּךְ וְהִצְלִיחַ דַּרְכֶּךָ וְלָקַחְתָּ אִשָּׁה לִבְנִי מִמִּשְׁפַּחְתִּי וּמִבֵּית אָבִי

VAYÓMER ELÁI IHVH ASHÉR-HITHALÁJTI LEFANÁV ISHLÁJ MALAJÓ ITÁJ VEHITZLÍAJ DARKÉJA VELAKAJTÁ ISHÁH LIBNÍ MIMISHPAJTÍ UMIBÉIT ABÍ

24:41 אָז תִּנָּקֶה מֵאָלָתִי כִּי תָבוֹא אֶל־מִשְׁפַּחְתִּי וְאִם־לֹא יִתְּנוּ לָךְ וְהָיִיתָ נָקִי מֵאָלָתִי

AZZ TINAKÉH MEALATÍ KI TABÓ EL-MISHPAJTÍ VEÍM-LO ITENÚ LAJ VEHAIÍTA NAKÍ MEALATÍ

24:42 וָאָבֹא הַיּוֹם אֶל־הָעָיִן וָאֹמַר יְהוָה אֱלֹהֵי אֲדֹנִי אַבְרָהָם אִם־יֶשְׁךָ־נָּא מַצְלִיחַ דַּרְכִּי אֲשֶׁר אָנֹכִי הֹלֵךְ עָלֶיהָ

VAABÓ HAYÓM EL-HAÄIN VAOMÁR IHVH ELOHÉI ADONÍ ABRAHÁM IM-IESHJÁ-NA MATZLÍAJ DARKÍ ASHÉR ANOJÍ HOLÉJ ÄLÉIHA

24:43 הִנֵּה אָנֹכִי נִצָּב עַל־עֵין הַמָּיִם וְהָיָה הָעַלְמָה הַיֹּצֵאת לִשְׁאֹב וְאָמַרְתִּי אֵלֶיהָ הַשְׁקִינִי־נָא מְעַט־מַיִם מִכַּדֵּךְ

HINÉH ANOJÍ NITZÁB ÄL-ËIN HAMÁIM VEHAIÁH HÁÄLMAH HAYOTZÉT LISHÓB VEAMARTÍ ELÉIHA HASHKÍNI-NA MEÄT-MÁIM MIKADÉJ

24:44 y ella me respondiere: Bebe tú, y también para tus camellos sacaré agua; sea ésta la mujer que destinó El Eterno para el hijo de mi señor.

24:45 Antes que acabase de hablar en mi corazón, he aquí *Ribkáh* (Rebeca), que salía con su cántaro sobre su hombro; y descendió a la fuente, y sacó agua; y le dije: te ruego que me des de beber.

24:46 Y bajó prontamente su cántaro de encima de sí, y dijo: Bebe, y también a tus camellos daré de beber. Y bebí, y dio también de beber a mis camellos.

24:47 Entonces le pregunté, y dije: ¿De quién eres hija? Y ella respondió: Hija de *Betuél* hijo de *Najór*, que dio a luz *Milkáh*. Entonces le puse un pendiente en su nariz, y brazaletes en sus brazos;

24:48 y me incliné y adoré a El Eterno, y bendije a El Eterno Dios de mi señor *Abrahám*, que me había guiado por camino de verdad para tomar la hija del hermano de mi señor para su hijo.

24:49 Ahora, pues, si vosotros hacéis misericordia y verdad con mi señor, declarádmelo; y si no, declarádmelo; y me iré a la diestra o a la siniestra[126].

24:50 Entonces *Labán* y *Betuél* respondieron y dijeron: De El Eterno ha salido esto; no podemos hablarte malo ni bueno.

24:51 He ahí *Ribkáh* (Rebeca) delante de ti; tómala y vete, y sea mujer del hijo de tu señor, como lo ha dicho El Eterno.

---

[126] **24:49 A la diestra o a la siniestra:** Hacia la derecha es el desierto de Parán al sur de Jebrón, donde residían las hijas de *Ishmaël*. Hacia la izquierda es a la altura del Mar Muerto donde residían las hijas de *Lot*. Es decir, en caso de que no acepten este compromiso, buscaré una mujer para *Itzják* (Isaac) en el resto de la familia de *Abrahám*.

24:44
וְאָמְרָ֣ה אֵלַ֗י גַּם־אַתָּ֣ה שְׁתֵ֔ה וְגַ֥ם לִגְמַלֶּ֖יךָ אֶשְׁאָ֑ב הִ֣וא הָֽאִשָּׁ֔ה אֲשֶׁר־הֹכִ֥יחַ יְהוָ֖ה לְבֶן־אֲדֹנִֽי

VEAMERÁH ELÁI GAM-ATÁH SHETÉH VEGÁM LIGMALÉIJA ESHÁB HI HAISHÁH ASHÉR-HOJÍAJ IHVH LEBÉN-ADONÍ

24:45
אֲנִי֩ טֶ֨רֶם אֲכַלֶּ֜ה לְדַבֵּ֣ר אֶל־לִבִּ֗י וְהִנֵּ֨ה רִבְקָ֤ה יֹצֵאת֙ וְכַדָּ֣הּ עַל־שִׁכְמָ֔הּ וַתֵּ֥רֶד הָעַ֖יְנָה וַתִּשְׁאָ֑ב וָאֹמַ֥ר אֵלֶ֖יהָ הַשְׁקִ֥ינִי נָֽא

ANÍ TÉREM AJALÉH LEDABÉR EL-LIBÍ VEHINÉH RIBKÁH IOTZÉT VEJADÁH ÄL-SHIJMÁH VATÉRED HAÄINAH VATISHÁB VAOMÁR ELÉIHA HASHKÍNI NA

24:46
וַתְּמַהֵ֗ר וַתּ֤וֹרֶד כַּדָּהּ֙ מֵֽעָלֶ֔יהָ וַתֹּ֣אמֶר שְׁתֵ֔ה וְגַם־גְּמַלֶּ֖יךָ אַשְׁקֶ֑ה וָאֵ֕שְׁתְּ וְגַ֥ם הַגְּמַלִּ֖ים הִשְׁקָֽתָה

VATEMAHÉR VATÓRED KADÁH MEÄLÉIHA VATÓMER SHETÉH VEGÁM-GUEMALÉIJA ASHKÉH VAÉSHT VEGÁM HAGUEMALÍM HISHKÁTAH

24:47
וָאֶשְׁאַ֣ל אֹתָ֗הּ וָאֹמַר֮ בַּת־מִ֣י אַתְּ֒ וַתֹּ֗אמֶר בַּת־בְּתוּאֵל֙ בֶּן־נָח֔וֹר אֲשֶׁ֥ר יָֽלְדָה־לּ֖וֹ מִלְכָּ֑ה וָאָשִׂ֤ם הַנֶּ֙זֶם֙ עַל־אַפָּ֔הּ וְהַצְּמִידִ֖ים עַל־יָדֶֽיהָ

VAESHÁL OTÁH VAÓMAR BAT-MI AT VATÓMER BAT-BETUÉL BEN-NAJÓR ASHÉR IÁLEDAH-LO MILKÁH VAASÍM HANÉZZEM ÄL-APÁH VEHATZEMIDÍM ÄL-IADÉIHA

24:48
וָאֶקֹּ֥ד וָֽאֶשְׁתַּחֲוֶ֖ה לַֽיהוָ֑ה וָאֲבָרֵ֗ךְ אֶת־יְהוָה֙ אֱלֹהֵי֙ אֲדֹנִ֣י אַבְרָהָ֔ם אֲשֶׁ֤ר הִנְחַ֙נִי֙ בְּדֶ֣רֶךְ אֱמֶ֔ת לָקַ֛חַת אֶת־בַּת־אֲחִ֥י אֲדֹנִ֖י לִבְנֽוֹ

VAEKÓD VAESHTAJAVÉH LA-IHVH VAABARÉJ ET- IHVH ELOHÉI ADONÍ ABRAHÁM ASHÉR HINJÁNI BEDÉREJ EMÉT LAKÁJAT ET-BAT-AJÍ ADONÍ LIBNÓ

24:49
וְ֠עַתָּה אִם־יֶשְׁכֶ֨ם עֹשִׂ֜ים חֶ֧סֶד וֶֽאֱמֶ֛ת אֶת־אֲדֹנִ֖י הַגִּ֣ידוּ לִ֑י וְאִם־לֹ֕א הַגִּ֣ידוּ לִ֔י וְאֶפְנֶ֥ה עַל־יָמִ֖ין א֥וֹ עַל־שְׂמֹֽאל

VEÄTAH IM-IESHJÉM ÖSÍM JÉSED VEEMÉT ET-ADONÍ HAGUÍDU LI VEÍM-LO HAGUÍDU LI VEEFNÉH ÄL-IAMÍN O ÄL-SEMÓL

24:50
וַיַּ֨עַן לָבָ֤ן וּבְתוּאֵל֙ וַיֹּ֣אמְר֔וּ מֵיְהוָ֖ה יָצָ֣א הַדָּבָ֑ר לֹ֥א נוּכַ֛ל דַּבֵּ֥ר אֵלֶ֖יךָ רַ֥ע אוֹ־טֽוֹב

VAYÄÄN LABÁN UBETUÉL VAYÓMRU ME-IHVH IATZÁ HADABÁR LO NUJÁL DABÉR ELÉIJA RÄ O-TOB

24:51
הִנֵּֽה־רִבְקָ֥ה לְפָנֶ֖יךָ קַ֣ח וָלֵ֑ךְ וּתְהִ֤י אִשָּׁה֙ לְבֶן־אֲדֹנֶ֔יךָ כַּאֲשֶׁ֖ר דִּבֶּ֥ר יְהוָֽה

HINÉH-RIBKÁH LEFANÉIJA KAJ VALÉJ UTEHÍ ISHÁH LEBÉN-ADONÉIJA KAASHÉR DIBÉR IHVH

24:52 Cuando el criado de *Abrahám* oyó sus palabras, se inclinó en tierra ante El Eterno.

24:53 Y sacó el criado alhajas de plata y alhajas de oro, y vestidos, y dio a *Ribkáh* (Rebeca); también dio cosas preciosas a su hermano y a su madre.

24:54 Y comieron y bebieron él y los varones que venían con él, y durmieron; y levantándose de mañana, dijo: Enviadme a mi señor.

24:55 Entonces respondieron su hermano y su madre: Espere la doncella con nosotros a lo menos diez días, y después irá.

24:56 Y él les dijo: No me detengáis, ya que El Eterno ha prosperado mi camino; despachadme para que me vaya a mi señor.

24:57 Ellos respondieron entonces: Llamemos a la doncella y preguntémosle[127].

24:58 Y llamaron a *Ribkáh* (Rebeca), y le dijeron: ¿Irás tú con este varón? Y ella respondió: Sí, iré.

24:59 Entonces dejaron ir a *Ribkáh* (Rebeca) su hermana, y a su nodriza, y al criado de *Abrahám* y a sus hombres.

24:60 Y bendijeron a *Ribkáh* (Rebeca), y le dijeron: Hermana nuestra, sé madre de millares de millares, y posean tus descendientes la puerta de sus enemigos.

---

[127] **24:57 Preguntémosle:** De aquí aprendemos que no se puede contraer matrimonio con una mujer, sin su consentimiento.

24:52 וַיְהִ֕י כַּאֲשֶׁ֥ר שָׁמַ֛ע עֶ֥בֶד אַבְרָהָ֖ם אֶת־דִּבְרֵיהֶ֑ם וַיִּשְׁתַּ֥חוּ אַ֖רְצָה לַֽיהֹוָֽה

VAIHÍ KAASHÉR SHAMÄ ËBED ABRAHÁM ET-DIBREIHÉM VAYSHTÁJU ÁRTZAH LA-IHVH

24:53 וַיּוֹצֵ֨א הָעֶ֜בֶד כְּלֵי־כֶ֨סֶף וּכְלֵ֤י זָהָב֙ וּבְגָדִ֔ים וַיִּתֵּ֖ן לְרִבְקָ֑ה וּמִ֨גְדָּנֹ֔ת נָתַ֥ן לְאָחִ֖יהָ וּלְאִמָּֽהּ

VAYOTZÉ HAËBED KELÉI-JÉSEF UJELÉI ZZAHÁB UBEGADÍM VAYTÉN LERIBKÁH UMIGDANÓT NATÁN LEAJÍHA ULEIMÁH

24:54 וַיֹּֽאכְל֣וּ וַיִּשְׁתּ֗וּ ה֛וּא וְהָאֲנָשִׁ֥ים אֲשֶׁר־עִמּ֖וֹ וַיָּלִ֑ינוּ וַיָּק֣וּמוּ בַבֹּ֔קֶר וַיֹּ֖אמֶר שַׁלְּחֻ֥נִי לַֽאדֹנִֽי

VAYOJELÚ VAYSHTÚ HU VEHAANASHÍM ASHÉR-ÏMÓ VAYALÍNU VAYAKÚMU BABÓKER VAYÓMER SHALEJÚNI LADONÍ

24:55 וַיֹּ֤אמֶר אָחִ֨יהָ֙ וְאִמָּ֔הּ תֵּשֵׁ֨ב הַנַּעֲרָ֥ אִתָּ֛נוּ יָמִ֖ים א֣וֹ עָשׂ֑וֹר אַחַ֖ר תֵּלֵֽךְ

VAYÓMER AJÍHA VEIMÁH TESHÉB HANAÄRÁ ITÁNU IAMÍM O ÄSOR AJÁR TELÉJ

24:56 וַיֹּ֤אמֶר אֲלֵהֶם֙ אַל־תְּאַחֲר֣וּ אֹתִ֔י וַֽיהֹוָ֖ה הִצְלִ֣יחַ דַּרְכִּ֑י שַׁלְּח֕וּנִי וְאֵלְכָ֖ה לַֽאדֹנִֽי

VAYÓMER ALEHÉM AL-TEAJARÚ OTÍ VA-IHVH HITZLÍAJ DARKÍ SHALEJÚNI VEELEJÁH LADONÍ

24:57 וַיֹּאמְר֖וּ נִקְרָ֣א לַֽנַּעֲרָ֑ וְנִשְׁאֲלָ֖ה אֶת־פִּֽיהָ

VAYOMRÚ NIKRÁ LANAÄRÁ VENISHALÁH ET-PÍHA

24:58 וַיִּקְרְא֤וּ לְרִבְקָה֙ וַיֹּאמְר֣וּ אֵלֶ֔יהָ הֲתֵלְכִ֖י עִם־הָאִ֣ישׁ הַזֶּ֑ה וַתֹּ֖אמֶר אֵלֵֽךְ

VAYKREÚ LERIBKÁH VAYOMRÚ ELÉIHA HATELEJÍ ÏM-HAÍSH HAZZÉH VATÓMER ELÉJ

24:59 וַֽיְשַׁלְּח֛וּ אֶת־רִבְקָ֥ה אֲחֹתָ֖ם וְאֶת־מֵנִקְתָּ֑הּ וְאֶת־עֶ֥בֶד אַבְרָהָ֖ם וְאֶת־אֲנָשָֽׁיו

VAISHALEJÚ ET-RIBKÁH AJOTÁM VEÉT-MENIKTÁH VEÉT-ËBED ABRAHÁM VEÉT-ANASHÁV

24:60 וַיְבָרֲכ֤וּ אֶת־רִבְקָה֙ וַיֹּ֣אמְרוּ לָ֔הּ אֲחֹתֵ֕נוּ אַ֥תְּ הֲיִ֖י לְאַלְפֵ֣י רְבָבָ֑ה וְיִירַ֣שׁ זַרְעֵ֔ךְ אֵ֖ת שַׁ֥עַר שֹׂנְאָֽיו

VAIBARAJÚ ET-RIBKÁH VAYÓMRU LAH AJOTÉNU AT HAÍI LEALFÉI REBABÁH VEIRÁSH ZZARËJ ET SHÁAR SONÁV

162 / BERESHÍT-בְּרֵאשִׁית

24:61 Entonces se levantó *Ribkáh* (Rebeca) y sus doncellas, y montaron en los camellos, y siguieron al hombre; y el criado tomó a *Ribkáh* (Rebeca), y se fue.

24:62 Y venía *Itzják* (Isaac) del pozo Lajái Roí; porque él habitaba en el Négueb.

24:63 Y había salido *Itzják* (Isaac) a meditar al campo, a la hora de la tarde; y alzando sus ojos miró, y he aquí los camellos que venían.

24:64 *Ribkáh* (Rebeca) también alzó sus ojos, y vio a *Itzják* (Isaac), y descendió del camello;

24:65 porque había preguntado al criado: ¿Quién es este varón que viene por el campo hacia nosotros? Y el criado había respondido: Este es mi señor. Ella entonces tomó el velo, y se cubrió.

24:66 Entonces el criado contó a *Itzják* (Isaac) todo lo que había hecho.

24:67 Y la trajo *Itzják* (Isaac) a la tienda de su madre *Saráh*, y tomó a *Ribkáh* (Rebeca) por mujer, y la amó; y se consoló *Itzják* (Isaac) después de la muerte de su madre.

CAPÍTULO 25

Los descendientes de *Abrahám* y *Keturáh*
(1 *Dibréi Haiamím* - Crónicas 1.32-33)

25:1 *Abrahám* tomó una mujer, cuyo nombre era *Keturáh*,[128]
25:2 la cual le dio a luz a *Zzimrám*, *Iakeshán*, *Medán*, *Midián*, *Ishbák* y *Shuáj*.

---

[128] **25:1 *Keturáh*:** Se refiere a *Hagár*. Sin embargo, la *Toráh* la llama con el nombre de *Keturáh*, pues ésta palabra deriva de la palabra aramea *Katár* que significa atar, aludiendo a que ella no estuvo con ningún otro hombre desde momento en que se separó de *Abrahám* (estaba atada a *Abrahám*).

163 / BERESHÍT- בְּרֵאשִׁית

24:61 וַתָּ֤קָם רִבְקָה֙ וְנַעֲרֹתֶ֔יהָ וַתִּרְכַּ֖בְנָה עַל־הַגְּמַלִּ֑ים וַתֵּלַ֖כְנָה אַחֲרֵ֣י הָאִ֑ישׁ וַיִּקַּ֥ח הָעֶ֛בֶד אֶת־רִבְקָ֖ה וַיֵּלַֽךְ

VATÁKAM RIBKÁH VENAÄROTÉIHA VATIRKÁBNAH ÄL-HAGUEMALÍM
VATELÁJNAH AJARÉI HAÍSH VAYKÁJ HAËBED ET-RIBKÁH VAYELÁJ

24:62 וְיִצְחָק֙ בָּ֣א מִבּ֔וֹא בְּאֵ֥ר לַחַ֖י רֹאִ֑י וְה֥וּא יוֹשֵׁ֖ב בְּאֶ֥רֶץ הַנֶּֽגֶב

VEITZJÁK BA MIBÓ BEÉR LAJÁI ROÍ VEHÚ IOSHÉB BEÉRETZ HANÉGUEB

24:63 וַיֵּצֵ֥א יִצְחָ֛ק לָשׂ֥וּחַ בַּשָּׂדֶ֖ה לִפְנ֣וֹת עָ֑רֶב וַיִּשָּׂ֤א עֵינָיו֙ וַיַּ֔רְא וְהִנֵּ֥ה גְמַלִּ֖ים בָּאִֽים

VAYETZÉ ITZJÁK LASÚAJ BASADÉH LIFNÓT ÄREB VAYSÁËINAV VAYÁR VEHINÉH
GUEMALÍM BAÍM

24:64 וַתִּשָּׂ֤א רִבְקָה֙ אֶת־עֵינֶ֔יהָ וַתֵּ֖רֶא אֶת־יִצְחָ֑ק וַתִּפֹּ֖ל מֵעַ֥ל הַגָּמָֽל

VATISÁ RIBKÁH ET-ËINÉIHA VATÉRE ET-ITZJÁK VATIPÓL MEÄL HAGAMÁL

24:65 וַתֹּ֣אמֶר אֶל־הָעֶ֗בֶד מִֽי־הָאִ֤ישׁ הַלָּזֶה֙ הַהֹלֵ֤ךְ בַּשָּׂדֶה֙ לִקְרָאתֵ֔נוּ וַיֹּ֥אמֶר הָעֶ֖בֶד ה֣וּא אֲדֹנִ֑י וַתִּקַּ֥ח הַצָּעִ֖יף וַתִּתְכָּֽס

VATÓMER EL-HAËBED MI-HAÍSH HALAZZÉH HAHOLÉJ BASADÉH LIKRATÉNU
VAYÓMER HAËBED HU ADONÍ VATIKÁJ HATZAÏF VATITKÁS

24:66 וַיְסַפֵּ֥ר הָעֶ֖בֶד לְיִצְחָ֑ק אֵ֥ת כָּל־הַדְּבָרִ֖ים אֲשֶׁ֥ר עָשָֽׂה

VAISAPÉR HAËBED LEITZJÁK ET KOL-HADEBARÍM ASHÉR ÄSAH

24:67 וַיְבִאֶ֣הָ יִצְחָ֗ק הָאֹ֙הֱלָה֙ שָׂרָ֣ה אִמּ֔וֹ וַיִּקַּ֧ח אֶת־רִבְקָ֛ה וַתְּהִי־ל֥וֹ לְאִשָּׁ֖ה וַיֶּאֱהָבֶ֑הָ וַיִּנָּחֵ֥ם יִצְחָ֖ק אַחֲרֵ֥י אִמּֽוֹ

VAIBIÉHA ITZJÁK HAÓHELAH SARÁH IMÓ VAYKÁJ ET-RIBKÁH VATEHÍ-LO
LEISHÁH VAYEEHABÉHA VAYNAJÉM ITZJÁK AJARÉI IMÓ

פֶּרֶק כה - PÉREK 25

25:1 וַיֹּ֧סֶף אַבְרָהָ֛ם וַיִּקַּ֥ח אִשָּׁ֖ה וּשְׁמָ֥הּ קְטוּרָֽה

VAYÓSEF ABRAHÁM VAYKÁJ ISHÁH USHEMÁH KETURÁH

25:2 וַתֵּ֣לֶד ל֗וֹ אֶת־זִמְרָן֙ וְאֶת־יָקְשָׁ֔ן וְאֶת־מְדָ֖ן וְאֶת־מִדְיָ֑ן וְאֶת־יִשְׁבָּ֖ק וְאֶת־שֽׁוּחַ

VATÉLED LO ET-ZZIMRÁN VEÉT-IAKESHÁN VEÉT-MEDÁN VEÉT-MIDIÁN VEÉT-
ISHBÁK VEÉT-SHUÁJ

25:3 Y *Iakeshán* engendró a *Shebá* y a *Dedán*; e hijos de *Dedán* fueron *Ashurím*, *Letushím* y *Leumím*.
25:4 E hijos de *Midián*: *Ëifáh*, *Ëfér*, *Janój*, *Abidä* y *Eldaäh*. Todos estos fueron hijos de *Keturáh*.
25:5 Y *Abrahám* dio todo cuanto tenía a *Itzják* (Isaac).
25:6 Pero a los hijos de sus concubinas dio *Abrahám* dones, y los envió lejos de *Itzják* (Isaac) su hijo, mientras él vivía, hacia el oriente, a la tierra oriental.

Muerte y sepultura de *Abrahám*

25:7 Y estos fueron los días que vivió *Abrahám*: ciento setenta y cinco años[129].
25:8 Y exhaló el espíritu, y murió *Abrahám* en buena vejez, anciano y lleno de años, y fue unido a su pueblo[130].
25:9 Y lo sepultaron *Itzják* (Isaac) e *Ishmaël* (Ismaél) sus hijos en la cueva de Majpeláh, en la heredad de *Ëfrón* hijo de *Tzójar* jití, que está enfrente de Mamré,
25:10 heredad que compró *Abrahám* de los hijos de *Jet*; allí fue sepultado *Abrahám*, y *Saráh* su mujer.

---

[129] **25:7 Vivió *Abrahám*:** Ver comentario 23:1.

[130] **25:8 Exhaló:** גָוַע (GAVÄ=exhaló). Éste término se utiliza cuando el alma de un justo se va se este mundo.

Se reunió a su pueblo: Se unió a la fuente de la vida en el mundo venidero junto a los justos de las generaciones, los cuales son considerados su pueblo pues se parecen a él.

165 / BERESHÍT-בְּרֵאשִׁית

25:3 וְיָקְשָׁן יָלַד אֶת־שְׁבָא וְאֶת־דְּדָן וּבְנֵי דְדָן הָיוּ אַשּׁוּרִם וּלְטוּשִׁים וּלְאֻמִּים

VEIAKESHÁN IALÁD ET-SHEBÁ VEÉT-DEDÁN UBENÉI DEDÁN HAÍU ASHURÍM ULETUSHÍM ULEUMÍM

25:4 וּבְנֵי מִדְיָן עֵיפָה וָעֵפֶר וַחֲנֹךְ וַאֲבִידָע וְאֶלְדָּעָה כָּל־אֵלֶּה בְּנֵי קְטוּרָה

UBENÉI MIDIÁN ËIFÁH VAËFER VAJANÓJ VAABIDÄ VEELDAÄH KOL-ÉLEH BENÉI KETURÁH

25:5 וַיִּתֵּן אַבְרָהָם אֶת־כָּל־אֲשֶׁר־לוֹ לְיִצְחָק

VAYTÉN ABRAHÁM ET-KOL-ASHÉR-LO LEITZJÁK

25:6 וְלִבְנֵי הַפִּילַגְשִׁים אֲשֶׁר לְאַבְרָהָם נָתַן אַבְרָהָם מַתָּנֹת וַיְשַׁלְּחֵם מֵעַל יִצְחָק בְּנוֹ בְּעוֹדֶנּוּ חַי קֵדְמָה אֶל־אֶרֶץ קֶדֶם

VELIBENÉI HAPILAGSHÍM ASHÉR LEABRAHÁM NATÁN ABRAHÁM MATANÓT VAISHALEJÉM MEÄL ITZJÁK BENÓ BEÖDÉNU JÁI KÉDMAH EL-ÉRETZ KEDEM

25:7 וְאֵלֶּה יְמֵי שְׁנֵי־חַיֵּי אַבְרָהָם אֲשֶׁר־חָי מְאַת שָׁנָה וְשִׁבְעִים שָׁנָה וְחָמֵשׁ שָׁנִים

VEÉLEH IEMÉI SHENÉI-JAYÉI ABRAHÁM ASHÉR-JÁI MEÁT SHANÁH VESHIBÏM SHANÁH VEJAMÉSH SHANÍM

25:8 וַיִּגְוַע וַיָּמָת אַבְרָהָם בְּשֵׂיבָה טוֹבָה זָקֵן וְשָׂבֵעַ וַיֵּאָסֶף אֶל־עַמָּיו

VAYGVÄ VAYÁMAT ABRAHÁM BESEIBÁH TOBÁH ZZAKÉN VESABËÄ VAYEÁSEF EL-ÄMÁV

25:9 וַיִּקְבְּרוּ אֹתוֹ יִצְחָק וְיִשְׁמָעֵאל בָּנָיו אֶל־מְעָרַת הַמַּכְפֵּלָה אֶל־שְׂדֵה עֶפְרֹן בֶּן־צֹחַר הַחִתִּי אֲשֶׁר עַל־פְּנֵי מַמְרֵא

VAYKBERÚ OTÓ ITZJÁK VEISHMAËL BANÁV EL-MEÄRÁT HAMAJPELÁH EL-SEDÉH ËFRÓN BEN-TZÓJAR HAJITÍ ASHÉR ÄL-PENÉI MAMRÉ

25:10 הַשָּׂדֶה אֲשֶׁר־קָנָה אַבְרָהָם מֵאֵת בְּנֵי־חֵת שָׁמָּה קֻבַּר אַבְרָהָם וְשָׂרָה אִשְׁתּוֹ

HASADÉH ASHÉR-KANÁH ABRAHÁM MEÉT BENÉI-JET SHÁMAH KUBÁR ABRAHÁM VESARÁH ISHTÓ

BERESHÍT - בְּרֵאשִׁית

25:11 Y sucedió, después de muerto *Abrahám*, que Dios bendijo a *Itzják* (Isaac) su hijo; y habitó *Itzják* (Isaac) junto al pozo del Lejái Roí[131].

Los descendientes de *Ishmaël* (Ismaél)
(1 *Dibréi Haiamím* - Crónicas 1.28-31)

25:12 Estos son los descendientes de *Ishmaël* (Ismaél) hijo de *Abrahám*, a quien le dio a luz *Hagár* la egipcia, sierva de *Saráh*; 25:13 estos, pues, son los nombres de los hijos de *Ishmaël* (Ismaél), nombrados en el orden de su nacimiento: El primogénito de *Ishmaël* (Ismaél), *Nebaiót*; luego *Kedár*, *Adbeél*, *Mibsám*,
25:14 *Mishmá*, *Dúmah*, *Masá*,
25:15 *Jadád*, *Teimá*, *Ietúr*, *Nafísh* y *Kedmáh*.
25:16 Estos son los hijos de *Ishmaël* (Ismaél), y estos sus nombres, por sus villas y por sus campamentos; doce príncipes por sus familias.
25:17 Y estos fueron los años de la vida de *Ishmaël* (Ismaél), ciento treinta y siete años; y exhaló el espíritu *Ishmaël* (Ismaél), y murió, y fue unido a su pueblo.[132]
25:18 Y habitaron desde Javiláh hasta Shur, que está enfrente de Egipto viniendo a Ashúr; y murió en presencia de todos sus hermanos.

---

[131] **25:11 Dios bendijo a *Itzják*:** A pesar de que Dios le entregó todas las bendiciones a *Abrahám*, éste temió bendecir a *Itzják* pues vio proféticamente que de él saldría el malvado *Ësáv*. Por esto, dijo *Abrahám*: "que el dueño de las bendiciones bendiga a quien él desee", entonces vino Dios y bendijo a *Itzják*.

[132] **25:17 Exhaló:** Al llegar al fin de sus días, *Ishmaël* se arrepintió de sus malas acciones y volvió a Dios. Ver comentario 25:8.

בְּרֵאשִׁית / BERESHÍT

25:11 וַיְהִ֗י אַחֲרֵי֙ מ֣וֹת אַבְרָהָ֔ם וַיְבָ֥רֶךְ אֱלֹהִ֖ים אֶת־יִצְחָ֣ק בְּנ֑וֹ וַיֵּ֣שֶׁב יִצְחָ֔ק עִם־בְּאֵ֥ר לַחַ֖י רֹאִֽי

VAIHÍ AJAREÍ MOT ABRAHÁM VAIBÁREJ ELOHÍM ET-ITZJÁK BENÓ VAYÉSHEB ITZJÁK ÏM-BEÉR LAJÁI ROÍ

25:12 וְאֵ֛לֶּה תֹּלְדֹ֥ת יִשְׁמָעֵ֖אל בֶּן־אַבְרָהָ֑ם אֲשֶׁ֨ר יָלְדָ֜ה הָגָ֧ר הַמִּצְרִ֛ית שִׁפְחַ֥ת שָׂרָ֖ה לְאַבְרָהָֽם

VEÉLEH TOLEDÓT ISHMAËL BEN-ABRAHÁM ASHÉR IALEDÁH HAGAR HAMITZRÍT SHIFJÁT SARÁH LEABRAHÁM

25:13 וְאֵ֗לֶּה שְׁמוֹת֙ בְּנֵ֣י יִשְׁמָעֵ֔אל בִּשְׁמֹתָ֖ם לְתוֹלְדֹתָ֑ם בְּכֹ֤ר יִשְׁמָעֵאל֙ נְבָיֹ֔ת וְקֵדָ֥ר וְאַדְבְּאֵ֖ל וּמִבְשָֽׂם

VEÉLEH SHEMÓT BENÉI ISHMAËL BISHMOTÁM LETOLEDOTÁM BEJÓR ISHMAËL NEBAIÓT VEKEDÁR VEADBEÉL UMIBSÁM

25:14 וּמִשְׁמָ֥ע וְדוּמָ֖ה וּמַשָּֽׂא

UMISHMÄ VEDUMÁH UMASÁ

25:15 חֲדַ֣ד וְתֵימָ֔א יְט֥וּר נָפִ֖ישׁ וָקֵֽדְמָה

JADÁD VETEIMÁ IETÚR NAFÍSH VAKEDMÁH

25:16 אֵ֣לֶּה הֵ֞ם בְּנֵ֤י יִשְׁמָעֵאל֙ וְאֵ֣לֶּה שְׁמֹתָ֔ם בְּחַצְרֵיהֶ֖ם וּבְטִֽירֹתָ֑ם שְׁנֵים־עָשָׂ֥ר נְשִׂיאִ֖ם לְאֻמֹּתָֽם

ÉLEH HEM BENÉI ISHMAËL VEÉLEH SHEMOTÁM BEJATZEREIHÉM UBETIROTÁM SHENEÍM-ÄSÁR NESIÍM LEUMOTÁM

25:17 וְאֵ֗לֶּה שְׁנֵי֙ חַיֵּ֣י יִשְׁמָעֵ֔אל מְאַ֥ת שָׁנָ֛ה וּשְׁלֹשִׁ֥ים שָׁנָ֖ה וְשֶׁ֣בַע שָׁנִ֑ים וַיִּגְוַ֣ע וַיָּ֔מָת וַיֵּאָ֖סֶף אֶל־עַמָּֽיו

VEÉLEH SHENÉI JAYÉI ISHMAËL MEÁT SHANÁH USHELOSHÍM SHANÁH VESHÉBÄ SHANÍM VAYGVÄ VAYÁMAT VAYEÁSEF EL-ÄMÁV

25:18 וַיִּשְׁכְּנ֞וּ מֵחֲוִילָ֣ה עַד־שׁ֗וּר אֲשֶׁר֙ עַל־פְּנֵ֣י מִצְרַ֔יִם בֹּאֲכָ֖ה אַשּׁ֑וּרָה עַל־פְּנֵ֥י כָל־אֶחָ֖יו נָפָֽל

VAYSHEKENÚ MEJAVILÁH ÄD-SHUR ASHÉR ÄL-PENÉI MITZRÁIM BOAJÁH ASHÚRAH ÄL-PENÉI JOL-EJÁV NAFÁL

BERESHÍT-בְּרֵאשִׁית

Nacimiento de *Iaäkób* (Jacob) y *Ësáv* (Esaú)

25:19 Estos son los descendientes de *Itzják* (Isaac) hijo de *Abrahám*: *Abrahám* engendró a *Itzják* (Isaac),[133]
25:20 y era *Itzják* (Isaac) de cuarenta años cuando tomó por mujer a *Ribkáh* (Rebeca), hija de *Betuél* el aramí de Padán-Arám, hermana de *Labán* el aramí.
25:21 Y oró *Itzják* (Isaac) a El Eterno por su mujer, que era estéril; y lo aceptó El Eterno, y concibió *Ribkáh* (Rebeca) su mujer.
25:22 Y los hijos luchaban dentro de ella; y dijo: Si es así, ¿para qué vivo yo?[134] Y fue a consultar a El Eterno;
25:23 y le respondió El Eterno[135]: Dos naciones hay en tu seno, dos pueblos serán divididos desde tus entrañas. Un pueblo será más fuerte que el otro pueblo, y el mayor servirá al menor.
25:24 Cuando se cumplieron sus días para dar a luz, he aquí había gemelos en su vientre.
25:25 Y salió el primero pelirrojo, y era todo velludo como un manto de pelo; y llamaron su nombre *Ësáv* (Esaú)[136].

---

[133] **25:19 *Itzják* hijo de *Abrahám*: *Abrahám* engendró a *Itzják*:** Dios hizo que *Itzják* fuese físicamente idéntico a su padre *Abrahám*, pues la gente se burlaba diciendo que éste no podía tener hijos dada su avanzada edad y pensaban que *Abimélej* había dejado embarazada a *Saráh*.

[134] **25:22 Y los hijos luchaban dentro de ella:** Cuando pasaban frente a una casa de Dios (lugar de oración y estudios sagrados), *Iaäkób* intentaba salir. En cambio, cuando pasaban por un lugar de idolatría *Ësáv* se sentía atraído.
Y fue a consultar a El Eterno: Acudió a la casa de Dios de *Shem*.

[135] **25:23 Y le respondió El Eterno:** *Ribkáh* se tranquilizó cuando escuchó esta respuesta pues ella pensaba que su hijo era una persona inconsecuente, que le gustaba servir a Dios y a la idolatría. Con la respuesta de *Shem* supo que en realidad tendría un hijo justo servidor de Dios y otro malvado que serviría la idolatría.

[136] **25:25 Llamaron su nombre *Ësáv*:** עֵשָׂו (ËSÁV) fue llamado así pues nació como si estuviese עָשׂוּי (ÄSÚI=hecho). Tenía pelos como un

169 / BERESHÍT-בְּרֵאשִׁית

25:19 וְאֵ֛לֶּה תּוֹלְדֹ֥ת יִצְחָ֖ק בֶּן־אַבְרָהָ֑ם אַבְרָהָ֖ם הוֹלִ֥יד אֶת־יִצְחָֽק
VEÉLEH TOLEDÓT ITZJÁK BEN-ABRAHÁM ABRAHÁM HOLÍD ET-ITZJÁK

25:20 וַיְהִ֤י יִצְחָק֙ בֶּן־אַרְבָּעִ֣ים שָׁנָ֔ה בְּקַחְתּ֣וֹ אֶת־רִבְקָ֗ה בַּת־בְּתוּאֵל֙ הָֽאֲרַמִּ֔י מִפַּדַּ֖ן אֲרָ֑ם אֲח֛וֹת לָבָ֥ן הָאֲרַמִּ֖י ל֥וֹ לְאִשָּֽׁה
VAIHÍ ITZJÁK BEN-ARBAÍM SHANÁH BEKAJTÓ ET-RIBKÁH BAT-BETUÉL HAARAMÍ MIPADÁN ARÁM AJÓT LABÁN HAARAMÍ LO LEISHÁH

25:21 וַיֶּעְתַּ֨ר יִצְחָ֤ק לַֽיהֹוָה֙ לְנֹ֣כַח אִשְׁתּ֔וֹ כִּ֥י עֲקָרָ֖ה הִ֑וא וַיֵּעָ֤תֶר לוֹ֙ יְהֹוָ֔ה וַתַּ֖הַר רִבְקָ֥ה אִשְׁתּֽוֹ
VAYETÁR ITZJÁK LA-IHVH LENÓJAJ ISHTÓ KI ÄKARÁH HI VAYEÄTER LO IHVH VATÁHAR RIBKÁH ISHTÓ

25:22 וַיִּתְרֹֽצֲצ֤וּ הַבָּנִים֙ בְּקִרְבָּ֔הּ וַתֹּ֣אמֶר אִם־כֵּ֔ן לָ֥מָּה זֶּ֖ה אָנֹ֑כִי וַתֵּ֖לֶךְ לִדְרֹ֥שׁ אֶת־יְהֹוָֽה
VAYTROTZETZÚ HABANÍM BEKIRBÁH VATÓMER IM-KEN LÁMAH ZZEH ANÓJI VATÉLEJ LIDERÓSH ET-IHVH

25:23 וַיֹּ֨אמֶר יְהֹוָ֜ה לָ֗הּ שְׁנֵ֤י גוֹיִם֙* בְּבִטְנֵ֔ךְ וּשְׁנֵ֣י לְאֻמִּ֔ים מִמֵּעַ֖יִךְ יִפָּרֵ֑דוּ וּלְאֹם֙ מִלְאֹ֣ם יֶֽאֱמָ֔ץ וְרַ֖ב יַעֲבֹ֥ד צָעִֽיר
VAYÓMER IHVH LAH SHENÉI GOÍM BEBITENÉJ USHENÉI LEUMÍM MIMEÄIJ IPARÉDU ULEÓM MILEÓM IEEMÁTZ VERÁB IAÄBÓD TZAÏR

25:24 וַיִּמְלְא֥וּ יָמֶ֖יהָ לָלֶ֑דֶת וְהִנֵּ֥ה תוֹמִ֖ם בְּבִטְנָֽהּ
VAYMELEÚ IAMÉIHA LALÉDET VEHINÉH TOMÍM BEBITNÁH

25:25 וַיֵּצֵ֤א הָרִאשׁוֹן֙ אַדְמוֹנִ֔י כֻּלּ֖וֹ כְּאַדֶּ֣רֶת שֵׂעָ֑ר וַיִּקְרְא֥וּ שְׁמ֖וֹ עֵשָֽׂו
VAYETZÉ HARISHÓN ADMONÍ KULÓ KEADÉRET SEÄR VAYKREÚ SHEMÓ ËSÁV

---

*גוֹיִם

25:26 Después salió su hermano, trabada su mano al talón de *Ësáv* (Esaú); y fue llamado su nombre *Iaäkób* (Jacob)[137]. Y era *Itzják* (Isaac) de edad de sesenta años cuando ella los dio a luz.

Ësáv (Esaú) vende su primogenitura

25:27 Y crecieron los niños, y *Ësáv* (Esaú) fue diestro en la caza, hombre del campo; pero *Iaäkób* (Jacob) era varón quieto, que habitaba en tiendas[138].

25:28 Y amó *Itzják* (Isaac) a *Ësáv* (Esaú), porque comía de su caza; mas *Ribkáh* (Rebeca) amaba a *Iaäkób* (Jacob).

25:29 Y guisó *Iaäkób* (Jacob) un potaje[139]; y volviendo *Ësáv* (Esaú) del campo, cansado,

25:30 dijo a *Iaäkób* (Jacob): Te ruego que me des a comer de ese guiso rojo, pues estoy muy cansado. Por tanto fue llamado su nombre Edóm[140].

25:31 Y *Iaäkób* (Jacob) respondió: Véndeme en este día tu primogenitura.

25:32 Entonces dijo *Ësáv* (Esaú): He aquí yo me voy a morir; ¿para qué, pues, me servirá la primogenitura?[141]

25:33 Y dijo *Iaäkób* (Jacob): Júramelo en este día. Y él le juró, y vendió a *Iaäkób* (Jacob) su primogenitura.

25:34 Entonces *Iaäkób* (Jacob) dio a *Ësáv* (Esaú) pan y del

---

adulto en todo su cuerpo.

[137] **25:26 Fue llamado su nombre *Iaäkób*:** Su padre lo llamó así por cuanto tomaba el עָקֵב (ÄKEB=talón) de su hermano.

[138] **25:27 Habitaba en tiendas:** Estudiaba y rezaba en una casa de Dios.
Diestro en la caza: En el sentido simple significa que era cazador. En un sentido más profundo, este cazaba y engañaba a su padre con sus palabras, haciéndole creer que era muy cuidadoso en el cumplimiento de los preceptos de Dios.

[139] **25:29 Guisó un potaje:** El guiso de lentejas (ver 25:34) es una comida típica de un deudo, ya que son redondas como lo es el ciclo de la vida. *Iaäkób* estaba preparando un guiso para su padre *Itzják* pues ese mismo día había muerto *Abrahám*.

[140] **25:30 Su nombre Edóm:** Viene de la palabra אָדֹם (ADÓM=rojo).

[141] **25:32 He aquí yo me voy a morir:** Es decir, de que me sirve la primogenitura y las obligaciones que esta implica si finalmente no podré someterme a ellas y después de todo moriré.

25:26 וְאַחֲרֵי־כֵ֞ן יָצָ֣א אָחִ֗יו וְיָד֤וֹ אֹחֶ֙זֶת֙ בַּעֲקֵ֣ב עֵשָׂ֔ו וַיִּקְרָ֥א שְׁמ֖וֹ יַעֲקֹ֑ב וְיִצְחָ֛ק בֶּן־שִׁשִּׁ֥ים שָׁנָ֖ה בְּלֶ֥דֶת אֹתָֽם

VEÁJAREI-JEN IATZÁ AJÍV VEIADÓ OJÉZZET BAÄKÉB ËSÁV VAYKRÁ SHEMÓ IAÄKÓB VEITZJÁK BEN-SHISHÍM SHANÁH BELÉDET OTÁM

25:27 וַֽיִּגְדְּלוּ֙ הַנְּעָרִ֔ים וַיְהִ֣י עֵשָׂ֗ו אִ֛ישׁ יֹדֵ֥עַ צַ֖יִד אִ֣ישׁ שָׂדֶ֑ה וְיַעֲקֹב֙ אִ֣ישׁ תָּ֔ם יֹשֵׁ֖ב אֹהָלִֽים

VAYGDELÚ HANEÄRÍM VAIHÍ ËSÁV ISH IODÉÄ TZÁID ISH SADÉH VEIAÄKÓB ISH TAM IOSHÉB OHALÍM

25:28 וַיֶּאֱהַ֥ב יִצְחָ֛ק אֶת־עֵשָׂ֖ו כִּי־צַ֣יִד בְּפִ֑יו וְרִבְקָ֖ה אֹהֶ֥בֶת אֶֽת־יַעֲקֹֽב

VAYEEHÁB ITZJÁK ET-ËSÁV KI-TZÁID BEFÍV VERIBKÁH OHÉBET ET-IAÄKÓB

25:29 וַיָּ֥זֶד יַעֲקֹ֖ב נָזִ֑יד וַיָּבֹ֥א עֵשָׂ֛ו מִן־הַשָּׂדֶ֖ה וְה֥וּא עָיֵֽף

VAYÁZZED IAÄKÓB NAZZÍD VAYABÓ ËSÁV MIN-HASADÉH VEHÚ ÄIEF

25:30 וַיֹּ֨אמֶר עֵשָׂ֜ו אֶֽל־יַעֲקֹ֗ב הַלְעִיטֵ֤נִי נָא֙ מִן־הָאָדֹ֤ם הָאָדֹם֙ הַזֶּ֔ה כִּ֥י עָיֵ֖ף אָנֹ֑כִי עַל־כֵּ֥ן קָרָֽא־שְׁמ֖וֹ אֱדֽוֹם

VAYÓMER ËSÁV EL-IAÄKÓB HALEÏTÉNI NA MIN-HAADÓM HAADÓM HAZZÉH KI ÄIÉF ANÓJI ÄL-KEN KARÁ-SHEMÓ EDÓM

25:31 וַיֹּ֖אמֶר יַעֲקֹ֑ב מִכְרָ֥ה כַיּ֛וֹם אֶת־בְּכֹרָתְךָ֖ לִֽי

VAYÓMER IAÄKÓB MIJRÁH JAYÓM ET-BEJORATEJÁ LI

25:32 וַיֹּ֣אמֶר עֵשָׂ֔ו הִנֵּ֛ה אָנֹכִ֥י הוֹלֵ֖ךְ לָמ֑וּת וְלָמָּה־זֶּ֥ה לִ֖י בְּכֹרָֽה

VAYÓMER ËSÁV HINÉH ANOJÍ HOLÉJ LAMÚT VELÁMAH-ZZEH LI BEJORÁH

25:33 וַיֹּ֣אמֶר יַעֲקֹ֗ב הִשָּׁ֤בְעָה לִּי֙ כַּיּ֔וֹם וַיִּשָּׁבַ֖ע ל֑וֹ וַיִּמְכֹּ֥ר אֶת־בְּכֹרָת֖וֹ לְיַעֲקֹֽב

VAYÓMER IAÄKÓB HISHÁBEÄH LI KAYÓM VAYSHABÄ LO VAYMEKÚR ET-BEJORATÓ LEIAÄKÓB

25:34 וְיַעֲקֹ֞ב נָתַ֣ן לְעֵשָׂ֗ו לֶ֚חֶם וּנְזִ֣יד עֲדָשִׁ֔ים וַיֹּ֣אכַל וַיֵּ֔שְׁתְּ וַיָּ֖קָם וַיֵּלַ֑ךְ וַיִּ֥בֶז עֵשָׂ֖ו אֶת־הַבְּכֹרָֽה

VEIAÄKÓB NATÁN LEËSÁV LÉJEM UNEZZÍD ÄDASHÍM VAYÓJAL VAYÉSHT VAYÁKAM VAYELÁJ VAÍBEZZ ËSÁV ET-HABEJORÁH

guisado de las lentejas; y él comió y bebió, y se levantó y se fue. Así menospreció *Ësáv* (Esaú) la primogenitura.

CAPÍTULO 26

Itzják (Isaac) en Guerár

26:1 Después hubo hambre en la tierra, además de la primera hambre que hubo en los días de *Abrahám*; y se fue *Itzják* (Isaac) a *Abimélej* rey de los pelishtím, en Guerár.
26:2 Y se le apareció El Eterno, y le dijo: No desciendas a Egipto; habita en la tierra que yo te diré.
26:3 Habita como forastero en esta tierra, y estaré contigo, y te bendeciré; porque a ti y a tu descendencia daré todas estas tierras, y confirmaré el juramento que hice a *Abrahám* tu padre.
26:4 Multiplicaré tu descendencia como las estrellas del cielo, y daré a tu descendencia todas estas tierras; y todas las naciones de la tierra serán benditas en tu simiente,
26:5 por cuanto oyó *Abrahám* mi voz, y guardó mi precepto, mis mandamientos, mis estatutos y mis leyes.
26:6 Habitó, pues, *Itzják* (Isaac) en Guerár.
26:7 Y los hombres de aquel lugar le preguntaron acerca de su mujer; y él respondió: Es mi hermana; porque tuvo miedo de decir: Es mi mujer; pensando que tal vez los hombres del lugar lo matarían por causa de *Ribkáh* (Rebeca), pues ella era de hermoso aspecto[142].

---

[142] **26:7 Es mi hermana:** Aunque no era realmente considerada su hermana como en el caso de *Abrahám*, uso este mismo argumento pues temía que lo mataran.

פֶּרֶק כו - PÉREK 26

26:1 וַיְהִ֤י רָעָב֙ בָּאָ֔רֶץ מִלְּבַד֙ הָרָעָ֣ב הָרִאשׁ֔וֹן אֲשֶׁ֥ר הָיָ֖ה בִּימֵ֣י אַבְרָהָ֑ם וַיֵּ֧לֶךְ יִצְחָ֛ק אֶל־אֲבִימֶ֥לֶךְ מֶֽלֶךְ־פְּלִשְׁתִּ֖ים גְּרָֽרָה

VAIHÍ RAÄB BAÁRETZ MILEBÁD HARAÄB HARISHÓN ASHÉR HAIÁH BIMÉI ABRAHÁM VAYÉLEJ ITZJÁK EL-ABIMÉLEJ MÉLEJ-PELISHETÍM GUERÁRAH

26:2 וַיֵּרָ֤א אֵלָיו֙ יְהֹוָ֔ה וַיֹּ֖אמֶר אַל־תֵּרֵ֣ד מִצְרָ֑יְמָה שְׁכֹ֣ן בָּאָ֔רֶץ אֲשֶׁ֖ר אֹמַ֥ר אֵלֶֽיךָ

VAYERÁ ELÁV IHVH VAYÓMER AL-TERÉD MITZERÁIEMAH SHEJÓN BAÁRETZ ASHÉR OMÁR ELEIJÁ

26:3 גּ֚וּר בָּאָ֣רֶץ הַזֹּ֔את וְאֶֽהְיֶ֥ה עִמְּךָ֖ וַאֲבָרְכֶ֑ךָּ כִּֽי־לְךָ֣ וּֽלְזַרְעֲךָ֗ אֶתֵּן֙ אֶת־כָּל־הָֽאֲרָצֹ֣ת הָאֵ֔ל וַהֲקִֽמֹתִי֙ אֶת־הַשְּׁבֻעָ֔ה אֲשֶׁ֥ר נִשְׁבַּ֖עְתִּי לְאַבְרָהָ֥ם אָבִֽיךָ

GUR BAÁRETZ HAZZÓT VEEHIÉH ÏMEJÁ VAABAREJÉJA KI-LEJÁ ULEZZARÄJÁ ETÉN ET-KOL-HAARATZÓT HAÉL VAHAKIMOTÍ ET-HASHEBUÄH ASHÉR NISHBÄTI LEABRAHÁM ABÍJA

26:4 וְהִרְבֵּיתִ֤י אֶֽת־זַרְעֲךָ֙ כְּכֽוֹכְבֵ֣י הַשָּׁמַ֔יִם וְנָתַתִּ֣י לְזַרְעֲךָ֔ אֵ֥ת כָּל־הָאֲרָצֹ֖ת הָאֵ֑ל וְהִתְבָּרְכ֣וּ בְזַרְעֲךָ֔ כֹּ֖ל גּוֹיֵ֥י הָאָֽרֶץ

VEHIRBEITÍ ET-ZZARÄJÁ KEJOJEBÉI HASHAMÁIM VENATATÍ LEZZARÄJÁ ET KOL-HAARATZÓT HAÉL VEHITBARJÚ BEZZARÄJÁ KOL GOIÉI HAÁRETZ

26:5 עֵ֕קֶב אֲשֶׁר־שָׁמַ֥ע אַבְרָהָ֖ם בְּקֹלִ֑י וַיִּשְׁמֹר֙ מִשְׁמַרְתִּ֔י מִצְוֺתַ֖י חֻקּוֹתַ֥י וְתוֹרֹתָֽי

ËKEB ASHÉR-SHAMÄ ABRAHÁM BEKOLÍ VAYSHMÓR MISHMARTÍ MITZVOTÁI JUKOTÁI VETOROTÁI

26:6 וַיֵּ֥שֶׁב יִצְחָ֖ק בִּגְרָֽר

VAYÉSHED ITZJÁK BIGUERÁR

26:7 וַֽיִּשְׁאֲל֞וּ אַנְשֵׁ֤י הַמָּקוֹם֙ לְאִשְׁתּ֔וֹ וַיֹּ֖אמֶר אֲחֹ֣תִי הִ֑וא כִּ֤י יָרֵא֙ לֵאמֹ֣ר אִשְׁתִּ֔י פֶּן־יַֽהַרְגֻ֜נִי אַנְשֵׁ֤י הַמָּקוֹם֙ עַל־רִבְקָ֔ה כִּֽי־טוֹבַ֥ת מַרְאֶ֖ה הִֽוא

VAYSHALÚ ANSHÉI HAMAKÓM LEISHTÓ VAYÓMER AJÓTI HI KI IARÉ LEMÓR ISHTÍ PEN-IÁHAREGUNI ANSHÉI HAMAKÓM ÄL-RIBKÁH KI-TOBÁT MAREÉH HÍ

26:8 Sucedió que después que él estuvo allí muchos días, *Abimélej*, rey de los pelishtím, mirando por una ventana, vio a *Itzják* (Isaac) que acariciaba a *Ribkáh* (Rebeca) su mujer.

26:9 Y llamó *Abimélej* a *Itzják* (Isaac), y dijo: He aquí ella es de cierto tu mujer. ¿Cómo, pues, dijiste: Es mi hermana? E *Itzják* (Isaac) le respondió: Porque dije: Quizá moriré por causa de ella.

26:10 Y *Abimélej* dijo: ¿Por qué nos has hecho esto? Por poco hubiera dormido alguno del pueblo con tu mujer, y hubieras traído sobre nosotros el pecado.

26:11 Entonces *Abimélej* mandó a todo el pueblo, diciendo: El que tocare a este hombre o a su mujer, de cierto morirá.

26:12 Y sembró *Itzják* (Isaac) en aquella tierra, y cosechó aquel año cien veces más; y le bendijo El Eterno.

26:13 El varón se enriqueció, y fue prosperado, y se engrandeció hasta hacerse muy poderoso.

26:14 Y tuvo rebaño de ovejas, y rebaño de vacas, y mucha labranza; y los pelishtím le tuvieron envidia.

26:15 Y todos los pozos que habían abierto los criados de *Abrahám* su padre en sus días, los pelishtím los habían cegado y llenado de tierra.

26:16 Entonces dijo *Abimélej* a *Itzják* (Isaac): Apártate de nosotros, porque mucho más poderoso que nosotros te has hecho.

BERESHÍT - בְּרֵאשִׁית

26:8 וַיְהִ֗י כִּ֣י אָֽרְכוּ־ל֥וֹ שָׁם֙ הַיָּמִ֔ים וַיַּשְׁקֵ֗ף אֲבִימֶ֙לֶךְ֙ מֶ֣לֶךְ פְּלִשְׁתִּ֔ים בְּעַ֖ד הַֽחַלּ֑וֹן וַיַּ֗רְא וְהִנֵּ֤ה יִצְחָק֙ מְצַחֵ֔ק אֵ֖ת רִבְקָ֥ה אִשְׁתּֽוֹ

VAIHÍ KI ÁREJU-LO SHAM HAYAMÍM VAYASHEKÉF ABIMÉLEJ MÉLEJ PELISHTÍM BEÄD HAJALÓN VAYÁR VEHINÉH ITZJÁK METZAJÉK ET RIBKÁH ISHTÓ

26:9 וַיִּקְרָ֨א אֲבִימֶ֜לֶךְ לְיִצְחָ֗ק וַיֹּ֙אמֶר֙ אַ֣ךְ הִנֵּ֤ה אִשְׁתְּךָ֙ הִ֔וא וְאֵ֥יךְ אָמַ֖רְתָּ אֲחֹ֣תִי הִ֑וא וַיֹּ֤אמֶר אֵלָיו֙ יִצְחָ֔ק כִּ֣י אָמַ֔רְתִּי פֶּן־אָמ֖וּת עָלֶֽיהָ

VAYKRÁ ABIMÉLEJ LEITZJÁK VAYÓMER AJ HINÉH ISHETEJÁ HI VEÉIJ AMÁRTA AJÓTI HI VAYÓMER ELÁV ITZJÁK KI AMÁRTI PEN-AMÚT ÄLÉIHA

26:10 וַיֹּ֣אמֶר אֲבִימֶ֔לֶךְ מַה־זֹּ֖את עָשִׂ֣יתָ לָּ֑נוּ כִּ֠מְעַט שָׁכַ֞ב אַחַ֤ד הָעָם֙ אֶת־אִשְׁתֶּ֔ךָ וְהֵבֵאתָ֥ עָלֵ֖ינוּ אָשָֽׁם

VAYÓMER ABIMÉLEJ MAH-ZZOT ÄSÍTA LÁNU KIMÄT SHAJÁB AJÁD HAÄM ET-ISHTÉJA VEHEBETÁ ÄLÉINU ASHÁM

26:11 וַיְצַ֣ו אֲבִימֶ֔לֶךְ אֶת־כָּל־הָעָ֖ם לֵאמֹ֑ר הַנֹּגֵ֜עַ בָּאִ֥ישׁ הַזֶּ֛ה וּבְאִשְׁתּ֖וֹ מ֥וֹת יוּמָֽת

VAITZÁV ABIMÉLEJ ET-KOL-HAÄM LEMÓR HANOGUEÄ BAÍSH HAZZÉH UBEISHTÓ MOT IUMÁT

26:12 וַיִּזְרַ֤ע יִצְחָק֙ בָּאָ֣רֶץ הַהִ֔וא וַיִּמְצָ֛א בַּשָּׁנָ֥ה הַהִ֖וא מֵאָ֣ה שְׁעָרִ֑ים וַֽיְבָרְכֵ֖הוּ יְהוָֽה

VAYZZRÄ ITZJÁK BAÁRETZ HAHÍ VAYMTZÁ BASHANÁH HAHÍ MEÁH SHEÄRÍM VAIBARAJÉHU IHVH

26:13 וַיִּגְדַּ֖ל הָאִ֑ישׁ וַיֵּ֤לֶךְ הָלוֹךְ֙ וְגָדֵ֔ל עַ֥ד כִּֽי־גָדַ֖ל מְאֹֽד

VAYGDÁL HAÍSH VAYÉLEJ HALÓJ VEGADÉL ÄD KI-GADÁL MEÓD

26:14 וַֽיְהִי־ל֤וֹ מִקְנֵה־צֹאן֙ וּמִקְנֵ֣ה בָקָ֔ר וַעֲבֻדָּ֖ה רַבָּ֑ה וַיְקַנְא֥וּ אֹת֖וֹ פְּלִשְׁתִּֽים

VAIHÍ-LO MIKNÉH-TZON UMIKNÉH BAKÁR VAÄBUDÁH RABÁH VAIKANÚ OTÓ PELISHTÍM

26:15 וְכָל־הַבְּאֵרֹ֗ת אֲשֶׁ֤ר חָֽפְרוּ֙ עַבְדֵ֣י אָבִ֔יו בִּימֵ֖י אַבְרָהָ֣ם אָבִ֑יו סִתְּמ֣וּם פְּלִשְׁתִּ֔ים וַיְמַלְא֖וּם עָפָֽר

VEJÓL-HABEERÓT ASHÉR JÁFERU ÄBDÉI ABÍV BIMÉI ABRAHÁM ABÍV SITEMÚM PELISHTÍM VAIMALÚM ÄFÁR

26:16 וַיֹּ֥אמֶר אֲבִימֶ֖לֶךְ אֶל־יִצְחָ֑ק לֵ֚ךְ מֵֽעִמָּ֔נוּ כִּֽי־עָצַֽמְתָּ־מִמֶּ֖נּוּ מְאֹֽד

VAYÓMER ABIMÉLEJ EL-ITZJÁK LEJ MEÏMÁNU KI-ÄTZÁMTA-MIMÉNU MEÓD

26:17 E *Itzják* (Isaac) se fue de allí, y acampó en el valle de Guerár, y habitó allí.

26:18 Y volvió a abrir *Itzják* (Isaac) los pozos de agua que habían abierto en los días de *Abrahám* su padre, y que los pelishtím habían cegado después de la muerte de *Abrahám*; y los llamó por los nombres que su padre los había llamado.

26:19 Pero cuando los siervos de *Itzják* (Isaac) cavaron en el valle, y hallaron allí un pozo de aguas vivas,

26:20 los pastores de Guerár riñeron con los pastores de *Itzják* (Isaac), diciendo: El agua es nuestra. Por eso llamó el nombre del pozo Ësek, porque habían altercado con él[143].

26:21 Y abrieron otro pozo, y también riñeron sobre él; y llamó su nombre Sitnáh[144].

26:22 Y se apartó de allí, y abrió otro pozo, y no riñeron sobre él; y llamó su nombre Rejobót, y dijo: Porque ahora El Eterno nos ha dado un lugar ámplio, y fructificaremos en la tierra[145].

26:23 Y de allí subió a Beér Shébä.

26:24 Y se le apareció El Eterno aquella noche, y le dijo: Yo soy el Dios de *Abrahám* tu padre; no temas, porque yo estoy contigo, y yo bendeciré, y multiplicaré tu descendencia por causa de *Abrahám* mi siervo.

26:25 Y edificó allí un altar, e invocó el nombre de El Eterno, y plantó allí su tienda; y abrieron allí los siervos de *Itzják* (Isaac) un pozo.

---

[143] **26:20 Ësek:** עֵשֶׂק (ËSEK=disputa).
[144] **26:21 Sitnáh:** שִׂטְנָה (SITNÁH=obstáculo).
[145] **26:22 Rejobót:** רְחֹבוֹת (REJOBÓT) viene de la palabra רָחָב (RAJÁB=amplio).

26:17 וַיֵּ֥לֶךְ מִשָּׁ֖ם יִצְחָ֑ק וַיִּ֥חַן בְּנַֽחַל־גְּרָ֖ר וַיֵּ֥שֶׁב שָֽׁם

VAYÉLEJ MISHÁM ITZJÁK VAYJÁN BENÁJAL-GUERÁR VAYÉSHEB SHAM

26:18 וַיָּ֨שָׁב יִצְחָ֜ק וַיַּחְפֹּ֣ר ׀ אֶת־בְּאֵרֹ֣ת הַמַּ֗יִם אֲשֶׁ֤ר חָֽפְרוּ֙ בִּימֵי֙ אַבְרָהָ֣ם אָבִ֔יו וַיְסַתְּמ֣וּם פְּלִשְׁתִּ֔ים אַחֲרֵ֖י מ֣וֹת אַבְרָהָ֑ם וַיִּקְרָ֤א לָהֶן֙ שֵׁמ֔וֹת כַּשֵּׁמֹ֕ת אֲשֶׁר־קָרָ֥א לָהֶ֖ן אָבִֽיו

VAYÁSHAB ITZJÁK VAYAJPÓR ET-BEERÓT HAMÁIM ASHÉR JÁFERU BIMÉI ABRAHÁM ABÍV VAISATEMÚM PELISHTÍM AJARÉI MOT ABRAHÁM VAYKRÁ LAHÉN SHEMÓT KASHEMÓT ASHÉR-KARÁ LAHÉN ABÍV

26:19 וַיַּחְפְּר֥וּ עַבְדֵֽי־יִצְחָ֖ק בַּנָּ֑חַל וַיִּ֨מְצְאוּ־שָׁ֔ם בְּאֵ֖ר מַ֥יִם חַיִּֽים

VAYJPERÚ ÄBDEI-ITZJÁK BANÁJAL VAYMTZEU-SHAM BEÉR MÁIM JAYÍM

26:20 וַיָּרִ֜יבוּ רֹעֵ֣י גְרָ֗ר עִם־רֹעֵ֥י יִצְחָ֛ק לֵאמֹ֖ר לָ֣נוּ הַמָּ֑יִם וַיִּקְרָ֤א שֵֽׁם־הַבְּאֵר֙ עֵ֔שֶׂק כִּ֥י הִֽתְעַשְּׂק֖וּ עִמּֽוֹ

VAYARÍBU ROËI GUERÁR ÏM-ROËI ITZJÁK LEMÓR LÁNU HAMÁIM VAYKRÁ SHEM-HABEÉR ËSEK KI HITÄSEKÚ ÏMÓ

26:21 וַֽיַּחְפְּרוּ֙ בְּאֵ֣ר אַחֶ֔רֶת וַיָּרִ֖יבוּ גַּם־עָלֶ֑יהָ וַיִּקְרָ֥א שְׁמָ֖הּ שִׂטְנָֽה

VÁYAJPERU BEÉR AJÉRET VAYARÍBU GAM-ÄLÉIHA VAYKRÁ SHEMÁH SITNÁH

26:22 וַיַּעְתֵּ֣ק מִשָּׁ֗ם וַיַּחְפֹּר֙ בְּאֵ֣ר אַחֶ֔רֶת וְלֹ֥א רָב֖וּ עָלֶ֑יהָ וַיִּקְרָ֤א שְׁמָהּ֙ רְחֹב֔וֹת וַיֹּ֗אמֶר כִּֽי־עַתָּ֞ה הִרְחִ֧יב יְהֹוָ֛ה לָ֖נוּ וּפָרִ֥ינוּ בָאָֽרֶץ

VAYÄTÉK MISHÁM VAYAJPÓR BEÉR AJÉRET VELÓ RABÚ ÄLÉIHA VAYKRÁ SHEMÁH REJOBÓT VAYÓMER KI-ÄTÁH HIRJÍB IHVH LÁNU UFARÍNU BAÁRETZ

26:23 וַיַּ֥עַל מִשָּׁ֖ם בְּאֵ֥ר שָֽׁבַע

VAYÄÁL MISHÁM BEÉR SHÁBÄ

26:24 וַיֵּרָ֨א אֵלָ֤יו יְהֹוָה֙ בַּלַּ֣יְלָה הַה֔וּא וַיֹּ֕אמֶר אָנֹכִ֕י אֱלֹהֵ֖י אַבְרָהָ֣ם אָבִ֑יךָ אַל־תִּירָא֙ כִּֽי־אִתְּךָ֣ אָנֹ֔כִי וּבֵֽרַכְתִּ֨יךָ֙ וְהִרְבֵּיתִ֣י אֶֽת־זַרְעֲךָ֔ בַּעֲב֖וּר אַבְרָהָ֥ם עַבְדִּֽי

VAYERÁ ELÁV IHVH BALÁILAH HAHÚ VAYÓMER ANOJÍ ELOHÉI ABRAHÁM ABÍJA AL-TIRÁ KI-ITEJÁ ANÓJI UBERAJTÍJA VEHIRBETÍ ET-ZZARÄJÁ BAÄBÚR ABRAHÁM ÄBEDÍ

26:25 וַיִּ֨בֶן שָׁ֜ם מִזְבֵּ֗חַ וַיִּקְרָא֙ בְּשֵׁ֣ם יְהֹוָ֔ה וַיֶּט־שָׁ֖ם אָהֳל֑וֹ וַיִּכְרוּ־שָׁ֥ם עַבְדֵֽי־יִצְחָ֖ק בְּאֵֽר

VAYBEN SHAM MIZZBÉAJ VAYKRÁ BESHÉM IHVH VAYÉT-SHAM AHALÓ VAYJRÚ-SHAM ÄBDEI-ITZJÁK BEÉR

26:26 Y *Abimélej* vino a él desde Guerár, con un grupo de amigos, y *Fijól*, capitán de su ejército.

26:27 Y les dijo *Itzják* (Isaac): ¿Por qué venís a mí, pues que me habéis aborrecido, y me echasteis de entre vosotros?

26:28 Y ellos respondieron: Hemos visto que El Eterno está contigo; y dijimos: Haya ahora juramento entre nosotros, entre tú y nosotros, y haremos pacto contigo,

26:29 que no nos hagas mal, como nosotros no te hemos tocado, y como solamente te hemos hecho bien, y te enviamos en paz; tú eres ahora bendito de El Eterno.

26:30 Entonces él les hizo banquete, y comieron y bebieron.

26:31 Y se levantaron de madrugada, y juraron el uno al otro; e *Itzják* (Isaac) los despidió, y ellos se despidieron de él en paz.

26:32 En aquel día sucedió que vinieron los criados de *Itzják* (Isaac), y le dieron nuevas acerca del pozo que habían abierto, y le dijeron: Hemos hallado agua.

26:33 Y lo llamó Shébä; por esta causa el nombre de aquella ciudad es Beér Shébä hasta este día.

26:34 Y cuando *Ësáv* (Esaú) era de cuarenta años, tomó por mujer a *Iehúdit* hija de *Beerí* jití, y a *Basemát* hija de *Elón* el jití[146];

---

[146] **26:34 Era de cuarenta años:** *Ësáv* dijo: "por cuanto que mi padre se casó a los cuarenta años, yo también lo haré así".

26:26 וַאֲבִימֶ֙לֶךְ֙ הָלַ֣ךְ אֵלָ֔יו מִגְּרָ֑ר וַאֲחֻזַּת֙ מֵרֵעֵ֔הוּ וּפִיכֹ֖ל שַׂר־צְבָאֽוֹ

VAABIMÉLEJ HALÁJ ELÁV MIGUERÁR VAAJUZZÁT MEREËHU UFIJÓL SAR-TZEBÁO

26:27 וַיֹּ֤אמֶר אֲלֵהֶם֙ יִצְחָ֔ק מַדּ֖וּעַ בָּאתֶ֣ם אֵלָ֑י וְאַתֶּם֙ שְׂנֵאתֶ֣ם אֹתִ֔י וַתְּשַׁלְּח֖וּנִי מֵאִתְּכֶֽם

VAYÓMER ALEHÉM ITZJÁK MADÚA BATÉM ELÁI VEATÉM SENETÉM OTÍ VATESHALEJÚNI MEITEJÉM

26:28 וַיֹּאמְר֗וּ רָא֣וֹ רָאִ֘ינוּ֮ כִּי־הָיָ֣ה יְהוָ֣ה ׀ עִמָּךְ֒ וַנֹּ֗אמֶר תְּהִ֙י נָ֤א אָלָה֙ בֵּינוֹתֵ֣ינוּ בֵּינֵ֣ינוּ וּבֵינֶ֑ךָ וְנִכְרְתָ֥ה בְרִ֖ית עִמָּֽךְ

VAYOMRÚ RAÓ RAÍNU KI-HAIÁH IHVH ÏMAJ VANÓMER TEHÍ NA ALÁH BEINOTÉINU BEINÉINU UBEINÉJA VENIJRETÁH BERÍT ÏMAJ

26:29 אִם־תַּעֲשֵׂ֨ה עִמָּ֜נוּ רָעָ֗ה כַּאֲשֶׁר֙ לֹ֣א נְגַעֲנ֔וּךָ וְכַאֲשֶׁ֨ר עָשִׂ֤ינוּ עִמְּךָ֙ רַק־ט֔וֹב וַנְּשַׁלֵּחֲךָ֖ בְּשָׁל֑וֹם אַתָּ֥ה עַתָּ֖ה בְּר֥וּךְ יְהוָֽה

IM-TAÄSÉH ÏMÁNU RAÄH KAASHÉR LO NEGÄÄNÚJA VEKAASHÉR ÄSÍNU ÏMEJÁ RAK-TOB VANESHALEJAJÁ BESHALÓM ATÁH ÄTÁH BERÚJ IHVH

26:30 וַיַּ֤עַשׂ לָהֶם֙ מִשְׁתֶּ֔ה וַיֹּאכְל֖וּ וַיִּשְׁתּֽוּ

VAYÁÄS LAHÉM MISHTÉH VAYOJELÚ VAYSHTÚ

26:31 וַיַּשְׁכִּ֣ימוּ בַבֹּ֔קֶר וַיִּשָּׁבְע֖וּ אִ֣ישׁ לְאָחִ֑יו וַיְשַׁלְּחֵ֣ם יִצְחָ֔ק וַיֵּלְכ֥וּ מֵאִתּ֖וֹ בְּשָׁלֽוֹם

VAYASHKÍMU BABÓKER VAYSHABEÜ ISH LEAJÍV VAISHALEJÉM ITZJÁK VAYELJÚ MEITÓ BESHALÓM

26:32 וַיְהִ֣י ׀ בַּיּ֣וֹם הַה֗וּא וַיָּבֹ֙אוּ֙ עַבְדֵ֣י יִצְחָ֔ק וַיַּגִּ֣דוּ ל֔וֹ עַל־אֹד֥וֹת הַבְּאֵ֖ר אֲשֶׁ֣ר חָפָ֑רוּ וַיֹּ֥אמְרוּ ל֖וֹ מָצָ֥אנוּ מָֽיִם

VAIHÍ BAYÓM HAHÚ VAYABÓU ÄBEDÉI ITZJÁK VAYAGUÍDU LO ÄL-ODÓT HABEËR ASHÉR JAFÁRU VAYÓMRU LO MATZÁNU MÁIM

26:33 וַיִּקְרָ֥א אֹתָ֖הּ שִׁבְעָ֑ה עַל־כֵּ֤ן שֵׁם־הָעִיר֙ בְּאֵ֣ר שֶׁ֔בַע עַ֖ד הַיּ֥וֹם הַזֶּֽה

VAYKRÁ OTÁH SHIBÄH ÄL-KEN SHEM-HAÏR BEÉR SHÉBA ÄD HAYÓM HAZZÉH

26:34 וַיְהִ֤י עֵשָׂו֙ בֶּן־אַרְבָּעִ֣ים שָׁנָ֔ה וַיִּקַּ֤ח אִשָּׁה֙ אֶת־יְהוּדִ֔ית בַּת־בְּאֵרִ֖י הַחִתִּ֑י וְאֶת־בָּ֣שְׂמַ֔ת בַּת־אֵילֹ֖ן הַֽחִתִּֽי

VAIHÍ ËSAV BEN-ARBAÏM SHANÁH VAYKÁJ ISHÁH ET-IEHUDÍT BAT-BEERÍ HAJITÍ VEÉT-BASEMÁT BAT-ELÓN HAJITÍ

26:35 y fueron amargura de espíritu para *Itzják* (Isaac) y para *Ribkáh* (Rebeca)[147].

CAPÍTULO 27

Iaäkób (Jacob) obtiene la bendición de *Itzják* (Isaac)

27:1 Aconteció que cuando *Itzják* (Isaac) envejeció, y sus ojos se oscurecieron quedando sin vista, llamó a *Ësáv* (Esaú) su hijo mayor, y le dijo: Hijo mío. Y él respondió: Heme aquí[148].
27:2 Y él dijo: He aquí ya soy viejo, no sé el día de mi muerte.
27:3 Toma, pues, ahora tus armas, tu espada y tu arco, y sal al campo y tráeme caza;
27:4 y preparame delicias como a mí me gusta, y tráemelo, y comeré, para que yo te bendiga antes que muera.
27:5 Y *Ribkáh* (Rebeca) estaba oyendo, cuando hablaba *Itzják* (Isaac) a *Ësáv* (Esaú) su hijo; y se fue *Ësáv* (Esaú) al campo para buscar la caza que había de traer.
27:6 Entonces *Ribkáh* (Rebeca) habló a *Iaäkób* (Jacob) su hijo, diciendo: He aquí yo he oído a tu padre que hablaba con *Ësáv* (Esaú) tu hermano, diciendo:
27:7 Tráeme caza y preparame delicias, para que coma, y te bendiga en presencia de El Eterno antes que yo muera.

---

[147] **26:35 Fueron amargura:** Pues las esposas de *Ësáv* hacían idolatría.

[148] **27:1 Sus ojos se oscurecieron:** Quedó ciego debido al humo del incienso que las esposas de *Ësáv* ofrendaban a sus ídolos. Dios causó esta ceguera para que *Iaäkób* recibiera las bendiciones.

181 / BERESHÍT-בְּרֵאשִׁית

26:35 וַתִּהְיֶ֖יןָ מֹ֣רַת ר֑וּחַ לְיִצְחָ֖ק וּלְרִבְקָֽה

VATIHIÉINA MÓRAT RÚAJ LEITZTJÁK ULERIBKÁH

פֶּרֶק כז - PÉREK 27

27:1 וַיְהִי֙ כִּֽי־זָקֵ֣ן יִצְחָ֔ק וַתִּכְהֶ֥יןָ עֵינָ֖יו מֵרְאֹ֑ת וַיִּקְרָ֞א אֶת־עֵשָׂ֣ו ׀ בְּנ֣וֹ הַגָּדֹ֗ל וַיֹּ֤אמֶר אֵלָיו֙ בְּנִ֔י וַיֹּ֥אמֶר אֵלָ֖יו הִנֵּֽנִי

VAIHÍ KI-ZZAKÉN ITZJÁK VATIJHÉINA ËINÁV MERÓT VAYKRÁ ET-ËSÁV BENÓ HAGADÓL VAYÓMER ELÁV BENÍ VAYÓMER ELÁV HINÉNI

27:2 וַיֹּ֕אמֶר הִנֵּה־נָ֖א זָקַ֑נְתִּי לֹ֥א יָדַ֖עְתִּי י֥וֹם מוֹתִֽי

VAYÓMER HINÉH-NA ZZAKÁNTI LO IADÁTI IÓM MOTÍ

27:3 וְעַתָּה֙ שָׂא־נָ֣א כֵלֶ֔יךָ תֶּלְיְךָ֖ וְקַשְׁתֶּ֑ךָ וְצֵא֙ הַשָּׂדֶ֔ה וְצ֥וּדָה לִּ֖י צידה*

VEÄTÁH SA-NA JELÉIJA TELIEJÁ VEKASHTÉJA VETZÉ HASADÉH VETZÚDAH LI TZÁID

27:4 וַעֲשֵׂה־לִ֨י מַטְעַמִּ֜ים כַּאֲשֶׁ֥ר אָהַ֛בְתִּי וְהָבִ֥יאָה לִּ֖י וְאֹכֵ֑לָה בַּעֲב֛וּר תְּבָרֶכְךָ֥ נַפְשִׁ֖י בְּטֶ֥רֶם אָמֽוּת

VAÄSEH-LI MATÄMÍM KAASHÉR AHÁBTI VEHABÍAH LI VEOJÉLAH BAÄBÚR TEBAREJÁ NAFSHÍ BETÉREM AMÚT

27:5 וְרִבְקָ֣ה שֹׁמַ֔עַת בְּדַבֵּ֣ר יִצְחָ֔ק אֶל־עֵשָׂ֖ו בְּנ֑וֹ וַיֵּ֤לֶךְ עֵשָׂו֙ הַשָּׂדֶ֔ה לָצ֥וּד צַ֖יִד לְהָבִֽיא

VERIBKÁH SHOMÄÄT BEDABÉR ITZJÁK EL-ËSÁV BENÓ VAYÉLEJ ËSAV HASADÉH LATZÚD TZÁID LEHABÍ

27:6 וְרִבְקָה֙ אָֽמְרָ֔ה אֶל־יַעֲקֹ֥ב בְּנָ֖הּ לֵאמֹ֑ר הִנֵּ֤ה שָׁמַ֙עְתִּי֙ אֶת־אָבִ֔יךָ מְדַבֵּ֛ר אֶל־עֵשָׂ֥ו אָחִ֖יךָ לֵאמֹֽר

VERIBKÁH AMERÁH EL-IAÄKÓB BENÁH LEMÓR HINÉH SHAMÁTI ET-ABÍJA MEDABÉR EL-ËSÁV AJÍJA LEMÓR

27:7 הָבִ֨יאָה לִּ֥י צַ֛יִד וַעֲשֵׂה־לִ֥י מַטְעַמִּ֖ים וְאֹכֵ֑לָה וַאֲבָרֶכְכָ֛ה לִפְנֵ֥י יְהֹוָ֖ה לִפְנֵ֥י מוֹתִֽי

HABÍAH LI TZÁID VAÄSEH-LI MATÄMÍM VEOJÉLAH VAABAREJJÁH LIFNÉI IHVH LIFNÉI MOTÍ

---

* צָֽיִד

27:8 Ahora, pues, hijo mío, obedece a mi voz en lo que te mando.
27:9 Ve ahora al ganado, y tráeme de allí dos buenos cabritos de las cabras, y haré de ellos manjares para tu padre, como a él le gusta;
27:10 y tú las llevarás a tu padre, y comerá, para que él te bendiga antes de su muerte.
27:11 Y *Iaäkób* (Jacob) dijo a *Ribkáh* (Rebeca) su madre: He aquí, *Ësáv* (Esaú) mi hermano es hombre velloso, y yo lampiño.
27:12 Quizá me palpará mi padre, y me tendrá por burlador, y traeré sobre mí maldición y no bendición.
27:13 Y su madre respondió: Hijo mío, sea sobre mí tu maldición; solamente obedece a mi voz y vé y tráemelos.
27:14 Entonces él fue y los tomó, y los trajo a su madre; y su madre hizo manjares, como a su padre le gustaba.
27:15 Y tomó *Ribkáh* (Rebeca) los vestidos de *Ësáv* (Esaú) su hijo mayor, los preciosos, que ella tenía en casa, y vistió a *Iaäkób* (Jacob) su hijo menor[149];
27:16 y cubrió sus manos y la parte de su cuello donde no tenía vello, con las pieles de los cabritos;
27:17 y entregó los manjares y el pan que había preparado, en manos de *Iaäkób* (Jacob) su hijo.
27:18 Entonces éste fue a su padre y dijo: Padre mío. E *Itzják* (Isaac) respondió: Heme aquí; ¿quién eres, hijo mío?

---

[149] **27:15 Los vestidos de *Ësáv*:** Estas ropas fueron de *Adám*, luego pasaron a manos de *Nimród* del cual las robo *Ësáv*. Estas ropas tenían poderes sobrenaturales.
Ësáv era conocido por el gran honor que siempre le entregaba a su padre. Cada vez que lo servía, vestía estas ropas preciosas.

183 / BERESHÍT-בְּרֵאשִׁית

27:8 וְעַתָּ֥ה בְנִ֖י שְׁמַ֣ע בְּקֹלִ֑י לַאֲשֶׁ֥ר אֲנִ֖י מְצַוָּ֥ה אֹתָֽךְ
VEÄTÁH BENÍ SHEMÁ BEKOLÍ LAASHÉR ANÍ METZAVÁH OTÁJ

27:9 לֶךְ־נָ֣א אֶל־הַצֹּ֗אן וְקַֽח־לִ֨י מִשָּׁ֜ם שְׁנֵ֨י גְּדָיֵ֤י עִזִּים֙ טֹבִ֔ים וְאֶֽעֱשֶׂ֨ה אֹתָ֧ם מַטְעַמִּ֛ים לְאָבִ֖יךָ כַּאֲשֶׁ֥ר אָהֵֽב
LEJ-NA EL-HATZÓN VEKÁJ-LI MISHÁM SHENÉI GUEDAIÉI ÏZZÍM TOBÍM VEEËSÉH OTÁM MATÄMÍM LEABÍJA KAASHÉR AHÉB

27:10 וְהֵבֵאתָ֥ לְאָבִ֖יךָ וְאָכָ֑ל בַּעֲבֻ֛ר אֲשֶׁ֥ר יְבָרֶכְךָ֖ לִפְנֵ֥י מוֹתֽוֹ
VEHEBETÁ LEABÍJA VEAJÁL BAÄBÚR ASHÉR IEBAREJJÁ LIFNÉI MOTÓ

27:11 וַיֹּ֣אמֶר יַעֲקֹ֔ב אֶל־רִבְקָ֖ה אִמּ֑וֹ הֵ֣ן עֵשָׂ֤ו אָחִי֙ אִ֣ישׁ שָׂעִ֔ר וְאָנֹכִ֖י אִ֥ישׁ חָלָֽק
VAYÓMER IAÄKÓB EL-RIBKÁH IMÓ HEN ËSÁV AJÍ ISH SAÏR VEANOJÍ ISH JALÁK

27:12 אוּלַ֤י יְמֻשֵּׁ֨נִי֙ אָבִ֔י וְהָיִ֥יתִי בְעֵינָ֖יו כִּמְתַעְתֵּ֑עַ וְהֵבֵאתִ֥י עָלַ֛י קְלָלָ֖ה וְלֹ֥א בְרָכָֽה
ULÁI IEMUSHÉNI ABÍ VEHAÍTI BEËINÁV KIMTÄTËÄ VEHEBETÍ ÄLÁI KELALÁH VELÓ BERAJÁH

27:13 וַתֹּ֤אמֶר לוֹ֙ אִמּ֔וֹ עָלַ֥י קִלְלָתְךָ֖ בְּנִ֑י אַ֛ךְ שְׁמַ֥ע בְּקֹלִ֖י וְלֵ֥ךְ קַֽח־לִֽי
VATÓMER LO IMÓ ÄLÁI KILELATEJÁ BENÍ AJ SHEMÁ BEKOLÍ VELÉJ KAJ-LI

27:14 וַיֵּ֨לֶךְ֙ וַיִּקַּ֔ח וַיָּבֵ֖א לְאִמּ֑וֹ וַתַּ֤עַשׂ אִמּוֹ֙ מַטְעַמִּ֔ים כַּאֲשֶׁ֖ר אָהֵ֥ב אָבִֽיו
VAYÉLEJ VAYKÁJ VAYABÉ LEIMÓ VATÁÄS IMÓ MATÄMÍM KAASHÉR AHÉB ABÍV

27:15 וַתִּקַּ֣ח רִ֠בְקָה אֶת־בִּגְדֵ֨י עֵשָׂ֜ו בְּנָ֤הּ הַגָּדֹל֙ הַחֲמֻדֹ֔ת אֲשֶׁ֥ר אִתָּ֖הּ בַּבָּ֑יִת וַתַּלְבֵּ֥שׁ אֶֽת־יַעֲקֹ֖ב בְּנָ֥הּ הַקָּטָֽן
VATIKÁJ RIBKÁH ET-BIGDÉI ËSÁV BENÁH HAGADÓL HAJAMUDÓT ASHÉR ITÁH BABÁIT VATALBÉSH ET-IAÄKÓB BENÁH HAKATÁN

27:16 וְאֵ֗ת עֹרֹת֙ גְּדָיֵ֣י הָֽעִזִּ֔ים הִלְבִּ֖ישָׁה עַל־יָדָ֑יו וְעַ֖ל חֶלְקַ֥ת צַוָּארָֽיו
VEÉT ÖROT GUEDAIÉI HAÏZZÍM HILBÍSHAH ÄL-IADÁV VEÄL JELKÁT TZAVARÁV

27:17 וַתִּתֵּ֧ן אֶת־הַמַּטְעַמִּ֛ים וְאֶת־הַלֶּ֖חֶם אֲשֶׁ֣ר עָשָׂ֑תָה בְּיַ֖ד יַעֲקֹ֥ב בְּנָֽהּ
VATITÉN ET-HAMATÄMÍM VEÉT-HALÉJEM ASHÉR ÄSÁTAH BEIÁD IAÄKÓB BENÁH

27:18 וַיָּבֹ֥א אֶל־אָבִ֖יו וַיֹּ֣אמֶר אָבִ֑י וַיֹּ֣אמֶר הִנֶּ֔נִּי מִ֥י אַתָּ֖ה בְּנִֽי
VAYABÓ EL-ABÍV VAYÓMER ABÍ VAYÓMER HINÉNI MI ATÁH BENÍ

27:19 Y *Iaäkób* (Jacob) dijo a su padre: Yo soy, *Ësáv* (Esaú) tu primogénito; he hecho como me dijiste: levántate por favor ahora, y siéntate, y come de mi caza, para que me bendigas[150].

27:20 Entonces *Itzják* (Isaac) dijo a su hijo: ¿Cómo es que la hallaste tan pronto, hijo mío? Y él respondió: Porque El Eterno tu Dios hizo que la encontrase delante de mí.

27:21 E *Itzják* (Isaac) dijo a *Iaäkób* (Jacob): Acércate ahora, y te palparé, hijo mío, por si eres mi hijo *Ësáv* (Esaú) o no[151].

27:22 Y se acercó *Iaäkób* (Jacob) a su padre *Itzják* (Isaac), quien le palpó, y dijo: La voz es la voz de *Iaäkób* (Jacob), pero las manos, las manos de *Ësáv* (Esaú).

27:23 Y no le conoció, porque sus manos eran vellosas como las manos de *Ësáv* (Esaú); y le bendijo.

27:24 Y dijo: ¿Eres tú mi hijo *Ësáv* (Esaú)? Y *Iaäkób* (Jacob) respondió: Yo soy[152].

27:25 Dijo también: Acércamela, y comeré de la caza de mi hijo, para que yo te bendiga; y *Iaäkób* (Jacob) se la acercó, e *Itzják* (Isaac) comió; le trajo también vino, y bebió.

27:26 Y le dijo *Itzják* (Isaac) su padre: Acércate ahora, y bésame, hijo mío.

27:27 Y *Iaäkób* (Jacob) se acercó, y le besó; y olió *Itzják* (Isaac) el olor de sus vestidos, y le bendijo, diciendo:
Mira, el olor de mi hijo, como el olor del campo que El Eterno ha bendecido[153];

---

[150] **27:19 Yo soy, *Ësáv* tu primogénito:** En realidad *Iaäkób* no mintió a su padre, sino que hizo mención de dos hechos verdaderos, es decir, "Yo soy" quien te trajo la comida, y "*Ësáv* es tu primogénito".

[151] **27:21 Por si eres mi hijo *Ësáv* o no:** *Itzják* sospechó, pues no era la costumbre de *Ësáv* mencionar el nombre de Dios como lo hizo *Iaäkób* (ver 27:20).

[152] **27:24 Yo soy:** Al igual que en 27:19, *Iaäkób* evitó mentir, pues dijo "Yo soy" y no "Soy *Ësáv*".

[153] **27:27 Campo que El Eterno ha bendecido:** Se refiere al jardín del Edén, pues *Iaäkób* vestía las ropas de *Adám* (ver comentario 27:15).

185 / BERESHÍT - בְּרֵאשִׁית

27:19 וַיֹּאמֶר יַעֲקֹב אֶל־אָבִיו אָנֹכִי עֵשָׂו בְּכֹרֶךָ עָשִׂיתִי כַּאֲשֶׁר דִּבַּרְתָּ אֵלָי קוּם־נָא שְׁבָה וְאָכְלָה מִצֵּידִי בַּעֲבוּר תְּבָרֲכַנִּי נַפְשֶׁךָ

VAYÓMER IAÄKÓB EL-ABÍV ANOJÍ ËSÁV BEJORÉJA ÄSÍTI KAASHÉR DIBÁRTA ELÁI KUM-NA SHEBÁH VEAJEÁH MITZEIDÍ BAÄBÚR TEBARAJÁNI NAFSHÉJA

27:20 וַיֹּאמֶר יִצְחָק אֶל־בְּנוֹ מַה־זֶּה מִהַרְתָּ לִמְצֹא בְּנִי וַיֹּאמֶר כִּי הִקְרָה יְהוָה אֱלֹהֶיךָ לְפָנָי

VAYÓMER ITZJÁK EL-BENÓ MAH-ZZEH MIHÁRTA LIMTZÓ BENÍ VAYÓMER KI HIKRÁH IHVH ELOHÉIJA LEFANÁI

27:21 וַיֹּאמֶר יִצְחָק אֶל־יַעֲקֹב גְּשָׁה־נָּא וַאֲמֻשְׁךָ בְּנִי הַאַתָּה זֶה בְּנִי עֵשָׂו אִם־לֹא

VAYÓMER ITZJÁK EL-IAÄKÓB GUESHÁH-NA VAAMUSHJÁ BENÍ HAATÁH ZZEH BENÍ ËSÁV IM-LO

27:22 וַיִּגַּשׁ יַעֲקֹב אֶל־יִצְחָק אָבִיו וַיְמֻשֵּׁהוּ וַיֹּאמֶר הַקֹּל קוֹל יַעֲקֹב וְהַיָּדַיִם יְדֵי עֵשָׂו

VAYGÁSH IAÄKÓB EL-ITZJÁK ABÍV VAIMUSHÉHU VAYÓMER HAKÓL KOL IAÄKÓB VEHAYADÁIM IEDÉI ËSÁV

27:23 וְלֹא הִכִּירוֹ כִּי־הָיוּ יָדָיו כִּידֵי עֵשָׂו אָחִיו שְׂעִרֹת וַיְבָרֲכֵהוּ

VELÓ HIKIRÓ KI-HAIÚ IADÁV KIDÉI ËSÁV AJÍV SEÏRÓT VAIBAREJÉHU

27:24 וַיֹּאמֶר אַתָּה זֶה בְּנִי עֵשָׂו וַיֹּאמֶר אָנִי

VAYÓMER ATÁH ZZEH BENÍ ËSÁV VAYÓMER ÁNI

27:25 וַיֹּאמֶר הַגִּשָׁה לִּי וְאֹכְלָה מִצֵּיד בְּנִי לְמַעַן תְּבָרֶכְךָ נַפְשִׁי וַיַּגֶּשׁ־לוֹ וַיֹּאכַל וַיָּבֵא לוֹ יַיִן וַיֵּשְׁתְּ

VAYÓMER HAGUÍSHAH LI VEÓJLAH MITZÉID BENÍ LEMAÄN TEBAREJJÁ NAFSHÍ VAYAGUÉSH-LO VAYOJÁL VAYÁBE LO IÁIN VAYÉSHT

27:26 וַיֹּאמֶר אֵלָיו יִצְחָק אָבִיו גְּשָׁה־נָּא וּשְׁקָה־לִּי בְּנִי

VAYÓMER ELÁV ITZJÁK ABÍV GUESHÁH-NA USHEKÁH-LI BENÍ

27:27 וַיִּגַּשׁ וַיִּשַּׁק־לוֹ וַיָּרַח אֶת־רֵיחַ בְּגָדָיו וַיְבָרֲכֵהוּ וַיֹּאמֶר רְאֵה רֵיחַ בְּנִי כְּרֵיחַ שָׂדֶה אֲשֶׁר בֵּרֲכוֹ יְהוָה

VAYGÁSH VAYSHÁK-LO VAYÁRAJ ET-RÉIAJ BEGADÁV VAIBARAJÉHU VAYÓMER REÉH RÉIAJ BENÍ KERÉIAJ SADÉH ASHÉR BERAJÓ IHVH

27:28 Dios, pues, te dé del rocío del cielo, y de las grosuras de la tierra, y abundancia de trigo y de mosto.

27:29 Sírvante pueblos, y naciones se inclinen a ti. Sé señor de tus hermanos y se inclinen ante ti los hijos de tu madre. Malditos los que te maldijeren y benditos los que te bendijeren.

27:30 Y aconteció, luego que *Itzják* (Isaac) acabó de bendecir a *Iaäkób* (Jacob), y apenas había salido *Iaäkób* (Jacob) de delante de *Itzják* (Isaac) su padre, que *Ësáv* (Esaú) su hermano volvió de cazar.

27:31 E hizo él también manjares, y trajo a su padre, y le dijo: Levántese mi padre, y coma de la caza de su hijo, para que me bendiga.

27:32 Entonces *Itzják* (Isaac) su padre le dijo: ¿Quién eres tú? Y él le dijo: Yo soy tu hijo, tu primogénito, *Ësáv* (Esaú).

27:33 Y se estremeció *Itzják* (Isaac) grandemente, y dijo: ¿Quién es el que vino aquí, que trajo caza, y me dio, y comí de todo antes que tú vinieses? Yo le bendije, y será bendito[154].

27:34 Cuando *Ësáv* (Esaú) oyó las palabras de su padre, clamó con una muy grande y muy amarga exclamación, y le dijo: Bendíceme también a mí, padre mío.

27:35 Y él dijo: Vino tu hermano con astucia, y tomó tu bendición.

---

[154] **27:33 Y será bendito:** Con esto *Itzják* confirma la bendición que le entregó a *Iaäkób*.

187 / BERESHÍT-בְּרֵאשִׁית

27:28 וְיִתֶּן־לְךָ הָאֱלֹהִים מִטַּל הַשָּׁמַיִם וּמִשְׁמַנֵּי הָאָרֶץ וְרֹב דָּגָן וְתִירֹשׁ
VEITÉN-LEJÁ HAELOHÍM MITÁL HASHAMÁIM UMISHMANÉI HAÁRETZ VERÓB DAGÁN VETIRÓSH

27:29 יַעַבְדוּךָ עַמִּים וישתחו* לְךָ לְאֻמִּים הֱוֵה גְבִיר לְאַחֶיךָ וְיִשְׁתַּחֲווּ לְךָ בְּנֵי אִמֶּךָ אֹרְרֶיךָ אָרוּר וּמְבָרֲכֶיךָ בָּרוּךְ
IAÄBDÚJA ÄMÍM VAISHTAJAVÚ LEJÁ LEUMÍM HEVÉH GUEBÍR LEAJÉIJA VEISHETAJAVÚ LEJÁ BENÉI IMÉJA ORERÉIJA ARÚR UMEBARAJÉIJA BARÚJ

27:30 וַיְהִי כַּאֲשֶׁר כִּלָּה יִצְחָק לְבָרֵךְ אֶת־יַעֲקֹב וַיְהִי אַךְ יָצֹא יָצָא יַעֲקֹב מֵאֵת פְּנֵי יִצְחָק אָבִיו וְעֵשָׂו אָחִיו בָּא מִצֵּידוֹ
VAIHÍ KAASHÉR KILÁH ITZJÁK LEBARÉJ ET-IAÄKÓB VAIHÍ AJ IATZÓ IATZÁ IAÄKÓB MEÉT PENÉI ITZJÁK ABÍV VEËSÁV AJÍV BA MITZEIDÓ

27:31 וַיַּעַשׂ גַּם־הוּא מַטְעַמִּים וַיָּבֵא לְאָבִיו וַיֹּאמֶר לְאָבִיו יָקֻם אָבִי וְיֹאכַל מִצֵּיד בְּנוֹ בַּעֲבוּר תְּבָרֲכַנִּי נַפְשֶׁךָ
VAYÁÄS GAM-HU MATÄMÍM VAYABÉ LEABÍV VAYÓMER LEABÍV IAKÚM ABÍ VEIOJÁL MITZÉID BENÓ BAÄBÚR TEBARAJÁNI NAFSHÉJA

27:32 וַיֹּאמֶר לוֹ יִצְחָק אָבִיו מִי־אָתָּה וַיֹּאמֶר אֲנִי בִּנְךָ בְכֹרְךָ עֵשָׂו
VAYÓMER LO ITZJÁK ABÍV MI-ÁTAH VAYÓMER ANÍ BINJÁ BEJORJÁ ËSÁV

27:33 וַיֶּחֱרַד יִצְחָק חֲרָדָה גְּדֹלָה עַד־מְאֹד וַיֹּאמֶר מִי־אֵפוֹא הוּא הַצָּד־צַיִד וַיָּבֵא לִי וָאֹכַל מִכֹּל בְּטֶרֶם תָּבוֹא וָאֲבָרֲכֵהוּ גַּם־בָּרוּךְ יִהְיֶה
VAYEJERÁD ITZJÁK JARÁDAH GUEDOLÁH ÄD-MEÓD VAYÓMER MI-EFÓ HU HATZÁD-TZAÍD VAYÁBE LI VAOJÁL MIKÓL BETÉREM TABÓ VAABARAJÉHU GAM-BARÚJ IHIÉH

27:34 כִּשְׁמֹעַ עֵשָׂו אֶת־דִּבְרֵי אָבִיו וַיִּצְעַק צְעָקָה גְּדֹלָה וּמָרָה עַד־מְאֹד וַיֹּאמֶר לְאָבִיו בָּרֲכֵנִי גַם־אָנִי אָבִי
KISHMÓÄ ËSÁV ET-DIBRÉI ABÍV VAYTZÄK TZEÄKÁH GUEDOLÁH UMARÁH ÄD-MEÓD VAYÓMER LEABÍV BARAJÉNI GAM-ÁNI ABÍ

27:35 וַיֹּאמֶר בָּא אָחִיךָ בְּמִרְמָה וַיִּקַּח בִּרְכָתֶךָ
VAYÓMER BA AJÍJA BEMIRMÁH VAYKÁJ BIRJÁTEJA

---

* וְיִשְׁתַּחֲווּ

27:36 Y *Ësáv* (Esaú) respondió: Bien llamaron su nombre *Iaäkób* (Jacob), pues ya me ha suplantado dos veces: se apoderó de mi primogenitura, y he aquí ahora ha tomado mi bendición. Y dijo: ¿No has guardado bendición para mí?

27:37 *Itzják* (Isaac) respondió y dijo a *Ësáv* (Esaú): He aquí yo le he puesto por señor tuyo, y le he dado por siervos a todos sus hermanos; de trigo y de vino le he provisto; ¿qué, pues, te haré a ti ahora, hijo mío?

27:38 Y *Ësáv* (Esaú) respondió a su padre: ¿No tienes más que una sola bendición, padre mío? Bendíceme también a mí, padre mío. Y alzó *Ësáv* (Esaú) su voz, y lloró.

27:39 Entonces *Itzják* (Isaac) su padre habló y le dijo:
He aquí, será tu habitación en grosuras de la tierra,
Y del rocío de los cielos de arriba;

27:40 Y por tu espada vivirás, y a tu hermano servirás; pero cuando te fortalezcas sacudirás su yugo de tu cerviz.

Iaäkób (Jacob) huye de *Ësáv* (Esaú)

27:41 Y aborreció *Ësáv* (Esaú) a *Iaäkób* (Jacob) por la bendición con que su padre le había bendecido, y dijo en su corazón: Llegarán los días del luto de mi padre, y yo mataré a mi hermano *Iaäkób* (Jacob).

27:42 Y fueron dichas a *Ribkáh* (Rebeca) las palabras de *Ësáv* (Esaú) su hijo mayor; y ella envió y llamó a *Iaäkób* (Jacob) su hijo menor, y le dijo: He aquí, *Ësáv* (Esaú) tu hermano se consuela acerca de ti con la idea de matarte.

27:43 Ahora pues, hijo mío, obedece a mi voz; levántate y huye a casa de *Labán* mi hermano en Jarán,

27:36 וַיֹּ֡אמֶר הֲכִי֩ קָרָ֨א שְׁמ֜וֹ יַעֲקֹ֗ב וַֽיַּעְקְבֵ֙נִי֙ זֶ֣ה פַעֲמַ֔יִם אֶת־בְּכֹרָתִ֣י לָקָ֔ח וְהִנֵּ֥ה עַתָּ֖ה לָקַ֣ח בִּרְכָתִ֑י וַיֹּאמַ֕ר הֲלֹא־אָצַ֥לְתָּ לִּ֖י בְּרָכָֽה

VAYÓMER HAJÍ KARÁ SHEMÓ IAÄKÓB VÁYÄKEBÉNI ZZEH PAÄMÁIM ET-BEJORATÍ LAKÁJ VEHINÉH ÄTÁH LAKÁJ BIRJATÍ VAYOMÁR HALÓ-ATZÁLTA LI BERAJÁH

27:37 וַיַּ֨עַן יִצְחָ֜ק וַיֹּ֣אמֶר לְעֵשָׂ֗ו הֵ֣ן גְּבִ֞יר שַׂמְתִּ֥יו לָךְ֙ וְאֶת־כָּל־אֶחָ֗יו נָתַ֤תִּי לוֹ֙ לַעֲבָדִ֔ים וְדָגָ֥ן וְתִירֹ֖שׁ סְמַכְתִּ֑יו וּלְכָ֣ה אֵפ֔וֹא מָ֥ה אֶֽעֱשֶׂ֖ה בְּנִֽי

VAYÄÄN ITZJÁK VAYÓMER LEËSÁV HEN GUEBÍR SAMTÍV LAJ VEÉT-KOL-EJÁV NATÁTI LO LAÄBADÍM VEDAGÁN VETIRÓSH SEMAJTÍV ULEJÁH EFÓ MAH EËSÉH BENÍ

27:38 וַיֹּ֨אמֶר עֵשָׂ֜ו אֶל־אָבִ֗יו הַֽבְרָכָ֨ה אַחַ֤ת הִֽוא־לְךָ֙ אָבִ֔י בָּרֲכֵ֥נִי גַם־אָ֖נִי אָבִ֑י וַיִּשָּׂ֥א עֵשָׂ֛ו קֹל֖וֹ וַיֵּֽבְךְּ

VAYÓMER ËSÁV EL-ABÍV HABRAJÁH AJÁT HI-LEJÁ ABÍ BARAJÉNI GAM-ÁNI ABÍ VAYSÁ ËSÁV KOLÓ VAYÉBK

27:39 וַיַּ֛עַן יִצְחָ֥ק אָבִ֖יו וַיֹּ֣אמֶר אֵלָ֑יו הִנֵּ֞ה מִשְׁמַנֵּ֤י הָאָ֙רֶץ֙ יִהְיֶ֣ה מֽוֹשָׁבֶ֔ךָ וּמִטַּ֥ל הַשָּׁמַ֖יִם מֵעָֽל

VAYÁÄN ITZJÁK ABÍV VAYÓMER ELÁV HINÉH MISHMANÉI HAÁRETZ IHIÉH MOSHABÉJA UMITÁL HASHAMÁIM MEÄL

27:40 וְעַל־חַרְבְּךָ֣ תִֽחְיֶ֔ה וְאֶת־אָחִ֖יךָ תַּעֲבֹ֑ד וְהָיָה֙ כַּאֲשֶׁ֣ר תָּרִ֔יד וּפָרַקְתָּ֥ עֻלּ֖וֹ מֵעַ֥ל צַוָּארֶֽךָ

VEÄL-JARBEJÁ TIJIÉH VEÉT-AJÍJA TAÄBÓD VEHAIÁH KAASHÉR TARÍD UFARAKTÁ ÜLÓ MEÄL TZAVARÉJA

27:41 וַיִּשְׂטֹ֤ם עֵשָׂו֙ אֶֽת־יַעֲקֹ֔ב עַל־הַ֨בְּרָכָ֔ה אֲשֶׁ֥ר בֵּרֲכ֖וֹ אָבִ֑יו וַיֹּ֨אמֶר עֵשָׂ֜ו בְּלִבּ֗וֹ יִקְרְבוּ֙ יְמֵי֙ אֵ֣בֶל אָבִ֔י וְאַֽהַרְגָ֖ה אֶת־יַעֲקֹ֥ב אָחִֽי

VAYSTÓM ËSAV ET-IAÄKÓB ÄL-HABERAJÁH ASHÉR BERAJÓ ABÍV VAYÓMER ËSÁV BELIBÓ IKRÉBU IEMÉI ÉBEL ABÍ VEAHAREGÁH ET-IAÄKÓB AJÍ

27:42 וַיֻּגַּ֣ד לְרִבְקָ֔ה אֶת־דִּבְרֵ֥י עֵשָׂ֖ו בְּנָ֣הּ הַגָּדֹ֑ל וַתִּשְׁלַ֞ח וַתִּקְרָ֤א לְיַעֲקֹב֙ בְּנָ֣הּ הַקָּטָ֔ן וַתֹּ֣אמֶר אֵלָ֔יו הִנֵּה֙ עֵשָׂ֣ו אָחִ֔יךָ מִתְנַחֵ֥ם לְךָ֖ לְהָרְגֶֽךָ

VAYUGÁD LERIBKÁH ET-DIBRÉI ËSÁV BENÁH HAGADÓL VATISHLÁJ VATIKRÁ LEIAÄKÓB BENÁH HAKATÁN VATÓMER ELÁV HINÉH ËSÁV AJÍJA MITNAJÉM LEJÁ LEHARGUÉJA

27:43 וְעַתָּ֥ה בְנִ֖י שְׁמַ֣ע בְּקֹלִ֑י וְק֧וּם בְּרַח־לְךָ֛ אֶל־לָבָ֥ן אָחִ֖י חָרָֽנָה

VEÄTÁH BENÍ SHEMÄ BEKOLÍ VEKÚM BERÁJ-LEJÁ EL-LABÁN AJÍ JARÁNAH

27:44 y mora con él algunos días, hasta que el enojo de tu hermano se mitigue;
27:45 hasta que se aplaque la ira de tu hermano contra ti, y olvide lo que le has hecho; yo enviaré entonces, y te traeré de allá. ¿Por qué seré privada de vosotros ambos en un día?[155]
27:46 Y dijo *Ribkáh* (Rebeca) a *Itzják* (Isaac): Fastidio tengo de mi vida, a causa de las hijas de *Jet*. Si *Iaäkób* (Jacob) toma mujer de las hijas de *Jet*, como éstas, de las hijas de esta tierra, ¿para qué quiero la vida?[156]

CAPÍTULO 28

28:1 Entonces *Itzják* (Isaac) llamó a *Iaäkób* (Jacob), y lo bendijo, y le mandó diciendo: No tomes mujer de las hijas de Kenáän.
28:2 Levántate, ve a Padán-Arám, a casa de *Betuél*, padre de tu madre, y toma allí mujer de las hijas de *Labán*, hermano de tu madre.
28:3 Y el Dios omnipotente te bendiga, y te haga fructificar y te multiplique, hasta llegar a ser multitud de pueblos;
28:4 y te dé la bendición de *Abrahám*, y a tu descendencia contigo, para que heredes la tierra en que moras, que Dios dio a *Abrahám*.
28:5 Así envió *Itzják* (Isaac) a *Iaäkób* (Jacob), el cual fue a Padán-Arám, a *Labán* hijo de *Betuél* Arámeo, hermano de *Ribkáh* (Rebeca) madre de *Iaäkób* (Jacob) y de *Ësáv* (Esaú).

---

[155] **27:45 Seré privada de vosotros:** *Ribkáh* vio proféticamente que morirían ambos hijos el mismo día. Por lo tanto, si *Ësáv* mataba a *Iaäkób* entonces este también moriría.

[156] **27:46 Las hijas de *Jet*:** *Ribkáh* estaba molesta con las esposas idólatras de *Ësáv*, las cuales eran jitítas.

27:44 וְיָשַׁבְתָּ עִמּוֹ יָמִים אֲחָדִים עַד אֲשֶׁר־תָּשׁוּב חֲמַת אָחִיךָ
VEIASHABTÁ ÏMÓ IAMÍM AJADÍM ÄD ASHÉR-TASHÚB JAMÁT AJÍJA

27:45 עַד־שׁוּב אַף־אָחִיךָ מִמְּךָ וְשָׁכַח אֵת אֲשֶׁר־עָשִׂיתָ לּוֹ וְשָׁלַחְתִּי וּלְקַחְתִּיךָ מִשָּׁם לָמָה אֶשְׁכַּל גַּם־שְׁנֵיכֶם יוֹם אֶחָד
ÄD-SHÚB AF-AJÍJA MIMEJÁ VESHAJÁJ ET ASHÉR-ÄSÍTA LO VESHALAJETÍ ULEKAJTÍJA MISHÁM LAMÁH ESHKÁL GAM-SHENEIJÉM IÓM EJÁD

27:46 וַתֹּאמֶר רִבְקָה אֶל־יִצְחָק קַצְתִּי בְחַיַּי מִפְּנֵי בְּנוֹת חֵת אִם־לֹקֵחַ יַעֲקֹב אִשָּׁה מִבְּנוֹת־חֵת כָּאֵלֶּה מִבְּנוֹת הָאָרֶץ לָמָּה לִּי חַיִּים
VATÓMER RIBKÁH EL-ITZJÁK KÁTZTI BEJAYÁI MIPENÉI BENÓT JET IM-LOKÉAJ IÄAKÓB ISHÁH MIBENÓT-JET KAÉLEH MIBENÓT HAÁRETZ LÁMAH LI JAYÍM

פֶּרֶק כח - PÉREK 28

28:1 וַיִּקְרָא יִצְחָק אֶל־יַעֲקֹב וַיְבָרֶךְ אֹתוֹ וַיְצַוֵּהוּ וַיֹּאמֶר לוֹ לֹא־תִקַּח אִשָּׁה מִבְּנוֹת כְּנָעַן
VAYKRÁ ITZJÁK EL-IAÄKÓB VAIBÁREJ OTÓ VAITZAVÉHU VAYÓMER LO LO-TIKÁJ ISHÁH MIBENÓT KENÁÄN

28:2 קוּם לֵךְ פַּדֶּנָה אֲרָם בֵּיתָה בְתוּאֵל אֲבִי אִמֶּךָ וְקַח־לְךָ מִשָּׁם אִשָּׁה מִבְּנוֹת לָבָן אֲחִי אִמֶּךָ
KUM LEJ PADÉNAH ARÁM BÉITAH BETUÉL ABÍ IMÉJA VEKÁJ-LEJÁ MISHÁM ISHÁH MIBENÓT LABÁN AJÍ IMÉJA

28:3 וְאֵל שַׁדַּי יְבָרֵךְ אֹתְךָ וְיַפְרְךָ וְיַרְבֶּךָ וְהָיִיתָ לִקְהַל עַמִּים
VEÉL SHADÁI IEBARÉJ OTEJÁ VEIAFREJÁ VEIAREBÉJA VEHAÍTA LIKEHÁL ÄMÍM

28:4 וְיִתֶּן־לְךָ אֶת־בִּרְכַּת אַבְרָהָם לְךָ וּלְזַרְעֲךָ אִתָּךְ לְרִשְׁתְּךָ אֶת־אֶרֶץ מְגֻרֶיךָ אֲשֶׁר־נָתַן אֱלֹהִים לְאַבְרָהָם
VEITÉN-LEJÁ ET-BIREJÁT ABRAHÁM LEJÁ ULEZZARÄJÁ ITÁJ LERISHTÉJA ET-ÉRETZ MEGURÉIJA ASHÉR-NATÁN ELOHÍM LEABRAHÁM

28:5 וַיִּשְׁלַח יִצְחָק אֶת־יַעֲקֹב וַיֵּלֶךְ פַּדֶּנָה אֲרָם אֶל־לָבָן בֶּן־בְּתוּאֵל הָאֲרַמִּי אֲחִי רִבְקָה אֵם יַעֲקֹב וְעֵשָׂו
VAYSHLÁJ ITZJÁK ET-IAÄKÓB VAYÉLEJ PADÉNAH ARÁM EL-LABÁN BEN-BETUÉL HAARAMÍ AJÍ RIBKÁH EM IAÄKÓB VEËSÁV

28:6 Y vio *Ësáv* (Esaú) cómo *Itzják* (Isaac) había bendecido a *Iaäkób* (Jacob), y le había enviado a Padán-Arám, para tomar para sí mujer de allí; y que cuando le bendijo, le había mandado diciendo: No tomarás mujer de las hijas de kenään;
28:7 y que *Iaäkób* (Jacob) había obedecido a su padre y a su madre, y se había ido a Padán-Arám.
28:8 Vio asimismo *Ësáv* (Esaú) que las hijas de kenään parecían mal a *Itzják* (Isaac) su padre;
28:9 y se fue *Ësáv* (Esaú) a *Ishmaël* (Ismaél), y tomó para sí por mujer a *Majalát*, hija de *Ishmaël* (Ismaél) hijo de *Abrahám*, hermana de *Nebaiót*, además de sus otras mujeres[157].

Dios se aparece a *Iaäkób* (Jacob) en Bet-El

28:10 Salió, pues, *Iaäkób* (Jacob) de Beér Shébä, y fue a Jarán[158].
28:11 Y llegó a un cierto lugar, y durmió allí, porque ya el sol se había puesto; y tomó de las piedras de aquel paraje y puso a su cabecera, y se acostó en aquel lugar[159].
28:12 Y soñó: y he aquí una escalera que estaba apoyada en tierra, y su extremo tocaba en el cielo; y he aquí ángeles de Dios que subían y descendían por ella[160].

---

[157] **28:9 Hermana de *Nebaiót*:** *Majalát* se casó con *Ësáv* el mismo día en que murió su padre *Ishmaël*. El versículo agrega "hermana de..." para indicar que fue *Nebaiót* quien la entregó en matrimonio.

[158] **28:10 Salió, pues, *Iaäkób*:** En ese momento tenía *Iaäkób* 63 años. Esto se puede deducir ya que *Ishmaël* tenía 14 años más que *Itzják*; *Itzják* tenía 60 años cuando nació *Iaäkób*; *Ishmaël* murió a los 137 años (ver 25:17) y *Iaäkób* salió de su casa en ese momento (137-74=63).
Y fue a Jarán: Antes de llegar a Jarán, *Iaäkób* pasó catorce años estudiando en la casa de Dios junto a *Shem* y *Ëber* preparándose para mantenerse espiritualmente en la casa de *Labán*.

[159] **28:11 Y llegó a un cierto lugar:** Ver comentario 22:14.

[160] **28:12 Subían y descendían por ella:** Si los ángeles están en el cielo, ¿no debería decir el versículo "descendían y subían" (en orden inverso)?. Esto se aclara de la siguiente manera: *Iaäkób* estaba saliendo de la tierra

28:6 וַיַּ֣רְא עֵשָׂ֔ו כִּֽי־בֵרַ֥ךְ יִצְחָק֙ אֶֽת־יַעֲקֹ֔ב וְשִׁלַּ֥ח אֹתוֹ֙ פַּדֶּ֣נָֽה אֲרָ֔ם לָקַֽחַת־ל֥וֹ מִשָּׁ֖ם אִשָּׁ֑ה בְּבָרֲכ֣וֹ אֹת֔וֹ וַיְצַ֤ו עָלָיו֙ לֵאמֹ֔ר לֹֽא־תִקַּ֥ח אִשָּׁ֖ה מִבְּנ֥וֹת כְּנָֽעַן

VAYÁR ËSÁV KI-BERÁJ ITZJÁK ET-IAÄKÓB VESHILÁJ OTÓ PADÉNAH ARÁM LAKÁJAT-LO MISHÁM ISHÁH BEBARAJÓ OTÓ VAITZÁV ÄLÁV LEMÓR LO-TIKÁJ ISHÁH MIBENÓT KENÄÄN

28:7 וַיִּשְׁמַ֣ע יַעֲקֹ֔ב אֶל־אָבִ֖יו וְאֶל־אִמּ֑וֹ וַיֵּ֖לֶךְ פַּדֶּ֥נָֽה אֲרָֽם

VAYSHMÄ IAÄKÓB EL-ABÍV VEÉL-IMÓ VAYÉLEJ PADENÁH ARÁM

28:8 וַיַּ֣רְא עֵשָׂ֔ו כִּ֥י רָע֖וֹת בְּנ֣וֹת כְּנָ֑עַן בְּעֵינֵ֖י יִצְחָ֥ק אָבִֽיו

VAYÁR ËSÁV KI RÄÓT BENÓT KENÄÄN BEËINÉI ITZJÁK ABÍV

28:9 וַיֵּ֥לֶךְ עֵשָׂ֖ו אֶל־יִשְׁמָעֵ֑אל וַיִּקַּ֡ח אֶֽת־מָחֲלַ֣ת ׀ בַּת־יִשְׁמָעֵ֨אל בֶּן־אַבְרָהָ֜ם אֲח֧וֹת נְבָי֛וֹת עַל־נָשָׁ֖יו ל֥וֹ לְאִשָּֽׁה

VAYÉLEJ ËSÁV EL-ISHMAËL VAYKÁJ ET-MAJALÁT BAT-ISHMAËL BEN-ABRAHÁM AJÓT NEBAÍOT ÄL-NASHÁV LO LEISHÁH

28:10 וַיֵּצֵ֥א יַעֲקֹ֖ב מִבְּאֵ֣ר שָׁ֑בַע וַיֵּ֖לֶךְ חָרָֽנָה

VAYETZÉ IAÄKÓB MIBEÉR SHÁBÄ VAYÉLEJ JARÁNAH

28:11 וַיִּפְגַּ֨ע בַּמָּק֜וֹם וַיָּ֤לֶן שָׁם֙ כִּי־בָ֣א הַשֶּׁ֔מֶשׁ וַיִּקַּח֙ מֵאַבְנֵ֣י הַמָּק֔וֹם וַיָּ֖שֶׂם מְרַֽאֲשֹׁתָ֑יו וַיִּשְׁכַּ֖ב בַּמָּק֥וֹם הַהֽוּא

VAYFGÄ BAMAKÓM VAYÁLEN SHAM KI-BA HASHÉMESH VAYKÁJ MEABNÉI HAMAKÓM VAYÁSEM MERAASHOTÁV VAYSHKÁB BAMAKÓM HAHÚ

28:12 וַֽיַּחֲלֹ֗ם וְהִנֵּ֤ה סֻלָּם֙ מֻצָּ֣ב אַ֔רְצָה וְרֹאשׁ֖וֹ מַגִּ֣יעַ הַשָּׁמָ֑יְמָה וְהִנֵּה֙ מַלְאֲכֵ֣י אֱלֹהִ֔ים עֹלִ֥ים וְיֹרְדִ֖ים בּֽוֹ

VAYAJALÓM VEHINÉH ZULÁM MUTZÁB ÁRTZAH VEROSHÓ MAGUIÄ HASHAMÁIEMAH VEHINÉH MALAJÉI ELOHÍM ÖLÍM VEIORDÍM BO

28:13 Y he aquí, El Eterno estaba en lo alto de ella, el cual dijo: Yo soy El Eterno, el Dios de *Abrahám* tu padre, y el Dios de *Itzják* (Isaac); la tierra en que estás acostado te la daré a ti y a tu descendencia.

28:14 Será tu descendencia como el polvo de la tierra, y te extenderás al occidente, al oriente, al norte y al sur; y todas las familias de la tierra serán benditas en ti y en tu simiente.

28:15 He aquí, yo estoy contigo, y te guardaré por dondequiera que fueres, y volveré a traerte a esta tierra; porque no te dejaré hasta que haya hecho lo que te he dicho.

28:16 Y despertó *Iaäkób* (Jacob) de su sueño, y dijo: Ciertamente El Eterno está en este lugar, y yo no lo sabía.

28:17 Y tuvo miedo, y dijo: ¡Cuán impresionante es este lugar! No es otra cosa que casa de Dios, y puerta del cielo[161].

28:18 Y se levantó *Iaäkób* (Jacob) de mañana, y tomó la piedra que había puesto de cabecera, y la alzó por señal, y derramó aceite encima de ella.

28:19 Y llamó el nombre de aquel lugar Bet-El, aunque Luzz era el nombre de la ciudad primero[162].

---

de Israel mas los ángeles propios de esta tierra que lo acompañaban subían al cielo (pues no pueden salir fuera de Israel) mientras que los ángeles propios del resto de la tierra bajaban para acompañarlo.

[161] **28:17 ¡Cuán impresionante es este lugar!:** Ver comentario 22:14.

[162] **28:19 Bet-El:** En hebreo בֵּית (BÉIT=casa) אֵל (EL=Dios), es decir, Casa de Dios.

28:13 וְהִנֵּ֨ה יְהֹוָ֜ה נִצָּ֣ב עָלָיו֮ וַיֹּאמַר֒ אֲנִ֣י יְהֹוָ֗ה אֱלֹהֵי֙ אַבְרָהָ֣ם אָבִ֔יךָ וֵאלֹהֵ֖י יִצְחָ֑ק הָאָ֗רֶץ אֲשֶׁ֤ר אַתָּה֙ שֹׁכֵ֣ב עָלֶ֔יהָ לְךָ֥ אֶתְּנֶ֖נָּה וּלְזַרְעֶֽךָ׃

VEHINÉH IHVH NITZÁB ÄLÁV VAYOMÁR ANÍ IHVH ELOHÉI ABRAHÁM ABÍJA VELOHÉI ITZJÁK HAÁRETZ ASHÉR ATÁH SHOJÉB ÄLÉIHA LEJÁ ETENÉNAH ULEZZARËJA

28:14 וְהָיָ֤ה זַרְעֲךָ֙ כַּעֲפַ֣ר הָאָ֔רֶץ וּפָרַצְתָּ֛ יָ֥מָּה וָקֵ֖דְמָה וְצָפֹ֣נָה וָנֶ֑גְבָּה וְנִבְרְכ֥וּ בְךָ֛ כָּל־מִשְׁפְּחֹ֥ת הָאֲדָמָ֖ה וּבְזַרְעֶֽךָ׃

VEHAIÁH ZZARËJÁ KAÄFÁR HAÁRETZ UFARATZTÁ IÁMAH VAKÉDEMAH VETZAFÓNAH VANÉGBAH VENIBREJÚ BEJÁ KOL-MISHPEJÓT HAADAMÁH UBEZZARËJA

28:15 וְהִנֵּ֨ה אָנֹכִ֜י עִמָּ֗ךְ וּשְׁמַרְתִּ֙יךָ֙ בְּכֹ֣ל אֲשֶׁר־תֵּלֵ֔ךְ וַהֲשִׁ֣בֹתִ֔יךָ אֶל־הָאֲדָמָ֖ה הַזֹּ֑את כִּ֚י לֹ֣א אֶֽעֱזָבְךָ֔ עַ֚ד אֲשֶׁ֣ר אִם־עָשִׂ֔יתִי אֵ֥ת אֲשֶׁר־דִּבַּ֖רְתִּי לָֽךְ׃

VEHINÉH ANOJÍ ÏMÁJ USHEMARTÍJA BEJÓL ASHÉR-TELÉJ VAHASHIBOTÍJA EL-HAADAMÁH HAZZÓT KI LO EËZZABJA ÄD ASHÉR IM-ÄSÍTI ET ASHÉR-DIBÁRETI LAJ

28:16 וַיִּיקַ֣ץ יַעֲקֹב֮ מִשְּׁנָתוֹ֒ וַיֹּ֕אמֶר אָכֵן֙ יֵ֣שׁ יְהֹוָ֔ה בַּמָּק֖וֹם הַזֶּ֑ה וְאָנֹכִ֖י לֹ֥א יָדָֽעְתִּי׃

VAYIKÁTZ IAÄKÓB MISHENATÓ VAYÓMER AJÉN IÉSH IHVH BAMAKÓM HAZZÉH VEANOJÍ LO IADÁËTI

28:17 וַיִּירָ֖א וַיֹּאמַ֑ר מַה־נּוֹרָ֖א הַמָּק֣וֹם הַזֶּ֑ה אֵ֣ין זֶ֗ה כִּ֚י אִם־בֵּ֣ית אֱלֹהִ֔ים וְזֶ֖ה שַׁ֥עַר הַשָּׁמָֽיִם׃

VAYIRÁ VAYOMÁR MAH-NORÁ HAMAKÓM HAZZÉH ÉIN ZZEH KI IM-BÉIT ELOHÍM VEZZÉH SHÁÄR HASHAMÁIM

28:18 וַיַּשְׁכֵּ֨ם יַעֲקֹ֜ב בַּבֹּ֗קֶר וַיִּקַּ֤ח אֶת־הָאֶ֙בֶן֙ אֲשֶׁר־שָׂ֣ם מְרַֽאֲשֹׁתָ֔יו וַיָּ֥שֶׂם אֹתָ֖הּ מַצֵּבָ֑ה וַיִּצֹ֥ק שֶׁ֖מֶן עַל־רֹאשָֽׁהּ׃

VAYASHKÉM IAÄKÓB BABÓKER VAYKÁJ ET-HAÉBEN ASHÉR-SÁM MERASHOTÁV VAYÁSEM OTÁH MATZEBÁH VAYTZÓK SHÉMEN ÄL-ROSHÁH

28:19 וַיִּקְרָ֛א אֶת־שֵׁם־הַמָּק֥וֹם הַה֖וּא בֵּֽית־אֵ֑ל וְאוּלָ֛ם ל֥וּז שֵׁם־הָעִ֖יר לָרִאשֹׁנָֽה׃

VAYKRÁ ET-SHEM-HAMAKÓM HAHÚ BÉIT-EL VEULÁM LUZZ SHEM-HAÏR LARISHONÁH

28:20 E hizo *Iaäkób* (Jacob) voto, diciendo: Si fuere Dios conmigo, y me guardare en este viaje en que voy, y me diere pan para comer y vestido para vestir[163],
28:21 y si volviere en paz a casa de mi padre, El Eterno será mi Dios[164].
28:22 Y esta piedra que he puesto por señal, será casa de Dios; y de todo lo que me dieres, el diezmo apartaré para ti.

CAPÍTULO 29

Iaäkób (Jacob) sirve a *Labán* por *Rajél* (Raquel) y *Leáh*

29:1 Siguió luego *Iaäkób* (Jacob) su camino, y fue a la tierra de los orientales[165].
29:2 Y miró, y vio un pozo en el campo; y he aquí tres rebaños de ovejas que yacían cerca de él, porque de aquel pozo abrevaban los ganados; y había una gran piedra sobre la boca del pozo.
29:3 Y juntaban allí todos los rebaños; y revolvían la piedra de la boca del pozo, y abrevaban las ovejas, y volvían la piedra sobre la boca del pozo a su lugar.
29:4 Y les dijo *Iaäkób* (Jacob): Hermanos míos, ¿de dónde sois? Y ellos respondieron: De Jarán somos[166].

---

[163] **28:20 Me guardase:** Pidió que Dios lo cuide de caer en el pecado para así poder volver a la casa de su padre en perfectas condiciones físicas y espirituales.

Pan para comer y vestido para vestir: No basta con que Dios nos entregue la bendición material, comida y vestido, si no nos entrega la salud, para poder comer y vestir.

[164] **28:21 El Eterno será mi Dios:** El versículo no debe leerse como si *Iaäkób* puso en duda su lealtad a Dios. Lo que *Iaäkób* está expresando es que si Dios va a entregarle todo lo que él pide, va a poder cumplir de mejor manera Su voluntad.

[165] **29:1 Tierra de los orientales:** Se refiere a la tierra ancestral de *Abrahám*, Arám y Ur Kasdím, la región al oriente de Israel. Ver en Anexos mapa "Viaje de *Abrahám* a Egipto".

[166] **29:4 Hermanos míos:** En la antigüedad era muy común que la gente se tratara de hermano. Esta es una cualidad que deberíamos aprender. Dado que la humanidad es una sola familia, el trato con los semejantes debiese ser de hermano a hermano.

BERESHÍT - בְּרֵאשִׁית

28:20 וַיִּדַּר יַעֲקֹב נֶדֶר לֵאמֹר אִם־יִהְיֶה אֱלֹהִים עִמָּדִי וּשְׁמָרַנִי בַּדֶּרֶךְ הַזֶּה אֲשֶׁר אָנֹכִי הוֹלֵךְ וְנָתַן־לִי לֶחֶם לֶאֱכֹל וּבֶגֶד לִלְבֹּשׁ

VAYDÁR IAÄKÓB NÉDER LEMÓR IM-IHIÉH ELOHÍM ÏMADÍ USHEMARÁNI BADÉREJ HAZZÉH ASHÉR ANOJÍ HOLÉJ VENÁTAN-LI LÉJEM LEEJÓL UBÉGUED LILBÓSH

28:21 וְשַׁבְתִּי בְשָׁלוֹם אֶל־בֵּית אָבִי וְהָיָה יְהֹוָה לִי לֵאלֹהִים

VESHABTÍ BESHALÓM EL-BÉIT ABÍ VEHAIÁH IHVH LI LELOHÍM

28:22 וְהָאֶבֶן הַזֹּאת אֲשֶׁר־שַׂמְתִּי מַצֵּבָה יִהְיֶה בֵּית אֱלֹהִים וְכֹל אֲשֶׁר תִּתֶּן־לִי עַשֵּׂר אֲעַשְּׂרֶנּוּ לָךְ

VEHAÉBEN HAZZÓT ASHÉR-SÁMTI MATZEBÁH IHIÉH BÉIT ELOHÍM VEJÓL ASHÉR TITÉN-LI ÄSÉR AÄSERÉNU LAJ

פֶּרֶק כט - PÉREK 29

29:1 וַיִּשָּׂא יַעֲקֹב רַגְלָיו וַיֵּלֶךְ אַרְצָה בְנֵי־קֶדֶם

VAYSÁ IAÄKÓB RAGLÁV VAYÉLEJ ÁRTZAH BENÉI-KÉDEM

29:2 וַיַּרְא וְהִנֵּה בְאֵר בַּשָּׂדֶה וְהִנֵּה־שָׁם שְׁלֹשָׁה עֶדְרֵי־צֹאן רֹבְצִים עָלֶיהָ כִּי מִן־הַבְּאֵר הַהִוא יַשְׁקוּ הָעֲדָרִים וְהָאֶבֶן גְּדֹלָה עַל־פִּי הַבְּאֵר

VAYÁR VEHINÉH BEÉR BASADÉH VEHINÉH-SHAM SHELOSHÁH ËDRÉI-TZON ROBTZÍM ÄLÉIHA KI MIN-HABEÉR HAHÍ IASHKÚ HAÄDARÍM VEHAÉBEN GUEDOLÁH ÄL-PI HABEÉR

29:3 וְנֶאֶסְפוּ־שָׁמָּה כָל־הָעֲדָרִים וְגָלֲלוּ אֶת־הָאֶבֶן מֵעַל פִּי הַבְּאֵר וְהִשְׁקוּ אֶת־הַצֹּאן וְהֵשִׁיבוּ אֶת־הָאֶבֶן עַל־פִּי הַבְּאֵר לִמְקֹמָהּ

VENEESFÚ-SHÁMAH JOL-HAÄDARÍM VEGALALÚ ET-HAÉBEN MEÄL PI HABEÉR VEHISHKÚ ET-HATZÓN VEHESHÍBU ET-HAÉBEN ÄL-PI HABEÉR LIMKOMÁH

29:4 וַיֹּאמֶר לָהֶם יַעֲקֹב אַחַי מֵאַיִן אַתֶּם וַיֹּאמְרוּ מֵחָרָן אֲנָחְנוּ

VAYÓMER LAHÉM IAÄKÓB AJÁI MEÁIN ATÉM VAYÓMRU MEJARÁN ANÁJNU

29:5 El les dijo: ¿Conocéis a *Labán* hijo de *Najór*? Y ellos dijeron: Sí, le conocemos.
29:6 Y él les dijo: ¿Está bien? Y ellos dijeron: Bien, y he aquí *Rajél* (Raquel) su hija viene con las ovejas.
29:7 Y él dijo: He aquí es aún muy de día; no es tiempo todavía de recoger el ganado; abrevad las ovejas, e id a apacentarlas.
29:8 Y ellos respondieron: No podemos, hasta que se junten todos los rebaños, y remuevan la piedra de la boca del pozo, para que abrevemos las ovejas[167].
29:9 Mientras él aún hablaba con ellos, *Rajél* (Raquel) vino con el rebaño de su padre, porque ella era la pastora.
29:10 Y sucedió que cuando *Iaäkób* (Jacob) vio a *Rajél* (Raquel), hija de *Labán* hermano de su madre, y las ovejas de *Labán* el hermano de su madre, se acercó *Iaäkób* (Jacob) y removió la piedra de la boca del pozo, y abrevó el rebaño de *Labán* hermano de su madre[168].
29:11 Y *Iaäkób* (Jacob) besó a *Rajél* (Raquel), y alzó su voz y lloró[169].
29:12 Y *Iaäkób* (Jacob) dijo a *Rajél* (Raquel) que él era pariente de su padre, y que era hijo de *Ribkáh* (Rebeca); y ella corrió, y dio las nuevas a su padre.

---

[167] **29:8 Y ellos respondieron:** Los pastores no se molestaron ante la reprimenda de *Iaäkób* quien los amonestó por no estar trabajando, ya que cuando éste se dirigió a ellos (29:4) los llamó "Hermanos míos". Esto nos enseña que la reprimenda debe ser hecha con amor para que sea recibida. Como dice *Shlomó Hamélej* (Rey Salomón) "las palabras de los sabios se escuchan si son dichas con tranquilidad" (*Kohélet*-Eclesiastés 9:17).

[168] **29:10 Removió la piedra:** Aunque se trataba de una pesada piedra (ver 29:8), *Iaäkób* pudo removerla al concentrar sus fuerzas en ella.

[169] **29:11 Lloró:** Lloró porque proféticamente vio que no iba a ser enterrado con ella.

29:5 וַיֹּ֤אמֶר לָהֶם֙ הַיְדַעְתֶּ֔ם אֶת־לָבָ֖ן בֶּן־נָח֑וֹר וַיֹּאמְר֖וּ יָדָֽעְנוּ

VAYÓMER LAHÉM HAIDÄTÉM ET-LABÁN BEN-NAJÓR VAYOMRÚ IADÁANU

29:6 וַיֹּ֥אמֶר לָהֶ֖ם הֲשָׁל֣וֹם ל֑וֹ וַיֹּאמְר֣וּ שָׁל֔וֹם וְהִנֵּה֙ רָחֵ֣ל בִּתּ֔וֹ בָּאָ֖ה עִם־הַצֹּֽאן

VAYÓMER LAHÉM HASHALÓM LO VAYOMRÚ SHALÓM VEHINÉH RAJÉL BITÓ BAÁH ÏM-HATZÓN

29:7 וַיֹּ֗אמֶר הֵ֥ן עוֹד֙ הַיּ֣וֹם גָּד֔וֹל לֹא־עֵ֖ת הֵאָסֵ֣ף הַמִּקְנֶ֑ה הַשְׁק֥וּ הַצֹּ֖אן וּלְכ֥וּ רְעֽוּ

VAYÓMER HÉN ÖD HAYÓM GADÓL LO-ËT HEASÉF HAMIKENÉH HASHKÚ HATZÓN ULEJEÚ REÜ

29:8 וַיֹּאמְרוּ֮ לֹ֣א נוּכַל֒ עַ֣ד אֲשֶׁ֤ר יֵאָֽסְפוּ֙ כָּל־הָ֣עֲדָרִ֔ים וְגָֽלְלוּ֙ אֶת־הָאֶ֔בֶן מֵעַ֖ל פִּ֣י הַבְּאֵ֑ר וְהִשְׁקִ֖ינוּ הַצֹּֽאן

VAYOMRÚ LO NUJÁL ÄD ASHÉR IEASEFÚ KOL-HÁADARÍM VEGÁLALU ET-HAÉBEN MEÄL PI HABEÉR VEHISHKÍNU HATZÓN

29:9 עוֹדֶ֖נּוּ מְדַבֵּ֣ר עִמָּ֑ם וְרָחֵ֣ל ׀ בָּ֗אָה עִם־הַצֹּאן֙ אֲשֶׁ֣ר לְאָבִ֔יהָ כִּ֥י רֹעָ֖ה הִֽוא

ÖDÉNU MEDABÉR ÏMÁM VERAJÉL BÁAH ÏM-HATZÓN ASHÉR LEABÍHA KI ROÄH HI

29:10 וַיְהִ֡י כַּאֲשֶׁר֩ רָאָ֨ה יַעֲקֹ֜ב אֶת־רָחֵ֗ל בַּת־לָבָן֙ אֲחִ֣י אִמּ֔וֹ וְאֶת־צֹ֥אן לָבָ֖ן אֲחִ֣י אִמּ֑וֹ וַיִּגַּ֣שׁ יַעֲקֹ֗ב וַיָּ֤גֶל אֶת־הָאֶ֙בֶן֙ מֵעַל֙ פִּ֣י הַבְּאֵ֔ר וַיַּ֕שְׁקְ אֶת־צֹ֥אן לָבָ֖ן אֲחִ֥י אִמּֽוֹ

VAIHÍ KAASHÉR RAÁH IAÄKÓB ET-RAJÉL BAT-LABÁN AJÍ IMÓ VEÉT-TZON LABÁN AJÍ IMÓ VAYGÁSH IAÄKÓB VAYÁGUEL ET-HAÉBEN MEÄL PI HABEÉR VAYÁSHE ET-TZON LABÁN AJÍ IMÓ

29:11 וַיִּשַּׁ֥ק יַעֲקֹ֖ב לְרָחֵ֑ל וַיִּשָּׂ֥א אֶת־קֹל֖וֹ וַיֵּֽבְךְּ

VAYSHÁK IAÄKÓB LERAJÉL VAYSÁ ET-KOLÓ VAYEBEJ

29:12 וַיַּגֵּ֨ד יַעֲקֹ֜ב לְרָחֵ֗ל כִּ֣י אֲחִ֤י אָבִ֙יהָ֙ ה֔וּא וְכִ֥י בֶן־רִבְקָ֖ה ה֑וּא וַתָּ֖רָץ וַתַּגֵּ֥ד לְאָבִֽיהָ

VAYAGUÉD IAÄKÓB LERAJÉL KI AJÍ ABÍHA HU VEJÍ BEN-RIBKÁH HU VATÁRATZ VATAGUÉD LEABÍHA

29:13 Así que oyó *Labán* las nuevas de *Iaäkób* (Jacob), hijo de su hermana, corrió a recibirlo, y lo abrazó, lo besó, y lo trajo a su casa; y él contó a *Labán* todas estas cosas.
29:14 Y *Labán* le dijo: Ciertamente hueso mío y carne mía eres. Y estuvo con él durante un mes.
29:15 Entonces dijo *Labán* a *Iaäkób* (Jacob): ¿Por ser tú mi hermano, me servirás gratuitamente? Dime cuál será tu salario.
29:16 Y *Labán* tenía dos hijas: el nombre de la mayor era *Leáh*, y el nombre de la menor, *Rajél* (Raquel).
29:17 Y los ojos de *Leáh* eran melancólicos, pero *Rajél* (Raquel) era de lindo semblante y de hermoso parecer[170].
29:18 Y *Iaäkób* (Jacob) amó a *Rajél* (Raquel), y dijo: Yo te serviré siete años por *Rajél* (Raquel) tu hija menor.
29:19 Y *Labán* respondió: Mejor es que te la dé a ti, y no que la dé a otro hombre; quédate conmigo.
29:20 Así sirvió *Iaäkób* (Jacob) por *Rajél* (Raquel) siete años; y le parecieron como pocos días, porque la amaba[171].
29:21 Entonces dijo *Iaäkób* (Jacob) a *Labán*: Dame mi mujer, porque mi tiempo se ha cumplido, para unirme a ella.
29:22 Entonces *Labán* juntó a todos los varones de aquel lugar, e hizo banquete.

---

[170] **29:17 Melancólicos:** *Ribkáh* tenía dos hijos y *Labán* su hermano tenía dos hijas, y como era tradición en la familia de casarse entre ellos, *Leáh* pensaba que su destino era casarse con *Ësáv*. Por esta razón ella lloraba.

[171] **29:20 Le parecieron como pocos días:** Cuando una persona trabaja por una meta que realmente desea, el trabajo y el esfuerzo que pone para dicha meta le parece poco.

201 / BERESHÍT - בְּרֵאשִׁית

29:13 וַיְהִ֡י כִשְׁמֹעַ֩ לָבָ֨ן אֶת־שֵׁ֣מַע ׀ יַעֲקֹ֣ב בֶּן־אֲחֹת֗וֹ וַיָּ֤רָץ לִקְרָאתוֹ֙ וַיְחַבֶּק־לוֹ֙ וַיְנַשֶּׁק־ל֔וֹ וַיְבִיאֵ֖הוּ אֶל־בֵּית֑וֹ וַיְסַפֵּ֣ר לְלָבָ֔ן אֵ֥ת כָּל־הַדְּבָרִ֖ים הָאֵֽלֶּה

VAIHÍ KISHMÓÄ LABÁN ET-SHÉMÄ IAÄKÓB BEN-AJOTÓ VAYÁRATZ LIKRATÓ VAIJABÉK-LO VAINASHÉK-LO VAIBIÉHU EL-BEITÓ VAISAPÉR LELABÁN ET KOL-HADEBARÍM HAÉLEH

29:14 וַיֹּ֤אמֶר לוֹ֙ לָבָ֔ן אַ֛ךְ עַצְמִ֥י וּבְשָׂרִ֖י אָ֑תָּה וַיֵּ֥שֶׁב עִמּ֖וֹ חֹ֥דֶשׁ יָמִֽים

VAYÓMER LO LABÁN AJ ÄTZMÍ UBESARÍ ÁTAH VAYÉSHEB ÏMÓ JÓDESH IAMÍM

29:15 וַיֹּ֤אמֶר לָבָן֙ לְיַעֲקֹ֔ב הֲכִי־אָחִ֣י אַ֔תָּה וַעֲבַדְתַּ֖נִי חִנָּ֑ם הַגִּ֥ידָה לִּ֖י מַה־מַּשְׂכֻּרְתֶּֽךָ

VAYÓMER LABÁN LEIAÄKÓB HAJÍ-AJÍ ÁTAH VAÄBADTÁNI JINÁM HAGUÍDAH LI MAH-MASKURTÉJA

29:16 וּלְלָבָ֖ן שְׁתֵּ֣י בָנ֑וֹת שֵׁ֤ם הַגְּדֹלָה֙ לֵאָ֔ה וְשֵׁ֥ם הַקְּטַנָּ֖ה רָחֵֽל

ULELABÁN SHETÉI BANÓT SHÉM HAGUEDOLÁH LEÁH VESHÉM HAKETANÁH RAJÉL

29:17 וְעֵינֵ֥י לֵאָ֖ה רַכּ֑וֹת וְרָחֵל֙ הָֽיְתָ֔ה יְפַת־תֹּ֖אַר וִיפַ֥ת מַרְאֶֽה

VEËINÉI LEÁH RAKÓT VERAJÉL HAIETÁH IEFÁT-TÓAR VIFÁT MARÉH

29:18 וַיֶּאֱהַ֥ב יַעֲקֹ֖ב אֶת־רָחֵ֑ל וַיֹּ֗אמֶר אֶֽעֱבָדְךָ֙ שֶׁ֣בַע שָׁנִ֔ים בְּרָחֵ֥ל בִּתְּךָ֖ הַקְּטַנָּֽה

VAYEEHÁB IAÄKÓB ET-RAJÉL VAYÓMER EËBADEJÁ SHÉBÄ SHANÍM BERAJÉL BITEJÁ HAKETANÁH

29:19 וַיֹּ֣אמֶר לָבָ֗ן ט֚וֹב תִּתִּ֣י אֹתָ֣הּ לָ֔ךְ מִתִּתִּ֥י אֹתָ֖הּ לְאִ֣ישׁ אַחֵ֑ר שְׁבָ֖ה עִמָּדִֽי

VAYÓMER LABÁN TOB TITÍ OTÁH LAJ MITITÍ OTÁH LEÍSH AJÉR SHEBÁH ÏMADÍ

29:20 וַיַּעֲבֹ֧ד יַעֲקֹ֛ב בְּרָחֵ֖ל שֶׁ֣בַע שָׁנִ֑ים וַיִּהְי֤וּ בְעֵינָיו֙ כְּיָמִ֣ים אֲחָדִ֔ים בְּאַהֲבָת֖וֹ אֹתָֽהּ

VAYAÄBÓD IAÄKÓB BERAJÉL SHÉBÄ SHANÍM VAYHÍU BEËINÁV KEIAMÍM AJADÍM BEAHABATÓ OTÁH

29:21 וַיֹּ֨אמֶר יַעֲקֹ֤ב אֶל־לָבָן֙ הָבָ֣ה אֶת־אִשְׁתִּ֔י כִּ֥י מָלְא֖וּ יָמָ֑י וְאָב֖וֹאָה אֵלֶֽיהָ

VAYÓMER IAÄKÓB EL-LABÁN HABÁH ET-ISHTÍ KI MALEÚ IAMÁI VEABÓAH ELEIHÁ

29:22 וַיֶּאֱסֹ֥ף לָבָ֛ן אֶת־כָּל־אַנְשֵׁ֥י הַמָּק֖וֹם וַיַּ֥עַשׂ מִשְׁתֶּֽה

VAYEESÓF LABÁN ET-KOL-ANSHÉI HAMAKÓM VAYÁÄS MISHTÉH

29:23 Y sucedió que a la noche tomó a *Leáh* su hija, y se la trajo; y él se llegó a ella[172].
29:24 Y dio *Labán* su sierva *Zzilpáh* a su hija *Leáh* por criada.
29:25 Venida la mañana, he aquí que era *Leáh*; y *Iaäkób* (Jacob) dijo a *Labán*: ¿Qué es esto que me has hecho? ¿No te he servido por *Rajél* (Raquel)? ¿Por qué, pues, me has engañado?[173]
29:26 Y *Labán* respondió: No se hace así en nuestro lugar, que se dé la menor antes de la mayor.
29:27 Cumple la semana de ésta, y se te dará también la otra, por el servicio que hagas conmigo otros siete años[174].
29:28 E hizo *Iaäkób* (Jacob) así, y cumplió la semana de aquélla; y él le dio a *Rajél* (Raquel) su hija por mujer[175].
29:29 Y dio *Labán* a *Rajél* (Raquel) su hija su sierva *Bilháh* por criada.
29:30 Y se llegó también a *Rajél* (Raquel), y la amó también más que a *Leáh*; y sirvió a *Labán* aún otros siete años[176].

Los hijos de *Iaäkób* (Jacob)

29:31 Y vio El Eterno que *Leáh* era menospreciada, y le dio hijos; pero *Rajél* (Raquel) era estéril.
29:32 Y concibió *Leáh*, y dio a luz un hijo, y llamó su nombre *Reubén*, porque dijo: Ha mirado El Eterno mi aflicción; ahora, por tanto, me amará mi marido[177].

---

[172] **29:23 Se llegó a ella:** Se casó con ella.

[173] **29:25 Venida la mañana:** *Iaäkób* se dio cuenta por la mañana que había sido engañado. Éste tenía miedo que *Labán* lo engañara cambiándole la esposa, por lo cual le indicó a *Rajél* una señal mediante la cual podría reconocerla. Al ver *Rajél* que su hermana estaba siendo llevada al matrimonio, no quiso que fuese avergonzada en público por lo cual le entregó las señales.

[174] **29:27 Cumple la semana de ésta:** Siete días de fiesta posteriores al casamiento.

[175] **29:28 Y él le dio a *Rajél*:** A pesar de que *Iaäkób* ya estaba con *Rajél* y podría haberse largado con sus esposas, éste cumplió su promesa, mostrando una ejemplar honestidad.

[176] **29:30 Se llegó también:** Ver comentario 29:23.

[177] **29:32 Ha mirado:** רְאוּבֵן (REUBÉN) deriva de la palabra רָאָה

29:23	וַיְהִ֣י בָעֶ֔רֶב וַיִּקַּח֙ אֶת־לֵאָ֣ה בִתּ֔וֹ וַיָּבֵ֥א אֹתָ֖הּ אֵלָ֑יו וַיָּבֹ֖א אֵלֶֽיהָ
	VAIHÍ BAËREB VAYKÁJ ET-LEÁH BITÓ VAYABÉ OTÁH ELÁV VAYABÓ ELÉIHA
29:24	וַיִּתֵּ֨ן לָבָ֜ן לָ֗הּ אֶת־זִלְפָּ֛ה שִׁפְחָת֖וֹ לְלֵאָ֥ה בִתּ֖וֹ שִׁפְחָֽה
	VAYTÉN LABÁN LAH ET-ZZILPÁH SHIFJATÓ LELEÁH BITÓ SHIFJÁH
29:25	וַיְהִ֣י בַבֹּ֔קֶר וְהִנֵּה־הִ֖וא לֵאָ֑ה וַיֹּ֣אמֶר אֶל־לָבָ֗ן מַה־זֹּאת֙ עָשִׂ֣יתָ לִּ֔י הֲלֹ֤א בְרָחֵל֙ עָבַ֣דְתִּי עִמָּ֔ךְ וְלָ֖מָּה רִמִּיתָֽנִי
	VAIHÍ BABÓKER VEHINÉH-HI LEÁH VAYÓMER EL-LABÁN MAH-ZZOT ÄSÍTA LI HALÓ BERAJÉL ÄBÁDTI ÏMÁJ VELÁMAH RIMITÁNI
29:26	וַיֹּ֣אמֶר לָבָ֔ן לֹא־יֵעָשֶׂ֥ה כֵ֖ן בִּמְקוֹמֵ֑נוּ לָתֵ֥ת הַצְּעִירָ֖ה לִפְנֵ֥י הַבְּכִירָֽה
	VAYÓMER LABÁN LO-IEÄSÉH JEN BIMKOMÉNU LATÉT HATZEÏRÁH LIFNÉI HABEJIRÁH
29:27	מַלֵּ֖א שְׁבֻ֣עַ זֹ֑את וְנִתְּנָ֨ה לְךָ֜ גַּם־אֶת־זֹ֗את בַּעֲבֹדָה֙ אֲשֶׁ֣ר תַּעֲבֹ֣ד עִמָּדִ֔י ע֖וֹד שֶֽׁבַע־שָׁנִ֥ים אֲחֵרֽוֹת
	MALÉ SHEBÚÄ ZZOT VENITENÁH LEJÁ GAM-ET-ZZOT BAÄBODÁH ASHÉR TAÄBÓD ÏMADÍ ÖD SHEBÄ-SHANÍM AJERÓT
29:28	וַיַּ֤עַשׂ יַעֲקֹב֙ כֵּ֔ן וַיְמַלֵּ֖א שְׁבֻ֣עַ זֹ֑את וַיִּתֶּן־ל֛וֹ אֶת־רָחֵ֥ל בִּתּ֖וֹ ל֥וֹ לְאִשָּֽׁה
	VAYÄÄS IAÄKÓB KEN VAIMALÉ SHEBÚÄ ZZOT VAYTÉN-LO ET-RAJÉL BITÓ LO LEISHÁH
29:29	וַיִּתֵּ֤ן לָבָן֙ לְרָחֵ֣ל בִּתּ֔וֹ אֶת־בִּלְהָ֖ה שִׁפְחָת֑וֹ לָ֖הּ לְשִׁפְחָֽה
	VAYTÉN LABÁN LERAJÉL BITÓ ET-BILHÁH SHIFJATÓ LAH LESHIFJÁH
29:30	וַיָּבֹא֙ גַּ֣ם אֶל־רָחֵ֔ל וַיֶּאֱהַ֥ב גַּֽם־אֶת־רָחֵ֖ל מִלֵּאָ֑ה וַיַּעֲבֹ֣ד עִמּ֔וֹ ע֖וֹד שֶֽׁבַע־שָׁנִ֥ים אֲחֵרֽוֹת
	VAYABÓ GAM EL-RAJÉL VAYEEHÁB GAM-ET-RAJÉL MILEÁH VAYAÄBÓD ÏMÓ ÖD SHEBÄ-SHANÍM AJERÓT
29:31	וַיַּ֤רְא יְהֹוָה֙ כִּי־שְׂנוּאָ֣ה לֵאָ֔ה וַיִּפְתַּ֖ח אֶת־רַחְמָ֑הּ וְרָחֵ֖ל עֲקָרָֽה
	VAYÁR IHVH KI-SENUÁH LEÁH VAYFTÁJ ET-RAJMÁH VERAJÉL ÄKARÁH
29:32	וַתַּ֤הַר לֵאָה֙ וַתֵּ֣לֶד בֵּ֔ן וַתִּקְרָ֥א שְׁמ֖וֹ רְאוּבֵ֑ן כִּ֣י אָֽמְרָ֗ה כִּֽי־רָאָ֤ה יְהֹוָה֙ בְּעָנְיִ֔י כִּ֥י עַתָּ֖ה יֶאֱהָבַ֥נִי אִישִֽׁי
	VATÁHAR LEÁH VATÉLED BEN VATIKRÁ SHEMÓ REUBÉN KI AMERÁH KI-RAÁH IHVH BEÄNÍ KI ÄTÁH IEEHÁBNI ISHÍ

29:33 Concibió otra vez, y dio a luz un hijo, y dijo: Por cuanto oyó El Eterno que yo era menospreciada, me ha dado también éste. Y llamó su nombre *Shimön*[178].

29:34 Y concibió otra vez, y dio a luz un hijo, y dijo: Ahora esta vez se unirá mi marido conmigo, porque le he dado a luz tres hijos; por tanto, llamó su nombre *Leví*[179].

29:35 Concibió otra vez, y dio a luz un hijo, y dijo: Esta vez alabaré a El Eterno; por esto llamó su nombre *Iehudáh*; y dejó de dar a luz[180].

CAPÍTULO 30

30:1 Viendo *Rajél* (Raquel) que no daba hijos a *Iaäkób* (Jacob), tuvo envidia de su hermana, y decía a *Iaäkób* (Jacob): Dame hijos, o si no, me muero[181].

30:2 Y *Iaäkób* (Jacob) se enojó contra *Rajél* (Raquel), y dijo: ¿Soy yo acaso Dios, que te impidió el fruto de tu vientre?

30:3 Y ella dijo: He aquí mi sierva *Bilháh*; llégate a ella, y dará a luz sobre mis rodillas, y yo también tendré hijos de ella[182].

30:4 Así le dio a *Bilháh* su sierva por mujer; y *Iaäkób* (Jacob) se llegó a ella.

30:5 Y concibió *Bilháh*, y dio a luz un hijo a *Iaäkób* (Jacob).

(RAÁ=ver).

[178] **29:33 Shimón:** שִׁמְעוֹן (SHIMÖN) deriva de la palabra שָׁמַע (SHAMÄ=oir).

[179] **29:34 Leví:** לֵוִי (LEVÍ) deriva de la palabra לִוָּה (LIVÁ=acompañar).

[180] **29:35 Iehudáh:** יְהוּדָה (IEHUDÁH) viene de la palabra הוֹדָה (HODÁH=agradecer). Pues *Leáh* sabía que de *Iaäkób* saldrían doce tribus, y razonaba que saldrían tres tribus de cada una de las cuatro esposas. Al ver que ella tuvo un hijo más de lo que le correspondía, agradeció a Dios.

[181] **30:1 Tuvo envidia de su hermana:** Envidió positivamente sus buenas acciones, pensando que quizás esta era la causa por la cual *Leáh* tenía el mérito de ser madre.

Me muero: *Rajél* presionaba a *Iaäkób* para que éste -junto a ella- orara con mayor devoción, y así el Todopoderoso les entregase un hijo.

[182] **30:3 Llégate a ella:** *Rajél* quiso imitar a *Saráh* (ver 16:2).

205 / BERESHÍT-בְּרֵאשִׁית

29:33 וַתַּ֣הַר עוֹד֮ וַתֵּ֣לֶד בֵּן֒ וַתֹּ֗אמֶר כִּֽי־שָׁמַ֤ע יְהֹוָה֙ כִּֽי־שְׂנוּאָ֣ה אָנֹ֔כִי וַיִּתֶּן־לִ֖י גַּם־אֶת־זֶ֑ה וַתִּקְרָ֥א שְׁמ֖וֹ שִׁמְעֽוֹן

VATÁHAR ÖD VATÉLED BEN VATÓMER KI-SHAMÄ IHVH KI-SENUÁH ANÓJI
VAYTÉN-LI GAM-ET-ZZEH VATIKRÁ SHEMÓ SHIMÖN

29:34 וַתַּ֣הַר עוֹד֮ וַתֵּ֣לֶד בֵּן֒ וַתֹּ֗אמֶר עַתָּ֤ה הַפַּ֙עַם֙ יִלָּוֶ֤ה אִישִׁי֙ אֵלַ֔י כִּֽי־יָלַ֥דְתִּי ל֖וֹ שְׁלֹשָׁ֣ה בָנִ֑ים עַל־כֵּ֥ן קָרָֽא־שְׁמ֖וֹ לֵוִֽי

VATÁHAR ÖD VATÉLED BEN VATÓMER ÄTÁH HAPAÄM ILAVÉH ISHÍ ELÁI KI-
IALÁDTI LO SHELOSHÁH BANÍM ÄL-KEN KARÁ-SHEMÓ LEVÍ

29:35 וַתַּ֨הַר ע֜וֹד וַתֵּ֣לֶד בֵּ֗ן וַתֹּ֙אמֶר֙ הַפַּ֙עַם֙ אוֹדֶ֣ה אֶת־יְהֹוָ֔ה עַל־כֵּ֛ן קָרְאָ֥ה שְׁמ֖וֹ יְהוּדָ֑ה וַֽתַּעֲמֹ֖ד מִלֶּֽדֶת

VATÁHAR ÖD VATÉLED BEN VATÓMER HAPAÄM ODÉH ET-IHVH ÄL-KEN KARÁH
SHEMÓ IEHUDÁH VÁTAÄMÓD MILÉDET

פֶּרֶק ל - PÉREK 30

30:1 וַתֵּ֣רֶא רָחֵ֗ל כִּ֣י לֹ֤א יָֽלְדָה֙ לְיַֽעֲקֹ֔ב וַתְּקַנֵּ֥א רָחֵ֖ל בַּֽאֲחֹתָ֑הּ וַתֹּ֤אמֶר אֶֽל־יַֽעֲקֹב֙ הָֽבָה־לִּ֣י בָנִ֔ים וְאִם־אַ֖יִן מֵתָ֥ה אָנֹֽכִי

VATÉRE RAJÉL KI LO IÁLEDAH LEIAÄKÓB VATEKANÉ RAJÉL BAAJOTÁH VATÓMER
EL-IAÄKÓB HÁBAH-LI BANÍM VEÍM-ÁIN METÁH ANÓJI

30:2 וַיִּֽחַר־אַ֥ף יַֽעֲקֹ֖ב בְּרָחֵ֑ל וַיֹּ֗אמֶר הֲתַ֤חַת אֱלֹהִים֙ אָנֹ֔כִי אֲשֶׁר־מָנַ֥ע מִמֵּ֖ךְ פְּרִי־בָֽטֶן

VAYJÁR-AF IAÄKÓB BERAJÉL VAYÓMER HATÁJAT ELOHÍM ANÓJI ASHÉR-MANÁ
MIMÉJ PERÍ-BÁTEN

30:3 וַתֹּ֕אמֶר הִנֵּ֛ה אֲמָתִ֥י בִלְהָ֖ה בֹּ֣א אֵלֶ֑יהָ וְתֵלֵד֙ עַל־בִּרְכַּ֔י וְאִבָּנֶ֥ה גַם־אָנֹכִ֖י מִמֶּֽנָּה

VATÓMER HINÉH AMATÍ BILHÁH BO ELÉIHA VETÉLED ÄL-BIRKÁI VEIBANÉH GAM-
ANOJÍ MIMÉNAH

30:4 וַתִּתֶּן־ל֛וֹ אֶת־בִּלְהָ֥ה שִׁפְחָתָ֖הּ לְאִשָּׁ֑ה וַיָּבֹ֥א אֵלֶ֖יהָ יַֽעֲקֹֽב

VATITÉN-LO ET-BILHÁH SHIFJATÁH LEISHÁH VAYABÓ ELÉIHA IAÄKÓB

30:5 וַתַּ֣הַר בִּלְהָ֔ה וַתֵּ֥לֶד לְיַֽעֲקֹ֖ב בֵּֽן

VATÁHAR BILHÁH VATÉLED LEIAÄKÓB BEN

30:6 Dijo entonces *Rajél* (Raquel): Me juzgó Dios, y también oyó mi voz, y me dio un hijo. Por tanto llamó su nombre *Dan*[183].

30:7 Concibió otra vez *Bilháh* la sierva de *Rajél* (Raquel), y dio a luz un segundo hijo a *Iaäkób* (Jacob).

30:8 Y dijo *Rajél* (Raquel): He rezado a Dios, y fui correspondida igual que mi hermana, y he vencido. Y llamó su nombre *Naftalí*[184].

30:9 Viendo, pues, *Leáh*, que había dejado de dar a luz, tomó a *Zzilpáh* su sierva, y la dio a *Iaäkób* (Jacob) por mujer.

30:10 Y *Zzilpáh* sierva de *Leáh* dio a luz un hijo a *Iaäkób* (Jacob).

30:11 Y dijo *Leáh*: Vino la buena suerte; y llamó su nombre *Gad*[185].

30:12 Luego *Zzilpáh* la sierva de *Leáh* dio a luz otro hijo a *Iaäkób* (Jacob).

30:13 Y dijo *Leáh*: Para dicha mía; porque las mujeres me dirán dichosa; y llamó su nombre *Ásher*[186].

30:14 Fue *Reubén* en tiempo de la siega de los trigos, y halló mandrágoras en el campo, y las trajo a *Leáh* su madre; y dijo *Rajél* (Raquel) a *Leáh*: Te ruego que me des de las mandrágoras de tu hijo[187].

30:15 Y ella respondió: ¿Es poco que hayas tomado mi marido, sino que también te has de llevar las mandrágoras de mi hijo? Y dijo *Rajél* (Raquel): Pues dormirá contigo esta noche por las mandrágoras de tu hijo[188].

---

[183] **30:6 *Dan*:** דָּן (DAN=juzgar).

[184] **30:8 *Naftalí*:** נַפְתּוּלֵי (NAFTÚLEI) viene de la raíz תְּפִלָּה (TEFILÁ=rezar).

[185] **30:11 *Gad*:** גָּד (GAD=buena suerte).

[186] **30:13 *Ásher*:** אָשֵׁר (ÁSHER) viene de la palabra אַשְׁרֵי (ASHRÉI=dichoso).

[187] **30:14 Mandrágoras:** La mandrágora era una flor afrodisíaca que curaba la esterilidad.

[188] **30:15 ¿Es poco que hayas tomado mi marido? :** *Leáh* inculpa a su hermana diciendo: "siendo *Iaäkób* mi esposo, ¿cómo te atreviste a

207 / BERESHÍT- בְּרֵאשִׁית

30:6 וַתֹּאמֶר רָחֵל דָּנַנִּי אֱלֹהִים וְגַם שָׁמַע בְּקֹלִי וַיִּתֶּן־לִי בֵּן עַל־כֵּן קָרְאָה שְׁמוֹ דָּן

VATÓMER RAJÉL DANÁNI ELOHÍM VEGÁM SHAMÄ BEKOLÍ VAYTÉN-LI BEN ÄL-KEN KAREÁH SHEMÓ DAN

30:7 וַתַּהַר עוֹד וַתֵּלֶד בִּלְהָה שִׁפְחַת רָחֵל בֵּן שֵׁנִי לְיַעֲקֹב

VATÁHAR ÖD VATÉLED BILHÁH SHIFJÁT RAJÉL BEN SHENÍ LEIAÄKÓB

30:8 וַתֹּאמֶר רָחֵל נַפְתּוּלֵי אֱלֹהִים ׀ נִפְתַּלְתִּי עִם־אֲחֹתִי גַּם־יָכֹלְתִּי וַתִּקְרָא שְׁמוֹ נַפְתָּלִי

VATÓMER RAJÉL NAFTULÉI ELOHÍM NIFTÁLTI ÏM-AJOTÍ GAM-IAJÓLTI VATIKRÁ SHEMÓ NAFTALÍ

30:9 וַתֵּרֶא לֵאָה כִּי עָמְדָה מִלֶּדֶת וַתִּקַּח אֶת־זִלְפָּה שִׁפְחָתָהּ וַתִּתֵּן אֹתָהּ לְיַעֲקֹב לְאִשָּׁה

VATÉRE LEÁH KI ÄMEDÁH MILÉDET VATIKÁJ ET-ZZILPÁH SHIFJATÁH VATITÉN OTÁH LEIAÄKÓB LEISHÁH

30:10 וַתֵּלֶד זִלְפָּה שִׁפְחַת לֵאָה לְיַעֲקֹב בֵּן

VATÉLED ZZILPÁH SHIFJÁT LEÁH LEIAÄKÓB BEN

30:11 וַתֹּאמֶר לֵאָה בָּגָד* וַתִּקְרָא אֶת־שְׁמוֹ גָּד

VATÓMER LEÁH BA GAD VATIKRÁ ET-SHEMÓ GAD

30:12 וַתֵּלֶד זִלְפָּה שִׁפְחַת לֵאָה בֵּן שֵׁנִי לְיַעֲקֹב

VATÉLED ZZILPÁH SHIFJÁT LEÁH BEN SHENÍ LEIAÄKÓB

30:13 וַתֹּאמֶר לֵאָה בְּאָשְׁרִי כִּי אִשְּׁרוּנִי בָּנוֹת וַתִּקְרָא אֶת־שְׁמוֹ אָשֵׁר

VATÓMER LEÁH BEASHERÍ KI ISHERÚNI BANÓT VATIKRÁ ET-SHEMÓ ASHÉR

30:14 וַיֵּלֶךְ רְאוּבֵן בִּימֵי קְצִיר־חִטִּים וַיִּמְצָא דוּדָאִים בַּשָּׂדֶה וַיָּבֵא אֹתָם אֶל־לֵאָה אִמּוֹ וַתֹּאמֶר רָחֵל אֶל־לֵאָה תְּנִי־נָא לִי מִדּוּדָאֵי בְּנֵךְ

VAYÉLEJ REUBÉN BIMÉI KETZÍR-JITÍM VAYMTZÁ DUDAÍM BASADÉH VAYABÉ OTÁM EL-LEÁH IMÓ VATÓMER RAJÉL EL-LEÁH TENÍ-NA LI MIDUDAÉI BENÉJ

30:15 וַתֹּאמֶר לָהּ הַמְעַט קַחְתֵּךְ אֶת־אִישִׁי וְלָקַחַת גַּם אֶת־דּוּדָאֵי בְּנִי וַתֹּאמֶר רָחֵל לָכֵן יִשְׁכַּב עִמָּךְ הַלַּיְלָה תַּחַת דּוּדָאֵי בְנֵךְ

VATÓMER LAH HAMEÄT KAJTÉJ ET-ISHÍ VELAKÁJAT GAM ET-DUDAÉI BENÍ VATÓMER RAJÉL LAJÉN ISHKÁB ÏMAJ HALÁILAH TÁJAT DUDAÉI BENÉJ

---

* בָּא גָד

30:16 Cuando, pues, *Iaäkób* (Jacob) volvía del campo a la tarde, salió *Leáh* a él, y le dijo: Llégate a mí, porque a la verdad te he alquilado por las mandrágoras de mi hijo. Y durmió con ella aquella noche.

30:17 Y oyó Dios a *Leáh*; y concibió, y dio a luz el quinto hijo a *Iaäkób* (Jacob).

30:18 Y dijo *Leáh*: Dios me ha dado mi recompensa, por cuanto di mi sierva a mi marido; por eso llamó su nombre *Isajár*[189].

30:19 Después concibió *Leáh* otra vez, y dio a luz el sexto hijo a *Iaäkób* (Jacob).

30:20 Y dijo *Leáh*: Dios me ha dado una buena dote; ahora morará conmigo mi marido, porque le he dado a luz seis hijos; y llamó su nombre *Zzebulún*[190].

30:21 Después dio a luz una hija, y llamó su nombre *Dináh*[191].

30:22 Y se acordó Dios de *Rajél* (Raquel), y la oyó Dios, y le concedió hijos.

30:23 Y concibió, y dio a luz un hijo, y dijo: Dios ha quitado mi afrenta;

30:24 y llamó su nombre *Ioséf* (José), diciendo: Añádame El Eterno otro hijo[192].

---

casarte con él?".

[189] **30:18 *Isajár*:** יִשָּׂשכָר (ISAJÁR) deriva de la palabra שָׂכָר (SAJÁR=recompensa).

[190] **30:20 *Zzebulún*:** זְבוּלוּן (ZZEBULÚN) viene de la palabra זְבוּל (ZZEBÚL=morar).

[191] **30:21 *Diná*:** דִּינָה viene de דִּין (DIN=juzgar). Ella adquirió este nombre, porque *Leáh* hizo un juicio sobre sí misma, ya que oró para que el hijo del cual estaba embarazada sea mujer y no hombre. Pues si esto no sucedía, su hermana *Rajél* tendría menos hijos que las sirvientas (de un total de 12 tribus: *Leáh* tenía 6 y cada una de las siervas tenía 2. Si *Leáh* tendría otro hijo, *Rajél* como máximo podría tener un hijo).

[192] **30:24 *Ioséf*:** יוֹסֵף (IOSÉF) viene de la palabra הוֹסִיף (HOSÍF=agregar).

Añádame: *Rajél* también sabía que de *Iaäkób* saldrían las 12 tribus por lo cual oró para que el último sea de ella.

30:16
וַיָּבֹא יַעֲקֹב מִן־הַשָּׂדֶה֮ בָּעֶרֶב֒ וַתֵּצֵא לֵאָה לִקְרָאתוֹ֙ וַתֹּ֫אמֶר֙ אֵלַ֫י תָּבוֹא כִּי שָׂכֹר שְׂכַרְתִּ֔יךָ בְּדוּדָאֵי בְּנִ֑י וַיִּשְׁכַּב עִמָּהּ בַּלַּיְלָה הוּא

VAYABÓ IAÄKÓB MIN-HASADÉH BAËREB VATETZÉ LEÁH LIKRATÓ VATÓMER ELÁI
TABÓ KI SAJÓR SEJARETÍJ BEDUDAÉI BENÍ VAISHKÁB ÏMÁH BALÁILAH HU

30:17
וַיִּשְׁמַע אֱלֹהִים אֶל־לֵאָ֑ה וַתַּ֫הַר וַתֵּ֫לֶד לְיַעֲקֹב בֵּן חֲמִישִׁי

VAYSHMÁ ELOHÍM EL-LEÁH VATÁHAR VATÉLED LEIAÄKÓB BEN JAMISHÍ

30:18
וַתֹּ֫אמֶר לֵאָה נָתַן אֱלֹהִים֙ שְׂכָרִ֔י אֲשֶׁר־נָתַתִּי שִׁפְחָתִי לְאִישִׁ֑י וַתִּקְרָא שְׁמוֹ יִשָּׂשכָר

VATÓMER LEÁH NATÁN ELOHÍM SEJARÍ ASHÉR-NATÁTI SHIFJATÍ LEISHÍ
VATIKRÁ SHEMÓ ISAJÁR

30:19
וַתַּ֫הַר עוֹד֙ לֵאָ֔ה וַתֵּ֫לֶד בֵּן־שִׁשִּׁי לְיַעֲקֹב

VATÁHAR ÖD LEÁH VATÉLED BEN-SHISHÍ LEIAÄKÓB

30:20
וַתֹּ֫אמֶר לֵאָ֗ה זְבָדַ֫נִי אֱלֹהִים֙ אֹתִי֙ זֵ֫בֶד טוֹב הַפַּ֫עַם֙ יִזְבְּלֵ֫נִי אִישִׁ֔י כִּי־יָלַ֫דְתִּי לוֹ שִׁשָּׁה בָנִ֑ים וַתִּקְרָא אֶת־שְׁמוֹ זְבֻלוּן

VATÓMER LEÁH ZZEBADÁNI ELOHÍM OTÍ ZZÉBED TOB HAPÁAM IZZBELÉNI ISHÍ
KI-IALÁDTI LO SHISHÁH BANÍM VATIKRÁ ET-SHEMÓ ZZEBULÚN

30:21
וְאַחַר יָלְדָה בַּ֑ת וַתִּקְרָא אֶת־שְׁמָהּ דִּינָה

VEAJÁR IÁLEDAH BAT VATIKRÁ ET-SHEMÁH DINÁH

30:22
וַיִּזְכֹּר אֱלֹהִים אֶת־רָחֵ֑ל וַיִּשְׁמַע אֵלֶ֫יהָ אֱלֹהִ֔ים וַיִּפְתַּח אֶת־רַחְמָהּ

VAIZZKÓR ELOHÍM ET-RAJÉL VAYSHMÁ ELÉIHA ELOHÍM VAYFTÁJ ET-RAJMÁH

30:23
וַתַּ֫הַר וַתֵּ֫לֶד בֵּ֑ן וַתֹּ֫אמֶר אָסַף אֱלֹהִים אֶת־חֶרְפָּתִי

VATÁHAR VATÉLED BEN VATÓMER ASÁF ELOHÍM ET-JERPATÍ

30:24
וַתִּקְרָא אֶת־שְׁמוֹ יוֹסֵף לֵאמֹ֑ר יֹסֵף יְהֹוָה לִי בֵּן אַחֵר

VATIKRÁ ET-SHEMÓ IOSÉF LEMÓR IOSÉF IHVH LI BEN AJÉR

Tretas de *Iaäkób* (Jacob) y de *Labán*

30:25 Aconteció cuando *Rajél* (Raquel) hubo dado a luz a *Ioséf* (José), que *Iaäkób* (Jacob) dijo a *Labán*: Envíame, e iré a mi lugar, y a mi tierra[193].

30:26 Dame mis mujeres y mis hijos, por las cuales he servido contigo, y déjame ir; pues tú sabes los servicios que te he hecho.

30:27 Y *Labán* le respondió: ¿Acaso no he hallado gracia en tus ojos?. Adiviné que El Eterno me ha bendecido por tu causa[194].

30:28 Y dijo: Señálame tu salario, y yo lo daré.

30:29 Y él respondió: Tú sabes cómo te he servido, y lo que llegó a ser tu ganado conmigo.

30:30 Porque poco tenías antes de mi venida, y ha crecido en gran número, y El Eterno te ha bendecido con mi llegada; y ahora, ¿cuándo trabajaré también por mi propia casa?

30:31 Y él dijo: ¿Qué te daré? Y respondió *Iaäkób* (Jacob): No me des nada; si hicieres por mí esto, volveré a apacentar tus ovejas.

30:32 Yo pasaré hoy por todo tu rebaño, poniendo aparte todas las ovejas manchadas y salpicadas de color, y todas las ovejas de color oscuro, y las manchadas y salpicadas de color entre las cabras; y esto será mi salario.

---

[193] **30:25 Envíame:** Déjame ir.

[194] **30:27 Adiviné:** *Labán* era brujo y a través de su hechicería supo que toda su bendición la obtuvo gracias a *Iaäkób*.

בְּרֵאשִׁית-BERESHÍT

30:25 וַיְהִ֕י כַּאֲשֶׁ֛ר יָלְדָ֥ה רָחֵ֖ל אֶת־יוֹסֵ֑ף וַיֹּ֤אמֶר יַעֲקֹב֙ אֶל־לָבָ֔ן שַׁלְּחֵ֙נִי֙ וְאֵ֣לְכָ֔ה אֶל־מְקוֹמִ֖י וּלְאַרְצִֽי

VAIHÍ KAASHÉR IALEDÁH RAJÉL ET-IOSÉF VAYÓMER IAÄKÓB EL-LABÁN SHALEJÉNI VEELJÁH EL-MEKOMÍ ULEARTZÍ

30:26 תְּנָ֞ה אֶת־נָשַׁ֣י וְאֶת־יְלָדַ֗י אֲשֶׁ֨ר עָבַ֧דְתִּי אֹֽתְךָ֛ בָּהֵ֖ן וְאֵלֵ֑כָה כִּ֚י אַתָּ֣ה יָדַ֔עְתָּ אֶת־עֲבֹדָתִ֖י אֲשֶׁ֥ר עֲבַדְתִּֽיךָ

TENÁH ET-NASHÁI VEÉT-IELADÁI ASHÉR ÄBÁDTI OTJÁ BAHÉN VEELÉJAH KI ATÁH IADÄTA ET-ÄBODATÍ ASHÉR ÄBADETÍJA

30:27 וַיֹּ֤אמֶר אֵלָיו֙ לָבָ֔ן אִם־נָ֛א מָצָ֥אתִי חֵ֖ן בְּעֵינֶ֑יךָ נִחַ֕שְׁתִּי וַיְבָרֲכֵ֥נִי יְהוָ֖ה בִּגְלָלֶֽךָ

VAYÓMER ELÁV LABÁN IM-NA MATZÁTI JEN BEËINÉIJA NIJÁSHTI VAIBARAJÉNI IHVH BIGLALEJÁ

30:28 וַיֹּאמַ֑ר נָקְבָ֧ה שְׂכָרְךָ֛ עָלַ֖י וְאֶתֵּֽנָה

VAYOMÁR NAKEBÁH SEJAREJÁ ÄLÁI VEÉTENAH

30:29 וַיֹּ֣אמֶר אֵלָ֔יו אַתָּ֣ה יָדַ֔עְתָּ אֵ֖ת אֲשֶׁ֣ר עֲבַדְתִּ֑יךָ וְאֵ֛ת אֲשֶׁר־הָיָ֥ה מִקְנְךָ֖ אִתִּֽי

VAYÓMER ELÁV ATÁH IADÁTA ET ASHÉR ÄBADTÍJA VEÉT ASHÉR-HAIÁH MIKNEJÁ ITÍ

30:30 כִּ֡י מְעַט֩ אֲשֶׁר־הָיָ֨ה לְךָ֤ לְפָנַי֙ וַיִּפְרֹ֣ץ לָרֹ֔ב וַיְבָ֧רֶךְ יְהוָ֛ה אֹתְךָ֖ לְרַגְלִ֑י וְעַתָּ֗ה מָתַ֛י אֶֽעֱשֶׂ֥ה גַם־אָנֹכִ֖י לְבֵיתִֽי

KI MEÄT ASHÉR-HAIÁH LEJÁ LEFANÁI VAYFRÓTZ LARÓB VAIBARÉJ IHVH OTEJÁ LERAGLÍ VEÄTÁH MATÁI EËSÉH GAM-ANOJÍ LEBEITÍ

30:31 וַיֹּ֖אמֶר מָ֣ה אֶתֶּן־לָ֑ךְ וַיֹּ֤אמֶר יַעֲקֹב֙ לֹא־תִתֶּן־לִ֣י מְא֔וּמָה אִם־תַּֽעֲשֶׂה־לִּי֙ הַדָּבָ֣ר הַזֶּ֔ה אָשׁ֛וּבָה אֶרְעֶ֥ה צֹֽאנְךָ֖ אֶשְׁמֹֽר

VAYÓMER MAH ETÉN-LAJ VAYÓMER IAÄKÓB LO-TITÉN-LI MÉUMAH IM-TÄÄSEH-LI HADABÁR HAZZÉH ASHÚBAH EREËH TZÓNJA ESHMÓR

30:32 אֶֽעֱבֹ֨ר בְּכָל־צֹֽאנְךָ֜ הַיּ֗וֹם הָסֵ֨ר מִשָּׁ֜ם כָּל־שֶׂ֣ה ׀ נָקֹ֣ד וְטָל֗וּא וְכָל־שֶׂה־חוּם֙ בַּכְּשָׂבִ֔ים וְטָל֥וּא וְנָקֹ֖ד בָּעִזִּ֑ים וְהָיָ֖ה שְׂכָרִֽי

EËBÓR BEJÓL-TZONJÁ HAYÓM HASÉR MISHÁM KOL-SEH NAKÓD VETALÚ VEJÓL-SEH-JUM BAKESABÍM VETALÚ VENAKÓD BAÏZZÍM VEHAIÁH SEJARÍ

30:33 Así responderá por mí mi honradez mañana, cuando vengas a reconocer mi salario; toda la que no fuere pintada ni manchada en las cabras, y de color oscuro entre mis ovejas, se me ha de tener como de hurto[195].

30:34 Dijo entonces *Labán*: Mira, sea como tú dices.

30:35 Y *Labán* apartó aquel día los machos cabríos manchados y rayados, y todas las cabras manchadas y salpicadas de color, y toda aquella que tenía en sí algo de blanco, y todas las de color oscuro entre las ovejas, y las puso en mano de sus hijos.

30:36 Y puso tres días de camino entre sí y *Iaäkób* (Jacob); y *Iaäkób* (Jacob) apacentaba las otras ovejas de *Labán*.

30:37 Tomó luego *Iaäkób* (Jacob) varas frescas de álamo, de avellano y de castaño, y descortezó en ellas tallados blancos, descubriendo así lo blanco de las varas.

30:38 Y puso las varas que había tallado delante del ganado, en los canales de los abrevaderos del agua donde venían a beber las ovejas, las cuales procreaban cuando venían a beber.

30:39 Así concebían las ovejas delante de las varas; y parían borregos listados, pintados y salpicados de diversos colores[196].

30:40 Y apartaba *Iaäkób* (Jacob) los corderos, y ponía con su propio rebaño los listados y todo lo que era oscuro del rebaño de *Labán*. Y ponía su rebaño aparte, y no lo ponía con las ovejas de *Labán*.

---

[195] **30:33 Vengas a reconocer mi salario:** El trato entre *Labán* y *Iaäkób* consistía en lo siguiente: *Labán* debía dejar al cuidado de *Iaäkób*, solamente los animales blancos. De estos animales que *Iaäkób* tendría a su cuidado, los animales que no fuesen blancos, que nacieren de aquí en adelante, serían de su propiedad. En cambio, los de color normal serían propiedad de *Labán*.

Al comenzar el trato, sacaron todos los animales pintados o manchados de modo que el factor hereditario beneficiara de gran manera a *Labán*.

[196] **30:39 Parían borregos listados:** *Iaäkób* implementó un sistema para obtener crías manchadas. Este consistía en lo siguiente: ponía varas talladas con dibujos en los abrevaderos de los animales, de modo que estos al ver las varas se asustaban y retrocedían siendo fertilizadas en el acto por los machos. Después de un tiempo daban a luz crías con machas similares a los dibujos que habían visto en las varas.

30:33 וְעָ֥נְתָה־בִּ֤י צִדְקָתִי֙ בְּי֣וֹם מָחָ֔ר כִּֽי־תָב֥וֹא עַל־שְׂכָרִ֖י לְפָנֶ֑יךָ כֹּ֣ל אֲשֶׁר־אֵינֶנּוּ֩ נָקֹ֨ד וְטָל֜וּא בָּעִזִּ֗ים וְחוּם֙ בַּכְּשָׂבִ֔ים גָּנ֥וּב ה֖וּא אִתִּֽי

VEÄNETAH-BI TZIDKATÍ BEYÓM MAJÁR KI-TABÓ ÄL-SEJARÍ LEFANÉIJA KOL ASHÉR-EINENÚ NAKÓD VETALÚ BÁÏZZÍM VEJÚM BAKESABÍM GANÚB HU ITÍ

30:34 וַיֹּ֥אמֶר לָבָ֖ן הֵ֑ן ל֥וּ יְהִ֖י כִדְבָרֶֽךָ

VAYÓMER LABÁN HEN LU IEHÍ KIDBARÉJA

30:35 וַיָּ֣סַר בַּיּוֹם֩ הַה֨וּא אֶת־הַתְּיָשִׁ֜ים הָֽעֲקֻדִּ֣ים וְהַטְּלֻאִ֗ים וְאֵ֤ת כָּל־הָֽעִזִּים֙ הַנְּקֻדּ֣וֹת וְהַטְּלֻאֹ֔ת כֹּ֤ל אֲשֶׁר־לָבָן֙ בּ֔וֹ וְכָל־ח֖וּם בַּכְּשָׂבִ֑ים וַיִּתֵּ֖ן בְּיַד־בָּנָֽיו

VAYÁSAR BAYÓM HAHÚ ET-HATEIASHÍM HAÄKUDÍM VEHATELUÍM VEÉT KOL-HÁÏZZIM HANEKUDÓT VEHATELUÓT KOL ASHÉR-LABÁN BO VEJÓL-JUM BAKESABÍM VAYTÉN BEIAD-BANÁV

30:36 וַיָּ֗שֶׂם דֶּ֚רֶךְ שְׁלֹ֣שֶׁת יָמִ֔ים בֵּינ֖וֹ וּבֵ֣ין יַעֲקֹ֑ב וְיַעֲקֹ֗ב רֹעֶ֛ה אֶת־צֹ֥אן לָבָ֖ן הַנּוֹתָרֹֽת

VAYÁSEM DÉREJ SHELÓSHET IAMÍM BEINÓ UBÉIN IAÄKÓB VEIAÄKÓB ROËH ET-TZON LABÁN HANOTARÓT

30:37 וַיִּֽקַּֽח־ל֣וֹ יַעֲקֹ֗ב מַקַּ֥ל לִבְנֶ֛ה לַ֖ח וְל֣וּז וְעַרְמ֑וֹן וַיְפַצֵּ֤ל בָּהֵן֙ פְּצָל֣וֹת לְבָנ֔וֹת מַחְשֹׂף֙ הַלָּבָ֔ן אֲשֶׁ֖ר עַל־הַמַּקְלֽוֹת

VAYKÁJ-LO IAÄKÓB MAKÁL LIBNÉH LAJ VELÚZZ VEËRMÓN VAIFATZÉL BAHÉN PETZALÓT LEBANÓT MAJSÓF HALABÁN ASHÉR ÄL-HAMAKLÓT

30:38 וַיַּצֵּ֗ג אֶת־הַמַּקְלוֹת֙ אֲשֶׁ֣ר פִּצֵּ֔ל בָּרְהָטִ֖ים בְּשִׁקֲת֣וֹת הַמָּ֑יִם אֲשֶׁר֩ תָּבֹ֨אןָ הַצֹּ֤אן לִשְׁתּוֹת֙ לְנֹ֣כַח הַצֹּ֔אן וַיֵּחַ֖מְנָה בְּבֹאָ֥ן לִשְׁתּֽוֹת

VAYATZÉG ET-HAMAKLÓT ASHÉR PITZÉL BARAHATÍM BESHIKATÓT HAMÁIM ASHÉR TABÓNA HATZÓN LISHTÓT LENÓJAJ HATZÓN VAYEJÁMNAH BEBOÁN LISHTÓT

30:39 וַיֶּחֱמ֥וּ הַצֹּ֖אן אֶל־הַמַּקְל֑וֹת וַתֵּלַ֣דְןָ הַצֹּ֔אן עֲקֻדִּ֥ים נְקֻדִּ֖ים וּטְלֻאִֽים

VAYEJEMÚ HATZÓN EL-HAMAKLÓT VATELÁDNA HATZÓN ÄKUDÍM NEKUDÍM UTELUÍM

30:40 וְהַכְּשָׂבִים֮ הִפְרִ֣יד יַעֲקֹב֒ וַ֠יִּתֵּ֠ן פְּנֵ֨י הַצֹּ֜אן אֶל־עָקֹ֧ד וְכָל־ח֛וּם בְּצֹ֥אן לָבָ֖ן וַיָּֽשֶׁת־ל֤וֹ עֲדָרִים֙ לְבַדּ֔וֹ וְלֹ֥א שָׁתָ֖ם עַל־צֹ֥אן לָבָֽן

VEHAKESABÍM HIFRÍD IAÄKÓB VAYTÉN PENÉI HATZÓN EL-ÄKÓD VEJÓL-JUM BETZÓN LABÁN VAYÁSHET-LO ADARÍM LEBADÓ VELÓ SHATÁM ÄL-TZON LABÁN

30:41 Y sucedía que cuantas veces se hallaban en celo las ovejas más fuertes, *Iaäkób* (Jacob) ponía las varas delante de las ovejas en los abrevaderos, para que concibiesen a la vista de las varas.
30:42 Pero cuando venían las ovejas más débiles, no las ponía; así eran las más débiles para *Labán*, y las más fuertes para *Iaäkób* (Jacob).
30:43 Y se enriqueció el varón muchísimo, y tuvo muchas ovejas, y siervas y siervos, y camellos y asnos.

CAPÍTULO 31

31:1 Y oía *Iaäkób* (Jacob) las palabras de los hijos de *Labán*, que decían: *Iaäkób* (Jacob) ha tomado todo lo que era de nuestro padre, y de lo que era de nuestro padre ha adquirido toda esta riqueza.
31:2 Miraba también *Iaäkób* (Jacob) el semblante de *Labán*, y veía que no era para con él como había sido antes.
31:3 También El Eterno dijo a *Iaäkób* (Jacob): Vuélvete a la tierra de tus padres, y a tu parentela, y yo estaré contigo.
31:4 Envió, pues, *Iaäkób* (Jacob), y llamó a *Rajél* (Raquel) y a *Leáh* al campo donde estaban sus ovejas[197],
31:5 y les dijo: Veo que el semblante de vuestro padre no es para conmigo como era antes; mas el Dios de mi padre ha estado conmigo.
31:6 Vosotras sabéis que con todas mis fuerzas he servido a vuestro padre;

---

[197] **31:4 Llamó a *Rajél* y *Leáh*:** Antes de abandonar la casa de *Labán*, *Iaäkób* tomó consejo de sus esposas. Los sabios recomiendan al marido que en la mayoría de los casos consulten a sus esposas antes de tomar una decisión.
Al campo: *Iaäkób* llamó a sus esposas a un lugar abierto para que nadie escuchara lo que les iba a decir.

215 / BERESHÍT - בְּרֵאשִׁית

30:41 וְהָיָ֗ה בְּכָל־יַחֵם֮ הַצֹּ֣אן הַמְקֻשָּׁרוֹת֒ וְשָׂ֧ם יַעֲקֹ֛ב אֶת־הַמַּקְל֖וֹת לְעֵינֵ֣י הַצֹּ֑אן בָּרֳהָטִ֑ים לְיַחְמֵ֖נָּה בַּמַּקְלֽוֹת

VEHAIÁH BEJÓL-IAJÉM HATZÓN HAMKUSHARÓT VESÁM IAÄKÓB ET-HAMAKLÓT LEËINÉI HATZÓN BARAHATÍM LEIAJMÉNAH BAMAKLÓT

30:42 וּבְהַעֲטִ֥יף הַצֹּ֖אן לֹ֣א יָשִׂ֑ים וְהָיָ֤ה הָעֲטֻפִים֙ לְלָבָ֔ן וְהַקְּשֻׁרִ֖ים לְיַעֲקֹֽב

UBEHAÄTÍF HATZÓN LO IASÍM VEHAIÁH HAÄTUFÍM LELABÁN VEHAKESHURÍM LEIAÄKÓB

30:43 וַיִּפְרֹ֥ץ הָאִ֖ישׁ מְאֹ֣ד מְאֹ֑ד וַֽיְהִי־לוֹ֙ צֹ֣אן רַבּ֔וֹת וּשְׁפָח֖וֹת וַעֲבָדִ֑ים וּגְמַלִּ֖ים וַחֲמֹרִֽים

VAYFRÓTZ HAÍSH MEÓD MEÓD VAIHÍ-LO TZON RABÓT USHEFAJÓT VAÄBADÍM UGUEMALÍM VAJAMORÍM

פֶּרֶק לא - PÉREK 31

31:1 וַיִּשְׁמַ֗ע אֶת־דִּבְרֵ֤י בְנֵֽי־לָבָן֙ לֵאמֹ֔ר לָקַ֣ח יַעֲקֹ֔ב אֵ֖ת כָּל־אֲשֶׁ֣ר לְאָבִ֑ינוּ וּמֵאֲשֶׁ֣ר לְאָבִ֔ינוּ עָשָׂ֕ה אֵ֥ת כָּל־הַכָּבֹ֖ד הַזֶּֽה

VAYSHMÄ ET-DIBRÉI BENÉI-LABÁN LEMÓR LAKÁJ IAÄKÓB ET KOL-ASHÉR LEABÍNU UMEASHÉR LEABÍNU ÄSÁH ET KOL-HAKABÓD HAZZÉH

31:2 וַיַּ֥רְא יַעֲקֹ֖ב אֶת־פְּנֵ֣י לָבָ֑ן וְהִנֵּ֥ה אֵינֶ֛נּוּ עִמּ֖וֹ כִּתְמ֥וֹל שִׁלְשֽׁוֹם

VAYÁR IAÄKÓB ET-PENÉI LABÁN VEHINÉH EINENÚ ÏMÓ KITMÓL SHILSHÓM

31:3 וַיֹּ֤אמֶר יְהוָֹה֙ אֶֽל־יַעֲקֹ֔ב שׁ֛וּב אֶל־אֶ֥רֶץ אֲבוֹתֶ֖יךָ וּלְמוֹלַדְתֶּ֑ךָ וְאֶֽהְיֶ֥ה עִמָּֽךְ

VAYÓMER IHVH EL-IAÄKÓB SHUB EL-ÉRETZ ABOTÉIJA ULEMOLADTÉJA VEEHIÉH ÏMÁJ

31:4 וַיִּשְׁלַ֣ח יַעֲקֹ֔ב וַיִּקְרָ֖א לְרָחֵ֣ל וּלְלֵאָ֑ה הַשָּׂדֶ֖ה אֶל־צֹאנֽוֹ

VAYSHLÁJ IAÄKÓB VAYKRÁ LERAJÉL ULELEÁH HASADÉH EL-TZONÓ

31:5 וַיֹּ֣אמֶר לָהֶ֗ן רֹאֶ֤ה אָנֹכִי֙ אֶת־פְּנֵ֣י אֲבִיכֶ֔ן כִּֽי־אֵינֶ֥נּוּ אֵלַ֖י כִּתְמֹ֣ל שִׁלְשֹׁ֑ם וֵאלֹהֵ֣י אָבִ֔י הָיָ֖ה עִמָּדִֽי

VAYÓMER LAHÉN ROÉH ANOJÍ ET-PENÉI ABIJÉN KI-EINÉNU ELÁI KITMÓL SHILSHÓM VELOHÉI ABÍ HAIÁH ÏMADÍ

31:6 וְאַתֵּ֖נָה יְדַעְתֶּ֑ן כִּ֚י בְּכָל־כֹּחִ֔י עָבַ֖דְתִּי אֶת־אֲבִיכֶֽן

VEATÉNAH IEDÄTÉN KI BEJÓL-KOJÍ ÄBÁDTI ET-ABIJÉN

31:7 y vuestro padre me ha engañado, y me ha cambiado el salario diez veces; pero Dios no le ha permitido que me hiciese mal.

31:8 Si él decía así: Los pintados serán tu salario, entonces todas las ovejas parían pintados; y si decía así: Los listados serán tu salario; entonces todas las ovejas parían listados.

31:9 Así quitó Dios el ganado de vuestro padre, y me lo dio a mí.

31:10 Y sucedió que al tiempo que las ovejas estaban en celo, alcé yo mis ojos y vi en sueños, y he aquí los machos que cubrían a las hembras eran listados, pintados y abigarrados.

31:11 Y me dijo el ángel de Dios en sueños: *Iaäkób* (Jacob). Y yo dije: Heme aquí[198].

31:12 Y él dijo: Alza ahora tus ojos, y verás que todos los machos que cubren a las hembras son listados, pintados y abigarrados; porque yo he visto todo lo que *Labán* te ha hecho.

31:13 Yo soy el Dios de Bet-El, donde tú ungiste la piedra, y donde me hiciste un voto. Levántate ahora y sal de esta tierra, y vuélvete a la tierra de tu nacimiento.

31:14 Respondieron *Rajél* (Raquel) y *Leáh*, y le dijeron: ¿Tenemos acaso parte o heredad en la casa de nuestro padre? [199]

31:15 ¿No nos tiene ya como por extrañas, pues que nos vendió, y aun se ha comido del todo nuestro dinero?[200]

---

[198] **31:13 Yo soy el Dios:** Esta fue la primera vez en veinte años desde que Dios le había prometido no abandonarlo (ver 28:15) que aparece frente a *Iaäkób*. Fue entonces cuando le dijo: "vuelve a tu tierra, sepárate de un hombre injusto como lo es *Labán* y volveré a estar contigo". De aquí aprendemos que todo el tiempo en que un justo convive con un malvado, Dios se aparta del justo.

[199] **31:14 Heredad:** Es decir: "no vamos a heredar nada de él pues todos sus bienes van a ser heredados por los hombres de la familia".

[200] **31:15 Todo nuestro dinero:** *Labán* casó a sus hijas y se las entregó en pago por los servicios de *Iaäkób*. No sólo *Labán* no entregó dotes a *Iaäkób* sino que tampoco entregó dinero alguno a sus hijas.

217 / BERESHÍT-בְּרֵאשִׁית

31:7 וַאֲבִיכֶן֙ הֵ֣תֶל בִּ֔י וְהֶחֱלִ֥ף אֶת־מַשְׂכֻּרְתִּ֖י עֲשֶׂ֣רֶת מֹנִ֑ים וְלֹֽא־נְתָנ֣וֹ אֱלֹהִ֔ים לְהָרַ֖ע עִמָּדִֽי

VAABIJÉN HÉTEL BI VEHEJELÍF ET-MASKURTÍ ÄSÉRET MONÍM VELÓ-NETANÓ ELOHÍM LEHARÄ ÏMADÍ

31:8 אִם־כֹּ֣ה יֹאמַ֗ר נְקֻדִּים֙ יִהְיֶ֣ה שְׂכָרֶ֔ךָ וְיָלְד֥וּ כָל־הַצֹּ֖אן נְקֻדִּ֑ים וְאִם־כֹּ֣ה יֹאמַ֗ר עֲקֻדִּים֙ יִהְיֶ֣ה שְׂכָרֶ֔ךָ וְיָלְד֥וּ כָל־הַצֹּ֖אן עֲקֻדִּֽים

IM-KOH IOMÁR NEKUDÍM IHIÉH SEJARÉJA VEIALEDÚ JOL-HATZÓN NEKUDÍM
VEÍM-KOH IOMÁR ÄKUDIM IHIÉH SEJARÉJA VEIALEDÚ JOL-HATZÓN ÄKUDÍM

31:9 וַיַּצֵּ֧ל אֱלֹהִ֛ים אֶת־מִקְנֵ֥ה אֲבִיכֶ֖ם וַיִּתֶּן־לִֽי

VAYATZÉL ELOHÍM ET-MIKNÉH ABIJÉM VAYTÉN-LI

31:10 וַיְהִ֗י בְּעֵת֙ יַחֵ֣ם הַצֹּ֔אן וָאֶשָּׂ֥א עֵינַ֛י וָאֵ֖רֶא בַּחֲל֑וֹם וְהִנֵּ֤ה הָֽעַתֻּדִים֙ הָעֹלִ֣ים עַל־הַצֹּ֔אן עֲקֻדִּ֥ים נְקֻדִּ֖ים וּבְרֻדִּֽים

VAIHÍ BEËT IAJÉM HATZÓN VAESÁ ËINÁI VAÉRE BAJALÓM VEHINÉH HAÄTUDÍM HAÖLÍM ÄL-HATZÓN ÄKUDÍM NEKUDÍM UBERUDÍM

31:11 וַיֹּ֨אמֶר אֵלַ֜י מַלְאַ֧ךְ הָאֱלֹהִ֛ים בַּחֲל֖וֹם יַֽעֲקֹ֑ב וָאֹמַ֖ר הִנֵּֽנִי

VAYÓMER ELÁI MALÁJ HAELOHÍM BAJALÓM IÄÄKÓB VAOMÁR HINÉNI

31:12 וַיֹּ֗אמֶר שָׂא־נָ֨א עֵינֶ֤יךָ וּרְאֵה֙ כָּל־הָֽעַתֻּדִים֙ הָעֹלִ֣ים עַל־הַצֹּ֔אן עֲקֻדִּ֥ים וּבְרֻדִּ֑ים כִּ֣י רָאִ֔יתִי אֵ֛ת כָּל־אֲשֶׁ֥ר לָבָ֖ן עֹ֥שֶׂה לָּֽךְ

VAYÓMER SA-NA ËINÉIJA UREÉH KOL-HAÄTUDÍM HAÖLÍM ÄL-HATZÓN ÄKUDÍM NEKUDÍM UBERUDÍM KI RAÍTI ET KOL-ASHÉR LABÁN ÖSEH LAJ

31:13 אָנֹכִ֤י הָאֵל֙ בֵּֽית־אֵ֔ל אֲשֶׁ֨ר מָשַׁ֤חְתָּ שָּׁם֙ מַצֵּבָ֔ה אֲשֶׁ֨ר נָדַ֥רְתָּ לִּ֛י שָׁ֖ם נֶ֑דֶר עַתָּ֗ה ק֥וּם צֵא֙ מִן־הָאָ֣רֶץ הַזֹּ֔את וְשׁ֖וּב אֶל־אֶ֥רֶץ מוֹלַדְתֶּֽךָ

ANOJÍ HAÉL BÉIT-EL ASHÉR MASHÁJTA SHAM MATZEBÁH ASHÉR NADÁRTA LI SHAM NÉDER ÄTÁH KUM TZE MIN-HAÁRETZ HAZZÓT VESHÚB EL-ÉRETZ MOLADTÉJA

31:14 וַתַּ֤עַן רָחֵל֙ וְלֵאָ֔ה וַתֹּאמַ֖רְנָה ל֑וֹ הַע֥וֹד לָ֛נוּ חֵ֥לֶק וְנַחֲלָ֖ה בְּבֵ֥ית אָבִֽינוּ

VATÄÄN RAJÉL VELEÁH VATOMÁRNAH LO HÄOD LÁNU JÉLEK VENAJALÁH BEBÉIT ABÍNU

31:15 הֲל֧וֹא נָכְרִיּ֛וֹת נֶחְשַׁ֥בְנוּ ל֖וֹ כִּ֣י מְכָרָ֑נוּ וַיֹּ֥אכַל גַּם־אָכ֖וֹל אֶת־כַּסְפֵּֽנוּ

HALÓ NAJERYÓT NEJSHÁBNU LO KI MEJARÁNU VAYÓJAL GAM-AJÓL ET-KASPÉNU

31:16 Porque toda la riqueza que Dios ha quitado a nuestro padre, nuestra es y de nuestros hijos; ahora, pues, haz todo lo que Dios te ha dicho.

Iaäkób (Jacob) huye de *Labán*

31:17 Entonces se levantó *Iaäkób* (Jacob), y subió sus hijos y sus mujeres sobre los camellos,
31:18 y puso en camino todo su ganado, y todo cuanto había adquirido, el ganado de su ganancia que había obtenido en Padán-Arám, para volverse a *Itzják* (Isaac) su padre en la tierra de Kenään.
31:19 Pero *Labán* había ido a trasquilar sus ovejas; y *Rajél* (Raquel) hurtó los ídolos de su padre[201].
31:20 Y *Iaäkób* (Jacob) engañó a *Labán* el aramí, no haciéndole saber que se iba.
31:21 Huyó, pues, con todo lo que tenía; y se levantó y pasó el rio, y se dirigió al monte de Guiläd.
31:22 Y al tercer día fue dicho a *Labán* que *Iaäkób* (Jacob) había huido.
31:23 Entonces *Labán* tomó a sus parientes consigo, y fue tras *Iaäkób* (Jacob) camino de siete días, y le alcanzó en el monte de Guiläd.
31:24 Y vino Dios a *Labán* el aramí en sueños aquella noche, y le dijo: Guárdate que no hables a *Iaäkób* (Jacob) ni bien ni mal[202].

---

[201] **31:19 Hurtó los ídolos de su padre:** *Rajél* hurtó los ídolos de su padre para impedir que este hiciese idolatría.
[202] **31:24 Ni bien:** Incluso lo que los malvados consideran "bien", es malo para los justos.

219 / BERESHÍT-בְּרֵאשִׁית

31:16 כִּי כָל־הָעֹשֶׁר אֲשֶׁר הִצִּיל אֱלֹהִים מֵאָבִינוּ לָנוּ הוּא וּלְבָנֵינוּ וְעַתָּה כֹּל אֲשֶׁר אָמַר אֱלֹהִים אֵלֶיךָ עֲשֵׂה

KI JOL-HAÖSHER ASHÉR HITZÍL ELOHÍM MEABÍNU LÁNU HU ULEBANÉINU VEÄTÁH KOL ASHÉR AMÁR ELOHÍM ELÉIJA ÄSEH

31:17 וַיָּקָם יַעֲקֹב וַיִּשָּׂא אֶת־בָּנָיו וְאֶת־נָשָׁיו עַל־הַגְּמַלִּים

VAYÁKAM IAÄKÓB VAYSÁ ET-BANÁV VEÉT-NASHÁV ÄL-HAGUEMALÍM

31:18 וַיִּנְהַג אֶת־כָּל־מִקְנֵהוּ וְאֶת־כָּל־רְכֻשׁוֹ אֲשֶׁר רָכָשׁ מִקְנֵה קִנְיָנוֹ אֲשֶׁר רָכַשׁ בְּפַדַּן אֲרָם לָבוֹא אֶל־יִצְחָק אָבִיו אַרְצָה כְּנָעַן

VAYNHÁG ET-KOL-MIKNÉHU VEÉT-KOL-REJUSHÓ ASHÉR RAJÁSH MIKNÉH KINIANÓ ASHÉR RAJÁSH BEFADÁN ARÁM LABÓ EL-ITZJÁK ABÍV ÁRTZAH KENÁÄN

31:19 וְלָבָן הָלַךְ לִגְזֹז אֶת־צֹאנוֹ וַתִּגְנֹב רָחֵל אֶת־הַתְּרָפִים אֲשֶׁר לְאָבִיהָ

VELABÁN HALÁJ LIGZZÓZZ ET-TZONÓ VATIGNÓB RAJÉL ET-HATERAFÍM ASHÉR LEABÍHA

31:20 וַיִּגְנֹב יַעֲקֹב אֶת־לֵב לָבָן הָאֲרַמִּי עַל־בְּלִי הִגִּיד לוֹ כִּי בֹרֵחַ הוּא

VAYGNÓB IAÄKÓB ET-LEB LABÁN HAARAMÍ ÄL-BELÍ HIGUÍD LO KI BORÉAJ HU

31:21 וַיִּבְרַח הוּא וְכָל־אֲשֶׁר־לוֹ וַיָּקָם וַיַּעֲבֹר אֶת־הַנָּהָר וַיָּשֶׂם אֶת־פָּנָיו הַר הַגִּלְעָד

VAYBRÁJ HU VEJÓL-ASHÉR-LO VAYÁKAM VAYAÄBÓR ET-HANAHÁR VAYÁSEM ET-PANÁV HAR HAGUILÄD

31:22 וַיֻּגַּד לְלָבָן בַּיּוֹם הַשְּׁלִישִׁי כִּי בָרַח יַעֲקֹב

VAYUGÁD LELABÁN BAYÓM HASHELISHÍ KI BARÁJ IAÄKÓB

31:23 וַיִּקַּח אֶת־אֶחָיו עִמּוֹ וַיִּרְדֹּף אַחֲרָיו דֶּרֶךְ שִׁבְעַת יָמִים וַיַּדְבֵּק אֹתוֹ בְּהַר הַגִּלְעָד

VAYKÁJ ET-EJÁV ÏMÓ VAYRDÓF AJARÁV DÉREJ SHIBÄT IAMÍM VAYADBÉK OTÓ BEHÁR HAGUILÄD

31:24 וַיָּבֹא אֱלֹהִים אֶל־לָבָן הָאֲרַמִּי בַּחֲלֹם הַלָּיְלָה וַיֹּאמֶר לוֹ הִשָּׁמֶר לְךָ פֶּן־תְּדַבֵּר עִם־יַעֲקֹב מִטּוֹב עַד־רָע

VAYABÓ ELOHÍM EL-LABÁN HAARAMÍ BAJALÓM HALÁILAH VAYÓMER LO HISHÁMER LEJÁ PEN-TEDABÉR ÏM-IAÄKÓB MITÓB ÄD-RÄ

31:25 Alcanzó, pues, *Labán* a *Iaäkób* (Jacob); y éste había fijado su tienda en el monte; y *Labán* acampó con sus parientes en el monte de Guiläd.

31:26 Y dijo *Labán* a *Iaäkób* (Jacob): ¿Qué has hecho, que me engañaste, y has traído a mis hijas como prisioneras de guerra?

31:27 ¿Por qué te escondiste para huir, y me engañaste, y no me lo hiciste saber para que yo te despidiera con alegría y con cantares, con tamborín y arpa?

31:28 Pues ni aun me dejaste besar a mis hijos y mis hijas. Ahora, locamente has hecho.

31:29 Poder hay en mi mano para haceros mal; mas el Dios de tu padre me habló anoche diciendo: Guárdate que no hables a *Iaäkób* (Jacob) ni bien ni mal.

31:30 Y ya que te ibas, porque tenías deseo de la casa de tu padre, ¿por qué me hurtaste mis dioses?

31:31 Respondió *Iaäkób* (Jacob) y dijo a *Labán*: Porque tuve miedo; pues pensé que quizá me quitarías por fuerza tus hijas.

31:32 Aquel en cuyo poder hallares tus dioses, no viva; delante de nuestros hermanos reconoce lo que yo tenga tuyo, y llévatelo. *Iaäkób* (Jacob) no sabía que *Rajél* (Raquel) los había hurtado[203].

---

[203] **31:32 No sabía:** *Iaäkób* no sabía que *Rajél* había hurtado los ídolos de *Labán* y por consiguiente su expresión "no viva" se convirtió en una maldición para ella y le causó la muerte (ver 35:19). Como han dicho los sabios "muchos malhechores me han causado males, mas ninguno lo ha hecho como mi propia lengua".

221 / BERESHÍT - בְּרֵאשִׁית

31:25 וַיַּשֵּׂג לָבָן אֶת־יַעֲקֹב וְיַעֲקֹב תָּקַע אֶת־אָהֳלוֹ בָּהָר וְלָבָן תָּקַע אֶת־אֶחָיו בְּהַר הַגִּלְעָד

VAYASÉG LABÁN ET-IAÄKÓB VEIAÄKÓB TAKÄ ET-AHALÓ BAHÁR VELABÁN TAKÄ ET-EJÁV BEHÁR HAGUILÄD

31:26 וַיֹּאמֶר לָבָן לְיַעֲקֹב מֶה עָשִׂיתָ וַתִּגְנֹב אֶת־לְבָבִי וַתְּנַהֵג אֶת־בְּנֹתַי כִּשְׁבֻיוֹת חָרֶב

VAYÓMER LABÁN LEIAÄKÓB MEH ÄSÍTA VATIGNÓB ET-LEBABÍ VATENAHÉG ET-BENOTÁI KISHBUÍOT JÁREB

31:27 לָמָּה נַחְבֵּאתָ לִבְרֹחַ וַתִּגְנֹב אֹתִי וְלֹא־הִגַּדְתָּ לִּי וָאֲשַׁלֵּחֲךָ בְּשִׂמְחָה וּבְשִׁרִים בְּתֹף וּבְכִנּוֹר

LÁMAH NAJBÉTA LIBRÓAJ VATIGNÓB OTÍ VELÓ-HIGÁDTA LI VAASHALEJAJÁ BESIMJÁH UBESHIRÍM BETÓF UBEJINÓR

31:28 וְלֹא נְטַשְׁתַּנִי לְנַשֵּׁק לְבָנַי וְלִבְנֹתָי עַתָּה הִסְכַּלְתָּ עֲשׂוֹ

VELÓ NETASHTÁNI LENASHÉK LEBANÁI VELIBNOTÁI ÄTÁH HISKALTÁ ÄSO

31:29 יֶשׁ־לְאֵל יָדִי לַעֲשׂוֹת עִמָּכֶם רָע וֵאלֹהֵי אֲבִיכֶם אֶמֶשׁ אָמַר אֵלַי לֵאמֹר הִשָּׁמֶר לְךָ מִדַּבֵּר עִם־יַעֲקֹב מִטּוֹב עַד־רָע

IÉSH-LEÉL IADÍ LAÄSÓT ÏMAJÉM RÄ VELOHÉI ABIJÉM ÉMESH AMÁR ELÁI LEMÓR HISHÁMER LEJÁ MIDABÉR ÏM-IAÄKÓB MITÓB ÄD-RÄ

31:30 וְעַתָּה הָלֹךְ הָלַכְתָּ כִּי־נִכְסֹף נִכְסַפְתָּה לְבֵית אָבִיךָ לָמָּה גָנַבְתָּ אֶת־אֱלֹהָי

VEÄTAH HALÓJ HALÁJTA KI-NIJSÓF NIJSÁFTAH LEBÉIT ABÍJA LÁMAH GANÁBTA ET-ELOHÁI

31:31 וַיַּעַן יַעֲקֹב וַיֹּאמֶר לְלָבָן כִּי יָרֵאתִי כִּי אָמַרְתִּי פֶּן־תִּגְזֹל אֶת־בְּנוֹתֶיךָ מֵעִמִּי

VAYÁÄN IAÄKÓB VAYÓMER LELABÁN KI IARÉTI KI AMÁRTI PEN-TIGZZÓL ET-BENOTÉIJA MEÏMÍ

31:32 עִם אֲשֶׁר תִּמְצָא אֶת־אֱלֹהֶיךָ לֹא יִחְיֶה נֶגֶד אַחֵינוּ הַכֶּר־לְךָ מָה עִמָּדִי וְקַח־לָךְ וְלֹא־יָדַע יַעֲקֹב כִּי רָחֵל גְּנָבָתַם

ÏM ASHÉR TIMTZÁ ET-ELOHEIJÁ LO IJIÉH NÉGUED AJÉINU HÁKER-LEJÁ MAH ÏMADÍ VEKÁJ-LAJ VELÓ-IADÄ IAÄKÓB KI RAJÉL GUENABÁTAM

31:33 Entró *Labán* en la tienda de *Iaäkób* (Jacob), en la tienda de *Leáh*, y en la tienda de las dos siervas, y no los halló; y salió de la tienda de *Leáh*, y entró en la tienda de *Rajél* (Raquel).

31:34 Pero tomó *Rajél* (Raquel) los ídolos y los puso en una montura de un camello, y se sentó sobre ellos; y buscó *Labán* en toda la tienda, y no los halló.

31:35 Y ella dijo a su padre: No se enoje mi señor, porque no me puedo levantar delante de ti; pues estoy con la costumbre de las mujeres. Y él buscó, pero no halló los ídolos [204].

31:36 Entonces *Iaäkób* (Jacob) se enojó, y riñó con *Labán*; y respondió *Iaäkób* (Jacob) y dijo a *Labán*: ¿Qué transgresión es la mía? ¿Cuál es mi pecado, para que con tanto ardor hayas venido en mi persecución?

31:37 Pues que has buscado en todas mis cosas, ¿qué has hallado de todos los enseres de tu casa? Ponlo aquí delante de mis hermanos y de los tuyos, y juzguen entre nosotros.

31:38 Estos veinte años he estado contigo; tus ovejas y tus cabras nunca abortaron, ni yo comí carnero de tus ovejas.

31:39 Nunca te traje lo arrebatado por las fieras: yo pagaba el daño; lo hurtado así de día como de noche, a mí me lo cobrabas.

31:40 De día me consumía el calor, y de noche la helada, y el sueño huía de mis ojos.

---

[204] **31:35 Costumbre de mujeres:** Se refiere al periodo femenino.

223 / BERESHÍT-בְּרֵאשִׁית

31:33 וַיָּבֹא לָבָן בְּאֹהֶל יַעֲקֹב ׀ וּבְאֹהֶל לֵאָה וּבְאֹהֶל שְׁתֵּי הָאֲמָהֹת וְלֹא מָצָא וַיֵּצֵא מֵאֹהֶל לֵאָה וַיָּבֹא בְּאֹהֶל רָחֵל

VAYABÓ LABÁN BEÓHEL IAÄKÓB UBEÓHEL LEÁH UBEÓHEL SHETÉI HAAMAHÓT VELÓ MATZÁ VAYETZÉ MEÓHEL LEÁH VAYABÓ BEÓHEL RAJÉL

31:34 וְרָחֵל לָקְחָה אֶת־הַתְּרָפִים וַתְּשִׂמֵם בְּכַר הַגָּמָל וַתֵּשֶׁב עֲלֵיהֶם וַיְמַשֵּׁשׁ לָבָן אֶת־כָּל־הָאֹהֶל וְלֹא מָצָא

VERAJÉL LAKEJÁH ET-HATERAFÍM VATESIMÉM BEJÁR HAGAMÁL VATÉSHEB ÄLEIHÉM VAIMASHÉSH LABÁN ET-KOL-HAÓHEL VELÓ MATZÁ

31:35 וַתֹּאמֶר אֶל־אָבִיהָ אַל־יִחַר בְּעֵינֵי אֲדֹנִי כִּי לוֹא אוּכַל לָקוּם מִפָּנֶיךָ כִּי־דֶרֶךְ נָשִׁים לִי וַיְחַפֵּשׂ וְלֹא מָצָא אֶת־הַתְּרָפִים

VATÓMER EL-ABÍHA AL-ÍJAR BEËINÉI ADONÍ KI LO UJÁL LAKÚM MIPANÉIJA KI-DÉREJ NASHÍM LI VAIJAPÉS VELÓ MATZÁ ET-HATERAFÍM

31:36 וַיִּחַר לְיַעֲקֹב וַיָּרֶב בְּלָבָן וַיַּעַן יַעֲקֹב וַיֹּאמֶר לְלָבָן מַה־פִּשְׁעִי מַה חַטָּאתִי כִּי דָלַקְתָּ אַחֲרָי

VAÍJAR LEIAÄKÓB VAYÁREB BELABÁN VAYÁÄN IAÄKÓB VAYÓMER LELABÁN MAH-PISHÏ MAH JATATÍ KI DALÁKT AJARÁI

31:37 כִּי־מִשַּׁשְׁתָּ אֶת־כָּל־כֵּלַי מַה־מָּצָאתָ מִכֹּל כְּלֵי־בֵיתֶךָ שִׂים כֹּה נֶגֶד אַחַי וְאַחֶיךָ וְיוֹכִיחוּ בֵּין שְׁנֵינוּ

KI-MISHÁSHTA ET-KOL-KELÁI MAH-MATZÁTA MIKÓL KELÉI-BEITÉJA SÍM KOH NÉGUED AJÁI VEAJÉIJA VEIOJÍJU BÉIN SHENÉINU

31:38 זֶה עֶשְׂרִים שָׁנָה אָנֹכִי עִמָּךְ רְחֵלֶיךָ וְעִזֶּיךָ לֹא שִׁכֵּלוּ וְאֵילֵי צֹאנְךָ לֹא אָכָלְתִּי

ZZEH ËSRÍIM SHANÁH ANOJÍ ÏMÁJ REJELÉIJA VEÏZZÉIJA LO SHIKÉLU VEEILÉI TZONJÁ LO AJÁLETI

31:39 טְרֵפָה לֹא־הֵבֵאתִי אֵלֶיךָ אָנֹכִי אֲחַטֶּנָּה מִיָּדִי תְּבַקְשֶׁנָּה גְּנֻבְתִי יוֹם וּגְנֻבְתִי לָיְלָה

TEREFÁH LO-HEBÉTI ELÉIJA ANOJÍ AJATÉNAH MIYADÍ TEBAKSHÉNAH GUENUBTÍ IÓM UGUENUBTÍ LÁILAH

31:40 הָיִיתִי בַיּוֹם אֲכָלַנִי חֹרֶב וְקֶרַח בַּלָּיְלָה וַתִּדַּד שְׁנָתִי מֵעֵינָי

HAÍITI BAYÓM AJALÁNI JÓREB VEKÉRAJ BALÁILAII VATIDÁD SHENATÍ MEËINÁI

31:41 Así he estado veinte años en tu casa; catorce años te serví por tus dos hijas, y seis años por tu ganado, y has cambiado mi salario diez veces.

31:42 Si el Dios de mi padre, Dios de *Abrahám* y temor de *Itzják* (Isaac), no estuviera conmigo, de cierto me enviarías ahora con las manos vacías; pero Dios vio mi aflicción y el trabajo de mis manos, y te reprendió anoche[205].

31:43 Respondió *Labán* y dijo a *Iaäkób* (Jacob): Las hijas son hijas mías, y los hijos, hijos míos son, y las ovejas son mis ovejas, y todo lo que tú ves es mío: ¿y qué puedo yo hacer hoy a estas mis hijas, o a sus hijos que ellas han dado a luz?

31:44 Ven, pues, ahora, y hagamos pacto tú y yo, y sea por testimonio entre nosotros dos.

31:45 Entonces *Iaäkób* (Jacob) tomó una piedra, y la levantó por señal.

31:46 Y dijo *Iaäkób* (Jacob) a sus hermanos: Recoged piedras. Y tomaron piedras e hicieron un montículo, y comieron allí sobre aquel montículo.

31:47 Y lo llamó *Labán*, Iegár Sahadutá; y lo llamó *Iaäkób* (Jacob), Galëd.

31:48 Porque *Labán* dijo: Este montículo es testigo hoy entre nosotros dos; por eso fue llamado su nombre Galëd[206];

31:49 y Mizpáh, por cuanto dijo: Observe El Eterno entre tú y yo, cuando nos apartemos el uno del otro[207].

---

[205] **31:42 Temor de *Itzják*:** No dice "Dios de *Itzják*" como con respecto a *Abrahám*, pues solo se dice "Dios de fulano" cuando éste ya falleció y en este caso *Itzják* aún estaba con vida.

[206] **31:48 Galëd:** גַּלְעֵד (GALÉD) se compone de las palabras גַּל (GAL=montículo) y עֵד (ED=testigo).

[207] **31:49 Mitzpá:** מִצְפָּה (MITZPÁH) significa observatorio.

225 / BERESHÍT-בְּרֵאשִׁית

31:41 זֶה־לִּ֞י עֶשְׂרִ֤ים שָׁנָה֙ בְּבֵיתֶ֔ךָ עֲבַדְתִּ֗יךָ אַרְבַּֽע־עֶשְׂרֵ֤ה שָׁנָה֙ בִּשְׁתֵּ֣י בְנֹתֶ֔יךָ וְשֵׁ֥שׁ שָׁנִ֖ים בְּצֹאנֶ֑ךָ וַתַּחֲלֵ֥ף אֶת־מַשְׂכֻּרְתִּ֖י עֲשֶׂ֥רֶת מֹנִֽים

ZZEH-LI ËSERÍM SHANÁH BEBEITÉJA ÄBADTÍJA ARBÄ-ËSRÉH SHANÁH BISHTÉI BENOTÉIJA VESHÉSH SHANÍM BETZONÉJA VATAJALÉF ET-MASKURATÍ ÄSÉRET MONÍM

31:42 לוּלֵ֡י אֱלֹהֵ֣י אָבִי֩ אֱלֹהֵ֨י אַבְרָהָ֜ם וּפַ֤חַד יִצְחָק֙ הָ֣יָה לִ֔י כִּ֥י עַתָּ֖ה רֵיקָ֣ם שִׁלַּחְתָּ֑נִי אֶת־עָנְיִ֞י וְאֶת־יְגִ֧יעַ כַּפַּ֛י רָאָ֥ה אֱלֹהִ֖ים וַיּ֥וֹכַח אָֽמֶשׁ

LULÉI ELOHÉI ABÍ ELOHÉI ABRAHÁM UFÁJAD ITZJAK HÁIAH LI KI ÄTÁH REIKÁM SHILAJTÁNI ET-ÄNEÍI VEÉT-IEGUÏÄ KAPÁI RAÁH ELOHÍM VAIÓJAJ ÁMESH

31:43 וַיַּ֨עַן לָבָ֜ן וַיֹּ֣אמֶר אֶֽל־יַעֲקֹ֗ב הַבָּנ֨וֹת בְּנֹתַ֜י וְהַבָּנִ֤ים בָּנַי֙ וְהַצֹּ֣אן צֹאנִ֔י וְכֹ֛ל אֲשֶׁר־אַתָּ֥ה רֹאֶ֖ה לִי־ה֑וּא וְלִבְנֹתַ֞י מָֽה־אֶעֱשֶׂ֤ה לָאֵ֨לֶּה֙ הַיּ֔וֹם א֥וֹ לִבְנֵיהֶ֖ן אֲשֶׁ֥ר יָלָֽדוּ

VAYÁÄN LABÁN VAYÓMER EL-IAÄKÓB HABANÓT BENOTÁI VEHABANÍM BANÁI VEHATZÓN TZONÍ VEJÓL ASHÉR-ATÁH ROÉH LI-HU VELIBNOTÁI MAH-EËSÉH LAÉLEH HAYÓM O LIBNEIHÉN ASHÉR IALÁDU

31:44 וְעַתָּ֗ה לְכָ֛ה נִכְרְתָ֥ה בְרִ֖ית אֲנִ֣י וָאָ֑תָּה וְהָיָ֥ה לְעֵ֖ד בֵּינִ֥י וּבֵינֶֽךָ

VEÄTÁH LEJÁH NIJRETÁH BERÍT ANÍ VAÁTAH VEHAIÁH LEËD BEINÍ UBEINÉJA

31:45 וַיִּקַּ֥ח יַעֲקֹ֖ב אָ֑בֶן וַיְרִימֶ֖הָ מַצֵּבָֽה

VAYKÁJ IAÄKÓB ÁBEN VAIRIMÉHA MATZEBÁH

31:46 וַיֹּ֨אמֶר יַעֲקֹ֤ב לְאֶחָיו֙ לִקְט֣וּ אֲבָנִ֔ים וַיִּקְח֥וּ אֲבָנִ֖ים וַיַּֽעֲשׂוּ־גָ֑ל וַיֹּ֥אכְלוּ שָׁ֖ם עַל־הַגָּֽל

VAYÓMER IAÄKÓB LEEJÁV LIKTÚ ABANÍM VAYKJÚ ABANÍM VAYÁÄSU-GAL VAYÓJLU SHAM ÄL-HAGÁL

31:47 וַיִּקְרָא־ל֣וֹ לָבָ֔ן יְגַ֖ר שָׂהֲדוּתָ֑א וְיַֽעֲקֹ֔ב קָ֥רָא ל֖וֹ גַּלְעֵֽד

VAYKRÁ-LO LABÁN IEGÁR SAHADUTÁ VEIAÄKÓB KÁRA LO GALËD

31:48 וַיֹּ֣אמֶר לָבָ֔ן הַגַּ֨ל הַזֶּ֥ה עֵ֛ד בֵּינִ֥י וּבֵינְךָ֖ הַיּ֑וֹם עַל־כֵּ֥ן קָרָֽא־שְׁמ֖וֹ גַּלְעֵֽד

VAYÓMER LABÁN HAGÁL HAZZÉH ËD BEINÍ UBEINJÁ HAYÓM ÄL-KEN KARA-SHEMÓ GALËD

31:49 וְהַמִּצְפָּה֙ אֲשֶׁ֣ר אָמַ֔ר יִ֥צֶף יְהֹוָ֖ה בֵּינִ֣י וּבֵינֶ֑ךָ כִּ֥י נִסָּתֵ֖ר אִ֥ישׁ מֵרֵעֵֽהוּ

VEHAMITZPÁH ASHÉR AMÁR ÍTZEF IHVH BEINÍ UBEINÉJA KI NISATÉR ISH MEREËHU

31:50 Si afligieres a mis hijas, o si tomares otras mujeres además de mis hijas, no habrá nadie entre nosotros; mira, Dios es testigo entre nosotros dos.

31:51 Dijo más *Labán* a *Iaäkób* (Jacob): He aquí este montículo, y he aquí esta señal, que he erigido entre tú y yo.

31:52 Testigo sea este montículo, y testigo sea este monumento, que ni yo pasaré de este montículo contra ti, ni tú pasarás de este montículo ni de este monumento contra mí, para mal.

31:53 El Dios de *Abrahám* y el Dios de *Najór* juzgue entre nosotros, el Dios de sus padres.Y *Iaäkób* (Jacob) juró por aquel a quien temía *Itzják* (Isaac) su padre[208].

31:54 Entonces *Iaäkób* (Jacob) ofrendó sacrificios en el monte, y llamó a sus hermanos a comer pan; y comieron pan, y durmieron aquella noche en el monte.

CAPÍTULO 32

ced*Iaäkób* (Jacob) se prepara para el encuentro con *Ësáv* (Esaú)

32:1 Y se levantó *Labán* de mañana, y besó sus hijos y sus hijas, y los bendijo; y regresó y se volvió a su lugar.

32:2 *Iaäkób* (Jacob) siguió su camino, y le salieron al encuentro ángeles de Dios[209].

---

[208] **31:53 Dios de sus padres:** *Labán* quería encontrar un punto común, con *Iaäkób* por esto propuso jurar en nombre de "El Dios de *Abrahám* y el Dios de *Najór*... el Dios de sus padres" haciendo en realidad referencia a los dioses idólatras de *Téraj* el padre de *Abrahám* y *Najór*.

A quien temía: Se refiere al Creador del Universo por quien tenía un temor reverente.

[209] **32:2 Y le salieron al encuentro:** Estos eran ángeles de la tierra de Israel que fueron a recibirlo en su entrada a la sagrada tierra (ver comentario 28:12).

BERESHÍT - בְּרֵאשִׁית

31:50 אִם־תְּעַנֶּ֣ה אֶת־בְּנֹתַ֗י וְאִם־תִּקַּ֤ח נָשִׁים֙ עַל־בְּנֹתַ֔י אֵ֥ין אִ֖ישׁ עִמָּ֑נוּ רְאֵ֕ה אֱלֹהִ֥ים עֵ֖ד בֵּינִ֥י וּבֵינֶֽךָ

IM-TEÄNÉH ET-BENOTÁI VEÍM-TIKÁJ NASHÍM ÄL-BENOTÁI ÉIN ISH ÏMÁNU REÉH ELOHÍM ËD BEINÍ UBEINÉJA

31:51 וַיֹּ֥אמֶר לָבָ֖ן לְיַעֲקֹ֑ב הִנֵּ֣ה ׀ הַגַּ֣ל הַזֶּ֗ה וְהִנֵּה֙ הַמַּצֵּבָ֔ה אֲשֶׁ֥ר יָרִ֖יתִי בֵּינִ֥י וּבֵינֶֽךָ

VAYÓMER LABÁN LEIAÄKÓB HINÉH HAGÁL HAZZÉH VEHINÉH HAMATZEBÁH ASHÉR IARÍTI BEINÍ UBEINÉJA

31:52 עֵ֚ד הַגַּ֣ל הַזֶּ֔ה וְעֵדָ֖ה הַמַּצֵּבָ֑ה אִם־אָ֗נִי לֹֽא־אֶֽעֱבֹ֤ר אֵלֶ֙יךָ֙ אֶת־הַגַּ֣ל הַזֶּ֔ה וְאִם־אַ֠תָּה לֹא־תַעֲבֹ֨ר אֵלַ֜י אֶת־הַגַּ֧ל הַזֶּ֛ה וְאֶת־הַמַּצֵּבָ֥ה הַזֹּ֖את לְרָעָֽה

ËD HAGÁL HAZZÉH VEËDÁH HAMATZEBÁH IM-ÁNI LO-EËBÓR ELÉIJA ET-HAGÁL HAZZÉH VEÍM-ATÁH LO-TAÄBÓR ELÁI ET-HAGÁL HAZZÉH VEÉT-HAMATZEBÁH HAZZÓT LERAÄH

31:53 אֱלֹהֵ֨י אַבְרָהָ֜ם וֵֽאלֹהֵ֤י נָחוֹר֙ יִשְׁפְּט֣וּ בֵינֵ֔ינוּ אֱלֹהֵ֖י אֲבִיהֶ֑ם וַיִּשָּׁבַ֣ע יַעֲקֹ֔ב בְּפַ֖חַד אָבִ֥יו יִצְחָֽק

ELOHÉI ABRAHÁM VELOHÉI NAJÓR ISHPETÚ BEINÉINU ELOHÉI ABIHÉM VAYSHABÁ IAÄKÓB BEFÁJAD ABÍV ITZJÁK

31:54 וַיִּזְבַּ֨ח יַעֲקֹ֥ב זֶ֙בַח֙ בָּהָ֔ר וַיִּקְרָ֥א לְאֶחָ֖יו לֶאֱכָל־לָ֑חֶם וַיֹּ֣אכְלוּ לֶ֔חֶם וַיָּלִ֖ינוּ בָּהָֽר

VAYZZBÁJ IAÄKÓB ZZÉBAJ BAHÁR VAYKRÁ LEEJÁV LEEJÓL-LÁJEM VAYÓJLU LÉJEM VAYALÍNU BAHÁR

PÉREK 32 - פֶּרֶק לב

32:1 וַיַּשְׁכֵּ֨ם לָבָ֜ן בַּבֹּ֗קֶר וַיְנַשֵּׁ֧ק לְבָנָ֛יו וְלִבְנוֹתָ֖יו וַיְבָ֣רֶךְ אֶתְהֶ֑ם וַיֵּ֛לֶךְ וַיָּ֥שָׁב לָבָ֖ן לִמְקֹמֽוֹ

VAYASHKÉM LABÁN BABÓKER VAINASHÉK LEBANÁV VELIBNOTÁV VAIBÁREJ ETEHÉM VAYÉLEJ VAYÁSHAB LABÁN LIMKOMÓ

32:2 וְיַעֲקֹ֖ב הָלַ֣ךְ לְדַרְכּ֑וֹ וַיִּפְגְּעוּ־ב֖וֹ מַלְאֲכֵ֥י אֱלֹהִֽים

VEIAÄKÓB HALÁJ LEDARKÓ VAYFGUEÜ-BO MALAJÉI ELOHÍM

32:3 Y dijo *Iaäkób* (Jacob) cuando los vio: Campamento de Dios es este; y llamó el nombre de aquel lugar Majanáim[210].

32:4 Y envió *Iaäkób* (Jacob) mensajeros delante de sí a *Ësáv* (Esaú) su hermano, a la tierra de Seïr, campo de Edóm.

32:5 Y les mandó diciendo: Así diréis a mi señor *Ësáv* (Esaú): Así dice tu siervo *Iaäkób* (Jacob): Con *Labán* he morado, y me he detenido hasta ahora;

32:6 y tengo vacas, asnos, ovejas, y siervos y siervas; y envío a decirlo a mi señor, para hallar gracia en tus ojos.

32:7 Y los mensajeros volvieron a *Iaäkób* (Jacob), diciendo: Vinimos a tu hermano *Ësáv* (Esaú), y él también viene a recibirte, y cuatrocientos hombres con él.

32:8 Entonces *Iaäkób* (Jacob) tuvo gran temor, y se angustió; y distribuyó el pueblo que tenía consigo, y las ovejas y las vacas y los camellos, en dos campamentos.

32:9 Y dijo: Si viene *Ësáv* (Esaú) contra un campamento y lo ataca, el otro campamento escapará.

32:10 Y dijo *Iaäkób* (Jacob): Dios de mi padre *Abrahám*, y Dios de mi padre *Itzják* (Isaac), El Eterno, que me dijiste: Vuélvete a tu tierra y a tu parentela, y yo te haré bien[211];

---

[210] **32:3 Majanáim:** מַחֲנָיִם (MAJANÁIM=campamentos).

[211] **32:10 Y dijo *Iaäkób*:** *Iaäkób* tomó tres medidas protectoras preparándose para el encuentro con su hermano: La oración, enviarle regalos para apaciguar su furia y prepararse para la guerra separando a su gente en dos campamentos.

229 / BERESHÍT - בְּרֵאשִׁית

32:3 וַיֹּאמֶר יַעֲקֹב כַּאֲשֶׁר רָאָם מַחֲנֵה אֱלֹהִים זֶה וַיִּקְרָא שֵׁם־הַמָּקוֹם הַהוּא מַחֲנָיִם

VAYÓMER IAÄKÓB KAASHÉR RAÁM MAJANÉH ELOHÍM ZZEH VAYKRÁ SHEM-HAMAKÓM HAHÚ MAJANÁIM

32:4 וַיִּשְׁלַח יַעֲקֹב מַלְאָכִים לְפָנָיו אֶל־עֵשָׂו אָחִיו אַרְצָה שֵׂעִיר שְׂדֵה אֱדוֹם

VAYSHLÁJ IAÄKÓB MALAJÍM LEFANÁV EL-ËSÁV AJÍV ÁRTZAH SEÏR SEDÉH EDÓM

32:5 וַיְצַו אֹתָם לֵאמֹר כֹּה תֹאמְרוּן לַאדֹנִי לְעֵשָׂו כֹּה אָמַר עַבְדְּךָ יַעֲקֹב עִם־לָבָן גַּרְתִּי וָאֵחַר עַד־עָתָּה

VAITZÁV OTÁM LEMÓR KOH TOMRÚN LADONÍ LEËSÁV KOH AMÁR ÄBDEJÁ IAÄKÓB ÏM-LABÁN GÁRTI VAEJÁR ÄD-ÄTAH

32:6 וַיְהִי־לִי שׁוֹר וַחֲמוֹר צֹאן וְעֶבֶד וְשִׁפְחָה וָאֶשְׁלְחָה לְהַגִּיד לַאדֹנִי לִמְצֹא־חֵן בְּעֵינֶיךָ

VAIHÍ-LI SHOR VAJAMÓR TZON VEËBED VESHIFJÁH VÁESHLEJAH LEHAGUÍD LADONÍ LIMTZÓ-JEN BEËINEIJA

32:7 וַיָּשֻׁבוּ הַמַּלְאָכִים אֶל־יַעֲקֹב לֵאמֹר בָּאנוּ אֶל־אָחִיךָ אֶל־עֵשָׂו וְגַם הֹלֵךְ לִקְרָאתְךָ וְאַרְבַּע־מֵאוֹת אִישׁ עִמּוֹ

VAYASHÚBU HAMALAJÍM EL-IAÄKÓB LEMÓR BÁNU EL-AJÍJA EL-ËSÁV VEGÁM HOLÉJ LIKRATJÁ VEARBĂ-MÉOT ISH ÏMÓ

32:8 וַיִּירָא יַעֲקֹב מְאֹד וַיֵּצֶר לוֹ וַיַּחַץ אֶת־הָעָם אֲשֶׁר־אִתּוֹ וְאֶת־הַצֹּאן וְאֶת־הַבָּקָר וְהַגְּמַלִּים לִשְׁנֵי מַחֲנוֹת

VAYIRÁ IAÄKÓB MEÓD VAYÉTZER LO VAYÁJATZ ET-HAÄM ASHÉR-ITÓ VEÉT-HATZÓN VEÉT-HABAKÁR VEHAGUEMALÍM LISHNÉI MAJANÓT

32:9 וַיֹּאמֶר אִם־יָבוֹא עֵשָׂו אֶל־הַמַּחֲנֶה הָאַחַת וְהִכָּהוּ וְהָיָה הַמַּחֲנֶה הַנִּשְׁאָר לִפְלֵיטָה

VAYÓMER IM-IABÓ ËSÁV EL-HAMAJANÉH HAAJÁT VEHIKÁHU VEHAIÁH HAMAJANÉH HANISHÁR LIFLEITÁH

32:10 וַיֹּאמֶר יַעֲקֹב אֱלֹהֵי אָבִי אַבְרָהָם וֵאלֹהֵי אָבִי יִצְחָק יְהֹוָה הָאֹמֵר אֵלַי שׁוּב לְאַרְצְךָ וּלְמוֹלַדְתְּךָ וְאֵיטִיבָה עִמָּךְ

AYÓMER IAÄKÓB ELOHÉI ABÍ ABRAHÁM VELOHÉI ABÍ ITZJÁK IHVH HAOMÉR ELÁI SHUB LEARTZEJÁ ULEMOLADTEJÁ VEEITÍBAH ÏMÁJ

32:11 menor soy que todas las misericordias y que toda la verdad que has hecho para con tu siervo; pues con mi bastón pasé el Yardén, y ahora estoy sobre dos campamentos[212].

32:12 Líbrame ahora de la mano de mi hermano, de la mano de *Ësáv* (Esaú), porque le temo; no venga acaso y me hiera la madre con los hijos.

32:13 Y tú has dicho: Yo te haré bien, y tu descendencia será como la arena del mar, que no se puede contar por la multitud.

32:14 Y durmió allí aquella noche, y tomó de lo que le vino a la mano un presente para su hermano *Ësáv* (Esaú):

32:15 doscientas cabras y veinte machos cabríos, doscientas ovejas y veinte carneros,

32:16 treinta camellas amamantadoras con sus crías, cuarenta vacas y diez novillos, veinte asnas y diez borricos.

32:17 Y lo entregó a sus siervos, cada manada de por sí; y dijo a sus siervos: Pasad delante de mí, y poned espacio entre manada y manada[213].

32:18 Y mandó al primero, diciendo: Si *Ësáv* (Esaú) mi hermano te encontrare, y te preguntare, diciendo: ¿De quién eres? ¿y adónde vas? ¿y para quién es esto que llevas delante de ti?

---

[212] **32:11 Toda la verdad que has hecho:** Es decir: "son verdaderas Tus palabras, pues me cuidaste cumpliendo todas las promesas que me hiciste".

[213] **32:17 Poned espacio entre manada y manada:** Iba una manada detrás de otra dejando espacio entre ellas para así saciar el ojo de *Ësáv* al ver muchos regalos.

32:11

קָטֹ֜נְתִּי מִכֹּ֤ל הַחֲסָדִים֙ וּמִכָּל־הָ֣אֱמֶ֔ת אֲשֶׁ֥ר עָשִׂ֖יתָ אֶת־עַבְדֶּ֑ךָ כִּ֣י בְמַקְלִ֗י עָבַ֙רְתִּי֙ אֶת־הַיַּרְדֵּ֣ן הַזֶּ֔ה וְעַתָּ֥ה הָיִ֖יתִי לִשְׁנֵ֥י מַחֲנֽוֹת

KATÖNTI MIKÓL HAJASADÍM UMIKÓL-HAEMÉT ASHÉR ÄSÍTA ET-ÄBDÉJA KI BEMAKLÍ ÄBÁRTI ET-HAYARDÉN HAZZÉH VEÄTÁH HAÍITI LISHNÉI MAJANÓT

32:12

הַצִּילֵ֥נִי נָ֛א מִיַּ֥ד אָחִ֖י מִיַּ֣ד עֵשָׂ֑ו כִּֽי־יָרֵ֤א אָנֹכִי֙ אֹת֔וֹ פֶּן־יָב֣וֹא וְהִכַּ֔נִי אֵ֖ם עַל־בָּנִֽים

HATZILÉNI NA MIYÁD AJÍ MIYÁD ËSÁV KI-IARÉ ANOJÍ OTÓ PEN-IABÓ VEHIKÁNI EM ÄL-BANÍM

32:13

וְאַתָּ֣ה אָמַ֔רְתָּ הֵיטֵ֥ב אֵיטִ֖יב עִמָּ֑ךְ וְשַׂמְתִּ֤י אֶֽת־זַרְעֲךָ֙ כְּח֣וֹל הַיָּ֔ם אֲשֶׁ֥ר לֹא־יִסָּפֵ֖ר מֵרֹֽב

VEATÁH AMÁRTA HEITÉB EITÍB ÏMÁJ VESAMTÍ ET-ZZARÄJÁ KEJÓL HAYÁM ASHÉR LO-ISAPÉR MERÓB

32:14

וַיָּ֥לֶן שָׁ֖ם בַּלַּ֣יְלָה הַה֑וּא וַיִּקַּ֞ח מִן־הַבָּ֧א בְיָד֛וֹ מִנְחָ֖ה לְעֵשָׂ֥ו אָחִֽיו

VAYÁLEN SHAM BALÁILAH HAHÚ VAYKÁJ MIN-HABÁ BEIADÓ MINJÁH LEËSÁV AJÍV

32:15

עִזִּ֣ים מָאתַ֔יִם וּתְיָשִׁ֖ים עֶשְׂרִ֑ים רְחֵלִ֥ים מָאתַ֖יִם וְאֵילִ֥ים עֶשְׂרִֽים

ÏZZÍM MATÁIM UTEIASHÍM ËSRÍM REJELÍM MATÁIM VEEILÍM ËSRÍM

32:16

גְּמַלִּ֧ים מֵינִיק֛וֹת וּבְנֵיהֶ֖ם שְׁלֹשִׁ֑ים פָּר֤וֹת אַרְבָּעִים֙ וּפָרִ֣ים עֲשָׂרָ֔ה אֲתֹנֹ֣ת עֶשְׂרִ֔ים וַעְיָרִ֖ם עֲשָׂרָֽה

GUEMALÍM MENIKÓT UBENEIHÉM SHELOSHÍM PARÓT ARBAÏM UFARÍM ÄSARÁH ATONÓT ËSRÍM VÄIARÍM ÄSARÁH

32:17

וַיִּתֵּן֙ בְּיַד־עֲבָדָ֔יו עֵ֥דֶר עֵ֖דֶר לְבַדּ֑וֹ וַיֹּ֤אמֶר אֶל־עֲבָדָיו֙ עִבְר֣וּ לְפָנַ֔י וְרֶ֣וַח תָּשִׂ֔ימוּ בֵּ֥ין עֵ֖דֶר וּבֵ֥ין עֵֽדֶר

VAYTÉN BEIÁD-ÄBADÁV ËDER ËDER LEBADÓ VÁYOMER EL-ÄBADÁV ÏBRÚ LEFANÁI VERÉVAJ TASÍMU BÉIN ËDER UBÉIN ËDER

32:18

וַיְצַ֥ו אֶת־הָרִאשׁ֖וֹן לֵאמֹ֑ר כִּ֣י יִֽפְגָשְׁךָ֞ עֵשָׂ֣ו אָחִ֗י וִשְׁאֵֽלְךָ֙ לֵאמֹ֔ר לְמִי־אַ֙תָּה֙ וְאָ֣נָה תֵלֵ֔ךְ וּלְמִ֖י אֵ֥לֶּה לְפָנֶֽיךָ

VAITZÁV ET-HARISHÓN LEMÓR KI IFGASHEJÁ ËSÁV AJÍ VISHELJÁ LEMÓR LEMI-ÁTAH VEÁNAH TELÉJ ULEMÍ ÉLEH LEFANÉIJA

32:19 entonces dirás: Es un presente de tu siervo *Iaäkób* (Jacob), que envía a mi señor *Ësáv* (Esaú); y he aquí también él viene tras nosotros.

32:20 Mandó también al segundo, y al tercero, y a todos los que iban tras aquellas manadas, diciendo: Conforme a esto hablaréis a *Ësáv* (Esaú), cuando le hallareis.

32:21 Y diréis también: He aquí tu siervo *Iaäkób* (Jacob) viene tras nosotros. Porque dijo: Apaciguaré su ira con el presente que va delante de mí, y después veré su rostro; quizá me perdone.

32:22 Pasó, pues, el presente delante de él; y él durmió aquella noche en el campamento.

Iaäkób (Jacob) lucha con el ángel en Peniél[214]

32:23 Y se levantó aquella noche, y tomó sus dos mujeres, y sus dos siervas, y sus once hijos, y pasó el cruce de Iabók[215].

32:24 Los tomó, pues, e hizo pasar el arroyo a ellos y a todo lo que tenía.

32:25 Así se quedó *Iaäkób* (Jacob) solo; y luchó con él un varón hasta que rayaba el alba[216].

32:26 Y cuando el varón vio que no podía con él, tocó en el sitio del encaje de su muslo, y se descoyuntó el muslo de *Iaäkób* (Jacob) mientras con él luchaba[217].

---

[214] **32:23-32 *Iaäkób* lucha con el ángel en Peniel:** Este ángel que representa a la nación de *Ësáv* es realmente el Satán mismo. El Satán es un ángel que cumple una misión importantísima en la lucha del hombre por superarse. En primera lugar insta al hombre a cometer un pecado y cuando éste cae en su trampa lo acusa ante Dios. En este contexto, la lucha entre *Iaäkób* y el ángel es una analogía de la lucha entre el bien y el mal, y la eterna pugna interna del hombre por superarse.

[215] **32:23 Iabók:** Era el nombre de un río.

[216] **32:25 Un varón:** Este era el ángel de *Ësáv*.

[217] **32:26 Se descoyuntó el muslo:** La herida sufrida por *Iaäkób* es un presagio de las persecuciones que sufrirían sus descendientes a través de las generaciones. Al igual que *Iaäkób*, el pueblo de Israel puede ser

בְּרֵאשִׁית / 233

32:19 וְאָמַרְתָּ֙ לְעַבְדְּךָ֣ לְיַעֲקֹ֔ב מִנְחָ֥ה הִוא֙ שְׁלוּחָ֔ה לַֽאדֹנִ֖י לְעֵשָׂ֑ו וְהִנֵּ֥ה גַם־ה֖וּא אַחֲרֵֽינוּ
VEÁMARTA LEÄBDEJÁ LEIAÄKÓB MINJÁH HI SHELUJÁH LADONÍ LEËSÁV VEHINÉH GAM-HU AJARÉINU

32:20 וַיְצַ֞ו גַּ֣ם אֶת־הַשֵּׁנִ֗י גַּ֚ם אֶת־הַשְּׁלִישִׁ֔י גַּ֚ם אֶת־כָּל־הַהֹ֣לְכִ֔ים אַחֲרֵ֥י הָעֲדָרִ֖ים לֵאמֹ֑ר כַּדָּבָ֤ר הַזֶּה֙ תְּדַבְּר֣וּן אֶל־עֵשָׂ֔ו בְּמֹצַאֲכֶ֖ם אֹתֽוֹ
VAITZÁV GAM ET-HASHENÍ GAM ET-HASHELISHÍ GAM ET-KOL-HAHÓLJIM AJARÉI HAÄDARÍM LEMÓR JADABÁR HAZZÉH TEDABERÚN EL-ËSÁV BEMOTZAAJÉM OTÓ

32:21 וַאֲמַרְתֶּ֕ם גַּ֗ם הִנֵּ֛ה עַבְדְּךָ֥ יַעֲקֹ֖ב אַחֲרֵ֑ינוּ כִּֽי־אָמַ֞ר אֲכַפְּרָ֣ה פָנָ֗יו בַּמִּנְחָה֙ הַהֹלֶ֣כֶת לְפָנָ֔י וְאַחֲרֵי־כֵן֙ אֶרְאֶ֣ה פָנָ֔יו אוּלַ֖י יִשָּׂ֥א פָנָֽי
VAAMARTÉM GAM HINÉH ÄBDEJÁ IAÄKÓB AJARÉINU KI-AMÁR AJAPERÁH FANÁV BAMINJÁH HAHOLÉJET LEFANÁI VEAJARÉI-JEN EREÉH FANÁV ULÁI ISÁ FANÁI

32:22 וַתַּעֲבֹ֥ר הַמִּנְחָ֖ה עַל־פָּנָ֑יו וְה֛וּא לָ֥ן בַּלַּֽיְלָה־הַה֖וּא בַּֽמַּחֲנֶֽה
VATAÄBÓR HAMINJÁH ÄL-PANÁV VEHÚ LÁN BALÁILAH-HAHÚ BAMAJANÉH

32:23 וַיָּ֣קָם ׀ בַּלַּ֣יְלָה ה֗וּא וַיִּקַּ֞ח אֶת־שְׁתֵּ֤י נָשָׁיו֙ וְאֶת־שְׁתֵּ֣י שִׁפְחֹתָ֔יו וְאֶת־אַחַ֥ד עָשָׂ֖ר יְלָדָ֑יו וַֽיַּעֲבֹ֔ר אֵ֖ת מַעֲבַ֥ר יַבֹּֽק
VAYÁKAM BALÁILAH HU VAYKÁJ ET-SHETÉI NASHÁV VEÉT-SHETÉI SHIFJOTÁV VEÉT-AJÁD ÄSÁR IELADÁV VÁYAÄBÓR ET MAÄBÁR IABÓK

32:24 וַיִּקָּחֵ֔ם וַיַּעֲבִרֵ֖ם אֶת־הַנָּ֑חַל וַֽיַּעֲבֵ֖ר אֶת־אֲשֶׁר־לֽוֹ
VAYKAJÉM VAYÄÄBIRÉM ET-HANÁJAL VAYAÄBÉR ET-ASHÉR-LO

32:25 וַיִּוָּתֵ֥ר יַעֲקֹ֖ב לְבַדּ֑וֹ וַיֵּאָבֵ֥ק אִישׁ֙ עִמּ֔וֹ עַ֖ד עֲל֥וֹת הַשָּֽׁחַר
VAYVATÉR IAÄKÓB LEBADÓ VAYABÉK ISH ÏMÓ ÄD ÄLÓT HASHÁJAR

32:26 וַיַּ֗רְא כִּ֣י לֹ֤א יָכֹל֙ ל֔וֹ וַיִּגַּ֖ע בְּכַף־יְרֵכ֑וֹ וַתֵּ֙קַע֙ כַּף־יֶ֣רֶךְ יַעֲקֹ֔ב בְּהֵאָֽבְק֖וֹ עִמּֽוֹ
VAYÄR KI LO IAJÓL LO VAYGÄ BEJÁF-IEREJÓ VATÉKA JAF-IÉREJ IAÄKÓB BEHEABEKÓ ÏMÓ

32:27 Y dijo: Déjame, porque raya el alba. Y *Iaäkób* (Jacob) le respondió: No te dejaré, si no me bendices[218].

32:28 Y el varón le dijo: ¿Cuál es tu nombre? Y él respondió: *Iaäkób* (Jacob).

32:29 Y el varón le dijo: No se dirá más tu nombre *Iaäkób* (Jacob), sino Israel; porque has luchado con un ángel y con los hombres, y has vencido[219].

32:30 Entonces *Iaäkób* (Jacob) le preguntó, y dijo: Declárame ahora tu nombre. Y el varón respondió: ¿Por qué me preguntas por mi nombre? Y lo bendijo allí.

32:31 Y llamó *Iaäkób* (Jacob) el nombre de aquel lugar, Peniél; porque dijo: Vi a un angel cara a cara, y fue librada mi alma.

32:32 Y cuando había pasado Penuél, le salió el sol; y cojeaba de su cadera.

32:33 Por esto no comen los hijos de Israel, hasta hoy día, del tendón que se contrajo, el cual está en el encaje del muslo; porque tocó a *Iaäkób* (Jacob) este sitio de su muslo en el tendón que se contrajo[220].

---

herido pero nunca podrá ser aniquilado.

[218] **32:27 No te dejaré, si no me bendices:** Es decir: "reconoce las bendiciones que me entregó mi padre las cuales *Ësáv* no acepta".

[219] **32:29 Con un ángel y con los hombres:** "Los hombres" hacen referencia a *Labán* y *Ësáv*.

No se dirá más tu nombre *Iaäkób*: El nombre Israel viene de la palabra שָׂרוּת (SARÚT=ministro o vencedor). El cambio de nombre viene a indicar que solamente ahora, después de haber vencido al ángel (ver comentario 32:23-32), las bendiciones que su padre *Itzják* le había dado, fueron confirmadas. El ángel no fue quien cambió el nombre de *Iaäkób*, lo único que éste hizo fue revelar que en el futuro sería Dios mismo quien le daría este nombre(ver 35:10).

[220] **32:33 El tendón que se contrajo:** Éste se refiere al nervio ciático. Desde el punto de vista científico los nervios, y en especial éste constituyen el alimento menos digerible de la carne y muchas veces puede producir daños al cuerpo.

235 / BERESHÍT-בְּרֵאשִׁית

32:27 וַיֹּ֣אמֶר שַׁלְּחֵ֔נִי כִּ֥י עָלָ֖ה הַשָּׁ֑חַר וַיֹּ֙אמֶר֙ לֹ֣א אֲשַֽׁלֵּחֲךָ֔ כִּ֖י אִם־בֵּרַכְתָּֽנִי
VAYÓMER SHALEJÉNI KI ÄLÁH HASHÁJAR VAYÓMER LO ASHALEJAJÁ KI IM-BERAJTÁNI

32:28 וַיֹּ֥אמֶר אֵלָ֖יו מַה־שְּׁמֶ֑ךָ וַיֹּ֖אמֶר יַעֲקֹֽב
VAYÓMER ELÁV MAH-SHEMÉJA VAYÓMER IAÄKÓB

32:29 וַיֹּ֗אמֶר לֹ֤א יַעֲקֹב֙ יֵאָמֵ֥ר עוֹד֙ שִׁמְךָ֔ כִּ֖י אִם־יִשְׂרָאֵ֑ל כִּֽי־שָׂרִ֧יתָ עִם־אֱלֹהִ֛ים וְעִם־אֲנָשִׁ֖ים וַתּוּכָֽל
VAYÓMER LO IAÄKÓB IEAMÉR ÖD SHIMJÁ KI IM-ISRAÉL KI-SARÍTA ÏM-ELOHÍM VEÏM-ANASHÍM VATUJÁL

32:30 וַיִּשְׁאַ֣ל יַעֲקֹ֗ב וַיֹּ֙אמֶר֙ הַגִּֽידָה־נָּ֣א שְׁמֶ֔ךָ וַיֹּ֕אמֶר לָ֥מָּה זֶּ֖ה תִּשְׁאַ֣ל לִשְׁמִ֑י וַיְבָ֥רֶךְ אֹת֖וֹ שָֽׁם
VAYSHÁL IAÄKÓB VAYÓMER HAGUÍDAH-NA SHEMÉJA VAYÓMER LÁMAH ZZEH TISHÁL LISHMÍ VAIBÁREJ OTÓ SHAM

32:31 וַיִּקְרָ֧א יַעֲקֹ֛ב שֵׁ֥ם הַמָּק֖וֹם פְּנִיאֵ֑ל כִּֽי־רָאִ֤יתִי אֱלֹהִים֙ פָּנִ֣ים אֶל־פָּנִ֔ים וַתִּנָּצֵ֖ל נַפְשִֽׁי
VAYKRÁ IAÄKÓB SHEM HAMAKÓM PENIÉL KI-RAÍTI ELOHÍM PANÍM EL-PANÍM VATINATZÉL NAFSHÍ

32:32 וַיִּֽזְרַֽח־ל֣וֹ הַשֶּׁ֔מֶשׁ כַּאֲשֶׁ֥ר עָבַ֖ר אֶת־פְּנוּאֵ֑ל וְה֥וּא צֹלֵ֖עַ עַל־יְרֵכֽוֹ
VAIZZRÁJ-LO HASHÉMESH KAASHÉR ÄBÁR ET-PENUÉL VEHÚ TZOLÉÄ ÄL-IERJÓ

32:33 עַל־כֵּ֡ן לֹֽא־יֹאכְל֨וּ בְנֵֽי־יִשְׂרָאֵ֜ל אֶת־גִּ֣יד הַנָּשֶׁ֗ה אֲשֶׁר֙ עַל־כַּ֣ף הַיָּרֵ֔ךְ עַ֖ד הַיּ֣וֹם הַזֶּ֑ה כִּ֤י נָגַע֙ בְּכַף־יֶ֣רֶךְ יַעֲקֹ֔ב בְּגִ֖יד הַנָּשֶֽׁה
ÄL-KEN LO-IOJLÚ BENÉI-ISRAÉL ET-GUÍD HANASHÉH ASHÉR ÄL-JAF HAYARÉJ ÄD HAYÓM HAZZÉH KI NAGÄ BEJÁF-IÉREJ IAÄKÓB BEGUÍD HANASHÉH

CAPÍTULO 33

Reconciliación entre *Iaäkób* (Jacob) y *Ësáv* (Esaú)

33:1 Alzando *Iaäkób* (Jacob) sus ojos, miró, y he aquí venía *Ësáv* (Esaú), y los cuatrocientos hombres con él; entonces repartió él los niños entre *Leáh* y *Rajél* (Raquel) y las dos siervas.
33:2 Y puso las siervas y sus niños delante, luego a *Leáh* y sus niños, y a *Rajél* (Raquel) y a *Ioséf* (José) los últimos[221].
33:3 Y él pasó delante de ellos y se inclinó a tierra siete veces, hasta que llegó a su hermano[222].
33:4 Pero *Ësáv* (Esaú) corrió a su encuentro y le abrazó, y se echó sobre su cuello, y le besó; y lloraron[223].
33:5 Y alzó sus ojos y vio a las mujeres y los niños, y dijo: ¿Quiénes son éstos? Y él respondió: Son los niños que Dios ha dado a tu siervo.
33:6 Luego vinieron las siervas, ellas y sus niños, y se inclinaron.
33:7 Y vino *Leáh* con sus niños, y se inclinaron; y después llegó *Ioséf* (José) y *Rajél* (Raquel), y también se inclinaron.
33:8 Y *Ësáv* (Esaú) dijo: ¿Qué te propones con todos estos grupos que he encontrado? Y *Iaäkób* (Jacob) respondió: El hallar gracia en los ojos de mi señor.
33:9 Y dijo *Ësáv* (Esaú): Tengo mucho, hermano mío; sea para ti lo que es tuyo.

---

[221] **33:2 Los últimos:** Puesto que *Rajél* era la más querida entre sus mujeres, la puso al final junto a su hijo *Ioséf*.

[222] **33:3 Y él pasó delante de ellos:** *Iaäkób* dijo: "si este malvado quiere pelear, que pelee conmigo primero".

[223] **33:4 Le abrazó:** *Ësáv* se compadeció de *Iaäkób* al verlo inclinarse siete veces.

237 / BERESHÍT-בְּרֵאשִׁית

פֶּרֶק לג - PÉREK 33

33:1 וַיִּשָּׂא יַעֲקֹב עֵינָיו וַיַּרְא וְהִנֵּה עֵשָׂו בָּא וְעִמּוֹ אַרְבַּע מֵאוֹת אִישׁ וַיַּחַץ אֶת־הַיְלָדִים עַל־לֵאָה וְעַל־רָחֵל וְעַל שְׁתֵּי הַשְּׁפָחוֹת
VAYSÁ IAÄKÓB ËINÁV VAYÁR VEHINÉH ËSÁV BA VEÏMO ARBÄ MÉOT ISH VAYÁJATZ ET-HAILADÍM ÄL-LEAH VEÄL-RAJÉL VEÄL SHETÉI HASHEFAJÓT

33:2 וַיָּשֶׂם אֶת־הַשְּׁפָחוֹת וְאֶת־יַלְדֵיהֶן רִאשֹׁנָה וְאֶת־לֵאָה וִילָדֶיהָ אַחֲרֹנִים וְאֶת־רָחֵל וְאֶת־יוֹסֵף אַחֲרֹנִים
VAYÁSEM ET-HASHEFAJÓT VEÉT-IALEDEIHÉN RISHONÁH VEÉT-LEÁH VILADÉIHA AJARONÍM VEÉT-RAJÉL VEÉT-IOSÉF AJARONÍM

33:3 וְהוּא עָבַר לִפְנֵיהֶם וַיִּשְׁתַּחוּ אַרְצָה שֶׁבַע פְּעָמִים עַד־גִּשְׁתּוֹ עַד־אָחִיו
VEHÚ ÄBÁR LIFNEIHÉM VAYSHTÁJU ÁRTZAH SHÉBÄ PEÄMÍM ÄD-GUISHTÓ ÄD-AJÍV

33:4 וַיָּרָץ עֵשָׂו לִקְרָאתוֹ וַיְחַבְּקֵהוּ וַיִּפֹּל עַל־צַוָּארָו וַיִּשָּׁקֵהוּ וַיִּבְכּוּ
VAYÁRATZ ËSÁV LIKRATÓ VAIJABEKÉHU VAYPÓL ÄL-TZAVARÁV VAISHAKÉHU VAYBKÚ

33:5 וַיִּשָּׂא אֶת־עֵינָיו וַיַּרְא אֶת־הַנָּשִׁים וְאֶת־הַיְלָדִים וַיֹּאמֶר מִי־אֵלֶּה לָּךְ וַיֹּאמַר הַיְלָדִים אֲשֶׁר־חָנַן אֱלֹהִים אֶת־עַבְדֶּךָ
VAYSÁ ET-ËINÁV VAYÁRET-HANASHÍM VEÉT-HAILADÍM VAYÓMER MI-ÉLEH LAJ VAYOMÁR HAILADÍM ASHÉR-JANÁN ELOHÍM ET-ÄBDEJÁ

33:6 וַתִּגַּשְׁןָ הַשְּׁפָחוֹת הֵנָּה וְיַלְדֵיהֶן וַתִּשְׁתַּחֲוֶיןָ
VATIGÁSHNA HASHEFAJÓT HÉNAH VEIALDEIHÉN VATISHTAJAVÉNA

33:7 וַתִּגַּשׁ גַּם־לֵאָה וִילָדֶיהָ וַיִּשְׁתַּחֲווּ וְאַחַר נִגַּשׁ יוֹסֵף וְרָחֵל וַיִּשְׁתַּחֲווּ
VATIGÁSH GAM-LEÁH VILADÉIHA VAYSHETAJAVÚ VEAJÁR NIGÁSH IOSÉF VERAJÉL VAISHTAJAVÚ

33:8 וַיֹּאמֶר מִי לְךָ כָּל־הַמַּחֲנֶה הַזֶּה אֲשֶׁר פָּגָשְׁתִּי וַיֹּאמֶר לִמְצֹא־חֵן בְּעֵינֵי אֲדֹנִי
VAYÓMER MI LEJÁ KOL-HAMAJANÉH HAZZÉH ASHÉR PAGÁSHETI VAYÓMER LIMTZÓ-JEN BEËINÉI ADONÍ

33:9 וַיֹּאמֶר עֵשָׂו יֶשׁ־לִי רָב אָחִי יְהִי לְךָ אֲשֶׁר־לָךְ
VAYÓMER ËSÁV IÉSH-LI RAB AJÍ IEHÍ LEJÁ ASHÉR-LAJ

33:10 Y dijo *Iaäkób* (Jacob): No, yo te ruego; si he hallado ahora gracia en tus ojos, acepta mi presente, porque he visto tu rostro, como si hubiera visto el rostro de un ángel, pues que con tanto favor me has recibido[224].

33:11 Acepta, te ruego, mi presente que te he traído, porque Dios me ha hecho merced, y tengo de todo. E insistió con él, y éste lo tomó[225].

33:12 Y *Ësáv* (Esaú) dijo: Anda, vamos; y yo iré delante de ti.

33:13 Y *Iaäkób* (Jacob) le dijo: Mi señor sabe que los niños son tiernos, y que tengo ovejas y vacas paridas; y si las fatigan, en un día morirán todas las ovejas.

33:14 Pase ahora mi señor delante de su siervo, y yo me iré poco a poco al paso del ganado que va delante de mí y al paso de los niños, hasta que llegue a mi señor a Seïr.

33:15 Y *Ësáv* (Esaú) dijo: Dejaré ahora contigo de la gente que viene conmigo. Y *Iaäkób* (Jacob) dijo: ¿Para qué me vas a dar esto? Tan sólo me basta hallar gracia en los ojos de mi señor.

33:16 Así volvió *Ësáv* (Esaú) aquel día por su camino a Seïr.

33:17 Y *Iaäkób* (Jacob) fue a Sukót, y edificó allí casa para sí, e hizo cabañas para su ganado; por tanto, llamó el nombre de aquel lugar Sukót[226].

---

[224] **33:10 El rostro de un ángel:** Iäakób aludió a su triunfo sobre el ángel para que *Ësáv* temiese de él.

[225] **33:11 Tengo de todo:** La expresión "tengo de todo" de *Iaäkób* muestra que éste estaba conforme y agradecido de Dios con toda la bendición que tenía.

[226] **33:17 Sukót:** סֻכּוֹת (SUKÓT=cabañas).

בְּרֵאשִׁית

33:10 וַיֹּאמֶר יַעֲקֹב אַל־נָא אִם־נָא מָצָאתִי חֵן בְּעֵינֶיךָ וְלָקַחְתָּ מִנְחָתִי מִיָּדִי כִּי עַל־כֵּן רָאִיתִי פָנֶיךָ כִּרְאֹת פְּנֵי אֱלֹהִים וַתִּרְצֵנִי

VAYÓMER IAÄKÓB AL-NA IM-NA MATZÁTI JEN BEËINÉJA VELAKAJTÁ MINJATÍ MIYADÍ KI ÄL-KEN RAÍTI FANÉJA KIRÓT PENÉI ELOHÍM VATIRTZÉNI

33:11 קַח־נָא אֶת־בִּרְכָתִי אֲשֶׁר הֻבָאת לָךְ כִּי־חַנַּנִי אֱלֹהִים וְכִי יֶשׁ־לִי־כֹל וַיִּפְצַר־בּוֹ וַיִּקָּח

KAJ-NA ET-BIRJATÍ ASHÉR HUBÁT LAJ KI-JANÁNI ELOHÍM VEJÍ IÉSH-LI-JOL VAYFTZÁR-BO VAYKÁJ

33:12 וַיֹּאמֶר נִסְעָה וְנֵלֵכָה וְאֵלְכָה לְנֶגְדֶּךָ

VAYÓMER NISÄH VENELÉJAH VEELJÁH LENEGDÉJA

33:13 וַיֹּאמֶר אֵלָיו אֲדֹנִי יֹדֵעַ כִּי־הַיְלָדִים רַכִּים וְהַצֹּאן וְהַבָּקָר עָלוֹת עָלָי וּדְפָקוּם יוֹם אֶחָד וָמֵתוּ כָּל־הַצֹּאן

VAYÓMER ELÁV ADONÍ IODÉÄ KI-HAILADÍM RAKÍM VEHATZÓN VEHABAKÁR ÄLÓT ÄLÁI UDEFAKÚM IÓM EJÁD VAMÉTU KOL-HATZÓN

33:14 יַעֲבָר־נָא אֲדֹנִי לִפְנֵי עַבְדּוֹ וַאֲנִי אֶתְנָהֲלָה לְאִטִּי לְרֶגֶל הַמְּלָאכָה אֲשֶׁר־לְפָנַי וּלְרֶגֶל הַיְלָדִים עַד אֲשֶׁר־אָבֹא אֶל־אֲדֹנִי שֵׂעִירָה

IAÄBAR-NA ADONÍ LIFNÉI ÄBDÓ VAANÍ ETNAHALÁH LEITÍ LERÉGUEL HAMELAJÁH ASHÉR-LEFANAI ULERÉGUEL HAILADÍM ÄD ASHÉR-ABÓ EL-ADONÍ SEÏRAH

33:15 וַיֹּאמֶר עֵשָׂו אַצִּיגָה־נָּא עִמְּךָ מִן־הָעָם אֲשֶׁר אִתִּי וַיֹּאמֶר לָמָּה זֶּה אֶמְצָא־חֵן בְּעֵינֵי אֲדֹנִי

VAYÓMER ËSÁV ATZÍGAH-NA ÏMEJÁ MIN-HAÄM ASHÉR ITÍ VAYÓMER LÁMAH ZZEH ÉMTZA-JEN BEËINÉI ADONÍ

33:16 וַיָּשָׁב בַּיּוֹם הַהוּא עֵשָׂו לְדַרְכּוֹ שֵׂעִירָה

VAYASHÁB BAYÓM HAHÚ ËSÁV LEDARKÓ SEÏRAH

33:17 וְיַעֲקֹב נָסַע סֻכֹּתָה וַיִּבֶן לוֹ בָּיִת וּלְמִקְנֵהוּ עָשָׂה סֻכֹּת עַל־כֵּן קָרָא שֵׁם־הַמָּקוֹם סֻכּוֹת

VEIAÄKÓB NASÄ SUKÓTAH VAYBEN LO BÁIT ULEMIKNÉHU ÄSÁH SUKÓT ÄL-KEN KARÁ SHEM-HAMAKÓM SUKÓT

33:18 Después *Iaäkób* (Jacob) llegó sano y salvo a la ciudad de Shéjem, que está en la tierra de Kenáän, cuando venía de Padán-Arám; y acampó delante de la ciudad[227].

33:19 Y compró una parte del campo, donde plantó su tienda, de mano de los hijos de *Jamór* padre de *Shéjem*, por cien monedas.

33:20 Y erigió allí un altar, y lo llamó El-Elohéi-Israel.

CAPÍTULO 34

La deshonra de *Dináh* vengada

34:1 Salió *Dináh* la hija de *Leáh*, la cual ésta había dado a luz a *Iaäkób* (Jacob), a ver a las hijas del país.

34:2 Y la vio *Shejém* hijo de *Jamór* jiví, príncipe de aquella tierra, y la tomó, y se acostó con ella, y la violó[228].

34:3 Pero su alma se apegó a *Dináh* la hija de *Leáh*, y se enamoró de la joven, y habló al corazón de ella.

34:4 Y habló *Shejém* a *Jamór* su padre, diciendo: Tómame por mujer a esta joven.

34:5 Pero oyó *Iaäkób* (Jacob) que *Shejém* había amancillado a *Dináh* su hija; y estando sus hijos con su ganado en el campo, calló *Iaäkób* (Jacob) hasta que ellos viniesen.

---

[227] **33:18 12:** Actualmente es la ciudad de Nablus en Israel.

[228] **34:2 La violó:** A pesar de que *Shejém* era príncipe de la tierra y las mujeres querían estar con él, *Dináh* se negó a tener relaciones con el y éste terminó violándola. Es importante destacar que la gente escuchó mientras *Dináh* era abusada, sin embargo, nadie acudió en su ayuda.

241 / BERESHÍT - בְּרֵאשִׁית

33:18 וַיָּבֹא יַעֲקֹב שָׁלֵם עִיר שְׁכֶם אֲשֶׁר בְּאֶרֶץ כְּנַעַן בְּבֹאוֹ מִפַּדַּן אֲרָם וַיִּחַן אֶת־פְּנֵי הָעִיר

VAYABÓ IAÄKÓB SHALÉM ÏR SHEJÉM ASHÉR BEÉRETZ KENAÄN BEBÓO MIPADÁN ARÁM VAYJAN ET-PENÉI HAÏR

33:19 וַיִּקֶן אֶת־חֶלְקַת הַשָּׂדֶה אֲשֶׁר נָטָה־שָׁם אָהֳלוֹ מִיַּד בְּנֵי־חֲמוֹר אֲבִי שְׁכֶם בְּמֵאָה קְשִׂיטָה

VAYKEN ET-JELKÁT HASADÉH ASHÉR NÁTAH-SHAM AHALÓ MIYÁD BENÉI-JAMOR ABÍ SHEJÉM BEMEÁH KESITÁH

33:20 וַיַּצֶּב־שָׁם מִזְבֵּחַ וַיִּקְרָא־לוֹ אֵל אֱלֹהֵי יִשְׂרָאֵל

VAYATZÉB-SHAM MIZZBÉAJ VAYKRA-LO EL ELOHÉI ISRAÉL

PÉREK 34 - פֶּרֶק לד

34:1 וַתֵּצֵא דִינָה בַּת־לֵאָה אֲשֶׁר יָלְדָה לְיַעֲקֹב לִרְאוֹת בִּבְנוֹת הָאָרֶץ

VATETZÉ DINÁH BAT-LEÁH ASHÉR IALEDÁH LEIAÄKÓB LIRÓT BIBNÓT HAÁRETZ

34:2 וַיַּרְא אֹתָהּ שְׁכֶם בֶּן־חֲמוֹר הַחִוִּי נְשִׂיא הָאָרֶץ וַיִּקַּח אֹתָהּ וַיִּשְׁכַּב אֹתָהּ וַיְעַנֶּהָ

VAYÁR OTÁH SHEJÉM BEN-JAMÓR HAJIVÍ NESÍ HAÁRETZ VAYKÁJ OTÁH VAYSHKÁB OTÁH VAIÄNÉHA

34:3 וַתִּדְבַּק נַפְשׁוֹ בְּדִינָה בַּת־יַעֲקֹב וַיֶּאֱהַב אֶת־הַנַּעֲרָ וַיְדַבֵּר עַל־לֵב הַנַּעֲרָ

VATIDBÁK NAFSHÓ BEDINÁH BAT-IAÄKÓB VAYEEHÁB ET-HÁNAÄRÁ VAIDABÉR ÄL-LÉB HANAÄRÁ

34:4 וַיֹּאמֶר שְׁכֶם אֶל־חֲמוֹר אָבִיו לֵאמֹר קַח־לִי אֶת־הַיַּלְדָּה הַזֹּאת לְאִשָּׁה

VAYÓMER SHEJÉM EL-JAMÓR ABÍV LEMÓR KAJ-LI ET-HAYALDÁH HAZZÓT LEISHÁH

34:5 וְיַעֲקֹב שָׁמַע כִּי טִמֵּא אֶת־דִּינָה בִּתּוֹ וּבָנָיו הָיוּ אֶת־מִקְנֵהוּ בַּשָּׂדֶה וְהֶחֱרִשׁ יַעֲקֹב עַד־בֹּאָם

VEIAÄKÓB SHAMÄ KI TIMÉ ET-DINÁH BITÓ UBANÁV HAÍU ET-MIKNÉHU BASADÉH VEHEJERÍSH IAÄKÓB ÄD-BOÁM

34:6 Y se dirigió *Jamór* padre de *Shejém* a *Iaäkób* (Jacob), para hablar con él.

34:7 Y los hijos de *Iaäkób* (Jacob) vinieron del campo cuando lo supieron; y se entristecieron los varones, y se enojaron mucho, porque hizo vileza en Israel acostándose con la hija de *Iaäkób* (Jacob), lo que no se debía haber hecho.

34:8 Y *Jamór* habló con ellos, diciendo: El alma de mi hijo *Shejém* se ha apegado a vuestra hija; os ruego que se la deis por mujer.

34:9 Y emparentad con nosotros; dadnos vuestras hijas, y tomad vosotros las nuestras.

34:10 Y habitad con nosotros, porque la tierra estará delante de vosotros; morad y negociad en ella, y tomad en ella posesión.

34:11 *Shejém* también dijo al padre de *Dináh* y a los hermanos de ella: Halle yo gracia en vuestros ojos, y daré lo que me dijereis.

34:12 Aumentad a cargo mío mucha dote y dones, y yo daré cuanto me dijereis; y dadme la joven por mujer.

34:13 Pero respondieron los hijos de *Iaäkób* (Jacob) a *Shejém* y a *Jamór* su padre con palabras astutas, por cuanto había amancillado a *Dináh* su hermana.

34:14 Y les dijeron: No podemos hacer esto de dar nuestra hermana a hombre incircunciso, porque entre nosotros es abominación.

243 / BERESHÍT - בְּרֵאשִׁית

34:6 וַיֵּצֵ֛א חֲמ֥וֹר אֲבִֽי־שְׁכֶ֖ם אֶֽל־יַעֲקֹ֑ב לְדַבֵּ֖ר אִתּֽוֹ
VAYETZÉ JAMÓR ABÍ-SHEJÉM EL-IAÄKÓB LEDABÉR ITÓ

34:7 וּבְנֵ֣י יַעֲקֹ֗ב בָּ֤אוּ מִן־הַשָּׂדֶה֙ כְּשָׁמְעָ֔ם וַיִּֽתְעַצְּבוּ֙ הָֽאֲנָשִׁ֔ים וַיִּ֥חַר לָהֶ֖ם מְאֹ֑ד כִּֽי־נְבָלָ֞ה עָשָׂ֣ה בְיִשְׂרָאֵ֗ל לִשְׁכַּב֙ אֶת־בַּֽת־יַעֲקֹ֔ב וְכֵ֖ן לֹ֥א יֵעָשֶֽׂה
UBENÉI IAÄKÓB BÁU MIN-HASADÉH KESHAMEÄM VAITÄTZEBÚ HAANASHÍM VAYJAR LAHÉM MEÓD KI-NEBALÁH ÄSÁH BEISRAÉL LISHKÁB ET-BAT-IAÄKÓB VEJÉN LO IEÄSEH

34:8 וַיְדַבֵּ֥ר חֲמ֖וֹר אִתָּ֣ם לֵאמֹ֑ר שְׁכֶ֣ם בְּנִ֗י חָֽשְׁקָ֤ה נַפְשׁוֹ֙ בְּבִתְּכֶ֔ם תְּנ֨וּ נָ֥א אֹתָ֛הּ ל֖וֹ לְאִשָּֽׁה
VAIDABÉR JAMÓR ITÁM LEMÓR SHEJÉM BENI JASHEKÁH NAFSHÓ BEBITEJÉM TENÚ NA OTÁH LO LEISHÁH

34:9 וְהִֽתְחַתְּנ֖וּ אֹתָ֑נוּ בְּנֹֽתֵיכֶם֙ תִּתְּנוּ־לָ֔נוּ וְאֶת־בְּנֹתֵ֖ינוּ תִּקְח֥וּ לָכֶֽם
VEHITJATENÚ OTÁNU BENÓTEIJEM TITENÚ-LÁNU VEÉT-BENOTÉINU TIKJÚ LAJÉM

34:10 וְאִתָּ֖נוּ תֵּשֵׁ֑בוּ וְהָאָ֙רֶץ֙ תִּהְיֶ֣ה לִפְנֵיכֶ֔ם שְׁבוּ֙ וּסְחָר֔וּהָ וְהֵאָֽחֲז֖וּ בָּֽהּ
VEITÁNU TESHÉBU VEHAÁRETZ TIHEIÉH LIFNEIJÉM SHEBÚ USEJARÚHA VEHEAJAZZÚ BAH

34:11 וַיֹּ֤אמֶר שְׁכֶם֙ אֶל־אָבִ֣יהָ וְאֶל־אַחֶ֔יהָ אֶמְצָא־חֵ֖ן בְּעֵינֵיכֶ֑ם וַאֲשֶׁ֥ר תֹּאמְר֖וּ אֵלַ֥י אֶתֵּֽן
VAYÓMER SHÉJEM EL-ABÍHA VEÉL-AJÉIHA EMTZÁ-JEN BEËINEIJÉM VAASHÉR TOMERÚ ELÁI ETÉN

34:12 הַרְבּ֨וּ עָלַ֤י מְאֹד֙ מֹ֣הַר וּמַתָּ֔ן וְאֶ֨תְּנָ֔ה כַּאֲשֶׁ֥ר תֹּאמְר֖וּ אֵלָ֑י וּתְנוּ־לִ֥י אֶת־הַֽנַּעֲרָ֖ לְאִשָּֽׁה
HARBÚ ÄLÁI MEÓD MÓHAR UMATÁN VEETENÁH KAASHÉR TOMRÚ ELÁI UTÉNU-LI ET-HANAÄRÁ LEISHÁH

34:13 וַיַּעֲנ֨וּ בְנֵֽי־יַעֲקֹ֜ב אֶת־שְׁכֶ֨ם וְאֶת־חֲמ֥וֹר אָבִ֛יו בְּמִרְמָ֖ה וַיְדַבֵּ֑רוּ אֲשֶׁ֣ר טִמֵּ֔א אֵ֖ת דִּינָ֥ה אֲחֹתָֽם
VAYAÄNÚ BENÉI-IAÄKÓB ET-SHEJÉM VEÉT-JAMÓR ABÍV BEMIRMÁH VAIDABÉRU ASHÉR TIMÉ ET DINÁH AJOTÁM

34:14 וַיֹּאמְר֣וּ אֲלֵיהֶ֗ם לֹ֤א נוּכַל֙ לַעֲשׂוֹת֙ הַדָּבָ֣ר הַזֶּ֔ה לָתֵת֙ אֶת־אֲחֹתֵ֔נוּ לְאִ֖ישׁ אֲשֶׁר־ל֣וֹ עָרְלָ֑ה כִּֽי־חֶרְפָּ֥ה הִ֖וא לָֽנוּ
VAYOMRÚ ALEIHÉM LO NUJÁL LAÄSOT HADABÁR HAZZÉH LATÉT ET-AJOTÉNU LEÍSH ASHÉR-LO ÄRELÁH KI-JEREPÁH HI LÁNU

34:15 Mas con esta condición os complaceremos: si habéis de ser como nosotros, que se circuncide entre vosotros todo varón.

34:16 Entonces os daremos nuestras hijas, y tomaremos nosotros las vuestras; y habitaremos con vosotros, y seremos un pueblo.

34:17 Mas si no nos prestareis oído para circuncidaros, tomaremos nuestra hija y nos iremos.

34:18 Y parecieron bien sus palabras a *Jamór*, y a *Shejém* hijo de *Jamór*.

34:19 Y no tardó el joven en hacer aquello, porque la hija de *Iaäkób* (Jacob) le había agradado; y él era el más distinguido de toda la casa de su padre.

34:20 Entonces *Jamór* y *Shejém* su hijo vinieron a la puerta de su ciudad, y hablaron a los varones de su ciudad, diciendo:

34:21 Estos varones son pacíficos con nosotros, y habitarán en el país, y traficarán en él; pues he aquí la tierra es bastante ancha para ellos; nosotros tomaremos sus hijas por mujeres, y les daremos las nuestras.

34:22 Mas con esta condición consentirán estos hombres en habitar con nosotros, para que seamos un pueblo: que se circuncide todo varón entre nosotros, así como ellos son circuncidados.

34:23 Su ganado, sus bienes y todas sus bestias serán nuestros; solamente convengamos con ellos, y habitarán con nosotros.

34:15 אַךְ־בְּזֹאת נֵאוֹת לָכֶם אִם תִּהְיוּ כָמֹנוּ לְהִמֹּל לָכֶם כָּל־זָכָר

AJ-BEZZÓT NÉOT LAJÉM IM TIHEIÚ JAMÓNU LEHIMÓL LAJÉM KOL-ZZAJÁR

34:16 וְנָתַנּוּ אֶת־בְּנֹתֵינוּ לָכֶם וְאֶת־בְּנֹתֵיכֶם נִקַּח־לָנוּ וְיָשַׁבְנוּ אִתְּכֶם וְהָיִינוּ לְעַם אֶחָד

VENATÁNU ET-BENOTÉINU LAJÉM VEÉT-BENOTEIJÉM NIKÁJ-LÁNU VEIASHÁBNU ITEJÉM VEHAÍINU LEÁM EJÁD

34:17 וְאִם־לֹא תִשְׁמְעוּ אֵלֵינוּ לְהִמּוֹל וְלָקַחְנוּ אֶת־בִּתֵּנוּ וְהָלָכְנוּ

VEÍM-LO TISHMEÜ ELÉINU LEHIMÓL VELAKÁJNU ET-BITÉNU VEHALÁJENU

34:18 וַיִּיטְבוּ דִבְרֵיהֶם בְּעֵינֵי חֲמוֹר וּבְעֵינֵי שְׁכֶם בֶּן־חֲמוֹר

VAYTBÚ DIBREIHÉM BEËINÉI JAMÓR UBEËINÉI SHEJÉM BEN-JAMÓR

34:19 וְלֹא־אֵחַר הַנַּעַר לַעֲשׂוֹת הַדָּבָר כִּי חָפֵץ בְּבַת־יַעֲקֹב וְהוּא נִכְבָּד מִכֹּל בֵּית אָבִיו

VELÓ-EJÁR HANAÄR LAÄSÓT HADABÁR KI JAFÉTZ BEBÁT-IAÄKÓB VEHÚ NIJBÁD MIKÓL BÉIT ABÍV

34:20 וַיָּבֹא חֲמוֹר וּשְׁכֶם בְּנוֹ אֶל־שַׁעַר עִירָם וַיְדַבְּרוּ אֶל־אַנְשֵׁי עִירָם לֵאמֹר

VAYABÓ JAMÓR USHEJÉM BENÓ EL-SHÁAR ÏRÁM VAIDABERÚ EL-ANSHÉI ÏRÁM LEMÓR

34:21 הָאֲנָשִׁים הָאֵלֶּה שְׁלֵמִים הֵם אִתָּנוּ וְיֵשְׁבוּ בָאָרֶץ וְיִסְחֲרוּ אֹתָהּ וְהָאָרֶץ הִנֵּה רַחֲבַת־יָדַיִם לִפְנֵיהֶם אֶת־בְּנֹתָם נִקַּח־לָנוּ לְנָשִׁים וְאֶת־בְּנֹתֵינוּ נִתֵּן לָהֶם

HAANASHÍIM HAÉLEH SHELEMÍM HEM ITÁNU VEIESHEBÚ BAÁRETZ VEISJARÚ OTÁH VEHAÁRETZ HINÉH RÁJABAT-IADÁIM LIFNEIHÉM ET-BENOTÁM NIKÁJ-LÁNU LENASHÍM VEÉT-BENOTÉINU NITÉN LAHÉM

34:22 אַךְ־בְּזֹאת יֵאֹתוּ לָנוּ הָאֲנָשִׁים לָשֶׁבֶת אִתָּנוּ לִהְיוֹת לְעַם אֶחָד בְּהִמּוֹל לָנוּ כָּל־זָכָר כַּאֲשֶׁר הֵם נִמֹּלִים

AJ-BEZZÓT IEÓTU LÁNU HAANASHÍM LASHÉBET ITÁNU LIHIÓT LEÁM EJÁD BEHIMÓL LÁNU KOL-ZZAJÁR KAASHÉR HEM NIMOLÍM

34:23 מִקְנֵהֶם וְקִנְיָנָם וְכָל־בְּהֶמְתָּם הֲלוֹא לָנוּ הֵם אַךְ נֵאוֹתָה לָהֶם וְיֵשְׁבוּ אִתָּנוּ

MIKNEHÉM VEKINIANÁM VEJÓL-BEHEMTÁM HALÓ LÁNU HEM AJ NÉOTAH LAHÉM VEIESHBÚ ITÁNU

34:24 Y obedecieron a *Jamór* y a *Shejém* su hijo todos los que salían por la puerta de la ciudad, y circuncidaron a todo varón, a cuantos salían por la puerta de su ciudad.

34:25 Pero sucedió que al tercer día, cuando sentían ellos el mayor dolor, dos de los hijos de *Iaäkób* (Jacob), *Shimön* y *Leví*, hermanos de *Dináh*, tomaron cada uno su espada, y vinieron contra la ciudad, que estaba desprevenida, y mataron a todo varón[229].

34:26 Y a *Jamór* y a *Shejém* su hijo los mataron a filo de espada; y tomaron a *Dináh* de casa de *Shejém*, y se fueron.

34:27 Y los hijos de *Iaäkób* (Jacob) vinieron a los muertos, y saquearon la ciudad, por cuanto habían amancillado a su hermana[230].

34:28 Tomaron sus ovejas y vacas y sus asnos, y lo que había en la ciudad y en el campo,

34:29 y todos sus bienes; llevaron cautivos a todos sus niños y sus mujeres, y sacaron todo lo que había en casa.

34:30 Entonces dijo *Iaäkób* (Jacob) a *Shimön* y a *Leví*: Me habéis turbado con hacerme abominable a los moradores de esta tierra, el kenaäní y el perizzí; y teniendo yo pocos hombres, se juntarán contra mí y me atacarán, y seré destruido yo y mi casa[231].

---

[229] **34:25 Al tercer día:** El tercer día de la circuncisión es el más doloroso, por lo cual los habitantes de *Shejém* estaban débiles.

Mataron a todo varón: Toda la ciudad era culpable del crimen perpetrado por *Shejém*, pues además de no acudir en ayuda de *Dináh* cuando esta estaba siendo ultrajada por él, no lo juzgaron posteriormente (las leyes para los descendientes de *Nóaj* exigen establecer tribunales de justicia para juzgar las otras seis leyes. Ver anexo "Las siete leyes de los descendientes de *Nóaj*").

[230] **34:27 Saquearon la ciudad:** La gente de *Shejém* era responsable por la humillación perpetrada y en consecuencia debían pagar una indemnización.

[231] **34:30 Hacerme abominable:** Las naciones kenaäniót entendían que el ajusticiamiento era correcto. Sin embargo, el hecho de que los hermanos hayan quebrantado su palabra (ver 34:15-16) era para *Iaäkób* realmente

247 / BERESHÍT- בְּרֵאשִׁית

34:24 וַיִּשְׁמְע֧וּ אֶל־חֲמ֛וֹר וְאֶל־שְׁכֶ֥ם בְּנ֖וֹ כָּל־יֹצְאֵ֣י שַׁ֣עַר עִיר֑וֹ וַיִּמֹּ֙לוּ֙ כָּל־זָכָ֔ר כָּל־יֹצְאֵ֖י שַׁ֥עַר עִירֽוֹ

VAYSHMEÜ EL-JAMÓR VEÉL-SHEJÉM BENÓ KOL-IOTZÉI SHÁAR ÏRÓ VAYMÓLU KOL-ZZAJÁR KOL-IOTZÉI SHÁAR ÏRÓ

34:25 וַיְהִי֩ בַיּ֨וֹם הַשְּׁלִישִׁ֜י בִּֽהְיוֹתָ֣ם כֹּֽאֲבִ֗ים וַיִּקְח֣וּ שְׁנֵֽי־בְנֵי־יַ֠עֲקֹב שִׁמְע֨וֹן וְלֵוִ֜י אֲחֵ֤י דִינָה֙ אִ֣ישׁ חַרְבּ֔וֹ וַיָּבֹ֥אוּ עַל־הָעִ֖יר בֶּ֑טַח וַיַּֽהַרְג֖וּ כָּל־זָכָֽר

VAIHÍ BAYÓM HASHELISHÍ BIHIOTÁM KOABÍM VAYKEJÚ SHENÉI-BENÉI-IAÄKÓB SHIMÖN VELEVÍ AJÉI DINÁH ISH JAREBÓ VAYABÓU ÄL-HAÏR BÉTAJ VAYAHARGÚ KOL-ZZAJÁR

34:26 וְאֶת־חֲמוֹר֙ וְאֶת־שְׁכֶ֣ם בְּנ֔וֹ הָרְג֖וּ לְפִי־חָ֑רֶב וַיִּקְח֧וּ אֶת־דִּינָ֛ה מִבֵּ֥ית שְׁכֶ֖ם וַיֵּצֵֽאוּ

VEÉT-JAMÓR VEÉT-SHEJÉM BENÓ HAREGÚ LEFÍ-JÁREB VAYKJÚ ET-DINÁH MIBÉIT SHEJÉM VAYETZÉU

34:27 בְּנֵ֣י יַעֲקֹ֗ב בָּ֚אוּ עַל־הַ֣חֲלָלִ֔ים וַיָּבֹ֖זּוּ הָעִ֑יר אֲשֶׁ֥ר טִמְּא֖וּ אֲחוֹתָֽם

BENÉI IAÄBÓB BÁU ÄL-HAJALALÍM VAYABOZZÚ HAÏR ASHÉR TIMÉU AJOTÁM

34:28 אֶת־צֹאנָ֥ם וְאֶת־בְּקָרָ֖ם וְאֶת־חֲמֹרֵיהֶ֑ם וְאֵ֧ת אֲשֶׁר־בָּעִ֛יר וְאֶת־אֲשֶׁ֥ר בַּשָּׂדֶ֖ה לָקָֽחוּ

ET-TZONÁM VEÉT-BEKARÁM VEÉT-JAMOREIHÉM VEÉT ASHÉR-BAÏR VEÉT-ASHÉR BASADÉH LAKÁJU

34:29 וְאֶת־כָּל־חֵילָ֤ם וְאֶת־כָּל־טַפָּם֙ וְאֶת־נְשֵׁיהֶ֔ם שָׁב֖וּ וַיָּבֹ֑זּוּ וְאֵ֖ת כָּל־אֲשֶׁ֥ר בַּבָּֽיִת

VEÉT-KOL-JEILÁM VEÉT-KOL-TAPÁM VEÉT-NESHEIHÉM SHABÚ VAYABOZZÚ VEÉT KOL-ASHÉR BABÁIT

34:30 וַיֹּ֨אמֶר יַעֲקֹ֜ב אֶל־שִׁמְע֣וֹן וְאֶל־לֵוִי֮ עֲכַרְתֶּ֣ם אֹתִי֒ לְהַבְאִישֵׁ֙נִי֙ בְּיֹשֵׁ֣ב הָאָ֔רֶץ בַּֽכְּנַעֲנִ֖י וּבַפְּרִזִּ֑י וַאֲנִי֙ מְתֵ֣י מִסְפָּ֔ר וְנֶאֶסְפ֤וּ עָלַי֙ וְהִכּ֔וּנִי וְנִשְׁמַדְתִּ֖י אֲנִ֥י וּבֵיתִֽי

VAYÓMER IAÄKÓB EL-SHIMÖN VEEL-LEVÍ ÄJARTÉM OTÍ LEHABISHÉNI BEISHÉB HAÁRETZ BAKENAÄNÍ UBAPERIZZÍ VAANÍ METÉI MISPÁR VENEESFÚ ÄLAI VEHIKÚNI VENISHMADTÍ ANÍ UBEITÍ

34:31 Pero ellos respondieron: ¿Había él de tratar a nuestra hermana como a una ramera?

CAPÍTULO 35

Dios bendice a *Iaäkób* (Jacob) en Bet-El

35:1 Dijo Dios a *Iaäkób* (Jacob): Levántate y sube a Bet-El, y quédate allí; y haz allí un altar al Dios que te apareció cuando huías de tu hermano *Ësáv* (Esaú).

35:2 Entonces *Iaäkób* (Jacob) dijo a su familia y a todos los que con él estaban: Quitad los dioses ajenos que hay entre vosotros, y limpiaos, y mudad vuestros vestidos[232].

35:3 Y levantémonos, y subamos a Bet-El; y haré allí altar al Dios que me respondió en el día de mi angustia, y ha estado conmigo en el camino que he andado.

35:4 Así dieron a *Iaäkób* (Jacob) todos los dioses ajenos que había en poder de ellos, y los aretes que estaban en sus orejas; y *Iaäkób* (Jacob) los escondió debajo de una encina que estaba junto a Shejém.

35:5 Y salieron, y el terror de Dios estuvo sobre las ciudades que había en sus alrededores, y no persiguieron a los hijos de *Iaäkób* (Jacob)[233].

35:6 Y llegó *Iaäkób* (Jacob) a Luzz, que está en tierra de Kenáän (esta es Bet-El), él y todo el pueblo que con él estaba.

---

una afrenta a su buen nombre como pilar de la verdad y la honestidad.

[232] **35:3 Dioses ajenos:** Se refiere a los ídolos que estaban entre los despojos de *Shejém*.

[233] **35:5 No persiguieron:** El observador casual podría pensar que los kenaäním no atacaron a los hijos de *Iaäkób* porque estos tenían un gran ejército o bien porque no querrían vengarse de ellos, por lo que habían hecho en Shejém. Ninguna de las dos es correcta. Lo que realmente sucedió es que Dios hizo que la gente sintiese terror hacia Él cuando vieran pasar a los hijos de *Iaäkób*.

249 / BERESHÍT-בְּרֵאשִׁית

34:31 וַיֹּאמְר֑וּ הַכְזוֹנָ֕ה יַעֲשֶׂ֖ה אֶת־אֲחוֹתֵֽנוּ

VAYOMRÚ HAJZZONÁH YAÄSÉH ET-AJOTÉNU

פֶּ֫רֶק לה - PÉREK 35

35:1 וַיֹּ֤אמֶר אֱלֹהִים֙ אֶֽל־יַעֲקֹ֔ב ק֛וּם עֲלֵ֥ה בֵֽית־אֵ֖ל וְשֶׁב־שָׁ֑ם וַעֲשֵׂה־שָׁ֣ם מִזְבֵּ֔חַ לָאֵל֙ הַנִּרְאֶ֣ה אֵלֶ֔יךָ בְּבָרְחֲךָ֔ מִפְּנֵ֖י עֵשָׂ֥ו אָחִֽיךָ

VAYÓMER ELOHÍM EL-IAÄKÓB KUM ÄLÉH BEÍT-EL VESHÉB-SHAM VAÄSEH-SHAM MIZZBÉAJ LAÉL HANIREËH ELÉIJA BEBAREJAJÁ MIPENÉI ËSÁV AJÍJA

35:2 וַיֹּ֤אמֶר יַעֲקֹב֙ אֶל־בֵּית֔וֹ וְאֶ֖ל כׇּל־אֲשֶׁ֣ר עִמּ֑וֹ הָסִ֜רוּ אֶת־אֱלֹהֵ֤י הַנֵּכָר֙ אֲשֶׁ֣ר בְּתֹכְכֶ֔ם וְהִֽטַּהֲר֔וּ וְהַחֲלִ֖יפוּ שִׂמְלֹתֵיכֶֽם

VAYÓMER IAÄKÓB EL-BEITÓ VEÉL KOL-ASHÉR ÏMÓ HASÍRU ET-ELOHÉI HANEJÁR ASHÉR BETOJJÉM VEHITAHARÚ VEHAJALÍFU SIMLOTEIJÉM

35:3 וְנָק֛וּמָה וְנַעֲלֶ֥ה בֵּֽית־אֵ֑ל וְאֶֽעֱשֶׂה־שָּׁ֣ם מִזְבֵּ֗חַ לָאֵ֞ל הָעֹנֶ֤ה אֹתִי֙ בְּי֣וֹם צָֽרָתִ֔י וַיְהִי֙ עִמָּדִ֔י בַּדֶּ֖רֶךְ אֲשֶׁ֥ר הָלָֽכְתִּי

VENAKÚMAH VENAÄLÉH BÉIT-EL VEEËSEH-SHAM MIZZBÉAJ LAÉL HAÖNÉH OTÍ BEIÓM TZARATÍ VAIHÍ ÏMADÍ BADÉREJ ASHÉR HALÁJTI

35:4 וַיִּתְּנ֣וּ אֶֽל־יַעֲקֹ֗ב אֵ֣ת כׇּל־אֱלֹהֵ֤י הַנֵּכָר֙ אֲשֶׁ֣ר בְּיָדָ֔ם וְאֶת־הַנְּזָמִ֖ים אֲשֶׁ֣ר בְּאׇזְנֵיהֶ֑ם וַיִּטְמֹ֤ן אֹתָם֙ יַעֲקֹ֔ב תַּ֥חַת הָאֵלָ֖ה אֲשֶׁ֥ר עִם־שְׁכֶֽם

VAITENÚ EL-IAÄKÓB ET KOL-ELOHÉI HANEJÁR ASHÉR BEIADÁM VEÉT-HANEZZAMÍM ASHÉR BEAZZNEIHÉM VAYTMÓN OTÁM IAÄKÓB TÁJAT HAELÁH ASHÉR ÏM-SHEJÉM

35:5 וַיִּסָּ֑עוּ וַיְהִ֣י ׀ חִתַּ֣ת אֱלֹהִ֗ים עַל־הֶֽעָרִים֙ אֲשֶׁר֙ סְבִיבֹ֣תֵיהֶ֔ם וְלֹ֣א רָֽדְפ֔וּ אַחֲרֵ֖י בְּנֵ֥י יַעֲקֹֽב

VAYSÁÜ VAIHÍ JITÁT ELOHÍM ÄL-HEÄRIM ASHÉR SEBIBOTEIHÉM VELÓ RADÉFU AJARÉI BENÉI IAÄKÓB

35:6 וַיָּבֹ֨א יַעֲקֹ֜ב ל֗וּזָה אֲשֶׁר֙ בְּאֶ֣רֶץ כְּנַ֔עַן הִ֖וא בֵּֽית־אֵ֑ל ה֖וּא וְכׇל־הָעָ֥ם אֲשֶׁר־עִמּֽוֹ

VAYABÓ IAÄKÓB LUZZÁH ASHÉR BEÉRETZ KENÁÄN HI BÉIT-EL HU VEJÓL-HAÄM ASHÉR-ÏMÓ

250 / BERESHÍT-בְּרֵאשִׁית

35:7 Y edificó allí un altar, y llamó al lugar El-Bet-El, porque allí le había aparecido Dios, cuando huía de su hermano [234].

35:8 Entonces murió *Deboráh*, nodriza de *Ribkáh* (Rebeca), y fue sepultada al pie de Bet-El, debajo de una encina, la cual fue llamada Alón-Bajút.

35:9 Apareció otra vez Dios a *Iaäkób* (Jacob), cuando había vuelto de Padán-Arám, y le bendijo.

35:10 Y le dijo Dios: Tu nombre es *Iaäkób* (Jacob); no se llamará más tu nombre *Iaäkób* (Jacob), sino Israel será tu nombre; y llamó su nombre Israel [235].

35:11 También le dijo Dios: Yo soy el Dios omnipotente: crece y multiplícate; una nación y congregación de naciones procederán de ti, y reyes saldrán de tu simiente [236].

35:12 La tierra que he dado a *Abrahám* y a *Itzják* (Isaac), la daré a ti, y a tu descendencia después de ti daré la tierra.

35:13 Y se fue de él Dios, del lugar en donde había hablado con él.

35:14 Y *Iaäkób* (Jacob) erigió una señal en el lugar donde había hablado con él, un monumento de piedra, y derramó sobre ella libación, y echó sobre ella aceite.

35:15 Y llamó *Iaäkób* (Jacob) el nombre de aquel lugar donde Dios había hablado con él, Bet-El [237].

---

[234] **35:7 El-Bet-El:** Es decir El (Dios) reveló su presencia en la ciudad de Bet-El.

[235] **35:10 Tu nombre es *Iaäkób*:** Es decir, el nombre *Iaäkób* será utilizado en asuntos físicos y mundanos mientras que el nombre Israel será utilizado para asuntos que reflejan el rol espiritual de los patriarcas y sus descendientes.

ישראל (ISRAEL) también puede ser leído como una acrónimo de los nombres de los patriarcas y matriarcas: י (*Iúd, Itzják-Iaäkób*); ש (*Sin, Saráh*) ; ר (*Reish, Rajél* y *Ribkáh*); א (*Alef, Abrahám*); ל (*Lámed,* Leáh). Ver anexo Alfabeto Hebreo.

[236] **35:11 Nación y congregación de naciones:** Nación se refiere a *Biniamín* y congregación alude a *Menashé* y *Efráim*.

Reyes: Es decir, hombres aptos para reinar.

[237] **35:15 Bet-El:** Volvió a llamarlo nuevamente así para enfatizar el hecho de que este lugar es realmente la casa de Dios (Bet-El) y la presencia divina se encuentra allí constantemente.

251 / BERESHÍT - בְּרֵאשִׁית

35:7 וַיִּ֤בֶן שָׁם֙ מִזְבֵּ֔חַ וַיִּקְרָא֙ לַמָּק֔וֹם אֵ֖ל בֵּֽית־אֵ֑ל כִּ֣י שָׁ֗ם נִגְל֤וּ אֵלָיו֙ הָֽאֱלֹהִ֔ים בְּבָרְח֖וֹ מִפְּנֵ֥י אָחִֽיו

VAYBÉN SHAM MIZZBÉAJ VAYKRÁ LAMAKÓM EL BÉIT-EL KI SHAM NIGLÚ ELÁV HAELOHÍM BEBAREJÓ MIPENÉI AJÍV

35:8 וַתָּ֤מָת דְּבֹרָה֙ מֵינֶ֣קֶת רִבְקָ֔ה וַתִּקָּבֵ֛ר מִתַּ֥חַת לְבֵֽית־אֵ֖ל תַּ֣חַת הָֽאַלּ֑וֹן וַיִּקְרָ֥א שְׁמ֖וֹ אַלּ֥וֹן בָּכֽוּת

VATÁMAT DEBORÁH MEINÉKET RIBKÁH VATIKABÉR MITÁJAT LEBÉIT-EL TÁJAT HAALÓN VAYKRÁ SHEMÓ ALÓN BAJÚT

35:9 וַיֵּרָ֨א אֱלֹהִ֤ים אֶֽל־יַעֲקֹב֙ ע֔וֹד בְּבֹא֖וֹ מִפַּדַּ֣ן אֲרָ֑ם וַיְבָ֖רֶךְ אֹתֽוֹ

VAYERÁ ELOHÍM EL-IAÄKÓB ÖD BEBÓO MIPADÁN ARÁM VAIBÁREJ OTÓ

35:10 וַיֹּֽאמֶר־ל֥וֹ אֱלֹהִ֖ים שִׁמְךָ֣ יַעֲקֹ֑ב לֹֽא־יִקָּרֵא֩ שִׁמְךָ֨ ע֜וֹד יַעֲקֹ֗ב כִּ֤י אִם־יִשְׂרָאֵל֙ יִהְיֶ֣ה שְׁמֶ֔ךָ וַיִּקְרָ֥א אֶת־שְׁמ֖וֹ יִשְׂרָאֵֽל

VAYÓMER-LO ELOHÍM SHIMJÁ IAÄKÓB LO-IKARÉ SHIMJÁ ÖD IAÄKÓB KI IM-ISRAÉL IHIÉH SHEMÉJA VAYKRÁ ET-SHEMÓ ISRAÉL

35:11 וַיֹּאמֶר֩ ל֨וֹ אֱלֹהִ֜ים אֲנִ֨י אֵ֤ל שַׁדַּי֙ פְּרֵ֣ה וּרְבֵ֔ה גּ֛וֹי וּקְהַ֥ל גּוֹיִ֖ם יִהְיֶ֣ה מִמֶּ֑ךָּ וּמְלָכִ֖ים מֵחֲלָצֶ֥יךָ יֵצֵֽאוּ

VAYÓMER LO ELOHÍM ANÍI EL SHADÁI PERÉH UREBÉH GÓI UKEHÁL GOÍM IHIÉH MIMÉJA UMELAJÍM MEJALATZÉIJA IETZÉU

35:12 וְאֶת־הָאָ֗רֶץ אֲשֶׁ֥ר נָתַ֛תִּי לְאַבְרָהָ֥ם וּלְיִצְחָ֖ק לְךָ֣ אֶתְּנֶ֑נָּה וּֽלְזַרְעֲךָ֥ אַחֲרֶ֖יךָ אֶתֵּ֥ן אֶת־הָאָֽרֶץ

VEÉT-HAÁRETZ ASHÉR NATÁTI LEABRAHÁM ULEITZJÁK LEJÁ ETENÉNAH ULEZZARÄJÁ AJARÉIJA ETÉN ET-HAÁRETZ

35:13 וַיַּ֥עַל מֵעָלָ֖יו אֱלֹהִ֑ים בַּמָּק֖וֹם אֲשֶׁר־דִּבֶּ֥ר אִתּֽוֹ

VAYÄÄL MEÄLÁV ELOHÍM BAMAKÓM ASHÉR-DIBÉR ITÓ

35:14 וַיַּצֵּ֨ב יַעֲקֹ֜ב מַצֵּבָ֗ה בַּמָּק֛וֹם אֲשֶׁר־דִּבֶּ֥ר אִתּ֖וֹ מַצֶּ֣בֶת אָ֑בֶן וַיַּסֵּ֤ךְ עָלֶ֙יהָ֙ נֶ֔סֶךְ וַיִּצֹ֥ק עָלֶ֖יהָ שָֽׁמֶן

VAYATZÉB IAÄKÓB MATZEBÁH BAMAKÓM ASHÉR-DIBÉR ITÓ MATZÉBET ÁBEN VAYASÉJ ÄLÉIHA NÉSEJ VAYTZÓK ÄLÉIHA SHÁMEN

35:15 וַיִּקְרָ֨א יַעֲקֹ֜ב אֶת־שֵׁ֣ם הַמָּק֗וֹם אֲשֶׁר֩ דִּבֶּ֨ר אִתּ֥וֹ שָׁ֛ם אֱלֹהִ֖ים בֵּֽית־אֵֽל

VAYKRÁ IAÄKÓB ET-SHÉM HAMAKÓM ASHÉR DIBÉR ITÓ SHAM ELOHÍM BEÍT-EL

Muerte de *Rajél* (Raquel)

35:16 Después partieron de Bet-El; y había aún como media legua de tierra para llegar a Efrát, cuando dio a luz *Rajél* (Raquel), y hubo dificultad en su parto.

35:17 Y aconteció, como había dificultad en su parto, que le dijo la partera: No temas, que también tendrás este hijo.

35:18 Y aconteció que al salírsele el alma (pues murió), llamó su nombre *Benóni*; mas su padre lo llamó *Biniamín*[238].

35:19 Así murió *Rajél* (Raquel), y fue sepultada en el camino de Efrát, la cual es Bet Léjem.

35:20 Y levantó *Iaäkób* (Jacob) un monumento sobre su sepultura; este es el monumento de la sepultura de *Rajél* (Raquel) hasta hoy.

35:21 Y salió Israel, y plantó su tienda más allá de Migdal-Ëder.

Los hijos de *Iaäkób* (Jacob)
(1 *Dibréi Haiamím* - Crónicas 2.1-2)

35:22 Aconteció que cuando moraba Israel en aquella tierra, fue *Reubén* y durmió con *Bilháh* la concubina de su padre; lo cual llegó a saber Israel. Ahora bien, los hijos de Israel fueron doce[239]:

---

[238] **35:18 *Benóni*:** Del hebreo בֵּן (BEN=hijo) אוֹנִי (ÓNI=mi sufrimiento), *Rajél* lo llamo así pues murió a causa de su nacimiento.

Mas su padre lo llamó *Biniamín*: Del arameo בִּין (BIN=hijo) יָמִין (IAMÍN=días), pues éste nació cuando *Iaäkób* ya estaba entrado en días.

Mucha gente vive su vida sufriendo por los hechos del pasado sin permitirse vivir un mejor futuro. La *Toráh* nos mueve a alejarnos de nuestras malas acciones, retornando al bien y dejando atrás los errores del pasado. *Iaäkób* cambió el nombre de su hijo a *Biniamín* para que éste no estuviese toda su vida remordiéndose por la supuesta culpa que le cabía en la muerte de su madre *Rajél*, hecho que estaba implícito en su nombre *Benóni*.

[239] **35:22 Durmió con *Bilháh*:** Mientras *Rajél* vivía, fue considerada la

253 / BERESHÍT-בְּרֵאשִׁית

35:16 וַיִּסְעוּ מִבֵּית אֵל וַיְהִי־עוֹד כִּבְרַת־הָאָרֶץ לָבוֹא אֶפְרָתָה וַתֵּלֶד רָחֵל וַתְּקַשׁ בְּלִדְתָּהּ

VAYSÜ MIBÉIT EL VAIHÍ-ÖD KIBRÁT-HAÁRETZ LABÓ EFRÁTAH VATÉLED RAJÉL VATEKÁSH BELIDTÁH

35:17 וַיְהִי בְהַקְשֹׁתָהּ בְּלִדְתָּהּ וַתֹּאמֶר לָהּ הַמְיַלֶּדֶת אַל־תִּירְאִי כִּי־גַם־זֶה לָךְ בֵּן

VAIHÍ BEHAKSHOTÁH BELIDTÁH VATÓMER LAH HAMIALÉDET AL-TIRÍ KI-GAM-ZZEH LAJ BEN

35:18 וַיְהִי בְּצֵאת נַפְשָׁהּ כִּי מֵתָה וַתִּקְרָא שְׁמוֹ בֶּן־אוֹנִי וְאָבִיו קָרָא־לוֹ בִנְיָמִין

VAIHÍ BETZÉT NAFSHÁH KI MÉTAH VATIKRÁ SHEMÓ BEN-ONÍ VEABÍV KÁRA-LO BINIAMÍN

35:19 וַתָּמָת רָחֵל וַתִּקָּבֵר בְּדֶרֶךְ אֶפְרָתָה הִוא בֵּית לָחֶם

VATÁMAT RAJÉL VATIKABÉR BEDÉREJ EFRÁTAH HI BÉIT LÁJEM

35:20 וַיַּצֵּב יַעֲקֹב מַצֵּבָה עַל־קְבֻרָתָהּ הִוא מַצֶּבֶת קְבֻרַת־רָחֵל עַד־הַיּוֹם

VAYATZÉB IAÄKÓB MATZEBÁH ÄL-KEBURATÁH HI MATZÉBET KEBURÁT-RAJÉL ÄD-HAYÓM

35:21 וַיִּסַּע יִשְׂרָאֵל וַיֵּט אָהֳלֹה מֵהָלְאָה לְמִגְדַּל־עֵדֶר

VAYSÄ ISRAÉL VAYÉT AHALÓH MEHÁLEAH LEMIGDÁL-ËDER

35:22 וַיְהִי בִּשְׁכֹּן יִשְׂרָאֵל בָּאָרֶץ הַהִוא וַיֵּלֶךְ רְאוּבֵן וַיִּשְׁכַּב אֶת־בִּלְהָה פִּילֶגֶשׁ אָבִיו וַיִּשְׁמַע יִשְׂרָאֵל וַיִּהְיוּ בְנֵי־יַעֲקֹב שְׁנֵים עָשָׂר

VAIHÍ BISHKÓN ISRAÉL BAÁRETZ HAHÍ VAYÉLEJ REUBÉN VAYSHKÁB ET-BILHÁH PILÉGUESH ABÍV VAYSHMÄ ISRAÉL VAYHÍU BENÉI-IAÄKÓB SHENÉIM ÄSÁR

35:23 los hijos de *Leáh*: *Reubén* el primogénito de *Iaäkób* (Jacob); *Shimön*, *Leví*, *Iehudáh*, *Isajár* y *Zzebulún*.
35:24 Los hijos de *Rajél* (Raquel): *Ioséf* (José) y *Biniamín*.
35:25 Los hijos de *Bilháh*, sierva de *Rajél* (Raquel): *Dan* y *Naftalí*.
35:26 Y los hijos de *Zzilpáh*, sierva de *Leáh*: *Gad* y *Ásher*. Estos fueron los hijos de *Iaäkób* (Jacob), que le nacieron en Padán-Arám.

Muerte de *Itzják* (Isaac)

35:27 Después vino *Iaäkób* (Jacob) a *Itzják* (Isaac) su padre a Mamré, a Kiriát Arbä, que es Jebrón, donde habitaron *Abrahám* e *Itzják* (Isaac).
35:28 Y fueron los días de *Itzják* (Isaac) ciento ochenta años.
35:29 Y exhaló *Itzják* (Isaac) el espíritu, y murió, y fue reunido a su pueblo, viejo y lleno de días; y lo sepultaron *Ësáv* (Esaú) y *Iaäkób* (Jacob) sus hijos[240].

---

principal esposa de *Iaäkób*. Era lógico que al morir ésta, *Leáh* pasaría a ocupar su lugar (pues las otras esposas eran sirvientas). Sin embargo, cuando esto sucedió, *Iaäkób* trasladó su cama a la tienda de *Bilháh* indicando que sería ésta quien ocuparía el lugar de la difunta esposa.

Reubén preocupado del honor de su madre *Leáh* cambió la cama de su padre a la tienda de ésta, interviniendo así en los asuntos maritales de *Iaäkób*. Desde el punto de vista perfeccionista de la *Toráh*, el que *Reubén* haya interferido en los asuntos maritales de su padre fue considerado un pecado tan grave que lo describió como adulterio (cosa que nunca ocurrió).

[240] **35:29 Y murió:** La *Toráh* no siempre guarda el orden cronológico de los acontecimientos, como en este caso, en que se relata la muerte de *Itzják*, que precede en doce años a la venta de *Ioséf* (ver 37:28).

[Esto se puede deducir pues cuando nació *Iaäkób*, *Itzják* tenía 60 años (ver 25:26). *Ioséf* fue vendido a los 17 años (ver 37:2), fue nombrado virrey de Egipto a los 30 años (ver 41:46), luego hubo 7 años de abundancia y 2 de hambruna, y fue después de 22 años [(30-17) + 7 +2] cuando *Iaäkób* teniendo 130 años (ver 47:9), descendió a Egipto.

35:23	בְּנֵי לֵאָה בְּכוֹר יַעֲקֹב רְאוּבֵן וְשִׁמְעוֹן וְלֵוִי וִיהוּדָה וְיִשָּׂשכָר וּזְבוּלֻן

BENÉI LEÁH BEJÓR IAÄKÓB REUBÉN VESHIMÖN VELEVÍ VIHUDÁH VEISAJÁR UZZEBULÚN

35:24	בְּנֵי רָחֵל יוֹסֵף וּבִנְיָמִן

BENÉI RAJÉL IOSÉF UBINIAMÍN

35:25	וּבְנֵי בִלְהָה שִׁפְחַת רָחֵל דָּן וְנַפְתָּלִי

UBENÉI BILHÁH SHIFJÁT RAJÉL DAN VENAFTALÍ

35:26	וּבְנֵי זִלְפָּה שִׁפְחַת לֵאָה גָּד וְאָשֵׁר אֵלֶּה בְּנֵי יַעֲקֹב אֲשֶׁר יֻלַּד־לוֹ בְּפַדַּן אֲרָם

UBENÉI ZZILPÁH SHIFJÁT LEÁH GAD VEASHÉR ÉLEH BENÉI IAÄKÓB ASHÉR IULÁD-LO BEPADÁN ARÁM

35:27	וַיָּבֹא יַעֲקֹב אֶל־יִצְחָק אָבִיו מַמְרֵא קִרְיַת הָאַרְבַּע הִוא חֶבְרוֹן אֲשֶׁר־גָּר־שָׁם אַבְרָהָם וְיִצְחָק

VAYABÓ IAÄKÓB EL-ITZJÁK ABÍV MAMRÉ KIRIÁT HAARBÄ HI JEBRÓN ASHÉR-GÁR-SHAM ABRAHÁM VEITZJÁK

35:28	וַיִּהְיוּ יְמֵי יִצְחָק מְאַת שָׁנָה וּשְׁמֹנִים שָׁנָה

VAIHEÍU IEMÉI ITZJÁK MEÁT SHANÁH USHEMONÍM SHANÁH

35:29	וַיִּגְוַע יִצְחָק וַיָּמָת וַיֵּאָסֶף אֶל־עַמָּיו זָקֵן וּשְׂבַע יָמִים וַיִּקְבְּרוּ אֹתוֹ עֵשָׂו וְיַעֲקֹב בָּנָיו

VAYGVÄ ITZJÁK VAYÁMAT VAYEÁSEF EL-ÄMÁV ZZAKÉN USEBÄ IAMÍM VAYKBERÚ OTÓ ËSÁV VEIAÄKÓB BANÁV

CAPÍTULO 36

Los descendientes de *Ësáv* (Esaú)
(1 *Dibréi Haiamím* - Crónicas 1.34-54)

36:1 Estas son las generaciones de *Ësáv* (Esaú), el cual es Edóm:
36:2 *Ësáv* (Esaú) tomó sus mujeres de las hijas de kenáän: a *Ädáh*, hija de *Elón* jití, a *Ahalibamáh*, hija de *Änáh*, hijo de *Tzibön* jiví,
36:3 y a *Basemát* hija de *Ishmaël* (Ismaél), hermana de *Nebaiót*.
36:4 *Ädáh* dio a luz a *Ësáv* (Esaú) a *Elifázz*; y *Basemát* dio a luz a *Reüél*.
36:5 Y *Ahalibamáh* dio a luz a *Iëish*, a *Iälám* y a *Kóraj*; estos son los hijos de *Ësáv* (Esaú), que le nacieron en la tierra de Kenáän.
36:6 Y *Ësáv* (Esaú) tomó sus mujeres, sus hijos y sus hijas, y todas las personas de su casa, y sus ganados, y todas sus animales, y todo cuanto había adquirido en la tierra de Kenáän, y se fue a otra tierra, separándose de *Iaäkób* (Jacob) su hermano.
36:7 Porque los bienes de ellos eran muchos; y no podían habitar juntos, ni la tierra en donde moraban los podía sostener a causa de sus ganados.
36:8 Y *Ësáv* (Esaú) habitó en el monte de Seïr; *Ësáv* (Esaú) es edóm.
36:9 Estos son los descendientes de *Ësáv* (Esaú), padre de edóm, en el monte de Seïr.

Por lo tanto cuando *Ioséf* fue vendido, *Iaäkób* tenía 108 años [130 – 22], y entonces *Itzják* tenía 168 años [108 + 60]. (*Itzják* murió a los 180 años).
Fue reunido a su pueblo: Ver comentario 25:8.
Lleno de días: Aprovechó cada momento de su vida.

פֶּרֶק לוּ - PÉREK 36

36:1 וְאֵלֶּה תֹּלְדוֹת עֵשָׂו הוּא אֱדוֹם
VEÉLEH TOLDÓT ËSÁV HU EDÓM

36:2 עֵשָׂו לָקַח אֶת־נָשָׁיו מִבְּנוֹת כְּנָעַן אֶת־עָדָה בַּת־אֵילוֹן הַחִתִּי וְאֶת־אָהֳלִיבָמָה בַּת־עֲנָה בַּת־צִבְעוֹן הַחִוִּי
ËSÁV LAKÁJ ET-NASHÁV MIBENÓT KENÁÄN ET-ÄDÁH BAT-ELÓN HAJITÍ VEÉT-AHALÍBAMAH BAT-ÄNÁH BAT-TZIBÖN HAJIVÍ

36:3 וְאֶת־בָּשְׂמַת בַּת־יִשְׁמָעֵאל אֲחוֹת נְבָיוֹת
VEÉT-BASEMÁT BAT-ISHMAËL AJÓT NEBAIÓT

36:4 וַתֵּלֶד עָדָה לְעֵשָׂו אֶת־אֱלִיפָז וּבָשְׂמַת יָלְדָה אֶת־רְעוּאֵל
VATÉLED ÄDÁH LEËSÁV ET-ELIFÁZZ UBASEMÁT IALEDÁH ET-REÙEL

36:5 וְאָהֳלִיבָמָה יָלְדָה אֶת־יעיש* וְאֶת־יַעְלָם וְאֶת־קֹרַח אֵלֶּה בְּנֵי עֵשָׂו אֲשֶׁר יֻלְּדוּ־לוֹ בְּאֶרֶץ כְּנָעַן
VEAHOLÍBAMAH IALEDÁH ET-IEÜSH VEÉT-IÄLÁM VEÉT-KÓRAJ ÉLEH BENÉI ËSÁV ASHÉR IULEDÚ-LO BEÉRETZ KENÁÄN

36:6 וַיִּקַּח עֵשָׂו אֶת־נָשָׁיו וְאֶת־בָּנָיו וְאֶת־בְּנֹתָיו וְאֶת־כָּל־נַפְשׁוֹת בֵּיתוֹ וְאֶת־מִקְנֵהוּ וְאֶת־כָּל־בְּהֶמְתּוֹ וְאֵת כָּל־קִנְיָנוֹ אֲשֶׁר רָכַשׁ בְּאֶרֶץ כְּנָעַן וַיֵּלֶךְ אֶל־אֶרֶץ מִפְּנֵי יַעֲקֹב אָחִיו
VAYKÁJ ËSAV ET-NASHÁIV VEÉT-BANÁV VEÉT-BENOTÁV VEÉT-KOL-NAFSHÓT BEITÓ VEÉT-MIKNÉHU VEÉT-KOL-BEHEMTÓ VEÉT KOL-KINIANÓ ASHÉR RAJÁSH BEÉRETZ KENÁÄN VAYÉLEJ EL-ÉRETZ MIPENÉI IAÄKÓB AJÍV

36:7 כִּי־הָיָה רְכוּשָׁם רָב מִשֶּׁבֶת יַחְדָּו וְלֹא יָכְלָה אֶרֶץ מְגוּרֵיהֶם לָשֵׂאת אֹתָם מִפְּנֵי מִקְנֵיהֶם
KI-HAIÁH REJUSHÁM RAB MISHÉBET IAJDÁV VELÓ IAJELÁH ÉRETZ MEGUREIHÉM LASÉT OTÁM MIPENÉI MIKNEIHÉM

36:8 וַיֵּשֶׁב עֵשָׂו בְּהַר שֵׂעִיר עֵשָׂו הוּא אֱדוֹם
VAYÉSHEB ËSAV BEHÁR SEÏR ËSÁV HU EDÓM

36:9 וְאֵלֶּה תֹּלְדוֹת עֵשָׂו אֲבִי אֱדוֹם בְּהַר שֵׂעִיר
VEÉLEH TOLDÓT ËSÁV ABÍ EDÓM BEHÁR SEÏR

---

*יְעוּשׁ

36:10 Estos son los nombres de los hijos de *Ësáv* (Esaú): *Elifázz*, hijo de *Ädáh* mujer de *Ësáv* (Esaú); *Reüél*, hijo de *Basemát* mujer de *Ësáv* (Esaú).

36:11 Y los hijos de *Elifázz* fueron *Teimán*, *Omár*, *Tzefó*, *Gatám* y *Kenázz*.

36:12 Y *Timnä* fue concubina de *Elifázz* hijo de *Ësáv* (Esaú), y ella le dio a luz a *Ämalék*; estos son los hijos de *Ädáh*, mujer de *Ësáv* (Esaú).

36:13 Los hijos de *Reüél* fueron *Nájat*, *Zzéraj*, *Shamáh* y *Mizzáh*; estos son los hijos de *Basemát* mujer de *Ësáv* (Esaú).

36:14 Estos fueron los hijos de *Ahalibamáh* mujer de *Ësáv* (Esaú), hija de *Änáh*, que fue hija de *Tzibön*: ella dio a luz a *Ieüsh*, *Iälám* y *Kóraj*, hijos de *Ësáv* (Esaú).

36:15 Estos son los jefes de entre los hijos de *Ësáv* (Esaú): hijos de *Elifázz*, primogénito de *Ësáv* (Esaú): los jefes *Teimán*, *Omár*, *Tzefó*, *Kenázz*,

36:16 *Kóraj*, *Gatám* y *Ämalék*; estos son los jefes de *Elifázz* en la tierra de Edóm; estos fueron los hijos de *Ädáh*.

36:17 Y estos son los hijos de *Reüél*, hijo de *Ësáv* (Esaú): los jefes *Nájat*, *Zzéraj*, *Shamáh* y *Mizzáh*; estos son los jefes de la línea de *Reüél* en la tierra de Edóm; estos hijos vienen de *Basemát* mujer de *Ësáv* (Esaú).

259 / BERESHÍT-בְּרֵאשִׁית

36:10 אֵ֖לֶּה שְׁמ֣וֹת בְּנֵֽי־עֵשָׂ֑ו אֱלִיפַ֗ז בֶּן־עָדָה֙ אֵ֣שֶׁת עֵשָׂ֔ו רְעוּאֵ֕ל בֶּן־בָּשְׂמַ֖ת אֵ֥שֶׁת עֵשָֽׂו

ÉLEH SHEMÓT BENÉI-ÉSAV ELIFÁZZ BEN-ÄDAH ÉSHET ËSÁV REÜÉL BEN-BASEMÁT ÉSHET ËSÁV

36:11 וַיִּהְי֖וּ בְּנֵ֣י אֱלִיפָ֑ז תֵּימָ֣ן אוֹמָ֔ר צְפ֥וֹ וְגַעְתָּ֖ם וּקְנַֽז

VAYHEÍU BENÉI ELIFÁZZ TEIMÁN OMÁR TZEFÓ VEGÄTÁM UKENÁZZ

36:12 וְתִמְנַ֣ע ׀ הָיְתָ֣ה פִילֶ֗גֶשׁ לֶֽאֱלִיפַז֙ בֶּן־עֵשָׂ֔ו וַתֵּ֥לֶד לֶאֱלִיפַ֖ז אֶת־עֲמָלֵ֑ק אֵ֕לֶּה בְּנֵ֥י עָדָ֖ה אֵ֥שֶׁת עֵשָֽׂו

VETIMNÄ HAITÁH PILÉGUESH LEELIFÁZZ BEN-ÉSAV VATÉLED LEELIFÁZZ ET-ÄMALÉK ÉLEH BENÉI ÄDAH ÉSHET ËSÁV

36:13 וְאֵ֙לֶּה֙ בְּנֵ֣י רְעוּאֵ֔ל נַ֥חַת וָזֶ֖רַח שַׁמָּ֣ה וּמִזָּ֑ה אֵ֣לֶּה הָי֔וּ בְּנֵ֥י בָשְׂמַ֖ת אֵ֥שֶׁת עֵשָֽׂו

VEÉLEH BENÉI REÜÉL NÁJAT VAZZÉRAJ SHAMÁH UMIZZÁH ÉLEH HAÍU BENÉI BASEMÁT ÉSHET ËSÁV

36:14 וְאֵ֣לֶּה הָי֗וּ בְּנֵ֨י אׇהֳלִיבָמָ֧ה בַת־עֲנָ֛ה בַּת־צִבְע֖וֹן אֵ֣שֶׁת עֵשָׂ֑ו וַתֵּ֣לֶד לְעֵשָׂ֔ו אֶת־יעיש֥* וְאֶת־יַעְלָ֖ם וְאֶת־קֹֽרַח

VEÉLEH HAIÚ BENÉI AHOLIBAMÁH BAT-ÄNÁH BAT-TZIBÖN ÉSHET ËSÁV VATÉLED LEËSÁV ET-IEÜSH VEÉT-IÄLAM VEÉT-KÓRAJ

36:15 אֵ֖לֶּה אַלּוּפֵ֣י בְנֵֽי־עֵשָׂ֑ו בְּנֵ֤י אֱלִיפַז֙ בְּכ֣וֹר עֵשָׂ֔ו אַלּ֤וּף תֵּימָן֙ אַלּ֣וּף אוֹמָ֔ר אַלּ֥וּף צְפ֖וֹ אַלּ֥וּף קְנַֽז

ÉLEH ALUFÉI BENÉI-ÉSAV BENÉI ELIFÁZZ BEJÓR ËSÁV ALÚF TEIMÁN ALÚF OMÁR ALÚF TZEÓ ALÚF KENÁZZ

36:16 אַלּֽוּף־קֹ֛רַח אַלּ֥וּף גַּעְתָּ֖ם אַלּ֣וּף עֲמָלֵ֑ק אֵ֣לֶּה אַלּוּפֵ֤י אֱלִיפַז֙ בְּאֶ֣רֶץ אֱד֔וֹם אֵ֖לֶּה בְּנֵ֥י עָדָֽה

ALÚF-KÓRAJ ALÚF GÄTÁM ALÚF ÄMALÉK ÉLEH ALUFÉI ELIFÁZZ BEÉRETZ EDÓM ÉLEH BENÉI ÄDÁH

36:17 וְאֵ֗לֶּה בְּנֵ֤י רְעוּאֵל֙ בֶּן־עֵשָׂ֔ו אַלּ֥וּף נַ֙חַת֙ אַלּ֣וּף זֶ֔רַח אַלּ֥וּף שַׁמָּ֖ה אַלּ֣וּף מִזָּ֑ה אֵ֣לֶּה אַלּוּפֵ֤י רְעוּאֵל֙ בְּאֶ֣רֶץ אֱד֔וֹם אֵ֥לֶּה בְּנֵ֥י בָשְׂמַ֖ת אֵ֥שֶׁת עֵשָֽׂו

VEÉLEH BENÉI REÜEL BEN-ÉSAV ALÚF NÁJAT ALÚF ZZÉRAJ ALÚF SHAMÁH ALÚF MIZZÁH ÉLEH ALUFÉI REÜEL BEÉRETZ EDÓM ÉLEH BENÉI BASEMÁT ÉSHET ËSÁV

---

*יְעוּשׁ

36:18 Y estos son los hijos de *Ahalibamáh* mujer de *Ësáv* (Esaú): los jefes *Ieüsh*, *Iälám* y *Kóraj*; estos fueron los jefes que salieron de *Ahalibamáh* mujer de *Ësáv* (Esaú), hija de *Änáh*.

36:19 Estos, pues, son los hijos de *Ësáv* (Esaú), y sus jefes; él es Edóm.

36:20 Estos son los hijos de *Seír* el jorí, moradores de aquella tierra: *Lotán*, *Shobál*, *Tzibön*, *Änáh*,

36:21 *Dishón*, *Étzer* y *Dishán*; estos son los jefes de los jorím, hijos de *Seír*, en la tierra de Edóm.

36:22 Los hijos de *Lotán* fueron *Jorí* y *Heimám*; y *Timnä* fue hermana de *Lotán*.

36:23 Los hijos de *Shobál* fueron *Älván*, *Manájat*, *Ëibál*, *Shefó* y *Onám*.

36:24 Y los hijos de *Tzibön* fueron *Ayáh* y *Änáh*. Este *Änáh* es el que descubrió manantiales en el desierto, cuando apacentaba los asnos de *Tzibön* su padre.

36:25 Los hijos de *Änáh* fueron *Dishón*, y *Ahalibamáh* hija de *Änáh*.

36:26 Estos fueron los hijos de *Dishán*: *Jemdán*, *Eshbán*, *Itrán* y *Jerán*.

36:27 Y estos fueron los hijos de *Étzer*: *Bilhán*, *Zzaäván* y *Äkán*.

36:28 Estos fueron los hijos de *Dishán*: *Ütz* y *Arán*.

36:29 Y estos fueron los jefes de los jorí: los jefes *Lotán*, *Shobál*, *Tzibön*, *Änáh*,

36:18 וְאֵ֙לֶּה֙ בְּנֵ֣י אָהֳלִיבָמָ֔ה אֵ֖שֶׁת עֵשָׂ֑ו אַלּ֥וּף יְע֛וּשׁ אַלּ֥וּף יַעְלָ֖ם אַלּ֣וּף קֹ֑רַח אֵ֣לֶּה אַלּוּפֵ֞י אָהֳלִיבָמָ֛ה בַּת־עֲנָ֖ה אֵ֥שֶׁת עֵשָֽׂו
VEÉLEH BENÉI AHALÍBAMAH ÉSHET ËSÁV ALÚF IEÚSH ALÚF IÄLÁM ALÚF KÓRAJ ÉLEH ALUFÉI AHOLIBAMÁH BAT-ÄNÁH ÉSHET ËSÁV

36:19 אֵ֧לֶּה בְנֵי־עֵשָׂ֛ו וְאֵ֥לֶּה אַלּוּפֵיהֶ֖ם ה֥וּא אֱדֽוֹם
ÉLEH BENÉI-ËSÁV VEÉLEH ALUFEIHÉM HU EDÓM

36:20 אֵ֤לֶּה בְנֵֽי־שֵׂעִיר֙ הַחֹרִ֔י יֹשְׁבֵ֖י הָאָ֑רֶץ לוֹטָ֥ן וְשׁוֹבָ֖ל וְצִבְע֥וֹן וַעֲנָֽה
ÉLEH BENÉI-SEÏR HAJORÍ IOSHBÉI HAÁRETZ LOTÁN VESHOBÁL VETZIBÖN VAÄNÁH

36:21 וְדִשׁ֥וֹן וְאֵ֖צֶר וְדִישָׁ֑ן אֵ֣לֶּה אַלּוּפֵ֧י הַחֹרִ֛י בְּנֵ֥י שֵׂעִ֖יר בְּאֶ֥רֶץ אֱדֽוֹם
VEDISHÓN VEÉTZER VEDISHÁN ÉLEH ALUFÉI HAJORÍ BENÉI SEÏR BEÉRETZ EDÓM

36:22 וַיִּהְי֥וּ בְנֵי־לוֹטָ֖ן חֹרִ֣י וְהֵימָ֑ם וַאֲח֥וֹת לוֹטָ֖ן תִּמְנָֽע
VAYHEÍU BENÉI-LOTÁN JORÍ VEHEIMÁM VAAJÓT LOTÁN TIMNÄ

36:23 וְאֵ֙לֶּה֙ בְּנֵ֣י שׁוֹבָ֔ל עַלְוָ֥ן וּמָנַ֖חַת וְעֵיבָ֑ל שְׁפ֖וֹ וְאוֹנָֽם
VEÉLEH BENÉI SHOBÁL ÄLEVÁN UMANÁJAT VEËIBÁL SHEFÓ VEONÁM

36:24 וְאֵ֥לֶּה בְנֵֽי־צִבְע֖וֹן וְאַיָּ֣ה וַעֲנָ֑ה ה֣וּא עֲנָ֗ה אֲשֶׁ֨ר מָצָ֤א אֶת־הַיֵּמִם֙ בַּמִּדְבָּ֔ר בִּרְעֹת֥וֹ אֶת־הַחֲמֹרִ֖ים לְצִבְע֥וֹן אָבִֽיו
VEÉLEH BENÉI-TZIBÖN VEAYÁH VAÄNÁH HU ÄNÁH ASHÉR MATZÁ ET-HAYEMÍM BAMIDBÁR BIRÖTÓ ET-HAJAMORÍM LETZIBÖN ABÍV

36:25 וְאֵ֥לֶּה בְנֵֽי־עֲנָ֖ה דִּשֹׁ֑ן וְאָהֳלִיבָמָ֖ה בַּת־עֲנָֽה
VEÉLEH BENÉI-ÄNÁH DISHÓN VEAHOLIBAMÁH BAT-ÄNÁH

36:26 וְאֵ֖לֶּה בְּנֵ֣י דִישָׁ֑ן חֶמְדָּ֥ן וְאֶשְׁבָּ֖ן וְיִתְרָ֥ן וּכְרָֽן
VEÉLEH BENÉI DISHÁN JEMDÁN VEESHBÁN VEITRÁN UJERÁN

36:27 אֵ֖לֶּה בְּנֵי־אֵ֑צֶר בִּלְהָ֥ן וְזַעֲוָ֖ן וַעֲקָֽן
ÉLEH BENÉI-ÉTZER BILHÁN VEZZAÄVÁN VAÄKÁN

36:28 אֵ֥לֶּה בְנֵֽי־דִישָׁ֖ן ע֥וּץ וַאֲרָֽן
ÉLEH BENÉI-DISHÁN ÜTZ VAARÁN

36:29 אֵ֖לֶּה אַלּוּפֵ֣י הַחֹרִ֑י אַלּ֤וּף לוֹטָן֙ אַלּ֣וּף שׁוֹבָ֔ל אַלּ֥וּף צִבְע֖וֹן אַלּ֥וּף עֲנָֽה
ÉLEH ALUFÉI HAJORÍ ALÚF LOTÁN ALÚF SHOBÁL ALÚF TZIBÖN ALÚF ÄNÁH

36:30 *Dishón, Étzer* y *Dishán*; estos fueron los jefes de los jorí, por sus mandos en la tierra de Seïr.

36:31 Y los reyes que reinaron en la tierra de Edóm, antes que reinase rey sobre los hijos de Israel, fueron estos[241]:

36:32 *Belä* hijo de *Beör* reinó en Edóm; y el nombre de su ciudad fue *Dinhábah*.

36:33 Murió *Belä*, y reinó en su lugar *Iobáb* hijo de *Zzéraj*, de *Batzérah*.

36:34 Murió *Iobáb*, y en su lugar reinó *Jushám*, de tierra de los teimaní.

36:35 Murió *Jushám*, y reinó en su lugar *Hadád* hijo de *Bedád*, el que derrotó a *Midián* en el campo de Moáb; y el nombre de su ciudad fue *Ävít*[242].

36:36 Murió *Hadád*, y en su lugar reinó *Samláh* de *Masreká*.

36:37 Murió *Samláh*, y reinó en su lugar *Shaúl* de *Rejobót-hanahár*.

36:38 Murió *Shaúl*, y en lugar suyo reinó *Báäl-janán* hijo de *Äjbór*.

36:39 Y murió *Báäl-janán* hijo de *Äjbór*, y reinó *Hadár* en lugar suyo; y el nombre de su ciudad fue *Páü*; y el nombre de su mujer, *Meheitabél* hija de *Matréd*, hija de *Méi-zzaháb*.

---

[241] **36:31 Antes que reinase rey sobre los hijos de Israel:** El rey mencionado en el versículo hace referencia a *Moshéh*, quien como salvador y redentor del pueblo de Israel es llamado rey.

[242] **36:35 Derrotó a Midián:** Cuando atacó Midián a Moáb, el rey de Edóm salió en su defensa.

De aquí aprendemos, que Midián y Moáb eran enemigos entre ellos pero en los tiempos del profeta *Bilám* (*Bamidbár*-Números 22:4) hicieron paz para hacer guerra contra Israel.

36:30 אַלּוּף דִּשֹׁן אַלּוּף אֵצֶר אַלּוּף דִּישָׁן אֵלֶּה אַלּוּפֵי הַחֹרִי לְאַלֻּפֵיהֶם בְּאֶרֶץ שֵׂעִיר

ALÚF DISHÓN ALÚF ÉTZER ALÚF DISHÁN ÉLEH ALUFÉI HAJORÍ LEALUFEIHÉM BEÉRETZ SEÏR

36:31 וְאֵלֶּה הַמְּלָכִים אֲשֶׁר מָלְכוּ בְּאֶרֶץ אֱדוֹם לִפְנֵי מְלָךְ־מֶלֶךְ לִבְנֵי יִשְׂרָאֵל

VEÉLEH HAMELAJÍM ASHÉR MALEJÚ BEÉRETZ EDÓM LIFNÉI MELÁJ-MÉLEJ LIBNÉI ISRAÉL

36:32 וַיִּמְלֹךְ בֶּאֱדוֹם בֶּלַע בֶּן־בְּעוֹר וְשֵׁם עִירוֹ דִּנְהָבָה

VAYMLÓJ BEEDÓM BÉLÄ BEN-BEÖR VESHÉM ÏRÓ DINHÁBAH

36:33 וַיָּמָת בָּלַע וַיִּמְלֹךְ תַּחְתָּיו יוֹבָב בֶּן־זֶרַח מִבָּצְרָה

VAYÁMAT BÁLÄ VAIMLÓJ TAJTÁV IOBÁB BEN-ZZÉRAJ MIBATZERÁH

36:34 וַיָּמָת יוֹבָב וַיִּמְלֹךְ תַּחְתָּיו חֻשָׁם מֵאֶרֶץ הַתֵּימָנִי

VAYÁMAT IOBÁB VAIMLÓJ TAJETÁV JUSHÁM MEÉRETZ HATEIMANÍ

36:35 וַיָּמָת חֻשָׁם וַיִּמְלֹךְ תַּחְתָּיו הֲדַד בֶּן־בְּדַד הַמַּכֶּה אֶת־מִדְיָן בִּשְׂדֵה מוֹאָב וְשֵׁם עִירוֹ עֲוִית

VAYÁMAT JUSHÁM VAYMLÓJ TAJETÁV HADÁD BEN-BEDÁD HAMAKÉH ET-MIDIÁN BISDÉH MOÁB VESHÉM ÏRÓ ÄVIT

36:36 וַיָּמָת הֲדַד וַיִּמְלֹךְ תַּחְתָּיו שַׂמְלָה מִמַּשְׂרֵקָה

VAYÁMAT HADÁD VAYMLÓJ TAJTÁV SAMLÁH MIMASREKÁH

36:37 וַיָּמָת שַׂמְלָה וַיִּמְלֹךְ תַּחְתָּיו שָׁאוּל מֵרְחֹבוֹת הַנָּהָר

VAYÁMAT SAMLÁH VAYMLÓJ TAJTÁV SHAÚL MEREJOBÓT HANAHÁR

36:38 וַיָּמָת שָׁאוּל וַיִּמְלֹךְ תַּחְתָּיו בַּעַל חָנָן בֶּן־עַכְבּוֹר

VAYÁMAT SHAÚL VAYMLÓJ TAJETÁV BÁÄL JANÁN BEN-ÄJBÓR

36:39 וַיָּמָת בַּעַל חָנָן בֶּן־עַכְבּוֹר וַיִּמְלֹךְ תַּחְתָּיו הֲדַר וְשֵׁם עִירוֹ פָּעוּ וְשֵׁם אִשְׁתּוֹ מְהֵיטַבְאֵל בַּת־מַטְרֵד בַּת מֵי זָהָב

VAYAMÁT BÁÄL JANÁN BEN-ÄJBOR VAYMLÓJ TAJETÁV HADÁR VESHÉM ÏRÓ PÁÜ VESHÉM ISHTÓ MEHEITABÉL BAT-MATRÉD BAT MÉI ZZAHÁB

36:40 Estos, pues, son los nombres de los jefes de *Ësáv* (Esaú) por sus familias, por sus lugares, y sus nombres: *Timnä, Älváh, Ietét,*
36:41 *Ahalibamáh, Eláh, Pinón,*
36:42 *Kenázz, Teimán, Mibtzár,*
36:43 *Magdiél* e *Irám*. Estos fueron los jefes de Edóm según sus moradas en la tierra de su posesión. Edóm es el mismo *Ësáv* (Esaú), padre de los edomitas.

CAPÍTULO 37

Ioséf (José) es vendido por sus hermanos

37:1 Habitó *Iaäkób* (Jacob) en la tierra donde había morado su padre, en la tierra de Kenáän.
37:2 Esta es la historia de la familia de *Iaäkób* (Jacob): *Ioséf* (José), siendo de edad de diecisiete años, apacentaba las ovejas con sus hermanos; y el joven estaba con los hijos de *Bilháh* y con los hijos de *Zzilpáh*, mujeres de su padre; e informaba *Ioséf* (José) a su padre malos informes de ellos[243].
37:3 Y amaba Israel a *Ioséf* (José) más que a todos sus hijos, porque lo había tenido en su vejez; y le hizo una túnica de diversos colores.
37:4 Y viendo sus hermanos que su padre lo amaba más que a todos sus hermanos, comenzaron a odiarlo, y no podían hablarle pacíficamente[244].

---

[243] **37:2 Estaba con los hijos de *Bilháh* y con los hijos de *Zzilpáh*:** *Ioséf* estaba con los hijos de las sirvientas que eran despreciados por los otros hermanos (hijos de *Rajél* y de *Leáh*).
Malos informes: Toda cosa mala que veía en sus hermanos (los hijos de *Leáh*) la informaba a su padre sin antes reprenderlos.

[244] **37:4 Le aborrecían:** El hecho de que su padre le regalase la túnica a *Ioséf* causó la envidia del resto de los hermanos. De aquí aprendemos que no es bueno hacer diferencia entre los hijos.

265 / BERESHÍT-בְּרֵאשִׁית

36:40 וְאֵ֠לֶּה שְׁמ֞וֹת אַלּוּפֵ֤י עֵשָׂו֙ לְמִשְׁפְּחֹתָ֔ם לִמְקֹמֹתָ֖ם בִּשְׁמֹתָ֑ם אַלּ֥וּף תִּמְנָ֛ע אַלּ֥וּף עַלְוָ֖ה אַלּ֥וּף יְתֵֽת

VEÉLEH SHEMÓT ALUFÉI ËSAV LEMISHPEJOTÁM LIMKOMOTÁM BISHMOTÁM
ALÚF TIMNÄ ALÚF ÄLVÁH ALÚF IÉTET

36:41 אַלּ֧וּף אָהֳלִיבָמָ֛ה אַלּ֥וּף אֵלָ֖ה אַלּ֥וּף פִּינֹֽן

ALÁUF AHOLIBAMÁH ALÚF ELÁH ALÚF PINÓN

36:42 אַלּ֥וּף קְנַ֛ז אַלּ֥וּף תֵּימָ֖ן אַלּ֥וּף מִבְצָֽר

ALÚF KENÁZZ ALÚF TEIMÁN ALÚF MIBTZÁR

36:43 אַלּ֥וּף מַגְדִּיאֵ֖ל אַלּ֣וּף עִירָ֑ם אֵ֣לֶּה ׀ אַלּוּפֵ֣י אֱד֗וֹם לְמֹֽשְׁבֹתָם֙ בְּאֶ֣רֶץ אֲחֻזָּתָ֔ם ה֥וּא עֵשָׂ֖ו אֲבִ֥י אֱדֽוֹם

ALÚF MAGDIÉL ALÚF ÏRÁM ÉLEH ALUFÉI EDÓM LEMÓSHBOTAM BEÉRETZ
AJUZZATÁM HU ËSÁV ABÍ EDÓM

פֶּרֶק לז - PÉREK 37

37:1 וַיֵּ֣שֶׁב יַעֲקֹ֔ב בְּאֶ֖רֶץ מְגוּרֵ֣י אָבִ֑יו בְּאֶ֖רֶץ כְּנָֽעַן

VAYÉSHEB IAÄKÓB BEÉRETZ MEGURÉI ABÍV BEÉRETZ KENÄÄN

37:2 אֵ֣לֶּה ׀ תֹּלְד֣וֹת יַעֲקֹ֗ב יוֹסֵ֞ף בֶּן־שְׁבַֽע־עֶשְׂרֵ֤ה שָׁנָה֙ הָיָ֨ה רֹעֶ֤ה אֶת־אֶחָיו֙ בַּצֹּ֔אן וְה֣וּא נַ֗עַר אֶת־בְּנֵ֥י בִלְהָ֛ה וְאֶת־בְּנֵ֥י זִלְפָּ֖ה נְשֵׁ֣י אָבִ֑יו וַיָּבֵ֥א יוֹסֵ֛ף אֶת־דִּבָּתָ֥ם רָעָ֖ה אֶל־אֲבִיהֶֽם

ÉLEH TOLDÓT IAÄKÓB IOSÉF BEN-SHEBÄ-ËSRÉH SHANÁH HAIÁH ROËH ET-EJÁV
BATZÓN VEHÚ NÄÄR ET-BENÉI BILHÁH VEÉT-BENÉI ZZILPÁH NESHÉI ABÍV
VAYABÉ IOSÉF ET-DIBATÁM RAÄH EL-ABIHÉM

37:3 וְיִשְׂרָאֵ֗ל אָהַ֤ב אֶת־יוֹסֵף֙ מִכָּל־בָּנָ֔יו כִּֽי־בֶן־זְקֻנִ֥ים ה֖וּא ל֑וֹ וְעָ֥שָׂה ל֖וֹ כְּתֹ֥נֶת פַּסִּֽים

VEISRAÉL AHÁB ET-IOSÉF MIKÓL-BANÁV KI-BEN-ZZEKUNÍM HU LO VEÄSAH LO
KETÓNET PASÍM

37:4 וַיִּרְא֣וּ אֶחָ֗יו כִּֽי־אֹת֞וֹ אָהַ֤ב אֲבִיהֶם֙ מִכָּל־אֶחָ֔יו וַֽיִּשְׂנְא֖וּ אֹת֑וֹ וְלֹ֥א יָכְל֖וּ דַּבְּר֥וֹ לְשָׁלֹֽם

VAYRÚ EJÁV KI-OTÓ AHÁB ABIHÉM MIKÓL-EJÁV VAISNEÚ OTÓ VELÓ IAJELÚ
DABERÓ LESHALÓM

37:5 Y soñó *Ioséf* (José) un sueño, y lo contó a sus hermanos; y ellos llegaron a aborrecerle más todavía.

37:6 Y él les dijo: Oíd ahora este sueño que he soñado:

37:7 He aquí que atábamos gavillas en medio del campo, y he aquí que mi gavilla se levantaba y estaba derecha, y que vuestras gavillas estaban alrededor y se inclinaban al mío[245].

37:8 Le respondieron sus hermanos: ¿Reinarás tú sobre nosotros, o dominarás sobre nosotros? Y le aborrecieron aun más a causa de sus sueños y sus palabras[246].

37:9 Soñó aun otro sueño, y lo contó a sus hermanos, diciendo: He aquí que he soñado otro sueño, y he aquí que el sol y la luna y once estrellas se inclinaban a mí[247].

37:10 Y lo contó a su padre y a sus hermanos; y su padre le reprendió, y le dijo: ¿Qué sueño es este que soñaste? ¿Acaso vendremos yo y tu madre y tus hermanos a postrarnos en tierra ante ti?[248]

37:11 Y sus hermanos le tenían envidia, mas su padre meditaba en esto[249].

---

[245] **37:7 Gavillas:** Las gavillas representan que más adelante los hermanos se inclinarían ante él para que éste les dé trigo (ver 42:3).

[246] **37:8 ¿Reinarás... o dominarás? :** En hebreo reinar se refiere a un rey que gobierna con el consentimiento del pueblo. Es decir, sus hermanos expresaron irónicamente: "vamos a aceptar tu reinado o lo vas a imponer sobre nosotros".

[247] **37:9 Sol y la luna y once estrellas:** El sol representa al padre, la luna a la madre y las once estrellas a los once hermanos.

[248] **37:10 Su padre le reprendió:** *Iaäkób* dijo: "¡Qué clase de sueño es éste. Tu madre *Rajél* ya falleció!" (ver comentario 37:9). En realidad el verdadero significado de la luna hacía referencia a *Bilháh* la cual crió a *Ioséf* como si fuera su madre.

[249] **37:11 Sus hermanos le tenían envidia:** Los hermanos de *Ioséf* pasaron de tener un sentimiento de odio (ver 37:4) a uno de envidia contra *Ioséf*. Este cambio se debe a que en un principio los hermanos rechazaban el favoritismo que *Iaäkób* tenía hacia *Ioséf*, sin embargo, más adelante éstos comenzaron a verse amenazados por la posibilidad de que estos

37:5 וַיַּחֲלֹם יוֹסֵף חֲלוֹם וַיַּגֵּד לְאֶחָיו וַיּוֹסִפוּ עוֹד שְׂנֹא אֹתוֹ
VAYAJALÓM IOSÉF JALÓM VAYAGUÉD LEEJÁV VAYOSÍFU ÖD SENÓ OTÓ

37:6 וַיֹּאמֶר אֲלֵיהֶם שִׁמְעוּ־נָא הַחֲלוֹם הַזֶּה אֲשֶׁר חָלָמְתִּי
VAYÓMER ALEIHÉM SHIMÜ-NA HAJALÓM HAZZÉH ASHÉR JALÁMETI

37:7 וְהִנֵּה אֲנַחְנוּ מְאַלְּמִים אֲלֻמִּים בְּתוֹךְ הַשָּׂדֶה וְהִנֵּה קָמָה אֲלֻמָּתִי וְגַם־נִצָּבָה וְהִנֵּה תְסֻבֶּינָה אֲלֻמֹּתֵיכֶם וַתִּשְׁתַּחֲוֶיןָ לַאֲלֻמָּתִי
VEHINÉH ANÁJNU MEALEMÍM ALEUMÍM BETÓJ HASADÉH VEHINÉH KÁMAH ALUMATÍ VEGÁM-NITZÁBAH VEHINÉH TESUBÉINAH ALUMOTEIJÉM VATISHTAJAVÉINA LAALUMATÍ

37:8 וַיֹּאמְרוּ לוֹ אֶחָיו הֲמָלֹךְ תִּמְלֹךְ עָלֵינוּ אִם־מָשׁוֹל תִּמְשֹׁל בָּנוּ וַיּוֹסִפוּ עוֹד שְׂנֹא אֹתוֹ עַל־חֲלֹמֹתָיו וְעַל־דְּבָרָיו
VAYÓMRU LO EJÁV HAMALÓJ TIMLÓJ ÄLEINU IM-MASHÓL TIMSHÓL BÁNU VAYOSÍFU ÖD SENÓ OTÓ ÄL-JALOMOTÁV VEÄL-DEBARÁV

37:9 וַיַּחֲלֹם עוֹד חֲלוֹם אַחֵר וַיְסַפֵּר אֹתוֹ לְאֶחָיו וַיֹּאמֶר הִנֵּה חָלַמְתִּי חֲלוֹם עוֹד וְהִנֵּה הַשֶּׁמֶשׁ וְהַיָּרֵחַ וְאַחַד עָשָׂר כּוֹכָבִים מִשְׁתַּחֲוִים לִי
VAYAJALÓM ÖD JALÓM AJÉR VAISAPÉR OTÓ LEEJÁV VAYÓMER HINÉH JALÁMTI JALÓM ÖD VEHINÉH HASHÉMESH VEHAYARÉAJ VEAJÁD ÄSAR KOJABÍM MISHETAJAVÍM LI

37:10 וַיְסַפֵּר אֶל־אָבִיו וְאֶל־אֶחָיו וַיִּגְעַר־בּוֹ אָבִיו וַיֹּאמֶר לוֹ מָה הַחֲלוֹם הַזֶּה אֲשֶׁר חָלָמְתָּ הֲבוֹא נָבוֹא אֲנִי וְאִמְּךָ וְאַחֶיךָ לְהִשְׁתַּחֲוֺת לְךָ אָרְצָה
VAISAPÉR EL-ABÍV VEEL-EJÁV VAYGÄR-BO ABÍV VAYÓMER LO MAH HAJALÓM HAZZÉH ASHÉR JALÁMETA HABÓ NABÓ ANÍ VEIMEJÁ VEAJÉIJA LEHISHTAJAVÓT LEJÁ ÁRTZAH

37:11 וַיְקַנְאוּ־בוֹ אֶחָיו וְאָבִיו שָׁמַר אֶת־הַדָּבָר
VAIKNÉU-BO EJÁV VEABÍV SHAMÁR ET-HADABÁR

37:12 Después fueron sus hermanos a apacentar las ovejas de su padre en Shéjem.

37:13 Y dijo Israel a *Ioséf* (José): Tus hermanos apacientan las ovejas en Shéjem: ven, y te enviaré a ellos. Y él respondió: Heme aquí.

37:14 E Israel le dijo: Ve ahora, mira cómo están tus hermanos y cómo están las ovejas, y tráeme la respuesta. Y lo envió del valle de Jebrón, y llegó a Shéjem.

37:15 Y lo halló un hombre, andando él errante por el campo, y le preguntó aquel hombre, diciendo: ¿Qué buscas?

37:16 *Ioséf* (José) respondió: Busco a mis hermanos; te ruego que me muestres dónde están apacentando.

37:17 Aquel hombre respondió: Ya se han ido de aquí; y yo les oí decir: Vamos a Dotán. Entonces *Ioséf* (José) fue tras de sus hermanos, y los halló en Dotán.

37:18 Cuando ellos lo vieron de lejos, antes que llegara cerca de ellos, conspiraron contra él para matarle.

37:19 Y dijeron el uno al otro: He aquí viene el soñador.

37:20 Ahora pues, venid, y matémosle y echémosle en una pozo, y diremos: Alguna bestia feróz lo devoró; y veremos qué será de sus sueños.

37:21 Cuando *Reubén* oyó esto, lo libró de sus manos, y dijo: No lo matemos.

---

sueños se conviertan en realidad.

Su padre meditaba en esto: *Iaäkób* sabía que el sueño tenía un carácter profético y que en consecuencia se cumpliría. El objetivo de la reprimenda (ver 37:10) era quitar credibilidad a las palabras de *Ioséf*, de modo que los hermanos de *Ioséf* pensaran: "así como no se cumplirá una parte del sueño -pues es imposible que su madre venga a postrarse ya que esta muerta- tampoco se cumplirá la otra".

269 / BERESHÍT-בְּרֵאשִׁית

37:12 וַיֵּלְכ֖וּ אֶחָ֑יו לִרְע֛וֹת אֶת־צֹ֥אן אֲבִיהֶ֖ם בִּשְׁכֶֽם
VAYELJÚ EJÁV LIRÓT ET-TZON ABIHÉM BISHJÉM

37:13 וַיֹּ֨אמֶר יִשְׂרָאֵ֜ל אֶל־יוֹסֵ֗ף הֲל֤וֹא אַחֶ֙יךָ֙ רֹעִ֣ים בִּשְׁכֶ֔ם לְכָ֖ה וְאֶשְׁלָחֲךָ֣ אֲלֵיהֶ֑ם וַיֹּ֥אמֶר ל֖וֹ הִנֵּֽנִי
VAYÓMER ISRAÉL EL-IOSÉF HALÓ AJÉIJA ROÍM BISHJÉM LEJÁH VEESHLAJAJÁ ALEIHÉM VAYÓMER LO HINÉNI

37:14 וַיֹּ֣אמֶר ל֗וֹ לֶךְ־נָ֨א רְאֵ֜ה אֶת־שְׁל֤וֹם אַחֶ֙יךָ֙ וְאֶת־שְׁל֣וֹם הַצֹּ֔אן וַהֲשִׁבֵ֖נִי דָּבָ֑ר וַיִּשְׁלָחֵ֙הוּ֙ מֵעֵ֣מֶק חֶבְר֔וֹן וַיָּבֹ֖א שְׁכֶֽמָה
VAYÓMER LO LEJ-NA REÉH ET-SHELÓM AJÉIJA VEÉT-SHELÓM HATZÓN VAHASHIBÉNI DABÁR VAYSHLAJÉHU MEËMEK JEBRÓN VAYABÓ SHEJÉMAH

37:15 וַיִּמְצָאֵ֣הוּ אִ֔ישׁ וְהִנֵּ֥ה תֹעֶ֖ה בַּשָּׂדֶ֑ה וַיִּשְׁאָלֵ֧הוּ הָאִ֛ישׁ לֵאמֹ֖ר מַה־תְּבַקֵּֽשׁ
VAYMTZAÉHU ISH VEHINÉH TOËH BASADÉH VAYSHALÉHU HAÍSH LEMÓR MAH-TEBAKÉSH

37:16 וַיֹּ֕אמֶר אֶת־אַחַ֖י אָנֹכִ֣י מְבַקֵּ֑שׁ הַגִּֽידָה־נָּ֣א לִ֔י אֵיפֹ֖ה הֵ֥ם רֹעִֽים
VAYÓMER ET-AJÁI ANOJÍ MEBAKÉSH HAGUÍDAH-NA LI EIFÓH HEM ROÍM

37:17 וַיֹּ֤אמֶר הָאִישׁ֙ נָסְע֣וּ מִזֶּ֔ה כִּ֤י שָׁמַ֙עְתִּי֙ אֹֽמְרִ֔ים נֵלְכָ֖ה דֹּתָ֑יְנָה וַיֵּ֤לֶךְ יוֹסֵף֙ אַחַ֣ר אֶחָ֔יו וַיִּמְצָאֵ֖ם בְּדֹתָֽן
VAYÓMER HAÍSH NASEÜ MIZZÉH KI SHAMÁTI OMRÍM NELJÁH DOTÁIENAH VAYÉLEJ IOSÉF AJÁR EJÁV VAYMTZAÉM BEDOTÁN

37:18 וַיִּרְא֥וּ אֹת֖וֹ מֵרָחֹ֑ק וּבְטֶ֙רֶם֙ יִקְרַ֣ב אֲלֵיהֶ֔ם וַיִּֽתְנַכְּל֥וּ אֹת֖וֹ לַהֲמִיתֽוֹ
VAYRÚ OTÓ MERAJÓK UBETÉREM IKERÁB ALEIHÉM VAITNAKELÚ OTÓ LAHAMITÓ

37:19 וַיֹּאמְר֖וּ אִ֣ישׁ אֶל־אָחִ֑יו הִנֵּ֗ה בַּ֛עַל הַחֲלֹמ֥וֹת הַלָּזֶ֖ה בָּֽא
VAYOMRÚ ISH EL-AJÍV HINÉH BÁAL HAJALOMÓT HALAZZÉH BA

37:20 וְעַתָּ֣ה ׀ לְכ֣וּ וְנַֽהַרְגֵ֗הוּ וְנַשְׁלִכֵ֙הוּ֙ בְּאַחַ֣ד הַבֹּר֔וֹת וְאָמַ֕רְנוּ חַיָּ֥ה רָעָ֖ה אֲכָלָ֑תְהוּ וְנִרְאֶ֕ה מַה־יִּהְי֖וּ חֲלֹמֹתָֽיו
VEËTÁH LEJÚ VENAHARGUÉHU VENASHLIJÉHU BEAJÁD HABORÓT VEAMÁRENU JAYÁH RAÄH AJALÁTEHU VENIRÉH MAH-YHIÚ JALOMOTÁV

37:21 וַיִּשְׁמַ֣ע רְאוּבֵ֔ן וַיַּצִּלֵ֖הוּ מִיָּדָ֑ם וַיֹּ֕אמֶר לֹ֥א נַכֶּ֖נּוּ נָֽפֶשׁ
VAYSHMÄ REUBÉN VAYATZILÉHU MIYADÁM VAYÓMER LO NAKENÚ NÁFESH

37:22 Y les dijo *Reubén*: No derraméis sangre; echadlo en este pozo que está en el desierto, y no pongáis mano en él; por librarlo así de sus manos, para hacerlo volver a su padre[250].

37:23 Sucedió, pues, que cuando llegó *Ioséf* (José) a sus hermanos, ellos quitaron a *Ioséf* (José) su túnica, la túnica de colores que tenía sobre sí;

37:24 y le tomaron y le echaron en el pozo; pero el pozo estaba vacío, no había en ella agua[251].

37:25 Y se sentaron a comer pan; y alzando los ojos miraron, y he aquí una caravana de ishmeëlím que venía de Guiläd, y sus camellos traían aromas, bálsamo y mirra, e iban a llevarlo a Egipto[252].

37:26 Entonces *Iehudáh* dijo a sus hermanos: ¿Qué provecho hay en que matemos a nuestro hermano y encubramos su muerte?

37:27 Venid, y vendámosle a los ishmeëlím, y no sea nuestra mano sobre él; porque él es nuestro hermano, nuestra propia carne. Y sus hermanos convinieron con él[253].

37:28 Y cuando pasaban los mercaderes midianím, sacaron ellos a *Ioséf* (José) del pozo, y le trajeron arriba. Y le vendieron a los ishmeëlím por veinte piezas de plata. Y llevaron a *Ioséf* (José) a Egipto[254].

---

[250] **37:22 Por librarlo:** *Reubén* dijo así pues pensó que posteriormente podría sacarlo del pozo. Como hermano mayor, sabía que *Iaäkób* lo responsabilizaría por cualquier cosa que le sucediese a *Ioséf*.

[251] **37:24 Estaba vacío, no había en ella agua:** Sin embargo, en el pozo había serpientes y escorpiones.

[252] **37:25 Mirra:** Resina fragante que se encontraba en ciertos árboles de África y Asia, y que se utilizaba para fabricar inciensos y perfumes, como asimismo para la realización de ciertos ritos religiosos.

[253] **37:27 Vendámosle a los ishmeëlím:** Al vender a *Ioséf* como esclavo, los hermanos estarían pagándole con la misma moneda: "él quiso ser nuestro amo, mas se convertirá en un esclavo".

[254] **37:28 Midianím... ishmeëlím:** *Ioséf* fue vendido varias veces. Sus hermanos lo entregaron a los midianím, los cuales lo vendieron a los ishmeëlím. Posteriormente los ishmeëlím lo vendieron a los midianím

271 / BERESHÍT - בְּרֵאשִׁית

37:22 וַיֹּאמֶר אֲלֵהֶם ׀ רְאוּבֵן אַל־תִּשְׁפְּכוּ־דָם הַשְׁלִיכוּ אֹתוֹ אֶל־הַבּוֹר הַזֶּה אֲשֶׁר בַּמִּדְבָּר וְיָד אַל־תִּשְׁלְחוּ־בוֹ לְמַעַן הַצִּיל אֹתוֹ מִיָּדָם לַהֲשִׁיבוֹ אֶל־אָבִיו

VAYÓMER ALEHÉM REUBÉN AL-TISHPEJÚ-DAM HASHLÍJU OTÓ EL-HABÓR HAZZÉH ASHÉR BAMIDBÁR VEYÁD AL-TISHLEJÚ-BO LEMÁAN HATZÍL OTÓ MIYADÁM LAHASHIBÓ EL-ABÍV

37:23 וַיְהִי כַּאֲשֶׁר־בָּא יוֹסֵף אֶל־אֶחָיו וַיַּפְשִׁיטוּ אֶת־יוֹסֵף אֶת־כֻּתָּנְתּוֹ אֶת־כְּתֹנֶת הַפַּסִּים אֲשֶׁר עָלָיו

VAIHÍ KAASHÉR-BA IOSÉF EL-EJÁV VAYAFSHITÚ ET-IOSÉF ET-KUTANETÓ ET-KETÓNET HAPASÍM ASHÉR ÄLÁV

37:24 וַיִּקָּחֻהוּ וַיַּשְׁלִכוּ אֹתוֹ הַבֹּרָה וְהַבּוֹר רֵק אֵין בּוֹ מָיִם

VAYKAJUHÚ VAYASHLÍJU OTÓ HABÓRAH VEHABÓR REK ÉIN BO MÁIM

37:25 וַיֵּשְׁבוּ לֶאֱכָל־לֶחֶם וַיִּשְׂאוּ עֵינֵיהֶם וַיִּרְאוּ וְהִנֵּה אֹרְחַת יִשְׁמְעֵאלִים בָּאָה מִגִּלְעָד וּגְמַלֵּיהֶם נֹשְׂאִים נְכֹאת וּצְרִי וָלֹט הוֹלְכִים לְהוֹרִיד מִצְרָיְמָה

VAYESHBÚ LEEJÓL-LÉJEM VAYSÚ ËINEIHÉM VAYRÚ VEHINÉH ORJÁT ISHMEËLÍM BAÁH MIGUILÄD UGUEMALEIHÉM NOSÍM NEJÓT UTZERÍ VALÓT HOLEJÍM LEHORÍD MITZRÁIEMAH

37:26 וַיֹּאמֶר יְהוּדָה אֶל־אֶחָיו מַה־בֶּצַע כִּי נַהֲרֹג אֶת־אָחִינוּ וְכִסִּינוּ אֶת־דָּמוֹ

VAYÓMER IEHUDÁH EL-EJÁV MAH-BÉTZÄ KI NAHARÓG ET-AJÍNU VEJISÍNU ET-DAMÓ

37:27 לְכוּ וְנִמְכְּרֶנּוּ לַיִּשְׁמְעֵאלִים וְיָדֵנוּ אַל־תְּהִי־בוֹ כִּי־אָחִינוּ בְשָׂרֵנוּ הוּא וַיִּשְׁמְעוּ אֶחָיו

LEJÚ VENIMKERÉNU LAYSHMEËLÍM VEIADÉNU AL-TEHÍ-BO KI-AJÍNU BESARÉNU HU VAYSHMEÜ EJÁV

37:28 וַיַּעַבְרוּ אֲנָשִׁים מִדְיָנִים סֹחֲרִים וַיִּמְשְׁכוּ וַיַּעֲלוּ אֶת־יוֹסֵף מִן־הַבּוֹר וַיִּמְכְּרוּ אֶת־יוֹסֵף לַיִּשְׁמְעֵאלִים בְּעֶשְׂרִים כָּסֶף וַיָּבִיאוּ אֶת־יוֹסֵף מִצְרָיְמָה

VAYÁÄBRU ANASHÍM MIDIANÍM SOJARÍM VAIMSHEJÚ VAYÁÄLU ET-IOSÉF MIN-HABÓR VAYMKERÚ ET-IOSÉF LAYSHMEËLÍM BEËSRÍM JÁSEF VAYABÍU ET-IOSÉF MITZERÁIEMAH

37:29 Después *Reubén* volvió al pozo, y no halló a *Ioséf* (José) dentro, y rasgó sus vestidos[255].
37:30 Y volvió a sus hermanos, y dijo: El joven no está con nosotros; y yo, ¿adónde iré yo?
37:31 Entonces tomaron ellos la túnica de *Ioséf* (José), y degollaron un cabrito de las cabras, y tiñeron la túnica con la sangre[256];
37:32 y enviaron la túnica de colores y la trajeron a su padre, y dijeron: Esto hemos hallado; reconoce ahora si es la túnica de tu hijo, o no[257].
37:33 Y él la reconoció, y dijo: La túnica de mi hijo es; alguna mala bestia lo devoró; *Ioséf* (José) ha sido despedazado.
37:34 Entonces *Iaäkób* (Jacob) rasgó sus vestidos, y se puso un saco sobre sus lomos, y guardó luto por su hijo muchos días[258].
37:35 Y se levantaron todos sus hijos y todas sus hijas para consolarlo; mas él no quiso recibir consuelo, y dijo: Hasta el día de mi sepultura estaré enlutado por mi hijo. Y lo lloró su padre[259].
37:36 Y los midianím lo vendieron en Egipto a *Pótifar*, oficial de Faraón, maéstro de los matarifes[260].

---

los cuales lo vendieron en Egipto (ver 37:36).

[255] **37:29 Rasgó sus vestidos:** *Reubén* no se encontraba presente cuando fue concretada la venta. Cuando llegó al lugar a rescatar a *Ioséf* y vio que el pozo estaba vacío, pensó que había muerto y rasgó sus vestidos en señal de duelo.

[256] **37:31 Tiñeron la túnica con la sangre:** La sangre del cabrito se asemeja a la sangre del ser humano.

[257] **37:32 Enviaron la túnica:** Los hermanos no se atrevieron a entregar personalmente la túnica, pues sin duda alguna *Iaäkób* habría sospechado de su culpabilidad.

[258] **37:34 Se puso un saco:** Esta es la vestimenta que antiguamente se utilizaba en señal de duelo.

[259] **37:35 Todas sus hijas para consolarlo:** *Iaäkób* tenía una sola hija (*Dináh*). Las "hijas" que hace referencia el texto se refieren además a sus nueras, consideradas por él como sus propias hijas.

[260] **37:36 Y los midianím:** Este versículo enfatiza el hecho de que *Ioséf* fue vendido en varias ocasiones antes de llegar a Egipto.

273 / BERESHÍT - בְּרֵאשִׁית

37:29 וַיָּ֤שָׁב רְאוּבֵן֙ אֶל־הַבּ֔וֹר וְהִנֵּ֥ה אֵין־יוֹסֵ֖ף בַּבּ֑וֹר וַיִּקְרַ֖ע אֶת־בְּגָדָֽיו
VAYÁSHAB REUBÉN EL-HABÓR VEHINÉH EÍN-IOSÉF BABÓR VAYKRÄ ET-BEGADÁV

37:30 וַיָּ֥שָׁב אֶל־אֶחָ֖יו וַיֹּאמַ֑ר הַיֶּ֣לֶד אֵינֶ֔נּוּ וַאֲנִ֖י אָ֥נָה אֲנִי־בָֽא
VAYÁSHAB EL-EJÁV VAYOMÁR HAYÉLED EINÉNU VAANÍ ÁNAH ANÍ-BA

37:31 וַיִּקְח֖וּ אֶת־כְּתֹ֣נֶת יוֹסֵ֑ף וַֽיִּשְׁחֲטוּ֙ שְׂעִ֣יר עִזִּ֔ים וַיִּטְבְּל֥וּ אֶת־הַכֻּתֹּ֖נֶת בַּדָּֽם
VAYKJÚ ET-KETÓNET IOSÉF VAYSHJATÚ SEÏR ÏZZIM VAITBELÚ ET-HAKUTÓNET BADÁM

37:32 וַֽיְשַׁלְּח֞וּ אֶת־כְּתֹ֣נֶת הַפַּסִּ֗ים וַיָּבִ֙יאוּ֙ אֶל־אֲבִיהֶ֔ם וַיֹּאמְר֖וּ זֹ֣את מָצָ֑אנוּ הַכֶּר־נָ֗א הַכְּתֹ֧נֶת בִּנְךָ֛ הִ֖וא אִם־לֹֽא
VAISHALEJÚ ET-KETÓNET HAPASÍM VAYABÍU EL-ABIHÉM VAYOMRÚ ZZOT MATZÁNU HAKÉR-NA HAKETÓNET BINJÁ HI IM-LO

37:33 וַיַּכִּירָ֤הּ וַיֹּ֙אמֶר֙ כְּתֹ֣נֶת בְּנִ֔י חַיָּ֥ה רָעָ֖ה אֲכָלָ֑תְהוּ טָרֹ֥ף טֹרַ֖ף יוֹסֵֽף
VAYAKIRÁH VAYÓMER KETÓNET BENÍ JAYÁH RAÄH AJALÁTEHU TARÓF TORÁF IOSÉF

37:34 וַיִּקְרַ֤ע יַעֲקֹב֙ שִׂמְלֹתָ֔יו וַיָּ֥שֶׂם שַׂ֖ק בְּמָתְנָ֑יו וַיִּתְאַבֵּ֥ל עַל־בְּנ֖וֹ יָמִ֥ים רַבִּֽים
VAYKRÄ IAÄKÓB SIMLOTÁV VAYÁSEM SAK BEMATENÁV VAYTABÉL ÄL-BENÓ IAMÍM RABÍM

37:35 וַיָּקֻ֩מוּ כָל־בָּנָ֨יו וְכָל־בְּנֹתָ֜יו לְנַחֲמ֗וֹ וַיְמָאֵן֙ לְהִתְנַחֵ֔ם וַיֹּ֕אמֶר כִּֽי־אֵרֵ֧ד אֶל־בְּנִ֛י אָבֵ֖ל שְׁאֹ֑לָה וַיֵּ֥בְךְּ אֹת֖וֹ אָבִֽיו
VAYAKÚMU JOL-BANÁV VEJÓL-BENOTÁV LENAJAMÓ VAIMAÉN LEHITNAJÉM VAYÓMER KI-ERÉD EL-BENÍ ABÉL SHEÓLAH VAYÉBEJ OTÓ ABÍV

37:36 וְהַ֨מְּדָנִ֔ים מָכְר֥וּ אֹת֖וֹ אֶל־מִצְרָ֑יִם לְפֽוֹטִיפַר֙ סְרִ֣יס פַּרְעֹ֔ה שַׂ֖ר הַטַּבָּחִֽים
VEHAMEDANÍM MAJERÚ OTÓ EL-MITZRÁIM LEFÓTIFAR SERÍS PARÓH SAR HATABAJÍM

CAPÍTULO 38

Iehudáh y Tamár

38:1 Aconteció en aquel tiempo, que *Iehudáh* bajó de sus hermanos, y se dirigió a un varón ädulamí que se llamaba *Jiráh*[261].
38:2 Y vio allí *Iehudáh* la hija de un hombre kenaäní, el cual se llamaba *Shuä*; y la tomó, y se llegó a ella[262].
38:3 Y ella concibió, y dio a luz un hijo, y llamó su nombre *Ër*.
38:4 Concibió otra vez, y dio a luz un hijo, y llamó su nombre *Onán*.
38:5 Y volvió a concebir, y dio a luz un hijo, y llamó su nombre *Sheláh*. Y estaba en Jezzib cuando lo dio a luz.
38:6 Después *Iehudáh* tomó mujer para su primogénito *Ër*, la cual se llamaba *Tamár*[263].
38:7 Y *Ër*, el primogénito de *Iehudáh*, fue malo ante los ojos de El Eterno, y le quitó El Eterno la vida[264].
38:8 Entonces *Iehudáh* dijo a *Onán*: Llégate a la mujer de tu hermano, y despósate con ella, y levanta descendencia a tu hermano[265].

---

[261] **38:1 Bajó de sus hermanos:** Cuando los hermanos vieron el sufrimiento de su padre, culparon a *Iehudáh* por haberles sugerido vender a *Ioséf* y posteriormente lo bajaron de su posición de líder. Con estos acontecimientos, la autoestima de *Iehudáh* bajó de gran manera por lo que finalmente decidió asentarse en *Ädulám*.

Ädulamí: *Ädulám* era una ciudad próxima a Jebrón.

[262] **38:2 Hombre kenaäní:** Tanto *Abrahám* como *Itzják* enseñaron a sus hijos que no se casaran con mujeres de los kenaäním, nación maldita (ver 9:25). La mujer que tomó *Iehudáh* por esposa era procedente de otra tribu que se estableció en Kenään.

[263] **38:6 Tamár:** Era la *tzadéket* (justa) hija de *Shem*, el hijo de *Nóaj*. Se dice de ella que era tan hermosa como modesta.

[264] **38:7 Fue malo ante los ojos:** Er temía que al dejar embarazada a *Tamár*, ésta perdería su belleza. Por lo tanto cada vez que tenía relaciones con *Tamár* eyaculaba a tierra.

[265] **38:8 Levanta descendencia a tu hermano:** Si un hombre muere sin hijos, su hermano o el familiar más cercano, deberá casarse con la viuda.

פֶּרֶק לח - PÉREK 38

38:1 וַיְהִי֙ בָּעֵ֣ת הַהִ֔וא וַיֵּ֥רֶד יְהוּדָ֖ה מֵאֵ֣ת אֶחָ֑יו וַיֵּ֛ט עַד־אִ֥ישׁ עֲדֻלָּמִ֖י וּשְׁמ֥וֹ חִירָֽה

VAIHÍ BAËT HAHÍ VAYÉRED IEHUDÁH MEÉT EJÁV VAYÉT ÄD-ISH ÄDULAMÍ USHEMÓ JIRÁH

38:2 וַיַּרְא־שָׁ֧ם יְהוּדָ֛ה בַּת־אִ֥ישׁ כְּנַעֲנִ֖י וּשְׁמ֣וֹ שׁ֑וּעַ וַיִּקָּחֶ֖הָ וַיָּבֹ֥א אֵלֶֽיהָ

VAYÁR-SHAM IEHUDÁH BAT-ISH KENAÄNÍ USHEMÓ SHÚÄ VAYKAJÉHA VAYABÓ ELÉIHA

38:3 וַתַּ֖הַר וַתֵּ֣לֶד בֵּ֑ן וַיִּקְרָ֥א אֶת־שְׁמ֖וֹ עֵֽר

VATÁHAR VATÉLED BEN VAYKRÁ ET-SHEMÓ ËR

38:4 וַתַּ֥הַר ע֖וֹד וַתֵּ֣לֶד בֵּ֑ן וַתִּקְרָ֥א אֶת־שְׁמ֖וֹ אוֹנָֽן

VATÁHAR ÖD VATÉLED BEN VATIKRÁ ET-SHEMÓ ONÁN

38:5 וַתֹּ֤סֶף עוֹד֙ וַתֵּ֣לֶד בֵּ֔ן וַתִּקְרָ֥א אֶת־שְׁמ֖וֹ שֵׁלָ֑ה וְהָיָ֥ה בִכְזִ֖יב בְּלִדְתָּ֥הּ אֹתֽוֹ

VATÓSEF ÖD VATÉLED BEN VATIKRÁ ET-SHEMÓ SHELÁH VEHAIÁH BIJZZÍB BELIDTÁH OTÓ

38:6 וַיִּקַּ֧ח יְהוּדָ֛ה אִשָּׁ֖ה לְעֵ֣ר בְּכוֹר֑וֹ וּשְׁמָ֖הּ תָּמָֽר

VAYKÁJ IEHUDÁH ISHÁH LEËR BEJORÓ USHEMÁH TAMÁR

38:7 וַיְהִ֗י עֵ֚ר בְּכ֣וֹר יְהוּדָ֔ה רַ֖ע בְּעֵינֵ֣י יְהוָ֑ה וַיְמִתֵ֖הוּ יְהוָֽה

VAIHÍ ËR BEJÓR IEHUDÁH RÄ BEËINÉI IHVH VAIMITÉHU IHVH

38:8 וַיֹּ֤אמֶר יְהוּדָה֙ לְאוֹנָ֔ן בֹּ֛א אֶל־אֵ֥שֶׁת אָחִ֖יךָ וְיַבֵּ֣ם אֹתָ֑הּ וְהָקֵ֥ם זֶ֖רַע לְאָחִֽיךָ

VAYÓMER IEHUDÁH LEONÁN BO EL-ÉSHET AJÍJA VEIABÉM OTÁH VEHAKÉM ZZÉRÄ LEAJÍJA

38:9 Y sabiendo *Onán* que la descendencia no había de ser suya, sucedía que cuando se llegaba a la mujer de su hermano, eyaculaba en tierra, por no dar descendencia a su hermano.

38:10 Y desagradó en ojos de El Eterno lo que hacía, y a él también le quitó la vida[266].

38:11 Y *Iehudáh* dijo a *Tamár* su nuera: Quédate viuda en casa de tu padre, hasta que crezca *Sheláh* mi hijo; porque dijo: No sea que muera él también como sus hermanos. Y se fue *Tamár*, y estuvo en casa de su padre[267].

38:12 Pasaron muchos días, y murió la hija de *Shuä*, mujer de *Iehudáh*. Después *Iehudáh* se consoló, y subía a los trasquiladores de sus ovejas a Timnát, él y su amigo *Jiráh* el ädulamí.

38:13 Y fue dado aviso a *Tamár*, diciendo: He aquí tu suegro sube a Timnát a trasquilar sus ovejas.

38:14 Entonces se quitó ella los vestidos de su viudez, y se cubrió con un velo, y se cubrió, y se puso en la bifurcación que está en el camino a Timnát; porque veía que había crecido *Sheláh*, y ella no era dada a él por mujer[268].

38:15 Y la vio *Iehudáh*, y la tuvo por ramera, porque ella había cubierto su rostro[269].

El hijo que naciera de esta unión llevará el nombre del difunto y es considerado el descendiente espiritual del mismo. Este precepto es conocido como יבום (IBÚM=levirato) como esta descrito en Debarím - Deuteronomio 25:5 *"Cuando hermanos habitaren juntos, y muriere alguno de ellos, y no tuviere hijo, la mujer del muerto no se casará fuera con hombre extraño; su cuñado se llegará a ella, y la tomará por su mujer, y hará con ella parentesco."*

[266] **38:10 A él también le quitó la vida:** De aquí aprendemos que ambos hermanos murieron por el mismo pecado: eyacular a tierra.

[267] **38:11 No sea que muera él también como sus hermanos:** *Iehudáh* tuvo miedo de entregar a su tercer hijo a *Tamár*, pues pensaba que ésta causaba la muerte de sus esposos.

[268] **38:14 Se cubrió con un velo:** *Tamár* quería realizar el levirato con su suegro, pues éste cumplía con los requerimientos (ver comentario 38:8). Cubrió su cara para que su suegro no la reconociera.

[269] **38:15 Y la tuvo por ramera:** En aquella época las rameras

277 / BERESHÍT - בְּרֵאשִׁית

38:9 וַיֵּ֣דַע אוֹנָ֔ן כִּ֛י לֹּ֥א ל֖וֹ יִהְיֶ֣ה הַזָּ֑רַע וְהָיָ֞ה אִם־בָּ֨א אֶל־אֵ֤שֶׁת אָחִיו֙ וְשִׁחֵ֣ת אַ֔רְצָה לְבִלְתִּ֥י נְתָן־זֶ֖רַע לְאָחִֽיו

VAYÉDÄ ONÁN KI LO LO IHIÉH HAZZÁRÄ VEHAIÁH IM-BA EL-ÉSHET AJÍV
VESHIJÉT ÁRTZAH LEBILTÍ NETÁN-ZZÉRÄ LEAJÍV

38:10 וַיֵּ֛רַע בְּעֵינֵ֥י יְהוָ֖ה אֲשֶׁ֣ר עָשָׂ֑ה וַיָּ֖מֶת גַּם־אֹתֽוֹ

VAYÉRÄ BEËINÉI IHVH ASHÉR ÄSÁH VAYÁMET GAM-OTÓ

38:11 וַיֹּ֣אמֶר יְהוּדָה֩ לְתָמָ֨ר כַּלָּת֜וֹ שְׁבִ֧י אַלְמָנָ֣ה בֵית־אָבִ֗יךְ עַד־יִגְדַּל֙ שֵׁלָ֣ה בְנִ֔י כִּ֣י אָמַ֔ר פֶּן־יָמ֥וּת גַּם־ה֖וּא כְּאֶחָ֑יו וַתֵּ֣לֶךְ תָּמָ֔ר וַתֵּ֖שֶׁב בֵּ֥ית אָבִֽיהָ

VAYÓMER IEHUDÁH LETAMÁR KALATÓ SHEBÍ ALMANÁH BEÍT-ABÍJ ÄD-IGDÁL
SHELÁH BENÍ KI AMÁR PEN-IAMÚT GAM-HU KEEJÁV VATÉLEJ TAMÁR VATÉSHEB
BÉIT ABÍHA

38:12 וַיִּרְבּוּ֙ הַיָּמִ֔ים וַתָּ֖מָת בַּת־שׁ֣וּעַ אֵֽשֶׁת־יְהוּדָ֑ה וַיִּנָּ֣חֶם יְהוּדָ֗ה וַיַּ֜עַל עַל־גֹּֽזְזֵ֤י צֹאנוֹ֙ ה֔וּא וְחִירָ֥ה רֵעֵ֖הוּ הָעֲדֻלָּמִ֥י תִּמְנָֽתָה

VAYRBÚ HAYAMÍM VATÁMAT BAT-SHÚÄ ÉSHET-IEHUDÁH VAINÁJEM IEHUDÁH
VAYÄÄL ÄL-GOZZAZZÍ TZONÓ HU VEJIRÁH REËHU HAÄDULAMÍ TIMNÁTAH

38:13 וַיֻּגַּ֥ד לְתָמָ֖ר לֵאמֹ֑ר הִנֵּ֥ה חָמִ֛יךְ עֹלֶ֥ה תִמְנָ֖תָה לָגֹ֥ז צֹאנֽוֹ

VAYUGÁD LETAMÁR LEMÓR HINÉH JAMÍJ ÖLÉH TIMNÁTAH LAGÓZZ TZONÓ

38:14 וַתָּסַר֩ בִּגְדֵ֨י אַלְמְנוּתָ֜הּ מֵֽעָלֶ֗יהָ וַתְּכַ֤ס בַּצָּעִיף֙ וַתִּתְעַלָּ֔ף וַתֵּ֨שֶׁב֙ בְּפֶ֣תַח עֵינַ֔יִם אֲשֶׁ֖ר עַל־דֶּ֣רֶךְ תִּמְנָ֑תָה כִּ֤י רָאֲתָה֙ כִּֽי־גָדַ֣ל שֵׁלָ֔ה וְהִ֕וא לֹֽא־נִתְּנָ֥ה ל֖וֹ לְאִשָּֽׁה

VATASÁR BIGDÉI ALMENUTÁH MEÄLÉIHA VATEJÁS BATZAÏF VATITÄLÁF
VATÉSHEB BEFÉTAJ ËINÁIM ASHÉR ÄL-DÉREJ TIMNÁTAH KI RAATÁH KI-GADÁL
SHELÁH VEHÍ LO-NITENÁH LO LEISHÁH

38:15 וַיִּרְאֶ֣הָ יְהוּדָ֔ה וַֽיַּחְשְׁבֶ֖הָ לְזוֹנָ֑ה כִּ֥י כִסְּתָ֖ה פָּנֶֽיהָ

VAIREÉHA IEHUDÁH VAYAJSHEBÉHA LEZZONÁH KI JISETÁH PANEIHÁ

38:16 Y se apartó del camino hacia ella, y le dijo: Déjame ahora llegarme a ti: pues no sabía que era su nuera; y ella dijo: ¿Qué me darás por llegarte a mí?

38:17 El respondió: Yo te enviaré del ganado un cabrito de las cabras. Y ella dijo: Dame una prenda hasta que lo envíes.

38:18 Entonces *Iehudáh* dijo: ¿Qué prenda te daré? Ella respondió: Tu sello, tu chal, y tu bastón que tienes en tu mano. Y él se los dio, y se llegó a ella, y ella concibió de él.

38:19 Luego se levantó y se fue, y se quitó el velo de sobre sí, y se vistió las ropas de su viudez.

38:20 Y *Iehudáh* envió el cabrito de las cabras por medio de su amigo el ädulamí, para que éste recibiese la prenda de la mujer; pero no la halló.

38:21 Y preguntó a los hombres de aquel lugar, diciendo: ¿Dónde está la ramera de la bifurcación? Y ellos le dijeron: No ha estado aquí ramera alguna.

38:22 Entonces él se volvió a *Iehudáh*, y dijo: No la he hallado; y también los hombres del lugar dijeron: Aquí no ha estado ramera.

38:23 Y *Iehudáh* dijo: Tómeselo para sí, para que no seamos menospreciados; he aquí yo he enviado este cabrito, y tú no la hallaste[270].

---

acostumbraban cubrir su cara y sentarse en las bifurcaciones de los caminos.

[270] **38:23 Tómeselo para sí**: Los objetos que *Iehudáh* había entregado a *Tamár* eran más valiosos que el cabrito que le debía. Por esta razón *Iehudáh* decidió que éstos serían su pago.

Menospreciados: Era un desprecio para ellos discutir asuntos sexuales en público.

279 / BERESHÍT-בְּרֵאשִׁית

38:16 וַיֵּט אֵלֶיהָ אֶל־הַדֶּרֶךְ וַיֹּאמֶר הָבָה־נָּא אָבוֹא אֵלַיִךְ כִּי לֹא יָדַע כִּי כַלָּתוֹ הִוא וַתֹּאמֶר מַה־תִּתֶּן־לִי כִּי תָבוֹא אֵלָי

VAYÉT ELÉIHA EL-HADÉREJ VAYÓMER HÁBAH-NA ABÓ ELÁIJ KI LO IADÄ KI JALATÓ HI VATÓMER MAH-TITÉN-LI KI TABÓ ELÁI

38:17 וַיֹּאמֶר אָנֹכִי אֲשַׁלַּח גְּדִי־עִזִּים מִן־הַצֹּאן וַתֹּאמֶר אִם־תִּתֵּן עֵרָבוֹן עַד שָׁלְחֶךָ

VAYÓMER ANOJÍ ASHALÁJ GUEDÍ-ÏZZÍM MIN-HATZÓN VATÓMER IM-TITÉN ËRABÓN ÄD SHALEJÉJA

38:18 וַיֹּאמֶר מָה הָעֵרָבוֹן אֲשֶׁר אֶתֶּן־לָךְ וַתֹּאמֶר חֹתָמְךָ וּפְתִילֶךָ וּמַטְּךָ אֲשֶׁר בְּיָדֶךָ וַיִּתֶּן־לָהּ וַיָּבֹא אֵלֶיהָ וַתַּהַר לוֹ

VAYÓMER MAH HAËRABÓN ASHÉR ETÉN-LAJ VATÓMER JOTAMEJÁ UFETILEJÁ UMATEJÁ ASHÉR BEIADÉJA VAITÉN-LAH VAYABÓ ELÉIHA VATÁHAR LO

38:19 וַתָּקָם וַתֵּלֶךְ וַתָּסַר צְעִיפָהּ מֵעָלֶיהָ וַתִּלְבַּשׁ בִּגְדֵי אַלְמְנוּתָהּ

VATÁKAM VATÉLEJ VATÁSAR TZEÏFÁH MEÄLÉIHA VATILBÁSH BIGDÉI ALMENUTÁH

38:20 וַיִּשְׁלַח יְהוּדָה אֶת־גְּדִי הָעִזִּים בְּיַד רֵעֵהוּ הָעֲדֻלָּמִי לָקַחַת הָעֵרָבוֹן מִיַּד הָאִשָּׁה וְלֹא מְצָאָהּ

VAISHELÁJ IEHUDÁH ET-GUEDÍ HAÏZZÍM BEIÁD REËHU HAÄDULAMÍ LAKÁJAT HAËRABÓN MIYÁD HAISHÁH VELÓ METZAÁH

38:21 וַיִּשְׁאַל אֶת־אַנְשֵׁי מְקֹמָהּ לֵאמֹר אַיֵּה הַקְּדֵשָׁה הִוא בָעֵינַיִם עַל־הַדָּרֶךְ וַיֹּאמְרוּ לֹא־הָיְתָה בָזֶה קְדֵשָׁה

VAYSHÁL ET-ANSHÉI MEKOMÁH LEMÓR AYÉH HAKEDESHÁH HI BAËINÁIM ÄL-HADÁREJ VAYOMRÚ LO-HAITÁH BAZZÉH KEDESHÁH

38:22 וַיָּשָׁב אֶל־יְהוּדָה וַיֹּאמֶר לֹא מְצָאתִיהָ וְגַם אַנְשֵׁי הַמָּקוֹם אָמְרוּ לֹא־הָיְתָה בָזֶה קְדֵשָׁה

VAYÁSHAB EL-IEHUDÁH VAYÓMER LO METZATÍHA VEGÁM ANSHÉI HAMAKÓM AMERÚ LO-HAITÁH BAZZÉH KEDESHÁH

38:23 וַיֹּאמֶר יְהוּדָה תִּקַּח־לָהּ פֶּן נִהְיֶה לָבוּז הִנֵּה שָׁלַחְתִּי הַגְּדִי הַזֶּה וְאַתָּה לֹא מְצָאתָהּ

VAYÓMER IEHUDÁH TIKÁJ-LAH PÉN NIHEIÉH LABÚZZ HINÉH SHALÁJeti HAGUEDÍ HAZZÉH VEATÁH LO METZATÁH

38:24 Sucedió que al cabo de unos tres meses fue dado aviso a *Iehudáh*, diciendo: *Tamár* tu nuera se ha prostituído, y ciertamente está encinta a causa de las fornicaciones. Y *Iehudáh* dijo: Sacadla, y sea quemada[271].

38:25 Pero ella, cuando la sacaban, envió a decir a su suegro: Del varón cuyas son estas cosas, estoy encinta. También dijo: Reconoce de quién son estas cosas, el sello, el chal y el bastón.

38:26 Entonces *Iehudáh* los reconoció, y dijo: Más justa es ella que yo, por cuanto no la he dado a *Sheláh* mi hijo. Y nunca más la conoció[272].

38:27 Y aconteció que al tiempo de dar a luz, he aquí había gemelos en su seno.

38:28 Sucedió cuando daba a luz, que sacó la mano el uno, y la partera tomó y ató a su mano un hilo carmesí, diciendo: Este salió primero.

38:29 Pero volviendo él a meter la mano, he aquí salió su hermano; y ella dijo: ¡Con cuanta fuerza te impusiste! Y llamó su nombre *Péretz*[273].

38:30 Después salió su hermano, el que tenía en su mano el hilo carmesí, y llamó su nombre *Zzéraj*[274].

---

[271] **38:24 Sacadla, y sea quemada:** *Tamár* fue sentenciada a morir quemada pues ella era hija de un sacerdote (*Shem*). Como dice en *Vaykrá* –Levítico 21:9, *"Y la hija del sacerdote, si comenzare a fornicar, a su padre deshonra; quemada será al fuego."*

[272] **38:26 Más justa es ella que yo, por cuanto no la he dado a Sheláh mi hijo:** *Iehudáh* reconoció que Tamar hizo lo que le correspondía según el mandamiento del levirato, pues él le negó a su hijo Sheláh.

[273] **38:29 Péretz:** Derivado de la palabra פִּרְצָה (PIRTZÁH=apertura). El niño fue llamado así, pues hizo una apertura para salir antes que su hermano. De Péretz desciende el rey David. La razón por la cual los orígenes de la familia real de Israel fueron poco honorables, proviniendo de la relación entre *Iehudáh* y *Tamár* por lado paterno y por lado materno de Rut la Moabita, se debe a designios Divinos que tienen por objeto asegurar que sus miembros no sean vanidosos y posean además rasgos de humildad.

[274] **38:30 Zzéraj:** Viene de la palabra זֹהַר (ZZÓHAR=esplendor, brillo). El niño fue llamado así por el hilo de color carmesí brillante que estaba atado en su mano.

281 / BERESHÍT-בְּרֵאשִׁית

38:24 וַיְהִי ׀ כְּמִשְׁלֹ֣שׁ חֳדָשִׁ֗ים וַיֻּגַּ֨ד לִֽיהוּדָ֤ה לֵֽאמֹר֙ זָֽנְתָה֙ תָּמָ֣ר כַּלָּתֶ֔ךָ וְגַ֛ם הִנֵּ֥ה הָרָ֖ה לִזְנוּנִ֑ים וַיֹּ֣אמֶר יְהוּדָ֔ה הוֹצִיא֖וּהָ וְתִשָּׂרֵֽף

VAIHÍ KEMISHLÓSH JADASHÍM VAIUGÁD LIHUDÁH LEMÓR ZZÁNETAH TAMÁR KALATÉJA VEGÁM HINÉH HARÁH LIZZNUNÍM VAYÓMER IEHUDÁH HOTZÍUHA VETISARÉF

38:25 הִ֣וא מוּצֵ֗את וְהִ֨יא שָׁלְחָ֤ה אֶל־חָמִ֨יהָ֙ לֵאמֹ֔ר לְאִישׁ֙ אֲשֶׁר־אֵ֣לֶּה לּ֔וֹ אָנֹכִ֖י הָרָ֑ה וַתֹּ֨אמֶר֙ הַכֶּר־נָ֔א לְמִ֞י הַחֹתֶ֧מֶת וְהַפְּתִילִ֛ים וְהַמַּטֶּ֖ה הָאֵֽלֶּה

HI MUTZÉT VEHÍ SHALEJÁH EL-JAMÍHA LEMÓR LEÍSH ASHÉR-ÉLEH LO ANOJÍ HARÁH VATÓMER HAKÉR-NA LEMÍ HAJOTÉMET VEHAPETILÍM VEHAMATÉH HAÉLEH

38:26 וַיַּכֵּ֣ר יְהוּדָ֗ה וַיֹּ֨אמֶר֙ צָֽדְקָ֣ה מִמֶּ֔נִּי כִּֽי־עַל־כֵּ֥ן לֹא־נְתַתִּ֖יהָ לְשֵׁלָ֣ה בְנִ֑י וְלֹֽא־יָסַ֥ף ע֖וֹד לְדַעְתָּֽהּ

VAYAKÉR IEHUDÁH VAYÓMER TZADEKÁH MIMÉNI KI-ÄL-KEN LO-NETATÍHA LESHELÁH BENÍ VELÓ-IASÁF ÖD LEDÄTÁH

38:27 וַיְהִ֖י בְּעֵ֣ת לִדְתָּ֑הּ וְהִנֵּ֥ה תְאוֹמִ֖ים בְּבִטְנָֽהּ

VAIHÍ BEËT LIDTÁH VEHINÉH TEOMÍM BEBITNÁH

38:28 וַיְהִ֥י בְלִדְתָּ֖הּ וַיִּתֶּן־יָ֑ד וַתִּקַּ֣ח הַמְיַלֶּ֗דֶת וַתִּקְשֹׁ֨ר עַל־יָד֤וֹ שָׁנִי֙ לֵאמֹ֔ר זֶ֖ה יָצָ֥א רִאשֹׁנָֽה

VAIHÍ BELIDTÁH VAYTÉN-IÁD VATIKÁJ HAMIALÉDET VATIKSHÓR ÄL-IADÓ SHANÍ LEMÓR ZZEH IATZÁ RISHONÁH

38:29 וַיְהִ֣י ׀ כְּמֵשִׁ֣יב יָד֗וֹ וְהִנֵּה֙ יָצָ֣א אָחִ֔יו וַתֹּ֕אמֶר מַה־פָּרַ֖צְתָּ עָלֶ֣יךָ פָּ֑רֶץ וַיִּקְרָ֥א שְׁמ֖וֹ פָּֽרֶץ

VAIHÍ KEMESHÍB IADÓ VEHINÉH IATZÁ AJÍV VATÓMER MAH-PARÁTZTA ÄLÉIJA PÁRETZ VAYKRÁ SHEMÓ PÁRETZ

38:30 וְאַחַר֙ יָצָ֣א אָחִ֔יו אֲשֶׁ֥ר עַל־יָד֖וֹ הַשָּׁנִ֑י וַיִּקְרָ֥א שְׁמ֖וֹ זָֽרַח

VEAJÁR IATZÁ AJÍV ASHÉR ÄL-IADÓ HASHANÍ VAYKRÁ SHEMÓ ZZÁRAJ

CAPÍTULO 39

Ioséf (José) y la esposa de *Pótifar*

39:1 Llevado, pues, *Ioséf* (José) a Egipto. *Pótifar* oficial de Faraón, maestro de los matarifes, varón egipcio, lo compró de los ishmeëlím que lo habían llevado allá.

39:2 Mas El Eterno estaba con *Ioséf* (José), y fue varón próspero; y estaba en la casa de su amo el egipcio.

39:3 Y vio su amo que El Eterno estaba con él, y que todo lo que él hacía, El Eterno lo hacía prosperar en su mano [275].

39:4 Así halló *Ioséf* (José) gracia en sus ojos, y le servía; y él le hizo mayordomo de su casa y entregó en su poder todo lo que tenía.

39:5 Y aconteció que desde cuando le dio el encargo de su casa y de todo lo que tenía, El Eterno bendijo la casa del egipcio a causa de *Ioséf* (José), y la bendición de El Eterno estaba sobre todo lo que tenía, así en casa como en el campo.

39:6 Y dejó todo lo que tenía en mano de *Ioséf* (José), y con él no se preocupaba de cosa alguna sino del pan que comía. Y era *Ioséf* (José) de hermoso semblante y bella presencia [276].

39:7 Aconteció después de esto, que la mujer de su amo puso sus ojos en *Ioséf* (José), y dijo: Duerme conmigo.

---

[275] **39:3 Y vio su amo que El Eterno estaba con él:** Cuándo *Pótifar* le preguntó a *Ioséf*: "¿Qué es lo que murmuras constantemente?", éste le contestó que oraba a El Eterno para que le permita tener éxito en todas las labores que emprendía y que le agradecía por todo lo que le sucedía.

[276] **39:6 Del pan que comía:** *Pótifar* le permitió a *Ioséf* hacer todo lo que él quisiese, con la excepción de tener relaciones sexuales con su esposa. La expresión "del pan que comía" se refiere a ésta.

BERESHÍT-בְּרֵאשִׁית

פֶּרֶק לט - PÉREK 39

39:1 וְיוֹסֵף הוּרַד מִצְרָיְמָה וַיִּקְנֵהוּ פּוֹטִיפַר סְרִיס פַּרְעֹה שַׂר הַטַּבָּחִים אִישׁ מִצְרִי מִיַּד הַיִּשְׁמְעֵאלִים אֲשֶׁר הוֹרִדֻהוּ שָׁמָּה

VEIOSÉF HURÁD MITZRÁIEMAH VAYKNÉHU POTIFÁR SERÍS PARÖH SAR HATABAJÍM ISH MITZRÍ MIYÁD HAISHMEËLÍM ASHÉR HORIDÚ-HU SHÁMAH

39:2 וַיְהִי יְהֹוָה אֶת-יוֹסֵף וַיְהִי אִישׁ מַצְלִיחַ וַיְהִי בְּבֵית אֲדֹנָיו הַמִּצְרִי

VAIHÍ IHVH ET-IOSÉF VAIHÍ ISH MATZLÍAJ VAIHÍ BEBÉIT ADONÁV HAMITZRÍ

39:3 וַיַּרְא אֲדֹנָיו כִּי יְהֹוָה אִתּוֹ וְכֹל אֲשֶׁר-הוּא עֹשֶׂה יְהֹוָה מַצְלִיחַ בְּיָדוֹ

VAYÁR ADONÁV KI IHVH ITÓ VEJÓL ASHÉR-HU ÖSÉH IHVH MATZLÍAJ BEIADÓ

39:4 וַיִּמְצָא יוֹסֵף חֵן בְּעֵינָיו וַיְשָׁרֶת אֹתוֹ וַיַּפְקִדֵהוּ עַל-בֵּיתוֹ וְכָל-יֶשׁ-לוֹ נָתַן בְּיָדוֹ

VAYMTZÁ IOSÉF JEN BEËINÁV VAISHÁRET OTÓ VAYAFKIDÉHU ÄL-BEITÓ VEJÓL-IÉSH-LO NATÁN BEIADÓ

39:5 וַיְהִי מֵאָז הִפְקִיד אֹתוֹ בְּבֵיתוֹ וְעַל כָּל-אֲשֶׁר יֶשׁ-לוֹ וַיְבָרֶךְ יְהֹוָה אֶת-בֵּית הַמִּצְרִי בִּגְלַל יוֹסֵף וַיְהִי בִּרְכַּת יְהֹוָה בְּכָל-אֲשֶׁר יֶשׁ-לוֹ בַּבַּיִת וּבַשָּׂדֶה

VAIHÍ MEÁZZ HIFKÍD OTÓ BEBEITÓ VEÄL KOL-ASHÉR IÉSH-LO VAIBARÉJ IHVH ET-BÉIT HAMITZRÍ BIGLÁL IOSÉF VAIHÍ BIRKÁT IHVH BEJÓL-ASHÉR IÉSH-LO BABÁIT UBASADÉH

39:6 וַיַּעֲזֹב כָּל-אֲשֶׁר-לוֹ בְּיַד-יוֹסֵף וְלֹא-יָדַע אִתּוֹ מְאוּמָה כִּי אִם-הַלֶּחֶם אֲשֶׁר-הוּא אוֹכֵל וַיְהִי יוֹסֵף יְפֵה-תֹאַר וִיפֵה מַרְאֶה

VAYAÄZZÓB KOL-ASHÉR-LO BEIÁD-IOSÉF VELÓ-IADÄ ITÓ MEÚMAH KI IM-HALÉJEM ASHÉR-HU OJÉL VAIHÍ IOSÉF IEFÉH-TÓAR VIFÉH MARÉH

39:7 וַיְהִי אַחַר הַדְּבָרִים הָאֵלֶּה וַתִּשָּׂא אֵשֶׁת-אֲדֹנָיו אֶת-עֵינֶיהָ אֶל-יוֹסֵף וַתֹּאמֶר שִׁכְבָה עִמִּי

VAIHÍ AJÁR HADEBARÍM HAÉLEH VATISÁ ÉSHET-ADONÁV ET-ËINÉIHA EL-IOSÉF VATÓMER SHIJBÁH ÏMÍ

39:8 Y él no quiso, y dijo a la mujer de su amo: He aquí que mi señor no se preocupa conmigo de lo que hay en casa, y ha puesto en mi mano todo lo que tiene.

39:9 No hay otro mayor que yo en esta casa, y ninguna cosa me ha reservado sino a ti, por cuanto tú eres su mujer; ¿cómo, pues, haría yo este grande mal, y pecaría contra Dios?[277]

39:10 Hablando ella a *Ioséf* (José) cada día, y no escuchándola él para acostarse al lado de ella, para estar con ella[278],

39:11 aconteció que entró él un día en casa para hacer su oficio, y no había nadie de los de casa allí[279].

39:12 Y ella lo tomó por su ropa, diciendo: Duerme conmigo. Entonces él dejó su ropa en las manos de ella, y huyó y salió[280].

39:13 Cuando vio ella que le había dejado su ropa en sus manos, y había huido fuera,

39:14 llamó a los de casa, y les habló diciendo: Mirad, nos ha traído un hebreo para que hiciese burla de nosotros. Vino él a mí para dormir conmigo, y yo di grandes voces[281];

---

[277] **39:9 Pecaría contra Dios:** Se refiere al pecado del adulterio.

[278] **39:10 Hablando ella a *Ioséf*:** La esposa de *Pótifar* hizo todo lo posible por conseguir su objetivo: con palabras seductoras, cambiándose de vestimentas, con amenazas de prisión, humillación, daño físico y ofreciéndole grandes sumas de dinero.

[279] **39:11 No había nadie de los de casa allí:** Todos excepto la esposa de *Pótifar* habían salido al templo a celebrar una festividad religiosa egipcia. Ésta pensó que era la ocasión para seducir a *Ioséf*, fingiendo estar enferma para quedarse a solas con él.

[280] **39:12 Entonces él dejó su ropa en las manos de ella:** *Ioséf* podría fácilmente haber arrebatado su ropa de las manos de la esposa de *Pótifar*. Sin embargo, por cortesía a la esposa de su amo, decidió abandonar sus ropas y huir del lugar.

[281] **39:14 Mirad, nos ha traído un hebreo para que hiciese burla de nosotros:** La esposa de *Pótifar* se apoyó en los prejuicios que tenían los egipcios contra los hebreos, incluso no se sentaban a comer junto ellos (ver 43:32). Los hebreos eran aborrecidos, y ella se había negado anteriormente a que su esposo trajera a uno de ellos a su hogar y menos

285 / BERESHÍT - בְּרֵאשִׁית

39:8 וַיְמָאֵ֓ן ׀ וַיֹּ֨אמֶר֙ אֶל־אֵ֣שֶׁת אֲדֹנָ֔יו הֵ֣ן אֲדֹנִ֔י לֹא־יָדַ֥ע אִתִּ֖י מַה־בַּבָּ֑יִת וְכֹ֥ל אֲשֶׁר־יֶשׁ־ל֖וֹ נָתַ֥ן בְּיָדִֽי

VAIMAÉN VAYÓMER EL-ÉSHET ADONÁV HEN ADONÍ LO-IADÄ ITÍ MAH-BABÁIT
VEJÓL ASHÉR-IÉSH-LO NATÁN BEIADÍ

39:9 אֵינֶ֨נּוּ גָד֜וֹל בַּבַּ֣יִת הַזֶּה֮ מִמֶּנִּי֒ וְלֹֽא־חָשַׂ֤ךְ מִמֶּ֨נִּי֙ מְא֔וּמָה כִּ֥י אִם־אוֹתָ֖ךְ בַּאֲשֶׁ֣ר אַתְּ־אִשְׁתּ֑וֹ וְאֵ֨יךְ אֶֽעֱשֶׂ֜ה הָרָעָ֤ה הַגְּדֹלָה֙ הַזֹּ֔את וְחָטָ֖אתִי לֵֽאלֹהִֽים

EINÉNU GADÓL BABÁIT HAZZÉH MIMENÍ VELÓ-JASÁJ MIMÉNI MÉUMAH KI IM-
OTÁJ BAASHÉR AT-ISHTÓ VEÉIJ EËSÉH HARAÄH HAGUEDOLÁH HAZZÓT
VEJATÁTI LELOHÍM

39:10 וַיְהִ֕י כְּדַבְּרָ֥הּ אֶל־יוֹסֵ֖ף י֣וֹם ׀ י֑וֹם וְלֹא־שָׁמַ֥ע אֵלֶ֛יהָ לִשְׁכַּ֥ב אֶצְלָ֖הּ לִהְי֥וֹת עִמָּֽהּ

VAIHÍ KEDABERÁH EL-IOSÉF IÓM IÓM VELÓ-SHAMÄ ELÉIHA LISHEKÁB ETZLÁH
LIHIÓT ÏMÁH

39:11 וַיְהִי֙ כְּהַיּ֣וֹם הַזֶּ֔ה וַיָּבֹ֥א הַבַּ֖יְתָה לַעֲשׂ֣וֹת מְלַאכְתּ֑וֹ וְאֵ֨ין אִ֜ישׁ מֵאַנְשֵׁ֥י הַבַּ֛יִת שָׁ֖ם בַּבָּֽיִת

VAIHÍ KEHAYÓM HAZZÉH VAYABÓ HABÁITAH LAASÓT MELAJTÓ VEÉIN ISH
MEANSHÉI HABÁIT SHAM BABÁIT

39:12 וַתִּתְפְּשֵׂ֧הוּ בְּבִגְד֛וֹ לֵאמֹ֖ר שִׁכְבָ֣ה עִמִּ֑י וַיַּעֲזֹ֤ב בִּגְדוֹ֙ בְּיָדָ֔הּ וַיָּ֖נׇס וַיֵּצֵ֥א הַחֽוּצָה

VATITPESÉHU BEBIGDÓ LEMÓR SHIJBÁH ÏMÍ VAYAÄZZÓB BIGDÓ BEIADÁH
VAYÁNAS VAYETZÉ HAJUTZÁH

39:13 וַיְהִי֙ כִּרְאוֹתָ֔הּ כִּי־עָזַ֥ב בִּגְד֖וֹ בְּיָדָ֑הּ וַיָּ֖נׇס הַחֽוּצָה

VAIHÍ KIROTÁH KI-ÄZZÁB BIGDÓ BEIADÁH VAYÁNAS HAJUTZÁH

39:14 וַתִּקְרָ֞א לְאַנְשֵׁ֣י בֵיתָ֗הּ וַתֹּ֤אמֶר לָהֶם֙ לֵאמֹ֔ר רְא֗וּ הֵ֥בִיא לָ֛נוּ אִ֥ישׁ עִבְרִ֖י לְצַ֣חֶק בָּ֑נוּ בָּ֤א אֵלַי֙ לִשְׁכַּ֣ב עִמִּ֔י וָאֶקְרָ֖א בְּק֥וֹל גָּדֽוֹל

VATIKRÁ LEANSHÉI BEITÁH VATÓMER LAHÉM LEMÓR REÚ HEBÍ LÁNU ISH ÏBRÍ
LETZÁJEK BÁNU BA ELÁI LISHKÁB ÏMÍ VAKRÁ BEKÓL GADÓL

39:15 y viendo que yo alzaba la voz y gritaba, dejó junto a mí su ropa, y huyó y salió.

39:16 Y ella puso junto a sí la ropa de *Ioséf* (José), hasta que vino su señor a su casa.

39:17 Entonces le habló ella las mismas palabras, diciendo: El siervo hebreo que nos trajiste, vino a mí para deshonrarme.

39:18 Y cuando yo alcé mi voz y grité, él dejó su ropa junto a mí y huyó fuera.

39:19 Y sucedió que cuando oyó el amo de *Ioséf* (José) las palabras que su mujer le hablaba, diciendo: Así me ha tratado tu siervo, se encendió su furor[282].

39:20 Y tomó su amo a *Ioséf* (José), y lo puso en la cárcel, donde estaban los presos del rey, y estuvo allí en la cárcel[283].

39:21 Pero El Eterno estaba con *Ioséf* (José) y le extendió su misericordia, y le dio gracia en los ojos del jefe de la cárcel.

39:22 Y el jefe de la cárcel entregó en mano de *Ioséf* (José) el cuidado de todos los presos que había en aquella prisión; todo lo que se hacía allí, él lo hacía.

---

aún que le otorgara un cargo de confianza.

[282] **39:19 Así me ha tratado tu siervo:** Mientras tenía relaciones con *Pótifar* ella le dijo "así me ha tratado tu siervo".

[283] **39:20 Y lo puso en la cárcel:** Dado que *Pótifar* no creyó mucho en las palabras de su esposa no mató a *Ioséf* sino que lo puso en la cárcel para evitar que la gente hablase mal de ella.

בְּרֵאשִׁית

39:15 וַיְהִ֣י כְשָׁמְע֔וֹ כִּֽי־הֲרִימֹ֥תִי קוֹלִ֖י וָאֶקְרָ֑א וַיַּעֲזֹ֤ב בִּגְדוֹ֙ אֶצְלִ֔י וַיָּ֖נָס וַיֵּצֵ֥א הַחֽוּצָה

VAIHÍ KESHAMEÖ KI-HARIMÓTI KOLÍ VAEKRÁ VAYAÄZZÓB BIGDÓ ETZLÍ VAYÁNAS VAYETZÉ HAJUTZÁH

39:16 וַתַּנַּ֥ח בִּגְד֖וֹ אֶצְלָ֑הּ עַד־בּ֥וֹא אֲדֹנָ֖יו אֶל־בֵּיתֽוֹ

VATANÁJ BIGDÓ ETZLÁH ÄD-BO ADONÁV EL-BEITÓ

39:17 וַתְּדַבֵּ֣ר אֵלָ֔יו כַּדְּבָרִ֥ים הָאֵ֖לֶּה לֵאמֹ֑ר בָּֽא־אֵלַ֞י הָעֶ֧בֶד הָֽעִבְרִ֛י אֲשֶׁר־הֵבֵ֥אתָ לָּ֖נוּ לְצַ֥חֶק בִּֽי

VATEDABÉR ELÁV KADEBARÍM HAÉLEH LEMÓR BA-ELÁI HAËBED HAÏBRÍ ASHÉR-HEBÉTA LÁNU LETZÁJEK BI

39:18 וַיְהִ֕י כַּהֲרִימִ֥י קוֹלִ֖י וָאֶקְרָ֑א וַיַּעֲזֹ֤ב בִּגְדוֹ֙ אֶצְלִ֔י וַיָּ֖נָס הַחֽוּצָה

VAIHÍ KAHARIMÍ KOLÍ VAEKRÁ VAYAÄZZÓB BIGDÓ ETZLÍ VAYÁNAS HAJUTZÁH

39:19 וַיְהִי֩ כִשְׁמֹ֨עַ אֲדֹנָ֜יו אֶת־דִּבְרֵ֣י אִשְׁתּ֗וֹ אֲשֶׁ֨ר דִּבְּרָ֤ה אֵלָיו֙ לֵאמֹ֔ר כַּדְּבָרִ֣ים הָאֵ֔לֶּה עָ֥שָׂה לִ֖י עַבְדֶּ֑ךָ וַיִּ֖חַר אַפּֽוֹ

VAIHÍ KISHMÖÄ ADONÁV ET-DIBRÉI ISHTÓ ASHÉR DIBERÁH ELÁV LEMÓR KADEBARÍM HAÉLEH ÄSAH LI ÄBDÉJA VAÍJAR APÓ

39:20 וַיִּקַּח֩ אֲדֹנֵ֨י יוֹסֵ֜ף אֹת֗וֹ וַֽיִּתְּנֵ֙הוּ֙ אֶל־בֵּ֣ית הַסֹּ֔הַר מְק֕וֹם אֲשֶׁר־אֲסוּרֵ֥י* הַמֶּ֖לֶךְ אֲסוּרִ֑ים וַֽיְהִי־שָׁ֖ם בְּבֵ֥ית הַסֹּֽהַר

VAYKÁJ ADONÉI IOSÉF OTÓ VAYTENÉHU EL-BÉIT HASOHAR MEKÓM ASHÉR-ASIRÉI HAMÉLEJ ASURÍM VAIHÍ-SHAM BEBÉIT HASÓHAR

39:21 וַיְהִ֤י יְהֹוָה֙ אֶת־יוֹסֵ֔ף וַיֵּ֥ט אֵלָ֖יו חָ֑סֶד וַיִּתֵּ֣ן חִנּ֔וֹ בְּעֵינֵ֖י שַׂ֥ר בֵּית־הַסֹּֽהַר

VAIHÍ IHVH ET-IOSÉF VAYÉT ELÁV JÁSED VAYTÉN JINÓ BEËINÉI SAR BÉIT-HASÓHAR

39:22 וַיִּתֵּ֞ן שַׂ֤ר בֵּית־הַסֹּ֙הַר֙ בְּיַד־יוֹסֵ֔ף אֵ֥ת כׇּל־הָאֲסִירִ֖ם אֲשֶׁ֣ר בְּבֵ֣ית הַסֹּ֑הַר וְאֵ֨ת כׇּל־אֲשֶׁ֤ר עֹשִׂים֙ שָׁ֔ם ה֖וּא הָיָ֥ה עֹשֶֽׂה

VAYTÉN SAR BÉIT-HASÓHAR BEIÁD-IOSÉF ET KOL-HAASIRÍM ASHÉR BEBÉIT HASÓHAR VEÉT KOL-ASHÉR ÖSÍM SHAM HU HAIÁH ÖSEH

---

* אֲסִירֵי

39:23 No necesitaba atender el jefe de la cárcel cosa alguna de las que estaban al cuidado de *Ioséf* (José), porque El Eterno estaba con *Ioséf* (José), y lo que él hacía, El Eterno lo prosperaba.

CAPÍTULO 40

Ioséf (José) interpreta dos sueños

40:1 Aconteció después de estas cosas, que el copero del rey de Egipto y el panadero delinquieron contra su señor el rey de Egipto[284].

40:2 Y se enojó Faraón contra sus dos cortesanos, contra el jefe de los coperos y contra el jefe de los panaderos,

40:3 y los puso en la guardia en la casa del maestro de matarifes, en la cárcel donde *Ioséf* (José) estaba preso[285].

40:4 Y el maestro de los matarifes encargó de ellos a *Ioséf* (José), y él les servía; y estuvieron un periodo de días en la prisión[286].

40:5 Y ambos, el copero y el panadero del rey de Egipto, que estaban arrestados en la prisión, tuvieron un sueño, cada uno su propio sueño en una misma noche, cada uno con su propio significado[287].

40:6 Vino a ellos *Ioséf* (José) por la mañana, y los miró, y he aquí que estaban tristes.

40:7 Y él preguntó a aquellos oficiales de Faraón, que estaban con él en la prisión de la casa de su señor, diciendo: ¿Por qué parecen hoy mal vuestros semblantes?

---

[284] **40:1 Delinquieron:** Se encontró una mosca en la copa y una piedra en los panes del rey.

[285] **40:3 Y los puso en la guardia:** En este lugar esperaban su sentencia definitiva.

[286] **40:4 Un periodo de días:** Estuvieron doce meses en prisión.

[287] **40:5 Cada uno con su propio significado:** El sueño de cada uno consistía de dos partes: primero soñaron su propio sueño y a continuación la interpretación del sueño del otro. Esto permitió que cuando *Ioséf* interpretaba un sueño, el otro sabía que esta explicación era cierta.

אֵין שַׂר בֵּית־הַסֹּהַר רֹאֶה אֶת־כָּל־מְא֔וּמָה בְּיָד֑וֹ בַּאֲשֶׁ֤ר יְהֹוָה֙ אִתּ֔וֹ וַאֲשֶׁר־ה֥וּא עֹשֶׂ֖ה יְהֹוָ֥ה מַצְלִֽיחַ׃ 39:23

ÉIN SAR BEÍT-HASÓHAR ROÉH ET-KOL-MEÚMAH BEIADÓ BAASHÉR IHVH ITÓ
VAASHÉR-HU ÖSÉH IHVH MATZLÍAJ

פֶּרֶק מ - PÉREK 40

וַיְהִ֗י אַחַר֙ הַדְּבָרִ֣ים הָאֵ֔לֶּה חָטְא֛וּ מַשְׁקֵ֥ה מֶֽלֶךְ־מִצְרַ֖יִם וְהָאֹפֶ֑ה לַאֲדֹנֵיהֶ֖ם לְמֶ֥לֶךְ מִצְרָֽיִם׃ 40:1

VAIHÍ AJÁR HADEBARÍM HAÉLEH JATEÚ MASHKÉH MÉLEJ-MITZRÁIM VEHAOFÉH
LAADONEIHÉM LEMÉLEJ MITZRÁIM

וַיִּקְצֹ֣ף פַּרְעֹ֔ה עַ֖ל שְׁנֵ֣י סָרִיסָ֑יו עַ֚ל שַׂ֣ר הַמַּשְׁקִ֔ים וְעַ֖ל שַׂ֥ר הָאוֹפִֽים׃ 40:2

VAYKTZÓF PARÖH ÄL SHENÉI SARISÁV ÄL SAR HAMASHKÍM VEÄL SAR HAOFÍM

וַיִּתֵּ֨ן אֹתָ֜ם בְּמִשְׁמַ֗ר בֵּ֛ית שַׂ֥ר הַטַּבָּחִ֖ים אֶל־בֵּ֣ית הַסֹּ֑הַר מְק֕וֹם אֲשֶׁ֥ר יוֹסֵ֖ף אָס֥וּר שָֽׁם׃ 40:3

VAYTÉN OTÁM BEMISHMÁR BÉIT SAR HATABAJÍM EL-BÉIT HASÓHAR MEKÓM
ASHÉR IOSÉF ASÚR SHAM

וַ֠יִּפְקֹ֠ד שַׂ֣ר הַטַּבָּחִ֧ים אֶת־יוֹסֵ֛ף אִתָּ֖ם וַיְשָׁ֣רֶת אֹתָ֑ם וַיִּהְי֥וּ יָמִ֖ים בְּמִשְׁמָֽר׃ 40:4

VAYFKÓD SAR HATABAJÍM ET-IOSÉF ITÁM VAISHÁRET OTÁM VAYHIÚ IAMÍM
BEMISHMÁR

וַיַּֽחַלְמוּ֩ חֲל֨וֹם שְׁנֵיהֶ֜ם אִ֤ישׁ חֲלֹמוֹ֙ בְּלַ֣יְלָה אֶחָ֔ד אִ֖ישׁ כְּפִתְר֣וֹן חֲלֹמ֑וֹ הַמַּשְׁקֶ֣ה וְהָאֹפֶ֗ה אֲשֶׁר֙ לְמֶ֣לֶךְ מִצְרַ֔יִם אֲשֶׁ֥ר אֲסוּרִ֖ים בְּבֵ֥ית הַסֹּֽהַר׃ 40:5

VAYAJALMÚ JALÓM SHENEIHÉM ISH JALOMÓ BELÁILAH EJÁD ISH KEFITRÓN
JALOMÓ HAMASHKÉH VEHAOFÉH ASHÉR LEMÉLEJ MITZRÁIM ASHÉR ASURÍM
BEBÉIT HASÓHAR

וַיָּבֹ֧א אֲלֵיהֶ֛ם יוֹסֵ֖ף בַּבֹּ֑קֶר וַיַּ֣רְא אֹתָ֔ם וְהִנָּ֖ם זֹעֲפִֽים׃ 40:6

VAYABÓ ALEIHÉM IOSÉF BABÓKER VAYÁR OTÁM VEHINÁM ZZOÄFÍM

וַיִּשְׁאַ֞ל אֶת־סְרִיסֵ֣י פַרְעֹ֗ה אֲשֶׁ֨ר אִתּ֧וֹ בְמִשְׁמַ֛ר בֵּ֥ית אֲדֹנָ֖יו לֵאמֹ֑ר מַדּ֛וּעַ פְּנֵיכֶ֥ם רָעִ֖ים הַיּֽוֹם׃ 40:7

VAYSHÁL ET-SERISÉI FARÖH ASHÉR ITÓ BEMISHMÁR BÉIT ADONÁV LEMÓR
MADÚÄ PENEIJÉM RAÏM HAYÓM

40:8 Ellos le dijeron: Hemos tenido un sueño, y no hay quien lo interprete. Entonces les dijo *Ioséf* (José): ¿No son de Dios las interpretaciones? Contádmelo ahora[288].

40:9 Entonces el jefe de los coperos contó su sueño a *Ioséf* (José), y le dijo: Yo soñaba que veía una vid delante de mí,

40:10 y en la vid tres ramas; y ella como que brotaba, y arrojaba su flor, viniendo a madurar sus racimos de uvas.

40:11 Y que la copa de Faraón estaba en mi mano, y tomaba yo las uvas y las exprimía en la copa de Faraón, y daba yo la copa en mano de Faraón.

40:12 Y le dijo *Ioséf* (José): Esta es su interpretación: los tres ramas son tres días.

40:13 Al cabo de tres días levantará Faraón tu cabeza, y te restituirá a tu puesto, y darás la copa a Faraón en su mano, como solías hacerlo cuando eras su copero.

40:14 Acuérdate, pues, de mí cuando tengas ese bien, y te ruego que uses conmigo de misericordia, y hagas mención de mí a Faraón, y me saques de esta casa.

40:15 Porque fui raptado de la tierra de los hebreos; y tampoco he hecho aquí nada por qué me pusiesen en la cárcel.

---

[288] **40:8 Contádmelo ahora:** Es decir: "relátenme sus sueños, quizás Dios me dará la sabiduría para interpretarlos".

40:8

וַיֹּאמְר֣וּ אֵלָ֔יו חֲל֣וֹם חָלַ֔מְנוּ וּפֹתֵ֖ר אֵ֣ין אֹת֑וֹ וַיֹּ֨אמֶר אֲלֵהֶ֜ם יוֹסֵ֗ף הֲל֤וֹא לֵֽאלֹהִים֙ פִּתְרֹנִ֔ים סַפְּרוּ־נָ֖א לִֽי

VAYOMRÚ ELÁV JALÓM JALÁMNU UFOTÉR ÉIN OTÓ VAYÓMER ALEHÉM IOSÉF HALÓ LELOHÍM PITRONÍM SAPERÚ-NA LI

40:9

וַיְסַפֵּ֧ר שַֽׂר־הַמַּשְׁקִ֛ים אֶת־חֲלֹמ֖וֹ לְיוֹסֵ֑ף וַיֹּ֣אמֶר ל֔וֹ בַּחֲלוֹמִ֕י וְהִנֵּה־גֶ֖פֶן לְפָנָֽי

VAISAPÉR SAR-HAMASHKÍM ET-JALOMÓ LEIOSÉF VAYÓMER LO BAJALOMÍ VEHINÉH-GUÉFEN LEFANÁI

40:10

וּבַגֶּ֖פֶן שְׁלֹשָׁ֣ה שָׂרִיגִ֑ם וְהִ֤יא כְפֹרַ֙חַת֙ עָלְתָ֣ה נִצָּ֔הּ הִבְשִׁ֥ילוּ אַשְׁכְּלֹתֶ֖יהָ עֲנָבִֽים

UBAGUÉFEN SHELOSHÁH SARIGUÍM VEHÍ JEFORÁJAT ÄLETÁH NITZÁH HIBSHÍLU ASHKELOTÉIHA ÄNABÍM

40:11

וְכ֥וֹס פַּרְעֹ֖ה בְּיָדִ֑י וָאֶקַּ֣ח אֶת־הָֽעֲנָבִ֗ים וָֽאֶשְׂחַ֤ט אֹתָם֙ אֶל־כּ֣וֹס פַּרְעֹ֔ה וָאֶתֵּ֥ן אֶת־הַכּ֖וֹס עַל־כַּ֥ף פַּרְעֹֽה

VEJÓS PARÖH BEIADÍ VAEKÁJ ET-HÁÄNABÍM VAESJÁT OTÁM EL-KOS PARÖH VAETÉN ET-HAKÓS ÄL-KAF PARÖH

40:12

וַיֹּ֤אמֶר לוֹ֙ יוֹסֵ֔ף זֶ֖ה פִּתְרֹנ֑וֹ שְׁלֹ֙שֶׁת֙ הַשָּׂ֣רִגִ֔ים שְׁלֹ֥שֶׁת יָמִ֖ים הֵֽם

VAYÓMER LO IOSÉF ZZEH PITRONÓ SHELÓSHET HASARIGUÍM SHELÓSHET IAMÍM HEM

40:13

בְּע֣וֹד ׀ שְׁלֹ֣שֶׁת יָמִ֗ים יִשָּׂ֤א פַרְעֹה֙ אֶת־רֹאשֶׁ֔ךָ וַהֲשִֽׁיבְךָ֖ עַל־כַּנֶּ֑ךָ וְנָתַתָּ֤ כוֹס־פַּרְעֹה֙ בְּיָד֔וֹ כַּמִּשְׁפָּט֙ הָֽרִאשׁ֔וֹן אֲשֶׁ֥ר הָיִ֖יתָ מַשְׁקֵֽהוּ

BEÖD SHELÓSHET IAMÍM ISÁ FARÖH ET-ROSHÉJA VAHASHIBJÁ ÄL-PANÉJA VENATATÁ JOS-PARÖH BEIADÓ KAMISHPÁT HARISHÓN ASHÉR HAÍITA MASHKÉHU

40:14

כִּ֧י אִם־זְכַרְתַּ֣נִי אִתְּךָ֗ כַּאֲשֶׁר֙ יִ֣יטַב לָ֔ךְ וְעָשִֽׂיתָ־נָּ֥א עִמָּדִ֖י חָ֑סֶד וְהִזְכַּרְתַּ֙נִי֙ אֶל־פַּרְעֹ֔ה וְהוֹצֵאתַ֖נִי מִן־הַבַּ֥יִת הַזֶּֽה

KI IM-ZZEJARTÁNI ITEJÁ KAASHÉR ÍITAB LAJ VEÄSÍTA-NA ÍMADÍ JÁSED VEHIZZKARTÁNI EL-PARÖH VEHOTZETÁNI MIN-HABÁIT HAZZÉH

40:15

כִּֽי־גֻנֹּ֣ב גֻּנַּ֔בְתִּי מֵאֶ֖רֶץ הָעִבְרִ֑ים וְגַם־פֹּה֙ לֹא־עָשִׂ֣יתִֽי מְא֔וּמָה כִּֽי־שָׂמ֥וּ אֹתִ֖י בַּבּֽוֹר

KI-GUNÓB GUENÁBTI MEÉRETZ HAÏBRÍM VEGÁM-POH LO-ÄSÍTI MEUMAH KI-SAMÚ OTÍ BABÓR

40:16 Viendo el jefe de los panaderos que había interpretado para bien, dijo a *Ioséf* (José): También yo soñé que veía tres canastillos blancos sobre mi cabeza.
40:17 En el canastillo más alto había de toda clase de manjares de pastelería para Faraón; y las aves las comían del canastillo de sobre mi cabeza.
40:18 Entonces respondió *Ioséf* (José), y dijo: Esta es su interpretación: Los tres canastillos tres días son.
40:19 Al cabo de tres días quitará Faraón tu cabeza de sobre ti, y te hará colgar en la horca, y las aves comerán tu carne de sobre ti.
40:20 Al tercer día, que era el día del cumpleaños de Faraón, el rey hizo banquete a todos sus sirvientes; y contó al jefe de los coperos y al jefe de los panaderos, entre sus servidores.
40:21 E hizo volver a su oficio al jefe de los coperos, y dio éste la copa en mano de Faraón.
40:22 Mas hizo ahorcar al jefe de los panaderos, como lo había interpretado *Ioséf* (José).
40:23 Y el jefe de los coperos no se acordó de *Ioséf* (José), sino que le olvidó.

CAPÍTULO 41

Ioséf (José) interpreta el sueño de Faraón

41:1 Aconteció que pasados dos años tuvo Faraón un sueño donde le parecía que estaba junto al río;

BERESHÍT - בְּרֵאשִׁית

40:16 וַיַּ֤רְא שַׂר־הָאֹפִים֙ כִּ֣י ט֣וֹב פָּתָ֑ר וַיֹּ֙אמֶר֙ אֶל־יוֹסֵ֔ף אַף־אֲנִי֙ בַּחֲלוֹמִ֔י וְהִנֵּ֗ה שְׁלֹשָׁ֛ה סַלֵּ֥י חֹרִ֖י עַל־רֹאשִֽׁי

VAYÁR SAR-HAOFÍM KI TOB PATÁR VAYÓMER EL-IOSÉF AF-ANÍ BAJALOMÍ
VEHINÉH SHELOSHÁH SALÉI JORÍ ÄL-ROSHÍ

40:17 וּבַסַּ֣ל הָֽעֶלְי֗וֹן מִכֹּ֛ל מַאֲכַ֥ל פַּרְעֹ֖ה מַעֲשֵׂ֣ה אֹפֶ֑ה וְהָע֗וֹף אֹכֵ֥ל אֹתָ֛ם מִן־הַסַּ֖ל מֵעַ֥ל רֹאשִֽׁי

UBASÁL HAËLIÓN MIKÓL MAAJÁL PARÖH MAÄSÉH OFÉH VEHÄÖF OJÉL OTÁM
MIN-HASÁL MEÄL ROSHÍ

40:18 וַיַּ֤עַן יוֹסֵף֙ וַיֹּ֔אמֶר זֶ֖ה פִּתְרֹנ֑וֹ שְׁלֹ֙שֶׁת֙ הַסַּלִּ֔ים שְׁלֹ֥שֶׁת יָמִ֖ים הֵֽם

VAYÄÄN IOSÉF VAYÓMER ZZEH PITRONÓ SHELÓSHET HASALÍM SHELÓSHET
IAMÍM HEM

40:19 בְּע֣וֹד ׀ שְׁלֹ֣שֶׁת יָמִ֗ים יִשָּׂ֨א פַרְעֹ֤ה אֶת־רֹֽאשְׁךָ֙ מֵֽעָלֶ֔יךָ וְתָלָ֥ה אוֹתְךָ֖ עַל־עֵ֑ץ וְאָכַ֥ל הָע֛וֹף אֶת־בְּשָׂרְךָ֖ מֵעָלֶֽיךָ

BEÖD SHELÓSHET IAMÍM ISÁ PARÖH ET-RÓSHJA MEÄLÉIJA VETALÁH OTEJÁ ÄL-
ËTZ VEAJÁL HÄOF ET-BESAREJÁ MEÄLEIJA

40:20 וַיְהִ֣י ׀ בַּיּ֣וֹם הַשְּׁלִישִׁ֗י י֚וֹם הֻלֶּ֣דֶת אֶת־פַּרְעֹ֔ה וַיַּ֥עַשׂ מִשְׁתֶּ֖ה לְכָל־עֲבָדָ֑יו וַיִּשָּׂ֞א אֶת־רֹ֣אשׁ ׀ שַׂ֣ר הַמַּשְׁקִ֗ים וְאֶת־רֹ֛אשׁ שַׂ֥ר הָאֹפִ֖ים בְּת֥וֹךְ עֲבָדָֽיו

VAIHÍ BAYÓM HASHELISHÍ IÓM HULÉDET ET-PARÖH VAYÄÄS MISHTÉH LEJÓL-
ÄBADÁV VAYSÁ ET-RÓSH SAR HAMASHKÍM VEÉT-ROSH SAR HAOFÍM BETÓJ
ÄBADÁV

40:21 וַיָּ֛שֶׁב אֶת־שַׂ֥ר הַמַּשְׁקִ֖ים עַל־מַשְׁקֵ֑הוּ וַיִּתֵּ֥ן הַכּ֖וֹס עַל־כַּ֥ף פַּרְעֹֽה

VAYÁSHEB ET-SAR HAMASHKÍM ÄL-MASHKÉHU VAYTÉN HAKÓS ÄL-JÁF PARÖH

40:22 וְאֵ֛ת שַׂ֥ר הָאֹפִ֖ים תָּלָ֑ה כַּאֲשֶׁ֥ר פָּתַ֛ר לָהֶ֖ם יוֹסֵֽף

VEÉT SAR HAOFÍM TALÁH KAASHÉR PATÁR LAHÉM IOSÉF

40:23 וְלֹֽא־זָכַ֧ר שַֽׂר־הַמַּשְׁקִ֛ים אֶת־יוֹסֵ֖ף וַיִּשְׁכָּחֵֽהוּ

VELÓ-ZZAJÁR SAR-HAMASHKÍM ET-IOSÉF VAISHKAJÉHU

פֶּרֶק מא - PÉREK 41

41:1 וַיְהִ֕י מִקֵּ֖ץ שְׁנָתַ֣יִם יָמִ֑ים וּפַרְעֹ֣ה חֹלֵ֔ם וְהִנֵּ֖ה עֹמֵ֥ד עַל־הַיְאֹֽר

VAIHÍ MIKÉTZ SHENATÁIM IAMÍM UFARÖH JOLÉM VEHINÉH ÖMÉD ÄL-HAIÓR

41:2 y que del río subían siete vacas, hermosas a la vista, y muy gordas, y pastaban en el prado.

41:3 Y que tras ellas subían del río otras siete vacas de feo aspecto y flacas, y se pararon cerca de las vacas hermosas a la orilla del río;

41:4 y que las vacas de feo aspecto y flacas devoraban a las siete vacas hermosas y muy gordas. Y despertó Faraón.

41:5 Se durmió de nuevo, y soñó la segunda vez: Que siete espigas llenas y hermosas crecían de una sola caña,

41:6 y que después de ellas salían otras siete espigas delgadas y marchitas del viento del este;

41:7 y las siete espigas delgadas devoraban a las siete espigas gruesas y llenas. Y despertó Faraón, y he aquí que era un sueño[289].

41:8 Sucedió que por la mañana estaba agitado su espíritu, y envió e hizo llamar a todos los magos de Egipto, y a todos sus sabios; y les contó Faraón sus sueños, mas no había quien los pudiese interpretar a Faraón[290].

41:9 Entonces el jefe de los coperos habló a Faraón, diciendo: Me acuerdo hoy de mis faltas.

---

[289] **41:7 He aquí que era un sueño:** El Faraón se dio cuenta que ambos eran un mismo sueño.

[290] **41:8 Estaba agitado su espíritu:** El Faraón estaba perturbado pues había olvidado la interpretación de su sueño que venía revelada en este.
Mas no había quien los pudiese interpretar: El Faraón ordenó que se proclamara en todo Egipto que quien poseyera la habilidad de interpretar sueños se presentara ante él, señalando que quien revelara el significado correcto sería generosamente recompensado y que en cambio quien eludiera esta obligación sería condenado a muerte. Muchos astrólogos y magos egipcios fueron al palacio ofreciendo su sabiduría al Faraón. Estos dieron un sin número de interpretaciones, pero ninguna de ellas satisfizo al Faraón, pues no le parecía que era la interpretación que había olvidado.

BERESHÍT - בְּרֵאשִׁית

41:2 וְהִנֵּ֣ה מִן־הַיְאֹ֗ר עֹלֹת֙ שֶׁ֣בַע פָּר֔וֹת יְפ֥וֹת מַרְאֶ֖ה וּבְרִיאֹ֣ת בָּשָׂ֑ר וַתִּרְעֶ֖ינָה בָּאָֽחוּ׃

VEHINÉH MIN-HAIÓR ÖLOT SHÉBÄ PARÓT IEFÓT MARÉH UBERIÓT BASÁR VATIRËINAH BAÁJU

41:3 וְהִנֵּ֞ה שֶׁ֧בַע פָּר֣וֹת אֲחֵר֗וֹת עֹל֤וֹת אַחֲרֵיהֶן֙ מִן־הַיְאֹ֔ר רָע֥וֹת מַרְאֶ֖ה וְדַקּ֣וֹת בָּשָׂ֑ר וַֽתַּעֲמֹ֛דְנָה אֵ֥צֶל הַפָּר֖וֹת עַל־שְׂפַ֥ת הַיְאֹֽר׃

VEHINÉH SHÉBÄ PARÓT AJERÓT ÖLÓT AJAREIHÉN MIN-HAIÓR RÄOT MARÉH VEDAKÓT BASÁR VATAÄMÓDNAH ÉTZEL HAPARÓT ÄL-SEFÁT HAIOR

41:4 וַתֹּאכַ֣לְנָה הַפָּר֗וֹת רָע֤וֹת הַמַּרְאֶה֙ וְדַקֹּ֣ת הַבָּשָׂ֔ר אֵ֚ת שֶׁ֣בַע הַפָּר֔וֹת יְפֹ֥ת הַמַּרְאֶ֖ה וְהַבְּרִיאֹ֑ת וַיִּיקַ֖ץ פַּרְעֹֽה׃

VATOJÁLNAH HAPARÓT RÄOT HAMARÉH VEDAKÓT HABASÁR ET SHÉBÄ HAPARÓT IEFÓT HAMARÉH VEHABERIÓT VAYIKÁTZ PARÖH

41:5 וַיִּישָׁ֕ן וַֽיַּחֲלֹ֖ם שֵׁנִ֑ית וְהִנֵּ֣ה ׀ שֶׁ֣בַע שִׁבֳּלִ֗ים עֹל֛וֹת בְּקָנֶ֥ה אֶחָ֖ד בְּרִיא֥וֹת וְטֹבֽוֹת׃

VAYISHÁN VAYAJALÓM SHENÍT VEHINÉH SHÉBÄ SHIBALÍM ÖLÓT BEKANÉH EJÁD BERIÓT VETOBÓT

41:6 וְהִנֵּה֙ שֶׁ֣בַע שִׁבֳּלִ֔ים דַּקּ֖וֹת וּשְׁדוּפֹ֣ת קָדִ֑ים צֹמְח֖וֹת אַחֲרֵיהֶֽן׃

VEHINÉH SHÉBÄ SHIBALÍM DAKÓT USHEDUFÓT KADÍM TZOMJÓT AJAREIHÉN

41:7 וַתִּבְלַ֙עְנָה֙ הַשִּׁבֳּלִ֣ים הַדַּקּ֔וֹת אֵ֚ת שֶׁ֣בַע הַֽשִּׁבֳּלִ֔ים הַבְּרִיא֖וֹת וְהַמְּלֵא֑וֹת וַיִּיקַ֥ץ פַּרְעֹ֖ה וְהִנֵּ֥ה חֲלֽוֹם׃

VATIBLÁNAH HASHIBALÍM HADAKÓT ET SHÉBÄ HASHIBALÍM HABERÍOT VEHAMELEÓT VAYIKÁTZ PARÖH VEHINÉH JALÓM

41:8 וַיְהִ֤י בַבֹּ֙קֶר֙ וַתִּפָּ֣עֶם רוּח֔וֹ וַיִּשְׁלַ֗ח וַיִּקְרָ֛א אֶת־כָּל־חַרְטֻמֵּ֥י מִצְרַ֖יִם וְאֶת־כָּל־חֲכָמֶ֑יהָ וַיְסַפֵּ֨ר פַּרְעֹ֤ה לָהֶם֙ אֶת־חֲלֹמ֔וֹ וְאֵין־פּוֹתֵ֥ר אוֹתָ֖ם לְפַרְעֹֽה׃

VAIHÍ BABÓKER VATIPÁËM RUJÓ VAYSHLÁJ VAYKRÁ ET-KOL-JARTUMÉI MITZRÁIM VEÉT-KOL-JAJAMÉIHA VAISAPÉR PARÖH LAHÉM ET-JALOMÓ VEEÍN-POTÉR OTÁM LEFARÖH

41:9 וַיְדַבֵּר֙ שַׂ֣ר הַמַּשְׁקִ֔ים אֶת־פַּרְעֹ֖ה לֵאמֹ֑ר אֶת־חֲטָאַ֕י אֲנִ֖י מַזְכִּ֥יר הַיּֽוֹם׃

VAIDABÉR SAR HAMASHKÍM ET-PARÖH LEMÓR ET-JATAÁI ANÍ MAZZKÍR HAYÓM

41:10 Cuando Faraón se enojó contra sus siervos, nos echó a la prisión de la casa del capitán de la guardia a mí y al jefe de los panaderos.

41:11 Y él y yo tuvimos un sueño en la misma noche, y cada sueño tenía su propio significado.

41:12 Estaba allí con nosotros un joven hebreo, siervo del maestro de los matarifes; y se lo contamos, y él nos interpretó nuestros sueños, y declaró a cada uno conforme a su sueño.

41:13 Y aconteció que como él nos los interpretó, así fue: yo fui restablecido en mi puesto, y el otro fue colgado.

41:14 Entonces Faraón envió y llamó a *Ioséf* (José). Y lo sacaron apresuradamente de la cárcel, y se afeitó, y mudó sus vestidos, y vino a Faraón.

41:15 Y dijo Faraón a *Ioséf* (José): Yo he tenido un sueño, y no hay quien lo interprete; mas he oído decir de ti, que oyes sueños para interpretarlos.

41:16 Respondió *Ioséf* (José) a Faraón, diciendo: No está en mí; Dios será el que de respuesta propicia a Faraón[291].

41:17 Entonces Faraón dijo a *Ioséf* (José): En mi sueño me parecía que estaba a la orilla del río;

41:18 y que del río subían siete vacas de gruesas carnes y hermosa apariencia, que pacían en el prado.

---

[291] **41:16 No está en mí; Dios será el que de respuesta:** De la misma forma expresa Daniel: *"Y a mí ha sido revelado este misterio, no por sabiduría que en mí haya, más que en todos los vivientes"* (*Daniél* - Daniel 2:30). En relación a tales personas Dios dice: *"yo honraré a los que me honran"* (1 *Shmuél* - Samuel 2:30).

297 / BERESHÍT- בְּרֵאשִׁית

41:10 פַּרְעֹה קָצַף עַל־עֲבָדָיו וַיִּתֵּן אֹתִי בְּמִשְׁמַר בֵּית שַׂר הַטַּבָּחִים אֹתִי וְאֵת שַׂר הָאֹפִים

PARÖH KATZÁF ÄL-ÄBADÁV VAYTÉN OTÍ BEMISHEMÁR BEÍT SAR HATABAJÍM OTÍ VEÉT SAR HAOFÍM

41:11 וַנַּחַלְמָה חֲלוֹם בְּלַיְלָה אֶחָד אֲנִי וָהוּא אִישׁ כְּפִתְרוֹן חֲלֹמוֹ חָלָמְנוּ

VANAJALMÁH JALÓM BELÁILAH EJÁD ANÍ VAHÚ ISH KEFITRÓN JALOMÓ JALÁMENU

41:12 וְשָׁם אִתָּנוּ נַעַר עִבְרִי עֶבֶד לְשַׂר הַטַּבָּחִים וַנְּסַפֶּר־לוֹ וַיִּפְתָּר־לָנוּ אֶת־חֲלֹמֹתֵינוּ אִישׁ כַּחֲלֹמוֹ פָּתָר

VESHÁM ITÁNU NÁAR ÏBRÍ ËBED LESÁR HATABAJÍM VANÉSAPER-LO VAIFTÁR-LÁNU ET-JALOMOTÉINU ISH JAJALOMÓ PATÁR

41:13 וַיְהִי כַּאֲשֶׁר פָּתַר־לָנוּ כֵּן הָיָה אֹתִי הֵשִׁיב עַל־כַּנִּי וְאֹתוֹ תָלָה

VAIHÍ KAASHÉR PÁTAR-LÁNU KEN HAIÁH OTÍ HESHÍB ÄL-KANÍ VEOTÓ TALÁH

41:14 וַיִּשְׁלַח פַּרְעֹה וַיִּקְרָא אֶת־יוֹסֵף וַיְרִיצֻהוּ מִן־הַבּוֹר וַיְגַלַּח וַיְחַלֵּף שִׂמְלֹתָיו וַיָּבֹא אֶל־פַּרְעֹה

VAYSHLÁJ PARÖH VAYKRÁ ET-IOSÉF VAIRITZÚHU MIN-HABÓR VAIGALÁJ VAIJALÉF SIMLOTÁV VAYABÓ EL-PARÖH

41:15 וַיֹּאמֶר פַּרְעֹה אֶל־יוֹסֵף חֲלוֹם חָלַמְתִּי וּפֹתֵר אֵין אֹתוֹ וַאֲנִי שָׁמַעְתִּי עָלֶיךָ לֵאמֹר תִּשְׁמַע חֲלוֹם לִפְתֹּר אֹתוֹ

VAYÓMER PARÖH EL-IOSÉF JALÓM JALÁMTI UFOTÉR ÉIN OTÓ VAANÍ SHAMÁTI ÄLÉIJA LEMÓR TISHMÄ JALÓM LIFTÓR OTÓ

41:16 וַיַּעַן יוֹסֵף אֶת־פַּרְעֹה לֵאמֹר בִּלְעָדָי אֱלֹהִים יַעֲנֶה אֶת־שְׁלוֹם פַּרְעֹה

VAYÁÄN IOSÉF ET-PARÖH LEMÓR BILÄDÁI ELOHÍM IAÄNÉH ET-SHELÓM PARÖH

41:17 וַיְדַבֵּר פַּרְעֹה אֶל־יוֹסֵף בַּחֲלֹמִי הִנְנִי עֹמֵד עַל־שְׂפַת הַיְאֹר

VAIDABÉR PARÖH EL-IOSÉF BAJALOMÍ HINENÍ ÖMÉD ÄL-SEFÁT HAIÓR

41:18 וְהִנֵּה מִן־הַיְאֹר עֹלֹת שֶׁבַע פָּרוֹת בְּרִיאוֹת בָּשָׂר וִיפֹת תֹּאַר וַתִּרְעֶינָה בָּאָחוּ

VEHINÉH MIN HAIÓR ÖLOT SHÉBÄ PARÓT BERIÓT BASÁR VIFÓT TÓAR VATIRËINAII BAÁJU

41:19 Y que otras siete vacas subían después de ellas, flacas y de muy feo aspecto; tan debilitadas, que no he visto otras semejantes en fealdad en toda la tierra de Egipto.

41:20 Y las vacas flacas y feas devoraban a las siete primeras vacas gordas;

41:21 y éstas entraban en sus entrañas, mas no se conocía que hubiesen entrado, porque la apariencia de las flacas era aún mala, como al principio. Y yo desperté.

41:22 Vi también soñando, que siete espigas crecían en una misma caña, llenas y hermosas.

41:23 Y que otras siete espigas delgadas, marchitas, abatidas del viento del éste, crecían después de ellas;

41:24 y las espigas delgadas devoraban a las siete espigas hermosas; y lo he dicho a los magos, mas no hay quien me lo interprete[292].

41:25 Entonces respondió *Ioséf* (José) a Faraón: El sueño de Faraón es uno mismo; Dios ha mostrado a Faraón lo que va a hacer.

41:26 Las siete vacas hermosas siete años son; y las espigas hermosas son siete años: el sueño es uno mismo.

---

[292] **41:24 Lo he dicho a los magos, mas no hay quien me lo interprete:** El Faraón no menciona a los sabios, como lo hizo anteriormente en su convocatoria (ver 41:8). A éste no le sorprendía el hecho de que los sabios -quienes basaban sus interpretaciones en la lógica- no pudiesen descifrar los simbolismos de su sueño, pero llegó desesperación cuando los magos -quienes usaban poderes sobrenaturales- no habían logrado interpretar correctamente su sueño.

בְּרֵאשִׁית - BERESHÍT

41:19 וְהִנֵּה שֶׁבַע־פָּרוֹת אֲחֵרוֹת עֹלוֹת אַחֲרֵיהֶן דַּלּוֹת וְרָעוֹת תֹּאַר מְאֹד וְרַקּוֹת בָּשָׂר לֹא־רָאִיתִי כָהֵנָּה בְּכָל־אֶרֶץ מִצְרַיִם לָרֹעַ

VEHINÉH SHEBÄ-PARÓT AJERÓT ÖLÓT AJAREIHÉN DALÓT VERÄÓT TÓAR MEÓD VERAKÓT BASÁR LO-RAÍTI JAHÉNAH BEJÓL-ÉRETZ MITZRÁIM LARÓÄ

41:20 וַתֹּאכַלְנָה הַפָּרוֹת הָרַקּוֹת וְהָרָעוֹת אֵת שֶׁבַע הַפָּרוֹת הָרִאשֹׁנוֹת הַבְּרִיאֹת

VATOJÁLNAH HAPARÓT HARAKÓT VEHARÄÓT ET SHÉBÄ HAPARÓT HARISHONÓT HABERIÓT

41:21 וַתָּבֹאנָה אֶל־קִרְבֶּנָה וְלֹא נוֹדַע כִּי־בָאוּ אֶל־קִרְבֶּנָה וּמַרְאֵיהֶן רַע כַּאֲשֶׁר בַּתְּחִלָּה וָאִיקָץ

VATABÓNAH EL-KIRBÉNAH VELÓ NODÄ KI-BÁU EL-KIRBÉNAH UMAREIHÉN RÄ KAASHÉR BATEJILÁH VAIKÁTZ

41:22 וָאֵרֶא בַּחֲלֹמִי וְהִנֵּה שֶׁבַע שִׁבֳּלִים עֹלֹת בְּקָנֶה אֶחָד מְלֵאֹת וְטֹבוֹת

VAÉRE BAJALOMÍ VEHINÉH SHÉBÄ SHIBALÍM ÖLÓT BEKANÉH EJÁD MELEÓT VETOBÓT

41:23 וְהִנֵּה שֶׁבַע שִׁבֳּלִים צְנֻמוֹת דַּקּוֹת שְׁדֻפוֹת קָדִים צֹמְחוֹת אַחֲרֵיהֶם

VEHINÉH SHÉBÄ SHIBALÍM TZENUMÓT DAKÓT SHEDUFÓT KADIM TZOMJÓT AJAREIHÉM

41:24 וַתִּבְלַעְןָ הַשִׁבֳּלִים הַדַּקֹּת אֵת שֶׁבַע הַשִׁבֳּלִים הַטֹּבוֹת וָאֹמַר אֶל־הַחַרְטֻמִּים וְאֵין מַגִּיד לִי

VATIBLÄNA HASHIBALÍM HADAKÓT ET SHÉBÄ HASHIBALÍM HATOBÓT VÁOMAR EL-HAJARTUMÍM VEÉIN MAGUÍD LI

41:25 וַיֹּאמֶר יוֹסֵף אֶל־פַּרְעֹה חֲלוֹם פַּרְעֹה אֶחָד הוּא אֵת אֲשֶׁר הָאֱלֹהִים עֹשֶׂה הִגִּיד לְפַרְעֹה

VAYÓMER IOSÉF EL-PARÓH JALÓM PARÖH EJÁD HU ET ASHÉR HAELOHÍM ÖSÉH HIGUÍD LEFARÖH

41:26 שֶׁבַע פָּרֹת הַטֹּבֹת שֶׁבַע שָׁנִים הֵנָּה וְשֶׁבַע הַשִׁבֳּלִים הַטֹּבֹת שֶׁבַע שָׁנִים הֵנָּה חֲלוֹם אֶחָד הוּא

SHÉBÄ PARÓT HATOBÓT SHÉBÄ SHANÍM HÉNAH VESHÉBÄ HÁSHIBALIM HATOBÓT SHÉBÄ SHANÍM HÉNAH JALÓM EJÁD HU

41:27 También las siete vacas flacas y feas que subían tras ellas, son siete años; y las siete espigas delgadas y marchitas del viento del este, siete años serán de hambre.

41:28 Esto es lo que respondo a Faraón. Lo que Dios va a hacer, lo ha mostrado a Faraón.

41:29 He aquí vienen siete años de gran abundancia en toda la tierra de Egipto.

41:30 Y tras ellos seguirán siete años de hambre; y toda la abundancia será olvidada en la tierra de Egipto, y el hambre consumirá la tierra.

41:31 Y aquella abundancia no se echará de ver, a causa del hambre siguiente la cual será gravísima.

41:32 Y el suceder el sueño a Faraón dos veces, significa que la cosa es firme de parte de Dios, y que Dios se apresura a hacerla.

41:33 Por tanto, provéase ahora Faraón de un varón prudente y sabio, y póngalo sobre la tierra de Egipto.

41:34 Haga esto Faraón, y ponga gobernadores sobre el país, y prepare la tierra de Egipto en los siete años de la abundancia.

41:27 וְשֶׁ֨בַע הַפָּר֜וֹת הָֽרַקּ֣וֹת וְהָרָעֹ֗ת הָעֹלֹ֤ת אַחֲרֵיהֶן֙ שֶׁ֣בַע שָׁנִ֣ים הֵ֔נָּה וְשֶׁ֤בַע הַֽשִׁבֳּלִים֙ הָרֵק֔וֹת שְׁדֻפ֖וֹת הַקָּדִ֑ים יִֽהְי֕וּ שֶׁ֖בַע שְׁנֵ֥י רָעָֽב

VESHÉBÄ HAPARÓT HARAKÓT VEHARAÖT HAÖLÓT AJAREIHÉN SHÉBÄ SHANÍM HÉNAH VESHÉBÄ HASHIBALÍM HAREKÓT SHEDUFÓT HAKADÍM IHIÚ SHÉBÄ SHENÉI RAÄB

41:28 ה֣וּא הַדָּבָ֔ר אֲשֶׁ֥ר דִּבַּ֖רְתִּי אֶל־פַּרְעֹ֑ה אֲשֶׁ֧ר הָאֱלֹהִ֛ים עֹשֶׂ֖ה הֶרְאָ֥ה אֶת־פַּרְעֹֽה

HU HADABÁR ASHÉR DIBÁRTI EL-PARÖH ASHÉR HAELOHÍM ÖSÉH HERÁH ET-PARÖH

41:29 הִנֵּ֛ה שֶׁ֥בַע שָׁנִ֖ים בָּא֑וֹת שָׂבָ֥ע גָּד֖וֹל בְּכָל־אֶ֥רֶץ מִצְרָֽיִם

HINÉH SHÉBÄ SHANÍM BAÓT SABÄ GADÓL BEJÓL-ÉRETZ MITZRÁIM

41:30 וְ֠קָמוּ שֶׁ֜בַע שְׁנֵ֤י רָעָב֙ אַחֲרֵיהֶ֔ן וְנִשְׁכַּ֥ח כָּל־הַשָּׂבָ֖ע בְּאֶ֣רֶץ מִצְרָ֑יִם וְכִלָּ֥ה הָרָעָ֖ב אֶת־הָאָֽרֶץ

VEKAMÚ SHÉBÄ SHENÉI RAÄB AJAREIHÉN VENISHKÁJ KOL-HASABÄ BEÉRETZ MITZRÁIM VEJILÁH HARAÄB ET-HAÁRETZ

41:31 וְלֹֽא־יִוָּדַ֤ע הַשָּׂבָע֙ בָּאָ֔רֶץ מִפְּנֵ֛י הָרָעָ֥ב הַה֖וּא אַחֲרֵי־כֵ֑ן כִּֽי־כָבֵ֥ד ה֖וּא מְאֹֽד

VELÓ-IVADÄ HASABÄ BAÁRETZ MIPENÉI HARAÄB HAHÚ AJARÉI-JEN KI-JABÉD HU MEÓD

41:32 וְעַ֨ל הִשָּׁנ֧וֹת הַחֲל֛וֹם אֶל־פַּרְעֹ֖ה פַּעֲמָ֑יִם כִּֽי־נָכ֤וֹן הַדָּבָר֙ מֵעִ֣ם הָאֱלֹהִ֔ים וּמְמַהֵ֥ר הָאֱלֹהִ֖ים לַעֲשֹׂתֽוֹ

VEÄAL HISHANÓT HAJALÓM EL-PARÖH PAÄMÁIM KI-NAJÓN HADABÁR MEÏM HAELOHÍM UMEMAHÉR HAELOHÍM LAÄSOTÓ

41:33 וְעַתָּה֙ יֵרֶ֣א פַרְעֹ֔ה אִ֖ישׁ נָב֣וֹן וְחָכָ֑ם וִישִׁיתֵ֖הוּ עַל־אֶ֥רֶץ מִצְרָֽיִם

VEÄTAH IERÉ FARÓH ISH NABÓN VEJAJÁM VISHITÉHU ÄL-ÉRETZ MITZRÁIM

41:34 יַעֲשֶׂ֣ה פַרְעֹ֔ה וְיַפְקֵ֥ד פְּקִדִ֖ים עַל־הָאָ֑רֶץ וְחִמֵּשׁ֙ אֶת־אֶ֣רֶץ מִצְרַ֔יִם בְּשֶׁ֖בַע שְׁנֵ֥י הַשָּׂבָֽע

IAÄSÉH FARÓH VEIFKÉD PEKIDÍM ÄL-HAÁRETZ VEJIMÉSH ET-ÉRETZ MITZRÁIM BESHÉBÄ SHENÉI HASABÁ

41:35 Y junten toda la provisión de estos buenos años que vienen, y recojan el trigo bajo la mano de Faraón para mantenimiento de las ciudades; y guárdenlo.

41:36 Y esté aquella provisión en depósito para el país, para los siete años de hambre que habrá en la tierra de Egipto; y el país no perecerá de hambre.

Ioséf (José), gobernador de Egipto

41:37 El asunto pareció bien a Faraón y a sus siervos,
41:38 y dijo Faraón a sus siervos: ¿Acaso hallaremos a otro hombre como éste, en quien esté el espíritu de Dios?
41:39 Y dijo Faraón a *Ioséf* (José): Pues que Dios te ha hecho saber todo esto, no hay entendido ni sabio como tú.
41:40 Tú estarás sobre mi casa, y por tu palabra se gobernará todo mi pueblo; solamente en el trono seré yo mayor que tú[293].
41:41 Dijo además Faraón a *Ioséf* (José): He aquí yo te he puesto sobre toda la tierra de Egipto.
41:42 Entonces Faraón quitó su anillo de su mano, y lo puso en la mano de *Ioséf* (José), y lo hizo vestir de ropas de lino finísimo, y puso un collar de oro en su cuello;
41:43 y lo hizo subir en su segundo carro, y pregonaron delante de él: ¡Consejero del rey! ; y lo puso sobre toda la tierra de Egipto.

---

[293] **41:40 Tú estarás sobre mi casa:** Gracias a la bendición de Dios, una persona puede pasar de ser un esclavo a virrey de una nación. Como lo expresa el Rey David: "El levanta del polvo al pobre, y al menesteroso alza de la basura, para hacerlos sentar con los príncipes, con los príncipes de su pueblo". (*Tehilím* –Salmos 113:7-8)

303 / BERESHÍT-בְּרֵאשִׁית

41:35 וְיִקְבְּצ֞וּ אֶת־כָּל־אֹ֣כֶל הַשָּׁנִ֤ים הַטֹּבֹת֙ הַבָּאֹ֣ת הָאֵ֔לֶּה וְיִצְבְּרוּ־בָ֞ר תַּ֧חַת יַד־פַּרְעֹ֛ה אֹ֥כֶל בֶּעָרִ֖ים וְשָׁמָֽרוּ
VEIKBETZÚ ET-KOL-ÓJEL HASHANÍM HATOBÓT HABAÓT HAÉLEH VEITZBERÚ-BAR TÁJAT IÁD-PARÖH ÓJEL BEÄRÍM VESHAMÁRU

41:36 וְהָיָ֨ה הָאֹ֤כֶל לְפִקָּדוֹן֙ לָאָ֔רֶץ לְשֶׁ֨בַע֙ שְׁנֵ֣י הָרָעָ֔ב אֲשֶׁ֥ר תִּהְיֶ֖יןָ בְּאֶ֣רֶץ מִצְרָ֑יִם וְלֹֽא־תִכָּרֵ֥ת הָאָ֖רֶץ בָּרָעָֽב
VEHAIÁH HAÓJEL LEFIKADÓN LAÁRETZ LESHÉBÄ SHENÉI HARAÄB ASHÉR TIHIÉINA BEÉRETZ MITZRÁIM VELÓ-TIKARÉT HAÁRET BARAÄB

41:37 וַיִּיטַ֥ב הַדָּבָ֖ר בְּעֵינֵ֣י פַרְעֹ֑ה וּבְעֵינֵ֖י כָּל־עֲבָדָֽיו
VAYITÁB HADABÁR BEËINÉI FARÖH UBEËINÉI KOL-ÄBADÁV

41:38 וַיֹּ֥אמֶר פַּרְעֹ֖ה אֶל־עֲבָדָ֑יו הֲנִמְצָ֣א כָזֶ֔ה אִ֕ישׁ אֲשֶׁ֛ר ר֥וּחַ אֱלֹהִ֖ים בּֽוֹ
VAYÓMER PARÖH EL-ÄBADÁV HANIMTZÁ JAZZÉH ISH ASHÉR RÚAJ ELOHÍM BO

41:39 וַיֹּ֤אמֶר פַּרְעֹה֙ אֶל־יוֹסֵ֔ף אַחֲרֵ֨י הוֹדִ֧יעַ אֱלֹהִ֛ים אֽוֹתְךָ֖ אֶת־כָּל־זֹ֑את אֵין־נָב֥וֹן וְחָכָ֖ם כָּמֽוֹךָ
VAYÓMER PARÖH EL-IOSÉF AJARÉI HODIÄ ELOHÍM OTEJÁ ET-KOL-ZZOT EÍN-NABÓN VEJAJÁM KAMOJÁ

41:40 אַתָּה֙ תִּהְיֶ֣ה עַל־בֵּיתִ֔י וְעַל־פִּ֖יךָ יִשַּׁ֣ק כָּל־עַמִּ֑י רַ֥ק הַכִּסֵּ֖א אֶגְדַּ֥ל מִמֶּֽךָּ
ATÁH TIHIÉH ÄL-BEITÍ VEÄL-PÍJA ISHÁK KOL-ÄMÍ RAK HAKISÉ EGDÁL MIMÉJA

41:41 וַיֹּ֥אמֶר פַּרְעֹ֖ה אֶל־יוֹסֵ֑ף רְאֵה֙ נָתַ֣תִּי אֹֽתְךָ֔ עַ֖ל כָּל־אֶ֥רֶץ מִצְרָֽיִם
VAYÓMER PARÖH EL-IOSÉF REÉH NATÁTI OTEJÁ ÄL KOL-ÉRETZ MITZRÁIM

41:42 וַיָּ֨סַר פַּרְעֹ֤ה אֶת־טַבַּעְתּוֹ֙ מֵעַ֣ל יָד֔וֹ וַיִּתֵּ֥ן אֹתָ֖הּ עַל־יַ֣ד יוֹסֵ֑ף וַיַּלְבֵּ֤שׁ אֹתוֹ֙ בִּגְדֵי־שֵׁ֔שׁ וַיָּ֛שֶׂם רְבִ֥ד הַזָּהָ֖ב עַל־צַוָּארֽוֹ
VAYÁSAR PARÖH ET-TABÄTO MEÄL IADÓ VAYTÉN OTÁH ÄL-IÁD IOSÉF VAYALBÉSH OTÓ BIGDÉI-SHESH VAYÁSEM REBÍD HAZZAHÁB ÄL-TZAVARÓ

41:43 וַיַּרְכֵּ֣ב אֹת֗וֹ בְּמִרְכֶּ֤בֶת הַמִּשְׁנֶה֙ אֲשֶׁר־ל֔וֹ וַיִּקְרְא֥וּ לְפָנָ֖יו אַבְרֵ֑ךְ וְנָת֣וֹן אֹת֔וֹ עַ֖ל כָּל־אֶ֥רֶץ מִצְרָֽיִם
VAYARKÉB OTÓ BEMIRKÉBET HAMISHNÉH ASHÉR-LO VAYKRÚ LEFANÁV ABRÉJ VENATÓN OTÓ ÄL KOL-ÉRETZ MITZRÁIM

41:44 Y dijo Faraón a *Ioséf* (José): Yo soy Faraón; y sin ti ninguno alzará su mano ni su pie en toda la tierra de Egipto[294].
41:45 Y llamó Faraón el nombre de *Ioséf* (José), *Tzafenát Päenéaj*; y le dio por mujer a *Asenát*, hija de *Póti-féra* sacerdote de On. Y salió *Ioséf* (José) por toda la tierra de Egipto[295][296].
41:46 Era *Ioséf* (José) de edad de treinta años cuando fue presentado delante de Faraón rey de Egipto; y salió *Ioséf* (José) de delante de Faraón, y recorrió toda la tierra de Egipto.
41:47 En aquellos siete años de abundancia la tierra produjo a montones.
41:48 Y él reunió todo el alimento de los siete años de abundancia que hubo en la tierra de Egipto, y guardó alimento en las ciudades, poniendo en cada ciudad el alimento del campo de sus alrededores.
41:49 Recogió *Ioséf* (José) trigo como arena del mar, mucho en extremo, hasta no poderse contar, porque no tenía número.
41:50 Y nacieron a *Ioséf* (José) dos hijos antes que viniese el primer año del hambre, los cuales le dio a luz *Asenát*, hija de *Póti-féra* sacerdote de On.
41:51 Y llamó *Ioséf* (José) el nombre del primogénito, *Menashéh*; porque dijo: Dios me hizo olvidar todo mi trabajo, y toda la casa de mi padre[297].
41:52 Y llamó el nombre del segundo, *Efráim*; porque dijo: Dios me hizo fructificar en la tierra de mi aflicción[298].

---

[294] **41:44 Yo soy Faraón; y sin ti:** Es decir: "Yo soy el Faraón y como tal tengo el derecho de ordenar que toda la tierra de Egipto, quede bajo tu mandato".

[295] **41:45 *Tzafenát Päenéaj*:** El Faraón le puso este nombre egipcio que significa: "revelador de asuntos ocultos".

[296] **41:45 Le dio por mujer a *Asenát*, hija de *Póti-féra*:** *Pótifar* había cambiado su nombre a *Póti-féra*. El Faraón hizo que la hija de *Pótifar* se casara con *Ioséf*. De esta forma, logró vindicar a *Ioséf* a los ojos de los egipcios quienes aún pensaban que éste había tratado de violar a la esposa del maestro de los matarifes.

[297] **41:51 *Menashéh*:** מְנַשֶּׁה (MENASHÉH) viene de la palabra hebrea נָשָׁה (NASHÁH=olvidar).

[298] **41:52 *Efráim*:** אֶפְרַיִם (EFRÁIM) viene de la palabra hebrea פָּרָה (PARÁH=fructificar y multiplicarse).

305 / BERESHÍT-בְּרֵאשִׁית

41:44 וַיֹּ֤אמֶר פַּרְעֹה֙ אֶל־יוֹסֵ֔ף אֲנִ֖י פַרְעֹ֑ה וּבִלְעָדֶ֗יךָ לֹֽא־יָרִ֨ים אִ֧ישׁ אֶת־יָד֛וֹ וְאֶת־רַגְל֖וֹ בְּכָל־אֶ֥רֶץ מִצְרָֽיִם

VAYÓMER PARÓH EL-IOSÉF ANÍ FARÓH UBILÄDÉIJA LO-IARÍM ISH ET-IADÓ VEÉT-RAGLÓ BEJÓL-ÉRETZ MITZRÁIM

41:45 וַיִּקְרָ֨א פַרְעֹ֣ה שֵׁם־יוֹסֵף֮ צָֽפְנַ֣ת פַּעְנֵחַ֒ וַיִּתֶּן־ל֣וֹ אֶת־אָֽסְנַ֗ת בַּת־פּ֥וֹטִי פֶ֛רַע כֹּהֵ֥ן אֹ֖ן לְאִשָּׁ֑ה וַיֵּצֵ֥א יוֹסֵ֖ף עַל־אֶ֥רֶץ מִצְרָֽיִם

VAYKRÁ FARÓH SHEM-IOSÉF TZAFENÁT PÄNÉAJ VAYTÉN-LO ET-ASNÁT BAT-PÓTI FÉRÄ KOHÉN ON LEISHÁH VAYETZÉ IOSÉF ÄL-ÉRETZ MITZRÁIM

41:46 וְיוֹסֵף֙ בֶּן־שְׁלֹשִׁ֣ים שָׁנָ֔ה בְּעָמְד֕וֹ לִפְנֵ֖י פַּרְעֹ֣ה מֶֽלֶךְ־מִצְרָ֑יִם וַיֵּצֵ֤א יוֹסֵף֙ מִלִּפְנֵ֣י פַרְעֹ֔ה וַיַּֽעֲבֹ֖ר בְּכָל־אֶ֥רֶץ מִצְרָֽיִם

VEIOSÉF BEN-SHELOSHÍM SHANÁH BEÄMEDÓ LIFNÉI PARÓH MÉLEJ-MITZRÁIM VAYETZÉ IOSÉF MILIFNÉI FARÓH VAYAÄBÓR BEJÓL-ÉRETZ MITZRÁIM

41:47 וַתַּ֣עַשׂ הָאָ֔רֶץ בְּשֶׁ֖בַע שְׁנֵ֣י הַשָּׂבָ֑ע לִקְמָצִֽים

VATÄÄS HAÁRETZ BESHÉBÄ SHENÉI HASABÁ LIKMATZÍM

41:48 וַיִּקְבֹּ֞ץ אֶת־כָּל־אֹ֣כֶל ׀ שֶׁ֣בַע שָׁנִ֗ים אֲשֶׁ֤ר הָיוּ֙ בְּאֶ֣רֶץ מִצְרַ֔יִם וַיִּתֶּן־אֹ֖כֶל בֶּֽעָרִ֑ים אֹ֧כֶל שְׂדֵה־הָעִ֛יר אֲשֶׁ֥ר סְבִיבֹתֶ֖יהָ נָתַ֥ן בְּתוֹכָֽהּ

VAIKBÓTZ ET-KOL-ÓJEL SHÉBÄ SHANÍM ASHÉR HAIÚ BEÉRETZ MITZRÁIM VAYTÉN-ÓJEL BEÄRÍM ÓJEL SEDÉH-HAÍR ASHÉR SEBIBOTÉIHA NATÁN BETOJÁH

41:49 וַיִּצְבֹּ֨ר יוֹסֵ֥ף בָּ֛ר כְּח֥וֹל הַיָּ֖ם הַרְבֵּ֣ה מְאֹ֑ד עַ֛ד כִּי־חָדַ֥ל לִסְפֹּ֖ר כִּי־אֵ֥ין מִסְפָּֽר

VAITZBÓR IOSÉF BAR KEJÓL HAYÁM HARBÉH MEÓD ÄD KI-JADÁL LISPÓR KI-ÉIN MISPÁR

41:50 וּלְיוֹסֵ֤ף יֻלַּד֙ שְׁנֵ֣י בָנִ֔ים בְּטֶ֥רֶם תָּב֖וֹא שְׁנַ֣ת הָרָעָ֑ב אֲשֶׁ֤ר יָֽלְדָה־לּוֹ֙ אָֽסְנַ֔ת בַּת־פּ֥וֹטִי פֶ֖רַע כֹּהֵ֥ן אֽוֹן

ULEIOSÉF IULÁD SHENÉI BANÍM BETÉREM TABÓ SHENÁT HARAÄB ASHÉR IÁLEDAH-LO ASENÁT BAT-PÓTI FÉRÄ KOHÉN ON

41:51 וַיִּקְרָ֥א יוֹסֵ֛ף אֶת־שֵׁ֥ם הַבְּכ֖וֹר מְנַשֶּׁ֑ה כִּֽי־נַשַּׁ֤נִי אֱלֹהִים֙ אֶת־כָּל־עֲמָלִ֔י וְאֵ֖ת כָּל־בֵּ֥ית אָבִֽי

VAYKRÁ IOSÉF ET-SHÉM HABEJÓR MENASHÉH KI-NASHÁNI ELOHÍM ET-KOL-ÄMALÍ VEÉT KOL-BÉIT ABÍ

41:52 וְאֵ֛ת שֵׁ֥ם הַשֵּׁנִ֖י קָרָ֣א אֶפְרָ֑יִם כִּֽי־הִפְרַ֥נִי אֱלֹהִ֖ים בְּאֶ֥רֶץ עָנְיִֽי

VEÉT SHÉM HASHENÍ KARÁ EFRÁIM KI-HIFRÁNI ELOHÍM BEÉRETZ ÄNIÍ

41:53 Así se cumplieron los siete años de abundancia que hubo en la tierra de Egipto.

41:54 Y comenzaron a venir los siete años del hambre, como *Ioséf* (José) había dicho; y hubo hambre en todos los países, mas en toda la tierra de Egipto había pan.

41:55 Cuando se sintió el hambre en toda la tierra de Egipto, el pueblo clamó a Faraón por pan. Y dijo Faraón a todos los egipcios: Id a *Ioséf* (José), y haced lo que él os dijere.

41:56 Y el hambre estaba por toda la extensión del país. Entonces abrió *Ioséf* (José) todo granero donde había, y vendía a los egipcios; porque había crecido el hambre en la tierra de Egipto.

41:57 Y de toda la tierra venían a Egipto para comprar de *Ioséf* (José), porque por toda la tierra había crecido el hambre.

CAPÍTULO 42

Los hermanos de *Ioséf* (José) vienen por alimentos

42:1 Viendo *Iaäkób* (Jacob) que en Egipto había alimentos, dijo a sus hijos: ¿Por qué os estáis mirando?[299]

42:2 Y dijo: He aquí, yo he oído que hay víveres en Egipto; descended allá, y comprad de allí para nosotros, para que podamos vivir, y no muramos.

42:3 Y descendieron los diez hermanos de *Ioséf* (José) a comprar trigo en Egipto.

---

[299] **42:1 Viendo *Iaäkób*:** *Iaäkób* vio en una revelación que había esperanza en Egipto para aplacar el hambre.

¿Por qué os estáis mirando?: Es decir: "hagan algo que nuestros depósitos de comida se están vaciando".

41:53 וַתִּכְלֶ֕ינָה שֶׁ֖בַע שְׁנֵ֣י הַשָּׂבָ֑ע אֲשֶׁ֥ר הָיָ֖ה בְּאֶ֥רֶץ מִצְרָֽיִם
VATIJLÉINAH SHÉBÄ SHENÉI HASABÁ ASHÉR HAIÁH BEÉRETZ MITZRÁIM

41:54 וַתְּחִלֶּ֜ינָה שֶׁ֣בַע שְׁנֵ֤י הָרָעָב֙ לָב֔וֹא כַּאֲשֶׁ֖ר אָמַ֣ר יוֹסֵ֑ף וַיְהִ֤י רָעָב֙ בְּכָל־הָ֣אֲרָצ֔וֹת וּבְכָל־אֶ֥רֶץ מִצְרַ֖יִם הָ֥יָה לָֽחֶם
VATEJILÉINAH SHÉBÄ SHENÉI HARAÄB LABÓ KAASHÉR AMÁR IOSÉF VAIHÍ RAÄB BEJÓL-HAARATZÓT UBEJÓL-ÉRETZ MITZRÁIM HÁIAH LÁJEM

41:55 וַתִּרְעַב֙ כָּל־אֶ֣רֶץ מִצְרַ֔יִם וַיִּצְעַ֥ק הָעָ֛ם אֶל־פַּרְעֹ֖ה לַלָּ֑חֶם וַיֹּ֨אמֶר פַּרְעֹ֤ה לְכָל־מִצְרַ֨יִם֙ לְכ֣וּ אֶל־יוֹסֵ֔ף אֲשֶׁר־יֹאמַ֥ר לָכֶ֖ם תַּעֲשֽׂוּ
VATIRÄB KOL-ÉRETZ MITZRÁIM VAYTZÄK HAÄM EL-PARÖH LALÁJEM VAYÓMER PARÖH LEJÓL-MITZRÁIM LEJÚ EL-IOSÉF ASHÉR-IOMÁR LAJÉM TAÄSU

41:56 וְהָרָעָ֣ב הָיָ֔ה עַ֖ל כָּל־פְּנֵ֣י הָאָ֑רֶץ וַיִּפְתַּ֨ח יוֹסֵ֜ף אֶֽת־כָּל־אֲשֶׁ֤ר בָּהֶם֙ וַיִּשְׁבֹּ֣ר לְמִצְרַ֔יִם וַיֶּחֱזַ֥ק הָֽרָעָ֖ב בְּאֶ֥רֶץ מִצְרָֽיִם
VEHARAÄB HAIÁH ÄL KOL-PENÉI HAÁRETZ VAYFTÁJ IOSÉF ET-KOL-ASHÉR BAHÉM VAYSHEBÓR LEMITZRÁIM VAYEJEZZÁK HÁRAÄB BEÉRETZ MITZRÁIM

41:57 וְכָל־הָאָ֨רֶץ֙ בָּ֣אוּ מִצְרַ֔יְמָה לִשְׁבֹּ֖ר אֶל־יוֹסֵ֑ף כִּֽי־חָזַ֥ק הָרָעָ֖ב בְּכָל־הָאָֽרֶץ
VEJÓL-HAÁRETZ BÁU MITZRÁIMAH LISHBÓR EL-IOSÉF KI-JAZZÁK HARAÄB BEJÓL-HAÁRETZ

פֶּרֶק מב - PÉREK 42

42:1 וַיַּ֣רְא יַעֲקֹ֔ב כִּ֥י יֶשׁ־שֶׁ֖בֶר בְּמִצְרָ֑יִם וַיֹּ֤אמֶר יַעֲקֹב֙ לְבָנָ֔יו לָ֖מָּה תִּתְרָאֽוּ
VAYÁR IAÄKÓB KI IÉSH-SHÉBER BEMITZRÁIM VAYÓMER IAÄKÓB LEBANÁV LÁMAH TITRÁU

42:2 וַיֹּ֕אמֶר הִנֵּ֣ה שָׁמַ֔עְתִּי כִּ֥י יֶשׁ־שֶׁ֖בֶר בְּמִצְרָ֑יִם רְדוּ־שָׁ֨מָּה֙ וְשִׁבְרוּ־לָ֣נוּ מִשָּׁ֔ם וְנִחְיֶ֖ה וְלֹ֥א נָמֽוּת
VAYÓMER HINÉH SHAMÁTI KI IÉSH-SHÉBER BEMITZRÁIM REDÚ-SHÁMAH VESHIBRÚ-LÁNU MISHÁM VENIJIÉH VELÓ NAMÚT

42:3 וַיֵּרְד֥וּ אֲחֵֽי־יוֹסֵ֖ף עֲשָׂרָ֑ה לִשְׁבֹּ֥ר בָּ֖ר מִמִּצְרָֽיִם
VAYERDÚ AJÉI-IOSÉF ÄSARÁH LISHBÓR BAR MIMITZRÁIM

42:4 Mas *Iaäkób* (Jacob) no envió a *Biniamín*, hermano de *Ioséf* (José), con sus hermanos; porque dijo: No sea que le acontezca algún desastre.

42:5 Vinieron los hijos de Israel a comprar entre los que venían; porque había hambre en la tierra de Kenáän.

42:6 Y *Ioséf* (José) era el señor de la tierra, quien le vendía a todo el pueblo de la tierra; y llegaron los hermanos de *Ioséf* (José), y se inclinaron a él rostro a tierra[300].

42:7 Y *Ioséf* (José), cuando vio a sus hermanos, los conoció; mas hizo como que no los conocía, y les habló ásperamente, y les dijo: ¿De dónde habéis venido? Ellos respondieron: De la tierra de Kenáän, para comprar alimentos[301].

42:8 *Ioséf* (José), pues, conoció a sus hermanos; pero ellos no le conocieron.

42:9 Entonces se acordó *Ioséf* (José) de los sueños que había tenido acerca de ellos, y les dijo: Espías sois; por ver lo descubierto del país habéis venido[302].

42:10 Ellos le respondieron: No, señor nuestro, sino que tus siervos han venido a comprar alimentos.

42:11 Todos nosotros somos hijos de un varón; somos hombres honrados; tus siervos nunca fueron espías.

42:12 Pero *Ioséf* (José) les dijo: No; para ver lo descubierto del país habéis venido.

---

[300] **42:6 Quien le vendía a todo el pueblo:** Aunque *Ioséf* era el virrey de Egipto no delegó la responsabilidad de la distribución de los alimentos de primera necesidad. De esta forma evitaba que alguien fuese engañado y daba un ejemplo viviente sobre la urgencia con la cual se deben atender las necesidades de los más pobres.

[301] **42:7 Hizo como que no los conocía:** Durante todos estos veinte años *Ioséf* no contactó a su padre pues tenía la obligación de velar por que sus sueños proféticos se hicieran realidad. Por esta misma razón no reveló su identidad a sus hermanos.

[302] **42:9 Por ver lo descubierto del país habéis venido:** *Ioséf* los acusó falsamente de ser espías que venían a recolectar información para luego atacar Egipto.

42:4 וְאֶת־בִּנְיָמִין֙ אֲחִ֣י יוֹסֵ֔ף לֹא־שָׁלַ֥ח יַעֲקֹ֖ב אֶת־אֶחָ֑יו כִּ֣י אָמַ֔ר פֶּן־יִקְרָאֶ֖נּוּ אָסֽוֹן

VEÉT-BINIAMÍN AJÍ IOSÉF LO-SHALÁJ IAÄKÓB ET-EJÁV KI AMÁR PEN-IKRAÉNU ASÓN

42:5 וַיָּבֹ֙אוּ֙ בְּנֵ֣י יִשְׂרָאֵ֔ל לִשְׁבֹּ֖ר בְּת֣וֹךְ הַבָּאִ֑ים כִּֽי־הָיָ֥ה הָרָעָ֖ב בְּאֶ֥רֶץ כְּנָֽעַן

VAYABÓU BENÉI ISRAÉL LISHBÓR BETÓJ HABAÍM KI-HAIÁH HARAÄB BEÉRETZ KENÁÄN

42:6 וְיוֹסֵ֗ף ה֚וּא הַשַּׁלִּ֣יט עַל־הָאָ֔רֶץ ה֥וּא הַמַּשְׁבִּ֖יר לְכָל־עַ֣ם הָאָ֑רֶץ וַיָּבֹ֙אוּ֙ אֲחֵ֣י יוֹסֵ֔ף וַיִּשְׁתַּֽחֲווּ־ל֥וֹ אַפַּ֖יִם אָֽרְצָה

VEIOSÉF HU HASHALÍT ÄL-HAÁRETZ HU HAMASHBÍR LEJÓL-ÄM HAÁRETZ VAYABÓU AJÉI IOSÉF VAYSHTÁJAVU-LO APÁIM ÁRETZAH

42:7 וַיַּ֥רְא יוֹסֵ֛ף אֶת־אֶחָ֖יו וַיַּכִּרֵ֑ם וַיִּתְנַכֵּ֨ר אֲלֵיהֶ֜ם וַיְדַבֵּ֧ר אִתָּ֣ם קָשׁ֗וֹת וַיֹּ֤אמֶר אֲלֵהֶם֙ מֵאַ֣יִן בָּאתֶ֔ם וַיֹּ֣אמְר֔וּ מֵאֶ֥רֶץ כְּנַ֖עַן לִשְׁבָּר־אֹֽכֶל

VAYÁR IOSÉF ET-EJÁV VAYAKIRÉM VAITNAKÉR ALEIHÉM VAIDABÉR ITÁM KASHÓT VAYÓMER ALEHÉM MEÁIN BATÉM VAYOMRÚ MEÉRETZ KENÁÄN LISHBÁR-ÓJEL

42:8 וַיַּכֵּ֥ר יוֹסֵ֖ף אֶת־אֶחָ֑יו וְהֵ֖ם לֹ֥א הִכִּרֻֽהוּ

VAYAKÉR IOSÉF ET-EJÁV VEHÉM LO HIKIRÚHU

42:9 וַיִּזְכֹּ֣ר יוֹסֵ֔ף אֵ֚ת הַחֲלֹמ֔וֹת אֲשֶׁ֥ר חָלַ֖ם לָהֶ֑ם וַיֹּ֤אמֶר אֲלֵהֶם֙ מְרַגְּלִ֣ים אַתֶּ֔ם לִרְא֛וֹת אֶת־עֶרְוַ֥ת הָאָ֖רֶץ בָּאתֶֽם

VAYZZKÓR IOSÉF ET HAJALOMÓT ASHÉR JALÁM LAHÉM VAYÓMER ALEHÉM MERAGUELÍM ATÉM LIRÓT ET-ËRVÁT HAÁRETZ BÁTEM

42:10 וַיֹּאמְר֥וּ אֵלָ֖יו לֹ֣א אֲדֹנִ֑י וַעֲבָדֶ֥יךָ בָּ֖אוּ לִשְׁבָּר־אֹֽכֶל

VAYOMRÚ ELÁV LO ADONÍ VAÄBADÉIJA BÁU LISHEBAR-ÓJEL

42:11 כֻּלָּ֕נוּ בְּנֵ֥י אִישׁ־אֶחָ֖ד נָ֑חְנוּ כֵּנִ֣ים אֲנַ֔חְנוּ לֹא־הָי֥וּ עֲבָדֶ֖יךָ מְרַגְּלִֽים

KULÁNU BENÉI ISH-EJÁD NÁJENU KENÍM ANÁJNU LO-HAÍU ÄBADÉIJA MERAGLÍM

42:12 וַיֹּ֖אמֶר אֲלֵהֶ֑ם לֹ֕א כִּֽי־עֶרְוַ֥ת הָאָ֖רֶץ בָּאתֶ֥ם לִרְאֽוֹת

VAYÓMER ALEHÉM LO KI-ËREVÁT HAÁRETZ BATÉM LIRÓT

42:13 Y ellos respondieron: Tus siervos somos doce hermanos, hijos de un varón en la tierra de Kenáän; y he aquí el menor está hoy con nuestro padre, y el otro no está.

42:14 Y *Ioséf* (José) les dijo: Eso es lo que os he dicho, afirmando que sois espías.

42:15 En esto seréis probados: Por la vida Faraón, que no saldréis de aquí, sino cuando vuestro hermano menor viniere aquí [303].

42:16 Enviad a uno de vosotros y traiga a vuestro hermano, y vosotros quedad presos, y vuestras palabras serán probadas, si hay verdad en vosotros; y si no, vive Faraón, que sois espías.

42:17 Entonces los puso juntos en la cárcel por tres días.

42:18 Y al tercer día les dijo *Ioséf* (José): Haced esto, y vivid: Yo temo a Dios [304].

42:19 Si sois hombres honrados, quede preso en la cárcel uno de vuestros hermanos, y vosotros id y llevad el alimento para el hambre de vuestra casa.

42:20 Pero traeréis a vuestro hermano menor, y serán verificadas vuestras palabras, y no moriréis. Y ellos lo hicieron así.

---

[303] **42:15 Por la vida Faraón:** Cuando *Ioséf* juraba en falso, lo hacía por la vida del Faraón.

[304] **42:18 Yo temo a Dios:** Mucha gente teme a Dios sólo cuando están necesitados. Sin embargo, cuando se enriquecen pierden su temor y se olvidan de la bendición que obtuvieron. No así *Ioséf*, el cual inclusive en su grandeza seguía temiendo del Señor.

בְּרֵאשִׁית

42:13 וַיֹּאמְר֗וּ שְׁנֵ֣ים עָשָׂר֩ עֲבָדֶ֨יךָ אַחִ֧ים ׀ אֲנַ֛חְנוּ בְּנֵ֥י אִישׁ־אֶחָ֖ד בְּאֶ֣רֶץ כְּנָ֑עַן וְהִנֵּ֨ה הַקָּטֹ֤ן אֶת־אָבִ֨ינוּ֙ הַיּ֔וֹם וְהָאֶחָ֖ד אֵינֶֽנּוּ

VAYOMRÚ SHENÉIM ÄSAR ÄBADÉIJA AJÍM ANÁJNU BENÉI ISH-EJÁD BEÉRETZ KENÁÄN VEHINÉH HAKATÓN ET-ABÍNU HAYÓM VEHAEJÁD EINENÚ

42:14 וַיֹּ֥אמֶר אֲלֵהֶ֖ם יוֹסֵ֑ף ה֗וּא אֲשֶׁ֨ר דִּבַּ֧רְתִּי אֲלֵכֶ֛ם לֵאמֹ֖ר מְרַגְּלִ֥ים אַתֶּֽם

VAYÓMER ALEHÉM IOSÉF HU ASHÉR DIBÁRTI ALEJÉM LEMÓR MERAGLÍM ATÉM

42:15 בְּזֹ֖את תִּבָּחֵ֑נוּ חֵ֤י פַרְעֹה֙ אִם־תֵּצְא֣וּ מִזֶּ֔ה כִּ֧י אִם־בְּב֛וֹא אֲחִיכֶ֥ם הַקָּטֹ֖ן הֵֽנָּה

BEZZÓT TIBAJÉNU JÉI FARÖH IM-TETZEÚ MIZZÉH KI IM-BEBÓ AJIJÉM HAKATÓN HÉNAH

42:16 שִׁלְח֨וּ מִכֶּ֣ם אֶחָד֮ וְיִקַּ֣ח אֶת־אֲחִיכֶם֒ וְאַתֶּם֙ הֵאָ֣סְר֔וּ וְיִבָּֽחֲנוּ֙ דִּבְרֵיכֶ֔ם הַאֱמֶ֖ת אִתְּכֶ֑ם וְאִם־לֹ֕א חֵ֣י פַרְעֹ֔ה כִּ֥י מְרַגְּלִ֖ים אַתֶּֽם

SHILJÚ MIKÉM EJÁD VEIKÁJ ET-AJIJÉM VEATÉM HEASERÚ VEIBAJANÚ DIBREIJÉM HAEMÉT ITEJÉM VEÍM-LO JÉI FARÖH KI MERAGUELÍM ATÉM

42:17 וַיֶּאֱסֹ֥ף אֹתָ֛ם אֶל־מִשְׁמָ֖ר שְׁלֹ֥שֶׁת יָמִֽים

VAYESÓF OTÁM EL-MISHMÁR SHELÓSHET IAMÍM

42:18 וַיֹּ֨אמֶר אֲלֵהֶ֤ם יוֹסֵף֙ בַּיּ֣וֹם הַשְּׁלִישִׁ֔י זֹ֥את עֲשׂ֖וּ וִֽחְי֑וּ אֶת־הָאֱלֹהִ֖ים אֲנִ֥י יָרֵֽא

VAYÓMER ALEHÉM IOSÉF BAYÓM HASHELISHÍ ZZOT ÄSÚ VIJIÚ ET-HAELOHÍM ANÍ IARÉ

42:19 אִם־כֵּנִ֣ים אַתֶּ֔ם אֲחִיכֶ֣ם אֶחָ֔ד יֵאָסֵ֖ר בְּבֵ֣ית מִשְׁמַרְכֶ֑ם וְאַתֶּם֙ לְכ֣וּ הָבִ֔יאוּ שֶׁ֖בֶר רַעֲב֥וֹן בָּתֵּיכֶֽם

IM-KENÍM ATÉM AJIJÉM EJÁD IEASÉR BEBÉIT MISHMARJÉM VEATÉM LEJÚ HABÍU SHÉBER RAÄBÓN BATEIJÉM

42:20 וְאֶת־אֲחִיכֶ֤ם הַקָּטֹן֙ תָּבִ֣יאוּ אֵלַ֔י וְיֵאָמְנ֥וּ דִבְרֵיכֶ֖ם וְלֹ֣א תָמ֑וּתוּ וַיַּעֲשׂוּ־כֵֽן

VEÉT-AJIJÉM HAKATÓN TABÍU ELÁI VEIEAMENÚ DIBREIJÉM VELÓ TAMÚTU VAYAÄSU-JEN

42:21 Y decían el uno al otro: Verdaderamente hemos pecado contra nuestro hermano, pues vimos la angustia de su alma cuando nos rogaba, y no le escuchamos; por eso ha venido sobre nosotros esta angustia[305].

42:22 Entonces *Reubén* les respondió, diciendo: ¿No os hablé yo y dije: No pequéis contra el joven, y no escuchasteis? He aquí también se nos demanda su sangre.

42:23 Pero ellos no sabían que los entendía *Ioséf* (José), porque había intérprete entre ellos[306].

42:24 Y se apartó *Ioséf* (José) de ellos, y lloró; después volvió a ellos, y les habló, y tomó de entre ellos a *Shimön*, y lo aprisionó a vista de ellos[307].

42:25 Después mandó *Ioséf* (José) que llenaran sus sacos de trigo, y devolviesen el dinero de cada uno de ellos, poniéndolo en su saco, y les diesen comida para el camino; y así se hizo con ellos.

42:26 Y ellos pusieron su trigo sobre sus asnos, y se fueron de allí.

42:27 Pero abriendo uno de ellos su saco para dar de comer a su asno en el mesón, vio su dinero que estaba en la boca de su costal.

42:28 Y dijo a sus hermanos: Mi dinero se me ha devuelto, y helo aquí en mi saco. Entonces se les sobresaltó el corazón, y espantados dijeron el uno al otro: ¿Qué es esto que nos ha hecho Dios?[308]

---

[305] **42:21 Por eso ha venido sobre nosotros esta angustia:** Los hermanos de *Ioséf* reconocieron que toda esta desgracias les había sucedido por no haber escuchado a *Ioséf* cuando éste les imploró por su vida.
Cuando sucedió este hecho, ellos se dieron cuenta inmediatamente que estaban recibiendo una retribución Divina (ver comentario 12:19).

[306] **42:23 Pero ellos no sabían que los entendía *Ioséf*:** *Ioséf* había puesto a su hijo *Menashéh* como interprete para comunicarse con ellos pues si revelaba que sabía hebreo lo habrían reconocido inmediatamente.

[307] **42:24 Lloró:** *Ioséf* se emocionó al darse cuenta de que sus hermanos se habían arrepentido de lo que le habían hecho.
Shimön: *Ioséf* quiso separar a *Shimön* de *Leví* pues sabía que estos en conjunto tenían una gran fuerza (ver destrucción de *Shejém* 34:25) y podían conspirar para matarlo.

[308] **42:28 ¿Qué es esto que nos ha hecho Dios?:** Ver comentario 42:21.

313 / BERESHÍT - בְּרֵאשִׁית

42:21 וַיֹּאמְר֞וּ אִ֣ישׁ אֶל־אָחִ֗יו אֲבָל֮ אֲשֵׁמִ֣ים ׀ אֲנַחְנוּ֮ עַל־אָחִינוּ֒ אֲשֶׁ֨ר רָאִ֜ינוּ צָרַ֥ת נַפְשׁ֛וֹ בְּהִתְחַֽנְנ֥וֹ אֵלֵ֖ינוּ וְלֹ֣א שָׁמָ֑עְנוּ עַל־כֵּן֙ בָּ֣אָה אֵלֵ֔ינוּ הַצָּרָ֖ה הַזֹּֽאת

VAYOMRÚ ISH EL-AJÍV ABÁL ASHEMÍM ANÁJNU ÄL-AJÍNU ASHÉR RAÍNU TZARÁT NAFSHÓ BEHITJANENÓ ELÉINU VELÓ SHAMÄNU ÄL-KEN BÁAH ELÉINU HATZARÁH HAZZÓT

42:22 וַיַּעַן֩ רְאוּבֵ֨ן אֹתָ֜ם לֵאמֹ֗ר הֲלוֹא֩ אָמַ֨רְתִּי אֲלֵיכֶ֧ם ׀ לֵאמֹ֛ר אַל־תֶּחֶטְא֥וּ בַיֶּ֖לֶד וְלֹ֣א שְׁמַעְתֶּ֑ם וְגַם־דָּמ֖וֹ הִנֵּ֥ה נִדְרָֽשׁ

VAYAÄN REUBÉN OTÁM LEMÓR HALO AMÁRTI ALEIJÉM LEMÓR AL-TEJETÚ BAYÉLED VELÓ SHEMÄTÉM VEGÁM-DAMÓ HINÉH NIDRÁSH

42:23 וְהֵם֙ לֹ֣א יָֽדְע֔וּ כִּ֥י שֹׁמֵ֖עַ יוֹסֵ֑ף כִּ֥י הַמֵּלִ֖יץ בֵּינֹתָֽם

VEHÉM LO IADEÜ KI SHOMÉÄ IOSÉF KI HAMELÍTZ BEINOTÁM

42:24 וַיִּסֹּ֥ב מֵֽעֲלֵיהֶ֖ם וַיֵּ֑בְךְּ וַיָּ֤שָׁב אֲלֵהֶם֙ וַיְדַבֵּ֣ר אֲלֵהֶ֔ם וַיִּקַּ֤ח מֵֽאִתָּם֙ אֶת־שִׁמְע֔וֹן וַיֶּאֱסֹ֥ר אֹת֖וֹ לְעֵינֵיהֶֽם

VAYSÓB MEÄLEIHÉM VAYÉBEJ VAYÁSHAB ALEHÉM VAIDABÉR ALEHÉM VAYKÁJ MEITÁM ET-SHIMÖN VAYEESÓR OTÓ LEËINEIHÉM

42:25 וַיְצַ֣ו יוֹסֵ֗ף וַיְמַלְא֣וּ אֶת־כְּלֵיהֶם֮ בָּר֒ וּלְהָשִׁ֤יב כַּסְפֵּיהֶם֙ אִ֣ישׁ אֶל־שַׂקּ֔וֹ וְלָתֵ֥ת לָהֶ֛ם צֵדָ֖ה לַדָּ֑רֶךְ וַיַּ֥עַשׂ לָהֶ֖ם כֵּֽן

VAITZÁV IOSÉF VAIMALEÚ ET-KELEIHÉM BAR ULEHASHÍB KASPEIHÉM ISH EL-SAKÓ VELATÉT LAHÉM TZEDÁH LADÁREJ VAYÄÄS LAHÉM KEN

42:26 וַיִּשְׂא֥וּ אֶת־שִׁבְרָ֖ם עַל־חֲמֹרֵיהֶ֑ם וַיֵּלְכ֖וּ מִשָּֽׁם

VAYSÚ ET-SHIBRÁM ÄL-JAMOREIHÉM VAYELJÚ MISHÁM

42:27 וַיִּפְתַּ֨ח הָאֶחָ֜ד אֶת־שַׂקּ֗וֹ לָתֵ֥ת מִסְפּ֛וֹא לַחֲמֹר֖וֹ בַּמָּל֑וֹן וַיַּרְא֙ אֶת־כַּסְפּ֔וֹ וְהִנֵּה־ה֖וּא בְּפִ֥י אַמְתַּחְתּֽוֹ

VAYFTÁJ HAEJÁD ET-SAKÓ LATÉT MISPEÚ LAJAMORÓ BAMALÓN VAYÁR ET-KASPÓ VEHINÉH-HU BEFÍ AMTAJTÓ

42:28 וַיֹּ֤אמֶר אֶל־אֶחָיו֙ הוּשַׁ֣ב כַּסְפִּ֔י וְגַ֖ם הִנֵּ֣ה בְאַמְתַּחְתִּ֑י וַיֵּצֵ֣א לִבָּ֗ם וַיֶּחֶרְד֞וּ אִ֤ישׁ אֶל־אָחִיו֙ לֵאמֹ֔ר מַה־זֹּ֛את עָשָׂ֥ה אֱלֹהִ֖ים לָֽנוּ

VAYÓMER EL-EJÁV HUSHÁB KASPÍ VEGÁM HINÉH BEAMTAJTÍ VAYETZÉ LIBÁM VAIEJERDÚ ISH EL-AJÍV LEMÓR MAH-ZZOT ÄSÁH ELOHÍM LÁNU

42:29 Y venidos a *Iaäkób* (Jacob) su padre en tierra de Kenáän, le contaron todo lo que les había acontecido, diciendo:

42:30 Aquel varón, el señor de la tierra, nos habló ásperamente, y nos trató como a espías de la tierra.

42:31 Y nosotros le dijimos: Somos hombres honrados, nunca fuimos espías.

42:32 Somos doce hermanos, hijos de nuestro padre; uno no está, y el menor está hoy con nuestro padre en la tierra de Kenáän.

42:33 Entonces aquel varón, el señor de la tierra, nos dijo: En esto conoceré que sois hombres honrados: dejad conmigo uno de vuestros hermanos, y tomad para el hambre de vuestras casas, y andad,

42:34 y traedme a vuestro hermano el menor, para que yo sepa que no sois espías, sino hombres honrados; así os daré a vuestro hermano, y circulareis libremente por la tierra.

42:35 Y aconteció que vaciando ellos sus sacos, he aquí que en el saco de cada uno estaba el atado de su dinero; y viendo ellos y su padre los atados de su dinero, tuvieron temor.

42:36 Entonces su padre *Iaäkób* (Jacob) les dijo: Me habéis privado de mis hijos; *Ioséf* (José) no está, ni *Shimön* tampoco, y a *Biniamín* le llevaréis; contra mí son todas estas cosas[309].

---

[309] **42:36 Contra mí son todas estas cosas:** Es decir: "Vuestro sufrimiento como hermanos no se puede comparar al mío como padre".

315 / BERESHÍT-בְּרֵאשִׁית

42:29 וַיָּבֹאוּ אֶל־יַעֲקֹב אֲבִיהֶם אַרְצָה כְּנָעַן וַיַּגִּידוּ לוֹ אֵת כָּל־הַקֹּרֹת אֹתָם לֵאמֹר

VAYABOÚ EL-IAÄKÓB ABIHÉM ÁRTZAH KENÁÄN VAYAGUÍDU LO ET KOL-HAKORÓT OTÁM LEMÓR

42:30 דִּבֶּר הָאִישׁ אֲדֹנֵי הָאָרֶץ אִתָּנוּ קָשׁוֹת וַיִּתֵּן אֹתָנוּ כִּמְרַגְּלִים אֶת־הָאָרֶץ

DIBÉR HAÍSH ADONÉI HAÁRETZ ITÁNU KASHÓT VAYTÉN OTÁNU KIMRAGUELÍM ET-HAÁRETZ

42:31 וַנֹּאמֶר אֵלָיו כֵּנִים אֲנָחְנוּ לֹא הָיִינוּ מְרַגְּלִים

VANÓMER ELÁV KENÍM ANÁJNU LO HAÍNU MERAGUELÍM

42:32 שְׁנֵים־עָשָׂר אֲנַחְנוּ אַחִים בְּנֵי אָבִינוּ הָאֶחָד אֵינֶנּוּ וְהַקָּטֹן הַיּוֹם אֶת־אָבִינוּ בְּאֶרֶץ כְּנָעַן

SHENÉIM-ÄSÁR ANÁJNU AJÍM BENÉI ABÍNU HAEJÁD EINÉNU VEHAKATÓN HAYÓM ET-ABÍNU BEÉRETZ KENÁÄN

42:33 וַיֹּאמֶר אֵלֵינוּ הָאִישׁ אֲדֹנֵי הָאָרֶץ בְּזֹאת אֵדַע כִּי כֵנִים אַתֶּם אֲחִיכֶם הָאֶחָד הַנִּיחוּ אִתִּי וְאֶת־רַעֲבוֹן בָּתֵּיכֶם קְחוּ וָלֵכוּ

VAYÓMER ELÉINU HAÍSH ADONÉI HAÁRETZ BEZZÓT EDÄ KI JENÍM ATÉM AJIJÉM HÁEJAD HANÍJU ITÍ VEÉT-RAÄBÓN BATEIJÉM KEJÚ VALEJÚ

42:34 וְהָבִיאוּ אֶת־אֲחִיכֶם הַקָּטֹן אֵלַי וְאֵדְעָה כִּי לֹא מְרַגְּלִים אַתֶּם כִּי כֵנִים אַתֶּם אֶת־אֲחִיכֶם אֶתֵּן לָכֶם וְאֶת־הָאָרֶץ תִּסְחָרוּ

VEHABÍU ET-AJIJÉM HAKATÓN ELAI VEEDÄH KI LO MERAGUELÍM ATÉM KI JENÍM ATÉM ET-AJIJÉM ETÉN LAJÉM VEÉT-HAÁRETZ TISJÁRU

42:35 וַיְהִי הֵם מְרִיקִים שַׂקֵּיהֶם וְהִנֵּה־אִישׁ צְרוֹר־כַּסְפּוֹ בְּשַׂקּוֹ וַיִּרְאוּ אֶת־צְרֹרוֹת כַּסְפֵּיהֶם הֵמָּה וַאֲבִיהֶם וַיִּירָאוּ

VAIHÍ HEM MERIKÍM SAKEIHÉM VEHINÉH-ISH TZERÓR-KASPÓ BESAKÓ VAYRÚ ET-TZERORÓT KASPEIHÉM HÉMAH VAABIHÉM VAYRÁU

42:36 וַיֹּאמֶר אֲלֵהֶם יַעֲקֹב אֲבִיהֶם אֹתִי שִׁכַּלְתֶּם יוֹסֵף אֵינֶנּוּ וְשִׁמְעוֹן אֵינֶנּוּ וְאֶת־בִּנְיָמִן תִּקָּחוּ עָלַי הָיוּ כֻלָּנָה

VAYÓMER ALEHÉM IAÄKÓB ABIHÉM OTÍ SHIKALTÉM IOSÉF EINÉNU VESHIMÖN EINÉNU VEÉT-BINIAMÍN TIKÁJU ÄLAI HAÍU JULÁNAH

42:37 Y *Reubén* habló a su padre, diciendo: Podrás matar a mis dos hijos, si no te lo devuelvo; entrégalo en mi mano, que yo lo devolveré a ti.

42:38 Y él dijo: No descenderá mi hijo con vosotros, pues su hermano ha muerto, y él solo ha quedado; y si le aconteciere algún desastre en el camino por donde vais, haréis descender mis canas con dolor a la sepultura.

CAPÍTULO 43

Los hermanos de *Ioséf* (José) regresan con *Biniamín*

43:1 El hambre era grande en la tierra;

43:2 y aconteció que cuando acabaron de comer el trigo que trajeron de Egipto, les dijo su padre: Volved, y comprad para nosotros un poco de alimento.

43:3 Respondió *Iehudáh*, diciendo: Aquel varón nos protestó con ánimo resuelto, diciendo: No veréis mi rostro si no traéis a vuestro hermano con vosotros.

43:4 Si enviares a nuestro hermano con nosotros, descenderemos y te compraremos alimento.

43:5 Pero si no le enviares, no descenderemos; porque aquel varón nos dijo: No veréis mi rostro si no traéis a vuestro hermano con vosotros.

43:6 Dijo entonces Israel: ¿Por qué me hicisteis tanto mal, declarando al varón que teníais otro hermano?

317 / BERESHÍT - בְּרֵאשִׁית

42:37 וַיֹּאמֶר רְאוּבֵן אֶל־אָבִיו לֵאמֹר אֶת־שְׁנֵי בָנַי תָּמִית אִם־לֹא אֲבִיאֶנּוּ אֵלֶיךָ תְּנָה אֹתוֹ עַל־יָדִי וַאֲנִי אֲשִׁיבֶנּוּ אֵלֶיךָ

VAYÓMER REUBÉN EL-ABÍV LEMÓR ET-SHENÉI BANÁI TAMÍT IM-LO ABIENÚ ELÉIJA TENÁH OTÓ ÄL-IADÍ VAANÍ ASHIBÉNU ELEIJÁ

42:38 וַיֹּאמֶר לֹא־יֵרֵד בְּנִי עִמָּכֶם כִּי־אָחִיו מֵת וְהוּא לְבַדּוֹ נִשְׁאָר וּקְרָאָהוּ אָסוֹן בַּדֶּרֶךְ אֲשֶׁר תֵּלְכוּ־בָהּ וְהוֹרַדְתֶּם אֶת־שֵׂיבָתִי בְּיָגוֹן שְׁאוֹלָה

VAYÓMER LO-IERÉD BENÍ ÏMAJÉM KI-AJÍV MÉT VEHÚ LEBADÓ NISHÁR UKRAÁHU ASÓN BADÉREJ ASHÉR TELJÚ-BAH VEHORADTÉM ET-SEIBATÍ BEIAGÓN SHEÓLAH

פֶּרֶק מג - PÉREK 43

43:1 וְהָרָעָב כָּבֵד בָּאָרֶץ

VEHARAÄB KABÉD BAÁRETZ

43:2 וַיְהִי כַּאֲשֶׁר כִּלּוּ לֶאֱכֹל אֶת־הַשֶּׁבֶר אֲשֶׁר הֵבִיאוּ מִמִּצְרָיִם וַיֹּאמֶר אֲלֵיהֶם אֲבִיהֶם שֻׁבוּ שִׁבְרוּ־לָנוּ מְעַט־אֹכֶל

VAIHÍ KAASHÉR KILÚ LEEJÓL ET-HASHÉBER ASHÉR HEBÍU MIMITZRÁIM VAYÓMER ALEIHÉM ABIHÉM SHÚBU SHIBRÚ-LÁNU MEÄT-ÓJEL

43:3 וַיֹּאמֶר אֵלָיו יְהוּדָה לֵאמֹר הָעֵד הֵעִד בָּנוּ הָאִישׁ לֵאמֹר לֹא־תִרְאוּ פָנַי בִּלְתִּי אֲחִיכֶם אִתְּכֶם

VAYÓMER ELÁV IEHUDÁH LEMÓR HAËD HEÏD BÁNU HAÍSH LEMÓR LO-TIRÚ FANÁI BILTÍ AJIJÉM ITEJÉM

43:4 אִם־יֶשְׁךָ מְשַׁלֵּחַ אֶת־אָחִינוּ אִתָּנוּ נֵרְדָה וְנִשְׁבְּרָה לְךָ אֹכֶל

IM-IESHJÁ MESHALÉAJ ET-AJÍNU ITÁNU NERDÁH VENISHBERÁH LEJÁ ÓJEL

43:5 וְאִם־אֵינְךָ מְשַׁלֵּחַ לֹא נֵרֵד כִּי־הָאִישׁ אָמַר אֵלֵינוּ לֹא־תִרְאוּ פָנַי בִּלְתִּי אֲחִיכֶם אִתְּכֶם

VEÍM-EINJÁ MESHALÉAJ LO NERÉD KI-HAÍSH AMÁR ELÉINU LO-TIRÚ FANÁI BILTÍ AJIJÉM ITEJÉM

43:6 וַיֹּאמֶר יִשְׂרָאֵל לָמָה הֲרֵעֹתֶם לִי לְהַגִּיד לָאִישׁ הַעוֹד לָכֶם אָח

VAYÓMER ISRAÉL LAMÁH HAREÖTÉM LI LEHAGUÍD LAÍSH HAÖD LAJÉM AJ

43:7 Y ellos respondieron: Aquel varón nos preguntó expresamente por nosotros, y por nuestra familia, diciendo: ¿Vive aún vuestro padre? ¿Tenéis otro hermano? Y le declarámos conforme a estas palabras. ¿Acaso podíamos saber que él nos diría: Haced venir a vuestro hermano?

43:8 Entonces *Iehudáh* dijo a Israel su padre: Envía al joven conmigo, y nos levantaremos e iremos, a fin de que vivamos y no muramos nosotros, y tú, y nuestros niños.

43:9 Yo te respondo por él; a mí me pedirás cuenta. Si yo no te lo vuelvo a traer, y si no lo pongo delante de ti, seré para ti el culpable para siempre;

43:10 pues si no nos hubiéramos detenido, ciertamente hubiéramos ya vuelto dos veces.

43:11 Entonces Israel su padre les respondió: Pues que así es, hacedlo; tomad de lo mejor de la tierra en vuestros sacos, y llevad a aquel varón un presente, un poco de bálsamo, un poco de miel, aromas y mirra, nueces y almendras[310].

43:12 Y tomad en vuestras manos doble cantidad de dinero, y llevad en vuestra mano el dinero vuelto en las bocas de vuestros costales; quizá fue equivocación.

43:13 Tomad también a vuestro hermano, y levantaos, y volved a aquel varón.

43:14 Y el Dios Omnipotente os dé misericordia delante de aquel varón, y os suelte al otro vuestro hermano, y a este *Biniamín*. Y si he de ser privado de mis hijos, séalo.

---

[310] **43:11 Mirra:** Ver comentario 37:25.

319 / BERESHÍT- בְּרֵאשִׁית

43:7 וַיֹּאמְר֗וּ שָׁא֨וֹל שָֽׁאַל־הָאִ֥ישׁ לָ֛נוּ וּלְמֽוֹלַדְתֵּ֖נוּ לֵאמֹ֑ר הַע֨וֹד אֲבִיכֶ֥ם חַי֙ הֲיֵ֣שׁ לָכֶ֣ם אָ֔ח וַנַּ֨גֶּד־ל֔וֹ עַל־פִּ֖י הַדְּבָרִ֣ים הָאֵ֑לֶּה הֲיָד֣וֹעַ נֵדַ֔ע כִּ֣י יֹאמַ֔ר הוֹרִ֖ידוּ אֶת־אֲחִיכֶֽם

VAYOMRÚ SHÁOL SHÁAL-HAÍSH LÁNU ULEMOLADTÉNU LEMÓR HÄÖD ABIJÉM
JÁI HAIÉSH LAJÉM AJ VANÁGUED-LO ÄL-PI HADEBARÍM HAÉLEH HAIADÖÄ NEDÄ
KI IOMÁR HORÍDU ET-AJIJÉM

43:8 וַיֹּ֨אמֶר יְהוּדָ֜ה אֶל־יִשְׂרָאֵ֣ל אָבִ֗יו שִׁלְחָ֥ה הַנַּ֛עַר אִתִּ֖י וְנָק֣וּמָה וְנֵלֵ֑כָה וְנִֽחְיֶה֙ וְלֹ֣א נָמ֔וּת גַּם־אֲנַ֥חְנוּ גַם־אַתָּ֖ה גַּם־טַפֵּֽנוּ

VAYÓMER IEHUDÁH EL-ISRAEL ABÍV SHILJÁH HANAÄR ITÍ VENAKÚMAH
VENELÉJAH VENIJIÉH VELÓ NAMÚT GAM-ANÁJNU GAM-ATÁH GAM-TAPÉNU

43:9 אָֽנֹכִי֙ אֶֽעֶרְבֶ֔נּוּ מִיָּדִ֖י תְּבַקְשֶׁ֑נּוּ אִם־לֹ֨א הֲבִֽיאֹתִ֤יו אֵלֶ֨יךָ֙ וְהִצַּגְתִּ֣יו לְפָנֶ֔יךָ וְחָטָ֥אתִֽי לְךָ֖ כָּל־הַיָּמִֽים

ÁNOJI EËRBÉNU MIYADÍ TEBAKSHENÚ IM-LO HABIOTÍV ELÉIJA VEHITZAGTÍV
LEFANÉIJA VEJATÁTI LEJÁ KOL-HAYAMÍM

43:10 כִּ֖י לוּלֵ֣א הִתְמַהְמָ֑הְנוּ כִּֽי־עַתָּ֥ה שַׁ֖בְנוּ זֶ֥ה פַעֲמָֽיִם

KI LULÉ HITMAHMÁHENU KI-ÄTÁH SHÁBNU ZZEH FAÄMÁIM

43:11 וַיֹּ֨אמֶר אֲלֵהֶ֜ם יִשְׂרָאֵ֣ל אֲבִיהֶ֗ם אִם־כֵּ֣ן ׀ אֵפוֹא֮ זֹ֣את עֲשׂוּ֒ קְח֞וּ מִזִּמְרַ֤ת הָאָ֨רֶץ֙ בִּכְלֵיכֶ֔ם וְהוֹרִ֥ידוּ לָאִ֖ישׁ מִנְחָ֑ה מְעַ֤ט צֳרִי֙ וּמְעַ֣ט דְּבַ֔שׁ נְכֹ֣את וָלֹ֔ט בָּטְנִ֖ים וּשְׁקֵדִֽים

VAYÓMER ALEHÉM ISRAEL ABIHÉM IM-KEN EFÓ ZZOT ÄSU KEJÚ MIZZIMRÁT
HAÁRETZ BIJLEIJÉM VEHORÍDU LAÍSH MINJÁH MEÄT TZÁRI UMEÄT DEBÁSH
NEJÓT VALÓT BATENÍM USHEKEDÍM

43:12 וְכֶ֥סֶף מִשְׁנֶ֖ה קְח֣וּ בְיֶדְכֶ֑ם וְאֶת־הַכֶּ֜סֶף הַמּוּשָׁ֨ב בְּפִ֤י אַמְתְּחֹֽתֵיכֶם֙ תָּשִׁ֣יבוּ בְיֶדְכֶ֔ם אוּלַ֥י מִשְׁגֶּ֖ה הֽוּא

VEJÉSEF MISHNÉH KEJÚ BEIEDJÉM VEÉT-HAKÉSEF HAMUSHÁB BEFÍ
AMTEJÓTEIJEM TASHÍBU BEIEDJÉM ULÁI MISHGUEH HU

43:13 וְאֶת־אֲחִיכֶ֖ם קָ֑חוּ וְק֖וּמוּ שׁ֥וּבוּ אֶל־הָאִֽישׁ

VEÉT-AJIJÉM KÁJU VEKÚMU SHÚBU EL-HAÍSH

43:14 וְאֵ֣ל שַׁדַּ֗י יִתֵּ֨ן לָכֶ֤ם רַחֲמִים֙ לִפְנֵ֣י הָאִ֔ישׁ וְשִׁלַּ֥ח לָכֶ֛ם אֶת־אֲחִיכֶ֥ם אַחֵ֖ר וְאֶת־בִּנְיָמִ֑ין וַאֲנִ֕י כַּאֲשֶׁ֥ר שָׁכֹ֖לְתִּי שָׁכָֽלְתִּי

VEÉL SHADÁI ITÉN LAJÉM RAJAMÍM LIFNÉI HAÍSH VESHILÁJ LAJÉM ET-AJIJÉM
AJÉR VEÉT-BINIAMÍN VAANÍ KAASHÉR SHAJÓLTI SHAJÁLETI

43:15 Entonces tomaron aquellos varones el presente, y tomaron en su mano doble cantidad de dinero, y a *Biniamín*; y se levantaron y descendieron a Egipto, y se presentaron delante de *Ioséf* (José).

43:16 Y vio *Ioséf* (José) a *Biniamín* con ellos, y dijo a quien estaba a cargo de su casa: Lleva a casa a esos hombres, y degüella una res y prepárala, pues estos hombres comerán conmigo al mediodía[311].

43:17 E hizo el hombre como *Ioséf* (José) dijo, y llevó a los hombres a casa de *Ioséf* (José).

43:18 Entonces aquellos hombres tuvieron temor, cuando fueron llevados a casa de *Ioséf* (José), y decían: Por el dinero que fue devuelto en nuestros costales la primera vez nos han traído aquí, para tendernos lazo, y atacarnos, y tomarnos por siervos a nosotros, y a nuestros asnos.

43:19 Y se acercaron a quien estaba a cargo de la casa de *Ioséf* (José), y le hablaron a la entrada de la casa.

43:20 Y dijeron: Ay, señor nuestro, nosotros en realidad de verdad descendimos al principio a comprar alimentos.

43:21 Y aconteció que cuando llegamos a la posada y abrimos nuestros costales, he aquí el dinero de cada uno estaba en la boca de su costal, nuestro dinero en su justo peso; y lo hemos vuelto a traer con nosotros.

43:22 Hemos también traído en nuestras manos otro dinero para comprar alimentos; nosotros no sabemos quién haya puesto nuestro dinero en nuestros costales.

---

[311] **43:16 A quien estaba a cargo de su casa:** Este era *Menashé* el hijo de *Ioséf*.

321 / BERESHÍT-בְּרֵאשִׁית

43:15 וַיִּקְח֣וּ הָֽאֲנָשִׁים֩ אֶת־הַמִּנְחָ֨ה הַזֹּ֜את וּמִשְׁנֶה־כֶּ֛סֶף לָקְח֥וּ בְיָדָ֖ם וְאֶת־בִּנְיָמִ֑ן וַיָּקֻ֙מוּ֙ וַיֵּרְד֣וּ מִצְרַ֔יִם וַיַּֽעַמְד֖וּ לִפְנֵ֥י יוֹסֵֽף

VAYKEJÚ HAANASHÍM ET-HAMINJÁH HAZZÓT UMISHNÉH-KÉSEF LAKEJÚ BEIADÁM VEÉT-BINIAMÍN VAYAKÚMU VAYERDÚ MITZRÁIM VAYÁÁMDÚ LIFNÉI IOSÉF

43:16 וַיַּ֨רְא יוֹסֵ֣ף אִתָּם֮ אֶת־בִּנְיָמִין֒ וַיֹּ֙אמֶר֙ לַֽאֲשֶׁ֣ר עַל־בֵּית֔וֹ הָבֵ֥א אֶת־הָאֲנָשִׁ֖ים הַבָּ֑יְתָה וּטְבֹ֤חַ טֶ֙בַח֙ וְהָכֵ֔ן כִּ֥י אִתִּ֛י יֹאכְל֥וּ הָאֲנָשִׁ֖ים בַּֽצָּהֳרָֽיִם

VAYÁR IOSÉF ITÁM ET-BINIAMÍN VAYÓMER LAASHÉR ÄL-BEITÓ HABÉ ET-HAANASHÍM HABÁIETAH UTEBÓAJ TÉBAJ VEHAJÉN KI ITÍ IOJLÚ HAANASHÍM BATZAHARÁIM

43:17 וַיַּ֣עַשׂ הָאִ֔ישׁ כַּֽאֲשֶׁ֖ר אָמַ֣ר יוֹסֵ֑ף וַיָּבֵ֥א הָאִ֛ישׁ אֶת־הָאֲנָשִׁ֖ים בֵּ֥יתָה יוֹסֵֽף

VAYÁÁS HAÍSH KAASHÉR AMÁR IOSÉF VAYABÉ HAÍSH ET-HAANASHÍM BÉITAH IOSÉF

43:18 וַיִּֽירְא֣וּ הָֽאֲנָשִׁ֗ים כִּ֣י הֽוּבְאוּ֮ בֵּ֣ית יוֹסֵף֒ וַיֹּֽאמְר֗וּ עַל־דְּבַ֤ר הַכֶּ֙סֶף֙ הַשָּׁ֤ב בְּאַמְתְּחֹתֵ֙ינוּ֙ בַּתְּחִלָּ֔ה אֲנַ֖חְנוּ מֽוּבָאִ֑ים לְהִתְגֹּלֵ֤ל עָלֵ֙ינוּ֙ וּלְהִתְנַפֵּ֣ל עָלֵ֔ינוּ וְלָקַ֧חַת אֹתָ֛נוּ לַֽעֲבָדִ֖ים וְאֶת־חֲמֹרֵֽינוּ

VAYRÚ HAANASHÍM KI HUBEÚ BÉIT IOSÉF VAYOMRÚ ÄL-DEBÁR HAKÉSEF HASHÁB BEAMTEJOTÉINU BATEJILÁH ANÁJNU MUBAÍM LEHITGOLÉL ÄLEINU ULEHITNAPÉL ÄLEINU VELAKÁJAT OTÁNU LAÄBADÍM VEÉT-JAMORÉINU

43:19 וַֽיִּגְּשׁוּ֙ אֶל־הָאִ֔ישׁ אֲשֶׁ֖ר עַל־בֵּ֣ית יוֹסֵ֑ף וַיְדַבְּר֥וּ אֵלָ֖יו פֶּ֥תַח הַבָּֽיִת

VAYGUESHÚ EL-HAÍSH ASHÉR ÄL-BÉIT IOSÉF VAIDABERÚ ELÁV PÉTAJ HABÁIT

43:20 וַיֹּאמְר֖וּ בִּ֣י אֲדֹנִ֑י יָרֹ֥ד יָרַ֛דְנוּ בַּתְּחִלָּ֖ה לִשְׁבָּר־אֹֽכֶל

VAYOMRÚ BI ADONÍ IARÓD IARÁDNU BATEJILÁH LISHBÁR-ÓJEL

43:21 וַיְהִ֞י כִּי־בָ֣אנוּ אֶל־הַמָּל֗וֹן וַֽנִּפְתְּחָה֙ אֶת־אַמְתְּחֹתֵ֔ינוּ וְהִנֵּ֤ה כֶֽסֶף־אִישׁ֙ בְּפִ֣י אַמְתַּחְתּ֔וֹ כַּסְפֵּ֖נוּ בְּמִשְׁקָל֑וֹ וַנָּ֥שֶׁב אֹת֖וֹ בְּיָדֵֽנוּ

VAIHÍ KI-BÁNU EL-HAMALÓN VANIFTEJÁH ET-AMTEJOTÉINU VEHINÉH JÉSEF-ISH BEFÍ AMTAJTÓ KASPÉNU BEMISHKALÓ VANÁSHEB OTÓ BEIADÉNU

43:22 וְכֶ֧סֶף אַחֵ֛ר הוֹרַ֥דְנוּ בְיָדֵ֖נוּ לִשְׁבָּר־אֹ֑כֶל לֹ֣א יָדַ֔עְנוּ מִי־שָׂ֥ם כַּסְפֵּ֖נוּ בְּאַמְתְּחֹתֵֽינוּ

VEJÉSEF AJÉR HORÁDENU BEIADÉNU LISHBÁR-ÓJEL LO IADÁÄNU MI-SAM KASPÉNU BEAMTEJOTÉINU

43:23 El les respondió: Paz a vosotros, no temáis; vuestro Dios y el Dios de vuestro padre os dio el tesoro en vuestros costales; yo recibí vuestro dinero. Y trajo a *Shimön* a ellos.

43:24 Y llevó aquel varón a los hombres a casa de *Ioséf* (José); y les dio agua, y lavaron sus pies, y dio de comer a sus asnos.

43:25 Y ellos prepararon el presente entretanto que venía *Ioséf* (José) a mediodía, porque habían oído que allí habrían de comer pan.

43:26 Y vino *Ioséf* (José) a casa, y ellos le trajeron el presente que tenían en su mano dentro de la casa, y se inclinaron ante él hasta la tierra.

43:27 Entonces les preguntó *Ioséf* (José) cómo estaban, y dijo: ¿Vuestro padre, el anciano que dijisteis, lo pasa bien? ¿Vive todavía?

43:28 Y ellos respondieron: Bien va a tu siervo nuestro padre; aún vive. Y se inclinaron, e hicieron reverencia.

43:29 Y alzando *Ioséf* (José) sus ojos vio a *Biniamín* su hermano, hijo de su madre, y dijo: ¿Es éste vuestro hermano menor, de quien me hablasteis? Y dijo: Dios tenga misericordia de ti, hijo mío.

43:30 Entonces *Ioséf* (José) se apresuró, porque se compadeció de su hermano, y buscó dónde llorar; y entró en su cámara, y lloró allí.

43:31 Y lavó su rostro y salió, y se contuvo, y dijo: Poned pan.

בְּרֵאשִׁית

43:23 וַיֹּאמֶר שָׁלוֹם לָכֶם אַל־תִּירָאוּ אֱלֹהֵיכֶם וֵאלֹהֵי אֲבִיכֶם נָתַן לָכֶם מַטְמוֹן בְּאַמְתְּחֹתֵיכֶם כַּסְפְּכֶם בָּא אֵלָי וַיּוֹצֵא אֲלֵהֶם אֶת־שִׁמְעוֹן

VAYÓMER SHALÓM LAJÉM AL-TIRÁU ELOHEIJÉM VELOHÉI ABIJÉM NATÁN LAJÉM
MATMÓN BEAMTEJOTEIJÉM KASPEJÉM BA ELÁI VAYOTZÉ ALEHÉM ET-SHIMÖN

43:24 וַיָּבֵא הָאִישׁ אֶת־הָאֲנָשִׁים בֵּיתָה יוֹסֵף וַיִּתֶּן־מַיִם וַיִּרְחֲצוּ רַגְלֵיהֶם וַיִּתֵּן מִסְפּוֹא לַחֲמֹרֵיהֶם

VAYABÉ HAÍSH ET-HAANASHÍM BÉITAH IOSÉF VAYTÉN-MÁIM VAYRJATZÚ
RAGLEIHÉM VAYTÉN MISPÓ LAJAMÓREIHEM

43:25 וַיָּכִינוּ אֶת־הַמִּנְחָה עַד־בּוֹא יוֹסֵף בַּצָּהֳרָיִם כִּי שָׁמְעוּ כִּי־שָׁם יֹאכְלוּ לָחֶם

VAYAJÍNU ET-HAMINJÁH ÄD-BO IOSÉF BATZAHARÁIM KI SHÁMEÜ KI-SHAM
IOJLÚ LÁJEM

43:26 וַיָּבֹא יוֹסֵף הַבַּיְתָה וַיָּבִיאוּ לוֹ אֶת־הַמִּנְחָה אֲשֶׁר־בְּיָדָם הַבָּיְתָה וַיִּשְׁתַּחֲווּ־לוֹ אָרְצָה

VAYABÓ IOSÉF HABÁITAH VAYABIÚ LO ET-HAMINJÁH ASHÉR-BEYADÁM
HABÁIETAH VAYSHTAJAVÚ-LO ÁRETZAH

43:27 וַיִּשְׁאַל לָהֶם לְשָׁלוֹם וַיֹּאמֶר הֲשָׁלוֹם אֲבִיכֶם הַזָּקֵן אֲשֶׁר אֲמַרְתֶּם הַעוֹדֶנּוּ חָי

VAYSHÁL LAHÉM LESHALÓM VAYÓMER HASHALÓM ABIJÉM HAZZAKÉN ASHÉR
AMARTÉM HÄODÉNU JÁI

43:28 וַיֹּאמְרוּ שָׁלוֹם לְעַבְדְּךָ לְאָבִינוּ עוֹדֶנּוּ חָי וַיִּקְּדוּ וַיִּשְׁתַּחֲוּוּ

VAYOMRÚ SHALÓM LEÄBDEJÁ LEABÍNU ÖDÉNU JÁI VAYKEDÚ VAISHTAJAVÚ

43:29 וַיִּשָּׂא עֵינָיו וַיַּרְא אֶת־בִּנְיָמִין אָחִיו בֶּן־אִמּוֹ וַיֹּאמֶר הֲזֶה אֲחִיכֶם הַקָּטֹן אֲשֶׁר אֲמַרְתֶּם אֵלָי וַיֹּאמַר אֱלֹהִים יָחְנְךָ בְּנִי

VAYSÁ ËINÁV VAYÁR ET-BINIAMÍN AJÍV BEN-IMÓ VAYÓMER HAZZÉH AJIJÉM
HAKATÓN ASHÉR AMARTÉM ELÁI VAYOMÁR ELOHÍM IAJENEJÁ BENÍ

43:30 וַיְמַהֵר יוֹסֵף כִּי־נִכְמְרוּ רַחֲמָיו אֶל־אָחִיו וַיְבַקֵּשׁ לִבְכּוֹת וַיָּבֹא הַחַדְרָה וַיֵּבְךְּ שָׁמָּה

VAIMAHÉR IOSÉF KI-NIJMERÚ RAJAMÁV EL-AJÍV VAIBAKÉSH LIBKÓT VAYABÓ
HAJÁDRAH VAYÉBEJ SHÁMAH

43:31 וַיִּרְחַץ פָּנָיו וַיֵּצֵא וַיִּתְאַפַּק וַיֹּאמֶר שִׂימוּ לָחֶם

VAYRJÁTZ PANÁV VAYETZÉ VAYTAPÁK VAYÓMER SÍMU LÁJEM

43:32 Y pusieron para él aparte, y separadamente para ellos, y aparte para los egipcios que con él comían; porque los egipcios no pueden comer pan con los hebreos, lo cual es abominación a los egipcios[312].

43:33 Y se sentaron delante de él, el mayor conforme a su primogenitura, y el menor conforme a su menor edad; y estaban aquellos hombres atónitos mirándose el uno al otro[313].

43:34 Y *Ioséf* (José) tomó porciones de delante de sí para ellos; mas la porción de *Biniamín* era cinco veces mayor que cualquiera de las de ellos. Y bebieron, y se embriagaron con él[314].

CAPÍTULO 44

La copa de *Ioséf* (José)

44:1 Mandó *Ioséf* (José) al encargado de su casa, diciendo: Llena de alimento los costales de estos varones, cuanto puedan llevar, y pon el dinero de cada uno en la boca de su costal.

44:2 Y pondrás mi copa, la copa de plata, en la boca del costal del menor, con el dinero de su trigo. Y él hizo como dijo *Ioséf* (José)[315].

44:3 Venida la mañana, los hombres fueron despedidos con sus asnos.

44:4 Habiendo ellos salido de la ciudad, de la que aún no se habían alejado, dijo *Ioséf* (José) al encargado de su casa: Levántate y sigue a esos hombres; y cuando los alcances, diles: ¿Por qué habéis vuelto mal por bien?

---

[312] **43:32 Lo cual es abominación a los egipcios:** Los hebreos comen carne de oveja, animal que era considerado dios por los egipcios.

[313] **43:33 Estaban aquellos hombres atónitos:** *Ioséf* golpeaba en su copa mientras ordenaba a los hermanos según sus edades. Ellos estaban sorprendidos al ver que el virrey conocía la edad de cada uno.

[314] **43:34 Cinco veces mayor:** *Ioséf* favoreció a *Biniamín* para probar si sus hermanos habían aprendido a no ser celosos.

[315] **44:2 Del menor:** Se refiere al hermano menor *Biniamín*.

325 / BERESHÍT- בְּרֵאשִׁית

43:32 וַיָּשִׂ֥ימוּ ל֛וֹ לְבַדּ֖וֹ וְלָהֶ֣ם לְבַדָּ֑ם וְלַמִּצְרִ֞ים הָאֹכְלִ֤ים אִתּוֹ֙ לְבַדָּ֔ם כִּי֩ לֹ֨א יוּכְל֜וּן הַמִּצְרִ֗ים לֶאֱכֹ֤ל אֶת־הָֽעִבְרִים֙ לֶ֔חֶם כִּי־תוֹעֵבָ֥ה הִ֖וא לְמִצְרָֽיִם

VAYASÍMU LO LEBADÓ VELAHÉM LEBADÁM VELAMITZRÍM HAOJLÍM ITÓ LEBADÁM KI LO IUJELÚN HAMITZRÍM LEEJÓL ET-HAÏBRÍM LÉJEM KI-TOËBÁH HI LEMITZRÁIM

43:33 וַיֵּשְׁב֣וּ לְפָנָ֔יו הַבְּכֹר֙ כִּבְכֹ֣רָת֔וֹ וְהַצָּעִ֖יר כִּצְעִֽרָת֑וֹ וַיִּתְמְה֥וּ הָאֲנָשִׁ֖ים אִ֥ישׁ אֶל־רֵעֵֽהוּ

VAYESHEBÚ LEFANÁV HABEJÓR KIBJORATÓ VEHATZAÏR KITZEÏRATÓ VAITMEHÚ HAANASHÍM ISH EL-REËHU

43:34 וַיִּשָּׂ֨א מַשְׂאֹ֜ת מֵאֵ֣ת פָּנָיו֮ אֲלֵהֶם֒ וַתֵּ֜רֶב מַשְׂאַ֧ת בִּנְיָמִ֛ן מִמַּשְׂאֹ֥ת כֻּלָּ֖ם חָמֵ֣שׁ יָד֑וֹת וַיִּשְׁתּ֥וּ וַֽיִּשְׁכְּר֖וּ עִמּֽוֹ

VAYSÁ MASÓT MEÉT PANÁV ALEHÉM VATÉREB MASÁT BINIAMÍN MIMASÓT KULÁM JAMÉSH IADÓT VAYSHTÚ VAYSHKERÚ ÏMÓ

פֶּרֶק מד - PÉREK 44

44:1 וַיְצַ֞ו אֶת־אֲשֶׁ֣ר עַל־בֵּיתוֹ֮ לֵאמֹר֒ מַלֵּ֞א אֶת־אַמְתְּחֹ֤ת הָֽאֲנָשִׁים֙ אֹ֔כֶל כַּֽאֲשֶׁ֥ר יוּכְל֖וּן שְׂאֵ֑ת וְשִׂ֛ים כֶּֽסֶף־אִ֖ישׁ בְּפִ֥י אַמְתַּחְתּֽוֹ

VAITZÁV ET-ASHÉR ÄL-BEITÓ LEMÓR MALÉ ET-AMTEJÓT HAANASHÍM ÓJEL KAASHÉR IUJEELÚN SEÉT VESÍM KÉSEF-ISH BEFÍ AMTAJTÓ

44:2 וְאֶת־גְּבִיעִ֣י גְבִ֣יעַ הַכֶּ֗סֶף תָּשִׂים֙ בְּפִי֙ אַמְתַּ֣חַת הַקָּטֹ֔ן וְאֵ֖ת כֶּ֣סֶף שִׁבְר֑וֹ וַיַּ֕עַשׂ כִּדְבַ֥ר יוֹסֵ֖ף אֲשֶׁ֥ר דִּבֵּֽר

VEÉT-GUEBÏ GUEEBIÄ HAKÉSEF TASÍM BEFÍ AMTÁJAT HAKATÓN VEÉT KÉSEF SHIBRÓ VAYÁAS KIDBÁR IOSÉF ASHÉR DIBÉR

44:3 הַבֹּ֖קֶר א֑וֹר וְהָאֲנָשִׁ֣ים שֻׁלְּח֔וּ הֵ֖מָּה וַחֲמֹרֵיהֶֽם

HABÓKER OR VEHAANASHÍM SHULEJÚ HÉMAH VAJAMOREIHÉM

44:4 הֵ֠ם יָֽצְא֣וּ אֶת־הָעִיר֮ לֹ֣א הִרְחִיקוּ֒ וְיוֹסֵ֤ף אָמַר֙ לַֽאֲשֶׁ֣ר עַל־בֵּית֔וֹ ק֥וּם רְדֹ֖ף אַֽחֲרֵ֣י הָֽאֲנָשִׁ֑ים וְהִשַּׂגְתָּם֙ וְאָֽמַרְתָּ֣ אֲלֵהֶ֔ם לָ֛מָּה שִׁלַּמְתֶּ֥ם רָעָ֖ה תַּ֥חַת טוֹבָֽה

HEM IATZEÚ ET-HAÏR LO HIRJÍKU VEIOSÉF AMÁR LAASHÉR ÄL-BEITÓ KUM REDÓF AJARÉI HAANASHÍM VEHISAGTÁM VEAMARTÁ ALEHÉM LÁMAH SHILAMTÉM RAÄH TÁJAT TOBÁH

44:5 ¿No es ésta en la que bebe mi señor, y por la que suele adivinar? Habéis hecho mal en lo que hicisteis.

44:6 Cuando él los alcanzó, les dijo estas palabras.

44:7 Y ellos le respondieron: ¿Por qué dice nuestro señor tales cosas? Es indigno para tus servidores hacer una cosa así.

44:8 He aquí, el dinero que hallamos en la boca de nuestros costales, te lo volvimos a traer desde la tierra de Kenáän; ¿cómo, pues, habíamos de hurtar de casa de tu señor plata ni oro?

44:9 Aquel de tus siervos en quien fuere hallada la copa, que muera, y aun nosotros seremos siervos de mi señor.

44:10 Y él dijo: También ahora sea conforme a vuestras palabras; aquel en quien se hallare será mi siervo, y vosotros seréis sin culpa.

44:11 Ellos entonces se dieron prisa, y derribando cada uno su costal en tierra, abrió cada cual el costal suyo.

44:12 Y buscó; desde el mayor comenzó, y acabó en el menor; y la copa fue hallada en el costal de *Biniamín*.

44:13 Entonces ellos rasgaron sus vestidos, y cargó cada uno su asno y volvieron a la ciudad.

44:14 Vino *Iehudáh* con sus hermanos a casa de *Ioséf* (José), que aún estaba allí, y se postraron delante de él en tierra.

327 / BERESHÍT- בְּרֵאשִׁית

44:5 הֲלוֹא זֶה אֲשֶׁר יִשְׁתֶּה אֲדֹנִי בּוֹ וְהוּא נַחֵשׁ יְנַחֵשׁ בּוֹ הֲרֵעֹתֶם אֲשֶׁר עֲשִׂיתֶם

HALÓ ZZEH ASHÉR ISHTÉH ADONÍ BO VEHÚ NAJÉSH IENAJÉSH BO HAREÖTÉM ASHÉR ÄSITEM

44:6 וַיַּשִּׂגֵם וַיְדַבֵּר אֲלֵהֶם אֶת־הַדְּבָרִים הָאֵלֶּה

VAYASIGUÉM VAIDABÉR ALEHÉM ET-HADEBARÍM HAÉLEH

44:7 וַיֹּאמְרוּ אֵלָיו לָמָּה יְדַבֵּר אֲדֹנִי כַּדְּבָרִים הָאֵלֶּה חָלִילָה לַעֲבָדֶיךָ מֵעֲשׂוֹת כַּדָּבָר הַזֶּה

VAYOMRÚ ELÁV LÁMAH IDABÉR ADONÍ KADEBARÍM HAÉLEH JALÍLAH LAÄBADÉJA MEÄSÓT KADABÁR HAZZÉH

44:8 הֵן כֶּסֶף אֲשֶׁר מָצָאנוּ בְּפִי אַמְתְּחֹתֵינוּ הֱשִׁיבֹנוּ אֵלֶיךָ מֵאֶרֶץ כְּנָעַן וְאֵיךְ נִגְנֹב מִבֵּית אֲדֹנֶיךָ כֶּסֶף אוֹ זָהָב

HEN KÉSEF ASHÉR MATZÁNU BEFÍ AMTEJOTÉINU HESHIBÓNU ELÉIJA MEÉRETZ KENÁÄN VEÉIJ NIGNÓB MIBÉIT ADONÉIJA KÉSEF O ZZAHÁB

44:9 אֲשֶׁר יִמָּצֵא אִתּוֹ מֵעֲבָדֶיךָ וָמֵת וְגַם־אֲנַחְנוּ נִהְיֶה לַאדֹנִי לַעֲבָדִים

ASHÉR IMATZÉ ITÓ MEÄBADÉJA VAMÉT VEGÁM-ANÁJNU NIHIÉH LADONÍ LAÄBADÍM

44:10 וַיֹּאמֶר גַּם־עַתָּה כְדִבְרֵיכֶם כֶּן־הוּא אֲשֶׁר יִמָּצֵא אִתּוֹ יִהְיֶה־לִּי עָבֶד וְאַתֶּם תִּהְיוּ נְקִיִּם

VAYÓMER GAM-ÄTÁH KEDIBREIJÉM KEN-HU ASHÉR IMATZÉ ITÓ IHIÉH-LI ÄBED VEATÉM TIHEÍU NEKIÝM

44:11 וַיְמַהֲרוּ וַיּוֹרִדוּ אִישׁ אֶת־אַמְתַּחְתּוֹ אָרְצָה וַיִּפְתְּחוּ אִישׁ אַמְתַּחְתּוֹ

VAIMAHARÚ VAYORÍDU ISH ET-AMTAJTÓ ÁRETZAH VAIFTEJÚ ISH AMTAJETÓ

44:12 וַיְחַפֵּשׂ בַּגָּדוֹל הֵחֵל וּבַקָּטֹן כִּלָּה וַיִּמָּצֵא הַגָּבִיעַ בְּאַמְתַּחַת בִּנְיָמִן

VAIJAPÉS BAGADÓL HEJÉL UBAKATÓN KILÁH VAYMATZÉ HAGABIÄ BEAMTÁJAT BINIAMÍN

44:13 וַיִּקְרְעוּ שִׂמְלֹתָם וַיַּעֲמֹס אִישׁ עַל־חֲמֹרוֹ וַיָּשֻׁבוּ הָעִירָה

VAYIKREÜ SIMLOTÁM VAYAÄMÓS ISH ÄL-JAMORÓ VAYASHÚBU HAÏRAH

44:14 וַיָּבֹא יְהוּדָה וְאֶחָיו בֵּיתָה יוֹסֵף וְהוּא עוֹדֶנּוּ שָׁם וַיִּפְּלוּ לְפָנָיו אָרְצָה

VAYABÓ IEHUDÁH VEEJÁV BÉITAH IOSÉF VEHÚ ÖDÉNU SHAM VAYPELÚ LEFANÁV ÁRETZAH

44:15 Y les dijo *Ioséf* (José): ¿Qué acción es esta que habéis hecho? ¿No sabéis que un hombre como yo sabe adivinar?[316]
44:16 Entonces dijo *Iehudáh*: ¿Qué diremos a mi señor? ¿Qué hablaremos, o con qué nos justificaremos? Dios ha hallado la maldad de tus siervos; he aquí, nosotros somos siervos de mi señor, nosotros, y también aquel en cuyo poder fue hallada la copa.
44:17 *Ioséf* (José) respondió: Sería un sacrilegio para mi hacer algo así. El varón en cuyo poder fue hallada la copa, él será mi siervo; vosotros id en paz a vuestro padre.

Iehudáh intercede por *Biniamín*

44:18 Entonces *Iehudáh* se acercó a él, y dijo: Ay, señor mío, te ruego que permitas que hable tu siervo una palabra en oídos de mi señor, y no se encienda tu enojo contra tu siervo, pues tú eres como Faraón.
44:19 Mi señor preguntó a sus siervos, diciendo: ¿Tenéis padre o hermano?
44:20 Y nosotros respondimos a mi señor: Tenemos un padre anciano, y un hermano joven, pequeño aún, que le nació en su vejez; y un hermano suyo murió, y él solo quedó de los hijos de su madre; y su padre lo ama.
44:21 Y tú dijiste a tus siervos: Traédmelo, y pondré mis ojos sobre él.
44:22 Y nosotros dijimos a mi señor: El joven no puede dejar a su padre, porque si lo dejare, su padre morirá.

---

[316] **44:15 Sabe adivinar:** Es decir, "¿acaso no saben que una persona importante como yo, que sabe adivinar, no iba a descubrir que ustedes robaron la copa?".

44:15 וַיֹּ֤אמֶר לָהֶם֙ יוֹסֵ֔ף מָֽה־הַמַּעֲשֶׂ֥ה הַזֶּ֖ה אֲשֶׁ֣ר עֲשִׂיתֶ֑ם הֲל֣וֹא יְדַעְתֶּ֔ם כִּֽי־נַחֵ֧שׁ יְנַחֵ֛שׁ אִ֖ישׁ אֲשֶׁ֥ר כָּמֹֽנִי

VAYÓMER LAHÉM IOSÉF MAH-HAMAÄSÉH HAZZÉH ASHÉR ÄSITÉM HALÓ IADÄTEM KI-NAJÉSH IENAJÉSH ISH ASHÉR KAMÓNI

44:16 וַיֹּ֣אמֶר יְהוּדָ֗ה מַה־נֹּאמַר֙ לַֽאדֹנִ֔י מַה־נְּדַבֵּ֖ר וּמַה־נִּצְטַדָּ֑ק הָאֱלֹהִ֗ים מָצָא֙ אֶת־עֲוֺ֣ן עֲבָדֶ֔יךָ הִנֶּנּ֤וּ עֲבָדִים֙ לַֽאדֹנִ֔י גַּם־אֲנַ֕חְנוּ גַּ֛ם אֲשֶׁר־נִמְצָ֥א הַגָּבִ֖יעַ בְּיָדֽוֹ

VAYÓMER IEHUDÁH MAH-NOMÁR LADONÍ MAH-NEDABÉR UMÁH-NITZTADÁK HAELOHÍM MATZÁ ET-ÄVÓN ÄBADÉIJA HINENÚ ÄBADIM LADONÍ GAM-ANÁJNU GAM ASHÉR-NIMTZÁ HAGABÍÄ BEIADÓ

44:17 וַיֹּ֕אמֶר חָלִ֣ילָה לִּ֔י מֵעֲשׂ֖וֹת זֹ֑את הָאִ֡ישׁ אֲשֶׁר֩ נִמְצָ֨א הַגָּבִ֜יעַ בְּיָד֗וֹ ה֚וּא יִהְיֶה־לִּ֣י עָ֔בֶד וְאַתֶּ֕ם עֲל֥וּ לְשָׁל֖וֹם אֶל־אֲבִיכֶֽם

VAYÓMER JALÍLAH LI MEÄSÓT ZZOT HAÍSH ASHÉR NIMTZÁ HAGABÍÄ BEIADÓ HU IHIÉH-LI ÄBED VEATÉM ÄLÚ LESHALÓM EL-ABIJÉM

44:18 וַיִּגַּ֨שׁ אֵלָ֜יו יְהוּדָ֗ה וַיֹּאמֶר֮ בִּ֣י אֲדֹנִי֒ יְדַבֶּר־נָ֨א עַבְדְּךָ֤ דָבָר֙ בְּאָזְנֵ֣י אֲדֹנִ֔י וְאַל־יִ֥חַר אַפְּךָ֖ בְּעַבְדֶּ֑ךָ כִּ֥י כָמ֖וֹךָ כְּפַרְעֹֽה

VAYGÁSH ELÁV IEHUDÁH VAYÓMER BI ADONÍ IEDABÉR-NA ÄBDEJÁ DABÁR BEAZZENÉI ADONÍ VEÁL-ÍJAR APEJÁ BEÄBDEJA KI KAMÓJA KEFARÖH

44:19 אֲדֹנִ֣י שָׁאַ֔ל אֶת־עֲבָדָ֖יו לֵאמֹ֑ר הֲיֵשׁ־לָכֶ֥ם אָ֖ב אוֹ־אָֽח

ADONÍ SHAÁL ET-ÄBADÁV LEMÓR HAIÉSH-LAJÉM AB O-AJ

44:20 וַנֹּ֙אמֶר֙ אֶל־אֲדֹנִ֔י יֶשׁ־לָ֙נוּ֙ אָ֣ב זָקֵ֔ן וְיֶ֥לֶד זְקֻנִ֖ים קָטָ֑ן וְאָחִ֣יו מֵ֔ת וַיִּוָּתֵ֨ר ה֧וּא לְבַדּ֛וֹ לְאִמּ֖וֹ וְאָבִ֥יו אֲהֵבֽוֹ

VANÓMER EL-ADONÍ IÉSH-LÁNU AB ZZAKÉN VEIÉLED ZZEKUNÍM KATÁN VEAJÍV MET VAYVATÉR HU LEBADÓ LEIMÓ VEABÍV AHEBÓ

44:21 וַתֹּ֙אמֶר֙ אֶל־עֲבָדֶ֔יךָ הוֹרִדֻ֖הוּ אֵלָ֑י וְאָשִׂ֥ימָה עֵינִ֖י עָלָֽיו

VATÓMER EL-ÄBADÉIJA HORIDUHÚ ELÁI VEASÍMAH ËINI ÄLÁV

44:22 וַנֹּ֙אמֶר֙ אֶל־אֲדֹנִ֔י לֹא־יוּכַ֥ל הַנַּ֖עַר לַעֲזֹ֣ב אֶת־אָבִ֑יו וְעָזַ֥ב אֶת־אָבִ֖יו וָמֵֽת

VANÓMER EL-ADONÍ LO-IUJÁL HANÄÄR LAÄZZÓB ET-ABÍV VEÄZZÁB ET-ABÍV VAMÉT

44:23 Y dijiste a tus siervos: Si vuestro hermano menor no desciende con vosotros, no veréis más mi rostro.

44:24 Aconteció, pues, que cuando llegamos a mi padre tu siervo, le contamos las palabras de mi señor.

44:25 Y dijo nuestro padre: Volved a comprarnos un poco de alimento.

44:26 Y nosotros respondimos: No podemos ir; si nuestro hermano va con nosotros, iremos; porque no podremos ver el rostro del varón, si no está con nosotros nuestro hermano el menor.

44:27 Entonces tu siervo mi padre nos dijo: Vosotros sabéis que dos hijos me dio a luz mi mujer[317];

44:28 uno de ellos se fue de mi lado, y pienso de cierto que fue despedazado, y hasta ahora no lo he visto.

44:29 Y si tomáis también a éste de delante de mí, y le acontece algún desastre, haréis descender mis canas con dolor a la sepultura.

44:30 Ahora, pues, cuando vuelva yo a tu siervo mi padre, si el joven no va conmigo, como su vida está ligada a la vida de él,

44:31 sucederá que cuando no vea al joven, morirá; y tus siervos harán descender las canas de tu siervo nuestro padre con dolor a la sepultura.

44:32 Como tu siervo salió por fiador del joven con mi padre, diciendo: Si no te lo vuelvo a traer, entonces yo seré culpable ante mi padre para siempre;

---

[317] **44:27 Mi mujer:** Se refiere a *Rajél*, la más amada entre sus mujeres.

331 / BERESHÍT- בְּרֵאשִׁית

44:23 וַתֹּאמֶר אֶל־עֲבָדֶיךָ אִם־לֹא יֵרֵד אֲחִיכֶם הַקָּטֹן אִתְּכֶם לֹא תֹסִפוּן לִרְאוֹת פָּנָי

VATÓMER EL-ÄBADÉIJA IM-LO IERÉD AJIJÉM HAKATÓN ITEJÉM LO TOSÍFUN LIRÓT PANÁI

44:24 וַיְהִי כִּי עָלִינוּ אֶל־עַבְדְּךָ אָבִי וַנַּגֶּד־לוֹ אֵת דִּבְרֵי אֲדֹנִי

VAIHÍ KI ÄLÍNU EL-ÄBDEJÁ ABÍ VANÁGUED-LO ET DIBRÉI ADONÍ

44:25 וַיֹּאמֶר אָבִינוּ שֻׁבוּ שִׁבְרוּ־לָנוּ מְעַט־אֹכֶל

VAYÓMER ABÍNU SHÚBU SHIBRÚ-LÁNU MEÄT-ÓJEL

44:26 וַנֹּאמֶר לֹא נוּכַל לָרֶדֶת אִם־יֵשׁ אָחִינוּ הַקָּטֹן אִתָּנוּ וְיָרַדְנוּ כִּי־לֹא נוּכַל לִרְאוֹת פְּנֵי הָאִישׁ וְאָחִינוּ הַקָּטֹן אֵינֶנּוּ אִתָּנוּ

VANÓMER LO NUJÁL LARÉDET IM-IÉSH AJÍINU HAKATÓN ITÁNU VEIARÁDNU KI-LO NUJÁL LIRÓT PENÉI HAÍSH VEAJÍNU HAKATÓN EINÉNU ITÁNU

44:27 וַיֹּאמֶר עַבְדְּךָ אָבִי אֵלֵינוּ אַתֶּם יְדַעְתֶּם כִּי שְׁנַיִם יָלְדָה־לִּי אִשְׁתִּי

VAYÓMER ÄBDEJÁ ABÍ ELÉINU ATÉM IEDÄTÉM KI SHENÁIM IÁLEDAH-LI ISHTÍ

44:28 וַיֵּצֵא הָאֶחָד מֵאִתִּי וָאֹמַר אַךְ טָרֹף טֹרָף וְלֹא רְאִיתִיו עַד־הֵנָּה

VAYETZÉ HAEJÁD MEITÍ VAOMÁR AJ TARÓF TORÁF VELÓ REITÍ ÄD-HÉNAH

44:29 וּלְקַחְתֶּם גַּם־אֶת־זֶה מֵעִם פָּנַי וְקָרָהוּ אָסוֹן וְהוֹרַדְתֶּם אֶת־שֵׂיבָתִי בְּרָעָה שְׁאֹלָה

ULEKAJTÉM GAM-ET-ZZEH MEÏM PANÁI VEKARÁHU ASÓN VEHORADTÉM ET-SEIBATÍ BERAÄH SHEÓLAH

44:30 וְעַתָּה כְּבֹאִי אֶל־עַבְדְּךָ אָבִי וְהַנַּעַר אֵינֶנּוּ אִתָּנוּ וְנַפְשׁוֹ קְשׁוּרָה בְנַפְשׁוֹ

VEÄTÁH KEBOÍ EL-ÄBDEJÁ ABÍ VEHANAÄR EINENÚ ITÁNU VENAFSHÓ KESHURÁH BENAFSHÓ

44:31 וְהָיָה כִּרְאוֹתוֹ כִּי־אֵין הַנַּעַר וָמֵת וְהוֹרִידוּ עֲבָדֶיךָ אֶת־שֵׂיבַת עַבְדְּךָ אָבִינוּ בְּיָגוֹן שְׁאֹלָה

VEHAIÁH KIROTÓ KI-ÉIN HANAÄR VAMÉT VEHORÍDU ÄBADÉIJA ET-SEIBÁT ÄBDEJÁ ABÍNU BEIAGÓN SHEÓLAH

44:32 כִּי עַבְדְּךָ עָרַב אֶת־הַנַּעַר מֵעִם אָבִי לֵאמֹר אִם־לֹא אֲבִיאֶנּוּ אֵלֶיךָ וְחָטָאתִי לְאָבִי כָּל־הַיָּמִים

KI ÄBDEJÁ ÄRÁB ET-HANAÄR MEÏM ABÍ LEMÓR IM-LO ABIÉNU ELÉIJA VEJATÁTI LEABÍ KOL-HAYAMÍM

44:33 te ruego, por tanto, que quede ahora tu siervo en lugar del joven por siervo de mi señor, y que el joven vaya con sus hermanos.
44:34 Porque ¿cómo volveré yo a mi padre sin el joven? No podré ver el mal que sobrevendrá a mi padre.

CAPÍTULO 45

Ioséf (José) se da a conocer a sus hermanos

45:1 No podía ya *Ioséf* (José) contenerse delante de todos los que estaban al lado suyo, y clamó: Haced salir de mi presencia a todos. Y no quedó nadie con él, al darse a conocer *Ioséf* (José) a sus hermanos[318].
45:2 Entonces se dio a llorar a gritos; y oyeron los egipcios, y oyó también la casa de Faraón[319].
45:3 Y dijo *Ioséf* (José) a sus hermanos: Yo soy *Ioséf* (José); ¿vive aún mi padre? Y sus hermanos no pudieron responderle, porque estaban turbados delante de él[320].
45:4 Entonces dijo *Ioséf* (José) a sus hermanos: Acercaos ahora a mí. Y ellos se acercaron. Y él dijo: Yo soy *Ioséf* (José) vuestro hermano, el que vendisteis para Egipto.
45:5 Ahora, pues, no os entristezcáis, ni os pese de haberme vendido acá; porque para preservación de vida me envió Dios delante de vosotros.

---

[318] **45:1 No podía ya *Ioséf* contenerse:** Ante el arrepentimiento manifiesto por *Iehudáh* y la realización del primero de sus sueños (donde sus hermanos se postrarían ante él), este no pudo ya contenerse y pensó que era el momento de darse a conocer.

Haced salir de mi presencia a todos: *Ioséf* no podía soportar que sus hermanos fueran avergonzados en presencia de los egipcios, en el momento en que se les iba a revelar.

[319] **45:2 Oyó también la casa de Faraón:** Los altos miembros del reino egipcio estaban preocupados por el llanto de *Ioséf*.

[320] **45:3 ¿Vive aún mi padre?:** Después de escuchar la argumentación donde *Iehudáh* señalaba que su padre *Iaäkób* no era capaz de sobrevivir a la desaparición de *Biniamín*, *Ioséf* se preguntaba por qué *Iehudáh* no tuvo la misma consideración con su padre cuando propuso que lo vendieran como esclavo.

333 / BERESHÍT- בְּרֵאשִׁית

44:33 וְעַתָּ֗ה יֵֽשֶׁב־נָ֤א עַבְדְּךָ֙ תַּ֣חַת הַנַּ֔עַר עֶ֖בֶד לַֽאדֹנִ֑י וְהַנַּ֖עַר יַ֥עַל עִם־אֶחָֽיו

VEÄTÁH IÉSHEB-NA ÄBDEJÁ TÁJAT HANÁÄR ËBED LADONÍ VEHANÁÄR IAÄL ÏM-EJÁV

44:34 כִּי־אֵיךְ֙ אֶֽעֱלֶ֣ה אֶל־אָבִ֔י וְהַנַּ֖עַר אֵינֶ֣נּוּ אִתִּ֑י פֶּ֚ן אֶרְאֶ֣ה בָרָ֔ע אֲשֶׁ֥ר יִמְצָ֖א אֶת־אָבִֽי

KI-ÉIJ EËLÉH EL-ABÍ VEHANAÄR EINENÚ ITÍ PEN EREÉH BARÄ ASHÉR IMTZÁ ET-ABÍ

פֶּרֶק מה - PÉREK 45

45:1 וְלֹֽא־יָכֹ֨ל יוֹסֵ֜ף לְהִתְאַפֵּ֗ק לְכֹ֤ל הַנִּצָּבִים֙ עָלָ֔יו וַיִּקְרָ֕א הוֹצִ֥יאוּ כָל־אִ֖ישׁ מֵֽעָלָ֑י וְלֹא־עָ֤מַד אִישׁ֙ אִתּ֔וֹ בְּהִתְוַדַּ֥ע יוֹסֵ֖ף אֶל־אֶחָֽיו

VELÓ-IAJÓL IOSÉF LEHITAPÉK LEJÓL HANITZABÍM ÄLÁV VAYKRÁ HOTZÍU JOL-ISH MEÄLÁI VELÓ-ÄMAD ISH ITÓ BEHITVADÄ IOSÉF EL-EJÁV

45:2 וַיִּתֵּ֥ן אֶת־קֹל֖וֹ בִּבְכִ֑י וַיִּשְׁמְע֣וּ מִצְרַ֔יִם וַיִּשְׁמַ֖ע בֵּ֥ית פַּרְעֹֽה

VAYTÉN ET-KOLÓ BIBJÍ VAYSHMEÜ MITZRÁIM VAYSHMÄ BÉIT PARÖH

45:3 וַיֹּ֨אמֶר יוֹסֵ֤ף אֶל־אֶחָיו֙ אֲנִ֣י יוֹסֵ֔ף הַע֥וֹד אָבִ֖י חָ֑י וְלֹֽא־יָכְל֤וּ אֶחָיו֙ לַעֲנ֣וֹת אֹת֔וֹ כִּ֥י נִבְהֲל֖וּ מִפָּנָֽיו

VAYÓMER IOSÉF EL-EJÁV ANÍ IOSÉF HÄOD ABÍ JAI VELÓ-IAJELÚ EJÁV LAÄNÓT OTÓ KI NIBHALÚ MIPANÁV

45:4 וַיֹּ֨אמֶר יוֹסֵ֧ף אֶל־אֶחָ֛יו גְּשׁוּ־נָ֥א אֵלַ֖י וַיִּגָּ֑שׁוּ וַיֹּ֗אמֶר אֲנִי֙ יוֹסֵ֣ף אֲחִיכֶ֔ם אֲשֶׁר־מְכַרְתֶּ֥ם אֹתִ֖י מִצְרָֽיְמָה

VAYÓMER IOSÉF EL-EJÁV GUESHÚ-NA ELÁI VAYGÁSHU VAYÓMER ANÍ IOSÉF AJIJÉM ASHÉR-MEJARTÉM OTÍ MITZRÁIEMAH

45:5 וְעַתָּ֣ה ׀ אַל־תֵּעָ֣צְב֗וּ וְאַל־יִ֙חַר֙ בְּעֵ֣ינֵיכֶ֔ם כִּֽי־מְכַרְתֶּ֥ם אֹתִ֖י הֵ֑נָּה כִּ֣י לְמִֽחְיָ֔ה שְׁלָחַ֥נִי אֱלֹהִ֖ים לִפְנֵיכֶֽם

VEÄTÁH AL-TEÄTZEBÚ VEÁL-ÏJAR BEËINEIJÉM KI-MEJARTÉM OTÍ HÉNAH KI LEMIJIÁH SHELAJÁNI ELOHÍM LIFNEIJÉM

45:6 Pues ya ha habido dos años de hambre en medio de la tierra, y aún quedan cinco años en los cuales ni habrá arada ni siega.

45:7 Y Dios me envió delante de vosotros, para preservaros posteridad sobre la tierra, y para daros vida por medio de gran liberación.

45:8 Así, pues, no me enviasteis acá vosotros, sino Dios, que me ha puesto por padre de Faraón y por señor de toda su casa, y por gobernador en toda la tierra de Egipto[321].

45:9 Daos prisa, subid a lo de mi padre y decidle: Así dice tu hijo *Ioséf* (José): Dios me ha puesto por señor de todo Egipto; ven a mí, no te detengas.

45:10 Habitarás en la tierra de Góshen, y estarás cerca de mí, tú y tus hijos, y los hijos de tus hijos, tus ganados y tus vacas, y todo lo que tienes[322].

45:11 Y allí te alimentaré, pues aún quedan cinco años de hambre, para que no perezcas de pobreza tú y tu casa, y todo lo que tienes.

45:12 He aquí, vuestros ojos ven, y los ojos de mi hermano *Biniamín*, que mi boca os habla[323].

45:13 Haréis, pues, saber a mi padre toda mi gloria en Egipto, y todo lo que habéis visto; y daos prisa, y traed a mi padre acá.

---

[321] **45:8 Padre de Faraón:** Es decir, consejero e intérprete del Faraón.

[322] **45:10 Habitarás en la tierra de Góshen:** Góshen era un lugar propicio para que vivieran los hijos de Israel. Ubicado en el delta del Nilo, contaba con tierras ricas en pasturas y estaba aislada de la vida inmoral e idolatra del resto de egipto. Ver anexo "mapas".

[323] **45:12 Que mi boca os habla:** Es decir: "yo soy el virrey de Egipto y tengo el poder para llevar a cabo todas mis promesas".

45:6
כִּי־זֶ֛ה שְׁנָתַ֥יִם הָרָעָ֖ב בְּקֶ֣רֶב הָאָ֑רֶץ וְעוֹד֙ חָמֵ֣שׁ שָׁנִ֔ים אֲשֶׁ֥ר אֵין־חָרִ֖ישׁ וְקָצִֽיר

KI-ZZEH SHENATÁIM HARAÄB BEKÉREB HAÁRETZ VEÖD JAMÉSH SHANÍM ASHÉR ÉIN-JARÍSH VEKATZÍR

45:7
וַיִּשְׁלָחֵ֤נִי אֱלֹהִים֙ לִפְנֵיכֶ֔ם לָשׂ֥וּם לָכֶ֛ם שְׁאֵרִ֖ית בָּאָ֑רֶץ וּלְהַחֲי֣וֹת לָכֶ֔ם לִפְלֵיטָ֖ה גְּדֹלָֽה

VAYSHLAJÉNI ELOHÍM LIFNEIJÉM LASÚM LAJÉM SHEERÍT BAÁRETZ ULEHAJAIÓT LAJÉM LIFLEITÁH GUEDOLÁH

45:8
וְעַתָּ֗ה לֹֽא־אַתֶּ֞ם שְׁלַחְתֶּ֤ם אֹתִי֙ הֵ֔נָּה כִּ֖י הָאֱלֹהִ֑ים וַיְשִׂימֵ֨נִֽי לְאָ֜ב לְפַרְעֹ֗ה וּלְאָדוֹן֙ לְכָל־בֵּית֔וֹ וּמֹשֵׁ֖ל בְּכָל־אֶ֥רֶץ מִצְרָֽיִם

VEÄTÁH LO-ATÉM SHELAJTÉM OTI HÉNAH KI HAELOHÍM VAISIMÉNI LEÁB LEFARÖH ULEADÓN LEJÓL-BEITÓ UMOSHÉL BEJÓL-ÉRETZ MITZRÁIM

45:9
מַהֲרוּ֮ וַעֲל֣וּ אֶל־אָבִי֒ וַאֲמַרְתֶּ֣ם אֵלָ֗יו כֹּ֤ה אָמַר֙ בִּנְךָ֣ יוֹסֵ֔ף שָׂמַ֧נִי אֱלֹהִ֛ים לְאָד֖וֹן לְכָל־מִצְרָ֑יִם רְדָ֥ה אֵלַ֖י אַֽל־תַּעֲמֹֽד

MAHARÚ VAÄLÚ EL-ABÍ VAAMARTÉM ELÁV KOH AMÁR BINJÁ IOSÉF SAMÁNI ELOHÍM LEADÓN LEJÓL-MITZRÁIM REDÁH ELÁI AL-TAÄMÓD

45:10
וְיָשַׁבְתָּ֣ בְאֶֽרֶץ־גֹּ֗שֶׁן וְהָיִ֤יתָ קָרוֹב֙ אֵלַ֔י אַתָּ֕ה וּבָנֶ֖יךָ וּבְנֵ֣י בָנֶ֑יךָ וְצֹאנְךָ֥ וּבְקָרְךָ֖ וְכָל־אֲשֶׁר־לָֽךְ

VEIASHABTÁ BEÉRETZ-GÓSHEN VEHAÍTA KARÓB ELÁI ATÁH UBANÉIJA UBENÉI BANÉIJA VETZONJÁ UBEKAREJÁ VEJÓL-ASHÉR-LAJ

45:11
וְכִלְכַּלְתִּ֤י אֹֽתְךָ֙ שָׁ֔ם כִּי־ע֛וֹד חָמֵ֥שׁ שָׁנִ֖ים רָעָ֑ב פֶּן־תִּוָּרֵ֛שׁ אַתָּ֥ה וּבֵֽיתְךָ֖ וְכָל־אֲשֶׁר־לָֽךְ

VEJILKALTÍ OTJÁ SHAM KI-ÖD JAMÉSH SHANÍM RAÄB PEN-TIVARÉSH ATÁH UBEITEJÁ VEJÓL-ASHÉR-LAJ

45:12
וְהִנֵּ֤ה עֵֽינֵיכֶם֙ רֹא֔וֹת וְעֵינֵ֖י אָחִ֣י בִנְיָמִ֑ין כִּי־פִ֖י הַֽמְדַבֵּ֥ר אֲלֵיכֶֽם

VEHINÉH ËINEIJEM RÓOT VEËINÉI AJÍ BINIAMÍN KI-FIHAMDABÉR ALEIJÉM

45:13
וְהִגַּדְתֶּ֣ם לְאָבִ֗י אֶת־כָּל־כְּבוֹדִי֙ בְּמִצְרַ֔יִם וְאֵ֖ת כָּל־אֲשֶׁ֣ר רְאִיתֶ֑ם וּמִֽהַרְתֶּ֛ם וְהוֹרַדְתֶּ֥ם אֶת־אָבִ֖י הֵֽנָּה

VEHIGADTÉM LEABÍ ET-KOL-KEBODÍ BEMITZRÁIM VEÉT KOL-ASHÉR REITÉM UMIHARTÉM VEHORADTÉM ET-ABÍ HÉNAH

45:14 Y se echó sobre el cuello de *Biniamín* su hermano, y lloró; y también *Biniamín* lloró sobre su cuello.

45:15 Y besó a todos sus hermanos, y lloró sobre ellos; y después sus hermanos hablaron con él.

45:16 Y se oyó la noticia en la casa de Faráon, diciendo: Los hermanos de *Ioséf* (José) han venido. Y esto agradó en los ojos de Faraón y de sus siervos.

45:17 Y dijo Faraón a *Ioséf* (José): Di a tus hermanos: Haced esto: cargad vuestos animales, e id, volved a la tierra de Kenáän;

45:18 y tomad a vuestro padre y a vuestras familias y venid a mí, porque yo os daré lo bueno de la tierra de Egipto, y comeréis de la abundancia de la tierra.

45:19 Y tú manda: Haced esto: tomaos de la tierra de Egipto carros para vuestros niños y vuestras mujeres, y traed a vuestro padre, y venid.

45:20 Y no os preocupéis por vuestros enseres, porque la riqueza de la tierra de Egipto será vuestra.

45:21 Y lo hicieron así los hijos de Israel; y les dio *Ioséf* (José) carros conforme a la orden de Faraón, y les suministró víveres para el camino.

45:22 A cada uno de todos ellos dio mudas de vestidos, y a *Biniamín* dio trescientas piezas de plata, y cinco mudas de vestidos[324].

---

[324] **45:22 *Biniamín* dio:** Los demás hermanos no se ofendieron al ver que *Ioséf* favorecía a *Biniamín*, pues comprendieron que al ser *Ioséf* y *Biniamín* hijos de una misma madre existía un lazo más cercano entre ellos. De esta actitud aprendemos que la "caridad parte por casa". Es decir, debemos dar preferencia en la ayuda que prestamos a los más cercanos a nosotros.

337 / BERESHÍT-בְּרֵאשִׁית

45:14 וַיִּפֹּ֛ל עַל־צַוְּארֵ֥י בִנְיָמִֽן־אָחִ֖יו וַיֵּ֑בְךְּ וּבִ֨נְיָמִ֔ן בָּכָ֖ה עַל־צַוָּארָֽיו
VAYPÓL ÄL-TZAVERÉI BINIAMÍN-AJÍV VAYÉBEJ UBINIAMÍN BAJÁH ÄL-TZAVARÁV

45:15 וַיְנַשֵּׁ֥ק לְכָל־אֶחָ֖יו וַיֵּ֣בְךְּ עֲלֵיהֶ֑ם וְאַ֣חֲרֵי כֵ֔ן דִּבְּר֥וּ אֶחָ֖יו אִתּֽוֹ
VAINASHÉK LEJÓL-EJÁV VAYÉBEJ ÄLEIHÉM VEÁJAREI JEN DIBERÚ EJÁV ITÓ

45:16 וְהַקֹּ֣ל נִשְׁמַ֗ע בֵּ֤ית פַּרְעֹה֙ לֵאמֹ֔ר בָּ֖אוּ אֲחֵ֣י יוֹסֵ֑ף וַיִּיטַב֙ בְּעֵינֵ֣י פַרְעֹ֔ה וּבְעֵינֵ֖י עֲבָדָֽיו

VEHAKÓL NISHMÄ BÉIT PARÖH LEMÓR BÁU AJÉI IOSÉF VAYITÁB BEËINÉI FARÖH UBEËINÉI ÄBADÁV

45:17 וַיֹּ֤אמֶר פַּרְעֹה֙ אֶל־יוֹסֵ֔ף אֱמֹ֥ר אֶל־אַחֶ֖יךָ זֹ֣את עֲשׂ֑וּ טַֽעֲנוּ֙ אֶת־בְּעִ֣ירְכֶ֔ם וּלְכוּ־בֹ֖אוּ אַ֥רְצָה כְּנָֽעַן
VAYÓMER PARÖH EL-IOSÉF EMÓR EL-AJÉIJA ZZOT ÄSÚ TÄÄNU ET-BEÏRJÉM ULEJÍ-BÓU ÁRTZAH KENÄÄN

45:18 וּקְח֧וּ אֶת־אֲבִיכֶ֛ם וְאֶת־בָּתֵּיכֶ֖ם וּבֹ֣אוּ אֵלָ֑י וְאֶתְּנָ֣ה לָכֶ֗ם אֶת־טוּב֙ אֶ֣רֶץ מִצְרַ֔יִם וְאִכְל֖וּ אֶת־חֵ֥לֶב הָאָֽרֶץ
UKEJÚ ET-ABIJÉM VEÉT-BATEIJÉM UBOÚ ELÁI VEETENÁH LAJÉM ET-TUB ÉRETZ MITZRÁIM VEIJLÚ ET-JÉLEB HAÁRETZ

45:19 וְאַתָּ֥ה צֻוֵּ֖יתָה זֹ֣את עֲשׂ֑וּ קְחוּ־לָכֶם֩ מֵאֶ֨רֶץ מִצְרַ֜יִם עֲגָל֗וֹת לְטַפְּכֶם֙ וְלִנְשֵׁיכֶ֔ם וּנְשָׂאתֶ֥ם אֶת־אֲבִיכֶ֖ם וּבָאתֶֽם
VEATÁH TZUVÉITAH ZZOT ÄSÚ KEJÚ-LAJEM MEÉRETZ MITZRÁIM ÄGALÓT LETAPEJÉM VELINSHEIJÉM UNESATÉM ET-ABIJÉM UBATÉM

45:20 וְעֵ֣ינְכֶ֔ם אַל־תָּחֹ֖ס עַל־כְּלֵיכֶ֑ם כִּי־ט֛וּב כָּל־אֶ֥רֶץ מִצְרַ֖יִם לָכֶ֥ם הֽוּא
VEËINEJÉM AL-TAJÓS ÄL-KELEIJÉM KI-TUB KOL-ÉRETZ MITZRÁIM LAJÉM HU

45:21 וַיַּֽעֲשׂוּ־כֵן֙ בְּנֵ֣י יִשְׂרָאֵ֔ל וַיִּתֵּ֨ן לָהֶ֥ם יוֹסֵ֛ף עֲגָל֖וֹת עַל־פִּ֣י פַרְעֹ֑ה וַיִּתֵּ֥ן לָהֶ֛ם צֵדָ֖ה לַדָּֽרֶךְ
VAYÁÄSU-JEN BENÉI ISRAÉL VAYTÉN LAHÉM IOSÉF ÄGALÓT ÄL-PI FARÖH VAYTÉN LAHÉM TZEDÁH LADÁREJ

45:22 לְכֻלָּ֥ם נָתַ֛ן לָאִ֖ישׁ חֲלִפ֣וֹת שְׂמָלֹ֑ת וּלְבִנְיָמִ֤ן נָתַן֙ שְׁלֹ֣שׁ מֵא֣וֹת כֶּ֔סֶף וְחָמֵ֖שׁ חֲלִפֹ֥ת שְׂמָלֹֽת
LEJULÁM NATÁN LAÍSH JALIFÓT SEMALÓT ULEBINIAMÍN NATÁN SHELÓSH MEÓT KÉSEF VEJAMÉSH JALIFÓT SEMALÓT

45:23 Y a su padre envió esto: diez asnos cargados de lo mejor de Egipto, y diez asnas cargadas de trigo, y pan y comida, para su padre en el camino.

45:24 Y despidió a sus hermanos, y ellos se fueron. Y él les dijo: No riñáis por el camino[325].

45:25 Y subieron de Egipto, y llegaron a la tierra de Kenään a *Iaäkób* (Jacob) su padre.

45:26 Y le dieron las nuevas, diciendo: *Ioséf* (José) vive aún; y él es señor en toda la tierra de Egipto. Y el corazón de *Iaäkób* (Jacob) se afligió, porque no los creía[326].

45:27 Y ellos le contaron todas las palabras de *Ioséf* (José), que él les había hablado; y viendo *Iaäkób* (Jacob) los carros que *Ioséf* (José) enviaba para llevarlo, su espíritu revivió.

45:28 Entonces dijo Israel: Basta; *Ioséf* (José) mi hijo vive todavía; iré, y le veré antes que yo muera.

CAPÍTULO 46

Iaäkób (Jacob) y su familia en Egipto

46:1 Salió Israel con todo lo que tenía, y vino a Beér Shébä, y ofreció sacrificios al Dios de su padre *Itzják* (Isaac)[327].

46:2 Y habló Dios a Israel en visiones de noche, y dijo: *Iaäkób* (Jacob), *Iaäkób* (Jacob). Y él respondió: Heme aquí[328].

---

[325] **45:24 No riñáis por el camino:** *Ioséf* temió que en el camino hacia Kenään los hermanos se culparían mutuamente por la responsabilidad que les cabía en su venta. Por esta razón los previno.

[326] **45:26 No los creía:** *Iaäkób* les había creído cuando le mandaron a decir que *Ioséf* había sido devorado, sin embargo, cuando vinieron con la verdad éste no les creyó. Este es el destino del mentiroso: inclusive cuando dice la verdad no le creen.

[327] **46:1 Dios de su padre *Itzják*:** *Iaäkób* asocia este sacrificio sólo a *Itzják* y no a *Abrahám*, pues se le debe más honor al padre que al abuelo.

[328] **46:2 Y habló Dios a Israel:** Durante todos estos 22 años de tristeza Dios no se reveló a Israel. Sólo cuando éste se enteró que su hijo estaba

339 / BERESHÍT- בְּרֵאשִׁית

45:23 וּלְאָבִיו שָׁלַח כְּזֹאת עֲשָׂרָה חֲמֹרִים נֹשְׂאִים מִטּוּב מִצְרָיִם וְעֶשֶׂר אֲתֹנֹת נֹשְׂאֹת בָּר וָלֶחֶם וּמָזוֹן לְאָבִיו לַדָּרֶךְ

ULEABÍV SHALÁJ KEZZÓT ÄSARÁH JAMORÍM NOSÍM MITÚB MITZRÁIM VEËSER ATONÓT NÓSOT BAR VALÉJEM UMAZZÓN LEABÍV LADÁREJ

45:24 וַיְשַׁלַּח אֶת־אֶחָיו וַיֵּלֵכוּ וַיֹּאמֶר אֲלֵהֶם אַל־תִּרְגְּזוּ בַּדָּרֶךְ

VAISHALÁJ ET-EJÁV VAYELÉJEU VAYÓMER ALEHÉM AL-TIRGUEZZÚ BADÁREJ

45:25 וַיַּעֲלוּ מִמִּצְרָיִם וַיָּבֹאוּ אֶרֶץ כְּנַעַן אֶל־יַעֲקֹב אֲבִיהֶם

VAYAÄLÚ MIMITZRÁIM VAYABÓU ÉRETZ KENÁÄN EL-IAÄKÓB ABIHÉM

45:26 וַיַּגִּדוּ לוֹ לֵאמֹר עוֹד יוֹסֵף חַי וְכִי־הוּא מֹשֵׁל בְּכָל־אֶרֶץ מִצְרָיִם וַיָּפָג לִבּוֹ כִּי לֹא־הֶאֱמִין לָהֶם

VAYAGUÍDU LO LEMÓR ÖD IOSÉF JÁI VEJÍ-HU MOSHÉL BEJÓL-ÉRETZ MITZRÁIM VAYÁFAG LIBÓ KI LO-HEEMÍN LAHÉM

45:27 וַיְדַבְּרוּ אֵלָיו אֵת כָּל־דִּבְרֵי יוֹסֵף אֲשֶׁר דִּבֶּר אֲלֵהֶם וַיַּרְא אֶת־הָעֲגָלוֹת אֲשֶׁר־שָׁלַח יוֹסֵף לָשֵׂאת אֹתוֹ וַתְּחִי רוּחַ יַעֲקֹב אֲבִיהֶם

VAIDABERÚ ELÁV ET KOL-DIBRÉI IOSÉF ASHÉR DIBÉR ALEHÉM VAYÁR ET-HÁÄGALÓT ASHÉR-SHALÁJ IOSÉF LASÉT OTÓ VATEJÍ RÚAJ IAÄKÓB ABIHÉM

45:28 וַיֹּאמֶר יִשְׂרָאֵל רַב עוֹד־יוֹסֵף בְּנִי חָי אֵלְכָה וְאֶרְאֶנּוּ בְּטֶרֶם אָמוּת

VAYÓMER ISRAÉL RAB ÖD-IOSÉF BENÍ JÁI ELJÁH VEERÉNU BETÉREM AMÚT

פֶּרֶק מו - PÉREK 46

46:1 וַיִּסַּע יִשְׂרָאֵל וְכָל־אֲשֶׁר־לוֹ וַיָּבֹא בְּאֵרָה שָּׁבַע וַיִּזְבַּח זְבָחִים לֵאלֹהֵי אָבִיו יִצְחָק

VAYSÄ ISRAÉL VEJÓL-ASHÉR-LO VAYABÓ BEÉRAH SHÁBÄ VAYZZBÁJ ZZEBAJÍM LELOHÉI ABÍV ITZJÁK

46:2 וַיֹּאמֶר אֱלֹהִים לְיִשְׂרָאֵל בְּמַרְאֹת הַלַּיְלָה וַיֹּאמֶר יַעֲקֹב יַעֲקֹב וַיֹּאמֶר הִנֵּנִי

VAYÓMER ELOHÍM LEISRAÉL BEMARÓT HALÁILAH VAYÓMER IAÄKÓB IAÄKÓB VAYÓMER HINÉNI

340 / BERESHÍT-בְּרֵאשִׁית

46:3 Y dijo: Yo soy Dios, el Dios de tu padre; no temas de descender a Egipto, porque allí yo haré de ti una gran nación.
46:4 Yo descenderé contigo a Egipto, y yo también te haré volver; y la mano de *Ioséf* (José) cerrará tus ojos[329].
46:5 Y se levantó *Iaäkób* (Jacob) de Beér Shébä; y tomaron los hijos de Israel a su padre *Iaäkób* (Jacob), y a sus niños, y a sus mujeres, en los carros que Faraón había enviado para llevarlo.
46:6 Y tomaron sus ganados, y sus bienes que habían adquirido en la tierra de Kenáän, y vinieron a Egipto, *Iaäkób* (Jacob) y toda su descendencia consigo;
46:7 sus hijos, y los hijos de sus hijos consigo; sus hijas, y las hijas de sus hijos, y a toda su descendencia trajo consigo a Egipto.
46:8 Y estos son los nombres de los hijos de Israel, que entraron en Egipto, *Iaäkób* (Jacob) y sus hijos: *Reubén*, el primogénito de *Iaäkób* (Jacob).
46:9 Y los hijos de *Reubén*: *Janój*, *Falú*, *Jetzrón* y *Jarmí*.
46:10 Los hijos de *Shimön*: *Iemuél*, *Iamín*, *Óhad*, *Iajín*, *Tzójar*. Y *Shaúl* hijo de la kenaäní[330].
46:11 Los hijos de *Leví*: *Guershón*, *Kehát* y *Merarí*.

---

aún vivo volvió a tener contacto con el Todopoderoso. Una condición necesaria para conectarse con El Eterno es estar contento.

[329] **46:4 La mano de *Ioséf* cerrará tus ojos:** Dios le asegura a *Iaäkób* que *Ioséf* continuará vivo más allá de su muerte. La expresión "cerrará tus ojos" se refiere a la costumbre de cerrar los ojos de quien muere.

[330] **46:10 Y *Shaúl* hijo de la kenaäní:** Este se refiere al hijo que nació producto de la violación de *Dináh* por parte de *Shejém* el kenaäní.

וַיֹּ֕אמֶר אָנֹכִ֥י הָאֵ֖ל אֱלֹהֵ֣י אָבִ֑יךָ אַל־תִּירָא֙ מֵרְדָ֣ה מִצְרַ֔יְמָה כִּֽי־לְג֥וֹי גָּד֖וֹל אֲשִֽׂימְךָ֥ שָֽׁם 46:3

VAYÓMER ANOJÍ HAÉL ELOHÉI ABÍJA AL-TIRÁ MERDÁH MITZRÁIMAH KI-LEGÓI GADÓL ASIMJÁ SHAM

אָנֹכִ֗י אֵרֵ֤ד עִמְּךָ֙ מִצְרַ֔יְמָה וְאָנֹכִ֖י אַֽעַלְךָ֣ גַם־עָלֹ֑ה וְיוֹסֵ֕ף יָשִׁ֥ית יָד֖וֹ עַל־עֵינֶֽיךָ 46:4

ANOJÍ ERÉD ÏMEJA MITZRÁIMAH VEANOJÍ AÄLEJÁ GAM-ÄLÓH VEIOSÉF IASHÍT IADÓ ÄL-ËINEIJÁ

וַיָּ֥קָם יַעֲקֹ֖ב מִבְּאֵ֣ר שָׁ֑בַע וַיִּשְׂא֨וּ בְנֵֽי־יִשְׂרָאֵ֜ל אֶת־יַעֲקֹ֣ב אֲבִיהֶ֗ם וְאֶת־טַפָּם֙ וְאֶת־נְשֵׁיהֶ֔ם בָּעֲגָל֕וֹת אֲשֶׁר־שָׁלַ֥ח פַּרְעֹ֖ה לָשֵׂ֥את אֹתֽוֹ 46:5

VAYÁKAM IAÄKÓB MIBEÉR SHÁBA VAYSÚ BENÉI-ISRAÉL ET-IAÄKÓB ABIHÉM VEÉT-TAPÁM VEÉT-NESHEIHÉM BAÄGALAOT ASHÉR-SHALÁJ PARÖH LASÉT OTÓ

וַיִּקְח֣וּ אֶת־מִקְנֵיהֶ֗ם וְאֶת־רְכוּשָׁם֙ אֲשֶׁ֤ר רָֽכְשׁוּ֙ בְּאֶ֣רֶץ כְּנַ֔עַן וַיָּבֹ֖אוּ מִצְרָ֑יְמָה יַעֲקֹ֖ב וְכָל־זַרְע֥וֹ אִתּֽוֹ 46:6

VAYKJÚ ET-MIKNEIHÉM VEÉT-REJUSHÁM ASHÉR RAJESHÚ BEÉRETZ KENAÄN VAYABÓU MITZRÁIEMAH IAÄKÓB VEJÓL-ZZARÖ ITÓ

בָּנָ֞יו וּבְנֵ֤י בָנָיו֙ אִתּ֔וֹ בְּנֹתָ֛יו וּבְנ֥וֹת בָּנָ֖יו וְכָל־זַרְע֑וֹ הֵבִ֥יא אִתּ֖וֹ מִצְרָֽיְמָה 46:7

BANÁV UBENÉI BANÁV ITÓ BENOTÁV UBENÓT BANÁV VEJÓL-ZZARÖ HEBÍ ITÓ MITZRÁIEMAH

וְאֵ֨לֶּה שְׁמ֧וֹת בְּנֵֽי־יִשְׂרָאֵ֛ל הַבָּאִ֥ים מִצְרַ֖יְמָה יַעֲקֹ֣ב וּבָנָ֑יו בְּכֹ֥ר יַעֲקֹ֖ב רְאוּבֵֽן 46:8

VEÉLEH SHEMÓT BENÉI-ISRAÉL HABAÍM MITZRÁIEMAH IAÄKÓB UBANÁV BEJÓR IAÄKÓB REUBÉN

וּבְנֵ֖י רְאוּבֵ֑ן חֲנ֥וֹךְ וּפַלּ֖וּא וְחֶצְר֥וֹן וְכַרְמִֽי 46:9

UBENÉI REUBÉN JANÓJ UFALÚ VEJETZRÓN VEJARMÍ

וּבְנֵ֣י שִׁמְע֗וֹן יְמוּאֵ֧ל וְיָמִ֛ין וְאֹ֖הַד וְיָכִ֣ין וְצֹ֑חַר וְשָׁא֖וּל בֶּן־הַֽכְּנַעֲנִֽית 46:10

UBENÉI SHIMÖN IEMUÉL VEIAMÍN VEÓHAD VEIAJÍN VETZÓJAR VESHÁUL BEN-HAKENAÄNÍT

וּבְנֵ֖י לֵוִ֑י גֵּרְשׁ֕וֹן קְהָ֖ת וּמְרָרִֽי 46:11

UBENÉI LEVÍ GUERSHÓN KEHÁT UMERARÍ

46:12 Los hijos de *Iehudáh*: *Ër, Onán, Sheláh, Péretz* y *Zzéraj*; mas *Ër* y *Onán* murieron en la tierra de Kenään. Y los hijos de *Péretz* fueron *Jetzrón* y *Jamúl*.

46:13 Los hijos de *Isajár*: *Tolä, Fuváh, Iób* y *Shimrón*.

46:14 Los hijos de *Zzebulún*: *Séred, Elón* y *Iajleél*.

46:15 Estos fueron los hijos de *Leáh*, los que dio a luz a *Iaäkób* (Jacob) en Padán-Arám, y además su hija *Dináh*; treinta y tres las personas todas de sus hijos e hijas[331].

46:16 Los hijos de *Gad*: *Tzifión, Jaguí, Shuní, Etzbón, Ërí, Arodi* y *Arelí*.

46:17 Y los hijos de *Ásher*: *Imnáh, Ishváh, Ishví, Beriäh*, y *Séraj* hermana de ellos. Los hijos de *Beriäh*: *Jéber* y *Malkiél*.

46:18 Estos fueron los hijos de *Zzilpáh*, la que *Labán* dio a su hija *Leáh*, y dio a luz éstos a *Iaäkób* (Jacob); por todas dieciséis personas.

46:19 Los hijos de *Rajél* (Raquel), mujer de *Iaäkób* (Jacob): *Ioséf* (José) y *Biniamín*.

46:20 Y nacieron a *Ioséf* (José) en la tierra de Egipto *Menashéh* y *Efráim*, los que le dio a luz *Asenát*, hija de *Póti-féra* sacerdote de On.

46:21 Los hijos de *Biniamín* fueron *Belä, Béjer, Ashbél, Guerá, Naämán, Ejí, Rosh, Mupím, Jupím* y *Áred*.

---

[331] **46:15 Treinta y tres las personas:** En el texto sólo aparecen mencionados treinta y dos nombres. La persona restante es *Iojébed* quien fue concebida antes de llegar a Egipto.

343 / BERESHÍT - בְּרֵאשִׁית

46:12 וּבְנֵי יְהוּדָה עֵר וְאוֹנָן וְשֵׁלָה וָפֶרֶץ וָזָרַח וַיָּמָת עֵר וְאוֹנָן בְּאֶרֶץ כְּנַעַן וַיִּהְיוּ בְנֵי־פֶרֶץ חֶצְרוֹן וְחָמוּל

UBENÉI IEHUDÁH ËR VEONÁN VESHELÁH VAFÉRETZ VAZZÁRAJ VAYÁMAT ËR VEONÁN BEÉRETZ KENÄÄN VAYHÍU BENÉI-FÉRETZ JETZERÓN VEJAMÚL

46:13 וּבְנֵי יִשָּׂשכָר תּוֹלָע וּפֻוָּה וְיוֹב וְשִׁמְרוֹן

UBENÉI ISAJÁR TOLÄ UFUVÁH VEIÓB VESHIMRÓN

46:14 וּבְנֵי זְבוּלֻן סֶרֶד וְאֵלוֹן וְיַחְלְאֵל

UBENÉI ZZEBULÚN SÉRED VEELÓN VEIAJLEÉL

46:15 אֵלֶּה בְּנֵי לֵאָה אֲשֶׁר יָלְדָה לְיַעֲקֹב בְּפַדַּן אֲרָם וְאֵת דִּינָה בִתּוֹ כָּל־נֶפֶשׁ בָּנָיו וּבְנוֹתָיו שְׁלֹשִׁים וְשָׁלֹשׁ

ÉLEH BENÉI LEÁH ASHÉR IALEDÁH LEIAÄKÓB BEFADÁN ARÁM VEÉT DINÁH BITÓ KOL-NÉFESH BANÁV UBENOTÁV SHELOSHÍM VESHALÓSH

46:16 וּבְנֵי גָד צִפְיוֹן וְחַגִּי שׁוּנִי וְאֶצְבֹּן עֵרִי וַאֲרוֹדִי וְאַרְאֵלִי

UBENÉI GAD TZIFIÓN VEJAGUÍ SHUNÍ VEETZEBÓN ËRÍ VAARODÍ VEARELÍ

46:17 וּבְנֵי אָשֵׁר יִמְנָה וְיִשְׁוָה וְיִשְׁוִי וּבְרִיעָה וְשֶׂרַח אֲחֹתָם וּבְנֵי בְרִיעָה חֶבֶר וּמַלְכִּיאֵל

UBENÉI ASHÉR IMNÁH VEISHVÁH VEISHVÍ UBERIÄH VESÉRAJ AJOTÁM UBENÉI BERIÄH JÉBER UMALKIÉL

46:18 אֵלֶּה בְּנֵי זִלְפָּה אֲשֶׁר־נָתַן לָבָן לְלֵאָה בִּתּוֹ וַתֵּלֶד אֶת־אֵלֶּה לְיַעֲקֹב שֵׁשׁ עֶשְׂרֵה נָפֶשׁ

ÉLEH BENÉI ZZILPÁH ASHÉR-NATÁN LABÁN LELEÁH BITÓ VATÉLED ET-ÉLEH LEIAÄKÓB SHESH ËSRÉH NÁFESH

46:19 בְּנֵי רָחֵל אֵשֶׁת יַעֲקֹב יוֹסֵף וּבִנְיָמִן

BENÉI RAJÉL ÉSHET IAÄKÓB IOSÉF UBINIAMÍN

46:20 וַיִּוָּלֵד לְיוֹסֵף בְּאֶרֶץ מִצְרַיִם אֲשֶׁר יָלְדָה־לּוֹ אָסְנַת בַּת־פּוֹטִי פֶרַע כֹּהֵן אֹן אֶת־מְנַשֶּׁה וְאֶת־אֶפְרָיִם

VAYVALÉD LEIOSÉF BEÉRETZ MITZRAÍM ASHÉR IÁLEDAH-LO ASENÁT BAT-PÓTI FÉRÄ KOHÉN ON ET-MENASHÉH VEÉT-EFRÁIM

46:21 וּבְנֵי בִנְיָמִן בֶּלַע וָבֶכֶר וְאַשְׁבֵּל גֵּרָא וְנַעֲמָן אֵחִי וָרֹאשׁ מֻפִּים וְחֻפִּים וָאָרְדְּ

UBENÉI BINIAMÍN BÉLÄ VABÉJER VEASHBÉL GUERÁ VENAÄMÁN EJÍ VARÓSH MUPÍM VEJUPÍM VAÁRED

46:22 Estos fueron los hijos de *Rajél* (Raquel), que nacieron a *Iaäkób* (Jacob); por todas catorce personas.

46:23 Los hijos de *Dan*: *Jushím*.

46:24 Los hijos de *Naftalí*: *Iajtzeél, Guní, Iétzer* y *Shilém*.

46:25 Estos fueron los hijos de *Bilháh*, la que dio *Labán* a *Rajél* (Raquel) su hija, y dio a luz éstos a *Iaäkób* (Jacob); en total siete personas.

46:26 Todas las personas que vinieron con *Iaäkób* (Jacob) a Egipto, procedentes de sus descendencias, sin las mujeres de los hijos de *Iaäkób* (Jacob), todas las personas fueron sesenta y seis.

46:27 Y los hijos de *Ioséf* (José), que le nacieron en Egipto, dos personas. Todas las personas de la casa de *Iaäkób* (Jacob), que entraron en Egipto, fueron setenta.

46:28 Y envió *Iaäkób* (Jacob) a *Iehudáh* delante de sí a *Ioséf* (José), para que le viniese a ver en Góshen; y llegaron a la tierra de Góshen[332].

46:29 Y *Ioséf* (José) preparó su carro y vino a recibir a Israel su padre en Góshen; y se manifestó a él, y se echó sobre su cuello, y lloró sobre su cuello largamente.

46:30 Entonces Israel dijo a *Ioséf* (José): Muera yo ahora, ya que he visto tu rostro, y sé que aún vives.

---

[332] **46:28 Y envió *Iaäkób* a *Iehudáh*:** *Iaäkób* envió a *Iehudáh* para que formara una casa de Dios. Esto nos enseña que el primer requerimiento que debe cumplir un sitio de residencia, es que posea un lugar donde se pueda orar y recibir educación espiritual.

BERESHÍT-בְּרֵאשִׁית

46:22 אֵלֶּה בְּנֵי רָחֵל אֲשֶׁר יֻלַּד לְיַעֲקֹב כָּל־נֶפֶשׁ אַרְבָּעָה עָשָׂר
ÉLEH BENÉI RAJÉL ASHÉR IULÁD LEIAÄKÓB KOL-NÉFESH ARBAÄH ÄSÁR

46:23 וּבְנֵי־דָן חֻשִׁים
UBENÉI-DAN JUSHÍM

46:24 וּבְנֵי נַפְתָּלִי יַחְצְאֵל וְגוּנִי וְיֵצֶר וְשִׁלֵּם
UBENÉI NAFTALÍ IAJTZEÉL VEGUNÍ VEIÉTZER VESHILÉM

46:25 אֵלֶּה בְּנֵי בִלְהָה אֲשֶׁר־נָתַן לָבָן לְרָחֵל בִּתּוֹ וַתֵּלֶד אֶת־אֵלֶּה לְיַעֲקֹב כָּל־נֶפֶשׁ שִׁבְעָה
ÉLEH BENÉI BILHÁH ASHÉR-NATÁN LABÁN LERAJÉL BITÓ VATÉLED ET-ÉLEH LEIAÄKÓB KOL-NÉFESH SHIBÄH

46:26 כָּל־הַנֶּפֶשׁ הַבָּאָה לְיַעֲקֹב מִצְרַיְמָה יֹצְאֵי יְרֵכוֹ מִלְּבַד נְשֵׁי בְנֵי־יַעֲקֹב כָּל־נֶפֶשׁ שִׁשִּׁים וָשֵׁשׁ
KOL-HANÉFESH HABAÁH LEIAÄKÓB MITZRÁIMAH IOTZÉI IEREJÓ MILEBÁD NESHÉI BENÉI-IAÄKÓB KOL-NÉFESH SHISHÍM VASHÉSH

46:27 וּבְנֵי יוֹסֵף אֲשֶׁר־יֻלַּד־לוֹ בְמִצְרַיִם נֶפֶשׁ שְׁנָיִם כָּל־הַנֶּפֶשׁ לְבֵית־יַעֲקֹב הַבָּאָה מִצְרַיְמָה שִׁבְעִים
UBENÉI IOSÉF ASHÉR-IULÁD-LO BEMITZRÁIM NÉFESH SHENÁIM KOL-HANÉFESH LEBÉIT-IAÄKÓB HABÁAH MITZRÁIMAH SHIBÏM

46:28 וְאֶת־יְהוּדָה שָׁלַח לְפָנָיו אֶל־יוֹסֵף לְהוֹרֹת לְפָנָיו גֹּשְׁנָה וַיָּבֹאוּ אַרְצָה גֹּשֶׁן
VEÉT-IEHUDÁH SHALÁJ LEFANÁV EL-IOSÉF LEHORÓT LEFANÁV GÓSHNAH VAYABÓU ÁRTZAH GÓSHEN

46:29 וַיֶּאְסֹר יוֹסֵף מֶרְכַּבְתּוֹ וַיַּעַל לִקְרַאת־יִשְׂרָאֵל אָבִיו גֹּשְׁנָה וַיֵּרָא אֵלָיו וַיִּפֹּל עַל־צַוָּארָיו וַיֵּבְךְּ עַל־צַוָּארָיו עוֹד
VAYESÓR IOSÉF MERKABTÓ VAYÁAL LIKRÁT-ISRAÉL ABÍV GÓSHNAH VAYERÁ ELÁV VAYPÓL ÄL-TZAVARÁV VAYÉBEJ ÄL-TZAVARÁV ÖD

46:30 וַיֹּאמֶר יִשְׂרָאֵל אֶל־יוֹסֵף אָמוּתָה הַפָּעַם אַחֲרֵי רְאוֹתִי אֶת־פָּנֶיךָ כִּי עוֹדְךָ חָי
VAYÓMER ISRAÉL EL-IOSÉF AMÚTAH HAPÁÄM AJARÉI REOTÍ ET-PANÉIJA KI ÖDEJÁ JÁI

46:31 Y *Ioséf* (José) dijo a sus hermanos, y a la casa de su padre: Subiré y lo haré saber a Faraón, y le diré: Mis hermanos y la casa de mi padre, que estaban en la tierra de Kenään, han venido a mí.

46:32 Y los hombres son pastores de ovejas, porque son hombres ganaderos; y han traído sus ovejas y sus vacas, y todo lo que tenían.

46:33 Y cuando Faraón os llamare y dijere: ¿Cuál es vuestro oficio?

46:34 entonces diréis: Hombres de ganadería han sido tus siervos desde nuestra juventud hasta ahora, nosotros y nuestros padres; a fin de que moréis en la tierra de Góshen, porque para los egipcios es abominación todo pastor de ovejas[333].

CAPÍTULO 47

47:1 Vino *Ioséf* (José) y lo hizo saber a Faraón, y dijo: Mi padre y mis hermanos, y sus ovejas y sus vacas, con todo lo que tienen, han venido de la tierra de Kenään, y he aquí están en la tierra de Góshen.

47:2 Y de los pocos de sus hermanos tomó cinco varones, y los presentó delante de Faraón[334].

47:3 Y Faraón dijo a sus hermanos: ¿Cuál es vuestro oficio? Y ellos respondieron a Faraón: Pastores de ovejas son tus siervos, así nosotros como nuestros padres.

---

[333] **46:34 Hombres de ganadería:** Ver comentario 43:32.

[334] **47:2 Y de los pocos:** Eligió a los más débiles para que el Faraón no los designara en su ejército.
Estos eran *Iehudáh, Gad, Naftalí, Dan* y *Zzebulún*.

347 / BERESHÍT-בְּרֵאשִׁית

46:31 וַיֹּאמֶר יוֹסֵף אֶל־אֶחָיו וְאֶל־בֵּית אָבִיו אֶעֱלֶה וְאַגִּידָה לְפַרְעֹה וְאֹמְרָה אֵלָיו אַחַי וּבֵית־אָבִי אֲשֶׁר בְּאֶרֶץ־כְּנַעַן בָּאוּ אֵלָי

VAYÓMER IOSÉF EL-EJÁV VEÉL-BÉIT ABÍV EËLÉH VEAGUÍDAH LEFARÖH VEOMRÁH ELÁV AJÁI UBÉIT-ABÍ ASHÉR BEÉRETZ-KENÄÄN BÁU ELÁI

46:32 וְהָאֲנָשִׁים רֹעֵי צֹאן כִּי־אַנְשֵׁי מִקְנֶה הָיוּ וְצֹאנָם וּבְקָרָם וְכָל־אֲשֶׁר לָהֶם הֵבִיאוּ

VEHAANASHÍM RÓËI TZON KI-ANSHÉI MIKNÉH HÁIU VETZONÁM UBEKARÁM VEJÓL-ASHÉR LAHÉM HEBÍU

46:33 וְהָיָה כִּי־יִקְרָא לָכֶם פַּרְעֹה וְאָמַר מַה־מַּעֲשֵׂיכֶם

VEHAIÁH KI-IKRÁ LAJÉM PARÖH VEAMÁR MAH-MAÄSEIJÉM

46:34 וַאֲמַרְתֶּם אַנְשֵׁי מִקְנֶה הָיוּ עֲבָדֶיךָ מִנְּעוּרֵינוּ וְעַד־עַתָּה גַּם־אֲנַחְנוּ גַּם־אֲבֹתֵינוּ בַּעֲבוּר תֵּשְׁבוּ בְּאֶרֶץ גֹּשֶׁן כִּי־תוֹעֲבַת מִצְרַיִם כָּל־רֹעֵה צֹאן

VAAMARTÉM ANSHÉI MIKNÉH HAÍU ÄBADÉIJA MINEÜRÉINU VEÄD-ÄTAH GAM-ANÁJNU GAM-ABOTÉINU BAÄBÚR TESHBÚ BEÉRETZ GÓSHEN KI-TOÄBÁT MITZRÁIM KOL-RÓËH TZON

פֶּרֶק מז - PÉREK 47

47:1 וַיָּבֹא יוֹסֵף וַיַּגֵּד לְפַרְעֹה וַיֹּאמֶר אָבִי וְאַחַי וְצֹאנָם וּבְקָרָם וְכָל־אֲשֶׁר לָהֶם בָּאוּ מֵאֶרֶץ כְּנָעַן וְהִנָּם בְּאֶרֶץ גֹּשֶׁן

VAYABÓ IOSÉF VAYAGUÉD LEFARÖH VAYÓMER ABÍ VEAJÁI VETZONÁM UBEKARÁM VEJÓL-ASHÉR LAHÉM BÁU MEÉRETZ KENÄÄN VEHINÁM BEÉRETZ GÓSHEN

47:2 וּמִקְצֵה אֶחָיו לָקַח חֲמִשָּׁה אֲנָשִׁים וַיַּצִּגֵם לִפְנֵי פַרְעֹה

UMIKTZÉH EJÁV LAKÁJ JAMISHÁH ANASHÍM VAYATZIGUÉM LIFNÉI FARÖH

47:3 וַיֹּאמֶר פַּרְעֹה אֶל־אֶחָיו מַה־מַּעֲשֵׂיכֶם וַיֹּאמְרוּ אֶל־פַּרְעֹה רֹעֵה צֹאן עֲבָדֶיךָ גַּם־אֲנַחְנוּ גַּם־אֲבוֹתֵינוּ

VAYÓMER PARÖH EL-EJÁV MAH-MAÄSEIJÉM VAYOMRÚ EL-PARÖH ROËH TZON ÄBADÉIJA GAM-ANÁJNU GAM-ABOTÉINU

47:4 Dijeron además a Faraón: Para morar en esta tierra hemos venido; porque no hay pasto para las ovejas de tus siervos, pues el hambre es grave en la tierra de Kenáän; por tanto, te rogamos ahora que permitas que habiten tus siervos en la tierra de Góshen.

47:5 Entonces Faraón habló a *Ioséf* (José), diciendo: Tu padre y tus hermanos han venido a ti.

47:6 La tierra de Egipto delante de ti está; en lo mejor de la tierra haz habitar a tu padre y a tus hermanos; habiten en la tierra de Góshen; y si entiendes que hay entre ellos hombres capaces, ponlos por encargados del ganado mío.

47:7 También *Ioséf* (José) introdujo a *Iaäkób* (Jacob) su padre, y lo presentó delante de Faraón; y *Iaäkób* (Jacob) bendijo a Faraón.

47:8 Y dijo Faraón a *Iaäkób* (Jacob): ¿Cuántos son los días de los años de tu vida?[335]

47:9 Y *Iaäkób* (Jacob) respondió a Faraón: Los días de los años de mi peregrinación son ciento treinta años; pocos y malos han sido los días de los años de mi vida, y no han llegado a los días de los años de la vida de mis padres en los días de su peregrinación[336].

47:10 Y *Iaäkób* (Jacob) bendijo a Faraón, y salió de la presencia de Faraón[337].

47:11 Así *Ioséf* (José) hizo habitar a su padre y a sus hermanos, y les dio posesión en la tierra de Egipto, en lo mejor de la tierra, en la tierra de *Rämsés*, como mandó Faraón.

---

[335] **47:8 ¿Cuántos son los días de los años de tu vida?:** Es decir: "cuantos años has vivido". *Iaäkób* se veía muy anciano cosa que al Faraón le llamó la atención.

[336] **47:9 Pocos y malos:** *Iaäkób* indica que su desgaste físico se debe a las aflicciones que le acompañaron a través de su vida.

[337] **47:10 Y *Iaäkób* bendijo a Faraón:** Como resultado de esta bendición la hambruna en Egipto duró tan solo dos años y no siete como había sido profetizado, pues las profecías negativas pueden anularse.

349 / BERESHÍT-בְּרֵאשִׁית

47:4 וַיֹּאמְר֣וּ אֶל־פַּרְעֹ֗ה לָג֣וּר בָּאָ֘רֶץ֮ בָּ֒אנוּ֒ כִּי־אֵ֣ין מִרְעֶ֗ה לַצֹּאן֙ אֲשֶׁ֣ר לַעֲבָדֶ֔יךָ כִּי־כָבֵ֥ד הָרָעָ֖ב בְּאֶ֣רֶץ כְּנָ֑עַן וְעַתָּ֛ה יֵֽשְׁבוּ־נָ֥א עֲבָדֶ֖יךָ בְּאֶ֥רֶץ גֹּֽשֶׁן

VAYOMRÚ EL-PARÖH LAGÚR BAÁRETZ BÁNU KI-ÉIN MIRËH LATZÓN ASHÉR LAÄBADÉIJA KI-JABÉD HARAÄB BEÉRETZ KENÁÄN VEÄTÁH IESHBÚ-NA ÄBADÉIJA BEÉRETZ GÓSHEN

47:5 וַיֹּ֣אמֶר פַּרְעֹ֔ה אֶל־יוֹסֵ֖ף לֵאמֹ֑ר אָבִ֥יךָ וְאַחֶ֖יךָ בָּ֥אוּ אֵלֶֽיךָ

VAYÓMER PARÖH EL-IOSÉF LEMÓR ABÍJA VEAJÉIJA BÁU ELEIJÁ

אֶ֤רֶץ מִצְרַ֙יִם֙ לְפָנֶ֣יךָ הִ֔וא בְּמֵיטַ֣ב הָאָ֔רֶץ הוֹשֵׁ֥ב אֶת־אָבִ֖יךָ

47:6 וְאֶת־אַחֶ֑יךָ יֵשְׁבוּ֙ בְּאֶ֣רֶץ גֹּ֔שֶׁן וְאִם־יָדַ֗עְתָּ וְיֶשׁ־בָּם֙ אַנְשֵׁי־חַ֔יִל וְשַׂמְתָּ֛ם שָׂרֵ֥י מִקְנֶ֖ה עַל־אֲשֶׁר־לִֽי

ÉRETZ MITZRÁIM LEFANÉIJA HI BEMEITÁB HAÁRETZ HOSHÉB ET-ABÍJA VEÉT-AJÉIJA IESHBÚ BEÉRETZ GÓSHEN VEÍM-IADÁTA VEIÉSH-BAM ANSHÉI-JÁIL VESAMTÁM SARÉI MIKNÉH ÄL-ASHÉR-LI

47:7 וַיָּבֵ֤א יוֹסֵף֙ אֶת־יַעֲקֹ֣ב אָבִ֔יו וַיַּֽעֲמִדֵ֖הוּ לִפְנֵ֣י פַרְעֹ֑ה וַיְבָ֥רֶךְ יַעֲקֹ֖ב אֶת־פַּרְעֹֽה

VAYABÉ IOSÉF ET-IÁÄKÓB ABÍV VAYAÄMIDÉHU LIFNÉI FARÖH VAIBÁREJ IAÄKÓB ET-PARÖH

47:8 וַיֹּ֥אמֶר פַּרְעֹ֖ה אֶֽל־יַעֲקֹ֑ב כַּמָּ֕ה יְמֵ֖י שְׁנֵ֥י חַיֶּֽיךָ

VAYÓMER PARÖH EL-IAÄKÓB KAMÁH IEMÉI SHENÉI JAIÉJA

47:9 וַיֹּ֤אמֶר יַעֲקֹב֙ אֶל־פַּרְעֹ֔ה יְמֵי֙ שְׁנֵ֣י מְגוּרַ֔י שְׁלֹשִׁ֥ים וּמְאַ֖ת שָׁנָ֑ה מְעַ֣ט וְרָעִ֗ים הָיוּ֙ יְמֵי֙ שְׁנֵ֣י חַיַּ֔י וְלֹ֣א הִשִּׂ֗יגוּ אֶת־יְמֵי֙ שְׁנֵי֙ חַיֵּ֣י אֲבֹתַ֔י בִּימֵ֖י מְגוּרֵיהֶֽם

VAYÓMER IAÄKÓB EL-PARÖH IEMÉI SHENÉI MEGURÁI SHELOSHÍM UMEÁT SHANÁH MEÄT VERAÏM HAIÚ IEMÉI SHENÉI JAYÁI VELÓ HISIGÚ ET-IEMÉI SHENÉI JAYÉI ABOTÁI BIMÉI MEGUREIHÉM

47:10 וַיְבָ֥רֶךְ יַעֲקֹ֖ב אֶת־פַּרְעֹ֑ה וַיֵּצֵ֖א מִלִּפְנֵ֥י פַרְעֹֽה

VAIBÁREJ IAÄKÓB ET-PARÖH VAYETZÉ MILIFNÉI FARÖH

47:11 וַיּוֹשֵׁ֣ב יוֹסֵף֮ אֶת־אָבִ֣יו וְאֶת־אֶחָיו֒ וַיִּתֵּ֨ן לָהֶ֤ם אֲחֻזָּה֙ בְּאֶ֣רֶץ מִצְרַ֔יִם בְּמֵיטַ֥ב הָאָ֖רֶץ בְּאֶ֣רֶץ רַעְמְסֵ֑ס כַּאֲשֶׁ֖ר צִוָּ֥ה פַרְעֹֽה

VAIOSHÉB IOSÉF ET-ABÍV VEÉT-EJÁV VAYTÉN LAHÉM AJUZZÁH BEÉRETZ MITZRÁIM BEMEITÁB HAÁRETZ BEÉRETZ RÄMSÉS KAASHÉR TZIVÁH FARÖH

47:12 Y alimentaba *Ioséf* (José) a su padre y a sus hermanos, y a toda la casa de su padre, con pan, según el número de los hijos.

47:13 No había pan en toda la tierra, y el hambre era muy grave, por lo que desfalleció de hambre la tierra de Egipto y la tierra de Kenáän.

47:14 Y recogió *Ioséf* (José) todo el dinero que había en la tierra de Egipto y en la tierra de Kenáän, por los alimentos que de él compraban; y metió *Ioséf* (José) el dinero en casa de Faraón[338].

47:15 Acabado el dinero de la tierra de Egipto y de la tierra de Kenáän, vino todo Egipto a *Ioséf* (José), diciendo: Danos pan; ¿por qué moriremos delante de ti, por haberse acabado el dinero?

47:16 Y *Ioséf* (José) dijo: Dad vuestros ganados y yo os daré por vuestros ganados, si se ha acabado el dinero[339].

47:17 Y ellos trajeron sus ganados a *Ioséf* (José), y *Ioséf* (José) les dio alimentos por caballos, y por el ganado de las ovejas, y por el ganado de las vacas, y por asnos; y les sustentó de pan por todos sus ganados aquel año.

47:18 Acabado aquel año, vinieron a él el segundo año, y le dijeron: No encubrimos a nuestro señor que el dinero ciertamente se ha acabado; también el ganado es ya de nuestro señor; nada ha quedado delante de nuestro señor sino nuestros cuerpos y nuestra tierra.

---

[338] **47:14 El dinero en casa de Faraón:** *Ioséf* era una persona muy honesta y fiel por lo que trajo todo el dinero recaudado al Faraón, y no guardo nada para si mismo. Con esta conducta halló gracia a los ojos del Faraón y del pueblo, pues Dios da éxito a quienes le temen.

[339] **47:16 Dad vuestros:** Es decir : "si aún tienen ganado, no tienen ningún derecho para rogar por caridad".

351 / BERESHÍT - בְּרֵאשִׁית

47:12 וַיְכַלְכֵּל יוֹסֵף אֶת־אָבִיו וְאֶת־אֶחָיו וְאֵת כָּל־בֵּית אָבִיו לֶחֶם לְפִי הַטָּף

VAIJALKÉL IOSÉF ET-ABÍV VEÉT-EJÁV VEÉT KOL-BÉIT ABÍV LÉJEM LEFÍ HATÁF

47:13 וְלֶחֶם אֵין בְּכָל־הָאָרֶץ כִּי־כָבֵד הָרָעָב מְאֹד וַתֵּלַהּ אֶרֶץ מִצְרַיִם וְאֶרֶץ כְּנַעַן מִפְּנֵי הָרָעָב

VELÉJEM EÍN BEJÓL-HAÁRETZ KI-JABÉD HARAÁB MEÓD VATÉLAH ÉRETZ MITZRÁIM VEÉRETZ KENÁÄN MIPENÉI HARAÁB

47:14 וַיְלַקֵּט יוֹסֵף אֶת־כָּל־הַכֶּסֶף הַנִּמְצָא בְאֶרֶץ־מִצְרַיִם וּבְאֶרֶץ כְּנַעַן בַּשֶּׁבֶר אֲשֶׁר־הֵם שֹׁבְרִים וַיָּבֵא יוֹסֵף אֶת־הַכֶּסֶף בֵּיתָה פַרְעֹה

VAILAKÉT IOSÉF ET-KOL-HAKÉSEF HANIMTZÁ BEÉRETZ-MITZRÁIM UBEÉRETZ KENÁÄN BASHÉBER ASHÉR-HEM SHOBRÍM VAYABÉ IOSÉF ET-HAKÉSEF BÉITAH FARÖH

47:15 וַיִּתֹּם הַכֶּסֶף מֵאֶרֶץ מִצְרַיִם וּמֵאֶרֶץ כְּנַעַן וַיָּבֹאוּ כָל־מִצְרַיִם אֶל־יוֹסֵף לֵאמֹר הָבָה־לָּנוּ לֶחֶם וְלָמָּה נָמוּת נֶגְדֶּךָ כִּי אָפֵס כָּסֶף

VAYTÓM HAKÉSEF MEÉRETZ MITZRÁIM UMEÉRETZ KENÁÄN VAYABÓU JOL-MITZRÁIM EL-IOSÉF LEMÓR HÁBAH-LÁNU LÉJEM VELÁMAH NAMÚT NEGDÉJA KI AFÉS KÁSEF

47:16 וַיֹּאמֶר יוֹסֵף הָבוּ מִקְנֵיכֶם וְאֶתְּנָה לָכֶם בְּמִקְנֵיכֶם אִם־אָפֵס כָּסֶף

VAYÓMER IOSÉF HABÚ MIKNEIJÉM VEETENÁH LAJÉM BEMIKNEIJÉM IM-AFÉS KÁSEF

47:17 וַיָּבִיאוּ אֶת־מִקְנֵיהֶם אֶל־יוֹסֵף וַיִּתֵּן לָהֶם יוֹסֵף לֶחֶם בַּסּוּסִים וּבְמִקְנֵה הַצֹּאן וּבְמִקְנֵה הַבָּקָר וּבַחֲמֹרִים וַיְנַהֲלֵם בַּלֶּחֶם בְּכָל־מִקְנֵהֶם בַּשָּׁנָה הַהִוא

VAYABÍU ET-MIKNEIHÉM EL-IOSÉF VAYTÉN LAHÉM IOSÉF LÉJEM BASUSÍM UBEMIKNÉI HATZÓN UBEMIKNÉH HABAKÁR UBAJAMORÍM VAINAHALÉM BALÉJEM BEJÓL-MIKNEHÉM BASHANÁH HAHÍ

47:18 וַתִּתֹּם הַשָּׁנָה הַהִוא וַיָּבֹאוּ אֵלָיו בַּשָּׁנָה הַשֵּׁנִית וַיֹּאמְרוּ לוֹ לֹא־נְכַחֵד מֵאֲדֹנִי כִּי אִם־תַּם הַכֶּסֶף וּמִקְנֵה הַבְּהֵמָה אֶל־אֲדֹנִי לֹא נִשְׁאַר לִפְנֵי אֲדֹנִי בִּלְתִּי אִם־גְּוִיָּתֵנוּ וְאַדְמָתֵנוּ

VATITÓM HASHANÁH HAHÍ VAYABÓU ELÁV BASHANÁH HASHENÍT VAYÓMRU LO LO-NEJAJÉD MEADONÍ KI IM-TAM HAKÉSEF UMIKENÉH HABEHEMÁH EL-ADONÍ LO NISHÁR LIFNÉI ADONÍ BILTÍ IM-GUEVIYATÉNU VEADMATÉNU

47:19 ¿Por qué moriremos delante de tus ojos, así nosotros como nuestra tierra? Cómpranos a nosotros y a nuestra tierra por pan, y seremos nosotros y nuestra tierra siervos de Faraón; y danos semilla para que vivamos y no muramos, y no sea asolada la tierra.

47:20 Entonces compró *Ioséf* (José) toda la tierra de Egipto para Faraón; pues los egipcios vendieron cada uno sus tierras, porque se agravó el hambre sobre ellos; y la tierra vino a ser de Faraón.

47:21 Y al pueblo lo hizo pasar a las ciudades, desde un extremo al otro del territorio de Egipto[340].

47:22 Solamente la tierra de los sacerdotes no compró, por cuanto los sacerdotes tenían ración de Faraón, y ellos comían la ración que Faraón les daba; por eso no vendieron su tierra.

47:23 Y *Ioséf* (José) dijo al pueblo: He aquí os he comprado hoy, a vosotros y a vuestra tierra, para Faraón; ved aquí semilla, y sembraréis la tierra.

47:24 De los frutos daréis el quinto a Faraón, y las cuatro partes serán vuestras para sembrar las tierras, y para vuestro mantenimiento, y de los que están en vuestras casas, y para que coman vuestros niños.

47:25 Y ellos respondieron: La vida nos has dado; hallemos gracia en ojos de nuestro señor, y seamos siervos de Faraón.

47:26 Entonces *Ioséf* (José) lo puso por ley hasta hoy sobre la tierra de Egipto, señalando para Faraón el quinto, excepto sólo la tierra de los sacerdotes, que no fue de Faraón.

---

[340] **47:21 Hizo pasar a las ciudades:** Con este movimiento poblacional *Ioséf* quiso causar que los egipcios asumieran que ya no eran los dueños de sus tierras.

353 / BERESHÍT-בְּרֵאשִׁית

לָ֤מָּה נָמוּת֙ לְעֵינֶ֔יךָ גַּם־אֲנַ֖חְנוּ גַּם־אַדְמָתֵ֑נוּ קְנֵֽה־אֹתָ֤נוּ וְאֶת־אַדְמָתֵ֙נוּ֙

47:19 בַּלָּ֔חֶם וְנִֽהְיֶ֞ה אֲנַ֤חְנוּ וְאַדְמָתֵ֙נוּ֙ עֲבָדִ֣ים לְפַרְעֹ֔ה וְתֶן־זֶ֗רַע וְנִֽחְיֶה֙ וְלֹ֣א נָמ֔וּת וְהָאֲדָמָ֖ה לֹ֥א תֵשָֽׁם

LÁMAH NAMÚT LEËINÉIJA GAM-ANÁJNU GAM ADMATÉNU KENÉH-OTÁNU VEÉT-ADMATÉNU BALÁJEM VENIHIÉH ANÁJNU VEADEMATÉNU ÄBADÍM LEFARÖH VETÉN-ZZÉRÄ VENIJEIÉH VELÓ NAMÚT VEHAADAMÁH LO TESHÁM

וַיִּ֨קֶן יוֹסֵ֜ף אֶת־כָּל־אַדְמַ֤ת מִצְרַ֙יִם֙ לְפַרְעֹ֔ה כִּֽי־מָכְר֤וּ מִצְרַ֙יִם֙ אִ֣ישׁ

47:20 שָׂדֵ֔הוּ כִּֽי־חָזַ֥ק עֲלֵהֶ֖ם הָרָעָ֑ב וַתְּהִ֥י הָאָ֖רֶץ לְפַרְעֹֽה

VAYKÉN IOSÉF ET-KOL-ADMÁT MITZRÁIM LEFARÖH KI-MAJERÚ MITZRÁIM ISH SADÉHU KI-JAZZÁK ÄLEHÉM HARAÄB VATEHÍ HAÁRETZ LEFARÖH

47:21 וְאֶ֨ת־הָעָ֔ם הֶעֱבִ֥יר אֹת֖וֹ לֶעָרִ֑ים מִקְצֵ֥ה גְבֽוּל־מִצְרַ֖יִם וְעַד־קָצֵֽהוּ

VEÉT-HAÄM HEËBÍR OTÓ LEÄRÍM MIKTZÉH GUEBÚL-MITZRÁIM VEÄD-KATZÉHU

רַ֛ק אַדְמַ֥ת הַכֹּהֲנִ֖ים לֹ֣א קָנָ֑ה כִּי֩ חֹ֨ק לַכֹּהֲנִ֜ים מֵאֵ֣ת פַּרְעֹ֗ה וְאָֽכְל֤וּ

47:22 אֶת־חֻקָּם֙ אֲשֶׁ֨ר נָתַ֤ן לָהֶם֙ פַּרְעֹ֔ה עַל־כֵּ֕ן לֹ֥א מָכְר֖וּ אֶת־אַדְמָתָֽם

RAK ADMÁT HAKOHANÍM LO KANÁH KI JOK LAKOHANIÍM MEÉT PAREÖH VEAJELÚ ET-JUKÁM ASHÉR NATÁN LAHÉM PARÖH ÄL-KEN LO MAJERÚ ET-ADMATÁM

וַיֹּ֤אמֶר יוֹסֵף֙ אֶל־הָעָ֔ם הֵן֩ קָנִ֨יתִי אֶתְכֶ֥ם הַיּ֛וֹם וְאֶת־אַדְמַתְכֶ֖ם

47:23 לְפַרְעֹ֑ה הֵֽא־לָכֶ֣ם זֶ֔רַע וּזְרַעְתֶּ֖ם אֶת־הָאֲדָמָֽה

VAYÓMER IOSÉF EL-HAÄM HEN KANÍTI ETJÉM HAYÓM VEÉT-ADMATJÉM LEFARÖH HE-LAJÉM ZZÉRÄ UZZRÄETÉM ET-HAADAMÁH

וְהָיָה֙ בַּתְּבוּאֹ֔ת וּנְתַתֶּ֥ם חֲמִישִׁ֖ית לְפַרְעֹ֑ה וְאַרְבַּ֣ע הַיָּדֹ֡ת יִהְיֶ֣ה לָכֶם֩

47:24 לְזֶ֨רַע הַשָּׂדֶ֧ה וּֽלְאָכְלְכֶ֛ם וְלַאֲשֶׁ֥ר בְּבָתֵּיכֶ֖ם וְלֶאֱכֹ֥ל לְטַפְּכֶֽם

VEHAIÁH BATEBUÓT UNETATÉM JAMISHÍT LEFARÖH VEARBÄ HAYADÓT IHIÉH LAJÉM LEZZÉRÄ HASADÉH ULEAJLEJÉM VELAASHÉR BEBATEIJÉM VELEEJÓL LETAPEJÉM

47:25 וַיֹּאמְר֖וּ הֶחֱיִתָ֑נוּ נִמְצָא־חֵן֙ בְּעֵינֵ֣י אֲדֹנִ֔י וְהָיִ֥ינוּ עֲבָדִ֖ים לְפַרְעֹֽה

VAYOMRÚ HEJEITÁNU NIMTZÁ-JEN BEËINÉI ADONÍ VEHAÍNU ÄBADÍM LEFARÖH

וַיָּ֣שֶׂם אֹתָ֣הּ יוֹסֵ֡ף לְחֹק֩ עַד־הַיּ֨וֹם הַזֶּ֜ה עַל־אַדְמַ֥ת מִצְרַ֛יִם לְפַרְעֹ֖ה

47:26 לַחֹ֑מֶשׁ רַ֞ק אַדְמַ֤ת הַכֹּֽהֲנִים֙ לְבַדָּ֔ם לֹ֥א הָיְתָ֖ה לְפַרְעֹֽה

VAYÁSEM OTÁH IOSÉF LEJÓK ÄD-HAYÓM HAZZÉH ÄL-ADMÁT MITZRÁIM LEFARÖH LAJÓMESH RAK ADMÁT HAKÓHANIM LEBADÁM LO HAITÁH LEFARÖH

47:27 Así habitó Israel en la tierra de Egipto, en la tierra de Góshen; y tomaron posesión de ella, y se aumentaron, y se multiplicaron en gran manera.

47:28 Y vivió *Iaäkób* (Jacob) en la tierra de Egipto diecisiete años; y fueron los días de *Iaäkób* (Jacob), los años de su vida, ciento cuarenta y siete años.

47:29 Y llegaron los días de Israel para morir, y llamó a *Ioséf* (José) su hijo, y le dijo: Si he hallado ahora gracia en tus ojos, te ruego que pongas tu mano debajo de mi muslo, y harás conmigo misericordia y verdad. Te ruego que no me entierres en Egipto[341].

47:30 Mas cuando descance con mis padres, me llevarás de Egipto y me sepultarás en el sepulcro de ellos. Y *Ioséf* (José) respondió: Haré como tú dices.

47:31 E Israel dijo: Júramelo. Y *Ioséf* (José) le juró. Entonces Israel se inclinó sobre la cabecera de la cama[342].

CAPÍTULO 48

Iaäkób (Jacob) bendice a *Efráim* y a *Menashéh*

48:1 Sucedió después de estas cosas que dijeron a *Ioséf* (José): He aquí tu padre está enfermo. Y él tomó consigo a sus dos hijos, *Menashéh* y *Efráim*.

48:2 Y se le hizo saber a *Iaäkób* (Jacob), diciendo: He aquí tu hijo *Ioséf* (José) viene a ti. Entonces se esforzó Israel, y se sentó sobre la cama,

---

[341] **47:29 Tu mano debajo de mi muslo:** Ver 24:2.

[342] **47:31 Júramelo:** Israel entendió que *Ioséf* era el único que tenía la capacidad (pues era virrey de Egipto) de trasladar sus restos a Kenáän, por esto le pidió que jurase sobre el asunto.

BERESHÍT - בְּרֵאשִׁית

47:27 וַיֵּשֶׁב יִשְׂרָאֵל בְּאֶרֶץ מִצְרַיִם בְּאֶרֶץ גֹּשֶׁן וַיֵּאָחֲזוּ בָהּ וַיִּפְרוּ וַיִּרְבּוּ מְאֹד

VAYÉSHEB ISRAÉL BEÉRETZ MITZRÁIM BEÉRETZ GÓSHEN VAYEAJAZZÚ BAH VAIFRÚ VAYRBÚ MEÓD

47:28 וַיְחִי יַעֲקֹב בְּאֶרֶץ מִצְרַיִם שְׁבַע עֶשְׂרֵה שָׁנָה וַיְהִי יְמֵי־יַעֲקֹב שְׁנֵי חַיָּיו שֶׁבַע שָׁנִים וְאַרְבָּעִים וּמְאַת שָׁנָה

VAIJÍ IAÄKÓB BEÉRETZ MITZRÁIM SHEBÄ ËSRÉH SHANÁH VAIHÍ IEMÉI-IAÄKÓB SHENÉI JAYÁV SHÉBÄ SHANÍM VEARBAÏM UMEÁT SHANÁH

47:29 וַיִּקְרְבוּ יְמֵי־יִשְׂרָאֵל לָמוּת וַיִּקְרָא לִבְנוֹ לְיוֹסֵף וַיֹּאמֶר לוֹ אִם־נָא מָצָאתִי חֵן בְּעֵינֶיךָ שִׂים־נָא יָדְךָ תַּחַת יְרֵכִי וְעָשִׂיתָ עִמָּדִי חֶסֶד וֶאֱמֶת אַל־נָא תִקְבְּרֵנִי בְּמִצְרָיִם

VAYKREBÚ IEMÉI-ISRAÉL LAMÚT VAYKRÁ LIBNÓ LEIOSÉF VAYÓMER LO IM-NA MATZÁTI JEN BEËINÉIJA SIM-NA IADEJÁ TÁJAT IEREJÍ VEÄSÍTA ÏMADI JÉSED VEEMÉT AL-NA TIKBERÉNI BEMITZRÁIM

47:30 וְשָׁכַבְתִּי עִם־אֲבֹתַי וּנְשָׂאתַנִי מִמִּצְרַיִם וּקְבַרְתַּנִי בִּקְבֻרָתָם וַיֹּאמַר אָנֹכִי אֶעֱשֶׂה כִדְבָרֶךָ

VESHÁJABTI ÏM-ABOTÁI UNESATÁNI MIMITZRÁIM UKEBARTÁNI BIKBURATÁM VAYOMÁR ANOJÍ EËSÉH JIDBARÉJA

47:31 וַיֹּאמֶר הִשָּׁבְעָה לִי וַיִּשָּׁבַע לוֹ וַיִּשְׁתַּחוּ יִשְׂרָאֵל עַל־רֹאשׁ הַמִּטָּה

VAYÓMER HISHÁBEÄH LI VAYSHABÄ LO VAYSHTÁJU ISRAÉL ÄL-RÓSH HAMITÁH

פֶּרֶק מח - PÉREK 48

48:1 וַיְהִי אַחֲרֵי הַדְּבָרִים הָאֵלֶּה וַיֹּאמֶר לְיוֹסֵף הִנֵּה אָבִיךָ חֹלֶה וַיִּקַּח אֶת־שְׁנֵי בָנָיו עִמּוֹ אֶת־מְנַשֶּׁה וְאֶת־אֶפְרָיִם

VAIHÍ AJARÉI HADEBARÍM HAÉLEH VAYÓMER LEIOSÉF HINÉH ABÍJA JOLÉH VAYKÁJ ET-SHENÉI BANÁV ÏMÓ ET-MENASHÉH VEÉT-EFRÁIM

48:2 וַיַּגֵּד לְיַעֲקֹב וַיֹּאמֶר הִנֵּה בִּנְךָ יוֹסֵף בָּא אֵלֶיךָ וַיִּתְחַזֵּק יִשְׂרָאֵל וַיֵּשֶׁב עַל־הַמִּטָּה

VAYAGUÉD LEIAÄKÓB VAYÓMER HINÉH BINJÁ IOSÉF BA ELÉIJA VAYTJAZZÉK ISRAÉL VAYÉSHEB ÄL-HAMITÁH

48:3 y dijo a *Ioséf* (José): El Dios Omnipotente me apareció en Luzz en la tierra de Kenään, y me bendijo,

48:4 y me dijo: He aquí yo te haré crecer, y te multiplicaré, y te pondré por congregación de naciones; y daré esta tierra a tu descendencia después de ti por heredad perpetua [343].

48:5 Y ahora tus dos hijos *Efráim* y *Menashéh*, que te nacieron en la tierra de Egipto, antes que viniese a ti a la tierra de Egipto, míos son; como *Reubén* y *Shimön*, serán míos [344].

48:6 Y los que después de ellos has engendrado, serán tuyos; por el nombre de sus hermanos serán llamados en sus heredades [345].

48:7 Porque cuando yo venía de Padán-Arám, se me murió *Rajél* (Raquel) en la tierra de Kenään, en el camino, como medio trecho de tierra viniendo a Efrát; y la sepulté allí en el camino de Efrát, que es Bet Léjem.

48:8 Y vio Israel los hijos de *Ioséf* (José), y dijo: ¿Quiénes son éstos? [346]

48:9 Y respondió *Ioséf* (José) a su padre: Son mis hijos, que Dios me ha dado aquí. Y él dijo: Acércalos ahora a mí, y los bendeciré.

48:10 Y los ojos de Israel estaban tan agravados por la vejez, que no podía ver. Les hizo, pues, acercarse a él, y él les besó y les abrazó.

---

[343] **48:4 Congregación de naciones:** El Eterno le promete a *Iaäkób* que "nación y congregación de naciones procederán de ti" (ver 35:11). Cada tribu es considerada una nación por sí misma. Al nacer *Biniamín* se concretó la promesa de la "nación" y por cuanto que *Iaäkób* no tuvo más hijos asumió que la "congregación de naciones" es decir, dos tribus más, descenderían de uno de sus hijos. Por esta razón *Iaäkób* decidió ascender a *Efráim* y *Menashéh* al estatus de tribus.

[344] **48:5 Serán míos:** Es decir: "tendrán el mismo derecho que las demás tribus en la repartición de la Tierra de Israel".

[345] **48:6 Por el nombre de sus hermanos serán llamados en sus heredades:** Es decir, los hijos que *Ioséf* tenga posteriormente serán incluidos en las tribus de *Efráim* y *Menashéh*.

[346] **48:8 ¿Quiénes son éstos? :** *Iaäkób* había quedado ciego (ver comentario 27:1).

וַיֹּ֤אמֶר יַעֲקֹב֙ אֶל־יוֹסֵ֔ף אֵ֥ל שַׁדַּ֛י נִרְאָֽה־אֵלַ֥י בְּל֖וּז בְּאֶ֣רֶץ כְּנָ֑עַן וַיְבָ֖רֶךְ אֹתִֽי 48:3

VAYÓMER IAÄKÓB EL-IOSÉF EL SHADÁI NIRÁH-ELÁI BELÚZZ BEÉRETZ KENÁÄN VAIBÁREJ OTÍ

וַיֹּ֣אמֶר אֵלַ֗י הִנְנִ֤י מַפְרְךָ֙ וְהִרְבִּיתִ֔ךָ וּנְתַתִּ֖יךָ לִקְהַ֣ל עַמִּ֑ים וְנָ֨תַתִּ֜י אֶת־הָאָ֧רֶץ הַזֹּ֛את לְזַרְעֲךָ֥ אַחֲרֶ֖יךָ אֲחֻזַּ֥ת עוֹלָֽם 48:4

VAYÓMER ELÁI HINENÍ MAFREJÁ VEHIRBITÍJA UNETATÍJA LIKEHÁL ÄMÍM VENATATÍ ET-HAARÉTZ HAZZÓT LEZZARÄJÁ AJARÉIJA AJUZZÁT ÖLÁM

וְעַתָּ֡ה שְׁנֵֽי־בָנֶיךָ֩ הַנּוֹלָדִ֨ים לְךָ֜ בְּאֶ֣רֶץ מִצְרַ֗יִם עַד־בֹּאִ֥י אֵלֶ֛יךָ מִצְרַ֖יְמָה לִי־הֵ֑ם אֶפְרַ֨יִם֙ וּמְנַשֶּׁ֔ה כִּרְאוּבֵ֥ן וְשִׁמְע֖וֹן יִֽהְיוּ־לִֽי 48:5

VEÄTAH SHENÉI-BANÉIJA HANOLADÍM LEJÁ BEÉRETZ MITZRÁIM ÄD-BOÍ ELÉIJA MITZRÁIMAH LI-HEM EFRÁIM UMENASHÉH KIRUBÉN VESHIMÖN IHÍU-LI

וּמוֹלַדְתְּךָ֛ אֲשֶׁר־הוֹלַ֥דְתָּ אַחֲרֵיהֶ֖ם לְךָ֣ יִהְי֑וּ עַ֣ל שֵׁ֧ם אֲחֵיהֶ֛ם יִקָּרְא֖וּ בְּנַחֲלָתָֽם 48:6

UMOLADTEJÁ ASHÉR-HOLÁDTA AJAREIHÉM LEJÁ IHIÚ ÄL SHÉM AJEIHÉM IKAREÚ BENAJALATÁM

וַאֲנִ֣י ׀ בְּבֹאִ֣י מִפַּדָּ֗ן מֵ֩תָה֩ עָלַ֨י רָחֵ֜ל בְּאֶ֤רֶץ כְּנַ֨עַן֙ בַּדֶּ֔רֶךְ בְּע֥וֹד כִּבְרַת־אֶ֖רֶץ לָבֹ֣א אֶפְרָ֑תָה וָאֶקְבְּרֶ֤הָ שָּׁם֙ בְּדֶ֣רֶךְ אֶפְרָ֔ת הִ֖וא בֵּ֥ית לָֽחֶם 48:7

VAANÍ BEBOÍ MIPADÁN MÉTAH ÄLÁI RAJÉL BEÉRETZ KENÁÄN BADÉREJ BEÖD KIBRÁT-ÉRETZ LABÓ EFRÁTAH VAEKBERÉHA SHAM BEDÉREJ EFRÁT HI BÉIT LÁJEM

וַיַּ֥רְא יִשְׂרָאֵ֖ל אֶת־בְּנֵ֣י יוֹסֵ֑ף וַיֹּ֖אמֶר מִי־אֵֽלֶּה 48:8

VAYÁR ISRAÉL ET-BENÉI IOSÉF VAYÓMER MI-ÉLEH

וַיֹּ֤אמֶר יוֹסֵף֙ אֶל־אָבִ֔יו בָּנַ֣י הֵ֔ם אֲשֶׁר־נָֽתַן־לִ֥י אֱלֹהִ֖ים בָּזֶ֑ה וַיֹּאמַ֕ר קָֽחֶם־נָ֥א אֵלַ֖י וַאֲבָרֲכֵֽם 48:9

VAYÓMER IOSÉF EL-ABÍV BANÁI HEM ASHÉR-NÁTAN-LI ELOHÍM BAZZÉH VAYOMÁR KÁJEM-NA ELÁI VAABARAJÉM

וְעֵינֵ֤י יִשְׂרָאֵל֙ כָּבְד֣וּ מִזֹּ֔קֶן לֹ֥א יוּכַ֖ל לִרְא֑וֹת וַיַּגֵּ֤שׁ אֹתָם֙ אֵלָ֔יו וַיִּשַּׁ֥ק לָהֶ֖ם וַיְחַבֵּ֥ק לָהֶֽם 48:10

VEËINÉI ISRAÉL KABEDÚ MIZZÓKEN LO IUJÁL LIRÓT VAYAGUÉSH OTÁM ELÁV VAYSHÁK LAHÉM VAIJABÉK LAHÉM

48:11 Y dijo Israel a *Ioséf* (José): No pensaba yo ver tu rostro, y he aquí Dios me ha hecho ver también a tu descendencia.

48:12 Entonces *Ioséf* (José) los sacó de entre sus rodillas, y se inclinó a tierra.

48:13 Y los tomó *Ioséf* (José) a ambos, *Efráim* a su derecha, a la izquierda de Israel, y *Menashéh* a su izquierda, a la derecha de Israel; y los acercó a él.

48:14 Entonces Israel extendió su mano derecha, y la puso sobre la cabeza de *Efráim*, que era el menor, y su mano izquierda sobre la cabeza de *Menashéh*, colocando así sus manos adrede, aunque *Menashéh* era el primogénito.

48:15 Y bendijo a *Ioséf* (José), diciendo: El Dios en cuya presencia anduvieron mis padres *Abrahám* e *Itzják* (Isaac), el Dios que me mantiene desde que yo soy hasta este día[347],

48:16 el Angel que me rescato de todo mal, bendiga a estos jóvenes; y sea perpetuado en ellos mi nombre, y el nombre de mis padres *Abrahám* e *Itzják* (Isaac), y multiplíquense en gran manera en medio de la tierra[348].

48:17 Pero viendo *Ioséf* (José) que su padre ponía la mano derecha sobre la cabeza de *Efráim*, le causó esto disgusto; y asió la mano de su padre, para cambiarla de la cabeza de *Efráim* a la cabeza de *Menashéh*.

48:18 Y dijo *Ioséf* (José) a su padre: No así, padre mío, porque éste es el primogénito; pon tu mano derecha sobre su cabeza.

---

[347] **48:15 Y bendijo a *Ioséf*:** En realidad *Iaäkób* bendijo a los hijos de *Ioséf*. El versículo hace mención a *Ioséf*, pues la mayor bendición que puede recibir un padre es que sus hijos sean benditos.

[348] **48:16 el Ángel que me rescato de todo mal:** Se refiere al ángel que ayudaba a *Iaäkób* en sus momentos de sufrimiento.

בְּרֵאשִׁית / BERESHÍT

48:11 וַיֹּ֤אמֶר יִשְׂרָאֵל֙ אֶל־יוֹסֵ֔ף רְאֹ֥ה פָנֶ֖יךָ לֹ֣א פִלָּ֑לְתִּי וְהִנֵּ֨ה הֶרְאָ֥ה אֹתִ֛י אֱלֹהִ֖ים גַּ֥ם אֶת־זַרְעֶֽךָ

VAYÓMER ISRAÉL EL-IOSÉF REÓH FANÉIJA LO FILÁLTI VEHINÉH HERÁH OTÍ ELOHÍM GAM ET-ZZARËJA

48:12 וַיּוֹצֵ֥א יוֹסֵ֛ף אֹתָ֖ם מֵעִ֣ם בִּרְכָּ֑יו וַיִּשְׁתַּ֥חוּ לְאַפָּ֖יו אָֽרְצָה

VAYOTZÉ IOSÉF OTÁM MEÏM BIRKÁV VAYSHTÁJU LEAPÁV ÁRETZAH

48:13 וַיִּקַּ֣ח יוֹסֵף֮ אֶת־שְׁנֵיהֶם֒ אֶת־אֶפְרַ֤יִם בִּֽימִינוֹ֙ מִשְּׂמֹ֣אל יִשְׂרָאֵ֔ל וְאֶת־מְנַשֶּׁ֥ה בִשְׂמֹאל֖וֹ מִימִ֣ין יִשְׂרָאֵ֑ל וַיַּגֵּ֖שׁ אֵלָֽיו

VAYKÁJ IOSÉF ET-SHENEIHÉM ET-EFRÁIM BÍMINO MISMÓL ISRAÉL VEÉT-MENASHÉH BISMOLÓ MIMÍN ISRAÉL VAYAGUÉSH ELÁV

48:14 וַיִּשְׁלַח֩ יִשְׂרָאֵ֨ל אֶת־יְמִינ֜וֹ וַיָּ֨שֶׁת עַל־רֹ֤אשׁ אֶפְרַ֙יִם֙ וְה֣וּא הַצָּעִ֔יר וְאֶת־שְׂמֹאל֖וֹ עַל־רֹ֣אשׁ מְנַשֶּׁ֑ה שִׂכֵּל֙ אֶת־יָדָ֔יו כִּ֥י מְנַשֶּׁ֖ה הַבְּכֽוֹר

VAYSHLÁJ ISRAÉL ET-IEMINÓ VAYÁSHET ÄL-ROSH EFRÁIM VEHÚ HATZAÏR VEÉT-SEMOLÓ ÄL-ROSH MENASHÉH SIKÉL ET-IADÁV KI MENASHÉH HABEJÓR

48:15 וַיְבָ֥רֶךְ אֶת־יוֹסֵ֖ף וַיֹּאמַ֑ר הָֽאֱלֹהִ֡ים אֲשֶׁר֩ הִתְהַלְּכ֨וּ אֲבֹתַ֤י לְפָנָיו֙ אַבְרָהָ֣ם וְיִצְחָ֔ק הָֽאֱלֹהִים֙ הָרֹעֶ֣ה אֹתִ֔י מֵעוֹדִ֖י עַד־הַיּ֥וֹם הַזֶּֽה

VAIBÁREJ ET-IOSÉF VAYOMÁR HAELOHÍM ASHÉR HITHALEJÚ ABOTÁI LEFANÁV ABRAHÁM VEITZJÁK HAELOHÍM HAROËH OTÍ MEÖDÍ ÄD-HAYÓM HAZZEH

48:16 הַמַּלְאָךְ֩ הַגֹּאֵ֨ל אֹתִ֜י מִכָּל־רָ֗ע יְבָרֵךְ֮ אֶת־הַנְּעָרִים֒ וְיִקָּרֵ֤א בָהֶם֙ שְׁמִ֔י וְשֵׁ֥ם אֲבֹתַ֖י אַבְרָהָ֣ם וְיִצְחָ֑ק וְיִדְגּ֥וּ לָרֹ֖ב בְּקֶ֥רֶב הָאָֽרֶץ

HAMALÁJ HAGOÉL OTÍ MIKÓL-RÄ IEBARÉJ ET-HANEÄRÍM VEIKARÉ BAHÉM SHEMÍ VESHÉM ABOTÁI ABRAHÁM VEITZJÁK VEIDGÚ LARÓB BEKÉREB HAÁRETZ

48:17 וַיַּ֣רְא יוֹסֵ֗ף כִּי־יָשִׁ֨ית אָבִ֧יו יַד־יְמִינ֛וֹ עַל־רֹ֥אשׁ אֶפְרַ֖יִם וַיֵּ֣רַע בְּעֵינָ֑יו וַיִּתְמֹ֣ךְ יַד־אָבִ֗יו לְהָסִ֥יר אֹתָ֛הּ מֵעַ֥ל רֹאשׁ־אֶפְרַ֖יִם עַל־רֹ֥אשׁ מְנַשֶּֽׁה

VAYÁR IOSÉF KI-IASHÍT ABÍV IÁD-IEMINÓ ÄL-RÓSH EFRÁIM VAYÉRÄ BEËINÁV VAITMÓJ IAD-ABÍV LEHASÍR OTÁH MEÄL ROSH-EFRAIM ÄL-RÓSH MENASHÉH

48:18 וַיֹּ֥אמֶר יוֹסֵ֖ף אֶל־אָבִ֑יו לֹא־כֵ֣ן אָבִ֔י כִּי־זֶ֣ה הַבְּכֹ֔ר שִׂ֥ים יְמִֽינְךָ֖ עַל־רֹאשֽׁוֹ

VAYÓMER IOSÉF EL-ABÍV LO-JEN ABÍ KI-ZZEH HABEJÓR SIM IEMINJÁ ÄL-ROSHÓ

48:19 Mas su padre no quiso, y dijo: Lo sé, hijo mío, lo sé; también él vendrá a ser un pueblo, y será también engrandecido; pero su hermano menor será más grande que él, y su descendencia será numerosa entre las naciones [349].
48:20 Y los bendijo aquel día, diciendo: En ti bendecirá Israel, diciendo: Hágate Dios como a *Efráim* y como a *Menashéh*. Y puso a *Efráim* antes de *Menashéh* [350].
48:21 Y dijo Israel a *Ioséf* (José): He aquí yo muero; pero Dios estará con vosotros, y os hará volver a la tierra de vuestros padres.
48:22 Y yo te he dado a ti una parte más que a tus hermanos, la cual tomé yo de mano del emorí con mi espada y con mi arco [351].

CAPÍTULO 49

Profecía de *Iaäkób* (Jacob) acerca de sus hijos

49:1 Y llamó *Iaäkób* (Jacob) a sus hijos, y dijo: Juntaos, y os declararé lo que os ha de acontecer en los días venideros [352].
49:2 Juntaos y oíd, hijos de *Iaäkób* (Jacob); escuchad a vuestro padre Israel.
49:3 *Reubén*, tú eres mi primogénito, mi fortaleza, y el principio de mi vigor; principal en dignidad, principal en poder [353].

---

[349] **48:19 Será más grande que él:** Pues de él saldrá *Iehoshúa* (Josué).
[350] **48:20 Como a *Efráim* y como a *Menashéh*:** Quien bendiga a sus hijos les dirá: "Hágate Dios como a *Efráim* y como a *Menashéh*". Ambos se criaron en medio de la idolatría e inmoralidad de Egipto y sin embargo se mantuvieron firmes a los ideales de la casa de *Iaäkób*.
[351] **48:22 Una parte más que a tus hermanos:** La descendencia de *Ioséf* recibió dos porciones del territorio.
[352] **49:1 Acontecer en los días venideros:** *Iaäkób* quiso revelarles el final de los días pero en ese momento la presencia divina se apartó de él, pues no era propio que sus hijos conociesen esta información. Entonces, aunque los había congregado para otro propósito, comenzó a darle las últimas palabras a sus hijos.
[353] **49:3 Principio de mi vigor; principal en dignidad, principal en poder:** Dado que eres mi primer hijo tenías el potencial de ser superior a

48:19 וַיְמָאֵ֣ן אָבִ֗יו וַיֹּ֙אמֶר֙ יָדַ֤עְתִּֽי בְנִי֙ יָדַ֔עְתִּי גַּם־ה֥וּא יִֽהְיֶה־לְּעָ֖ם וְגַם־ה֣וּא יִגְדָּ֑ל וְאוּלָ֗ם אָחִ֤יו הַקָּטֹן֙ יִגְדַּ֣ל מִמֶּ֔נּוּ וְזַרְע֖וֹ יִהְיֶ֥ה מְלֹֽא־הַגּוֹיִֽם

VAIMAÉN ABÍV VAYÓMER IADÄTI BENÍ IADÁTI GAM-HU IHEIÉH-LEÄM VEGÁM-HU IGDÁL VEULÁM AJÍV HAKATÓN IGDÁL MIMÉNU VEZZARÖ IHIÉH MELÓ-HAGOÍM

48:20 וַיְבָ֨רֲכֵ֜ם בַּיּ֣וֹם הַהוּא֮ לֵאמוֹר֒ בְּךָ֗ יְבָרֵ֤ךְ יִשְׂרָאֵל֙ לֵאמֹ֔ר יְשִֽׂמְךָ֣ אֱלֹהִ֔ים כְּאֶפְרַ֖יִם וְכִמְנַשֶּׁ֑ה וַיָּ֥שֶׂם אֶת־אֶפְרַ֖יִם לִפְנֵ֥י מְנַשֶּֽׁה

VAIBARAJÉM BAYÓM HAHÚ LEMÓR BEJÁ IBARÉJ ISRAÉL LEMÓR IESIMJÁ ELOHÍM KEEFRÁIM VEJIMENASHÉH VAYÁSEM ET-EFRÁIM LIFNÉI MENASHÉH

48:21 וַיֹּ֤אמֶר יִשְׂרָאֵל֙ אֶל־יוֹסֵ֔ף הִנֵּ֥ה אָנֹכִ֖י מֵ֑ת וְהָיָ֤ה אֱלֹהִים֙ עִמָּכֶ֔ם וְהֵשִׁ֣יב אֶתְכֶ֔ם אֶל־אֶ֖רֶץ אֲבֹתֵיכֶֽם

VAYÓMER ISRAÉL EL-IOSÉF HINÉH ANOJÍ MET VEHAIÁH ELOHÍM ÏMAJÉM VEHESHÍB ETJÉM EL-ÉRETZ ABOTEIJÉM

48:22 וַאֲנִ֞י נָתַ֧תִּֽי לְךָ֛ שְׁכֶ֥ם אַחַ֖ד עַל־אַחֶ֑יךָ אֲשֶׁ֤ר לָקַ֙חְתִּי֙ מִיַּ֣ד הָֽאֱמֹרִ֔י בְּחַרְבִּ֖י וּבְקַשְׁתִּֽי

VAANÍ NATÁTI LEJÁ SHEJÉM AJÁD ÄL-AJÉIJA ASHÉR LAKÁJTI MIYÁD HAEMORÍ BEJARBÍ UBEKASHTÍ

פֶּרֶק מט - PÉREK 49

49:1 וַיִּקְרָ֥א יַעֲקֹ֖ב אֶל־בָּנָ֑יו וַיֹּ֗אמֶר הֵאָֽסְפוּ֙ וְאַגִּ֣ידָה לָכֶ֔ם אֵ֛ת אֲשֶׁר־יִקְרָ֥א אֶתְכֶ֖ם בְּאַחֲרִ֥ית הַיָּמִֽים

VAYKRÁ IAÄKÓB EL-BANÁV VAYÓMER HEASEFÚ VEAGUÍDAH LAJÉM ET ASHÉR-IKRÁ ETJÉM BEAJARÍT HAYAMÍM

49:2 הִקָּבְצ֥וּ וְשִׁמְע֖וּ בְּנֵ֣י יַעֲקֹ֑ב וְשִׁמְע֖וּ אֶל־יִשְׂרָאֵ֥ל אֲבִיכֶֽם

HIKABETZÚ VESHIMÜ BENÉI IAÄKÓB VESHIMÜ EL-ISRAÉL ABIJÉM

49:3 רְאוּבֵן֙ בְּכֹ֣רִי אַ֔תָּה כֹּחִ֖י וְרֵאשִׁ֣ית אוֹנִ֑י יֶ֥תֶר שְׂאֵ֖ת וְיֶ֥תֶר עָֽז

REUBÉN BEJÓRI ÁTAH KOJÍ VERESHÍT ONÍ IÉTER SEÉT VEIÉTER ÄZZ

49:4 Impulsivo como las aguas, no serás el principal, por cuanto subiste al lecho de tu padre; entonces te envileciste, subiendo a mi lecho[354].
49:5 *Shimön* y *Leví* son hermanos; armas de violencia sus armas.
49:6 En su conspiración no entre mi alma, ni mi espíritu se junte en su compañía, porque en su furor mataron hombres y con plena voluntad han destrozado toros[355].
49:7 Maldito su furor, que fue fiero, y su ira, que fue dura. Yo los apartaré en *Iaäkób* (Jacob), los esparciré en Israel[356].
49:8 *Iehudáh*, te alabarán tus hermanos[357]; tu mano en la cerviz de tus enemigos; los hijos de tu padre se inclinarán a ti.
49:9 Cachorro de león, *Iehudáh*; de la presa te elevaste, hijo mío. Se encorvó, se echó como león, como león viejo: ¿quién lo levantará?[358]
49:10 No será quitado el cetro de *Iehudáh* ni el legislador de entre sus descendientes, hasta que venga Shilóh; a él se congregarán los pueblos.

---

tus hermanos en categoría y poder.

[354] **49:4 Impulsivo como las aguas, no serás el principal:** *Reubén* perdió su puesto como líder del pueblo de Israel –que le correspondía por ser primogénito- por su carácter impulsivo a la hora de tomar decisiones.

[355] **49:6 En su conspiración no entre mi alma:** "No quiero estar involucrado en nada que tenga que ver con la mentira" (ver comentario 34:30).

Han destrozado toros: Cuando atacaron *Shejém* mataron a personas y ganado.

[356] **49:7 Maldito su furor:** No maldijo a sus hijos sino a su furor.

Y los esparciré en Israel: *Shimön* y *Leví* van a ser separados, pues *Leví* no va a ser contado dentro de las tribus en la repartición de la tierra.

[357] **49:8 Te alabarán tus hermanos:** De tu descendencia saldrán los reyes de Israel.

[358] **49:9 Cachorro de león, *Iehudáh*:** En el momento de recibir la bendición, *Iehudáh* era un cachorro. Con el tiempo *Iehudáh* pasaría a ser un león, es decir, el rey de la nación.

De la presa te elevaste: Ascendiste de la mala acción de matar a *Ioséf*, aconsejándole a tus hermanos que no lo hiciesen.

Se encorvó... ¿Quién lo levantará?: Así será en el futuro: se instalará en el reinado y nadie podrá intimidarlo para levantarle su autoridad.

בְּרֵאשִׁית - BERESHÍT

49:4 פַּ֤חַז כַּמַּ֙יִם֙ אַל־תּוֹתַ֔ר כִּ֥י עָלִ֖יתָ מִשְׁכְּבֵ֣י אָבִ֑יךָ אָ֥ז חִלַּ֖לְתָּ יְצוּעִ֥י עָלָֽה

PÁJAZZ KAMÁIM AL-TOTÁR KI ÄLÍTA MISHKEBÉI ABÍJA AZZ JILÁLTA IETZUÍ ÄLÁH

49:5 שִׁמְע֥וֹן וְלֵוִ֖י אַחִ֑ים כְּלֵ֥י חָמָ֖ס מְכֵרֹתֵיהֶֽם

SHIMÖN VELEVÍ AJÍM KELÉI JAMÁS MEJEROTEIHÉM

49:6 בְּסֹדָם֙ אַל־תָּבֹ֣א נַפְשִׁ֔י בִּקְהָלָ֖ם אַל־תֵּחַ֣ד כְּבֹדִ֑י כִּ֤י בְאַפָּם֙ הָ֣רְגוּ אִ֔ישׁ וּבִרְצֹנָ֖ם עִקְּרוּ־שֽׁוֹר

BESODÁM AL-TABÓ NAFSHÍ BIKHALÁM AL-TEJÁD KEBODÍ KI BEAPÁM HAREGÚ ISH UBIRTZONÁM ÏKRU-SHOR

49:7 אָר֤וּר אַפָּם֙ כִּ֣י עָ֔ז וְעֶבְרָתָ֖ם כִּ֣י קָשָׁ֑תָה אֲחַלְּקֵ֣ם בְּיַעֲקֹ֔ב וַאֲפִיצֵ֖ם בְּיִשְׂרָאֵֽל

ARÚR APÁM KI ÄZZ VEËBRATÁM KI KASHÁTAH AJALEKÉM BEIAÄKÓB VAAFITZÉM BEISRAÉL

49:8 יְהוּדָ֗ה אַתָּה֙ יוֹד֣וּךָ אַחֶ֔יךָ יָדְךָ֖ בְּעֹ֣רֶף אֹיְבֶ֑יךָ יִשְׁתַּחֲוּ֥וּ לְךָ֖ בְּנֵ֥י אָבִֽיךָ

IEHUDÁH ATÁH IODÚJA AJÉIJA IADEJÁ BEÖREF OIBÉIJA ISHTAJAVÚ LEJÁ BENÉI ABÍJA

49:9 גּ֤וּר אַרְיֵה֙ יְהוּדָ֔ה מִטֶּ֖רֶף בְּנִ֣י עָלִ֑יתָ כָּרַ֨ע רָבַ֧ץ כְּאַרְיֵ֛ה וּכְלָבִ֖יא מִ֥י יְקִימֶֽנּוּ

GUR ARIÉH IEHUDÁH MITÉREF BENÍ ÄLÍTA KARÄ RABÁTZ KEARIÉH UJELABÍ MI IEKIMENÚ

49:10 לֹֽא־יָס֥וּר שֵׁ֙בֶט֙ מִֽיהוּדָ֔ה וּמְחֹקֵ֖ק מִבֵּ֣ין רַגְלָ֑יו עַ֚ד כִּֽי־יָבֹ֣א שִׁיל֔וֹ וְל֖וֹ יִקְּהַ֥ת עַמִּֽים

LO-IASÚR SHÉBET MIHUDÁH UMEJOKÉK MIBÉIN RAGLÁV ÄD KI-IABÓ SHILÓH VELÓ IKEHÁT ÄMÍM

49:11 Atando a la vid su burro y a la cepa el hijo de su asna, lavó en el vino su vestido y en la sangre de uvas su manto.

49:12 Sus ojos, rojos del vino y sus dientes blancos de la leche[359].

49:13 *Zzebulún* en puertos de mar habitará; será para puerto de naves y su límite hasta Tzidón.

49:14 *Isajár*, asno fuerte que se recuesta entre las fronteras[360];

49:15 Y vio que el descanso era bueno y que la tierra era deleitosa, bajó su hombro para llevar carga, y fue un trabajador.

49:16 *Dan* vengará a su pueblo, como una de las tribus de Israel[361].

49:17 Será *Dan* serpiente junto al camino, víbora junto a la senda, que muerde los talones del caballo y hace caer hacia atrás al jinete[362].

49:18 Tu salvación espero, oh El Eterno[363].

49:19 *Gad*, ejército lo acometerá, mas él acometerá al fin.

49:20 El pan de *Ásher* será substancioso; él dará deleites al rey[364].

49:21 *Naftalí*, cierva mensajera que pronunciará dichos hermosos[365].

---

[359] **49:12 Rojos del vino... blancos de la leche**: *Iaäkób* profetizó que la tierra de *Iehudáh* será rica en viñedos y en pasturas para la cría de ganados los cuales producirán leche.

[360] **49:14-15 Isajár, asno fuerte... :** Ambos versículos aluden al rol de *Isajár* como sustentador de los tesoros espirituales de la *Toráh*.

[361] **49:16 Dan vengará a su pueblo**: Su descendiente *Shimshón* (Sansón) vengará el agravio de los pelishtím (filisteos) contra su pueblo (ver *Shofetím* – Jueces 13).

[362] **49:17 Serpiente junto al camino**: Tal como la serpiente muerde el talón del caballo sin siquiera tocar al jinete, sus descendientes utilizarán tácticas de guerrilla para tomar por sorpresa a sus enemigos.

[363] **49:18 Tu salvación espero, oh El Eterno**: *Iaäkób* visualizó la caída y muerte de *Shimshón* (Sansón) y rogó a El Eterno que redimiera al pueblo de Israel por algún otro medio.

[364] **49:20 Deleites al rey**: El territorio de *Ásher* producirá aceite de oliva y delicadezas apetecidas por los reyes.

[365] **49:21 Naftalí, cierva mensajera**: Sus descendientes serán ágiles en el cumplimiento de los mandamientos de El Eterno.

365 / BERESHÍT-בְּרֵאשִׁית

49:11 אֹסְרִ֤י לַגֶּ֙פֶן֙ עִיר֔וֹ וְלַשֹּׂרֵקָ֖ה בְּנִ֣י אֲתֹנ֑וֹ כִּבֵּ֤ס בַּיַּ֙יִן֙ לְבֻשׁ֔וֹ וּבְדַם־עֲנָבִ֖ים סוּתֹֽה

OSRÍ LAGUÉFEN ÏRÓH VELASREKÁH BENÍ ATONÓ KIBÉS BAYÁIN LEBUSHÓ
UBEDÁM-ÄNABÍM SUTÓH

49:12 חַכְלִילִ֥י עֵינַ֖יִם מִיָּ֑יִן וּלְבֶן־שִׁנַּ֖יִם מֵחָלָֽב

JAJLILÍ ËINÁIM MIYÁIN ULÉBEN-SHINÁIM MEJALÁB

49:13 זְבוּלֻ֕ן לְח֥וֹף יַמִּ֖ים יִשְׁכֹּ֑ן וְהוּא֙ לְח֣וֹף אֳנִיּ֔וֹת וְיַרְכָת֖וֹ עַל־צִידֹֽן

ZZEBULÚN LEJÓF IAMÍM ISHKÓN VEHÚ LEJÓF ÄNYÓT VEIARJATÓ ÄL-TZIDÓN

49:14 יִשָּׂשכָ֖ר חֲמֹ֣ר גָּ֑רֶם רֹבֵ֖ץ בֵּ֥ין הַֽמִּשְׁפְּתָֽיִם

ISAJÁR JAMÓR GÁREM ROBÉTZ BÉIN HAMISHPETÁIM

49:15 וַיַּ֤רְא מְנֻחָה֙ כִּ֣י ט֔וֹב וְאֶת־הָאָ֖רֶץ כִּ֣י נָעֵ֑מָה וַיֵּ֤ט שִׁכְמוֹ֙ לִסְבֹּ֔ל וַיְהִ֖י לְמַס־עֹבֵֽד

VAYÁR MENUJÁH KI TOB VEÉT-HAÁRETZ KI NAËMAH VAYÉT SHIJMÓ LISBÓL
VAIHÍ LEMAS-ÖBÉD

49:16 דָּ֖ן יָדִ֣ין עַמּ֑וֹ כְּאַחַ֖ד שִׁבְטֵ֥י יִשְׂרָאֵֽל

DAN IADÍN ÄMO KEAJÁD SHIBTÉI ISRAÉL

49:17 יְהִי־דָן֙ נָחָ֣שׁ עֲלֵי־דֶ֔רֶךְ שְׁפִיפֹ֖ן עֲלֵי־אֹ֑רַח הַנֹּשֵׁךְ֙ עִקְּבֵי־ס֔וּס וַיִּפֹּ֥ל רֹכְב֖וֹ אָחֽוֹר

IEHÍ-DAN NAJÁSH ÄLEI-DÉREJ SHEFIFÓN ÄLÉI-ÓRAJ HANOSHÉJ ÏKEBEI-SUS
VAYPÓL ROJBÓ AJÓR

49:18 לִישֽׁוּעָתְךָ֖ קִוִּ֥יתִי יְהוָֽה

LISHUÄTEJÁ KIVÍTI IHVH

49:19 גָּ֖ד גְּד֣וּד יְגוּדֶ֑נּוּ וְה֖וּא יָגֻ֥ד עָקֵֽב

GAD GUEDÚD IEGUDÉNU VEHÚ IAGÚD ÄKEB

49:20 מֵאָשֵׁ֖ר שְׁמֵנָ֣ה לַחְמ֑וֹ וְה֥וּא יִתֵּ֖ן מַֽעֲדַנֵּי־מֶֽלֶךְ

MEASHÉR MENÁSHE LAJMÓ VEHÚ ITÉN MÄÄDANEI-MÉLEJ

49:21 נַפְתָּלִ֖י אַיָּלָ֣ה שְׁלֻחָ֑ה הַנֹּתֵ֖ן אִמְרֵי־שָֽׁפֶר

NAFTALÍ AYALÁH SHELUJÁH HANOTÉN IMRÉI-SHÁFER

49:22 Hijo agraciado es *Ioséf* (José), hijo agraciado para el ojo que lo ve, las chicas escalaron alturas para contemplarlo [366].
49:23 Le causaron amargura, se convirtieron en sus enemigos, y le odiaron los arqueros [367];
49:24 Mas su arco se mantuvo firme y los brazos fueron cubiertos con oro, por las manos del Dios Todopoderoso de *Iaäkób* (Jacob) de ahí se hizo pastor de la Roca de Israel [368],
49:25 Por el Dios de tu padre, el cual te ayudará, por el Dios Omnipotente, el cual te bendecirá con bendiciones de los cielos de arriba, con bendiciones del abismo que está abajo, con bendiciones de los pechos y del vientre.
49:26 Las bendiciones de tu padre fueron mayores que las bendiciones de mis progenitores; hasta los límites de los montes del mundo serán sobre la cabeza de *Ioséf* (José), y sobre la frente del que fue apartado de entre sus hermanos.
49:27 *Biniamín* es lobo predador: por la mañana comerá la presa y a la tarde repartirá los despojos [369].

Muerte y sepelio de *Iaäkób* (Jacob)

49:28 Todos éstos fueron las doce tribus de Israel, y esto fue lo que su padre les dijo, al bendecirlos; a cada uno por su bendición los bendijo.

---

[366] **49:22 Hijo agraciado:** *Ioséf* era muy atractivo.
[367] **49:23 Le causaron amargura:** Tanto sus hermanos como la esposa de *Pótifar*.
Le odiaron los arqueros: Las calumnias son consideradas flechas y los arqueros son los difamadores.
[368] **49:24 Mas su arco se mantuvo firme:** Se mantuvo fuerte para resistir los ataques de sus enemigos.
Con oro: En referencia al anillo que le entregó el Faraón al coronarlo virrey.
Pastor de la Roca de Israel: Siendo virrey de Egipto se convirtió en el pastor, sustentador de la casa de *Iaäkób*.
[369] **49:27 Lobo predador:** Alude a la destreza y valentía de sus descendientes en batalla.

367 / BERESHÍT-בְּרֵאשִׁית

49:22 בֵּ֤ן פֹּרָת֙ יוֹסֵ֔ף בֵּ֥ן פֹּרָ֖ת עֲלֵי־עָ֑יִן בָּנ֕וֹת צָעֲדָ֖ה עֲלֵי־שֽׁוּר
BEN PORÁT IOSÉF BEN PORÁT ÄLEI-ÄIN BANANÓT TZAÄDÁH ÄLEI-SHUR

49:23 וַֽיְמָרֲרֻ֖הוּ וָרֹ֑בּוּ וַֽיִּשְׂטְמֻ֖הוּ בַּעֲלֵ֥י חִצִּֽים
VAIMARARUHÚ VAROBÚ VAISHTEMUHÚ BAÄLÉI JITZÍM

49:24 וַתֵּ֤שֶׁב בְּאֵיתָן֙ קַשְׁתּ֔וֹ וַיָּפֹ֖זּוּ זְרֹעֵ֣י יָדָ֑יו מִידֵי֙ אֲבִ֣יר יַעֲקֹ֔ב מִשָּׁ֥ם רֹעֶ֖ה אֶ֥בֶן יִשְׂרָאֵֽל
VATÉSHEB BEEITÁN KASHTÓ VAYAFÓZZU ZZEROËI IADÁV MIDÉI ABÍR IAÄKÓB MISHÁM ROËH ÉBEN ISRAÉL

49:25 מֵאֵ֨ל אָבִ֜יךָ וְיַעְזְרֶ֗ךָּ וְאֵ֤ת שַׁדַּי֙ וִיבָ֣רְכֶ֔ךָּ בִּרְכֹ֤ת שָׁמַ֙יִם֙ מֵעָ֔ל בִּרְכֹ֥ת תְּה֖וֹם רֹבֶ֣צֶת תָּ֑חַת בִּרְכֹ֥ת שָׁדַ֖יִם וָרָֽחַם
MEÉL ABÍJA VEIÄZZRÉJA VEÉT SHADÁI VIBAREJÉJA BIRKÓT SHAMÁIM MEÁL BIRKÓT TEHÓM ROBÉTZET TÁJAT BIRKÓT SHADÁIM VARÁJAM

49:26 בִּרְכֹ֣ת אָבִ֗יךָ גָּֽבְרוּ֙ עַל־בִּרְכֹ֣ת הוֹרַ֔י עַֽד־תַּאֲוַ֖ת גִּבְעֹ֣ת עוֹלָ֑ם תִּֽהְיֶ֙יןָ֙ לְרֹ֣אשׁ יוֹסֵ֔ף וּלְקָדְקֹ֖ד נְזִ֥יר אֶחָֽיו
BIRKÓT ABÍJA GABERÚ ÄL-BIRJÓT HORÁI ÄD-TAAVÁT GUIBÖT ÖLÁM TIHIÉINA LERÓSH IOSÉF ULEKADEKÓD NEZZÍR EJÁV

49:27 בִּנְיָמִין֙ זְאֵ֣ב יִטְרָ֔ף בַּבֹּ֖קֶר יֹ֣אכַל עַ֑ד וְלָעֶ֖רֶב יְחַלֵּ֥ק שָׁלָֽל
BINIAMÍN ZEEÉB ITRÁF BABÓKER IÓJAL ÄD VELAËREB IEJALÉK SHALÁL

49:28 כָּל־אֵ֛לֶּה שִׁבְטֵ֥י יִשְׂרָאֵ֖ל שְׁנֵ֣ים עָשָׂ֑ר וְ֠זֹאת אֲשֶׁר־דִּבֶּ֨ר לָהֶ֤ם אֲבִיהֶם֙ וַיְבָ֣רֶךְ אוֹתָ֔ם אִ֛ישׁ אֲשֶׁ֥ר כְּבִרְכָת֖וֹ בֵּרַ֥ךְ אֹתָֽם
KOL-ÉLEH SHIBTÉI ISRAÉL SHENÉIM ÄSÁR VEZZÓT ASHÉR-DIBÉR LAHÉM ABIHÉM VAIBÁREJ OTÁM ISH ASHÉR KEBIRJATÓ BERÁJ OTÁM

49:29 Les mandó luego, y les dijo: Yo voy a ser reunido con mi pueblo. Sepultadme con mis padres en la cueva que está en el campo de *Efrón* el jití,

49:30 en la cueva que está en el campo de Majpeláh, al oriente de Mamré en la tierra de Kenáän, la cual compró *Abrahám* con el mismo campo de *Efrón* el jití, para heredad de sepultura.

49:31 Allí sepultaron a *Abrahám* y a *Saráh* su mujer; allí sepultaron a *Itzják* (Isaac) y a *Ribkáh* (Rebeca) su mujer; allí también sepulté yo a *Leáh*.

49:32 La compra del campo y de la cueva que está en él, fue de los hijos de *Jet*.

49:33 Y cuando acabó *Iaäkób* (Jacob) de dar mandamientos a sus hijos, encogió sus pies en la cama, y expiró, y fue reunido con sus padres[370].

CAPÍTULO 50

50:1 Entonces se echó *Ioséf* (José) sobre el rostro de su padre, y lloró sobre él, y lo besó.

50:2 Y mandó *Ioséf* (José) a sus siervos los médicos que embalsamasen a su padre; y los médicos embalsamaron a Israel[371].

50:3 Y le cumplieron cuarenta días, porque así cumplían los días de los embalsamados, y lo lloraron los egipcios setenta días[372].

---

[370] **49:33 Fue reunido con sus padres:** Ver comentario 25:8.

[371] **50:2 Embalsamaron a Israel:** La costumbre egipcia de embalsamar a los difuntos es totalmente ajena a la visión de la *Toráh*. Según la ley, el cuerpo debe descomponerse naturalmente sin impedimento y debe volver a su origen como dice el versículo: "pues polvo eres, y al polvo volverás" (ver 3:19). Sin embargo, puesto que los egipcios velaban a sus muertos durante treinta días y que *Iaäkób* iba a ser sepultado en la tierra de Kenáän, *Ioséf* tomó la decisión de embalsamar a su padre para así evitar su pronta descomposición.

[372] **50:3 Setenta días:** Cuarenta días tomaba el proceso de embalsamamiento y treinta días el periodo de luto. El pueblo egipcio

369 / BERESHÍT - בְּרֵאשִׁית

49:29 וַיְצַ֣ו אוֹתָ֗ם וַיֹּ֤אמֶר אֲלֵהֶם֙ אֲנִי֙ נֶאֱסָ֣ף אֶל־עַמִּ֔י קִבְר֥וּ אֹתִ֖י אֶל־אֲבֹתָ֑י אֶ֨ל־הַמְּעָרָ֔ה אֲשֶׁ֥ר בִּשְׂדֵ֖ה עֶפְר֥וֹן הַֽחִתִּֽי

VAITZÁV OTÁM VAYÓMER ALEHÉM ANÍ NEESÁF EL-ÄMÍ KIBRÚ OTÍ EL-ABOTÁI EL-HAMEÄRÁH ASHÉR BISDÉH ËFRÓN HAJITÍ

49:30 בַּמְּעָרָ֞ה אֲשֶׁ֨ר בִּשְׂדֵ֧ה הַמַּכְפֵּלָ֛ה אֲשֶׁ֥ר עַל־פְּנֵי־מַמְרֵ֖א בְּאֶ֣רֶץ כְּנָ֑עַן אֲשֶׁר֩ קָנָ֨ה אַבְרָהָ֜ם אֶת־הַשָּׂדֶ֗ה מֵאֵ֛ת עֶפְרֹ֥ן הַחִתִּ֖י לַאֲחֻזַּת־קָֽבֶר

BAMEÄRÁH ASHÉR BISDÉH HAMAJPELÁH ASHÉR ÄL-PENÉI-MAMRÉ BEÉRETZ KENÁÄN ASHÉR KANÁH ABRAHÁM ET-HASADÉH MEÉT ËFRÓN HAJITÍ LAAJUZZÁT-KÁBER

49:31 שָׁ֣מָּה קָֽבְר֞וּ אֶת־אַבְרָהָ֗ם וְאֵת֙ שָׂרָ֣ה אִשְׁתּ֔וֹ שָׁ֚מָּה קָבְר֣וּ אֶת־יִצְחָ֔ק וְאֵ֖ת רִבְקָ֣ה אִשְׁתּ֑וֹ וְשָׁ֥מָּה קָבַ֖רְתִּי אֶת־לֵאָֽה

SHÁMAH KABERÚ ET-ABRAHÁM VEÉT SARÁH ISHTÓ SHÁMAH KABERÚ ET-ITZJÁK VEÉT RIBKÁH ISHTÓ VESHÁMAH KABÁRTI ET-LEÁH

49:32 מִקְנֵ֧ה הַשָּׂדֶ֛ה וְהַמְּעָרָ֥ה אֲשֶׁר־בּ֖וֹ מֵאֵ֥ת בְּנֵי־חֵֽת

MIKNÉH HASADÉH VEHAMEÄRÁH ASHÉR-BO MEÉT BENÉI-JET

49:33 וַיְכַ֤ל יַעֲקֹב֙ לְצַוֺּ֣ת אֶת־בָּנָ֔יו וַיֶּאֱסֹ֥ף רַגְלָ֖יו אֶל־הַמִּטָּ֑ה וַיִּגְוַ֖ע וַיֵּאָ֥סֶף אֶל־עַמָּֽיו

VAIJÁL IAÄKÓB LETZAVÓT ET-BANÁV VAYESÓF RAGLÁV EL-HAMITÁH VAYGVÄ VAYEÁSEF EL-ÄMÁV

פֶּרֶק נ - PÉREK 50

50:1 וַיִּפֹּ֥ל יוֹסֵ֖ף עַל־פְּנֵ֣י אָבִ֑יו וַיֵּ֥בְךְּ עָלָ֖יו וַיִּשַּׁק־לֽוֹ

VAYPÓL IOSÉF ÄL-PENÉI ABÍV VAYÉBEJ ÄLÁV VAYSHÁK-LO

50:2 וַיְצַ֨ו יוֹסֵ֤ף אֶת־עֲבָדָיו֙ אֶת־הָרֹ֣פְאִ֔ים לַחֲנֹ֖ט אֶת־אָבִ֑יו וַיַּחַנְט֥וּ הָרֹפְאִ֖ים אֶת־יִשְׂרָאֵֽל

VAITZÁV IOSÉF ET-ÄBADÁV ET-HAROFÍM LAJANÓT ET-ABÍV VAYAJANTÚ HAROFÍM ET-ISRAÉL

50:3 וַיִּמְלְאוּ־לוֹ֙ אַרְבָּעִ֣ים י֔וֹם כִּ֛י כֵּ֥ן יִמְלְא֖וּ יְמֵ֣י הַחֲנֻטִ֑ים וַיִּבְכּ֥וּ אֹת֛וֹ מִצְרַ֖יִם שִׁבְעִ֥ים יֽוֹם

VAYMLEÚ-LO ARBAÏM IÓM KI KEN IMLEÚ IEMÉI HAJANUTÍM VAYBKÚ OTÓ MITZRÁIM SHIBÏM IÓM

50:4 Y pasados los días de su luto, habló *Ioséf* (José) a los de la casa de Faraón, diciendo: Si he hallado ahora gracia en vuestros ojos, os ruego que habléis en oídos de Faraón, diciendo:

50:5 Mi padre me hizo jurar, diciendo: He aquí que voy a morir; en el sepulcro que cavé para mí en la tierra de Kenáän, allí me sepulturás; ruego, pues, que vaya yo ahora y sepulte a mi padre, y volveré.

50:6 Y Faraón dijo: Ve, y sepulta a tu padre, como él te hizo jurar.

50:7 Entonces *Ioséf* (José) subió para sepultar a su padre; y subieron con él todos los siervos de Faraón, los ancianos de su casa, y todos los ancianos de la tierra de Egipto,

50:8 y toda la casa de *Ioséf* (José), y sus hermanos, y la casa de su padre; solamente dejaron en la tierra de Góshen sus niños, y sus ovejas y sus vacas.

50:9 Subieron también con él carros y gente de a caballo, y se hizo un cortejo muy grande.

50:10 Y cuando llegaron a Góren Haatád, que está al otro lado del Yardén (Jordán), hicieron allí una grande y muy triste lamentación; y *Ioséf* (José) hizo a su padre duelo por siete días.

50:11 Y viendo los moradores de la tierra, los kenaäní, el llanto en Góren Hatád, dijeron: Llanto grande es este de los egipcios; por eso fue llamado su nombre Abél-Mitzráim[373], que está al otro lado del Yardén (Jordán).

---

lloró a *Iaäkób*, pues la hambruna que habría de durar siete años terminó luego de dos años gracias a la bendición de éste.

[373] **50:11 Abél-Mitzráim:** De אָבֵל (ABÉL=Duelo) y מִצְרַיִם (MITZRÁIM=Egipto).

50:4 וַיַּעַבְרוּ֙ יְמֵ֣י בְכִית֔וֹ וַיְדַבֵּ֣ר יוֹסֵ֔ף אֶל־בֵּ֥ית פַּרְעֹ֖ה לֵאמֹ֑ר אִם־נָ֨א
מָצָ֤אתִי חֵן֙ בְּעֵ֣ינֵיכֶ֔ם דַּבְּרוּ־נָ֕א בְּאָזְנֵ֥י פַרְעֹ֖ה לֵאמֹֽר

VAYÁÁBRÚ IEMÉI BEJITÓ VAIDABÉR IOSÉF EL-BÉIT PARÖH LEMÓR IM-NA
MATZÁTI JEN BEËINEIJÉM DABERÚ-NA BEAZZNÉI FARÖH LEMÓR

50:5 אָבִ֞י הִשְׁבִּיעַ֣נִי לֵאמֹ֗ר הִנֵּ֣ה אָנֹכִי֮ מֵת֒ בְּקִבְרִ֗י אֲשֶׁ֨ר כָּרִ֤יתִי לִי֙ בְּאֶ֣רֶץ
כְּנַ֔עַן שָׁ֖מָּה תִּקְבְּרֵ֑נִי וְעַתָּ֗ה אֶֽעֱלֶה־נָּ֛א וְאֶקְבְּרָ֥ה אֶת־אָבִ֖י וְאָשֽׁוּבָה

ABÍ HISHBIÄNI LEMÓR HINÉH ANOJÍ MET BEKIBRÍ ASHÉR KARÍTI LI BEÉRETZ
KENÄÄN SHÁMAH TIKBERÉNI VEÄTÁH EËLÉH-NA VEEKBERÁH ET-ABÍ
VEASHÚBAH

50:6 וַיֹּ֖אמֶר פַּרְעֹ֑ה עֲלֵ֛ה וּקְבֹ֥ר אֶת־אָבִ֖יךָ כַּאֲשֶׁ֥ר הִשְׁבִּיעֶֽךָ

VAYÓMER PARÖH ÄLÉH UKEBÓR ET-ABÍJA KAASHÉR HISHBIËJA

50:7 וַיַּ֥עַל יוֹסֵ֖ף לִקְבֹּ֣ר אֶת־אָבִ֑יו וַיַּֽעֲל֨וּ אִתּ֜וֹ כָּל־עַבְדֵ֤י פַרְעֹה֙ זִקְנֵ֣י בֵית֔וֹ
וְכֹ֖ל זִקְנֵ֥י אֶֽרֶץ־מִצְרָֽיִם

VAYÁÄL IOSÉF LIKBÓR ET-ABÍV VAYAÄLÚ ITÓ KOL-ÄBDÉI FARÖH ZZIKNÉI BEITÓ
VEJÓL ZZIKNÉI ÉRETZ-MITZRÁIM

50:8 וְכֹל֙ בֵּ֣ית יוֹסֵ֔ף וְאֶחָ֖יו וּבֵ֣ית אָבִ֑יו רַ֗ק טַפָּם֙ וְצֹאנָ֣ם וּבְקָרָ֔ם עָזְב֖וּ
בְּאֶ֥רֶץ גֹּֽשֶׁן

VEJÓL BÉIT IOSÉF VEEJÁV UBÉIT ABÍV RAK TAPÁM VETZONÁM UBEKARÁM
ÄZZEBÚ BEÉRETZ GÓSHEN

50:9 וַיַּ֣עַל עִמּ֔וֹ גַּם־רֶ֖כֶב גַּם־פָּרָשִׁ֑ים וַיְהִ֥י הַֽמַּחֲנֶ֖ה כָּבֵ֥ד מְאֹֽד

VAYÁÄL ÏMÓ GAM-RÉJEB GAM-PARASHÍM VAIHÍ HAMAJANÉH KABÉD MEÓD

50:10 וַיָּבֹ֜אוּ עַד־גֹּ֣רֶן הָאָטָ֗ד אֲשֶׁר֙ בְּעֵ֣בֶר הַיַּרְדֵּ֔ן וַיִּ֨סְפְּדוּ־שָׁ֔ם מִסְפֵּ֛ד
גָּד֥וֹל וְכָבֵ֖ד מְאֹ֑ד וַיַּ֧עַשׂ לְאָבִ֛יו אֵ֖בֶל שִׁבְעַ֥ת יָמִֽים

VAYABÖU ÄD-GÓREN HAATÁD ASHÉR BEËBER HAYARDÉN VAÍSPEDU-SHAM
MISPÉD GADÓL VEJABÉD MEÓD VAYÁÄS LEABÍV ÉBEL SHIBRÄT IAMÍM

50:11 וַיַּ֡רְא יוֹשֵׁב֩ הָאָ֨רֶץ הַֽכְּנַעֲנִ֜י אֶת־הָאֵ֗בֶל בְּגֹ֙רֶן֙ הָֽאָטָ֔ד וַיֹּ֣אמְר֔וּ
אֵֽבֶל־כָּבֵ֥ד זֶ֖ה לְמִצְרָ֑יִם עַל־כֵּ֞ן קָרָ֤א שְׁמָהּ֙ אָבֵ֣ל מִצְרַ֔יִם אֲשֶׁ֖ר
בְּעֵ֥בֶר הַיַּרְדֵּֽן

VAYÁR IOSHÉB HAÁRETZ HAKENAÄNÍ ET-HAÉBEL BEGÓREN HAATÁD VAYOMRÚ
ÉBEL-KABÉD ZZEH LEMITZRÁIM ÄL-KEN KARÁ SHEMÁH ABÉL MITZRÁIM ASHÉR
BEËBER HAYARDÉN

50:12 Hicieron, pues, sus hijos con él según les había mandado:
50:13 pues lo llevaron sus hijos a la tierra de Kenáän, y lo sepultaron en la cueva del campo de Majpeláh, la que había comprado *Abrahám* con el mismo campo, para heredad de sepultura, de *Ëfrón* el jití, al oriente de Mamré.
50:14 Y volvió *Ioséf* (José) a Egipto, él y sus hermanos, y todos los que subieron con él a sepultar a su padre, después que lo hubo sepultado.

Muerte de *Ioséf* (José)

50:15 Viendo los hermanos de *Ioséf* (José) que su padre era muerto, dijeron: Quizá nos aborrecerá *Ioséf* (José), y nos dará el pago de todo el mal que le hicimos.
50:16 Y enviaron a decir a *Ioséf* (José): Tu padre mandó antes de su muerte, diciendo:
50:17 Así diréis a *Ioséf* (José): Te ruego que perdones ahora la maldad de tus hermanos y su pecado, porque mal te trataron; por tanto, ahora te rogamos que perdones la maldad de los siervos del Dios de tu padre. Y *Ioséf* (José) lloró mientras hablaban.
50:18 Vinieron también sus hermanos y se postraron delante de él, y dijeron: Henos aquí por siervos tuyos.
50:19 Y les respondió *Ioséf* (José): No temáis; ¿acaso estoy yo en lugar de Dios?[374]
50:20 Vosotros pensasteis mal contra mí, mas Dios lo encaminó a bien, para hacer lo que vemos hoy, para mantener en vida a un gran pueblo.

---

[374] **50:19 ¿acaso estoy yo en lugar de Dios?:** ¿Acaso soy yo el juez de la tierra para hacerles bien o mal?.

373 / BERESHÍT-בְּרֵאשִׁית

50:12 וַיַּעֲשׂ֥וּ בָנָ֖יו ל֑וֹ כֵּ֖ן כַּאֲשֶׁ֥ר צִוָּֽם

VAYAÄSÚ BANÁV LO KEN KAASHÉR TZIVÁM

50:13 וַיִּשְׂא֨וּ אֹת֤וֹ בָנָיו֙ אַ֣רְצָה כְּנַ֔עַן וַיִּקְבְּר֣וּ אֹת֔וֹ בִּמְעָרַ֖ת שְׂדֵ֣ה הַמַּכְפֵּלָ֑ה אֲשֶׁ֣ר קָנָה֩ אַבְרָהָ֨ם אֶת־הַשָּׂדֶ֜ה לַאֲחֻזַּת־קֶ֗בֶר מֵאֵ֛ת עֶפְרֹ֥ן הַחִתִּ֖י עַל־פְּנֵ֥י מַמְרֵֽא

VAYSÚ OTÓ BANÁV ÁRTZAH KENÁÄN VAYKBERÚ OTÓ BIMÄRÁT SEDÉH HAMAJPELÁH ASHÉR KANÁH ABRAHÁM ET-HASADÉH LAAJUZZÁT-KÉBER MEÉT ËFRÓN HAJITÍ ÄL-PENÉI MAMRÉ

50:14 וַיָּ֨שָׁב יוֹסֵ֤ף מִצְרַ֙יְמָה֙ ה֣וּא וְאֶחָ֔יו וְכָל־הָעֹלִ֥ים אִתּ֖וֹ לִקְבֹּ֣ר אֶת־אָבִ֑יו אַחֲרֵ֖י קָבְר֥וֹ אֶת־אָבִֽיו

VAYÁSHAB IOSÉF MITZRÁIMAH HU VEEJÁV VEJÓL-HAÖLÍM ITÓ LIKBÓR ET-ABÍV AJARÉI KABERÓ ET-ABÍV

50:15 וַיִּרְא֤וּ אֲחֵֽי־יוֹסֵף֙ כִּי־מֵ֣ת אֲבִיהֶ֔ם וַיֹּ֣אמְר֔וּ ל֥וּ יִשְׂטְמֵ֖נוּ יוֹסֵ֑ף וְהָשֵׁ֤ב יָשִׁיב֙ לָ֔נוּ אֵ֚ת כָּל־הָ֣רָעָ֔ה אֲשֶׁ֥ר גָּמַ֖לְנוּ אֹתֽוֹ

VAYRÚ AJÉI-IOSÉF KI-MET ABIHÉM VAYÓMRU LU ISTEMÉNU IOSÉF VEHASHÉB IASHÍB LÁNU ET KOL-HÁRAÄH ASHÉR GAMÁLNU OTÓ

50:16 וַיְצַוּ֕וּ אֶל־יוֹסֵ֖ף לֵאמֹ֑ר אָבִ֣יךָ צִוָּ֔ה לִפְנֵ֥י מוֹת֖וֹ לֵאמֹֽר

VAITZVÚ EL-IOSÉF LEMÓR ABÍJA TZIVÁH LIFNÉI MOTÓ LEMÓR

50:17 כֹּֽה־תֹאמְר֣וּ לְיוֹסֵ֗ף אָ֣נָּ֡א שָׂ֣א נָ֠א פֶּ֣שַׁע אַחֶ֤יךָ וְחַטָּאתָם֙ כִּי־רָעָ֣ה גְמָל֔וּךָ וְעַתָּה֙ שָׂ֣א נָ֔א לְפֶ֥שַׁע עַבְדֵ֖י אֱלֹהֵ֣י אָבִ֑יךָ וַיֵּ֥בְךְּ יוֹסֵ֖ף בְּדַבְּרָ֥ם אֵלָֽיו

KOH-TOMRÚ LEIOSÉF ÁNA SA NA PÉSHÄ AJÉIJA VEJATATÁM KI-RAÄH GUEMALÚJA VEÄTAH SA NA LEFÉSHÄ ÄBDÉI ELOHÉI ABÍJA VAYÉBEJ IOSÉF BEDABERÁM ELÁV

50:18 וַיֵּלְכוּ֙ גַּם־אֶחָ֔יו וַֽיִּפְּל֖וּ לְפָנָ֑יו וַיֹּ֣אמְר֔וּ הִנֶּ֥נּֽוּ לְךָ֖ לַעֲבָדִֽים

VAYELJÚ GAM-EJÁV VAYPELÚ LEFANÁV VAYOMRÚ HINÉNU LEJÁ LAÄBADÍM

50:19 וַיֹּ֧אמֶר אֲלֵהֶ֛ם יוֹסֵ֖ף אַל־תִּירָ֑אוּ כִּ֛י הֲתַ֥חַת אֱלֹהִ֖ים אָֽנִי

VAYÓMER ALEHÉM IOSÉF AL-TIRÁU KI HATÁJAT ELOHÍM ÁNI

50:20 וְאַתֶּ֕ם חֲשַׁבְתֶּ֥ם עָלַ֖י רָעָ֑ה אֱלֹהִים֙ חֲשָׁבָ֣הּ לְטֹבָ֔ה לְמַ֗עַן עֲשֹׂ֛ה כַּיּ֥וֹם הַזֶּ֖ה לְהַחֲיֹ֥ת עַם־רָֽב

VEATÉM JASHABTÉM ÄLÁI RAÄH ELOHÍM JASHABÁH LETOBÁH LEMÁÄN ÄSÓH KAYÓM HAZZÉH LEHAJAIÓT ÄM-RAB

50:21 Ahora, pues, no tengáis miedo; yo os sustentaré a vosotros y a vuestros hijos. Así los consoló, y les habló al corazón.

50:22 Y habitó *Ioséf* (José) en Egipto, él y la casa de su padre; y vivió *Ioséf* (José) ciento diez años.

50:23 Y vio *Ioséf* (José) los hijos de *Efráim* hasta la tercera generación; también los hijos de *Majír* hijo de *Menashéh* fueron criados sobre las rodillas de *Ioséf* (José).

50:24 Y *Ioséf* (José) dijo a sus hermanos: Yo voy a morir; mas Dios ciertamente os visitará, y os hará subir de esta tierra a la tierra que juró a *Abrahám*, a *Itzják* (Isaac) y a *Iaäkób* (Jacob).

50:25 E hizo jurar *Ioséf* (José) a los hijos de Israel, diciendo: Dios ciertamente os recordará, y haréis llevar de aquí mis huesos[375].

50:26 Y murió *Ioséf* (José) a la edad de ciento diez años; y lo embalsamaron, y fue puesto en un ataúd en Egipto.

---

[375] **50:25 E hizo jurar *Ioséf*:** Aunque *Ioséf* había vivido gran parte de su vida en Egipto participando activamente como líder, su lazo con la tierra prometida nunca se debilitó. Los restos de *Ioséf* fueron llevados más tarde por los israelitas y fue sepultado en *Shejém* (ver *Iehoshúa*-Josué-24:32).

50:21	וְעַתָּה֙ אַל־תִּירָ֔אוּ אָנֹכִ֛י אֲכַלְכֵּ֥ל אֶתְכֶ֖ם וְאֶֽת־טַפְּכֶ֑ם וַיְנַחֵ֣ם אוֹתָ֔ם וַיְדַבֵּ֖ר עַל־לִבָּֽם

VEÄTAH AL-TIRÁU ANOJÍ AJALKÉL ETJÉM VEÉT-TAPEJÉM VAINAJÉM OTÁM VAIDABÉR ÄL-LIBÁM

50:22	וַיֵּ֤שֶׁב יוֹסֵף֙ בְּמִצְרַ֔יִם ה֖וּא וּבֵ֣ית אָבִ֑יו וַיְחִ֣י יוֹסֵ֔ף מֵאָ֥ה וָעֶ֖שֶׂר שָׁנִֽים

VAYÉSHEB IOSÉF BEMITZRÁIM HU UBÉIT ABÍV VAIJÍ IOSÉF MEÁH VAËSER SHANÍM

50:23	וַיַּ֤רְא יוֹסֵף֙ לְאֶפְרַ֔יִם בְּנֵ֖י שִׁלֵּשִׁ֑ים גַּ֗ם בְּנֵ֤י מָכִיר֙ בֶּן־מְנַשֶּׁ֔ה יֻלְּד֖וּ עַל־בִּרְכֵּ֥י יוֹסֵֽף

VAYÁR IOSÉF LEEFRÁIM BENÉI SHILESHÍM GAM BENÉI MAJÍR BEN-MENASHÉH IULEDÚ ÄL-BIRKÉI IOSÉF

50:24	וַיֹּ֤אמֶר יוֹסֵף֙ אֶל־אֶחָ֔יו אָנֹכִ֖י מֵ֑ת וֵֽאלֹהִ֞ים פָּקֹ֧ד יִפְקֹ֣ד אֶתְכֶ֗ם וְהֶעֱלָ֤ה אֶתְכֶם֙ מִן־הָאָ֣רֶץ הַזֹּ֔את אֶל־הָאָ֕רֶץ אֲשֶׁ֥ר נִשְׁבַּ֛ע לְאַבְרָהָ֖ם לְיִצְחָ֥ק וּֽלְיַעֲקֹֽב

VAYÓMER IOSÉF EL-EJÁV ANOJÍ MET VELOHÍM PAKÓD IFKÓD ETJÉM VEHEËLÁH ETJÉM MIN-HAÁRETZ HAZZÓT EL-HAÁRETZ ASHÉR NISHBÄ LEABRAHÁM LEITZJÁK ULEIAÄKÓB

50:25	וַיַּשְׁבַּ֣ע יוֹסֵ֔ף אֶת־בְּנֵ֥י יִשְׂרָאֵ֖ל לֵאמֹ֑ר פָּקֹ֨ד יִפְקֹ֤ד אֱלֹהִים֙ אֶתְכֶ֔ם וְהַעֲלִתֶ֥ם אֶת־עַצְמֹתַ֖י מִזֶּֽה

VAYASHBÄ IOSÉF ET-BENÉI ISRAÉL LEMÓR PAKÓD IFKÓD ELOHÍM ETJÉM VEHAÄLITÉM ET-ÄTZMOTÁI MIZZÉH

50:26	וַיָּ֣מָת יוֹסֵ֔ף בֶּן־מֵאָ֥ה וָעֶ֖שֶׂר שָׁנִ֑ים וַיַּחַנְט֣וּ אֹת֔וֹ וַיִּ֥ישֶׂם בָּאָר֖וֹן בְּמִצְרָֽיִם

VAYÁMAT IOSÉF BEN-MEÁH VAËSER SHANÍM VAYAJANTÚ OTÓ VAYÍSEM BAARÓN BEMITZRÁIM

Anexos

Índice bíblico sobre el Libro de Génesis

Los sagrados nombres de Dios

La generación de *Enósh* y la idolatría

Las siete leyes de los descendientes de *Nóaj*

Las diez pruebas de *Abrahám*

Alfabeto hebreo

Árboles genealógicos

Mapas

Tablas

ÍNDICE BÍBLICO / I

A

Abimélej-
Secuestro de *Saráh*-
Cap.20
Alianza con
Abrahám-21:22
Retribuye a *Abrahám*-
20:14
Encuentro con *Itzják*-
Cap.26

Abrám, Abrahám-
Alianza con *Abimélej*-
21:27
Ángeles lo visitan-
Cap.18
Bendición de *Málki-
tzédek*-14:18
Cambio de nombre-
17:5
Casamiento con
Keturáh-25:1
Casamiento con
Sarái-11:29
Circuncisión-Cap. 17
Circuncisión de
Itzják-21:4
Construye un altar-
12:7
Duelo por *Saráh*-
23:2
Guerra contra los
reyes-14:1
Muerte-25:7
Muerte de su Padre
(*Téraj*)-11:32
Nacimiento-11:26
Nacimiento de su hijo
Itzják-21:2
Nacimiento de su hijo
Ishmaël-Cap.16
Sacrificio de
Itzják-Cap.22
Salida de Ur
Kasdím-11:31
Orden de ir a
Kenaän-12:1

Pidiendo por
Sedóm-18:23
Promesa del
nacimiento de
Itzják-17:19
Retribución de
Abimélej-20:14

Adám-
Come del fruto
prohibido-3:6
Nacimiento-1:27
Maldición-3:17-19
Mandamiento-3:3

Ädulamí-38:1

Amrafél-14:1

**Ángeles que
visitaron a
Abrahám-**Cap.18

**Ángeles que
visitaron a
Lot-**Cap.19

Ararát-8:4

Ariój-14:1

Arca de *Nóaj* (Noé)-
Medidas-6:15
Orden de
Construirla-6:14
Orden de entrar al
arca-7:1
Orden de salir del
arca-8:16

Asenát-41:45

Ásher-
Nacimiento-30:13
La Bendición de
Iaäkób-49:20

Ashúr-10:11

B

Babél-
Reinado de
Nimród-10:10
Construcción de la
torre-11:4

Beér Shébä-21:14;
21:31; 22:19; 26:23;
26:33; 28:10; 46:1

**Biniamín
(Benjamín)-**
Desciende a
Egipto-43:15
Encuentro con
Ioséf-43:16
Iaäkób lo
bendice-49:27
Nacimiento-35:18

C

Circuncisión-
Abrahám-17:23
Ishmaël-17:25
Itzják-21:4

Creación-
Árboles y
plantas-1:11; 1:29
Aves-1:20
Cielos y la tierra-1:1
Hombre-1:26; 2:7;
5:1
Lumbreras-1:14
Mujer-2:22 ; 5:2

**Cueva de
Majpeláh-**23:9 ; 25:9
; 49:30

D

Diluvio-

Comienzo-7:6

Termino- 8:1
Dotán-37:17

Deboráh-35:8

E

Efráim-
Bendiciones- 48:5,
48:20
Nacimiento- 41:52

Efrát-48:7

Efrón-23:8

Eliëzzer-15:2

Emorí-10:16, 14:7

Enósh-4:26, 5:6

Ër-
Casamiento con
Tamár-38:6
Muerte-38:7
Nacimiento-38:3

Esáv-
Aborrece a
Iaäkób-27:41
Casamiento-26:34,
28:9
Descendencia-Cap.36
Encuentro con
Iaäkób-Cap.33
Iaäkób le
regala-32:14
Nacimiento-25:25
Venta de su
primogenitura-25:33

Ësek-26:20

**Estaciones del
año-**8:22

ÍNDICE BÍBLICO / II

Expulsión del huerto del Edén-3:23

F

Fijól-21:22

Fut-10:6

G

Gad-
Bendiciones-49:19
Nacimiento-30:11

Gerár-20:1,26:6

Gigantes-6:4

Góshen-45:10

H

Hagár-
Desprecia a *Saráh*-16:5
Es expulsada-21:14
Nacimiento de *Ishmaël*-Cap.16

Hambruna-12:10, 41:54, 43:1, 47:13

Harán-
Muerte-11:28
Nacimiento-11:26

Hébel-
Asesinato-4:8
Sacrificio-4:3

I

Iaäkób-
Adquiere la primogenitura-25:33
Bendice a *Itzják*-27:28
Bendice a sus hijos-Cap.49
Conoce a *Rajél*-29:9
Dios lo bendice-35:9
Encuentro con el Faraón-47:7
Es enterrado-50:13
Llega a Shejém-33:18
Nacimiento-25:26
Pacta con *Labán*-31:44
Reencuentro con *Ioséf*-46:29
Se encuentra con *Ësáv*-Cap.33
Se casa con *Leáh*-29:23
Se casa con *Rajél*-29:28
Sueña-28:12
Viaja a Egipto-46:1

Iehudáh-
Bendición de *Iaäkób*-49:8
Nacimiento-29:35
Se casa con la hija de *Shúaj*-38:2
Tamár-38:15

Ioséf-
Bendición de *Iaäkób*-49:22
Cambian su nombre a *Tzafenát Pänéaj*-41:45
Conspiran para matarlo-37:18
Es embalsamado-50:26
Es llevado a Egipto-37:28
Habla mal de sus hermanos-37:2
Interpreta los sueños del Faraón-41:25
Interpreta los sueños en la prisión-Cap.40
Muerte-50:26
Nacimiento-30:24
Nombrado virrey de Egipto-41:40
Prisión-39:20
Reencuentro con su Padre-46:29
Reencuentro con sus hermanos-42:6
Se casa con *Asenát*-41:45
Sueños-37:5

Isajár-
Bendición de *Iaäkób*-49:14
Nacimiento-30:18

Ishmaël-
Bendición-17:20
Circuncidado-17:25
Entierra a *Abrahám*-25:9
Muerte- 25:17
Nacimiento- 16:16
Sus descendientes-25:12

Itzják-
Entierra a *Abrahám*-25:9
Envía a *Iaäkób*-28:5
Hambruna-26:1
La bendición de *Iaäkób*-27:28-29
La promesa de su nacimiento-17:19
Muere-35:28
Nacimiento-21:2
Nacimiento de sus hijos-25:26
Reafirma el trato con *Abimélej*-26:26
Sacrificio-Cap.22
Se casa con *Ribkáh*-24:67

J

Jam-5:32, 6:10, 7:13, 9:18

Janój-25:4, 46:9

Javáh-3:20

Jebrón-13:18, 23:2, 35:27

K

Kaín-
Asesinado por *Lémej*-4:23
Castigo-4:11
Muerte de *Hébel*-4:8
Nacimiento-4:1
Ofrenda-4:3

Kenáän-11:31,13:12

Kedarlaömer-14:1, 14:4,14:5,14:9, 14:17

Keturáh-25:1

Kiriát-Arbä-23:2

Kitím-10:4

Kush-2:13

L

Labán-
Cambia la prometida de *Iaäkób*-29:23
Enfrenta con *Iaäkób*-31:25
Hermano de-24:29

Lot-
Emborrachado por sus hijas-19:33
Es salvado junto a su familia-Cap.19
Nacimiento-11:27

ÍNDICE BÍBLICO / III

Lémej-4:18, 4:23, 4:24

M

Majanáim-32:3

Malkí-tzédek-14:18

Mandrágoras-30:14

Mar Salado-14:3

Masacre de Shéjem-34:25

Menashéh-
La bendición de *Iaäkób*-48:5, 48:20
Nacimiento-41:51

Midián-25:4

Midianím-37:36

Milkáh-11:29, 22:20

N

Najór-22:20

Naftalí-
Bendición de *Iaäkób*-49:21
Nacimiento-30:8

Nimród-10:8, 10:9

Nínveh-10:11

Nóaj-
Abandona el arca-8:18
Altar-8:20
Arca-6:14, 7:1
Descendientes-10:1
Muerte-9:29
Nacimiento-5:29
Pacto-9:12

O

Onám-36:23

On-41:45

Onán-
Muerte-38:10
Nacimiento-38:4

P

Pacto-
Circuncisión-Cap.17
De Dios con *Nóaj*-Cap. 9
De Dios con *Abrám*-17:4
Entre *Abrahám* y *Abimélej*-21:27

Padán-Arám-25:20

Paloma-8:8

Parán-14:6

Patrusím-10:14

Páü-36:39

Péleg-10:25

Pelishtím-10:14

Peniél-32:31

Perát-2:14

Pildásh-22:22

Pinón-36:41

Pishón-2:11

Pótifar-37:36, 39:1

Péretz-46:12

Promesa-
Del nacimiento de *Itzják*-Cap.18

R

Raämáh-10:7

Rajél-
Da a luz a *Biniamín*-35:16
Da a luz a *Ioséf*-30:24
Encuentro con *Iaäkób*-29:10
Muerte-35:18

Rejobót-hanahár-10:11

Ribkáh-
Concibe-25:21
Se casa con *Itzják*-24:67

S

Saráh-
Aparición de los ángeles-18:9
Cambio de nombre-17:15
Expulsa a *Hagár*-16:6
Muerte-23:1
Nacimiento de *Itzják*-21:2
Tomada por *Abimélej*-20:2
Tomada por el Faraón-12:15

Shem-5:32

Shet-4:25

Shéjem-12:6, 37:12

Shimön-
Bendición de *Iaäkób*-49:5
Destruye Shéjem-34:25
Nacimiento-29:33

Sitnáh-26:21

Sukót-33:17

Sueño-
Iaäkób-28:12
Ioséf-37:5
Faraón-41:1

T

Tamár-Cap. 38

Téraj-11:24

Túbal-Kaín-4:22
Tzafenát Päenéaj-41:45

U

Ur Kasdím-11:28

V

Varón-5:2

Venta de *Ioséf*-37:28

Z

Zzebulún-
Bendición de *Iaäkób*-49:13
Descendencia-46:14
Nacimiento-30:20

Zzilpáh-29:24

Zzimrám-25:2

ANEXOS / IV

Los sagrados nombres de Dios

Cada uno de los nombres de Dios utilizados por el texto sagrado, tiene por objeto expresar Su manera de manifestarse en la creación.

Los nombres utilizados en el texto son los siguientes:

1. El Tetragrámaton o "Nombre de Cuatro Letras", יהוה indica que Dios es eterno e infinito, pues se compone al sobreponer las palabras הָיָה (HAIÁ=fue), הֹוֶה (HOVÉ=es) y יִהְיֶה (IHIÉH=será). Este Nombre era pronuciado en forma correcta por los Sacerdotes en la Era del Primer Templo de Jerusalem. El Gran Sacerdote de Israel expresaba en forma solemne el Nombre de Dios en el día de *Iom Kipúr* (ver *Vaykrá* – Levítico 16:31-34). Por razones de reverencia, quizás, la correcta pronunciación de este Sagrado nombre fue evitada hace unos 2300 años y se substituyó por *Adonái*, confirmado por la Septuajinta (donde el griego Kurios, "Señor" es el equivalente).
En el texto este Nombre ha sido traducido como El Eterno y en la fonética como IHVH.

2. El nombre אֱלֹהִים (ELOHÍM), se refiere a Él como Todopoderoso, que posee dominio directo sobre el universo. También se utiliza este nombre según el contexto como denominación genérica para los ángeles, profeta, juez, líder, gobernador e incluso ídolos.

La generación de *Enósh* y la idolatría

En los días de *Enósh* (ver 4:26) los seres humanos cometieron un gran error – *Enósh* mismo estaba entre los errados- siguiendo el consejo, sin sentido, de los sabios de aquella generación. ¿Qué clase de error cometieron? Ellos dijeron erradamente, "dado que Dios creo las estrellas y los planetas para que gobiernen sobre el universo; los puso en las alturas y les entregó honores; y estos seres celestiales sirven al gran Rey; es correcto que los alabemos, los ensalcemos y les entreguemos honores, y esta debe ser la voluntad del Creador, Bendito Sea, que engrandezcamos y honremos a quien lo engrandece y lo honra, como un rey que quiere engrandecer a sus súbditos, causando claramente el engrandecimiento de él mismo". En tanto esta idea les vino a sus corazones, comenzaron a construirle a las estrellas palacios y a ofrecerles sacrificios, a alabarlas y postrarse ante ellas,

ANEXOS / V

para así conseguir que intercedieran ante El Eterno sobre sus peticiones. Esto era lo principal en la idolatría: no negaban la existencia del Señor, sino que además de reconocerlo adoraban a una u otra estrella. Como dijo el profeta *Irmeiáhu* (Jeremías): "¿Quién no te temerá, oh Rey de las naciones? Porque a ti es debido el temor; porque entre todos los sabios de las naciones y en todos sus reinos, no hay semejante a ti" (*Irmeiáhu* – Jeremias 10:7). Es decir, todos saben que no hay nadie como Dios, sin embargo, ellos cometen un grave error al pensar que servir a estos astros es Su voluntad.

Después de un tiempo, surgieron profetas falsos que comenzaron a difundir esta mentira diciendo que el Creador les había ordenado servir tal o cual estrella, traerle sacrificios y construirle templos para que todas las personas pudieran servirlas. Posteriormente construyeron representaciones de estas estrellas, dándoles la forma que supuestamente habían percibido por medio de su "profecía".

Más adelante estas figuras se hicieron populares, siendo colocadas en diferentes lugares por las personas. Se postraban ante ellas y decían: "esta forma es apta de ser servida, pues hace el bien y el mal".[1]

Luego dieron el paso definitivo para olvidarse de Dios. Dijeron los sacerdotes, que la estrella había hablado con ellos y que les había dicho que la sirvan de tal y cual forma. Y se extendió esto en el mundo, y cada pueblo adquirió una manera particular de servir a estas estrellas.

Con el correr del tiempo, la gente se fue olvidando de Dios, todo el mundo se encontraba adorando formas de madera y piedra, pero al Creador del Universo solamente lo reconocían unos pocos: *Janój*, *Metushélaj*, *Nóaj* (Noé), *Shem* y *Ëber*.

De esta forma el mundo continuó, hasta que nació: *Abrahám*, el patriarca, quien extendió la idea del Dios único por el mundo.

---

[1] Muchas veces nos impresionamos de cómo esta gente podría sentirse atraída por estatuas, cosa que en nuestros días parece ridícula. La verdad es que, a esta altura de la historia, la humanidad se encontraba en un nivel muy elevado, siendo evidente lo espiritual en el mundo. Si por un lado los hombres, tenían los milagros que Dios realizaba diariamente, y por otro lado hubiesen tenido tan sólo una idolatría sencilla y aburrida, fácilmente se habrían inclinado por la primera opción.

Para que el ser humano pudiese tener la posibilidad de elegir entre Dios y la idolatría, esta última debía traerle grandes beneficios espirituales. Un claro ejemplo de lo anterior, era que cuando la gente rezaba a sus dioses pidiendo lluvias, efectivamente estas llegaban.

ANEXOS / VI

Las siete leyes de los descendientes de *Nóaj*

Prohibición de idolatría

Todo ser humano debe reconocer la existencia de un único Creador del universo. Él creó el universo y todo lo que existe, conoce todas nuestras acciones y pensamientos. Él observa a las personas y las juzga de acuerdo con sus actos. Él es el único Dios al cual se debe orar y adorar.

El sentido practico de esta ordenanza es la prohibición absoluta de arrodillarse o adorar ídolos de cualquier tipo u otros dioses aparte de Él.

Prohibición de blasfemia

Cada persona le debe respeto al Creador del universo, el cual le otorgó la vida y un universo para habitar.

El sentido práctico de este mandamiento es la prohibición de maldecir a Dios o referirse a Él de una manera irrespetuosa.

Prohibición de asesinar

El hombre fue creado a "imagen" de Dios. La vida del hombre es un regalo sagrado que nadie tiene derecho a quitar. Las personas deben respetar y fomentar la continuación de la humanidad. Una persona que mata a un hombre es considerado como si hubiese asesinado a toda la humanidad, pues esta comenzó de un solo hombre.

El sentido práctico de este mandamiento es la completa prohibición de asesinar a cualquier ser humano, incluido un feto en el vientre de su madre.

Prohibición de robar

Dios le entrega a cada persona el dominio sobre su dinero y posesiones por lo que nadie tiene derecho a quitárselas.

ANEXOS / VII

El sentido practico de esta ordenanza es la estricta prohibición de robar o tomar cualquier tipo de posesión de otra persona ya sea por la fuerza, por fraude o por otro medio ilegal como así mismo el secuestro.
La sensibilidad hacia el dinero y la propiedad del prójimo nos inspira a respetar al prójimo, como así mismo a realizar actos de caridad y bondad.

<u>Prohibición de relaciones sexuales prohibidas</u>

El acto más sagrado que el ser humano puede realizar es concebir un hijo, pues por medio de éste se asemeja a su Creador, fuente de la vida. La vida marital es la base para la existencia de la humanidad.
El sentido práctico de este mandamiento se encuentra en la prohibición de relaciones incestuosas (relaciones entre parientes de primer grado), adulterio, homosexualidad y zoofilia.

<u>Prohibición de comer un trozo de carne sacado de una criatura viva</u>

Dios creó las criaturas en el mundo y estas deben ser respetadas. Aunque no existe una prohibición de comer carne, Dios establece limites estrictos sobre la manera en que el hombre usa a los animales para sus necesidades. Este mandamiento que obliga a las personas a no ser indiferentes frente al sufrimiento animal, acentúa su obligación de atender al dolor humano.
El sentido práctico de este mandamiento consiste en la prohibición de comer, un miembro de un animal que fue arrancado de este mientras vivía.

<u>Establecimiento de juzgados</u>

Con el objeto de que todos los mandamientos antes descritos sean observados, se deben establecer cortes de justicia en cada ciudad (o zona), con jueces que tengan la facultad de tomar decisiones en relación a estos mandamientos y con la autoridad para castigar su trasgresión.

ANEXOS / VIII

Las diez pruebas de *Abrahám*

1. *Nimród* quería matarlo y estuvo oculto en una cueva durante varios años.

2. *Nimród* lo condenó a morir quemado y fue milagrosamente salvado.

3. Dios le dijo que abandone la tierra en la cual había nacido.

4. Dios envió hambruna en la tierra a la que lo había enviado.

5. Fue tomada *Saráh* por el Faraón.

6. *Lot* su sobrino fue secuestrado por los Reyes.

7. En el Pacto que Dios hizo con *Abrahám* (Cap. 15), le fue mostrado a través de profecía que sus descendientes iban a ser dominados por cuatros Reinos.

8. Le fue ordenado circuncidarse a si mismo y a su hijo.

9. Le fue ordenado que expulse a su hijo *Ishmaël*.

10. Le fue ordenado sacrificar a su hijo *Itzják*.

ANEXOS / IX

Alfabeto hebreo

Lashón ha Kódesh- El Idioma Sagrado

Dios entregó la *Toráh* como una herramienta para que la persona pueda elevarse espiritualmente. Al leer la *Toráh* el alma de la persona se purifica, robustece, fortifica su conciencia de lo que es correcto ayudándolo a conectarse con su Creador. Es la palabra de Dios y la herramienta más poderosa que tiene la humanidad para revelar Su luz en el mundo. Esto es especialmente cierto cuando se lee en Hebreo, el idioma sagrado con el cual se escribió originalmente la *Toráh*.

De acuerdo a la tradición religiosa el hebreo es el idioma original del universo, por intermedio del cual Dios creó todo lo que existe.

Cada letra del hebreo es un canal para revelar cierta forma de luz Divina la cual nos afecta a nosotros y al mundo entero, de modo que al leer el texto en el idioma sagrado se puede lograr una mayor relevación espiritual y conexión con Dios.

El alfabeto hebreo esta compuesto de 22 letras consonantes. La vocalización hebrea es externa a las letras, y se efectúa con una puntuación que se coloca debajo, arriba o al costado de ellas. Esta vocalización fue representada posteriormente con símbolos, especialmente para uniformar la lectura del hebreo bíblico.

Para escribir y leer el idioma hebreo se requiere hacerlo de derecha a izquierda.

ANEXOS / X

Letra	Final	Nombre	Sonido	Valor
א		Álef	*	1
ב		Bet	B	2
ג		Guímel	GU	3
ד		Dálet	D	4
ה		Héi	H	5
ו		Vav	V	6
ז		Zzáin	Zz	7
ח		Jet	J	8
ט		Tet	T	9
י		Iúd	I	10
י		Iúd	Y	10
כ	ך	Jaf	J	20
כ	ך	Kaf	K	20
ל		Lámed	L	30
מ	ם	Mem	M	40
נ	ן	Nun	N	50
ס		Sámej	S	60
ע		Äin	**	70
פ		Feh	F	80
פ		Péi	P	80
צ	ץ	Tzádik	Tz	90
ק		Kuf	K	100
ר		Réish	R	200
ש		Shin	Sh	300
ש		Sin	S	300
ת		Tav	T	400

Vocal ***	Nombre	Sonido
אָ	Kamátz	A
אַ	Patáj	A
אֲ	Jatáf – patáj	A
אֳ	Jatáf – kamátz	A
אֵ	Tzéire	E
אֶ	Segól	E
אֱ	Jatáf – segól	E
אְ	Shéva	E
אִ	Jírik	I
אוֹ	Jolám	O
אֹ	Jolám	O
אוּ	Shúruk	U
אֻ	Kuvútz	U

Notas:

* Sonido mudo.
** Sonido gutural. En el texto ha sido representado con una diéresis sobre la vocal correspondiente.
*** Los símbolos que acompañan a la letra א (Álef) representan las vocales hebreas.

ÁRBOLES GENEALÓGICOS / XI

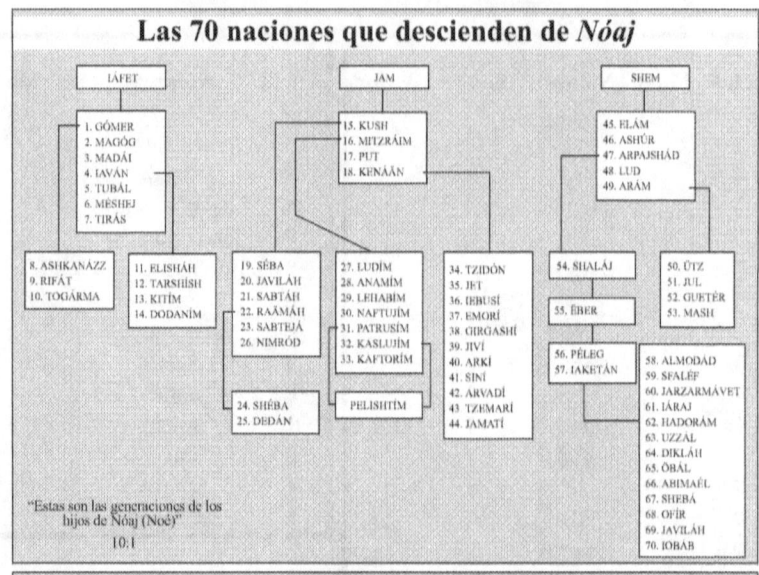

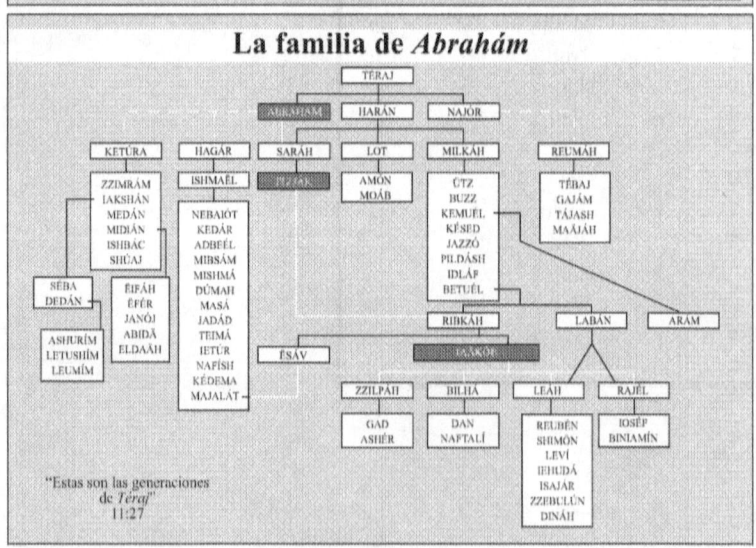

Nota:
- Las líneas blancas muestran una relación esposo - esposa.
- Las líneas blancas punteadas muestran una relación hombre - cuncubina.
- Las líneas negras muestran una relación padre - hijo.

ÁRBOLES GENEALÓGICOS / XII

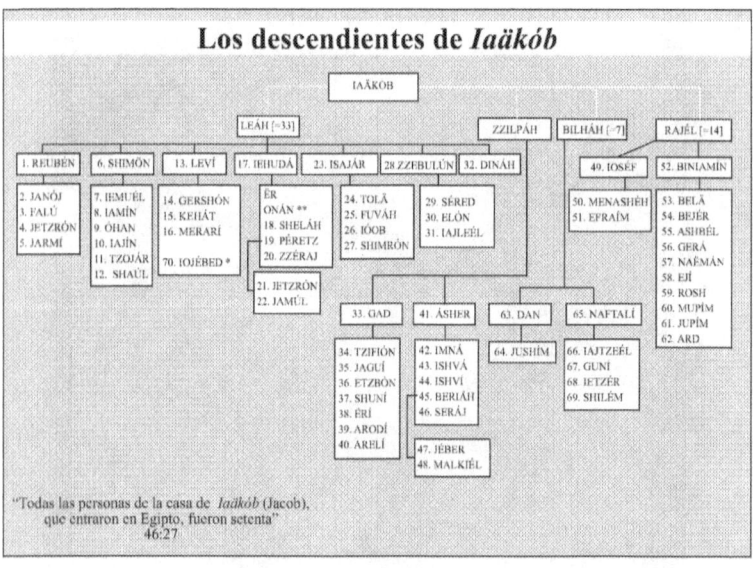

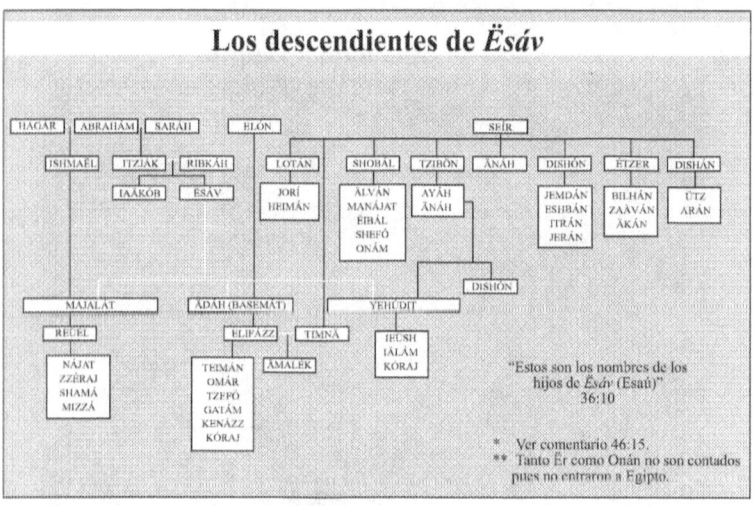

Nota:
-Las lineas blancas muestran una relación esposo - esposa.
-Las lineas negras muestran una relación padre - hijo.

MAPAS / XIII

Monte Ararát

"Y reposó el arca en el mes séptimo, a los diecisiete días del mes, sobre el monte Ararát"
8:4

Nieve cubre al monte Ararát el cual se ubica al este de Turquía. Junto al monte Ararát hay volcanes inactivos. El monte Ararát tiene una altura aproximada de 4,8 km sobre el nivel del mar. Este monte es el lugar donde reposó el arca.

Viaje de Abrahám a Egipto

Mar Mediterráneo

Kenaän

Delta del Nilo

Nilo

Egipto

Sinai

"Hubo entonces hambre en la tierra, y descendió Abrám a Egipto para morar allá; porque era grande el hambre en la tierra"
12:10

MAPAS / XIV

Viaje de *Ioséf* a Egipto

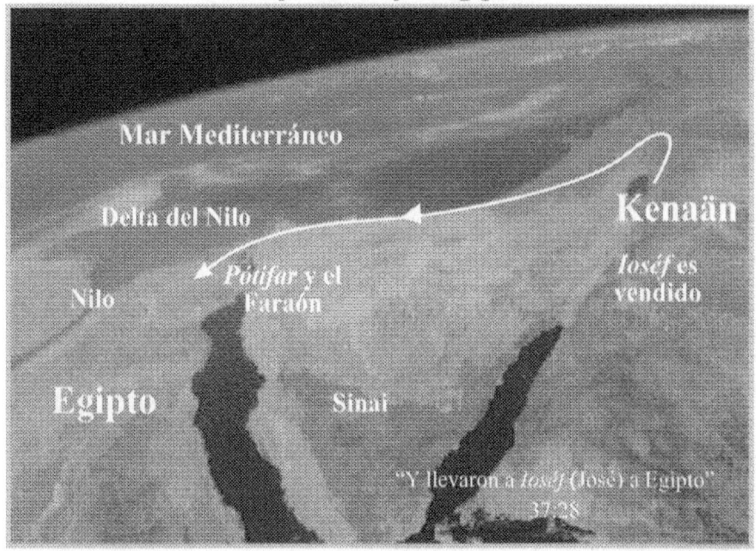

Viaje de la familia de *Ioséf* a Góshen debido a la hambruna

ANEXOS / XV

Vista actual de la zona del Templo de Jerusalem

En el fondo se encuentra el "Domo de la Roca", mezquita construída sobre las ruinas del sagrado templo.
En primer plano se encuentra "El Muro de los Lamentos", el cual corresponde al muro occidental de la zona del templo.

ANEXOS / XVI

Medidas del Arca de *Nóaj*

"Y de esta manera la harás: de trescientos codos la longitud del arca, de cincuenta codos su anchura, y de treinta codos su altura." (6:15)

Considerando que un codo son 57,7 cm las dimensiones del arca serian:

Largo: 300 codos * 57,7 cm/codos = 17.310 cm = 173 m
Ancho: 50 codos * 57,7 cm/codos = 2.885 cm = 28,85 m
Alto: 30 codos * 57,7 cm/codos = 1.731 cm = 17,31 m

Con lo cual deducimos que el volumen del arca era de 86.395 m^3

Medidas de longitud

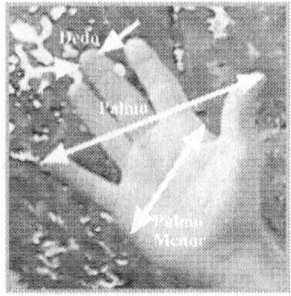

Bibliografía

A-Z del Judaísmo
Abót de Rabi Natan
Ebibleteacher
Ein Iaäkób
Ialkút Shimoni
Jumash Artscroll
Ketubím
Midrash Rabá sobre *Bereshít*
Midrash Tanjuma
Neviím
Ramban al Ha Torah
Traducción Reina-Valera 1960

WWW.BNPUBLISHING.COM

www.ingramcontent.com/pod-product-compliance
Lightning Source LLC
Chambersburg PA
CBHW020937180426
43194CB00038B/216